Minhorst
Access Programmierung
mit VBA & VB.NET

FRANZIS
PROFESSIONAL SERIES

André Minhorst (Hrsg.)
Dirk Bauer / Karl Donaubauer / Klaus Giesen / Martin Hoffmann
Manfred Hoffbauer / Tom Jordan / Günther Kramer
Uwe Schäfer / Christoph Spielmann

ACCESS Programmierung mit VBA & VB.NET

458 Abbildungen

KNOW-HOW IST BLAU.

Bibliografische Information der Deutschen Bibliothek

Die Deutsche Bibliothek verzeichnet diese Publikation in der Deutschen Nationalbibliografie;
detaillierte Daten sind im Internet über **http://dnb.ddb.de** abrufbar.

Wichtiger Hinweis

Alle Angaben in diesem Buch wurden vom Autor mit größter Sorgfalt erarbeitet bzw.
zusammengestellt und unter Einschaltung wirksamer Kontrollmaßnahmen reprodu-
ziert. Trotzdem sind Fehler nicht ganz auszuschließen. Der Verlag und der Autor sehen
sich deshalb gezwungen, darauf hinzuweisen, dass sie weder eine Garantie noch die
juristische Verantwortung oder irgendeine Haftung für Folgen, die auf fehlerhafte Angaben zurückgehen, übernehmen können. Für die Mitteilung etwaiger Fehler sind
Verlag und Autor jederzeit dankbar.
Internetadressen oder Versionsnummern stellen den bei Redaktionsschluss verfügbaren Informationsstand dar. Verlag und Autor übernehmen keinerlei Verantwortung
oder Haftung für Veränderungen, die sich aus nicht von ihnen zu vertretenden Umständen ergeben.
Evtl. beigefügte oder zum Download angebotene Dateien und Informationen dienen
ausschließlich der nicht gewerblichen Nutzung. Eine gewerbliche Nutzung ist nur mit
Zustimmung des Lizenzinhabers möglich.

Satz: EDV-Service Elke Niedermair
art & design: www.ideehoch2.de
Druck: Bercker, 47623 Kevelaer
Printed in Germany

ISBN 978-3-7723-**7339-8**

Inhaltsverzeichnis

III .NET-Know-how

V Anhang

Teil I

Access-Know-how

modellierung

ıellen Datenbankanwendung ist eine ent-
Musterlösungen und Beispieldatenbanken
aussetzung zu entsprechen. Im vorliegen-
undlagen hinter der Datenmodellierung
rnen auch die wichtigsten Begriffe im Zu-
referentieller Integrität und Beziehungen

Inhalt

1.1 Einleitung

Das Datenmodell ist das A und O einer Datenbankanwendung. Wenn Sie das Datenmodell vermasseln und das zu spät merken – wenn zum Beispiel schon alle Formulare und Berichte fertig sind, fangen Sie je nach Art der Umbaumaßnahmen am Datenmodell am besten noch einmal von vorne an. Und erklären Sie dem Benutzer mal, warum eine kleine Änderung einen Aufwand erfordern kann, der dem einer Neuerstellung gleichkommt. Nach der Lektüre der nachfolgenden Kapitel und ein wenig Praxiserfahrung (es kann nie schaden, das eine oder andere bestehende Datenmodell auseinanderzunehmen und auf Konsistenz zu prüfen) werden Sie schnell feststellen, dass man 95 % aller Fälle ohnehin nur auf eine Art lösen kann.

In diesem Beitrag lernen Sie die ersten drei Normalformen und Grundlagen für den Einsatz der unterschiedlichen Beziehungstypen kennen. Außerdem erfahren Sie einiges über die wichtigsten Begriffe der Datenmodellierung wie Master- und Detailtabelle oder Primär- und Fremdschlüssel.

1.2 Beispieldatenbank

Die Nordwind-Datenbank, die zu jeder der hier besprochenen Access-Versionen gehört und standardmäßig installiert wird, bietet Beispiele für alle gebräuchlichen Arten von Beziehungen. Daher gelten die Beispiele des vorliegenden Beitrags für das Datenmodell – also die Tabellen und Beziehungen – dieser Datenbank.

Hinweis: Falls Sie nicht wissen, wo Sie die Nordwind-Datenbank finden sollen, lassen Sie sich vom Windows Explorer helfen und suchen Sie im Office-Ordner nach der Datei `Nordwind.mdb`.

1.3 Normalisierung – Grundlage professioneller Datenmodellierung

„Warum gibt es überhaupt Beziehungen?" Das fragt sich so mancher Anwender, der alle für seine Arbeit wichtigen Daten in einer einzigen Tabelle speichert. Alles auf einen Blick – was will man denn noch mehr?

Hinweis: Die folgenden Kapitel beschreiben die theoretischen Grundlagen für den Entwurf des Datenmodells einer relationalen Datenbank. Deren Umsetzung setzt voraus, dass Sie sich bereits mit dem Erstellen von Tabellen sowie der Definition von Beziehungen auskennen.

Davon abgesehen, dass sich Datenmodelle komplexer Anwendungen bestimmt nicht übersichtlich in einer einzigen Tabelle darstellen lassen, führt die oft praktizierte Unart, völlig unterschiedliche Daten in einer einzigen Tabelle unterzubringen, zu Redundanzen und in deren Folge zu Inkonsistenzen.

Um dies zu vermeiden, basieren die Datenmodelle der meisten relationalen Datenbanken auf den 1972 von Edgar F. Codd im Artikel „Further normalization of the data base relational model" veröffentlichten Normalformen. Die Zusammenfassung der ersten von drei, für relationale Datenbanken besonders wichtigen Normalformen finden Sie in den folgenden Abschnitten.

1.3.1 Die erste Normalform

Tabellen beinhalten oft Felder, die nicht nur eine, sondern mehrere Informationen speichern. Viele Anwender bringen beispielsweise gerne Vor- und Nachnamen in einem einzigen Feld unter (wie z. B. beim Feld Kontaktperson der Tabelle Kunden in der Nordwind-Datenbank). Probleme sind vorprogrammiert – schon die getrennte Sortierung nach Vor- oder Nachname ist nicht ohne Weiteres möglich.

Ein weiteres Beispiel ist das Speichern von mehreren Informationen gleicher Art in einem einzigen Feld – z. B. das Speichern aller Untergebenen eines Mitarbeiters.

Nicht-Profis umgehen mit solchen Methoden gerne die Erstellung weiterer Beziehungen und Tabellen (und damit vermeintliche Mehrarbeit), verursachen damit aber letztlich erheblichen Mehraufwand.

Die erste Normalform fordert daher, jede relevante Information auch in einzelnen Feldern zu speichern (siehe Abbildung 1.1).

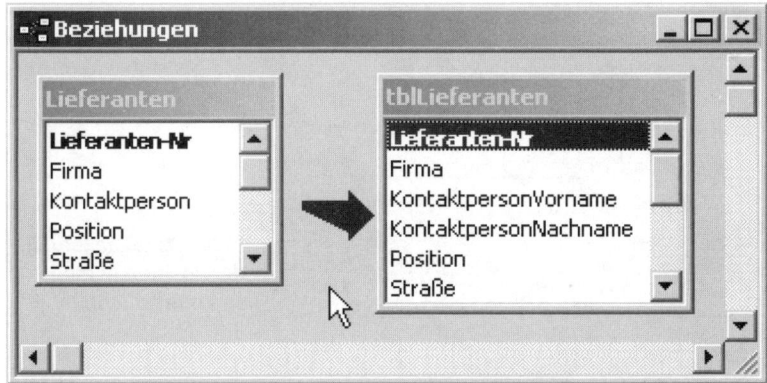

Abb. 1.1: Aufsplittung eines Feldes in seine elementaren Informationen

Außerdem soll eine Tabelle nicht mehrere gleichartige Daten in unterschiedlichen Feldern enthalten – also in einer Kunden-Tabelle z. B. nicht mehrere Felder für unterschiedliche Kontaktpersonen bereitstellen, sondern die Kontaktpersonen in eine Tabelle auslagern und die Tabellen entsprechend verknüpfen.

Eine weitere Forderung der ersten Normalform ist, dass die Felder einer Tabelle sich lediglich auf die Beschreibung eines einzigen Objekts beziehen – also z. B. auf einen Artikel, einen Kunden, einen Lieferanten oder ähnliche reale Objekte.

Die letzte Forderung ist, auch sich wiederholende Feldinhalte in verknüpfte Tabellen auszulagern. Dies ist sinnvoll, wenn der Inhalt des Feldes aus einer überschaubaren Anzahl von Werten besteht – z. B. den unterschiedlichen Anredeformen für Personen wie Herr, Frau usw. Bei nicht überschaubaren Mengen von möglichen Werten wie z. B. Städtenamen in Adresstabellen ist die Anwendung der ersten Normalform allerdings nicht uneingeschränkt sinnvoll.

Die Nordwind-Datenbank bietet z. B. die Möglichkeit, die Einträge des Feldes `Position` in der Tabelle `Personal` in eine weitere Tabelle namens `Positionen` auszulagern (siehe Abbildung 1.2).

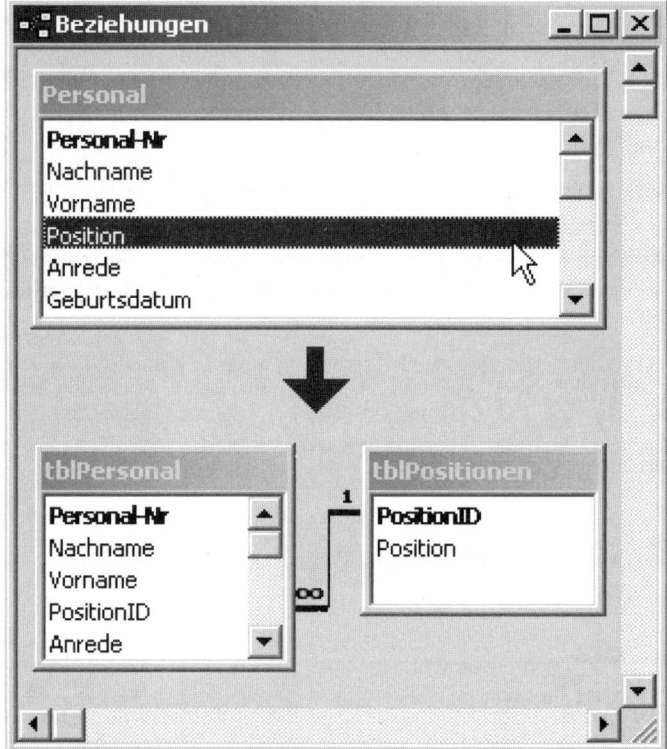

Abb. 1.2: Auslagerung der Position in eine verknüpfte Tabelle

1.3.2 Die zweite Normalform

Die zweite Normalform setzt das Bestehen der ersten Normalform voraus und besagt weiterhin, dass jede Tabelle einen Primärschlüssel haben muss und dass alle weiteren Felder nur von diesem einen Primärschlüssel funktionell abhängig sind.

Der Primärschlüssel ist ein Feld oder eine Kombination von mehreren Feldern. Er darf genau einmal in einer Tabelle vorkommen.

Die Bedeutung funktionaler Abhängigkeit lässt sich leicht am Beispiel eines Artikels erläutern: Eine Artikeltabelle enthält einen eindeutigen Index – in der Regel die Artikelnummer – und einige weitere Informationen wie die Bezeichnung des Artikels, den Preis, den aktuellen Bestand usw. Alle diese Informationen beziehen sich genau auf den Artikel mit der jeweiligen Artikelnummer – und sind damit von dem Primärschlüssel `Artikel-Nr` abhängig.

In der Praxis verhindern Sie auf diese Weise, dass sich mehrere völlig gleiche Datensätze in derselben Tabelle befinden.

1.3.3 Die dritte Normalform

Die dritte Normalform setzt das Bestehen der zweiten Normalform voraus und verlangt außerdem die Beseitigung sämtlicher nicht-transitiver Abhängigkeiten.

Nicht-transitive Abhängigkeiten sind funktionale Abhängigkeiten zwischen Feldern der Tabelle, von denen keines der Primärschlüssel dieser Tabelle ist. Das folgende Beispiel verdeutlicht den Zusammenhang:

Möglicherweise enthält die Tabelle aus dem vorherigen Beispiel auch Informationen über den Lieferanten des Artikels in Form der Lieferanten-ID, des Lieferantennamens und einigen weiteren Informationen wie beispielsweise Adressdaten des Lieferanten (siehe Abbildung 1.3).

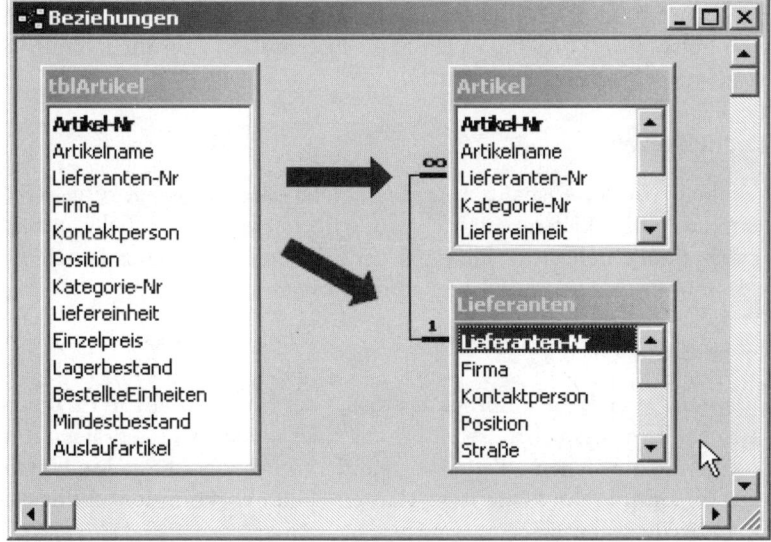

Abb. 1.3: Auslagern von nicht-transitiven Abhängigkeiten

Wenn Sie sich die Lieferanten-ID als Primärschlüssel für die Lieferantendaten vorstellen, dann sind alle weiteren Lieferantendaten funktional abhängig von der Lieferanten-ID – nicht aber vom eigentlichen Primärschlüssel der Artikeltabelle.

Zur Durchsetzung der dritten Normalform müssten Sie also die Lieferantendaten komplett in eine weitere Tabelle ausgliedern (wie es in der Nordwind-Datenbank der Fall ist) und nur den Primärschlüssel der Lieferantentabelle, also die Lieferanten-ID, als Fremdschlüssel in die Artikeltabelle aufnehmen.

1.3.4 Vorteile der Normalisierung des Datenmodells

Die nachfolgende Auflistung enthält einige wichtige Vorteile der Normalisierung des Datenmodells:

* nur jeweils einmalige Erfassung immer wiederkehrender Daten

* Vermeidung von Redundanzen

* Vermeidung von Inkonsistenzen

Die drei wesentlichen Vorteile lassen sich am bereits genannten Beispiel beschreiben, bei dem aus einer Artikeltabelle inklusive detaillierter Lieferantendaten zwei Tabellen mit getrennten Artikel- und Lieferantendaten entstehen.

Einmalige Eingabe von Daten

Die Artikeltabelle besteht nur noch aus Feldern, die direkt der Beschreibung des Artikels dienen. Dazu gehört auch ein Feld mit dem Kürzel des Lieferanten als Fremdschlüsselfeld. Dieses Feld beinhaltet einen der in der Lieferantentabelle verwendeten Primärschlüssel und dient damit der Zuordnung des Lieferanten zu dem Artikel. Sie können also jeden eingegebenen Lieferantendatensatz beliebig vielen Artikeldatensätzen zuordnen, ohne die Daten für jeden Artikel neu eingeben zu müssen.

Vermeidung von Redundanzen

Wenn Sie die Artikeltabelle vor der Abspaltung der Lieferantendaten ansehen, können Sie sich sicher vorstellen, dass einige Lieferanten mehrere Artikel liefern. Die Tabelle enthält dann die gleichen Daten direkt mehrfach – ein typischer Fall einer Redundanz. Durch die Abspaltung solcher Daten verhindern Sie solche Redundanzen.

Vermeidung von Inkonsistenzen

Tabellen mit redundanten Daten bergen immer das Risiko der Entstehung von Inkonsistenzen. Eine Inkonsistenz liegt beispielsweise vor, wenn einer von zwei Datensätzen mit redundanten – also eigentlich gleichen – Daten so geändert wird, dass die redundanten Daten nicht mehr gleich sind. Wenn keine redundanten Daten vorkommen, droht die Gefahr der Bildung von Inkonsistenzen erst gar nicht.

1.4 Referentielle Integrität

Die Wahrung referentieller Integrität bedeutet die Einhaltung einer einzigen Regel: Jeder Fremdschlüsselwert eines Datensatzes einer Tabelle muss einem Primärschlüsselwert eines Datensatzes der verknüpften Tabelle entsprechen.

Um diese Regel mit Leben zu füllen, lernen Sie zunächst die beiden Schlüsselarten Primärschlüssel und Fremdschlüssel kennen und erfahren anschließend, wie sich die Anwendung dieser Regel im praktischen Einsatz einer Datenbank auswirkt.

1.4.1 Schlüsselarten

Im Rahmen des relationalen Datenmodells verwenden Sie zwei unterschiedliche Schlüsselarten, um Beziehungen zu realisieren. Dabei handelt es sich um Primär- und Fremdschlüssel.

Primärschlüssel

Primärschlüssel dienen unter anderem der eindeutigen Definition eines Datensatzes. Sicher gibt es Tabellen, deren Feldzusammensetzung ein Auftauchen zweier identischer Datensätze nahezu ausschließt.

Dennoch wäre es schwierig, auf einfache Weise auf einen bestimmten Datensatz Bezug zu nehmen. Daher sollte jede Tabelle ein Feld mit eindeutigem Inhalt als Primärindex bereitstellen.

Fremdschlüssel

Fremdschlüssel dienen der Verknüpfung von Datensätzen unterschiedlicher Tabellen. Dabei enthält das Fremdschlüsselfeld der einen Tabelle den Wert des Primärschlüsselfeldes des gewünschten Datensatzes der anderen Tabelle. Im Beispiel der Artikel- und der Lieferantentabelle enthält die Artikeltabelle ein Fremdschlüsselfeld namens `Lieferanten-Nr`, das den Inhalt des Feldes `Lieferanten-Nr` des verknüpften Datensatzes der Lieferantentabelle enthält.

Bezeichnungen verknüpfter Tabellen

Eine relationale Beziehung basiert in der Regel auf dem Vorhandensein von zwei Tabellen. Durch die Natur ihrer unterschiedlichen Funktionen besitzen diese beiden Tabellenarten auch verschiedene Bezeichnungen: Sie werden z. B. Master- und Detailtabelle, Parent- und Childtabelle oder Vater- und Kindtabelle genannt.

Dabei ist die Master-, Parent- bzw. Vatertabelle immer diejenige Tabelle, deren Primärschlüsselfeld an der Beziehung beteiligt ist. Die Detail-, Child- bzw. Kindtabelle besitzt ein Fremdschlüsselfeld, das mit dem jeweiligen Inhalt des Primärschlüsselfeldes des Datensatzes der Master-, Parent- bzw. Vatertabelle gefüllt ist.

Hinweis: Im Folgenden soll – um die Begriffsvielfalt ein wenig einzuschränken – nur noch von Master- und Detailtabelle die Rede sein.

1.4.2 Referentielle Integrität in der Praxis

Das Datenbankmanagementsystem selbst – also z. B. Microsoft Access – sorgt für die Durchsetzung der zu Beginn des Kapitels genannten Regel, sofern Sie dies für eine Beziehung festgelegt haben.

Die Kontrolle über die referentielle Integrität tritt in vier Fällen in Aktion:

• beim Hinzufügen eines Datensatzes zur Mastertabelle, deren Fremdschlüsselfeld einen Wert enthält, der in keinem Datensatz der Detailtabelle enthalten ist.

• beim Löschen eines Datensatzes der Detailtabelle, dessen Primärschlüsselwert noch im entsprechenden Fremdschlüsselfeld mindestens eines Datensatzes der Mastertabelle enthalten ist.

• beim Ändern des Inhalts eines Primärschlüsselfeldes eines Datensatzes der Mastertabelle.

• beim Ändern des Inhalts des Fremdschlüsselfeldes eines Datensatzes der Detailtabelle in einen Wert, der nicht in dem Primärschlüsselfeld eines der Datensätze der Mastertabelle enthalten ist.

Falls einer der genannten Fälle für eine Beziehung mit definierter referentieller Integrität eintritt, führt Access eine Aktion entsprechend den für die referentielle Integrität festgelegten Eigenschaften aus.

In der Grundeinstellung erscheint lediglich eine entsprechende Fehlermeldung, die mit dem Abbruch der gewünschten Datenoperation endet. Sie können allerdings auch festlegen, dass Access beispielsweise beim Löschen eines Datensatzes der Mastertabelle alle mit diesem Datensatz verknüpften Datensätze der Detailtabelle automatisch mitlöscht (Löschweitergabe). Das ist beispielsweise beim Löschen von Bestellungen und den entsprechenden Detaildaten sinnvoll.

Mit einer weiteren Einstellung können Sie festlegen, dass Access bei einer Änderung des Wertes des Primärschlüsselfeldes eines Datensatzes der Mastertabelle direkt den Inhalt des entsprechenden Fremdschlüsselfeldes der Detailtabelle durchführt aktualisiert (Aktualisierungsweitergabe).

1.5 Beziehungsarten

Die im Rahmen der Normalisierung eines Datenmodells durchgeführten Maßnahmen führen in der Regel zu einem Datenmodell, dessen Tabellen sehr elementare Informationen zu den jeweils beschriebenen Objekten beinhalten.

Dafür enthält das Datenmodell mit wachsender Anzahl von Tabellen eine entsprechend wachsende Anzahl von Beziehungen zwischen diesen Tabellen, die unterschiedliche Ausprägungen aufweisen können. In den folgenden Abschnitten erhalten Sie Informationen über die einzelnen Beziehungsarten.

1.5.1 1:1-Beziehungen

1:1-Beziehungen verknüpfen die Primärschlüsselfelder zweier Tabellen miteinander. Diese Beziehungsart wird praktisch nie verwendet.

Einer der wenigen Gründe für den Einsatz einer solchen Beziehung – und damit der Aufteilung einer Tabelle in zwei per 1:1-Beziehung verknüpfte Tabellen – ist die Verwendung von mehr als 256 Feldern.

Dies ist unter Access nicht möglich, lässt aber auch mit hoher Wahrscheinlichkeit auf Fehler bei der Datenmodellierung schließen.

Ein weiterer Grund sind Felder mit großen Inhalten – zum Beispiel Felder, die mit Bilddateien gefüllt werden sollen. Wenn Sie solche Felder aus der eigentlichen Tabelle in eine per 1:1-Beziehung verknüpfte Tabelle auslagern, muss das Datenbanksystem keinen unnötigen Platz für Felder reservieren, die möglicherweise gar keine Daten enthalten. Für Access-Datenbanken ist dieser Fall allerdings nicht relevant, da hier ohnehin für keinen Datentyp Speicherplatz reserviert wird. Anders ist es beispielsweise beim Microsoft SQL Server.

Eine andere Anwendungsmöglichkeit für solch eine Beziehung besteht, wenn Sie eine verknüpfte Tabelle um eigene Daten erweitern möchten. Mit einer 1:1-Beziehung können Sie dies tun, ohne die Daten der anderen Tabelle zu berühren. So etwas macht beispielsweise Sinn, wenn Sie über ein entsprechendes Feld dauerhaft festlegen möchten, ob ein bestimmter Datensatz gedruckt werden soll.

1.5.2 1:n-Beziehungen

1:n-Beziehungen beschreiben Verknüpfungen zwischen zwei Tabellen, die über das Primärschlüsselfeld der einen und ein Fremdschlüsselfeld der zweiten Tabelle miteinander verknüpft sind.

Beispiele für diese Beziehungsart sind die bereits erwähnte Beziehung zwischen Artikel und Lieferant (siehe Abbildung 1.4 auf der nächsten Seite), Projekt und Kunde usw.

Wichtiges Merkmal dieser Beziehungsart ist, dass beide beteiligten Tabellen eigene Objekte repräsentieren. Dies unterscheidet die 1:n-Beziehung von der nachfolgend beschriebenen n:1-Beziehung.

1.5.3 n:1-Beziehungen

n:1-Beziehungen sind formal wie 1:n-Beziehungen zu behandeln. Dabei dient der Inhalt der Mastertabelle jedoch nicht der Beschreibung eines realen Objektes.

Die Tabelle ist vielmehr das Produkt der Auslagerung von sich wiederholenden Feldinhalten wie beispielsweise Anredeformen (Herr, Frau und so weiter) oder anderen objektspezifischen Eigenschaften und enthält neben dem Primärindexfeld lediglich den eigentlichen Inhalt (siehe Abbildung 1.5 auf der nächsten Seite). Andere Beispiele sind Zahlungsart, Tätigkeitsart etc.

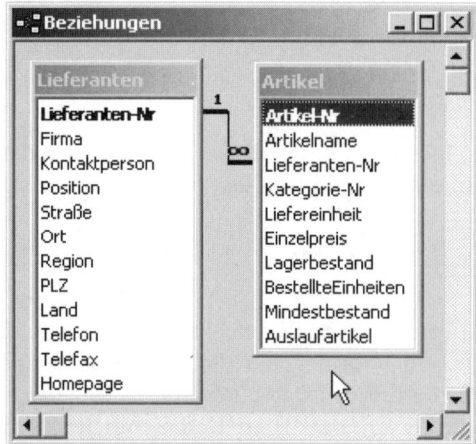

Abb. 1.4: 1:n-Beziehung zwischen Artikeln und Lieferanten

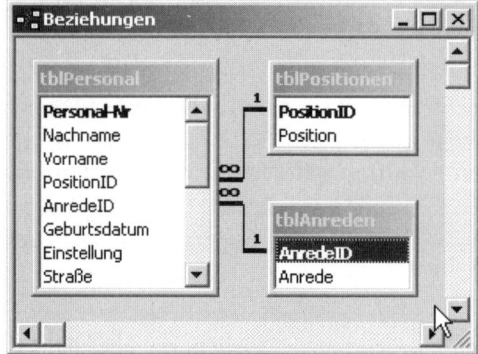

Abb. 1.5: Beispiele für n:1-Beziehungen

1.5.4 m:n-Beziehungen

m:n-Beziehungen verknüpfen wie die 1:1-Beziehung die Primärschlüsselfelder zweier Tabellen miteinander – allerdings nicht direkt, sondern über eine Verknüpfungstabelle.

Die Verknüpfungstabelle besteht aus zwei Fremdschlüsselfeldern, die als Werte die Primärschlüsselwerte der zu verknüpfenden Datensätze der beiden Tabellen enthalten.

Wenn Sie bei den beiden Begriffen Primärschlüssel und Fremdschlüssel hellhörig werden, haben Sie offensichtlich sorgfältig gelesen: In der Tat besteht die m:n-Beziehung aus zwei 1:n-Beziehungen, die eine gemeinsame Detailtabelle haben.

Um in dieser Detailtabelle Redundanzen zu vermeiden, legen Sie einen zusammengesetzten, aus den beiden Fremdschlüsselfeldern der Tabelle bestehenden eindeutigen Schlüssel fest (siehe Abbildung 1.6 auf der nächsten Seite).

m:n-Beziehungen müssen allerdings nicht zwangsläufig über eine einzige Verknüpfungstabelle realisiert werden.

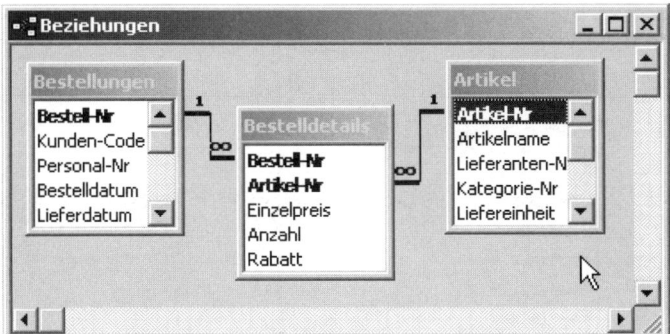

Abb. 1.6: Beispiel einer
m:n-Beziehung

Zwischen den betroffenen Tabellen können sich auch mehrere statt einer einzigen Tabelle befinden, die ihrerseits per 1:n-Beziehung miteinander verknüpft sind.

1.5.5 Reflexive Beziehungen

Reflexive Beziehungen sind prinzipiell 1:n-Beziehungen – mit dem Unterschied, dass Master- und Detailtabelle identisch sind und dass die Festlegung referentieller Integrität nicht möglich ist – zumindest nicht, wenn Sie eine logische reflexive Beziehung aufbauen möchten.

Ein Beispiel ist die Tabelle Personal der Nordwind-Datenbank (siehe Abbildung 1.7 auf der nächsten Seite). Das Fremdschlüsselfeld Vorgesetzte(r) enthält entweder keinen Wert – was darauf hindeutet, dass der entsprechende Mitarbeiter keinen Vorgesetzten hat – oder es enthält den Inhalt des Primärschlüsselfeldes eines der Datensätze der Tabelle Personal – womit der jeweilige Vorgesetzte festgelegt ist.

Die referentielle Integrität kommt hier allerdings mit der Logik in Konflikt, da zumindest ein Mitarbeiter keinen Vorgesetzten haben kann. Sie können in diesem Fall also keine referentielle Integrität festlegen.

Das bedeutet, dass Sie die Eingabevalidierung durch geeignete Maßnahmen durchführen müssen – zum Beispiel bei der Eingabe der Daten über ein Formular.

1.5.6 Weitere Beziehungsarten

Es gibt noch weitere Beziehungsarten, die in der Praxis allerdings wenig Beachtung finden bzw. Ableitungen von den genannten Beziehungsarten sind.

Genau genommen haben Sie mit der m:n-Beziehung ja bereits einen Spezialfall der 1:n-Beziehung kennen gelernt.

Ein weiterer Spezialfall der 1:n-Beziehung ist die n:0-Beziehung – die allerdings aus einem schlechten Datenbankmodell resultiert. Eine n:0-Beziehung tritt auf, wenn ein Feld der Detailtabelle als Wert den Primärschlüssel der Mastertabelle erwartet – z. B. für die Auswahl einer Anrede – und kein Wert der Tabelle ausgewählt wird, der Inhalt des Feldes also Null

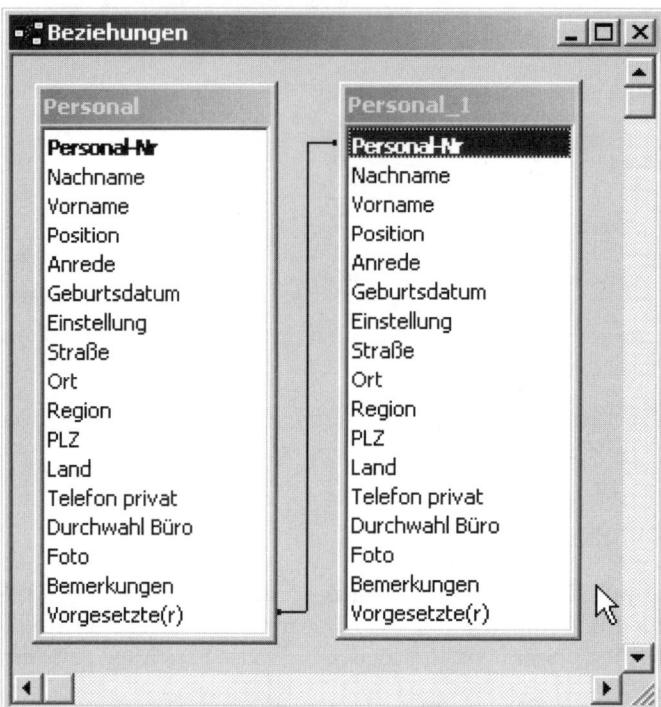

Abb. 1.7: Beispiel einer reflexiven Beziehung

ist. Dies kann allerdings in den meisten Fällen durch das Anlegen eines Wertes wie z. B. Sonstige in der verknüpften Mastertabelle umgangen werden.

erfläche entsteht nicht von selbst als
Leider wird Access auch nie einen
erflächen-Design ein vielschichtiger
rundwissen und Zeit.

Inhalt

2.1 Ist Design nötig?

Design findet immer statt, bei jeder Applikation. Es gibt nur gutes oder schlechtes, durchdachtes oder missachtetes, aber nie kein Design. Die ästhetische Gestaltung der Oberfläche ist dabei nur ein Aspekt.

Primär geht es um die Strukturierung des Programmes, der Abläufe, der Interaktion mit dem Benutzer. Einfach gesagt: Wie wird der Anwender durch das Programm geführt?

Die Oberfläche ist der einzige Teil der Anwendung, mit dem der Normalanwender in Berührung kommt. Ihn interessiert nicht, wie die Tabellenstruktur und der VBA-Code dahinter aussehen, sondern nur, dass er mit wenigen, leicht verständlichen Schritten zum Ziel kommt. Das ist auch schon die wichtigste Design-Vorgabe.

2.1.1 Gutes Design

Ein gutes Design bringt dem Anwender folgende Vorteile:

- leichtere Einarbeitung

- schnelleres, effizienteres Arbeiten

- Übertragbarkeit von Wissen (v. a. durch Standards)

- weniger Bedienungsfehler

Gutes Design spart also effektiv Kosten beim Kunden und bringt größere Akzeptanz beim Benutzer.

Längerfristig – d. h. bei Vorliegen von Erfahrung, erprobten Konzepten und Vorlagen spart überlegtes Design auch beim Entwickler Zeit und Kosten, weil nicht mehr mühsam herumprobiert werden muss, um eine Aufgabenstellung designmäßig umzusetzen.

2.1.2 Schlechtes Design

Schlechtes Design kann Funktionalität zudecken. Die tollste Funktion nützt nichts, wenn der Anwender sie nicht findet oder nicht (einfach, effizient) bedienen kann.

Für professionelle Entwickler ist schlechtes Design ein Wettbewerbsnachteil. So kann es passieren, dass ein potenzieller Kunde ein von der technischen Funktionalität her weniger leistungsfähiges Konkurrenzprodukt vorzieht, weil die Oberfläche „schöner" oder besser zu bedienen ist.

Die häufigsten Gründe für schlechtes Design sind:

- Fehlendes Bewusstsein („Hauptsache, das Ding läuft")

- Zeit- und Geldmangel („Das zahlt mir ja keiner")

- Fehlende Ausbildung und fehlende Leitfäden („Mache ich irgendwie kraft Erfahrung")

2.2 Regeln für ergonomisches Design

Das Wissen und die Richtlinien für die Gestaltung von Oberflächen kommen aus verschiedenen Quellen.

2.2.1 Design-Grundregeln

Sie gelten für die Gestaltung sämtlicher Produkte. Die Grundlagen kommen z. B. aus dem Kunstbereich (Gestaltungsprinzipien aus Architektur, Malerei, Gebrauchsdesign etc.), aus der Gestaltpsychologie und den Kommunikationswissenschaften (v. a. Leseforschung).

Die Bellini-Madonna in Abbildung 2.1 zeigt beispielsweise eine vor 500 Jahren nach Design-Regeln gestaltete Bildoberfläche.

Mit ganz ähnlichen Strukturlinien kann man heute noch ein Access-Formular gestalten.

Abb. 2.1: Bellini-Madonna, KHM Wien

2.2.2 Regeln für Software-Design

Regeln für das Design von Software sind in recht brauchbaren DIN-Normen festgehalten – v. a. in DIN EN ISO 9241 (Grundsätze der Dialoggestaltung Benutzeroberfläche, Zeichenanordnung, Farben, Menüs, Masken und Dialoge).

Software-Konzerne haben eigene Usability-Experten und Labors, in denen auch Grundlagenforschung betrieben wird. Die Erkenntnisse fließen allmählich in die Literatur und in die Normen ein.

Von Microsoft gab es bis Windows 95 und NT offizielle Richtlinien für Windows-konforme Anwendungen in Buchform. In den letzten Jahren hat MS das vernachlässigt und bietet nur noch einige MSDN-Webseiten zu diesem Thema.

Dafür wächst die Menge an unabhängiger Fachliteratur über Software-Design. In letzter Zeit sind endlich auch mehrere Titel auf Deutsch erhältlich.

2.2.3 Individuelle Vorgaben

Die Möglichkeiten und Beschränkungen der Entwicklungsumgebung bestimmen das Design mit. So fehlen Access manche Techniken und Steuerelemente, andererseits bietet es besondere Features wie mehrspaltige Kombinationsfelder und Unterformulare.

Einfluss haben natürlich auch der konkrete Auftrag und Auftraggeber sowie der Typ der Anwendung. Eine Datenbankanwendung folgt etwas anderen Regeln als eine Spielsoftware oder eine Internetseite. Viele Richtlinien gelten aber durchaus für alle Software-Typen.

2.2.4 Gestaltungsaspekte

Ein ästhetisch anspruchsvoller Designstil wertet jede Software auf. Er lässt sich aber nicht verordnen, ist etwas Individuelles und erfordert i. d. R. jahrelange Schulung.

Einfacher vermittelbar sind ergonomische Grundregeln, die jeder Entwickler in seinen Anwendungen berücksichtigen kann, auch wenn er kein gelernter Designer ist:

• Konzept und Gliederung

• Direktheit

• lernende Funktionen

• Anwender verstehen/be(ob)achten

• Konsistenz

2.2.5 Konzept und Gliederung

Eine tragende Struktur und Linien, denen der Anwender folgen kann, sind ebenso wichtig wie Klarheit, Deutlichkeit und einfache Lesbarkeit. Das gilt für die Anwendung als Ganzes und für jedes einzelne Fenster, bis zum letzten Schriftzug.

Eine nach Richtlinien gestaltete, harmonisch wirkende Oberfläche erleichtert die Orientierung und stresst den Anwender weniger als eine nach Zufallsprinzip entstandene Oberfläche.

Bei manchen Typen von Applikationen wie Spielen ist Innovation und „Thrill" gefragt. Bei Datenbanken ist jedoch Zurückhaltung geboten. Im Zweifelsfall gilt es, Ergonomie vor modische Belange zu stellen. So ist z. B. der aktuelle, flache Webstil bei Schaltflächen nicht sehr intuitiv und sollte in Datenbanken nur bedacht eingesetzt werden.

2.2.6 Navigation und Hierarchie

In westlichen Ländern lesen wir Schriftstücke und Bildschirmseiten von links nach rechts und von oben nach unten. Das Element, mit dem der Benutzer zuerst interagiert, sollte daher oben links angebracht sein. Das gilt für Fenster wie für Steuerelemente.

Durch das Design muss sofort klar sei, welche Elemente der Bildschirmseite wichtig und welche weniger wichtig sind. Die Hervorhebung von Elementen kann auf verschiedene Arten erfolgen:

- durch die Position, also eine exponierte Lage auf einer der Blickachsen
- durch eine besondere Formatierung
- durch die Proportionen
- durch das Setzen des Fokus

2.2.7 Ausrichtung und Beziehungen

Elemente sollten aneinander und an Rastern bzw. Linien (horizontal, vertikal und diagonal) ausgerichtet sein. Beziehungen zwischen den Elementen müssen auf den ersten Blick klar erkennbar sein - durch räumliche Nähe, ähnliche Gestaltung, umrahmende Rechtecke etc.

Verwandte Komponenten wie z. B. Schaltflächen wie `OK` und `Abbrechen` oder `Seitenansicht` und `Drucken` gehören in Gruppen zusammengefasst. Die wichtigste Schaltfläche sollte als erste in einer Reihe von Schaltflächen stehen. Besondere Anordnungen gibt es bei natürlichen Beziehungen, also solchen, die sich aus anderen Bereichen des Lebens ableiten lassen. Himmelsrichtungen wird man beispielsweise kompassartig angeordnet darstellen (siehe Abbildung 2.2 auf der nächsten Seite).

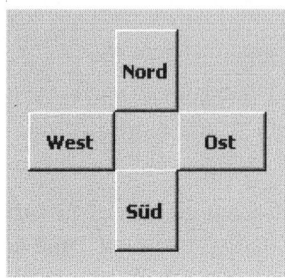

Abb. 2.2: Schaltflächen für die Auswahl von Himmelsrichtungen

2.2.8 Abstände und Größen harmonisieren

Abstände der Elemente zueinander, zu Fensterrändern, zu Applikationsrändern sollten harmonisiert werden: Gleichmäßigkeit bzw. Proportionalität in Höhe und Breite aller Elemente.

Es gibt in der Literatur exakte Richtlinien und Bemaßungsregeln dafür. Wichtiger als deren genaue Einhaltung ist aber Konsistenz innerhalb des Fensters und in der gesamten Anwendung.

2.2.9 Schrift, Farbe, 3D

Ergonomische Anwendungen kommen mit wenigen Schriftarten und -formatierungen aus. Verwenden Sie keine oder sehr wenige exotische Fonts.

Serifenlose Schriften wie z. B. Arial oder MS Sans Serif sind am Bildschirm besser lesbar. Es gelten fast alle klassischen Prinzipien aus dem Druckbereich.

Farben sollten zur Hervorhebung oder Kennzeichnung sparsam verwendet werden – z. B. zur Betonung von Beziehungen zwischen Elementen durch gleiche Farben.

Emotionale Aspekte von Farben wie beispielsweise warm oder kühl sind ebenfalls zu beachten.

9 % aller männlichen Erwachsenen haben Probleme bei der Farbwahrnehmung („Farbenblindheit").

Deshalb darf Farbe nicht als einziges oder primäres Mittel der Information verwendet werden. Ähnliches gilt für Töne in Bezug auf Hörgeschädigte.

Dreidimensionale Elemente lassen eine unruhige Wirkung entstehen und erschweren wegen des ständigen Auf und Ab das Ausmachen einzelner Elemente.

2.2.10 Direktheit

Funktionen sollen ohne Umwege und über schnelle und einfache Navigation erkennbar und erreichbar sein. Optimal, aber nicht immer machbar ist die unmittelbare Anzeige der Geschehnisse bzw. die so genannte `Direkte Manipulation`.

Die folgenden Beispiele verdeutlichen den Begriff Direktheit im vorliegenden Zusammenhang:

- Verwendung von Elementen, die bei Bedienung unmittelbare vorhersehbare Auswirkungen zeigen (z. B. bei Schaltflächen: klicken/drücken - vertiefen - Vorgang startet)
- Drag & Drop mit markierten Elementen
- Anpassung des Mauszeigers („+" bei Kopierstatus, Pfeile bei Größen- oder Positionsänderungen)
- Vermeidung von Menüs, die immer wieder durchlaufen werden müssten; besser die Befehle über Symbole oder Buttons direkt anzeigen
- Feedback liefern, Rückmeldung möglichst nahe an der Aktion (Fortschrittsbalken, Sanduhr etc.)
- alle unnötigen Arbeitsschritte vermeiden, z. B. Fokus beim Öffnen eines Formulars automatisch auf wichtige und passende Steuerelemente setzen

Manche dieser Methoden, wie Drag & Drop oder wirklich flexibles Anpassen des Mauszeigers sind bei Access nur durch API-Programmierung möglich.

Man kann aber auch mit einfachen Access-Mitteln direkte Manipulation annähernd darstellen, z. B. durch die Übergabe/Auswahl von Werten zwischen zwei Listenfeldern per Pfeil-Schaltflächen.

Der Tabellen-Assistent von Access ist ein Beispiel für solche Listenfelder, jedoch in vieler Hinsicht kein gutes Vorbild.

Der Dialog enthält zuviel Text und Elemente auf engem Raum, mehrere Steuerelemente und Linien sind nicht aneinander ausgerichtet und die Abstände der Steuerelemente zueinander und zu den Fensterrändern stimmen nicht. Es gibt aber auch richtige Ansätze:

- Die Entwicklung der Steuerelemente geht von links nach rechts und es gibt – durch die Pfeil-Schaltflächen zwischen den beiden rechten Listenfeldern – annähernd `Direkte Manipulation`.
- Die inhaltlich zusammengehörenden Schaltflächen für `Zurück` und `Weiter` stehen unmittelbar nebeneinander. Die Schaltfläche `Zurück` ist deaktiviert, weil die entsprechende Funktion auf der ersten Seite nicht anwählbar ist (siehe Abbildung 2.3 auf der nächsten Seite).

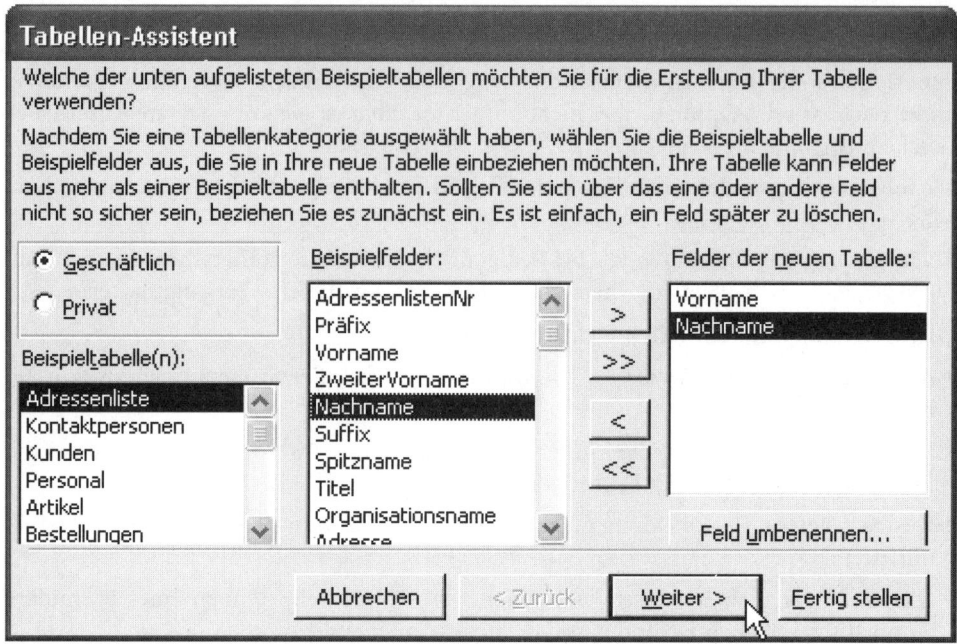

Abb. 2.3: Schaltflächen zwischen zwei Listenfeldern als Beispiel für direkte Manipulation

2.2.11 Fehlertoleranz

Unerwartete Aktionen und Fehleingaben sind nicht komplett zu verhindern. Anwender sind in dieser Hinsicht überaus kreativ. Vieles lässt sich durch gutes Design aber vermeiden oder mildern:

- Rückgängig- und Abbrechen-Funktionen anbieten.

- Präventive Maßnahmen zur Fehlervermeidung setzen: z. B. erspart das Ausblenden aktuell nicht sinnvoller Steuerelemente Fehler(meldungen), Rückfragen vor Löschoperationen oder großen Änderungen verhindern eventuelle Mehrarbeit durch Wiederherstellen unbeabsichtigt verloren gegangener Daten.

- Einschränkende Steuerelemente wie Listenfelder oder Optionsgruppen beugen Eingabefehlern unmittelbar vor.

- Eingabevalidierung: Eine rechtzeitige Prüfung direkt nach der Eingabe in das betreffende Feld und die Ausgabe von verständlichen und lösungsorientierten Meldungen bei Eingabefehlern vermeiden das Aufkommen von Unzufriedenheit beim Benutzer.

2.2.12 Lernende Funktionen

Bei Datenbanken müssen immer wieder die gleichen Vorgänge ausgeführt und ähnliche Daten eingegeben werden.

Dabei helfen lernende Funktionen wie z. B. die folgenden:

- neue Stammdaten, die beim nächsten Mal angeboten werden (PLZ, Anreden etc., die bei erneuter Eingabe bereits im Kombinationsfeld auswählbar sind)
- häufig genutzte Inhalte vorschlagen (Standardwert)
- letzte Einstellungen merken und anbieten (zuletzt bearbeiteter Datensatz etc.)
- Voreinstellungen ermöglichen, die den Regelfall beschleunigen – wie in MS Office über das Menü Extras/Optionen oder in den häufigen „Dialog künftig nicht mehr anzeigen"-Kontrollkästchen.

2.2.13 Anwender verstehen und be(ob)achten

Der Entwickler sollte die Anwendung nicht für sich, sondern möglichst für konkrete Benutzer schreiben.

Die folgenden Fragen können bei der Anpassung helfen:

- Wird die Software auf erfahrene Enthusiasten oder auf ängstliche Anfänger treffen?
- Haben die Anwender die nötige Feinmotorik für verschachtelte Menüs, kleine Elemente oder Doppelklicks?
- Kennen die Anwender Windows-Techniken wie Tastenkürzel, Markierungsvarianten, Kontextmenüs?

Bei einem gemischten Publikum lohnt es sich, Wege sowohl für Anfänger (durch Menüs und Symbole) als auch für Poweruser zu schaffen (z. B. durch Tastenkombinationen).

Sehen Sie sich Ihre Anwender an und setzen Sie in Ihrer Anwendung nicht zuviel voraus.

Geben Sie den Anwendern Gelegenheit für Anmerkungen, Verbesserungsvorschläge, Fehlerbeschreibungen etc.

Stellen Sie dazu z. B. Feedback-Formulare oder -berichte oder evtl. eine entsprechende E-Mail-Möglichkeit bereit.

2.2.14 Konsistenz

Für alle Designprinzipien und -maßnahmen, ja sogar für die Eigenheiten des einzelnen Entwicklers gilt, dass sie möglichst konsequent durchzuhalten sind.

Nichts ist mühsamer und fehlerträchtiger, als wenn der Anwender ähnliche Vorgänge auf verschiedene Art durchführen muss oder Symbole in einer Anwendung unterschiedliche Funktionen auslösen.

Konsistenz beschränkt sich dabei nicht auf die Anwendung für sich. Sie bedeutet auch, die zahlreichen Windows-Konventionen einzuhalten.

2.3 Tipps für die ergonomische Gestaltung einzelner Objekte

In den folgenden Abschnitten finden Sie einige Vorschläge, wie Sie ein ergonomisches Design für die Benutzeroberfläche einer Access-Datenbankanwendung erreichen können. Dabei werden die folgenden Bestandteile der Benutzeroberfläche berücksichtigt:

- Formulare/Fenster
- Meldungsfenster
- Register
- Kombinations- und Listenfelder
- Menüs

2.3.1 Formulare/Fenster

Formulare als besondere Ausprägung eines Windows-Fensters bieten als wichtigste Schnittstelle zum Anwender natürlich eine Menge Möglichkeiten, die Verwendung einer Software zur Qual zu machen, wie Abbildung 2.4 zeigt.

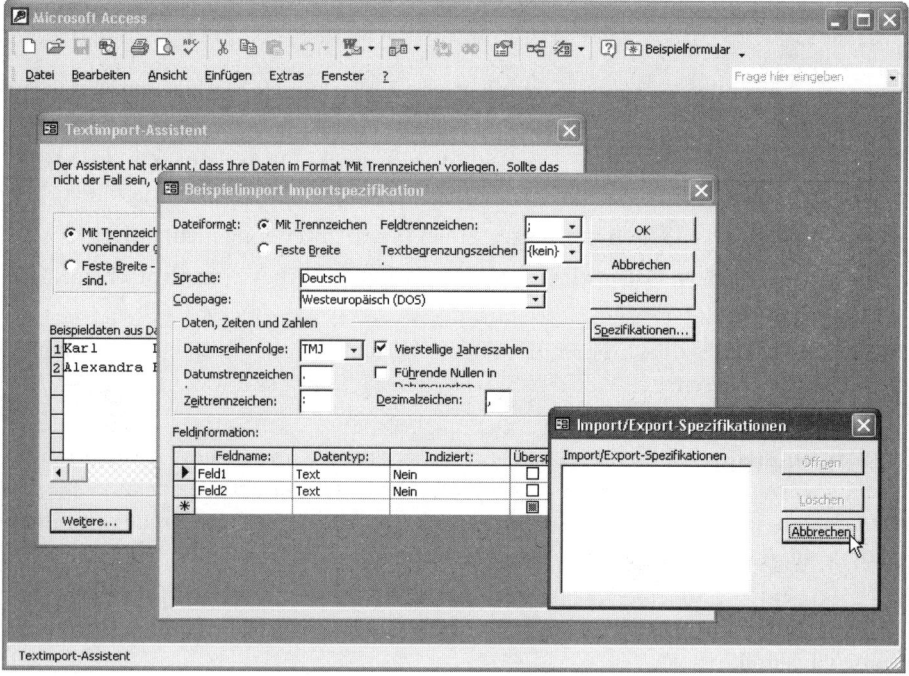

Abb. 2.4: Der Textimport von Access

Der in dieser Abbildung dargestellte Textimport öffnet zu viele Fenster, versteckt wichtige Informationen hinter Schaltflächen wie `Weitere` und die Ausrichtung und die Abstände der Steuerelemente stimmen nicht.

- Anzahl der geöffneten Formulare zwecks Übersichtlichkeit begrenzen. Nicht mehr als zwei bis drei Ebenen übereinander verwenden.

- Wird ein (besonders Dialog- oder Meldungs-) Fenster aus einem anderen aufgerufen, sollte klar sein, aus welchem Fenster gestartet wurde. Entweder sollte das aufrufende Fenster geöffnet bleiben oder in der Titelleiste des aufgerufenen Fensters Bezug darauf genommen werden.

- Zu viele Funktionen in einem Formular schaden der Übersicht und die Aufteilung der Funktionen auf mehrere Dialoge oder Registerseiten führt möglicherweise zu einer zu großen Anzahl parallel geöffneter Fenster.

- Vermeiden Sie übergroße Leerräume innerhalb von Fenstern. Setzen Sie ein angemessenes Maß an wohlproportionierten Leerräumen ein, um Steuerelemente gezielt räumlich voneinander zu trennen.

- Die Position von Kindfenstern im Access-Hauptfenster sollte immer bewusst gewählt sein, z. B. durch Zentrierung.

- Unterschiedliche Färbung des jeweiligen Fensterhintergrundes ist bei Windows nicht nötig. Diese Eigenart mancher Entwickler ist vermutlich ein Relikt aus DOS-Zeiten. Fenster können durch ihre Rahmen klar voneinander abgegrenzt werden.

- Die Bedienung des Fensters sollte im Normalfall den Windows-Konventionen folgen, die der Anwender gewohnt ist, z. B. bezogen auf Titelleiste, Schließen, Verschieben usw.

- Steuerelemente sollten so angeordnet sein, dass sich der Benutzer in einer logischen Folge durch das Fenster bewegen kann, ohne weiter darüber nachdenken oder den Fokus suchen zu müssen.

2.3.2 Meldungsfenster

- Texte konkretisieren, z. B. statt „Kunde löschen?", „Datei schließen?" den Namen des betroffenen Kunden oder der Datei nennen.

- wichtige Teile z. B. durch Zeilenumbruch hervorheben und sparsam mit fetten, kursiven oder verschiedenen Fonts umgehen.

- Die am häufigsten zu wählende Schaltfläche als Standard vorbelegen. Ausnahme: bei kritischen/folgenreichen Buttons ist der mit den wenigsten Auswirkungen vorzubelegen.

2.3.3 Register

Das Register-Steuerelement ist ein Container-Steuerelement und folgt daher ähnlichen Prinzipien wie ein Formular.

Es gibt allerdings einige besondere Eigenschaften und Elemente, deren ergonomische Optimierung mit folgenden Vorschlägen realisiert werden kann:

- Position der Elemente auf den Registerseiten vereinheitlichen: Vor allem muss die Position des linken, oberen Elementes auf allen Registerseiten gleich sein, um den Wechsel zwischen den Seiten möglichst ruhig zu gestalten.

- Für alle Registerseiten gültige Elemente nur einmal außerhalb des Registers platzieren (z. B. Schließen- und Vorwärts-/Rückwärts-Schaltflächen).

- Möglichst keine weiteren Dialoge von Registerseiten aus öffnen, sondern besser weitere Registerseiten anlegen, die notfalls ausgeblendet werden können.

2.3.4 Kombinations- und Listenfelder

Bei diesen beiden Steuerelementen wird oft exemplarisch deutlich, dass Geschwindigkeit ein wichtiges Element beim anwenderfreundlichen Design ist.

Kombinations- und Listenfelder können große Datenmengen beinhalten, sie werden aber immer schon beim Laden eines Formulares mit allen Daten gefüllt.

Die Anzahl der Einträge sollte höchstens ein paar Hundert betragen. Sonst kann es zu lähmenden Ladezeiten kommen - besonders im Netzwerk bei verknüpften Tabellen.

Bei langen Listen kann man durch vorgeschaltete Steuerelemente (nach Anfangsbuchstaben, Abteilung, Datum etc.) vorfiltern. Das erhöht den Bedienkomfort auch dadurch, dass der Anwender nicht mühsam durch die langen Listen scrollen muss, um den gesuchten Eintrag zu finden.

2.3.5 Menüs

Zur Gruppe der Menüs zählen Menüleisten, Symbolleisten, Kontextmenüs, Statusleiste und Taskleiste. Menüs haben als wesentlichen Vorteil den geringen Platzbedarf, als Nachteil die motorisch relativ mühsame und aufwändige Bedienung. Dem sollte man bei ihrer Erstellung Rechnung tragen:

- nicht zu viele Menüs und Menüeinträge, Richtwert ist sieben plus/minus zwei Einträge. Bei zu vielen (besonders bei thematisch zusammengehörigen) Einträgen setzen Sie besser Dialogfenster oder Register ein. Schaltflächen bieten als Alternative eine bessere Präsenz, benötigen aber ständig Platz.

- Verschachteln Sie Untermenüs nicht zu tief, sonst sind die Einträge schwer auffindbar und Anwender bekommen Probleme mit den Anforderungen an die Feinmotorik. Das führt zu hohen Zugriffszeiten (siehe Abbildung 2.5 auf der nächsten Seite).

- Gruppierungen (mit Trennlinie) für inhaltlich verwandte Menüpunkte verwenden.

- Reihenfolge der Menüpunkte (von links nach rechts, oben nach unten) richtet sich nach Wichtigkeit, inhaltlichen Kriterien, Häufigkeit der Verwendung.

- Beschriftung möglichst nur mit einem Wort, verständlich und eindeutig formulieren. Diffuse Bezeichnungen wie „Sonstiges", „Extras" nur, wenn es sein muss. Microsoft ist da kein Vorbild. Anfangsbuchstabe groß, keine Abkürzungen.

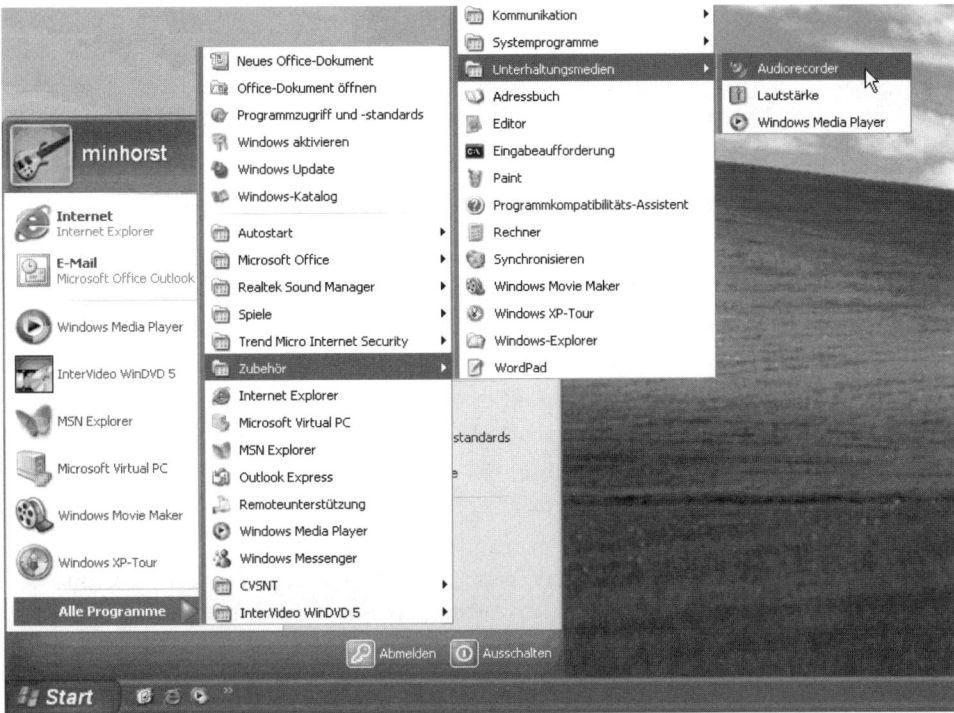

Abb. 2.5: Menü mit tiefer Verschachtelung

- Achten Sie auf Windows-Standards (z. B. weisen drei Punkte nach der Bezeichnung auf ein Dialogfenster hin) und verwenden Sie für Hotkeys bevorzugt die Anfangsbuchstaben.

- Verwenden Sie keine Geheimfunktionen und -tasten, die etwa eine zusätzlich gedrückte Shift- oder Strg-Taste verlangen.

- Blenden Sie aktuell nicht sinnvolle Einträge ab, aber nicht aus, denn sonst verändert sich die Position der nachfolgenden Einträge. Die Auswahl wird vom Anwender nicht bloß nach Inhalt vorgenommen, sondern auch nach räumlichem Gedächtnis. Die „adaptiven" Menüs ab Office 2000 widersprechen diesem Prinzip und sind entsprechend unbeliebt.

- Kontextmenüs haben als Vorteile – wie der Name schon sagt – den Kontext und die räumliche Nähe zum Objekt. Sie haben aber den großen Nachteil, dass die rechte Maustaste nicht intuitiv ist. Sie ist für viele Anwender ein unbekanntes Wesen und motorisch schwierig zu handhaben. Setzen Sie Kontextmenüs daher eher für versierte Anwender ein und dokumentieren Sie ihr Vorhandensein gut und wiederholt.

- Symbolleisten (und generell Schaltflächen mit Bildern) brauchen sprechende und prägnante Symbole. Tooltipps können helfen, aber nicht die Aussagekraft einer aus dem Leben gegriffenen, bildlichen Metapher ersetzen.

- Die Statusleiste ist theoretisch gut für Meldungen, Hilfen usw. einsetzbar. Sie wird in der Praxis von den Anwendern aber kaum beachtet.

Abb. 2.6: Beispiele für sprechende Symbole

2.4 Testen der Ergonomie

Für kleine Firmen oder einzelne Entwickler ist die Durchführung aufwändiger Ergonomie-Tests selten möglich.

Der Entwickler ist immer befangen und oft in einer Laborsituation.

Dennoch kann er selbst die Anwendung auf die Einhaltung einiger hier aufgeführter Regeln prüfen und auf die schnelle Durchführbarkeit von Aufgaben.

Als Leitfrage gilt dabei: Wie viele Mausklicks sind notwendig, wie viele Fenster müssen geöffnet und geschlossen werden, um das Ziel zu erreichen?

Besser als der Selbsttest ist natürlich, einem anderen (echten) Benutzer bei kleinen Übungsaufgaben oder im Idealfall bei der praktischen Arbeit über die Schulter zu schauen und sich Notizen zu machen. Wichtig ist die Beantwortung der folgenden Fragen:

- Findet der Anwender die richtigen Menüpunkte?
- Welche (Um-)Wege geht er, um eine Aufgabe zu erledigen?

2.5 Fazit

Der vorliegende Beitrag enthält sicher nur einige, wenn auch wichtige, ausgewählte Aspekte zum Thema Ergonomie von Benutzeroberflächen.

Fassen Sie ihn als Anregung auf und vertiefen Sie Ihre hier gewonnenen Erkenntnisse durch geeignete Fachliteratur.

Besonders zu empfehlen ist die zu diesem Thema erhältliche DIN-Norm 9241 (siehe Abschnitt 2.2.2 auf Seite 38).

Durch mehr Kenntnisse in diesem Bereich erweitern Sie Ihre Fähigkeiten als Entwickler und die Qualität und Benutzerfreundlichkeit Ihrer Anwendungen wird sich erhöhen.

Am meisten profitieren davon natürlich die Anwender.

3 Access optimieren

Klaus Giesen, Wuppertal

Der Wunsch nach Optimierung von Access-Datenbanken zur Beschleunigung der Informationsbeschaffung ist verständlich und liegt nahe. Schließlich soll eine Datenbankanwendung so schnell wie möglich laufen bzw. die Informationsbeschaffung so schnell wie möglich stattfinden – also eine hohe Performance bieten. Die grundlegende Voraussetzung für eine schnellere, optimierte Datenbankanwendung liegt dabei zum größten Teil im Knowhow des Entwicklers. Der folgende Beitrag beschäftigt sich mit den unterschiedlichen Möglichkeiten zur Beschleunigung einer Access-Datenbank.

Inhalt

3.1 Was ist Optimierung?

Optimierung ist die Einstellung von Größen, Eigenschaften und zeitlichen Abläufen zur Steigerung von Qualität und Geschwindigkeit von Prozessen. Diese Definition ist natürlich mit den Wünschen an eine Datenbankanwendung identisch. Dabei gibt es grundsätzlich zwei Ansatzpunkte für mögliche Anpassungen: die Hard- und die Software.

Bei vielen Windows-Anwendungen sind Leistungssteigerungen sehr einfach zu erreichen, indem Sie beispielsweise in Ihren PC eine höher getaktete CPU oder mehr Hauptspeicher einbauen.

Bei einer Access-Datenbank ist diese Vorgehensweise zwar empfehlenswert, aber oft nicht ausreichend. Der Grund dafür liegt nahe: Eine Datenbank-Anwendung hat primär die Aufgabe, große Datenmengen anzuzeigen und zu verarbeiten. Im Hinblick auf die Performance kommt es hier primär auf die optimale Organisation der Daten an. Dies bedeutet, dass schon beim Erstellen des Datenmodells, also dem Grundgerüst einer Datenbank, gravierende Fehler auftreten können. Daraus ergibt sich folgende Konsequenz:

Die Geschwindigkeitsoptimierung einer existierenden Access-Datenbank lässt sich nicht auf einen Schlag erreichen; den berühmten großen Wurf gibt es in diesem Zusammenhang einfach nicht.

Deswegen besteht auch der Optimierungsprozess aus einer Vielzahl von Einzelschritten, die systematisch mit dem nötigen Know-how nacheinander abgearbeitet werden müssen.

Das gewünschte Ziel ist also nur durch die Addition vieler kleiner Optimierungsschritte zu erreichen.

Am Anfang steht das System

Jede Optimierung sollte bei Ihrem Computersystem beginnen. Zumindest sollten Sie überprüfen, ob Ihr System den gängigen Anforderungen entspricht, und dort gegebenenfalls nachbessern.

Der PC

Doch was heißt das konkret? Nun, der heutzutage an jeder Ecke angebotene so genannte Multimedia-PC braucht es überhaupt nicht zu sein. Da dieser Beitrag möglicherweise noch länger zu lesen sein wird, als es bis zur nächsten Verdopplung der Taktfrequenz des besagten Multimedia-PC dauert, geben wir hier keine Empfehlung, die ein Jahr später höchstens noch ein Schulterzucken hervorruft.

Stattdessen verweisen wir Sie auf die für die jeweiligen Betriebssysteme und für Access angegebenen Empfehlungen. Natürlich sollten auch die einzelnen Komponenten Ihres Rechners einigermaßen aufeinander abgestimmt sein.

Die Rolle der Festplatte

Einer Komponente sollten Sie letztlich doch besondere Aufmerksamkeit widmen: der Festplatte. Sie spielt hier eine wesentliche Rolle, da sie letztendlich der Flaschenhals für alle Lese- und Schreibvorgänge ist.

Daher beachten Sie folgende Tipps:

- Defragmentieren Sie regelmäßig Ihre Festplatte (beispielsweise einmal wöchentlich).

- Verzichten Sie auf Software zur Festplattenkomprimierung oder speichern Sie Ihre Datenbanken auf einem unkomprimierten Laufwerk.

- Denken Sie über die Verwendung eines RAID-Controllers nach. Diese sind teilweise mit einem Cache von bis zu 256 MB ausgestattet, die jede Menge Schreibvorgänge puffern können.

3.2 Leistungsanalyse per Assistent

Parallel zur Optimierung der Hardware sollten Sie Ihre Access-Datenbank einer genaueren Untersuchung unterziehen. Hier versucht Access, Sie mit dem Assistenten zur Leistungsanalyse zu unterstützen.

Dieser Assistent kann entweder die gesamte Datenbank oder einzelne Datenbankobjekte analysieren und Optimierungsvorschläge machen.

Falls Sie es wünschen, kann der Leistungsanalyse-Assistent außerdem einige Änderungen automatisch vornehmen. Der Assistent ist weitgehend selbsterklärend und soll daher nicht weiter erläutert werden.

3.3 Allgemeine Maßnahmen zur Datenbankoptimierung

Dass der Assistent zur Leistungsanalyse seine klaren Grenzen hat und für einen engagierten Access-Anwender nur einen Einstieg bieten kann, liegt auf der Hand.

Außerdem ist es ohnehin günstiger, die entsprechenden Änderungen von Hand durchzuführen, da der Assistent nicht zwangsläufig nur sinnvolle Vorschläge macht.

3.3.1 Alleiniger Zugriff auf Datenbanken

Falls nur Sie alleine auf eine Access-Datenbank zugreifen, platzieren Sie diese in jedem Fall auf Ihrer lokalen Festplatte und nicht etwa auf einem Netzwerk-Laufwerk.

Gleichzeitig öffnen Sie die Datenbank zur exklusiven Verwendung.

Klicken Sie dazu im Dialogfenster Öffnen auf das nach unten gerichtete Dreieck neben der Schaltfläche Öffnen und markieren Sie den Eintrag Exklusiv öffnen (siehe Abbildung 3.1 auf der nächsten Seite).

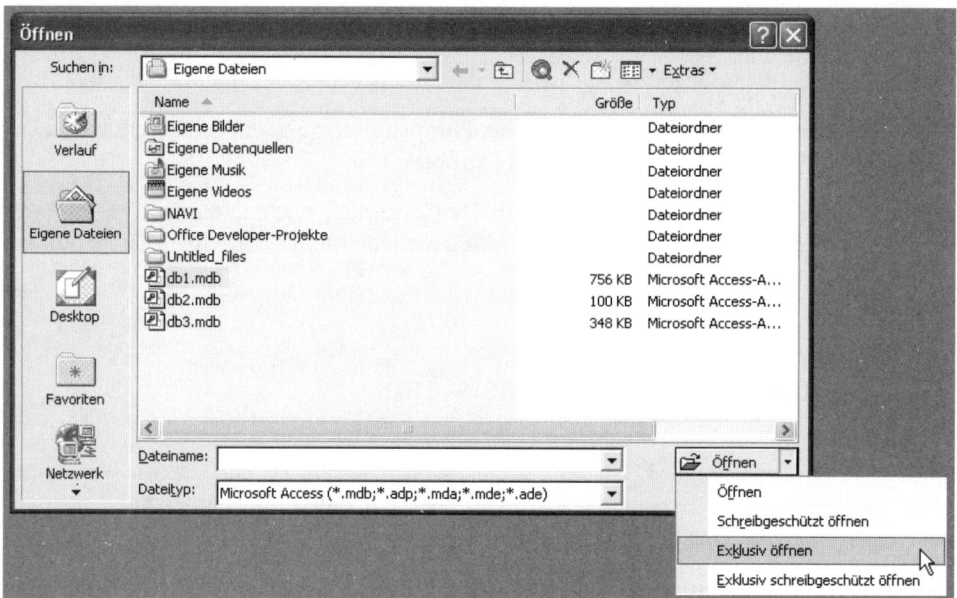

Abb. 3.1: Exclusives Öffnen einer Datenbank

3.3.2 Datenbank komprimieren

Verschiedene Aktionen wie zum Beispiel das Löschen von Daten in Tabellen und das Zwischenspeichern von Daten in temporären Tabellen führen zum Aufblähen der Datenbank, da gelöschte Daten nicht komplett aus der Datenbank entfernt werden.

Durch das Komprimieren einer Access-Datenbank über den Menübefehl Extras → Datenbank-Dienstprogramme → Datenbank komprimieren und reparieren können Sie die angesammelten Fragmente wieder entfernen.

> **Tipp:** Sie können unter Access 2000 das Komprimieren automatisch beim Schließen der aktuellen Datenbank ausführen, indem Sie über Extras → Optionen das Dialogfenster Optionen öffnen. Aktivieren Sie dann im Register Allgemein das Kontrollkästchen Beim Schließen Komprimieren (siehe Abbildung 3.2 auf der nächsten Seite).

Außerdem ordnet Access beim Komprimieren die Datensätze in einer Tabelle optimal an und organisiert die Indextabellen neu. Deshalb können auch Abfragen durch das Komprimieren beschleunigt werden. Zusätzlich sollten Sie jedoch nach einer Komprimierung jede Abfrage erneut ausführen, damit diese auf Grundlage der aktualisierten Tabellenorganisation neu kompiliert wird.

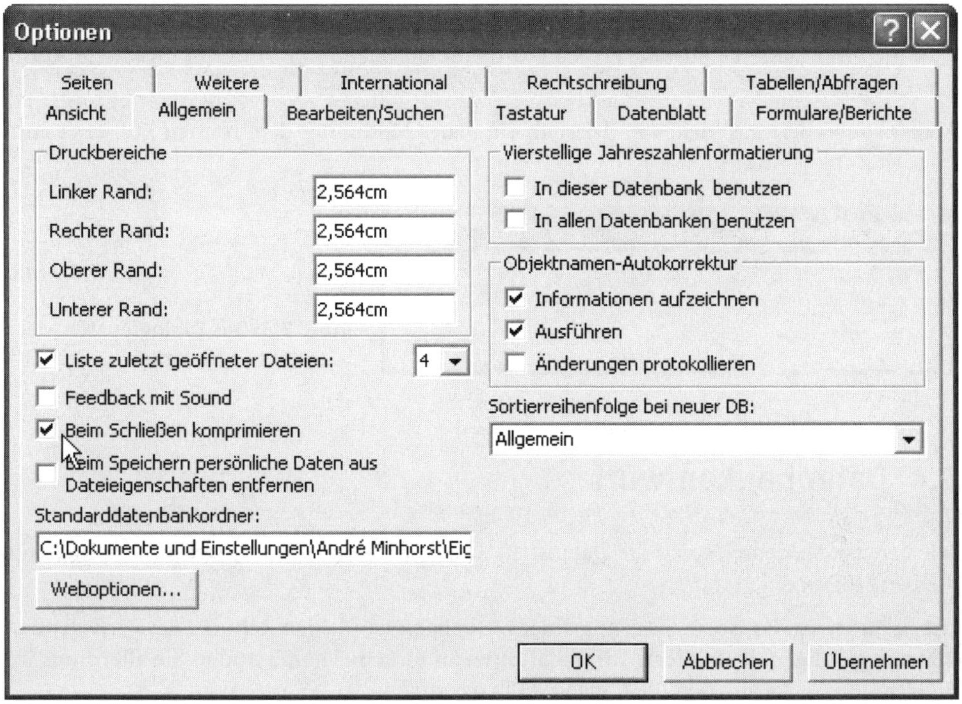

Abb. 3.2: Einstellung der automatischen Komprimierung beim Schließen der Datenbank

3.3.3 Datenbank in MDE-Datei konvertieren

Bei der Konvertierung einer Datenbank in eine MDE-Datei wird der Zugriff auf die Entwurfsansicht von Formularen, Berichten und Seiten sowie auf den VBA-Code verhindert.

Darüber hinaus wird auch die Datenbankdatei verkleinert. Als Nebeneffekt dieser optimierten Speichernutzung ergibt sich eine Leistungssteigerung.

Die Konvertierung erfolgt wieder über das Menü Extras → Datenbank-Dienstprogramme. Wählen Sie dort den Befehl MDE-Datei erstellen aus.

3.3.4 Makros konvertieren

Konvertieren Sie eventuell vorhandene Makros zu VBA-Code, da VBA-Code wesentlich schneller als Makro-Code ausgeführt wird. Dazu benötigen Sie noch nicht einmal VBA-Kenntnisse, denn Access stellt auch hierfür einen Assistenten zur Verfügung.

1. Markieren Sie das betreffende Makro im Datenbankfenster.

2. Wählen Sie aus dem Menü Extras den Befehl Makro → Makros zu Visual Basic konvertieren aus.

3. Lassen Sie im nachfolgenden Dialogfenster Konvertiere Makro die Voreinstellungen bestehen und klicken Sie auf die Schaltfläche Konvertieren (siehe Abbildung 3.3).

Access konvertiert das Makro und erstellt ein neues Modul mit dem Namen Konvertiertes Makro- [Makroname].

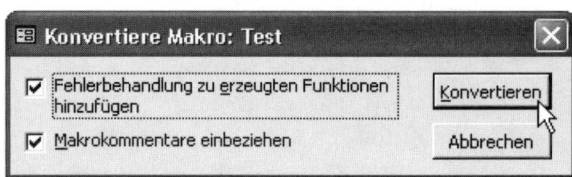

Abb. 3.3: Das Dialogfenster Konvertiere Makro

3.4 Datenbankentwurf

Wie bereits angedeutet, spielt die Datenstruktur einer Datenbank eine wesentliche Rolle für die Performance.

Die Erläuterung der Normalisierung einer Datenbank würde den Rahmen des vorliegenden Beitrags sprengen. Detaillierte Informationen zu diesem Thema finden Sie allerdings im Beitrag Professionelle Datenmodellierung.

3.5 Tabellen

Nach dem Entwurf des Datenmodells betrachten wir im Folgenden die Optimierungsmöglichkeiten beim Tabellenentwurf.

3.5.1 Grundsätzliches

Jede Tabelle sollte zur eindeutigen Identifikation eines Datensatzes ein Primärschlüsselfeld besitzen. Die Anwendung kann so schnell auf den betreffenden Datensatz zugreifen. Außerdem ist ein Primärschlüsselfeld zwingend notwendig, wenn diese Tabelle Bestandteil einer Beziehung sein soll.

3.5.2 Auswahl der Datentypen

Wählen Sie die Datentypen so aus, dass diese von der Größe her soeben für ihren Anwendungszweck ausreichen und keinen unnötigen Speicherplatz verschwenden. Dazu zwei Beispiele:

Zum Speichern einer Ganzzahl stehen Ihnen die Feldgrößen Byte, Integer und Long Integer zur Verfügung.

Tab. 3.1: Gegenüberstellung numerischer Datentypen mit ihren Eigenschaften

Datentyp	Wertebereich	Speicherplatz
Byte	0 bis 256	1 Byte
Integer	-32.768 bis 32.767	2 Bytes
Long Integer	-2.147.483.648 bis 2.147.483.647	4 Bytes

Für diese drei Datentypen gelten die Eigenschaften aus Tabelle 3.1.

Betrachten Sie zunächst den Wertebereich. In vielen Fällen kann schon im Voraus abgesehen werden, wie groß der Zahlenwert maximal werden kann, der in einem Feld gespeichert werden soll. Bei der Abteilungsgröße kann zum Beispiel ohne weiteres abgeschätzt werden, ob die Anzahl der Mitarbeiter in Zukunft auf über 256 steigen wird.

Falls Sie zu einem späteren Zeitpunkt feststellen, dass die Feldgröße für die aktuellen Anforderungen zu klein ist, können Sie die Feldgröße ohne Probleme bei Bedarf nachträglich vergrößern.

Bei Feldern mit dem Datentyp Text wird in der Regel eine Feldgröße von 50 Zeichen voreingestellt. Sie sollten bei jedem Feld einzeln prüfen, ob diese Feldgröße wirklich erforderlich ist.

Zum Speichern einer deutschen Postleitzahl macht dies beispielsweise überhaupt keinen Sinn, weil dazu fünf Zeichen ausreichen.

Je kleiner ein Feld, desto weniger Platz wird belegt. Dies nutzt der Performance.

3.5.3 Indizes

Alle Felder einer Tabelle, über die verknüpft, sortiert oder gefiltert wird, sollten zur Geschwindigkeitsoptimierung indiziert sein. Wenn Sie beispielsweise nach einem Feld suchen, das nicht indiziert ist, muss Access einen „table scan" durchführen. Dies bedeutet, dass die komplette Tabelle geladen und jeder Wert verglichen werden muss.

Beim Einsatz eines Index legt Access intern eine sortierte Indextabelle an, die schnell geladen und durchsucht werden kann. Jeder Eintrag dieser Index-Tabelle enthält einen Zeiger auf den Datensatz der Haupttabelle.

Es gilt allerdings auch, dass das Anfügen und Löschen von Datensätzen bei indizierten Feldern länger dauert, weil auch die jeweiligen Indextabellen aktualisiert und neu sortiert werden müssen.

Deshalb sollten Sie auch nur die wirklich benötigten Felder der Tabelle indizieren.

Mehrfelder-Indizes

Eine Tabelle kann auch mehrere Indizes gleichzeitig haben. Ein solcher Mehrfelder-Index bietet sich immer dann an, wenn in einer Abfrage oft nach derselben Feldkombination gesucht oder sortiert wird.

Bei der Tabelle `tblPersonal` der Beispieldatenbank trifft dies auf die Felder `txtNachname` und `txtVorname` zu (siehe Abbildung 3.4).

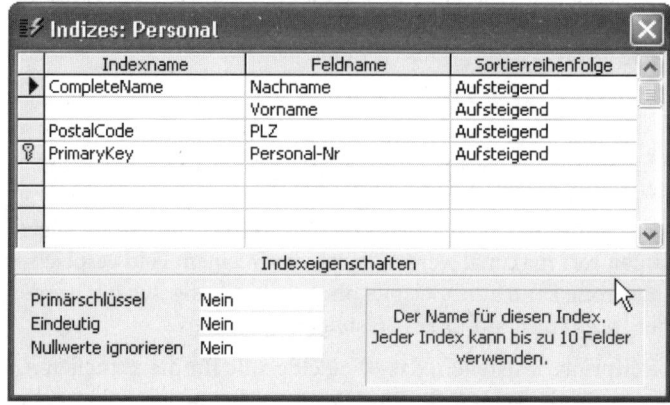

Abb. 3.4: Mehrfelder-Index

Achten Sie aber darauf, zu einem Mehrfelder-Index nur die unbedingt notwendigen Felder hinzuzufügen.

Zusammenfassung

Das Abwägen der Vor- und Nachteile bei der Verwendung von Indizes stellt ein echtes Optimierungsproblem dar. Orientieren Sie sich an den folgenden Richtlinien:

• Verringern Sie die Anzahl von Indizes für diejenigen Tabellen, in denen überwiegend Daten aktualisiert, gelöscht und eingefügt werden, auf ein Minimum. Dies gilt auch für Tabellen, deren Datensätze mit Lösch- oder Anfügeabfragen aktualisiert werden.

• Tabellen, die viele Datensätze enthalten und die oft durchsucht bzw. sortiert werden, sollten entsprechend indizierte Felder enthalten.

• Indizieren Sie auf jeden Fall die Fremdschlüssel von Detailtabellen. Dies erhöht die Abfrage von verknüpften Tabellen dramatisch.

3.5.4 Eingebundene Tabellen

Bei eingebundenen Access-Tabellen gibt es einige zusätzliche Besonderheiten zu beachten.

Die Verwaltung verknüpfter Tabellen in Access erfordert im Allgemeinen etwas mehr Aufwand. Der Grund dafür ist einfach in der Tatsache begründet, dass es sich in diesem Fall um eine externe Datei handelt und deshalb häufigere Dateizugriffe notwendig sind.

Die Beachtung folgender Richtlinien kann den Bearbeitungsaufwand bei eingebundenen Tabellen minimieren:

• Vermeiden Sie in der Formular- oder Datenblattansicht überflüssige Datensatzwechsel – vor allem das Springen zwischen dem ersten und letzten Datensatz.

- Verwenden Sie als Datenherkunft für Formulare entsprechend aufgebaute Abfragen anstelle von Tabellen, um die Anzahl der Datensätze einzuschränken.

- Verwenden Sie in Abfragen, die auf verknüpften Tabellen basieren, möglichst keine Funktionen als Kriterien. Sehr belastend auf die Performance wirken sich dabei die so genannten Domänenfunktionen wie zum Beispiel `DomSumme` aus.

- Wägen Sie ab, ob die Verwendung eines reinen Eingabeformulars in der Anwendung Sinn machen könnte. Wenn Sie die Formulareigenschaft `Daten eingeben` auf `Ja` einstellen, werden keine Datensätze angezeigt und somit müssen keine Daten in das Formular eingelesen werden.

3.6 Abfragen

Abfragen bieten Ihnen verschiedene Möglichkeiten zur Optimierung an. Da überdies Abfragen normalerweise in einer Datenbankanwendung in größerer Anzahl verwendet werden, ist dieser Abschnitt auch einer der Schwerpunkte dieses Beitrags.

3.6.1 Ausgabemenge von Abfragen beschränken

Verzichten Sie darauf, beim Entwurf einer Abfrage das * (Symbol für alle Felder) in den Abfrageentwurf zu ziehen. Fügen Sie stattdessen dem Abfrageentwurf nur die wirklich benötigten Felder hinzu und deaktivieren Sie die Option `Anzeigen`, wenn diese Felder nicht angezeigt werden sollen. Oft müssen beispielsweise Felder, nach denen gesucht wird, nicht im Ergebnis angezeigt werden.

3.6.2 Indizierung von Abfragefeldern

Alle Felder, die beim Abfrageentwurf mit Kriterien verwendet werden, sollten indiziert sein – genauso wie die Felder auf den beiden Seiten einer Verknüpfung (falls Sie diese nicht über Primär- und Fremdschlüssel verknüpfen, die sowieso indiziert sein sollten).

3.6.3 SQL-Anweisungen als Abfragen speichern

Für Formulare, Berichte oder auch Steuerelemente wie Kombinations- oder Listenfelder können als Datenherkunft – neben Tabellen – auch SQL-Anweisungen oder Abfragen angegeben werden (siehe Abbildung 3.5 auf der nächsten Seite).

Beim Speichern einer Abfrage erstellt Access einen „Execution plan" und speichert ebenfalls ab. Beim erneuten Aufruf der Abfrage kann Access auf die Erstellung eines erneuten Plans verzichten, was Zeit spart.

Speichern Sie eventuell vorhandene SQL-Anweisungen daher als Abfragen. Wählen Sie anschließend anstelle der SQL-Anweisung den Namen der Abfrage als `Datenherkunft` aus.

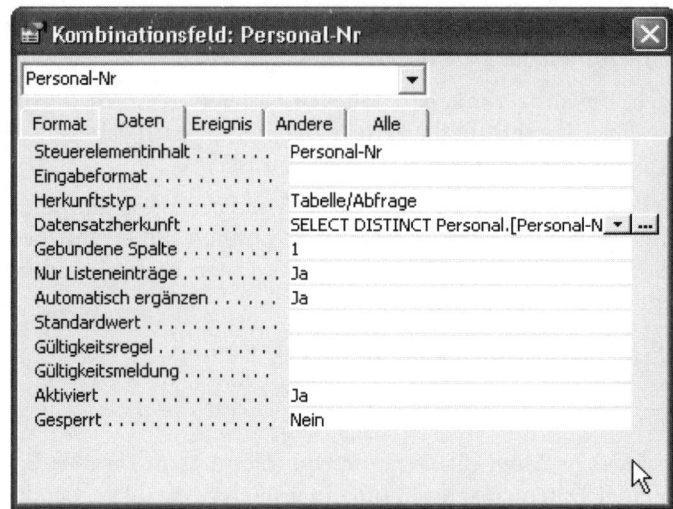

Abb. 3.5: SQL-Anweisung als Datenherkunft für ein Kombinationsfeld

3.6.4 Datensätze in Abfragen zählen

Mit Hilfe der `Count`-Funktion können Datensätze in einer Abfrage gezählt werden. Verwenden Sie in einem solchen Fall die Syntax `Count(*)` anstelle von `Count([Feldname])`. Die folgende SQL-Anweisung zählt alle Datensätze in der Tabelle `tblPersonal` der Beispieldatenbank:

```
SELECT Count(*) AS [Anzahl von  PersonalID] FROM tblPersonal;
```

Das gleiche Ergebnis liefert auch diese Anweisung:

```
SELECT Count(tblPersonal.PersonalID) AS [Anzahl von PersonalID] FROM tblPersonal;
```

Die Ausführung dieser Anweisung ist jedoch deutlich langsamer, weil hierbei das betreffende Feld auch auf Nullwerte überprüft wird.

3.6.5 Berechnete Felder in Unterabfragen

Unterabfragen sind Abfragen, die innerhalb einer Abfrage zum Beispiel als Kriterien verwendet werden können. Dabei wird in einer Auswahl- oder Aktionsabfrage eine weitere SQL-SELECT-Anweisung ausgeführt.

Mit Hilfe einer solchen Unterabfrage kann beispielsweise die durchschnittliche Anzahl der Mitarbeiter pro Abteilung berechnet werden. Mit diesem Durchschnittswert können dann alle Abteilungen ermittelt werden, die beispielsweise unterhalb des Durchschnitts liegen (siehe Abbildung 3.6 auf der nächsten Seite).

Vermeiden Sie dabei die Verwendung berechneter Felder oder komplexer Ausdrücke innerhalb der Unterabfrage, weil dadurch die Ausführungsgeschwindigkeit der übergeordneten Abfrage deutlich verringert werden kann. Dieser Hinweis gilt vor allem für die Verwendung der `IIF`-Funktion in Unterabfragen.

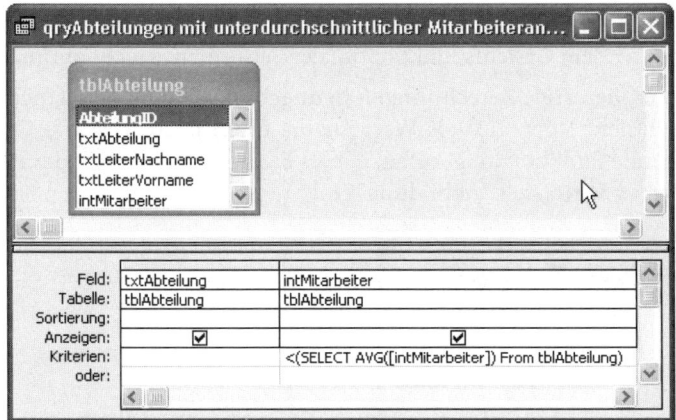

Abb. 3.6:
Entwurfsansicht einer
Unterabfrage

3.6.6 Ausdrücke in Abfragen

Oftmals sind für die Anzeige in einem Formular oder den Ausdruck in einem Bericht berechnete Ausdrücke notwendig, die auf Tabellendaten basieren. Bei der Personalverwaltung in der Beispieldatenbank sind dies das Alter und die Dauer der Betriebszugehörigkeit (siehe Abbildung 3.7).

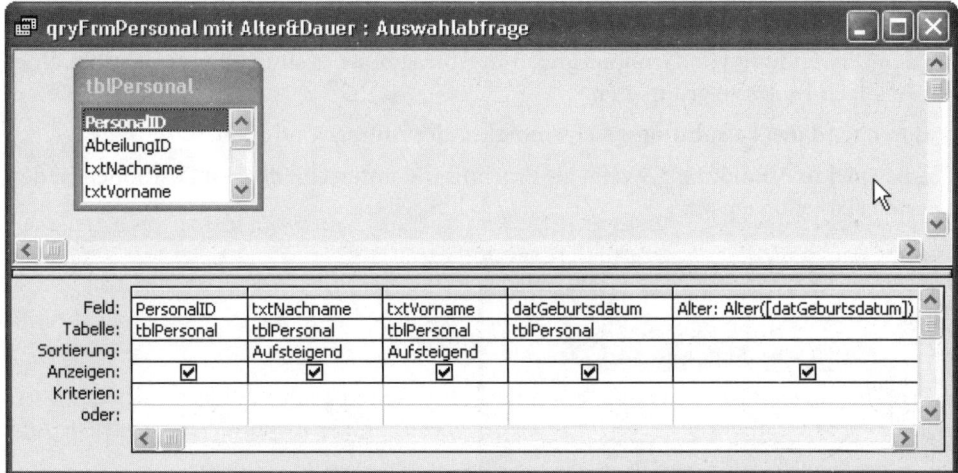

Abb. 3.7: Ausdrücke in einer Abfrage

Eine Lösung dieser Aufgabe wäre, die Berechnung in der dem Formular zugrunde liegenden Abfrage mit Hilfe eines Ausdrucks vorzunehmen.

Tipp: Die Berechnung erfolgt mit Hilfe der benutzerdefinierten Funktionen `Alter()` und `Dauer()`, die Sie im Modul `modAccOpt` der Beispieldatenbank finden.

Anschließend werden dann die betreffenden Felder der Abfrage im Formular dargestellt. Diese Lösung ist allerdings unter dem Gesichtspunkt optimaler Performance nicht optimal.

Besser – weil schneller – ist es, derartige Berechnungen in ungebundenen Steuerelementen des Formulars vorzunehmen. Dort wird als Wert für die Eigenschaft `Steuerelementinhalt` die entsprechende Funktion aufgerufen, der als Parameter der Inhalt des zu berechnenden Feldes übergeben wird (siehe Abbildung 3.8).

Abb. 3.8: Ausdruck als Steuerelementinhalt

3.6.7 Gruppierungen

Bei der Verwendung von Gruppierungen in Abfragen ist es sinnvoll, nur die unbedingt notwendigen Felder zu gruppieren.

Dadurch wird die Ausführungsgeschwindigkeit der Abfrage optimiert.

Das Beispiel in Abbildung 3.9 zeigt als Ergebnis die unterschiedlichen Positionen in den einzelnen Abteilungen an.

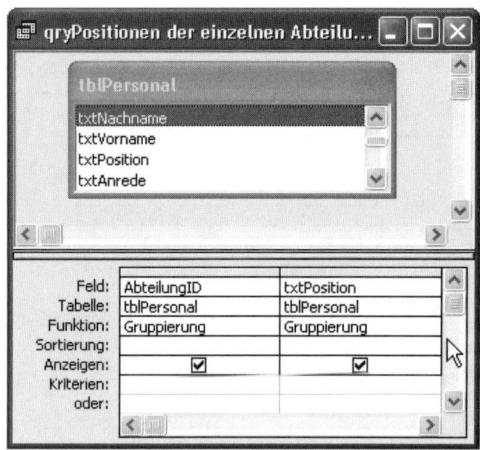

Abb. 3.9: Gruppierte Abfrage

3.6.8 Verwendung von Tabellenerstellungsabfragen

Wenn Sie häufiger Daten aus komplexen Abfragen benötigen, die sich nur selten ändern, erstellen Sie einfach mit Hilfe einer Tabellenerstellungsabfrage eine entsprechende Tabelle, in der diese Daten zusammengefasst werden. Der Zugriff auf diese Tabelle – zum Beispiel als Datenherkunft für ein Formular oder einen Bericht – erfolgt dann schneller als die erneute Ausführung der Abfrage.

3.6.9 Weitere Optimierungsmöglichkeiten bei Abfragen

Es gibt noch einige weitere Möglichkeiten, die Performance durch die Anpassung von Abfragen zu verbessern.

Verknüpfte Felder in Abfragen

Verknüpfte Felder in Abfragen sollten den gleichen oder einen kompatiblen Datentyp verwenden.

Eine häufig verwendete und sinnvolle Kombination sind beispielsweise die Feldgrößen `AutoWert` und `Long Integer`.

Einschränkende Kriterien

Einschränkende Kriterien, wie beispielsweise der folgende Ausdruck, sollten nicht in berechneten und nicht indizierten Feldern verwendet werden:

```
<=2000
```

Inklusionsverknüpfungen

Vermeiden Sie nach Möglichkeit `Inklusionsverknüpfungen` oder `Outer Joins`, da Access damit nicht so effektiv arbeiten kann.

Optimale Verwendung von Operatoren

Für den Zugriff auf indizierte Felder in einer Tabelle ist in einer Abfrage die Verwendung folgender Operatoren optimal:

- Zwischen ... Und (Between ... And)
- In
- = (Gleichheitszeichen)

Vermeiden Sie die gleichen Operatoren nach Möglichkeit bei nicht indizierten Tabellenfeldern.

Verwendung von Aggregatfunktionen

Verwenden Sie möglichst keine Aggregatfunktionen wie `DLookup` oder `DSum`, um auf Daten in Tabellen zuzugreifen, die nicht Bestandteil einer Abfrage sind.

Falls der Zugriff auf Daten solcher Tabellen notwendig sein sollte, fügen Sie diese Tabellen nach Möglichkeit zur Abfrage hinzu oder erstellen Sie eine Unterabfrage.

Kreuztabellenabfragen

Verwenden Sie bei Kreuztabellenabfragen nach Möglichkeit fixierte Spaltenüberschriften, um deren Ausführung zu beschleunigen.

3.7 Formulare und Steuerelemente

Formulare und Steuerelemente bieten ebenfalls eine Menge Möglichkeiten zur Leistungssteigerung.

3.7.1 Datenherkunft

Schon im letzten Abschnitt wurde erwähnt, aus Performancegründen für die Eigenschaft `Datenherkunft` eines Formulars keine SQL-Anweisung, sondern eine gespeicherte Abfrage zu verwenden. Das gilt auch für die Möglichkeit, mit Hilfe eines Eingabeformulars das Anzeigen vorhandener Datensätze zu verhindern.

Sortierungen

Die Datensätze der einem Formular zugrunde liegenden Abfrage sollten nur dann sortiert werden, wenn dies unbedingt erforderlich ist. Das gilt vor allem für Abfragen, in denen mehrere Tabellen zusammengefasst sind.

3.7.2 Steuerelemente

Grundsätzlich gilt: Reduzieren Sie die Anzahl der Steuerelemente auf einem Formular auf ein absolutes Minimum, weil das Laden von Steuerelementen relativ zeitraubend ist. Vermeiden Sie weiterhin sich überlappende Steuerelemente.

Die Formularsteuerelemente mit dem höchsten Optimierungspotenzial sind Unterformulare, Listen- beziehungsweise Kombinationsfelder und Grafiken.

Unterformulare

Wenn die Datenherkunft eines Unterformulars eine Abfrage ist, fügen Sie nur die tatsächlich für das Unterformular benötigten Felder dem Abfrageentwurf hinzu.

Die Verknüpfungsfelder zwischen Formular und Unterformular sollten in jedem Fall indizierte Felder sein. Das sind die Felder, die in der Entwurfsansicht des Unterformularsteuerelements für die Eigenschaften `Verknüpfen von` und `Verknüpfen nach` angegeben werden.

Überlegen Sie sich, ob Sie anstelle eines Unterformulars ein Listen- oder Kombinationsfeld verwenden können. Die Ladezeit eines solchen Steuerelements ist deutlich schneller als die eines Unterformulars.

Listen- und Kombinationsfelder

Auch Listen- und Kombinationsfelder sollten als Datenherkunft keine SQL-Anweisung, sondern eine gespeicherte Abfrage haben. Ebenso sollten nur die unbedingt benötigten Daten in solchen Steuerelementen angezeigt werden.

Indizieren Sie – falls diese Felder nicht identisch sind – sowohl das erste, als auch das gebundene Feld eines Listen- oder Kombinationsfelds.

Falls Sie die automatische Eingabeergänzung eines Kombinationsfeldes nicht benötigen, sollten Sie auch die Eigenschaft Automatisch ergänzen auf Nein einstellen.

Falls die Eigenschaft Automatisch ergänzen doch auf Ja eingestellt ist, sollte das betreffende Feld nach Möglichkeit vom Datentyp Text sein. Access muss nämlich zum Vergleich numerische Felder in Textfelder konvertieren. Bei der Verwendung des Datentyps Text entfällt diese Konvertierung logischerweise.

Wenn das gebundene Feld eines Kombinationsfelds nicht das angezeigte Feld ist, sollten Sie Folgendes vermeiden:

- Ausdrücke für das gebundene oder das angezeigte Feld

- Einschränkungen in der WHERE-Klausel der Datensatzherkunft

- Eine Datensatzherkunft auf Grundlage mehrerer Tabellen

Für eingebundene Tabellen als Datenherkunft gilt noch:

Falls sich diese Daten nicht ändern – beispielsweise bei den Anreden in einer Adressverwaltung – importieren Sie diese Daten in eine FrontEnd-Tabelle. Der Geschwindigkeitsvorteil vergrößert sich umso mehr, wenn die Anwendung in einer Netzwerkumgebung läuft.

Grafiken

Grundsätzlich gilt: Verwenden Sie Grafiken so sparsam wie nur eben möglich. Falls es wirklich notwendig ist, dann wählen Sie für Grafiken nach Möglichkeit das Steuerelement Bild anstelle eines gebundenen oder ungebundenen Objektfelds.

Bild-Steuerelemente benötigen nicht nur weniger Speicherplatz als OLE-Objekte, sondern werden auch wesentlich schneller angezeigt. Dies gilt vor allem dann, wenn Sie ein Formular mit einem Logo versehen wollen. Für die Verwendung der Grafiken gelten weiterhin noch folgende Optimierungstipps:

- Verwenden Sie schwarzweiße anstelle farbiger Grafiken.

- Verringern Sie bei farbigen Grafiken nach Möglichkeit die Farbtiefe.

3.7.3 Formularcode

Der VBA-Code in Formularen kann – je nach Funktionsumfang – ohne großen Funktionalitätsverlust optimiert werden.

Das Formularmodul

Wenn Ihr Formular keine Ereignisprozeduren oder sonstigen VBA-Code enthält, stellen Sie die Eigenschaft Enthält Modul des Formulars auf Nein ein.

Dann wird das Formular als so genanntes einfaches Objekt behandelt. Einfache Objekte sind kleiner und werden normalerweise schneller geladen und angezeigt als Objekte, die ein Klassenmodul enthalten.

Alternative Funktionalität

Auch ohne Formularmodul brauchen Sie nicht auf Funktionalität und Komfort zu verzichten. Dazu zwei Beispiele zum Öffnen eines anderen Formulars.

Eine Möglichkeit ist, eine Befehlsschaltfläche mit einem Hyperlink auszustatten, der das gewünschte Formular öffnet.

1. Legen Sie eine Befehlsschaltfläche im Formularfuß an.

2. Stellen Sie die Eigenschaft Hyperlink-Unteradresse auf das gewünschte Formular ein.

> **Tipp:** Alternativ dazu können Sie beim Ereignis Beim Klicken auch ein entsprechendes Makro aufrufen.

Die zweite Möglichkeit ist, Funktionen aus einem Standardmodul mit Hilfe eines Ausdrucks aufzurufen.

Eine Funktion zum Öffnen eines Formulars könnte wie in Quellcode 3.1 ausschauen.

```
Public Function OpenMyForm(MyFormName As String) As String
On Error GoTo Err_OpenMyForm
    DoCmd.OpenForm MyFormName
Exit_OpenMyForm:
    Exit Function
Err_OpenMyForm:
MsgBox "Encountered error: " & Str$(Err) & vbCrLf & Error$,, "OpenMyForm Error"}
    Resume Exit_OpenMyForm
End Function
```

Listing 3.1: Quellcode

Der Aufruf erfolgt in dem Beim Klicken-Ereignis einer Befehlsschaltfläche mit folgendem Ausdruck:

```
=OpenMyForm("frmPersonal")
```

3.7.4 Verschiedene Optimierungsmöglichkeiten bei Formularen

Abschließend folgen noch einige weitere Optimierungshinweise zu Formularen.

Nicht benötigte Formulare schließen

Da jedes geöffnete Formular Speicherplatz und Systemressourcen verbraucht, sollten Sie Formulare, die Sie nicht benötigen, schließen.

Formulare unsichtbar öffnen

Je nach Aufbau Ihrer Anwendung ist es sinnvoll, gleich nach dem Start häufig gebrauchte Formulare unsichtbar zu öffnen.

Dies kann beispielsweise durch Aufruf von Ereignisprozeduren im Beim Laden- oder Beim Öffnen-Ereignis eines Start- oder Übersichtformulars geschehen.

Der VBA-Code für eine solche Ereignisprozedur lautet wie folgt:

```
DoCmd.OpenForm "[Formularname]", , , , ,acHidden
```

Mit einer Befehlsschaltfläche, für deren Ereigniseigenschaft Beim Klicken Sie die folgende Prozedur hinterlegen, machen Sie das Formular dann sichtbar:

```
Private Sub BtnSichtbar_Click()
    Dim F As Form
    Set F = Forms!frmAbteilung
    F.Visible = True
End Sub
```

Größere Formulare aufteilen

Teilen Sie größere Formulare entweder durch einen Seitenumbruch auf oder setzen Sie zu diesem Zweck das Register-Steuerelement ein. Dadurch verringert sich die Anzahl der zu ladenden Steuerelemente.

Requery-Methode statt Requery-Aktion verwenden

Verwenden Sie für das erneute Abfragen der Datensatzherkunft die Requery-Methode

```
[Steuerelementname].Requery
```

anstatt der Requery-Aktion:

```
DoCmd.Requery"[Steuerelementname]"
```

3.8 Berichte

In Bezug auf Berichte gelten für Steuerelemente, Unterberichte und Grafiken die gleichen Optimierungsmöglichkeiten wie für Formulare. Gleiches gilt auch für die einem Bericht zugrunde liegende Abfrage, mit einer wichtigen Ausnahme: Abfragen, auf denen Berichte basieren, sollten nicht durch eine ORDER BY-Klausel sortiert werden. Berichte in Access verfügen über eingebaute Sortierungs- und Gruppierungsfunktionen, die eine vorhergehende Sortierung in der Abfrage ignorieren.

Bei Berichten können Sie mit der Eigenschaft BeiOhneDaten oder dem Ereignis OhneDaten ermitteln, ob für den Bericht überhaupt Daten zur Verfügung stehen, und den Druck abbrechen.

3.9 VBA-Code optimieren

Es wird Sie mit Sicherheit nicht überraschen, dass man auch bei der VBA-Programmierung in punkto Geschwindigkeit eine Menge falsch bzw. richtig machen kann.

3.9.1 Explizite Variablendeklaration

Obwohl in VBA nicht zwingend erforderlich, sollten Variablen vor ihrer Verwendung explizit deklariert werden. Damit Sie dies nicht vergessen, wählen Sie im Visual Basic-Editor aus dem Menü Extras den Befehl Optionen aus. Aktivieren Sie dann auf der Registerkarte Editor das Kontrollkästchen Variablendeklaration erforderlich (siehe Abbildung 3.10).

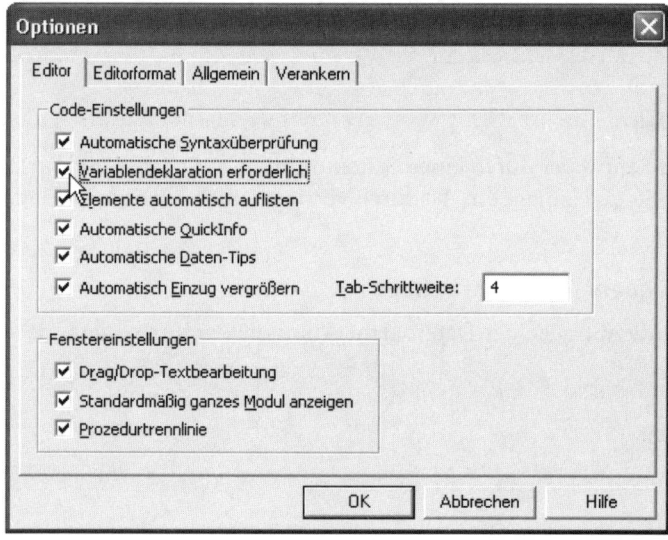

Abb. 3.10: Das Dialogfenster Optionen

Danach wird in jedem neuen Modul am Anfang nach der Zeile Option Compare Database die folgende Zeile hinzugefügt:

```
Option Explicit
```

3.9.2 Datentypen und Variablendeklarationen

VBA stellt verschiedene Datentypen zur Verfügung, die sich – neben ihren grundsätzlichen Eigenschaften – auch in Bezug auf Speicherplatzbedarf und Verarbeitungsgeschwindigkeit unterscheiden. Auch hier gilt wieder:

Verwenden Sie möglichst kleine Datentypen, falls deren Wertebereich ausreichend ist. Bei der Variablendeklaration erhält jede Variable ohne das optionale Typkennzeichen den Standardtyp `Variant`.

`Dim A` deklariert also eine Variant-Variable mit Namen A. Dabei belegen aber Variablen vom Typ `Variant` erstens viel Speicherplatz und sind zweitens bei Rechenoperationen langsam. Deswegen ist eine Variablendeklaration nur mit folgender Syntax sinnvoll:

```
Dim Variablenname As Typ
```

Das obige Beispiel müsste also beispielsweise folgendermaßen heißen:

```
Dim A As Integer
```

3.9.3 Objektvariablen verwenden

Objektvariablen sind Verweise auf Access-Objekte wie Formulare, Berichte oder Tabellen. Beim häufigen Zugriff auf bestimmte Objekte bringt die Verwendung von Objektvariablen einen Geschwindigkeitsvorteil, weil das Objekt nach dem ersten Zugriff bereits in der Variablen gespeichert ist. Ein Beispiel für den Einsatz einer Objektvariablen vom Typ `Form` wurde bereits im letzten Abschnitt dieses Beitrags gezeigt. Hier soll es kurz erläutert werden. Die Deklaration der Objektvariablen erfolgt wie jede andere Variablendeklaration auch:

```
Dim F As Form
```

Anschließend wird mit Hilfe der `Set`-Anweisung eine Referenz auf ein geöffnetes Formular zugewiesen:

```
Set F = Forms!frmAbteilung
```

Anschließend kann auf die Eigenschaften des Objekts zugegriffen werden:

```
F.Visible = True
```

3.9.4 Verwendung von IIf

Vermeiden Sie den Gebrauch der `IIf`-Funktion (`Immediate If`), weil dabei immer beide Ausdrücke ausgewertet werden.

```
Function IIf_Groesser (Test As Integer)
   Iif_Groesser = IIf(Test > 1000, True, False)
End Function
```

Eine normale IF...Then...Else-Konstruktion dagegen ist deutlich schneller, weil hierbei in Abhängigkeit von der Auswertung der If-Bedingung immer nur ein Anweisungsblock ausgeführt wird.

```
Function If_Groesser (Test_1 As Integer)
    If Test_1 > 1000 Then
        If_Groesser = True
    Else
        If_Groesser = False
    End If
End Function
```

Am schnellsten geht es natürlich mit der folgenden Variante:

```
Function If_Groesser (Test_1 As Integer)
    If_Groesser = Test_1 > 1000
End Function
```

3.9.5 Code kompiliert speichern

VBA ist eine so genannte Interpreter-Sprache. Das bedeutet, dass der VBA-Code vor seiner Ausführung übersetzt oder kompiliert werden muss. Diese Kompilierung wird von Access standardmäßig beim Öffnen der Datenbank vorgenommen, es sei denn, der Code wurde zuvor in kompiliertem Zustand gespeichert. Dies geht wie folgt:

1. Öffnen Sie ein beliebiges Modul in der Entwurfsansicht.

2. Führen Sie den Menübefehl Debuggen → Kompilieren von ... (Access 2000 und höher) beziehungsweise Testen → Alle Module kompilieren und speichern (Access 97) aus.

Anschließend kann der VBA-Code auch nach einem erneuten Öffnen der Datenbank ohne erneute Kompilierung ausgeführt werden. Beachten Sie bei der Kompilierung folgende Besonderheiten:

- Falls die Datenbankdatei umbenannt wurde, muss die Kompilierung wiederholt werden. Achten Sie also auch beim Komprimieren darauf, dass die Datenbank ihren ursprünglichen Namen behält.

- Auch in einer Mehrbenutzerumgebung darf die Datenbank nur von einem einzigen Benutzer geöffnet sein. Ansonsten kann die Datenbank nicht kompiliert gespeichert werden.

- Jede Änderung an einem Datenbankobjekt, die auch den VBA-Code betrifft, bewirkt eine Aufhebung der Kompilierung.

3.9.6 Ausdrückliche Verweise auf OLE-Objektserver

Verweisen Sie in Ihrem Code explizit auf die Bibliotheken von OLE-Objektservern wie der DAO- oder der ADO-Bibliothek. Verwenden Sie also die folgenden beiden Schreibweisen:

```
Dim MyDB As DAO.Database
Dim MyCnn As ADO.Connection
```

Der Geschwindigkeitsvorteil ist darin begründet, dass Access nicht alle Objektbibliotheken nach den entsprechenden Bezeichnern durchsuchen muss, sondern direkt auf den richtigen Objektdatentyp zugreifen kann. Ein weiterer positiver Nebeneffekt ist, dass Ihr Code eindeutiger und somit lesbarer wird.

3.9.7 DAO-Programmierung

Die bei reinen Accessdatenbanken überwiegend verwendete Programmierung mit den `Data Access Objects` (DAO) bietet ebenfalls verschiedene Möglichkeiten zur Geschwindigkeitsoptimierung.

Bookmarks bei der Datensatznavigation

Verwenden Sie nach Möglichkeit bei der Datensatznavigation die `Bookmark`-Eigenschaft (Lesezeichen) anstelle der `FindNext`-Methode. Die Jet-Engine von Access kann schneller auf Lesezeichen zugreifen als sequentiell lesen, wie es beim Gebrauch von `FindNext` notwendig ist.

Mit Seek anstelle Find suchen

Verwenden Sie zur Festlegung der Position für den nächsten Lese- oder Schreibvorgang die `Seek`-Anweisung anstelle der `Find`-Methode. Die `Seek`-Anweisung kann Indizes effizienter verwenden und stellt die schnellste Datenzugriffsmethode dar.

3.9.8 Tipps zu VBA

Zum Abschluss dieses Abschnitts finden Sie noch einige weitere Optimierungstipps für die Verwendung von VBA.

Module organisieren

VBA arbeitet wie folgt: Beim Aufruf einer Prozedur oder Funktion wird das gesamte Modul, in dem sich der Code befindet, in den Speicher geladen. Deswegen sollten Sie Prozeduren, die zusammen verwendet werden, auch in einem gemeinsamen Modul unterbringen. Anderenfalls müssen ständig neue Module in den Speicher geladen werden, worunter natürlich die Performance leidet.

Code aufräumen

Es ist ganz natürlich, dass während der Entwicklung einer Access-Anwendung nicht mehr verwendeter Code und ungenutzte Variablen in den Modulen zurückbleiben.

Machen Sie sich die Mühe, nach diesen „Programmierleichen" zu suchen und jede nicht verwendete Codezeile in ihren Modulen zu löschen.

Konstanten anstelle von Variablen

Verwenden Sie – falls irgendwie möglich – Konstanten anstelle von Variablen. Dies ist vor allem dann angebracht, wenn Sie Daten verwenden, die sich nicht ändern, so wie die Zahl Pi.

Der Geschwindigkeitsvorteil dieser Vorgehensweise liegt darin, dass VBA den Wert einer Konstanten kompilieren und somit schneller als eine Variable ausführen kann.

Verwendung von Me

Gebrauchen Sie das Schlüsselwort Me anstelle der Bezeichnung forms![Formularname], wenn Sie innerhalb eines Formularmoduls auf das Formular verweisen.

Ausschalten der Bildschirmaktualisierung

Das Ausschalten der Bildschirmaktualisierung bei der Programmausführung kann – gerade bei komplexeren Anwendungen — erhebliche Geschwindigkeitsvorteile mit sich bringen.

Dies geschieht mit Hilfe der Echo-Methode des Application-Objekts.

Tipp: Vergessen Sie nicht, die Bildschirmaktualisierung wieder einzuschalten.

3.10 Access im Netzwerk

Ein ganz wichtiger Aspekt beim Einsatz von Access im Netzwerk ist die Minimierung des Netzwerkverkehrs.

3.10.1 Access aufteilen

Teilen Sie Ihre Anwendung nach Möglichkeit in Front- und BackEnd auf. Die Tabellen mit den Daten legen Sie dann im BackEnd auf dem Netzwerkserver ab. Alle anderen Datenbankobjekte (Formulare, Berichte, Abfragen und Module) verbleiben in der FrontEnd-Datenbank, die auf jeder Arbeitsstation vorhanden sein sollte.

Bei einer solchen Aufteilung ist die Leistung schon deshalb grundsätzlich besser, weil nur noch Daten über das Netzwerk gesendet werden müssen. Falls Sie mit einer solchen Aufteilung in Front- und BackEnd nicht vertraut sein sollten, können Sie mit dem Menübefehl Extras → Datenbank-Dienstprogramme → Assistent zur Datenbankaufteilung einen Assistenten aufrufen, der Sie durch die Aufteilung führt.

3.10.2 Statische Daten lokal halten

Halten Sie Tabellen mit statischen Daten nicht auf dem Netzwerkserver, sondern auf der Arbeitsstation zur Verfügung. So reduzieren Sie automatisch den Netzwerkverkehr. Statische Daten sind Daten, die sich gar nicht oder nur selten ändern. Dazu können beispielsweise zählen:

- Einträge für benutzerdefinierte Menüs
- Sprach- oder Systemeinstellungen
- Alle Post- oder Bankleitzahlen Deutschlands

3.10.3 Sperren optimieren

In einer Mehrbenutzerumgebung bietet Access verschiedene Sperrmethoden an, die sich auf die Geschwindigkeit der Anwendung und auf die Verfügbarkeit der Daten auswirken. Welche Methode die sinnvollste ist, hängt von den individuellen Gegebenheiten einer jeden Anwendung bzw. Arbeitsumgebung ab und kann deshalb nicht pauschal beantwortet werden. Orientieren Sie sich bei der Auswahl der für Ihre Verhältnisse optimalen Sperrmethode an folgenden Richtlinien.

Häufige Datenänderung – viele Mitarbeiter

Verwenden Sie in einer solchen Situation die Sperrmethode `Bearbeiteter Datensatz`. Das ist zwar die langsamste Methode, verhindert aber unter diesen Voraussetzungen vergebliche Zugriffe auf den betreffenden Datensatz.

Seltene Datenänderung – wenige Mitarbeiter

Hier bietet sich die Sperrmethode `Keine Sperrungen` an, die deutlich schneller ist. Die dritte Sperrmethode – `Alle Datensätze` – ist für eine Mehrbenutzerumgebung in der Regel kaum geeignet. Die Einstellung der Sperrmethoden erfolgt über `Extras →
Optionen` auf der Registerkarte `Weitere`.

3.11 Zusammenfassung

Die Arbeit mit Access-Datenbanken macht – wie jede andere Arbeit am PC – am meisten Spaß, wenn die gewünschten Prozesse schnell genug erledigt werden.

Eine allgemeine Erhöhung der Geschwindigkeit und damit auch einen Performance-Gewinn bei der Arbeit mit der Datenbankanwendung erreichen Sie durch die Verwendung eines zeitgemäßen PC – und hier vor allem durch den Einsatz von ausreichend Arbeitsspeicher und einer SCSI-Festplatte.

Darüber hinaus bietet Access eine Fülle von Möglichkeiten, durch das Datenbankdesign und durch Optimierung der einzelnen Objekte einen Performance-Gewinn zu erreichen.

Überprüfen Sie einfach einmal die Auswirkung der einen oder anderen Veränderung an einer bestehenden Datenbank und vergessen Sie die beschriebenen Methoden nicht, wenn Sie mal wieder ein neues Projekt beginnen.

4 Online-Hilfe mit Access

André Minhorst, Duisburg

Datenbankanwendungen sollten in der Regel eine Benutzeroberfläche beinhalten, die dem Anwender ein intuitives und einfaches Arbeiten ermöglicht. Wenn die Datenbankanwendung nun auch noch mit relativ wenigen Funktionen auskommt, dann können Sie diese auch ohne größere Anleitung an die Anwender verteilen. Sobald aber mit Intuition nichts mehr zu erreichen ist, weil entweder die Komplexität der Anwendung zu groß wird oder die Funktionen einfach erklärungsbedürftig sind, sollten Sie dem Anwender zur Seite stehen und ihm den Umgang mit Ihrer Anwendung erleichtern.

Inhalt

4.1 Arten von Programm-Hilfen

Für die Unterstützung des Anwenders beim Umgang mit Ihrer Applikation gibt es eine Reihe von Möglichkeiten. In den folgenden Abschnitten lernen Sie vier unterschiedliche Wege kennen, von denen zwei später genauer beschrieben werden.

Hilfe in Bezeichnungsfeldern

Einfache Erklärungen, die z. B. für die Zusammenarbeit mit einem Assistenten erforderlich sind, können leicht in Form eines Bezeichnungsfeldes an Ort und Stelle untergebracht werden.

Hilfe per SteuerelementTip-Text

Umfangreiche Formulare mit vielen erklärungsbedürftigen Eingabefeldern können sicher nicht zu jedem der Eingabefelder ergänzende Texte enthalten. Falls die Erklärungen kurz sind – also die Länge einiger Sätze nicht überschreiten – und keine Abbildungen benötigt werden, können Sie die Eigenschaft `SteuerelementTip-Text` der Eingabeformulare verwenden.

Hilfe auf Papier

Obwohl das papierfreie Büro hier und dort propagiert wird, ist ein Handbuch für eine umfangreiche Dokumentation immer noch weit verbreitet. Formate wie PDF bieten dem Anwender die Möglichkeit, zwischen der Bildschirmvariante und dem bedruckten Papier zu wählen.

Das Medium Papier hat allerdings große Nachteile, wenn es um das schnelle Nachschlagen einer bestimmten Funktion oder Ähnliches geht. Bevor man in Handbüchern mit schlecht gepflegtem Index und Inhaltsverzeichnis fündig wird, hat man in der Regel schon auf Umwegen die Lösung für das Problem herausgefunden.

Die PDF-Variante bietet immerhin die Möglichkeit, über Inhaltsverzeichnis, Index und teilweise sogar Querverweise schnell zu den gewünschten Stellen zu springen. Auch hier gibt es allerdings keine Garantie für einen sorgfältig ausgearbeiteten Index.

4.2 Hilfe per SteuerelementTip-Text

Wenn Sie nur kurze Bemerkungen oder Anleitungen zur Erläuterung einer Funktion oder eines Steuerelements benötigen, können Sie die Eigenschaft `SteuerelementTip-Text` der unterschiedlichen Steuerelemente verwenden.

Hier können Sie den Text zur Erläuterung eingeben. Der eingegebene Text wird angezeigt, sobald sich der Mauszeiger über dem entsprechenden Steuerelement befindet.

Die Eigenschaft finden Sie, wenn Sie ein Formular in der Entwurfsansicht öffnen, das gewünschte Steuerelement aktivieren und im Eigenschaftsfenster das Registerblatt `Andere` aktivieren (siehe Abbildung 4.1 auf der nächsten Seite).

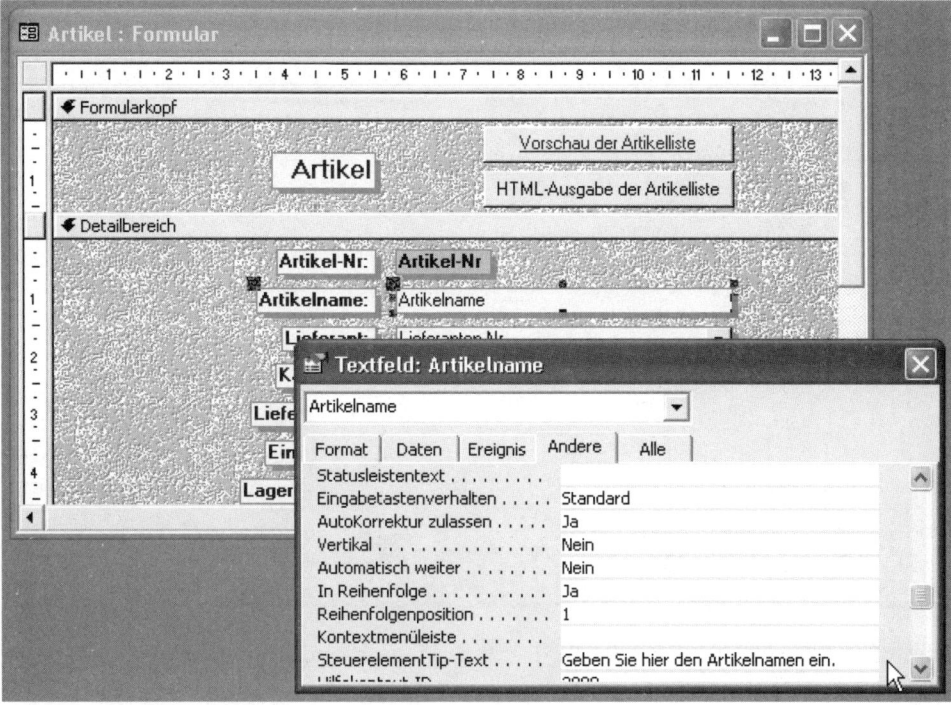

Abb. 4.1: Festlegen der Eigenschaft SteuerelementTip-Text

Abbildung 4.2 auf der nächsten Seite zeigt, wie der SteuerelementTip-Text in der Praxis aussieht. Ein SteuerelementTip-Text kann bis zu 255 Zeichen lang werden. Da die Darstellung einer solchen Zeichenkette in einer einzigen Zeile optisch nicht besonders ansprechend ist, können Sie hier auch Zeilenumbrüche unterbringen.

Komfortabel geht das, wenn Sie mit der rechten Maustaste das Kontextmenü des Textfeldes für die Eigenschaft `SteuerelementTip-Text` aktivieren und dort den Eintrag `Zoom` auswählen.

Es erscheint ein Fenster, in dem Sie den gewünschten Text bequem eintippen können. Zeilenumbrüche geben Sie mit der Tastenkombination `Strg` + `Eingabetaste` ein.

4.3 Einbinden einer Online-Hilfe in Access

Die Möglichkeiten zum Einbinden der Online-Hilfe hängen stark von der verwendeten Access-Version ab. Die hier verwendete Anwendung zur Erstellung der Online-Hilfe ist die aktuellste Software, die von Microsoft für diesen Zweck zur Verfügung gestellt wird.

Access 97 unterstützt Sie daher nur mäßig, während Sie mit Access 2000 und höher wesentlich mehr Freude daran haben werden.

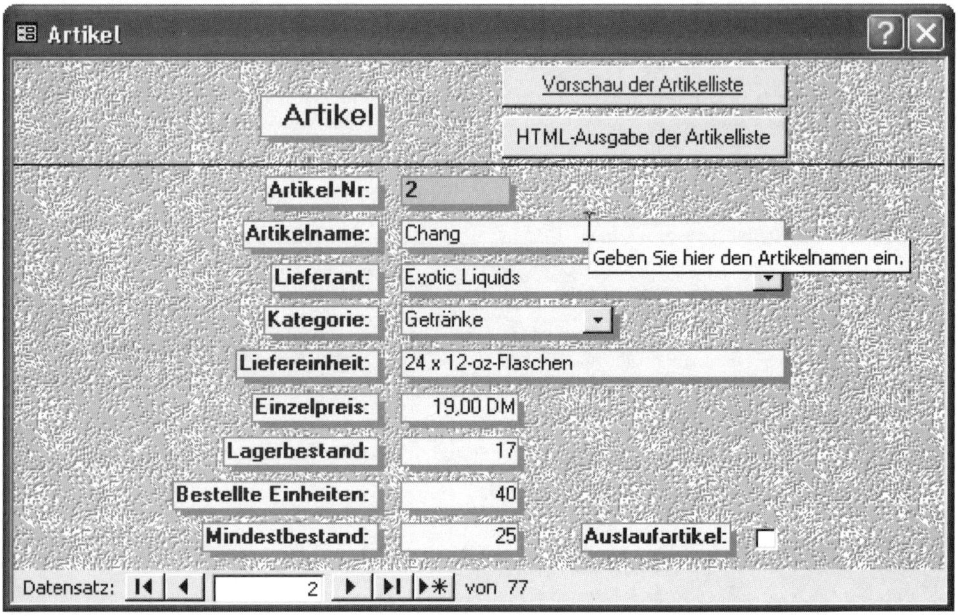

Abb. 4.2: SteuerelementTip-Text in Aktion

4.3.1 Online-Hilfe mit Access 97

Unter Access 97 ist die einfachste Möglichkeit der Einbindung der Aufruf per Schaltfläche. Damit können Sie allerdings nur die erstellte Online-Hilfe ohne Angabe einer bestimmten Seite öffnen.

> **Tipp:** Access 97 ist für die Verwendung von Hilfe-Dateien ausgelegt, die mit dem Vorgänger des HTML Help Workshop erstellt wurden. Zwar kann Access 97 auf Hilfe-Dateien zugreifen, die mit dem HTML Help Workshop erstellt wurden, allerdings ist der Aufwand vergleichsweise hoch und kann an dieser Stelle leider nicht beschrieben werden.

Um die Online-Hilfe per Schaltfläche aufzurufen, gehen Sie folgendermaßen vor:

1. Öffnen Sie das gewünschte Formular in der Entwurfsansicht.

2. Legen Sie eine neue Schaltfläche namens cmd Hilfe an und beschriften Sie diese beispielsweise mit ? Hilfe.

3. Hinterlegen Sie für die Ereigniseigenschaft Beim Klicken der Schaltfläche die nachfolgende Prozedur.

```
Private Sub cmdHilfe_Click()
    Call Shell("hh.exe " & Left(CurrentDb.Name, Len(CurrentDb.Name) - Len(Dir( )
    CurrentDb.Name))) & "Fahrtenbuch.chm", vbMaximizedFocus)
End Sub
```

Die Prozedur verwendet die `Shell`-Funktion zur Ausführung eines Kommandozeilenbefehls – in diesem Fall den Aufruf der Anwendung `hh.exe`.

Mit dieser Anwendung zeigen Sie die nachfolgend angegebene `Hilfe`-Datei an. Der Aufbau des Dateinamens geht davon aus, dass sich die `Hilfe`-Datei im gleichen Verzeichnis wie die Anwendung befindet. Falls Sie einen anderen Pfad wählen, müssen Sie den folgenden Ausdruck durch den gewählten Pfad ersetzen:

```
Left(CurrentDb.Name, Len(CurrentDb.Name) - Len(Dir(CurrentDb.Name))
```

Der letzte Parameter des Shell-Aufrufs gibt an, dass die `Hilfe`-Datei in einem maximierten Fenster angezeigt werden soll.

4.3.2 Online-Hilfe mit Access 2000 und höher

Neuere Access-Versionen sind für die Anwendung von `Hilfe`-Dateien ausgelegt, die mit dem `HTML Help Workshop` erstellt wurden. Die Kombination beider Anwendungen bietet die Möglichkeit, die Online-Hilfe über die Taste `F1` oder über die Direkthilfe der Anwendung aufzurufen. Dabei können Sie definieren, welche Seite die Online-Hilfe beim Öffnen der `Hilfe`-Datei anzeigen soll.

Online-Hilfe in Formularen

Die Funktion dient hauptsächlich dazu, Hilfe bei der Arbeit mit den Formularen einer Access-Anwendung anzubieten.

Dabei können Sie für jedes Formular eine eigene `Hilfe`-Datei festlegen. In der Regel werden Sie allerdings eine einzige `Hilfe`-Datei für die komplette Datenbankanwendung verwenden.

Außerdem können Sie sowohl für das Formular selbst als auch für jedes Steuerelement, das den Fokus erhalten kann, ein Hilfethema festlegen. Abbildung 4.3 auf der nächsten Seite zeigt das Eigenschaftsfenster mit den entsprechenden Eigenschaften.

Das Eigenschaftsfenster der einzelnen Steuerelemente des Formulars enthält lediglich das Feld `Hilfekontext-ID`. Sie können für die Steuerelemente keine andere `Hilfe`-Datei festlegen als für das Formular selbst, aber auf eine andere ID verweisen.

Vorbereiten der Hilfe-Datei

Sie müssen noch einige Anpassungen in der `Hilfe`-Datei vornehmen, damit auch die gewünschten Seiten angezeigt werden. Wenn Sie das vernachlässigen, öffnen Sie mit der Taste `F1` oder der Direkthilfe lediglich die Standardseite der Online-Hilfe.

Zunächst benötigen Sie zwei Textdateien, die Sie mit jedem herkömmlichen Texteditor anlegen können.

Die erste Textdatei nennen Sie `map.h`. Legen Sie für jeden gewünschten Kontext je eine Zeile nach dem folgenden Schema an:

```
#define Konstante1 1000
#define Konstante2 2000
```

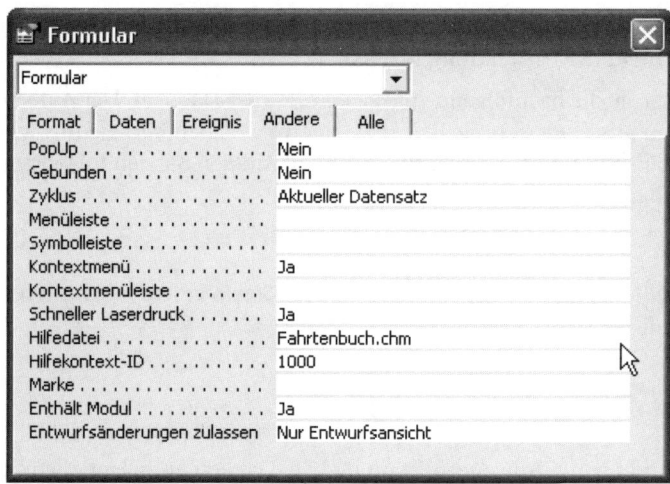

Abb. 4.3: Eigenschaften zur Festlegung der Hilfe-Datei

Statt Konstante1, Konstante2 usw. können Sie aus Gründen der Übersicht beispielsweise die Namen der HTML-Dateien ohne Dateiendung verwenden. 1000, 2000 usw. sind die Werte für die Eigenschaft Hilfekontext-ID.

Mit dieser Datei stellen Sie also eine Verbindung zwischen den Kontext-IDs und bestimmten Konstanten her. Mit der nächsten Datei namens alias.h ordnen Sie jeder Konstanten eine HTML-Datei zu:

```
Konstante1=hilfedatei1.htm;
Konstante2=hilfedatei2.htm;
```

Anschließend teilen Sie der Online-Hilfe noch die Existenz dieser beiden Dateien mit. Gehen Sie dazu folgendermaßen vor:

1. Starten Sie den HTML Help Workshop und öffnen Sie die gewünschte .hhp-Datei.

2. Klicken Sie auf die Schaltfläche HTMLHelp API information.

3. Klicken Sie im nun erscheinenden Dialog auf die Schaltfläche Header file... und wählen Sie die Datei map.h aus (siehe Abbildung 4.4 auf der nächsten Seite).

4. Verfahren Sie auf der Registerseite Alias genauso mit der Datei alias.h.

5. Schließen Sie den Dialog.

Nachdem Sie die benötigten Dateien erstellt und eingebunden haben, müssen Sie die Online-Hilfe nur erneut kompilieren. Damit sind Ihre Arbeiten an der Online-Hilfe erledigt.

Zuweisen der Kontexte an die Steuerelemente

Wenn Sie nun noch die Eigenschaften Hilfedatei und Hilfekontext-ID auf die gewünschte Datei und die entsprechenden in den beiden Dateien map.h und alias.h angegebenen KontextIDs eingestellt haben, steht der Online-Hilfe nichts mehr im Weg.

Wenn Sie das Formular in der Formularansicht öffnen und die Taste F1 betätigen, erscheint die Online-Hilfe mit dem gewünschten Thema.

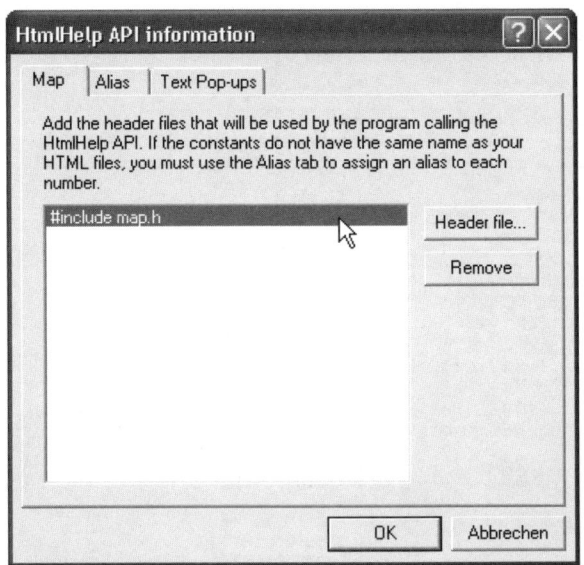

Abb. 4.4: Einfügen einer Map-Datei

Das Gleiche passiert, wenn der Fokus auf einem Steuerelement liegt, dem Sie eine Hilfekontext-ID zugeordnet haben. In dem Fall zeigt die Online-Hilfe die entsprechende Hilfe-Seite an.

Verwenden der Direkthilfe

Sicher kennen Sie die Fragezeichen-Symbole, die in der Titelleiste mancher Anwendung oder Fenster angezeigt werden.

Ein Mausklick auf dieses Symbol verwandelt den Mauszeiger in einen Zeiger mit Fragezeichen.

Damit können Sie auf Steuerelemente oder Bereiche klicken, für die Sie den Hilfetext lesen möchten. Um dieses Symbol zu aktivieren, gehen Sie folgendermaßen vor:

1. Wechseln Sie in die Entwurfsansicht des gewünschten Formulars.

2. Setzen Sie die Eigenschaft MinMaxSchaltflächen auf Keine und die Eigenschaft Schaltfläche Direkthilfe auf den Wert Ja.

Anschließend finden Sie die gewünschte Schaltfläche vor. Wenn Sie diese betätigen und dann auf den gewünschten Bereich oder das Steuerelement klicken (siehe Abbildung 4.5 auf der nächsten Seite), erscheint die entsprechende Hilfe.

Unter Umständen sieht das Ergebnis anders als erwartet aus: Es erscheint zwar eine Online-Hilfe mit dem gewünschten Hilfe-Thema, aber es ist nicht die erwartete Oberfläche.

Stattdessen finden Sie die herkömmliche Access-Hilfe vor (siehe Abbildung 4.6 auf der nächsten Seite).

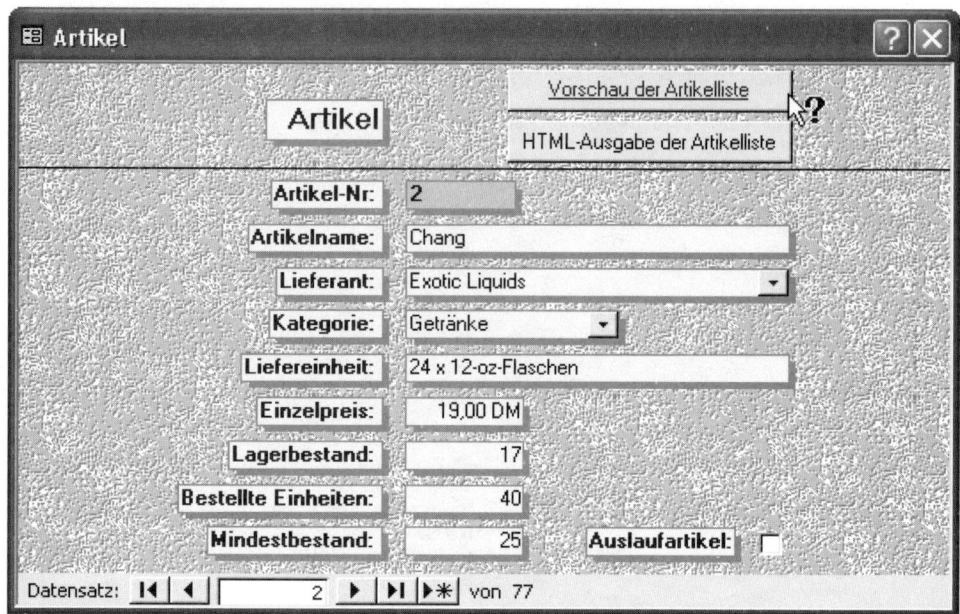

Abb. 4.5: Die Direkthilfe in Aktion

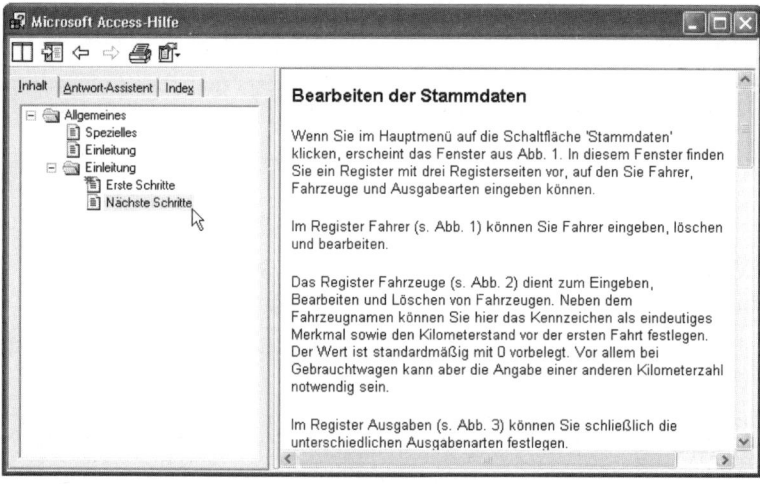

Abb. 4.6: Die Online-Hilfe im unerwarteten Gewand

Dabei handelt es sich um einen von Microsoft bestätigten Bug in neueren Access-Versionen.

Da Sie mit der Access-Variante der Online-Hilfe auf mühsam erstellte Funktionen wie den Index und die Lesezeichenverwaltung verzichten müssen, finden Sie in den folgenden Absätzen eine Zusammenfassung des entsprechenden Beitrags in der Knowledge Base von Microsoft (Artikelnummer Q271390).

Diese Variante öffnet die Hilfe im gewünschten Layout bei Betätigen der Taste F1.

Fügen Sie die Deklarationen und Funktionen aus Quellcode 4.1 in ein neues Modul ein:

```
Option Compare Database
Option Explicit

Declare Function HtmlHelp Lib "hhctrl.ocx" Alias "HtmlHelpA"
   (ByVal hwndCaller As Long, ByVal pszFile As String,
   ByVal uCommand As Long, ByVal dwData As Long) As Long

Const HH_DISPLAY_TOPIC = &H0
Const HH_SET_WIN_TYPE = &H4
Const HH_GET_WIN_TYPE = &H5
Const HH_GET_WIN_HANDLE = &H6
Const HH_DISPLAY_TEXT_POPUP = &HE
Const HH_HELP_CONTEXT = &HF
Const HH_TP_HELP_CONTEXTMENU = &H10
Const HH_TP_HELP_WM_HELP = &H11

Public Sub Show_Help(HelpFileName As String, MycontextID As Long)
   Dim hwndHelp As Long
   Select Case MycontextID
      Case Is = 0
         hwndHelp = HtmlHelp(Application.hWndAccessApp, HelpFileName, _
                    HH_DISPLAY_TOPIC, MycontextID)
      Case Else
         hwndHelp = HtmlHelp(Application.hWndAccessApp, HelpFileName, _
                    HH_HELP_CONTEXT, MycontextID)
   End Select
End Sub

Public Function HelpEntry()
   Dim FormHelpId As Long
   Dim FormHelpFile As String
   Dim curForm As Form
   Set curForm = Screen.ActiveForm
   FormHelpFile = "<Hilfedatei>"
   FormHelpId = <Standardkontext>
   If curForm.HelpFile <> "" Then
      FormHelpFile = curForm.HelpFile
   End If
   If Not IsNull(curForm.ActiveControl.Properties("HelpcontextId")) Then
      If curForm.ActiveControl.Properties("HelpcontextId") > 0 Then
         FormHelpId = curForm.ActiveControl.Properties("HelpcontextId")
      End If
   End If
   Show_Help FormHelpFile, FormHelpId
End Function
```

Listing 4.1: Quellcode

Der Vorgang zur Anzeige der Online-Hilfe beginnt mit dem Aufruf der Funktion HelpEntry.

Die Funktion erstellt zunächst einen Verweis auf das Formular, von dem die Hilfe aufgerufen wurde.

Abhängig davon, ob dem Formular eine Hilfedatei zugeordnet ist oder nicht, verwendet die Funktion im weiteren Verlauf entweder die für die Eigenschaft `Hilfedatei` angegebene Datei oder die zuvor mit der Variablen `FormHelpFile` festgelegte Datei. Geben Sie also für den Platzhalter `<Hilfedatei>` den Namen der Hilfedatei an, die Access anzeigen soll, falls für das aufrufende Objekt keine Hilfedatei angegeben ist.

Abhängig davon, ob für das aktuelle Steuerelement eine Hilfekontext-ID festgelegt ist, ruft die Funktion die nächste Funktion `Show_Help` mit den entsprechenden Parametern für die Hilfedatei und die Hilfekontext-ID auf.

Die Funktion `Show_Help` wertet die Parameter aus und verwendet die API-Funktion `HTMLHelp` zum Aufrufen der gewünschten Hilfe-Datei. Anschließend legen Sie ein Makro namens `Autokeys` an. Mit diesem Makro können Sie benutzerdefinierte Tastenkombinationen zur Ausführung bestimmter Aktionen festlegen. Im vorliegenden Fall soll das Betätigen der Taste `F1` überschrieben werden.

Statt der üblicherweise angezeigten Access-Hilfe soll nun Ihre eigene Online-Hilfe angezeigt werden. Dazu muss beim Verwenden der Taste `F1` die Funktion `Help_Entry` gestartet werden. Legen Sie das Makro folgendermaßen an:

1. Aktivieren Sie das Register `Makros` des Datenbankfensters und klicken Sie auf die Schaltfläche `Neu`.

2. Führen Sie den Menübefehl `Ansicht` → `Makronamen` aus.

3. Geben Sie im Feld `Makronamen` den Wert `{F1}` ein.

4. Wählen Sie im Feld `Aktion` den Eintrag `AusführenCode` aus.

5. Fügen Sie der nun im unteren Bereich erscheinenden Eigenschaft `Funktionsname` den Wert `HelpEntry()` hinzu.

6. Speichern Sie das Makro unter dem Namen `Autokeys`.

Nun erscheint bei einem Klick auf die Taste `F1` die gewünschte Online-Hilfe mit dem entsprechenden Hilfethema.

Leider bietet auch diese Lösung nicht die Möglichkeit, das eigene Hilfefenster mit der Schaltfläche zur Anzeige der Direkthilfe zu öffnen. Lassen Sie diese am besten von vornherein weg und weisen Sie den Anwender darauf hin, dass er die kontextabhängige Hilfe am einfachsten durch Betätigen der Taste `F1` erhält.

4.4 Zusammenfassung und Ausblick

Microsoft Access bietet die Möglichkeit der Hilfestellung für unterschiedliche Ansprüche.

Für die Erläuterung der Funktion einzelner Steuerelemente verwenden Sie am besten einfach den zu Beginn des Beitrags vorgestellten SteuerelementTip-Text, der beim Überfahren des Steuerelements mit der Maus angezeigt wird.

Für komplexere Erläuterungen, die sich auf die Funktionalität ganzer Formulare oder Steuerelementgruppen beziehen, erstellen Sie einfach eine HTML-Seite mit erläuterndem Text. Zusätzlich können Sie hier Abbildungen unterbringen, denn ein Bild sagt mehr als tausend Worte. Die Sammlung von HTML-Seiten zur Erläuterung der kompletten Anwendung stellen Sie dann mit dem HTML Help Workshop zu einer professionellen Online-Hilfe mit Inhaltsverzeichnis, Index und Volltextsuche zusammen.

5 Online-Hilfe mit dem HTML Help Workshop

André Minhorst, Duisburg

Das Erstellen einer Online-Hilfe sollte eigentlich ein Klacks sein. Ein paar HTML-Seiten mit Word oder einem anderen Programm zusammenschreiben, in ein Verzeichnis speichern und fertig. Doch was, wenn die Hilfe so umfangreich wird, dass Sie dem Anwender vielleicht doch noch ein Inhaltsverzeichnis oder einen Index zur Verfügung stellen möchten? Der HTML Help Workshop hilft Ihnen hier weiter, wie der vorliegende Beitrag zeigt.

Inhalt

5.1 Die Online-Hilfe

Einer der – vor allem von Anfängern – am meisten missverstandenen Begriffe der Computerwelt ist wohl Online-Hilfe. Das resultiert vermutlich vor allem aus dem in die Irre führenden Wort Online. Einige Anwendungen bieten echte Online-Hilfen an, die einen Abruf von Hilfestellungen zu verschiedenen Themen über das Internet ermöglichen.

Der Begriff Online-Hilfe umfasst aber auch die allgegenwärtigen Anwendungen, die von den jeweiligen Programmen aus gestartet werden und Hilfe zu diesem Programm im HTML-Format anbieten.

In den folgenden Kapiteln erfahren Sie, wie Sie mit dem HTML Help Workshop eine professionelle Online-Hilfe für Ihre eigenen Anwendungen erstellen können.

5.2 Online-Hilfe mit dem HTML Help Workshop

Der HTML Help Workshop ist ein kostenloses Tool von Microsoft. Sie können es unter der folgenden Internetadresse herunterladen (ohne Zeilenumbruch):

```
http://msdn.microsoft.com/library/default.asp?url=/library/en-us/
htmlhelp/html/hwMicrosoftHTMLHelpDownloads.asp
```

Dort finden Sie auch weitere Informationen zur Installation, zu den Systemanforderungen (Sie brauchen in jedem Fall den Internet Explorer, empfohlen ab Version 4) und zu eventuellen Sicherheitslücken.

Nach der Installation können Sie sich allerdings noch nicht direkt an die Arbeit mit dem HTML Help Workshop begeben – erst einmal sind einige Vorarbeiten zu erledigen.

5.2.1 Möglichkeiten des HTML Help Workshops

Der HTML Help Workshop bietet unter anderem die nachfolgend aufgeführten Funktionen zur Erstellung einer professionellen Online-Hilfe an:

1. Einbinden beliebig vieler HTML-Dokumente, die untereinander verknüpft sein können

2. Erstellung von Inhaltsverzeichnissen

3. Verschiedene Möglichkeiten zum Erstellen eines Indexes

4. Definieren kontextabhängiger Hilfethemen, die von anderen Anwendungen aus aufgerufen werden können

5. Automatisches Erstellen einer Volltextsuche

6. Verwalten von Lesezeichen

5.2.2 Strukturierung der Online-Hilfe

Machen Sie sich zunächst ein paar Gedanken, wie Ihre Anwendung aufgebaut ist und wie dementsprechend die Online-Hilfe aussehen könnte. In der Regel können Sie die Online-Hilfe ähnlich wie die Struktur der eigentlichen Anwendung gestalten.

5.2.3 Erstellen eines neuen Projektes

Nach der Theorie folgt die Praxis: Starten Sie nun den HTML Help Workshop und legen Sie mit dem Menübefehl File → New und anschließender Auswahl des Eintrages Project ein neues Projekt an.

Die Anwendung startet automatisch den Assistenten zum Anlegen eines neuen Projektes und fragt in den folgenden Schritten einige Informationen ab – z. B. den Namen der zu erstellenden Projektdatei und deren Speicherort. Die Projektdatei wird anschließend unter dem angegebenen Namen mit der Endung .hhp gespeichert.

Der HTML Help Workshop sieht nun etwa wie in Abbildung 5.1 aus. Der linke Bereich des Fensters enthält unter [Options] die bisher festgelegten Eigenschaften.

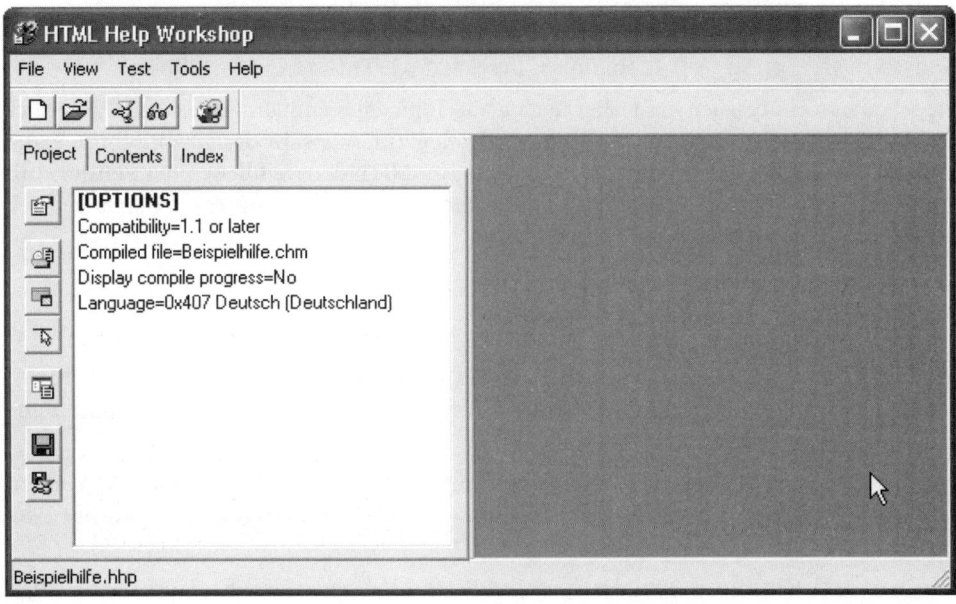

Abb. 5.1: Der HTML Help Workshop

5.2.4 Einstellen der Optionen

Mit der Schaltfläche `Change Project Options` können Sie einige Eigenschaften des Projektes einstellen. Hier können Sie z. B. den Text der Titelzeile, die beim Start anzuzeigende HTML-Datei, den Speichernamen der `.chm`-Datei und einige weitere Informationen festlegen.

Einige davon werden Sie in den nachfolgenden Abschnitten noch näher kennen lernen.

5.2.5 Erstellen der Texte

Nun schaffen Sie die Voraussetzung, um die Online-Hilfe mit Inhalten zu füllen. Mit einem HTML-Editor Ihrer Wahl können Sie nun zwei oder mehr Beispielseiten erstellen, in denen Sie beliebige Texte usw. unterbringen.

Speichern Sie diese am besten in dem gleichen Verzeichnis, in dem Sie die Projektdatei gespeichert haben.

5.2.6 Einbinden von HTML-Dokumenten in die Online-Hilfe

Das Hinzufügen der HTML-Dokumente erfolgt durch einen Mausklick auf die Schaltfläche `Add/Remove Topic Files` im linken Bereich des HTML Help Workshops.

Sie sehen nun ein Fenster, das bisher noch keine Topic Files enthält. Nach einem Mausklick auf die Schaltfläche `Add...` erscheint ein Dialog zur Auswahl der gewünschten Datei. Wählen Sie hier die gewünschte(n) Datei(en) aus. Nach dem Schließen des Fensters mit dem Titel `Topic Files` erscheinen die eingebundenen Dateien namentlich im linken Teil des Anwendungsfensters unter `[Files]`.

5.2.7 Kompilieren der Online-Hilfe

Wenn Sie auf diese Weise zwei oder mehr HTML-Dateien eingebunden haben, dürfen Sie einen Blick auf das Zwischenergebnis werfen. Dazu kompilieren Sie die Online-Hilfe zunächst mit der Schaltfläche `Compile HTML File`.

Nachdem Sie per Dialog die gewünschte Projektdatei ausgewählt haben, erscheint im rechten Bereich des Anwendungsfensters ein weiteres Fenster mit dem Inhalt der `Log`-Datei.

Hier finden Sie eine Auflistung der durchgeführten Aktionen sowie der dabei verwendeten Dateien.

5.2.8 Ansehen der Online-Hilfe

Nach der Erstellung können Sie sich die Online-Hilfe nun mit einem Mausklick auf die Schaltfläche `View Compiled File` ansehen.

Das Ergebnis ist ernüchternd: kein Index, kein Inhaltsverzeichnis – das Fenster zeigt lediglich eine der HTML-Dateien an (in der Regel die erste in der Liste) und ein Wechsel zu der anderen Seite ist nicht möglich.

5.2.9 Inhaltsverzeichnis und Index

Zur ergonomischen Gestaltung der Online-Hilfe gibt es drei Möglichkeiten:

1. Sie verknüpfen die Seiten mit Hyperlinks untereinander.
2. Sie erstellen ein Inhaltsverzeichnis zur hierarchischen Anzeige der Hilfetexte.
3. Sie erstellen einen Index zum Auffinden wichtiger Schlagwörter.

Selbstverständlich ist eine Kombination aller drei Möglichkeiten die beste Lösung, sofern die Komplexität der Hilfe das verlangt.

Da Sie zur Erstellung der Online-Hilfe über rudimentäre HTML-Kenntnisse verfügen sollten, enthält der vorliegende Beitrag keine Informationen über das Erstellen von HTML-Dateien und die Verwendung von Hyperlinks zur Verknüpfung unterschiedlicher HTML-Seiten.

Eine Beschreibung der anderen beiden Möglichkeiten finden Sie in den folgenden Kapiteln.

5.3 Anlegen eines Inhaltsverzeichnisses

Damit die Online-Hilfe benutzbar wird, legen Sie nun ein Inhaltsverzeichnis an. Neben der Registerseite `Projects` finden Sie in der Anwendung noch zwei weitere Registerseiten: `Contents` und `Index`. Wechseln Sie zunächst auf die Registerseite `Contents`.

Da Sie noch kein Inhaltsverzeichnis angegeben haben, können Sie nun wählen, ob Sie eine neue Inhaltsverzeichnis-Datei erstellen oder eine vorhandene Datei verwenden möchten (siehe Abbildung 5.2). Wählen Sie hier die erste Option und geben Sie im folgenden Dialog den gewünschten Dateinamen und Speicherort an.

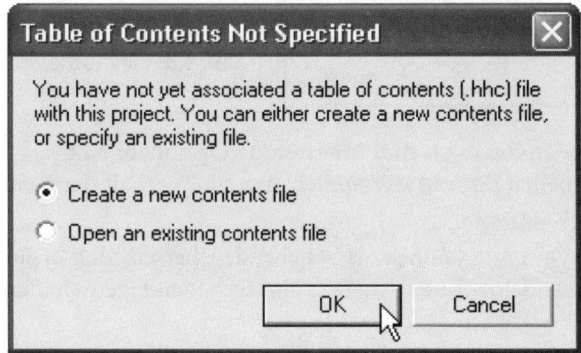

Abb. 5.2: Anlegen eines neuen Inhaltsverzeichnisses

Anschließend erfolgt der Wechsel zum Registerblatt `Contents`. Hier finden Sie einige Schaltflächen, die dem Hinzufügen, Entfernen und Verschieben der einzelnen Einträge dienen.

Es gibt zwei unterschiedliche Eintragsarten: Überschriften (Headings) und Seiten (Pages).

Durch einen Mausklick auf die Schaltfläche `Insert a heading` können Sie dem Inhaltsverzeichnis eine Überschrift hinzufügen.

Mit der Schaltfläche Insert a page erledigen Sie das Gleiche mit einer Seite.

Der Unterschied ist, dass Sie einer Überschrift weitere Überschriften und Seiten unterordnen können. Außerdem erfordern Seiten die Angabe einer HTML-Seite, die beim Mausklick des Anwenders auf den jeweiligen Eintrag angezeigt werden soll. Bei einer Überschrift ist diese Möglichkeit optional.

Sie können theoretisch einfach erst einmal alle HTML-Seiten, die Sie aufnehmen möchten, als Seite in das Inhaltsverzeichnis einstellen und die gewünschten Überschriften hinzufügen.

Beim Klick auf eine der beiden Schaltflächen Insert a page und Insert a heading erscheint jeweils der Dialog aus Abbildung 5.3. Unter Entry title: geben Sie den anzuzeigenden Text an. Mit der Schaltfläche Add öffnen Sie einen Dialog, mit dem Sie eine der eingebundenen HTML-Dateien an den jeweiligen Eintrag binden.

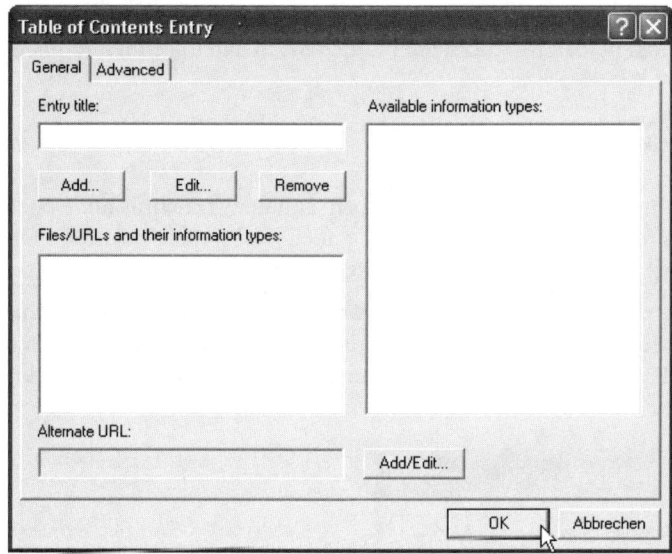

Abb. 5.3: Eigenschaften eines neuen Eintrags

Auf der Registerseite Advanced finden Sie noch drei interessante Optionen: Mit Mark as new entry können Sie den aktuellen Eintrag als neu deklarieren. Er erhält dann ein anderes Icon, z. B. eines mit einem Sternchen.

Mit der Option Change entry to a page können Sie bestehende Überschriften in Seiten und Seiten in Überschriften umwandeln, ohne die bereits eingegebenen Eigenschaften ändern zu müssen.

Die Option Image index bietet schließlich unterschiedliche Symbole zur Auswahl an. Falls Sie eine dieser Eigenschaften später ändern möchten, können Sie den Dialog mit der Schaltfläche Edit selection erneut öffnen.

Nach dem Anlegen der Einträge können Sie diese mit den Pfeil-Schaltflächen sortieren und deren Hierarchie festlegen.

Um beispielsweise eine Überschrift einer anderen unterzuordnen, markieren Sie einfach die unterzuordnende Überschrift und klicken auf die Schaltfläche mit dem Pfeil nach rechts.

Abbildung 5.4 zeigt, wie die Zusammenstellung und Konfiguration der gewünschten Überschriften und Seiten aussehen könnte. Hier sehen Sie neben einigen Überschriften und Seiten einen Eintrag, der mit einem roten Stern markiert ist. Dabei handelt es sich um einen als `neu` markierten Eintrag.

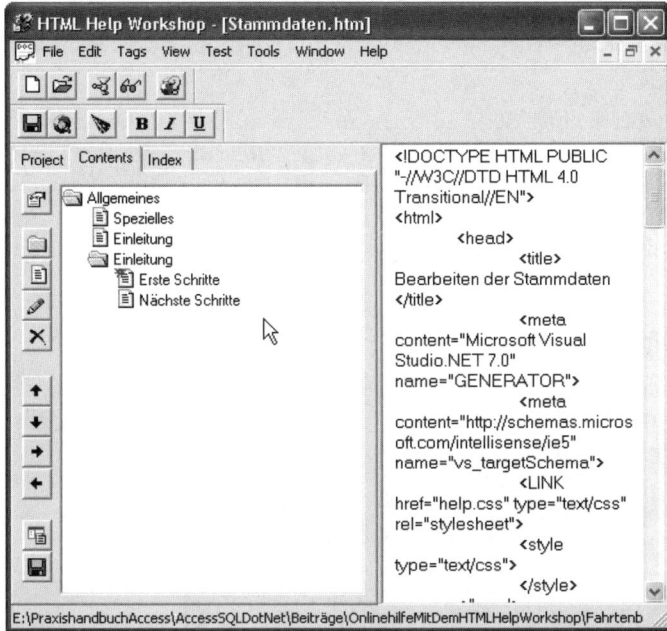

Abb. 5.4: Überschriften und Themen des Inhaltsverzeichnisses

Wenn Sie die gewünschten Einträge für das Inhaltsverzeichnis vorgenommen haben, können Sie die Online-Hilfe noch einmal kompilieren und sich das Ergebnis ansehen (siehe Abbildung 5.5). Unter Umständen zeigt die Online-Hilfe nun willkürlich eine Seite an oder klappt nicht gewünschte Bereiche des Inhaltsverzeichnisses auf. Um festzulegen, welche Seite beim Starten der Online-Hilfe angezeigt wird, öffnen Sie auf der Registerseite `Project` den Dialog `Options` und wählen dort im Kombinationsfeld `Default File` die gewünschte Datei aus.

Abb. 5.5: Beispiel eines Inhaltsverzeichnisses

5.4 Anlegen eines Indexes

Um dem Anwender weiteren Komfort zu bieten, legen Sie nun einen Index an. Wie bereits bei der Erstellung des Inhaltsverzeichnisses wechseln Sie zunächst auf das entsprechende Registerblatt. Da Sie noch keine Indexdatei angelegt haben, wählen Sie im nun erscheinenden Dialog den Eintrag `Create a new index file` aus. Um alle Dateien des Projektes zusammenzuhalten, speichern Sie die Indexdatei im gleichen Verzeichnis wie die Projektdatei.

Das Hinzufügen der Stichwörter einer Seite zum Index kann auf zwei Arten erfolgen. Entweder Sie legen jedes Schlüsselwort einzeln an und wählen anschließend die HTML-Dateien aus, denen das Schlüsselwort zugewiesen werden soll, oder Sie gehen seitenweise vor und legen in jeder HTML-Datei die gewünschten Schlüsselwörter in einem bestimmten Verzeichnis an. Die Schlüsselwörter werden dann beim Kompilieren automatisch aus den Dateien ausgelesen.

Schlüsselwörter einzeln eingeben

Zum Eingeben einzelner Schlüsselwörter klicken Sie im Register `Index` auf die Schaltfläche `Insert a keyword`. Der nun erscheinende Dialog erinnert stark an den Dialog zum Festlegen der Einträge des Inhaltsverzeichnisses (siehe Abbildung 5.6).

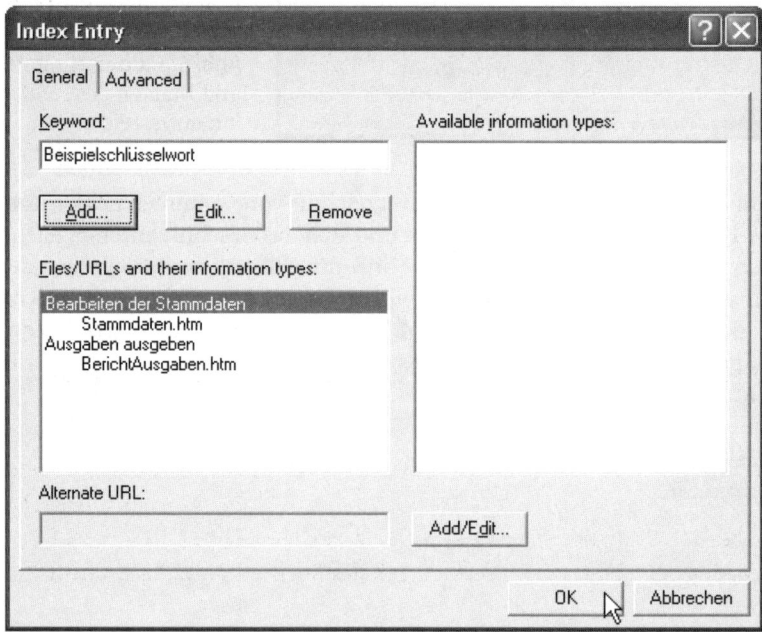

Abb. 5.6:
Dialog zur
Eingabe von
Schlüsselwörtern

Geben Sie im Textfeld `Keyword` das gewünschte Schlüsselwort ein und fügen Sie anschließend die Dateien hinzu, die das Schlüsselwort enthalten. Dazu klicken Sie auf die Schaltfläche `Add` und verwenden den anschließend erscheinenden Dialog.

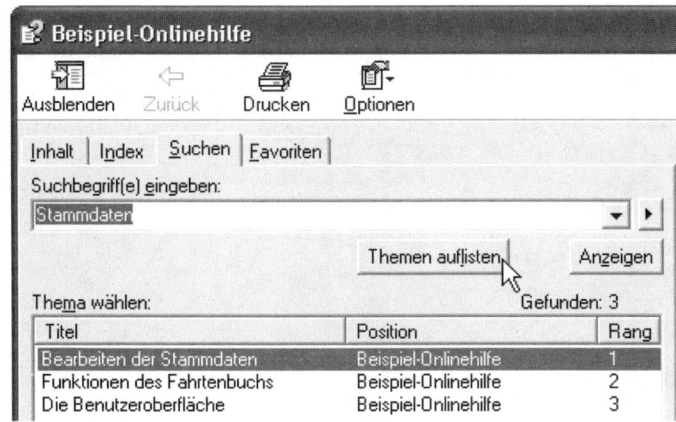

Abb. 5.7: Dialog zur Auswahl von Themen

Nach dem Schließen der beiden Dialoge erscheint das eingegebene Schlüsselwort in der Liste im linken Teil des Registers `Index`.

Nachdem Sie einige Schlüsselwörter eingegeben haben, können Sie das Zwischenergebnis durch erneutes Kompilieren und Anzeigen überprüfen.

Der Index funktioniert wie erwartet: Einträge, denen Sie nur eine Seite zugeordnet haben, zeigen diese nach einem Doppelklick an. Wenn ein Eintrag in mehr als einer Seite vorkommt, erscheint ein weiterer Dialog zur Auswahl der gewünschten Seite (siehe Abbildung 5.7). Wie die Abbildung zeigt, ist die Vergabe eines Titels für die einzelnen Seiten sehr wichtig. Wenn Sie keinen Titel vergeben, erscheint einfach das Wort `Untitled` gefolgt vom Dateinamen des gefundenen Dokuments.

Den Titel können Sie entweder direkt im HTML-Dokument zwischen die beiden Tags `<title>` und `</title>` setzen oder vom HTML Help Workshop aus eingeben. Dazu wählen Sie das gewünschte Schlüsselwort und klicken auf die Schaltfläche `Edit Selection`.

Im nun erscheinenden Dialog wählen Sie den gewünschten Eintrag aus und klicken auf die Schaltfläche `Edit`. Im folgenden Dialog finden Sie die Eigenschaft `Title` zur Eingabe des gewünschten Titels.

Schlüsselwörter je HTML-Seite eingeben

Alternativ zur ersten Möglichkeit können Sie die Schlüsselwörter auch für jede HTML-Seite einzeln eingeben. Wechseln Sie zunächst zurück zur Registerseite `Project` und klicken Sie doppelt auf die HTML-Datei, zu der Sie Schlüsselwörter festlegen möchten.

Sie finden den Quellcode der Datei nun im rechten Teil des Registerblatts. Positionieren Sie die Einfügemarke nun direkt vor den schließenden Body-Tag `</body>`.

Tipp: Sie können auch jede andere Position in der HTML-Datei verwenden. Sie sollten dies aber einheitlich durchführen, um später leicht Änderungen vornehmen zu können.

Anschließend wählen Sie aus der Menüleiste den Befehl `Edit` → `Compiler informa-tion` aus. Im nun erscheinenden Dialog können Sie über die Schaltfläche `Add` beliebig viele Schlüsselwörter auswählen (siehe Abbildung 5.8). Nach dem Schließen des Dialogs finden Sie im HTML-Quellcode der Datei einige neue Zeilen, die z. B. wie in Quellcode 5.1 aussehen.

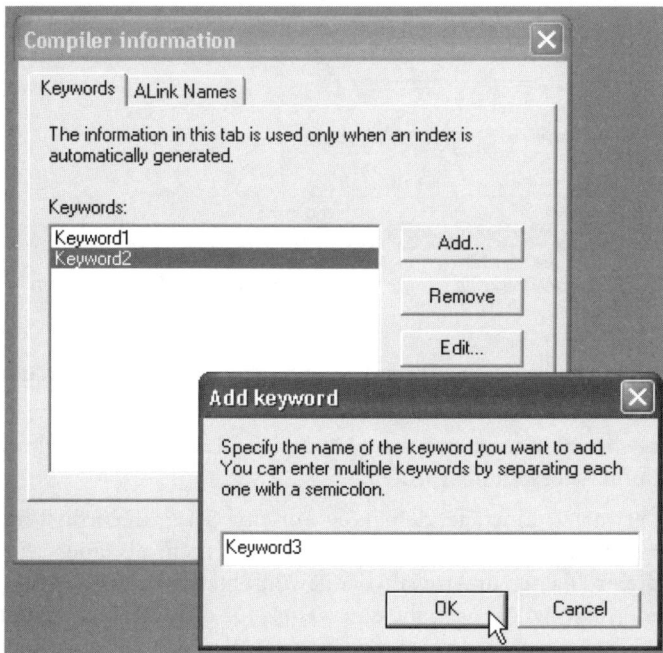

Abb. 5.8: Eingabe von Schlüsselwörtern

Diese Informationen werden im Browser nicht angezeigt, können aber beim Kompilieren der Online-Hilfe ausgewertet und in den Index aufgenommen werden.

```
<Object type="application/x-oleobject"
    classid="clsid:1e2a7bd0-dab9-11d0-b93a-00c04fc99f9e">
    <param name="Keyword" value="Beispielschlüsselwort">
    <param name="Keyword" value="Beispielschlüsselwort2">
    <param name="Keyword" value="Beispielschlüsselwort3">
</OBJECT>
```

Listing 5.1: Quellcode

Dazu müssen Sie vor dem Kompilieren noch eine Option einstellen. Dazu klicken Sie auf der Registerseite Project auf die Schaltfläche Change project options und wechseln im nun erscheinenden Dialog auf die Registerseite Files. Hier aktivieren Sie die Option Include keywords from HTML files. Nach dem nächsten Kompiliervorgang finden Sie alle auf diese Weise eingetragenen Schlüsselwörter im Index. Schlüsselwörter, die in mehreren Seiten vorkommen, bewirken – wie bereits oben beschrieben – die Anzeige eines Dialogs mit der Auflistung aller Vorkommnisse.

Mit den hier dargestellten Verfahren können Sie eine Online-Hilfe für normale Ansprüche erstellen. Es gibt noch einige Feinheiten und Verbesserungsmöglichkeiten, die im Rahmen des vorliegenden Beitrags allerdings nicht eingehend behandelt werden können.

5.5 Hinzufügen einer Volltextsuche

Falls die Anwendung und damit auch die Online-Hilfe sehr komplex sind, können Sie dem Anwender zusätzlich noch eine Volltextsuche anbieten.

Dazu gehen Sie folgendermaßen vor:

1. Wechseln Sie zur Registerseite `Project`.

2. Klicken Sie auf die Schaltfläche `Change project options`.

3. Wechseln Sie im nun erscheinenden Dialog `Options` auf die Registerseite `Compiler`.

4. Aktivieren Sie die Option `Compile full-text search information` und schließen Sie den Dialog.

5. Klicken Sie auf die Schaltfläche `Add/modify window definitions`.

6. Geben Sie den gewünschten Namen, z. B. Volltextsuche, in den nun erscheinenden Dialog namens `Add a new window type` ein.

7. Es erscheint ein weiterer Dialog namens `Window types`. Wechseln Sie hier zur Registerseite `Navigation pane`.

8. Aktivieren Sie die Option `Search tab` im Bereich `Tab`. Außerdem können Sie hier weitere Optionen festlegen – z. B. ob die Volltextsuche direkt aktiviert werden oder wie breit der entsprechende Bereich sein soll.

Als Resultat der beschriebenen Schritte erhalten Sie ein Register mit der Bezeichnung `Suchen`, das zu beliebigen Schlüsselwörtern die entsprechenden Seiten anzeigt (siehe Abbildung 5.9).

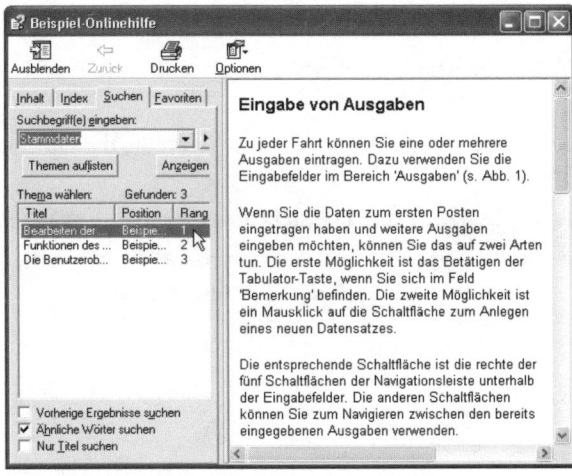

Abb. 5.9: Onlinehilfe mit Volltextsuche

Wenn Sie im letzten Schritt zusätzlich die Option `Advanced` aktivieren, bieten Sie dem Anwender weitere Möglichkeiten zur Volltextsuche an (siehe Abbildung 5.10), z. B. durch das Kombinieren mehrerer Begriffe mit logischen Operatoren wie Und, `Oder` usw.

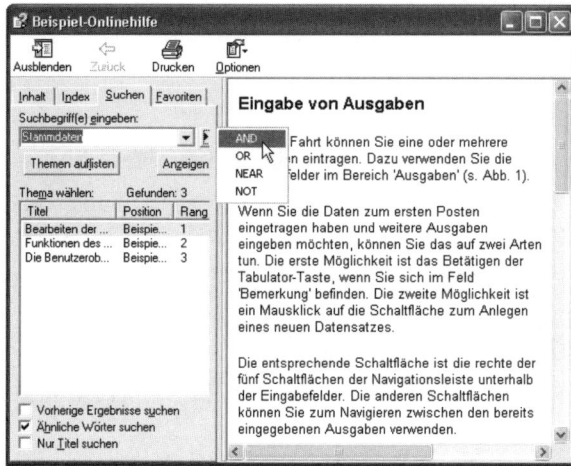

Abb. 5.10: Erweiterte Volltextsuche

5.6 Favoriten verwalten

Eine weitere sinnvolle Erweiterung umfangreicher Online-Hilfen ist die Verwaltung oft benötigter Seiten – so genannter Favoriten.

Um eine entsprechende Registerseite anzulegen, gehen Sie folgendermaßen vor:

1. Klicken Sie im Register `Project` auf die Schaltfläche `Add/Modify window definitions`.

2. Wechseln Sie dort in das Register `Navigation Pane` und aktivieren Sie die Option `Favorites tab` im Bereich `Tabs`.

Die kompilierte Online-Hilfe enthält nun zusätzlich eine Registerseite namens `Favoriten`.

Hier können Sie die jeweils aktive Seite in die angezeigte Liste speichern und die gespeicherten Seiten schnell wiederfinden (siehe Abbildung 5.11 auf der nächsten Seite).

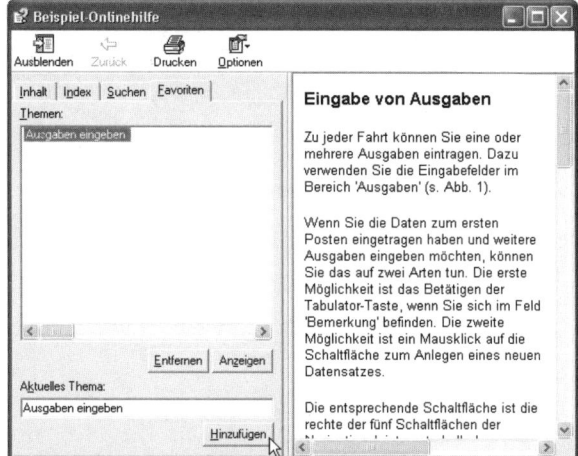

Abb. 5.11: Online-Hilfe mit Favoritenverwaltung

5.7 Zusammenfassung und Ausblick

Der HTML Help Workshop erfüllt alle Wünsche, die der Anwender von herkömmlichen Online-Hilfen kennt.

Ein interessantes Thema sind die unterschiedlichen Möglichkeiten, die andere Programme, die eine Online-Hilfe benötigen, anbieten. Im Beitrag `Online-Hilfe mit Access` erfahren Sie, wie Sie die Online-Hilfe von Access aus aufrufen können und welche Hindernisse es dabei gibt.

6 Dynamische Menüs mit VBA

André Minhorst, Duisburg

Menüs sind – ergonomisch betrachtet – das Salz in der Suppe beim Benutzen von Softwareprodukten. Viele Anwendungen bieten mehrere Möglichkeiten, bestimmte Funktionen aufzurufen – innerhalb von Elementen der Benutzeroberfläche, per Tastatur oder eben über Menüs. Letztere haben einen Vorteil: Sie sind eigentlich immer präsent (wenn sie nicht gerade kontextsensitiv sind) und geben dem Anwender daher die Möglichkeit, sich gut an sie zu gewöhnen. Im vorliegenden Beitrag erfahren Sie, wie Sie Ihre mit Access erstellten Anwendungen mit benutzerdefinierten Menüs ausstatten. Dabei liegt der Schwerpunkt nicht auf dem Zusammensetzen von Menüs per Anpassen-Dialog oder per Makro, sondern auf der flexibelsten Art und Weise: mit VBA.

Inhalt

6.1 Einführung

Menüs sind eine Funktion von Office und nicht nur von Access. Sie können Menüs über die Benutzeroberfläche von Access hinzufügen, anpassen und wieder entfernen oder VBA verwenden.

Die Anpassung eingebauter oder benutzerdefinierter Menüs unter Verwendung der Benutzeroberfläche wird im vorliegenden Beitrag nicht behandelt. Damit können Sie lediglich statisch für zusätzlichen Komfort sorgen, die Menüs würden sich aber nicht dynamisch an die jeweiligen Anforderungen anpassen. Daher lernen Sie im vorliegenden Beitrag, wie Sie Menüs mit VBA steuern können.

> **Hinweis:** Wie immer, wenn ein bestimmtes Vorhaben mit VBA erreicht werden soll, sind gewisse grundlegende Kenntnisse hilfreich. Auch wenn Sie noch nie mit Menüs gearbeitet haben, ist die diesbezügliche Lektüre der Onlinehilfe von Access sicher ein guter Ansatz.

Zum Anzeigen und Steuern benutzerdefinierter Menüs enthält Office eine Bibliothek mit geeigneten Objekten, Methoden und Eigenschaften. Damit können Sie Menüs bei Bedarf anzeigen und wieder entfernen sowie einzelne Elemente aktivieren und deaktivieren.

In den folgenden Kapiteln finden Sie zunächst einige grundlegende Informationen zu den in der Bibliothek enthaltenen Objekten. Anschließend erfahren Sie, welche Schritte zum Anlegen und Anpassen der einzelnen Menüelemente erforderlich sind. Dabei verwenden Sie spezielle Funktionen, die das Anlegen der Menüelemente vereinfachen.

Der Schwerpunkt der vorgestellten Funktionen liegt darin, eine herkömmliche Access-Datenbank in eine Anwendung umzuwandeln, die menütechnisch völlig eigenständig ist und nur noch eines oder mehrere benutzerdefinierte Menüs für den Aufruf der benötigten Befehle zur Verfügung stellt.

Schließlich möchten Sie den Endbenutzer nicht mit all den Access-spezifischen Menüs und Symbolleisten verwirren, sondern ihm nur die in Zusammenhang mit der Anwendung erforderlichen Elemente zur Verfügung stellen.

> **Tipp:** Als Beispiel für die Anwendung VBA-gesteuerter Menüs dient die Musterlösung `Adressverwaltung`, die ebenfalls in diesem Werk enthalten ist. Sie finden die hier vorgestellten Funktionen zum Steuern von Menüs in den entsprechenden Datenbanken in den Versionen für Access 97 (`Adressverwaltung97.mdb`) und Access 2000 und höher (`Adressverwaltung00.mdb`).

Die Beispielanwendung zur Verwaltung von Adressen soll eine Menüleiste mit folgenden Funktionen erhalten:

- Beenden der Anwendung
- Anzeigen der Stammdaten für Personen und Unternehmen
- Anzeige des Suchformulars
- Schnellsuche per Kombinationsfeld

- Schaltflächen zum Drucken, die ggf. aktiviert und deaktiviert werden
- Export und Import von Adressen

Die fertige Menüleiste soll wie in Abbildung 6.1 aussehen.

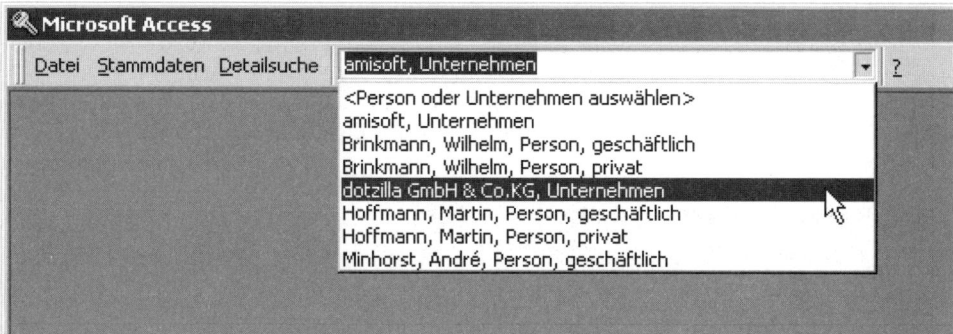

Abb. 6.1: Menüleiste für die Adressverwaltung

Hinweis: Weitere Informationen zu den jeweiligen Funktionen zum Erstellen der Menüelemente erhalten Sie in Kapitel 6.5 auf Seite 104.

6.2 Menüleisten, Symbolleisten und Kontextmenüs

Im Englischen heißt der Oberbegriff für alle Menüleisten Command Bars. Dieser Begriff fasst die drei Arten von Menüleisten zusammen: Standard Menus (Menüleisten), Toolbars (Symbolleisten) und Shortcut Menus (Kontextmenüs).

Tipp: Die Beschreibung des gesamten Objektmodells der Menüs würde vermutlich viele weitere Seiten füllen. Daher werden nachfolgend nur Menüleisten beschrieben. Die anderen Menüarten folgen ggf. in einem der Update-Magazine von Access im Unternehmen.

6.3 Objektmodell

Menüs lassen sich mit einem relativ einfachen Objektmodell beschreiben. Das Objektmodell umfasst zwei Auflistungen: CommandBars und CommandBarControls. Die Auflistung CommandBars enthält alle vorhandenen eingebauten und benutzerdefinierten Menüs. Jedes dieser CommandBar-Objekte enthält eine CommandBarControls-Auflistung mit den Elementen des jeweiligen Menüs.

Diese Elemente gibt es wiederum in drei Ausführungen:

- `CommandBarControlButton`: Schaltfläche, die eine Aktion auslösen kann
- `CommandBarControlComboBox`: Kombinationsfeld zur Auswahl eines Eintrags
- `CommandBarControlPopup`: Container für weitere Elemente

Wenn Sie hierarchische Menüstrukturen verwenden möchten, benötigen Sie jeweils ein `CommandBarControl` des Typs `CommandBarControlComboBox` für jedes weitere Untermenü. Mit den folgenden Funktionen zum Anzeigen von Menüs und deren Einträgen lernen Sie die grundlegenden Objekte und einige ihrer Eigenschaften kennen.

6.3.1 Anzeigen aller Menüs

Die Funktion aus Quellcode 6.1 listet alle aktuell vorhandenen Menüs auf. Dabei gibt sie die Eigenschaften `Name`, `NameLocal`, `Type`, `Position` und `BuiltIn` aus. Dazu verwendet sie ein `Commandbar`-Objekt namens `cbr`, dem sie in einer `For-Each`-Schleife nacheinander alle Elemente der `Commandbars`-Auflistung der Anwendung zuweist.

```
Public Function MenuesAuflisten()
   Dim cbr As CommandBar
   For Each cbr In Application.CommandBars
      Debug.Print cbr.Name, cbr.NameLocal, cbr.Type, cbr.Position, cbr.BuiltIn
   Next cbr
End Function
```

Listing 6.1: Quellcode

Die in den Eigenschaften enthaltenen Informationen werden in Tabelle 6.1 beschrieben.

Tab. 6.1: Eigenschaften und ihre Inhalte

Eigenschaft	Inhalt
Name	Englischer Name
NameLocal	Angezeigter Name, sprachabhängig
Type	Art des Menüs: `msoBarTypeMenuBar`, `msoBarTypeNormal`, `msoBarTypeNormal`
Position	Position des Menüs, Beispiele: `msoBarMenuBar`, `msoBarPopup`, `msoBarTop`, `msoBarFloating`
BuiltIn	`True`: eingebautes Menü, `False`: benutzerdefiniertes Menü

6.3.2 Anzeigen aller Elemente eines Menüs

Zur Anzeige aller Elemente eines Menüs verwenden Sie die beiden Funktionen aus Quellcode 6.2. Da bestimmte Elemente eines Menüs durchaus weitere Unterelemente enthalten können, verwenden Sie hier zwei Funktionen, von denen sich die eine bei Bedarf selbst aufruft und dadurch für eine rekursive Auflistung aller Menüelemente sorgt.

```
Public Function MenuesUndElementeAuflisten()
    Dim cbr As CommandBar
    Dim cbc As CommandBarControl
    For Each cbr In Application.CommandBars
        Debug.Print cbr.NameLocal
        For Each cbc In cbr.Controls
            Debug.Print cbc.Caption
            If cbc.Type = msoControlPopup Then
                ElementeAuflisten cbc, 1, " "
            End If
        Next cbc
    Next cbr
End Function

Public Function ElementeAuflisten(cbp As CommandBarPopup, Ebene As Integer, ⤸
Leerraum As String)
    Dim cbc As CommandBarControl
    For Each cbc In cbp.CommandBar.Controls
        Debug.Print Leerraum & cbc.Caption
        If cbc.Type = msoControlPopup Then
            ElementeAuflisten cbc.Control, Ebene + 1, Leerraum & " "
        End If
    Next cbc
End Function
```

Listing 6.2: Quellcode

Die Auflistung erfolgt durch zwei ineinander verschachtelte `For Each`-Schleifen. Die äußere Schleife durchläuft alle `CommandBar`-Objekte der `CommandBars`-Auflistung, die innere alle `CommandBarControl`-Objekte der `Controls`-Auflistung des aktuellen `CommandBar`-Objektes.

Dabei kontrolliert die Funktion, ob die Eigenschaft `Type` des `CommandBarControl`-Objektes den Wert `msoControlPopup` hat. Falls ja, handelt es sich um ein Objekt, das weitere Elemente enthalten kann, und die rekursive Funktion `ElementeAuflisten` wird aufgerufen.

In jeder Ebene wird die Beschriftung der jeweiligen Steuerelemente ausgegeben, wobei die Ausgabe je Ebene um zwei Leerzeichen weiter eingerückt wird.

6.4 Speicherort von Menü-Informationen

Access speichert die Informationen über Menüs an verschiedenen Orten. Nimmt ein Benutzer Änderungen an eingebauten Menüs vor, werden diese Änderungen in der Registry gespeichert – und zwar in dem für diesen Benutzer vorgesehenen Bereich. Informationen über neue Menüs werden teils in der Datenbank und teils in der Registry gespeichert, Informationen über den Aufbau der benutzerdefinierten Menüs dagegen nur in der Datenbank. Lediglich Informationen über die Anzeigeart werden benutzerabhängig in der Registry abgelegt.

6.5 Funktionen zur Anpassung von Menüs

Das Anlegen, Bearbeiten und Löschen von Menüs und Menüelementen per VBA ist eine Abfolge einiger weniger, immer wiederkehrender Operationen. So brauchen Sie beispielsweise zum Anlegen von Schaltflächen für einen Menüpunkt immer wieder die gleichen Anweisungen. Daher lernen Sie in den folgenden Abschnitten einige Funktionen kennen, die zur Durchführung der gewünschten Schritte dienen und die nur noch die Übergabe der entsprechenden Parameter beim Funktionsaufruf erfordern.

6.5.1 Menüs ausblenden

Wenn sichergestellt ist, dass Ihre neu erstellte Menüleiste alle für die Anwendung der Datenbank notwendigen Befehle enthält, können Sie alle anderen Menüs ausblenden. Diese Aufgabe nimmt Ihnen die Funktion aus Quellcode 6.3 ab. Sie durchläuft alle Menüleisten der aktuellen Anwendung und stellt deren Eigenschaft Visible auf den Wert False. Die einzige Ausnahme ist die Menüleiste menu bar, die allerdings später durch die neu erstellte Menüleiste ersetzt wird.

```
Public Sub AlleMenueleistenAusblenden()
    Dim cbr As Object
    For Each cbr In Application.CommandBars
        If cbr.Visible = True And cbr.Name <> "menu bar" Then
            cbr.Visible = False
        End If
    Next cbr
End Sub
```

Listing 6.3: Quellcode

6.5.2 Anlegen eines Menüs

Das Anlegen eines Menüs erfolgt mit der Methode Add der Commandbars-Auflistung. Den Aufruf dieser Methode vereinfacht die Funktion aus Quellcode 6.4, der Sie beim Aufruf drei Parameter übergeben: den Namen der zu erstellenden Menüleiste, die Startposition und die Angabe, ob das Menü als Menüleiste verwendet werden soll.

```
Public Function MenueleisteErstellen(Menueleistenname As String, Menueposition As ⤶
Integer, Menueleiste As Boolean)
    On Error Resume Next
    Dim cbr As CommandBar
    Set cbr = CommandBars.Add(Menueleistenname, Position:=Menueposition, MenuBar:=⤶
    Menueleiste)
    If Err.Number > 0 Then
        MenueleisteErstellen = False
    End If
End Function
```

Listing 6.4: Quellcode

Die Funktion dient als so genannter Wrapper für den eigentlichen Befehl für das Anlegen eines neuen Menüs. Ein Wrapper ist eine Art Schnittstelle, mit der die eigentliche Funktion umhüllt und entweder deren Aufruf vereinfacht oder mit zusätzlichen Funktionen versehen wird.

Hier wird dem Aufruf beispielsweise eine Fehlerbehandlung hinzugefügt. Die Funktion gibt beim Auftreten eines Fehlers den Wert False zurück.

Mit dem folgenden Aufruf der Funktion aus Quellcode 6.5 erstellen Sie beispielsweise eine neue Menüleiste namens Adressverwaltung, die anstelle der bisherigen Menüleiste angelegt wird.

```
MenueleisteErstellen Adressverwaltung, msoBarTop, True}
```

```
Public Function MenueeintragErstellen(cbr As CommandBar, Beschriftung As String, >
Bezeichnung As String, Aktion As String, NeueGruppe As Boolean)
    Dim cbc As CommandBarControl
    Set cbc = cbr.Controls.Add(Type:=1)
    cbc.Style = 2
    cbc.Caption = Beschriftung
    cbc.OnAction = Aktion
    cbc.Tag = Bezeichnung
    cbc.BeginGroup = NeueGruppe
End Function
```

Listing 6.5: Quellcode

Tipp: Die Parameter für Methoden wie die Add-Methode der Commandbars-Auflistung und andere finden Sie beispielsweise im Objektkatalog von Access.

6.5.3 Anlegen eines Eintrags in der Menüleiste

Zum Anlegen eines Steuerelements in einem Menü dient ebenfalls die Methode Add – allerdings nicht die der Commandbars-, sondern der CommandbarControls-Auflistung.

Die Add-Methode sowie die Zuweisung der benötigten Eigenschaften des Steuerelements werden wiederum durch einen Wrapper gekapselt.

Mit dem Parameter cbr übergeben Sie einen Verweis auf die Menüleiste, in der der Eintrag angelegt werden soll, z. B. mit folgendem Ausdruck:

```
Application.Commandbars(<Menüname>)
```

Mit den Parametern Beschriftung und Bezeichnung übergeben Sie die jeweiligen Zeichenketten. Der Wert für Aktion gibt den Namen der beim Aktivieren des Steuerelements aufzurufenden Funktion an.

Mit NeueGruppe geben Sie an, ob der neue Eintrag durch einen Querstrich optisch von den vorhandenen Einträgen abgetrennt werden soll.

Der Parameter kann die Werte True und False annehmen.

Wenn Sie bereits eine Menüleiste namens Adressverwaltung angelegt haben, können Sie der Menüleiste mit der folgenden Anweisung aus Quellcode 6.6 einen Eintrag hinzufügen.

```
MenueeintragErstellen Application.Commandbars("Adressverwaltung"), "&Detailsuche↲
", "Detailsuche", "=Detailsuche()", False
```
Listing 6.6: Quellcode

6.5.4 Anlegen eines Untermenüs

Über ein Untermenü können Sie von der Menüleiste aus weitere Menüpunkte erreichen. Ein Untermenü kann selbst Menüeinträge, weitere Untermenüs und andere Steuerelemente beinhalten. Zum Anlegen eines Untermenüs verwenden Sie die Funktion aus Quellcode 6.7.

```
Public Function UntermenueErstellen(cbr As CommandBar, Beschriftung As String, ↲
Bezeichnung As String, NeueGruppe As Boolean)
    Dim cbc As CommandBarControl
    Set cbc = cbr.Controls.Add(Type:=msoControlPopup)
    cbc.Caption = Beschriftung
    cbc.Tag = Bezeichnung
    cbc.BeginGroup = NeueGruppe
End Function
```
Listing 6.7: Quellcode

Die Parameter der Funktion wurden bereits alle bei der Beschreibung der Funktion `MenueeintragErstellen` beschrieben (siehe Abschnitt 6.5.3 auf der vorherigen Seite). Die Funktion hat einige Parameter weniger als die dort beschriebene Funktion, da durch das Aufklappen eines Untermenüs beispielsweise keine Aktion ausgelöst wird und diese Menüs in der Regel auch keine Symbole verwenden.

Das Anlegen eines Untermenüs kann beispielsweise durch den Funktionsaufruf aus Quellcode 6.8 erfolgen. Der Aufruf aus Quellcode 6.10 legt in der Menüleiste ein Untermenü mit der Bezeichnung &Datei an.

```
UntermenueErstellen Application.Commandbars("Adressverwaltung"), "&Datei", "Datei↲
", False}
```
Listing 6.8: Quellcode

6.5.5 Anlegen eines Eintrags in einem Untermenü

Das Anlegen eines Eintrags in einem Untermenü (s. Quellcode 6.9) unterscheidet sich dadurch von dem gleichen Vorgang in der Menüleiste, dass hier unterschiedliche Stile und damit neben der eigentlichen Beschriftung auch Symbole verwendet werden können. Dementsprechend hat die Wrapperfunktion zwei zusätzliche Eigenschaften, nämlich `Stil` und `Symbol`.

```
Public Function UntermenueeintragErstellen(cbr As CommandBarControl, Stil As ↲
Integer, Beschriftung As String, Bezeichnung As String, Aktion As String, ↲
NeueGruppe As Boolean, Optional Symbol As Variant)
    Dim cbc As CommandBarControl
    Set cbc = cbr.Controls.Add(Type:=msoControlButton)
```

```
    cbc.Caption = Beschriftung
    cbc.OnAction = Aktion
    cbc.Tag = Bezeichnung
    cbc.BeginGroup = NeueGruppe
    If Not IsMissing(Symbol) Then
        cbc.FaceId = Symbol
        cbc.Style = Stil
    Else
        cbc.Style = msoButtonCaption
    End If
End Function
```

Listing 6.9: Quellcode

Der Parameter `Stil` kann unter anderen die Werte aus Tabelle 6.2 annehmen. Mit dem Parameter `Symbol` übergeben Sie der Funktion eine ID für eines der eingebauten Symbole.

Tab. 6.2: Werte der Eigenschaft Style

Konstante	*Zahlenwert*	*Beschreibung*
`msoButtonCaption`	1	Nur Beschriftung
`msoButtonIcon`	2	Nur Symbol
`msoButtonIconAndCaption`	3	Beschriftung und Symbol

Hinweis: Wenn Sie die Datenbank `Faces97.mdb` bzw. `Faces00.mdb`, die Sie auf der Website zum Buch finden, öffnen, finden Sie eine Übersicht über alle vorhandenen Symbole. Die ID des gewünschten Symbols erhalten Sie, wenn Sie mit dem Mauszeiger über das jeweilige Symbol fahren.

Den Aufruf der Funktion können Sie Quellcode 6.10 entnehmen. Er setzt voraus, dass bereits eine Menüleiste namens `Adressverwaltung` und ein Untermenü namens `&Datei` vorhanden sind. Die Anweisung legt einen Untermenüeintrag mit der Beschriftung `D&rucken` an, der beim Auslösen die Funktion `Drucken` aufruft.

```
Untermenueeintrag Erstellen
        Application.Commandbars("Adressverwaltung").Controls("&Datei"),
        msoButtonIconAndCaption, "D&rucken", "Drucken", "=Drucken()", False, 4
```

Listing 6.10: Quellcode

6.5.6 Aktivieren und Deaktivieren von Menüelementen

Gelegentlich stehen Menüfunktionen nicht zur Verfügung. In der Beispielanwendung `Adressverwaltung` ist das z. B. beim Eintrag `Datei` → `Drucken` der Fall. Dieser Befehl soll nur aktiviert sein, wenn der Bericht zur Ausgabe der Adressenliste aktiviert ist. Mit den beiden Funktionen aus Quellcode 6.11 aktivieren und deaktivieren Sie ein Element der Menüleiste.

```
Public Function MenuepunktAktivieren(cbc As CommandBarControl)
    cbc.Enabled = True
End Function

Public Function MenuepunktDeaktivieren(cbc As CommandBarControl)
    cbc.Enabled = False
End Function
```

Listing 6.11: Quellcode

Im Aufruf übergeben Sie einfach einen Verweis auf das betroffene Steuerelement. Im Fall des oben genannten Befehls sieht der Aufruf wie in Quellcode 6.12 aus.

```
MenuepunktAktivieren Application.Commandbars("Adressverwaltung").  Controls("&↵
Datei").Controls("D&rucken")
```

Listing 6.12: Quellcode

6.6 Kombinationsfelder in Menüleisten

Neben Untermenüs und Menüeinträgen zum Aufrufen von unterschiedlichen Funktionen ist noch ein weiteres Steuerelement interessant: das Kombinationsfeld.

Es sollte aus Anwendungen wie Word hinlänglich bekannt sein – dort dient es z. B. zur Auswahl von Eigenschaften wie Schriftart, Schriftgröße usw. Für das Beispiel der Adressverwaltung ist allerdings schon ein wenig konstruktives Denken erforderlich, um ein sinnvolles Einsatzgebiet für ein Kombinationsfeld in der Menüleiste zu finden.

Möglicherweise hilft aber dem einen oder anderen Anwender einer Adressverwaltung ein Kombinationsfeld, mit dem die letzten zehn angezeigten Adressen erneut aufgerufen werden können.

6.6.1 Einschränkungen

Kombinationsfelder in Menüs weisen einige Einschränkungen gegenüber denen in Formularen auf. Sie können nur ein Feld je Zeile anzeigen, haben nur eine Ereigniseigenschaft (OnAction) und auch deren Auswertung ist schwierig. Sie können einem Kombinationsfeld auch keine Datensatzherkunft im klassischen Sinne zuweisen, sondern müssen jeden Eintrag einzeln vornehmen.

6.6.2 Funktion zum Anlegen von Kombinationsfeldern in Menüleisten

Die Funktion aus Quellcode 6.13 legt ein Kombinationsfeld in der mit dem Parameter cbr übergebenen Menüleiste an.

```
Public Function KombinationsfeldErstellen(cbr As CommandBar, Datensatzherkunft As ⌐
  String, Beschreibung As String, Bezeichnung As String, Breite As Integer, Aktion ⌐
  As String, Stil As Integer)
    Dim cbcb As CommandBarComboBox
    Dim db As Database
    Dim rst As Recordset
    Set db = CurrentDb
    Set rst = db.OpenRecordset(Datensatzherkunft, dbOpenDynaset)
    Set cbcb = cbr.Controls.Add(Type:=4)
    cbcb.BeginGroup = True
    cbcb.Tag = Bezeichnung
    cbcb.Caption = Beschreibung
    cbcb.Width = Breite
    cbcb.Style = 1
    cbcb.DropDownWidth = -1
    cbcb.OnAction = Aktion
    cbcb.Style = Stil
    If Not rst.EOF Then
        Do While Not rst.EOF
            cbcb.AddItem rst!Kombinationsfeldeintrag
            rst.MoveNext
        Loop
        cbcb.ListIndex = 1
    End If
End Function
```

Listing 6.13: Quellcode

Der Parameter Datensatzherkunft dient der Übergabe der Abfrage in Form eines SQL-Strings, deren Inhalt in dem Kombinationsfeld angezeigt werden soll. Für diese Abfrage gilt eine wichtige Regel: Das beziehungsweise die anzuzeigenden Felder müssen in einem Feld namens Kombinationsfeldeintrag zusammengefasst werden. Wie das funktioniert, erfahren Sie im Beispiel weiter unten.

Die übrigen Parameter dienen weitgehend zur Beschreibung des Aussehens des Kombinationsfeldes. Die meisten kennen Sie schon von den anderen Menüelementen. Lediglich der Funktionsparameter Breite ist neu: Mit ihm übergeben Sie der Funktion einen Wert für die Breite des Kombinationsfeldes. Der Parameter Stil kann bei dieser Funktion zwei Werte annehmen: msoComboLabel und msoComboNormal. Damit können Sie das Kombinationsfeld mit oder ohne Beschriftungsfeld anlegen.

Die Funktion legt zunächst das Kombinationsfeld an und stellt dann wie üblich die Eigenschaften ein. Zum Füllen des Kombinationsfeldes mit Daten weist die Funktion den per Zeichenkette übergebenen SQL-Ausdruck einer neuen Datensatzgruppe zu. In einer Do While-Schleife werden alle Datensätze der Datensatzgruppe durchlaufen und der jeweils in dem Feld Kombinationsfeldeintrag gespeicherte Wert als neuer Eintrag des Kombinationsfeldes angelegt.

6.6.3 Aktualisieren des Kombinationsfeldes

Sind die Namen neuer Unternehmen oder neuer Personen anzulegen oder zu entfernen, muss das Kombinationsfeld aktualisiert werden. Dazu benötigen Sie eine abgespeckte Variante der zuvor beschriebenen Funktion (siehe Quellcode 6.14). Diese Funktion erwartet neben dem Verweis auf das Kombinationsfeldsteuerelement die Übergabe der gewünschten SQL-Zeichenkette. Mit der Methode `Clear` des Steuerelements werden die aktuellen Datensätze gelöscht. Die neuen Datensätze werden mit der bekannten Methode angelegt.

```
Public Function AktualisiereKombinationsfeld(cbc As CommandBarControl, 2
Datensatzherkunft)
    Dim db As Database
    Dim rst As Recordset
    Set db = CurrentDb
    Set rst = db.OpenRecordset(Datensatzherkunft, dbOpenDynaset)
    cbc.Clear
    If Not rst.EOF Then
        Do While Not rst.EOF
            cbc.AddItem rst!Kombinationsfeldeintrag
            rst.MoveNext
        Loop
        cbc.ListIndex = 2
    End If
End Function
```

Listing 6.14: Quellcode

6.7 Erstellen einer kompletten Menüleiste

Mit den in den beiden vorherigen Kapiteln beschriebenen Wrapperfunktionen können Sie mit wenigen Zeilen Code eine komplette Menüleiste mit beliebig vielen Steuerelementen erstellen.

Die Erstellung der Menüleiste aus Abbildung 6.1 auf Seite 101 erfolgt beispielsweise durch die Funktion aus Quellcode 6.15.

```
Public Sub MenueErstellen()
    Dim cbr As CommandBar
    Dim subcbr As CommandBarControl
    MenueleisteLoeschen "Adressverwaltung"
    MenueleisteErstellen "Adressverwaltung", msoBarTop, True
    Set cbr = CommandBars("Adressverwaltung")
    cbr.Visible = True
    UntermenueErstellen cbr, "&Datei", "Datei", False
    UntermenueeintragErstellen cbr.Controls("&Datei"), msoButtonIconAndCaption, "D 2
    &rucken", "Drucken", "=Drucken()", False, 4
    UntermenueeintragErstellen cbr.Controls("&Datei"), msoButtonCaption, "&Import 2
    von Outlook", "Import", "=ImportOutlook()", True, 4
    UntermenueeintragErstellen cbr.Controls("&Datei"), msoButtonCaption, "&Export 2
    nach Outlook", "Export", "=ExportOutlook()", False, 4
    UntermenueeintragErstellen cbr.Controls("&Datei"), msoButtonCaption, "&Beenden 2
    ", "Beenden", "=Beenden()", True, 4
```

```
        UntermenueErstellen cbr, "&Stammdaten", "Stammdaten", False
        UntermenueeintragErstellen cbr.Controls("&Stammdaten"), ⤸
        msoButtonIconAndCaption, "&Personen", "Personen", "=StammdatenPersonen()", ⤸
        False, 2131
        UntermenueeintragErstellen cbr.Controls("&Stammdaten"), ⤸
        msoButtonIconAndCaption, "&Unternehmen", "Unternehmen", "=⤸
        StammdatenUnternehmen()", False, 1016
        MenueeintragErstellen cbr, "&Detailsuche", "Detailsuche", "=Detailsuche()", ⤸
        False
        KombinationsfeldErstellen cbr, "SELECT '<Person oder Unternehmen " & "⤸
        auswählen>' AS Kombinationsfeldeintrag FROM qryAdressen " & "UNION SELECT ⤸
        Bezeichnung & "", "" & Typbezeichnung AS " & "Kombinationsfeldeintrag FROM ⤸
        qryAdressenTopTen", "&TopTen",        "TopTen", 300, "=TopTenAuswahl()", ⤸
        msoComboNormal
        MenueeintragErstellen cbr, "&?", "Hilfe", "=Hilfe()", True
        MenuepunktDeaktivieren cbr.Controls("&Datei").Controls("D&rucken")
End Sub
```

Listing 6.15: Quellcode

6.8 Anpassen der Menüleiste

Nach der Erstellung müssen Sie die Menüleiste noch mit Leben füllen. Die mit dem Quellcode aus Listing 6.15 erstellte Menüleiste beinhaltet zwar bereits alle Funktionsaufrufe, die aber in der aktuellen Fassung allesamt ins Leere laufen, da keine geeigneten Funktionen vorhanden sind. Sie müssen also noch die entsprechenden Funktionen zum Drucken von Berichten, Beenden der Anwendung, Anzeigen der unterschiedlichen Formulare usw. anlegen.

Diese Funktionen werden im zweiten Teil der Beitragsreihe zum Thema Adressverwaltung beschrieben. Sie finden diesen Beitrag unter dem Dateinamen Adressverwaltung_II.pdf im .pdf-Format auf der Website zum Buch. Dort erfahren Sie auch, was nach der Auswahl eines Eintrags des Kombinationsfeldes geschieht und wann der Drucken-Befehl aktiviert und deaktiviert wird.

6.9 Zusammenfassung und Ausblick

Da das Thema Menüs in Zusammenhang mit VBA sehr umfangreich ist, enthält dieser Beitrag natürlich nur die grundlegendsten Informationen und wichtigsten Tricks und Kniffe.

Die hier vorgestellten Grundlagen und Funktionen sind die wesentlichsten Voraussetzungen für die Erstellung von dynamischen Menüleisten.

Die Wrapperfunktionen aus Kapitel 6.5 auf Seite 104 und 6.6 auf Seite 108 helfen Ihnen, schnell die gewünschten Menüelemente zu erstellen. Mit den Möglichkeiten, in Menüs Informationen per Kombinationsfeld zur Auswahl anzubieten und Steuerelemente an- und auszuschalten, können Sie die Benutzeroberfläche Ihrer Anwendungen erheblich ergonomischer gestalten. Sie haben mit Menüleisten eine Möglichkeit, dem Benutzer bestimmte Befehle ständig anzubieten – egal, mit welchem Formular oder Bericht er sich gerade beschäftigt.

7 Kontextmenüs

Martin Hoffmann, Düsseldorf

Kontextmenüs sind Menüs, die per Rechtsklick auf ein bestimmtes Objekt geöffnet werden können und Befehle anbieten, die speziell für das gewünschte Objekt vorgesehen sind. Access bietet wie jede andere Officeanwendung die Möglichkeit, solche Kontextmenüs in eigene Anwendungen einzubauen. Im vorliegenden Beitrag erfahren Sie, wie Sie ein solches Kontextmenü erstellen und mit Funktionalität versehen und wie Sie diese wieder entfernen können.

Inhalt

> **Tipp:** Die im vorliegenden Beitrag vorgestellten Beispiele finden Sie auf der Website zum Buch in der Musterlösung zum Beitrag `Literaturverwaltung` (`Literaturverwaltung97.mdb` beziehungsweise `Literaturverwaltung-00.mdb`).

7.1 Vorbereitende Maßnahmen

Der Vorteil von Kontextmenüs besteht in ihrer Funktion, immer nur die Aktionen zu einem Objekt anzuzeigen, die mit diesem Objekt durchgeführt werden können. Auf diese Weise braucht der Anwender nicht lange nachzudenken, welche Aktionen für das Objekt gerade gültig sind. Sie finden Kontextmenüs deshalb in Windows selbst und in jeder Anwendung wieder.

Bevor Sie mit der Erstellung von Kontextmenüs beginnen, müssen Sie sich überlegen, wo Sie diese einsetzen möchten und wie Sie die Aktionen des Kontextmenüs gestalten.

7.1.1 Einsatzmöglichkeiten

Generell können Sie für jedes Steuerelement in einem Formular ein eigenes Kontextmenü anlegen. Dazu bieten die Steuerelemente die Eigenschaft `Kontextmenüleiste` an. In dieser Eigenschaft werden alle verfügbaren, individuell erstellten Kontextmenüs aufgelistet, sodass Sie einfach eines auswählen können. Wenn Sie anschließend im Formular mit der rechten Maustaste auf das Steuerelement klicken, öffnet Access das Kontextmenü (siehe Abbildung 7.1 auf der nächsten Seite).

Sie können Kontextmenüs auch auf Formular- oder Berichtsebene einsetzen. Verwenden Sie dazu die gleiche Eigenschaft wie bei den Steuerelementen. Das Kontextmenü erscheint, sobald Sie an einer beliebigen Stelle auf das Formular bzw. den Bericht klicken.

Bei Formularen können Sie zusätzlich über die Eigenschaft `Kontextmenü` definieren, ob generell in diesem Formular ein Kontextmenü angezeigt werden soll.

Auf oberster Ebene können Sie der kompletten Datenbank ein Standard-Kontextmenü zuweisen, das dann überall dort verwendet wird, wo kein individuelles Kontextmenü vorhanden ist.

Um ein Kontextmenü für die Datenbank einzustellen, wählen Sie den Menübefehl `Extras` → `Start`. Im Dialog `Start` können Sie dann über das Kombinationsfeld `Kontextmenüleiste` die entsprechende Symbolleiste auswählen.

Zuweisung per VBA

Wenn Sie einem Objekt ein Kontextmenü mittels VBA temporär zuweisen möchten, verwenden Sie die Eigenschaft `ShortcutMenuBar`. Als Beispiel soll Quellcode 7.1 dienen, mit dem einem Formular und einem Listenfeld jeweils ein Kontextmenü zugewiesen wird.

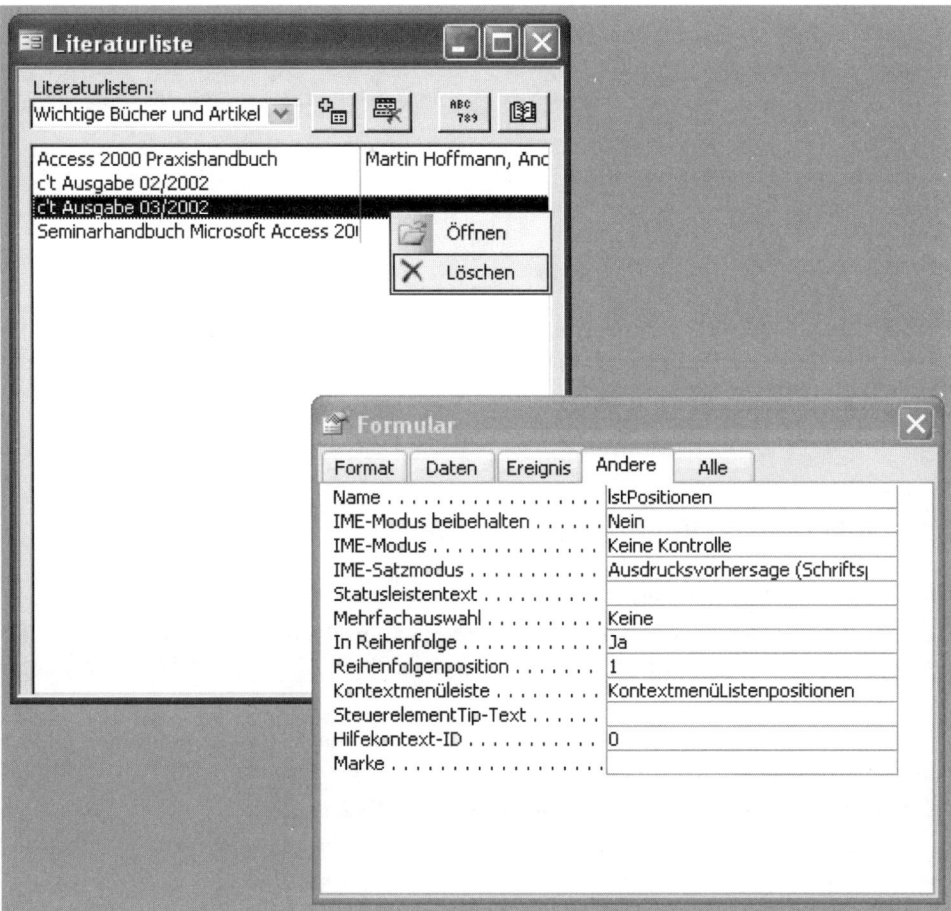

Abb. 7.1: Kontextmenü eines Listenfeldes

```
'Formular öffnen
DoCmd.OpenForm "frmLiteraturliste"
'Formular-Kontextmenü zuweisen
Forms!frmLiteraturliste.ShortcutMenuBar = "scmenLiteraturliste"
'Listenfeld-Kontextmenü zuweisen
Forms!frmLiteraturliste!lstPositionen.ShortcutMenuBar = "scmenListenpositionen"
```
Listing 7.1: Quellcode

Sobald Sie das Formular schließen, sind die per VBA gemachten Einstellungen wieder aufgehoben. Soll die zugewiesene Kontextmenüleiste dauerhaft gespeichert werden, müssen Sie das Formular in der Entwurfsansicht öffnen, die Eigenschaft einstellen und das Formular über die Anweisung DoCmd.Save speichern. Im Beispiel (s. Quellcode 7.2) wird das Formular versteckt geöffnet, sodass für den Benutzer die Änderungen nicht sichtbar sind.

```
'Formular versteckt öffnen
DoCmd.OpenForm "frmLiteraturliste", acDesign, , , , acHidden
'Formular-Kontextmenü zuweisen
Forms!frmLiteraturliste.ShortcutMenuBar = "KontextmenüListenpositionen"
'Listenfeld-Kontextmenü zuweisen
Forms!frmLiteraturliste!lstPositionen.ShortcutMenuBar = "↲
KontextmenüListenpositionen"
DoCmd.Save acForm, "frmLiteraturliste"
DoCmd.OpenForm "frmLiteraturliste", acNormal
```
Listing 7.2: Quellcode

Um der Datenbank eine Kontextmenüleiste zuzuweisen, verwenden Sie das `Application`-Objekt. Die folgende Anweisung weist der aktuellen Datenbank die Kontextmenüleiste `scmenApplication` zu.

```
Application.ShortcutMenuBar = "scmenApplication"
```

7.1.2 Funktion der Kontextmenübefehle

Die Befehle von Kontextmenüs sind identisch mit denen von Symbolleisten.

Sie können in Kontextmenüs folglich entweder bereits eingebaute Befehle wie `Bearbeiten` oder `Kopieren` verwenden oder eigene Befehle vom Typ `Benutzerdefiniert` hinzufügen.

Damit der Menübefehl genau die Anweisungen ausführt, die Sie für ein bestimmtes Objekt benötigen, können Sie in den Eigenschaften des Befehls im Kombinationsfeld `Bei Aktion` ein Makro auswählen oder einen Funktionsaufruf eintragen.

Bei dem Funktionsaufruf muss es sich um eine öffentliche Funktion (Public Function) handeln. Der Aufruf erfolgt in der Form

```
=Funktionsname()
```

7.2 Neues Kontextmenü anlegen

Das folgende Beispiel bezieht sich auf die oben genannte Literaturverwaltung und zeigt anhand der Literaturliste, wie Sie Kontextmenüs sinnvoll einsetzen können. Es soll für die Listenpositionen ein Kontextmenü erstellt werden, mit dem die Positionen geöffnet und gelöscht werden können (siehe Abbildung 7.2 auf der nächsten Seite).

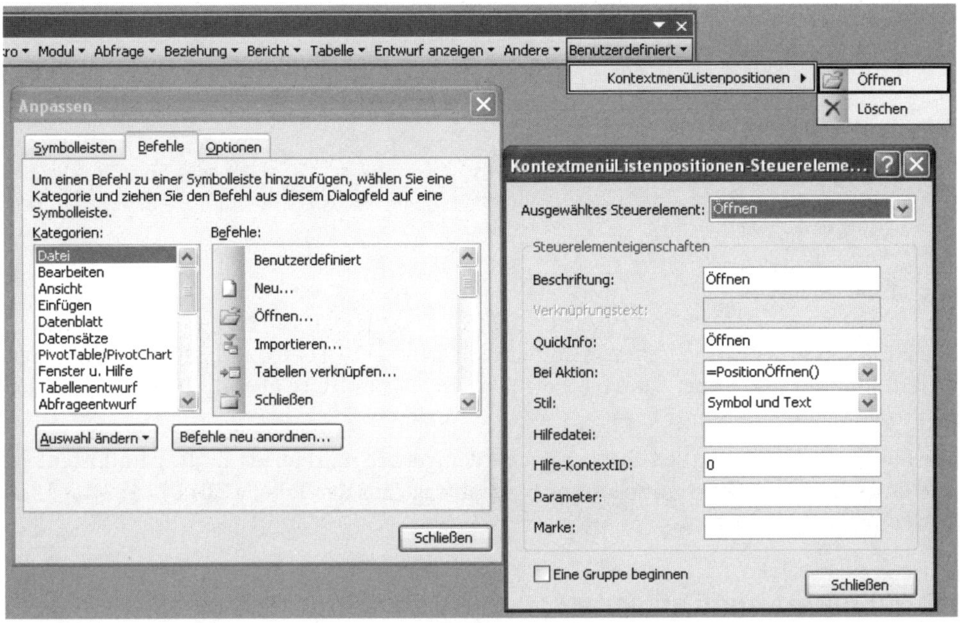

Abb. 7.2: Auswählen der Aktion eines Kontextmenübefehls

7.2.1 VBA-Funktionen programmieren

Im ersten Schritt programmieren Sie dazu die Funktionen zum Öffnen und Löschen einer Listenposition. In der Musterlösung Literaturverwaltung (siehe Website zum Buch, Dateien Literaturverwaltung97.mdb für Access 97 und Literaturverwaltung00.mdb für Access 2000 und höher) finden Sie die Funktionen PositionÖffnen (siehe Quellcode 7.3) und PositionLöschen (siehe Quellcode 7.4) im Modul modLiteraturliste.

```
Public Function PositionÖffnen()
   Dim LiteraturID As Long
   LiteraturID = Nz(Forms!frmLiteraturliste!lstPositionen.Column(2), 0)
   If LiteraturID <> 0 Then
      LiteraturÖffnen LiteraturID
   End If
End Function
```

Listing 7.3: Quellcode

```
Public Function PositionLöschen()
   Dim LiteraturPositionID As Long
   Dim db As Database
   Dim SQL As String
   LiteraturPositionID = Nz(Forms!frmLiteraturliste!lstPositionen, 0)
   If LiteraturPositionID <> 0 Then
```

```
    If MsgBox("Möchten Sie die Position wirklich löschen?", vbQuestion + )
    vbYesNo, "Position löschen") = vbYes Then
        SQL = "DELETE * FROM tblLiteraturlistenPositionen " & "WHERE )
        LiteraturlistenPositionID=" & LiteraturPositionID
        Set db = CurrentDb()
        db.Execute SQL
        UpdatePositionen
    End If
  End If
End Function
```

Listing 7.4: Quellcode

Die Funktion PositionÖffnen ermittelt die LiteraturID des aktuell in der Liste markierten Eintrags und öffnet dann das Formular frmLiteratur über die bereits besproche-
ne Prozedur LiteraturÖffnen.

Die Funktion PositionLöschen ermittelt den gerade markierten Eintrag im Listenfeld
und entfernt diesen dann mittels einer Löschabfrage aus der Tabelle tblLiteraturlis-
tenPositionen.

7.2.2 Kontextmenü anlegen

Nachdem Sie die benötigten Funktionen programmiert haben, können Sie das Kontextmenü anlegen. Bei einem Kontextmenü handelt es sich um eine Symbolleiste vom Typ PopUp,
die Sie wie jede andere Symbolleiste über den Dialog Anpassen konfigurieren.

Gehen Sie dazu in den folgenden Schritten vor:

1. Rufen Sie den Menübefehl Ansicht → Symbolleisten → Anpassen auf.

2. Klicken Sie im nun erscheinenden Menü auf die Schaltfläche Neu und geben Sie der
   Symbolleiste den Namen KontextmenüListenPositionen (siehe Abbildung 7.3
   auf der nächsten Seite).

Klicken Sie anschließend im Dialog Anpassen auf die Schaltfläche Eigenschaften.

Um die Symbolleiste in ein Kontextmenü umzuwandeln, wählen Sie im Kombinationsfeld
Typ den Eintrag Popup aus (siehe Abbildung 7.4 auf der nächsten Seite). Access zeigt dann
einen Hinweis an, den Sie mit OK bestätigen.

Die Meldung von Access weist Sie darauf hin, dass Access alle Kontextmenüs in einer
eigenen Symbolleiste verwaltet.

Deshalb werden Sie im Anpassen-Dialog das neue Kontextmenü auch nicht in der Liste
der Symbolleisten finden.

Um dem Kontextmenü Befehle hinzuzufügen aktivieren Sie im Dialog Anpassen die
Symbolleiste Kontextmenü.

Access zeigt dann eine Symbolleiste an, in der alle eingebauten und benutzerdefinierten
Kontextmenüs dargestellt werden (siehe Abbildung 7.5 auf Seite 120). Die benutzerdefinierten Kontextmenüs befinden sich im letzten Menüpunkt Anpassen. Dort sollten Sie jetzt
auch das neue Menü KontextmenüListenPositionen wiederfinden.

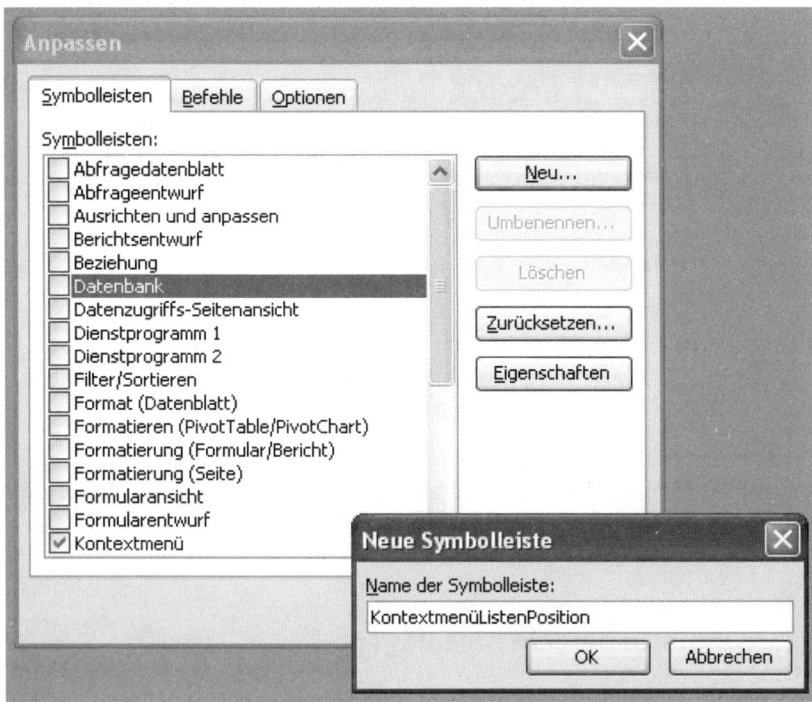

Abb. 7.3: Anlegen einer neuen Symbolleiste

Abb. 7.4: Auswahl des Symbolleistentyps

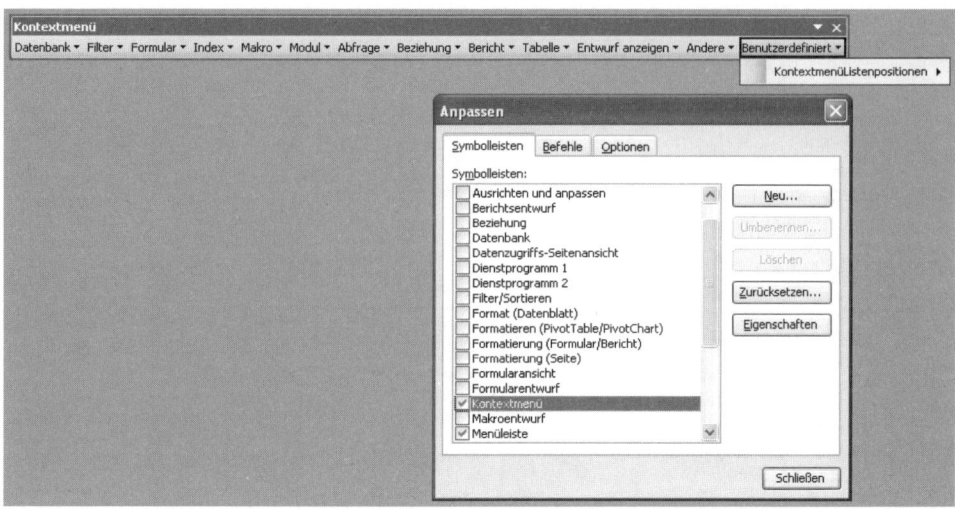

Abb. 7.5: Die Kontextmenü-Symbolleiste von Access

7.2.3 Benutzerdefinierte Befehle hinzufügen

Neue Befehle fügen Sie genau wie bei normalen Symbolleisten per Drag & Drop aus der Befehlsliste des Anpassen-Dialogs hinzu.

Da wir in unserem Beispiel eigene Funktionen zum Öffnen und Löschen eines Listeneintrags erstellt haben, verwenden Sie den Befehl Benutzerdefiniert aus der Kategorie Datei (siehe Abbildung 7.6).

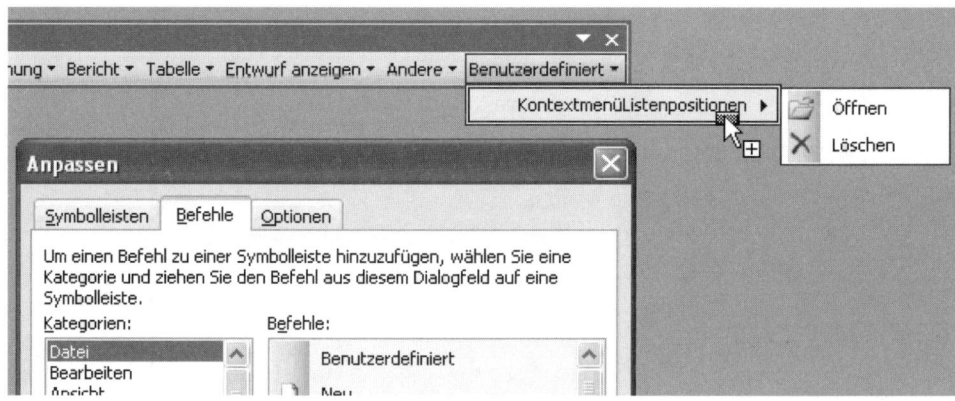

Abb. 7.6: Hinzufügen von neuen Befehlen

Ziehen Sie den Befehl zweimal in das Kontextmenü und passen Sie die Eigenschaften der Befehle wie in Tabelle 7.1 und Tabelle 7.2 zu sehen an.

Tab. 7.1: Eigenschaften des Befehls Öffnen

Eigenschaft	Wert
Name	Öffnen
Bei Aktion	=PositionÖffnen()
QuickInfo	Literatur öffnen
Stil	Symbol und Text

Tab. 7.2: Eigenschaften des Befehls Löschen

Eigenschaft	Wert
Name	Löschen
Bei Aktion	=PositionLöschen()
QuickInfo	Listeneintrag löschen
Stil	Symbol und Text

Zum Schluss können Sie noch die Symbole der Befehle gestalten.

7.2.4 Kontextmenü dem Listenfeld zuweisen

Das Kontextmenü wäre damit einsatzbereit und kann jetzt dem Listenfeld zugewiesen werden.

Öffnen Sie dazu das Formular frmLiteraturliste in der Entwurfsansicht. Blenden Sie das Eigenschaftenfenster des Listenfeldes lstPositionen ein und aktivieren Sie das Register Andere. Wählen Sie in der Eigenschaft Kontextmenüleiste den Eintrag KontextmenüListenpositionen aus.

Sie können das Formular nun in der Formularansicht öffnen und die neuen Funktionen testen.

7.3 Kontextmenüs löschen

Das Löschen eines Kontextmenüs gestaltet Access sehr umständlich. Es gibt nur einen einzigen Weg, ein Kontextmenü wieder zu entfernen:

1. Rufen Sie den Dialog Anpassen auf.

2. Klicken Sie auf die Schaltfläche Eigenschaften. Es spielt dabei keine Rolle, welche Symbolleiste gerade im Dialog markiert ist.

3. Wählen Sie im Kombinationsfeld Ausgewählte Symbolleiste das Kontextmenü aus.

4. Ändern Sie den Typ in Menüleiste oder Symbolleiste.

5. Schließen Sie den Eigenschaften-Dialog.

Nachdem Sie den Typ des Kontextmenüs verändert haben, zeigt Access die Symbolleiste wieder im Anpassen-Dialog an. Sie können diese nun markieren und über die Schaltfläche Löschen entfernen.

8 Fehlersuche und -behandlung

André Minhorst, Duisburg

Wenn Sie bereits einmal Datenbankanwendungen mit VBA-Funktionen und -Prozeduren entwickelt haben, kennen Sie bereits das Vergnügen, sich mit dem Auffinden und Beheben der unterschiedlichsten Fehler herumzuschlagen – es sei denn, Sie programmieren so gut, dass nie Fehler auftreten. Im vorliegenden Beitrag erfahren Sie, welche Fehlerarten bei der Arbeit mit VBA auftreten können, wie man die Fehler findet und sie schließlich behebt. Dabei lernen Sie auch die unterschiedlichen Möglichkeiten der Fehlersuche kennen.

Inhalt

8.1 Fehlerarten in VBA

Die Fehlerarten, die bei der Programmierung mit VBA auftreten, können in drei unterschiedliche Gruppen eingeteilt werden.

8.1.1 Syntaxfehler

Die erste Gruppe beinhaltet die so genannten Syntaxfehler. Syntaxfehler erkennt Access entweder direkt bei der Eingabe oder spätestens beim Kompilieren. Ein häufig anzutreffender Fehler bei der Eingabe ist eine zu viel gesetzte Klammer.

Auf solche Fehler weist Access Sie nach dem Verlassen der betroffenen Zeile durch eine entsprechende Fehlermeldung in einem Meldungsfenster hin (siehe Abbildung 8.1).

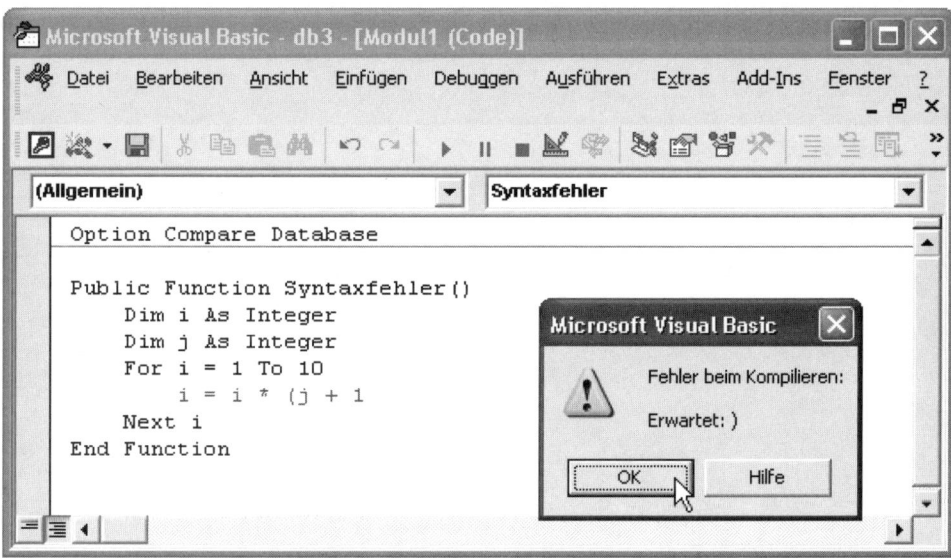

Abb. 8.1: Access bemängelt Syntaxfehler direkt bei der Eingabe.

In der Regel handelt es sich bei Syntaxfehlern um solche Fehler, die Access beim Überprüfen der aktuellen Zeile entdecken kann.

Möglicherweise möchten Sie nicht, dass Access Fehlermeldungen bei der Eingabe anzeigt. Dann öffnen Sie mit dem Menübefehl Extras → Optionen den Dialog Optionen und nehmen im Register Editor die gewünschte Einstellung vor. Daneben können Sie hier noch viele weitere Parameter einstellen – ein Blick in die Optionen lohnt sich auf jeden Fall (siehe Abbildung 8.2 auf der nächsten Seite).

Wenn Sie die Fehlermeldung ignorieren und die Prozedur dennoch ausführen, weist Access mit einer etwas weniger informativen Meldung auf den Syntaxfehler hin. Immerhin markiert Access die fehlerhafte Zeile rot.

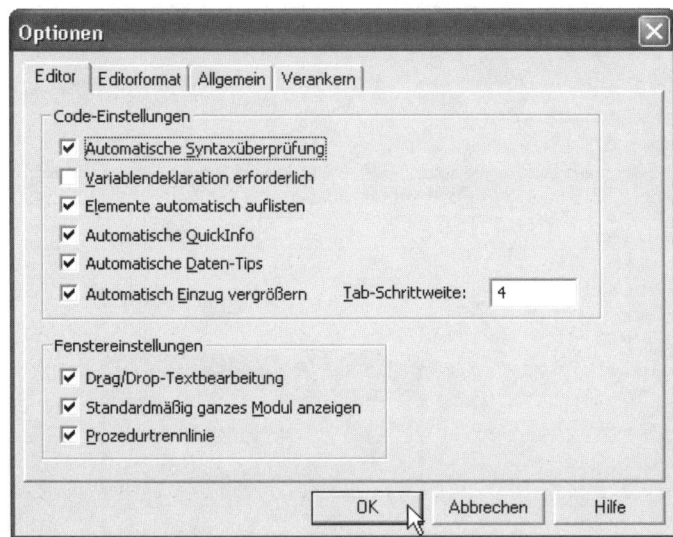

Abb. 8.2: Optionen zur Anzeige von Fehlermeldungen

8.1.2 Kompilierzeitfehler

Manche Fehler, die eigentlich als Syntaxfehler zu bezeichnen sind, fallen bei der Syntaxprüfung während der Eingabe durchs Sieb. Dabei handelt es sich beispielsweise um **For...Next**-Schleifen, die nicht mit der **Next**-Anweisung abgeschlossen wurden. Solche Fehler erfordern die Überprüfung des gesamten Algorithmus. Da bei der Eingabe von Codes nicht nach jeder Zeile eine komplette Überprüfung stattfinden kann, erfolgt sie erst beim Kompilieren der Prozedur oder Funktion.

> **Hinweis:** Eine Funktion oder Prozedur wird kompiliert, wenn Sie diese ausführen. Sie können eine Funktion aber auch kompilieren, ohne sie auszuführen. Dazu verwenden Sie einen der ersten drei Befehle des Menüs **Testen**. Mit den Befehlen `Alle Module kompilieren` und `Alle Module kompilieren und speichern` kompilieren Sie alle Module. Der Befehl `Geladene Module kompilieren` schließt nicht geladene Module sowie die Objektmodule von Formularen und Berichten aus.

Abbildung 8.3 auf der nächsten Seite zeigt eine Prozedur mit einen typischen Kompilierzeitfehler. In diesem Zusammenhang ist zu erwähnen, dass immer nur ein Kompilierzeitfehler gleichzeitig gemeldet werden kann, da Access das Kompilieren nach dem Auffinden eines Fehlers automatisch abbricht. Weitere Fehler findet Access erst beim folgenden Kompiliervorgang.

Syntax- oder Kompilierzeitfehler sind recht schnell behoben, da man meist direkt eine recht eindeutige Beschreibung des Fehlers erhält. Man korrigiert den Fehler und kompiliert anschließend das Modul erneut, um zu überprüfen, ob der Fehler auch tatsächlich behoben wurde.

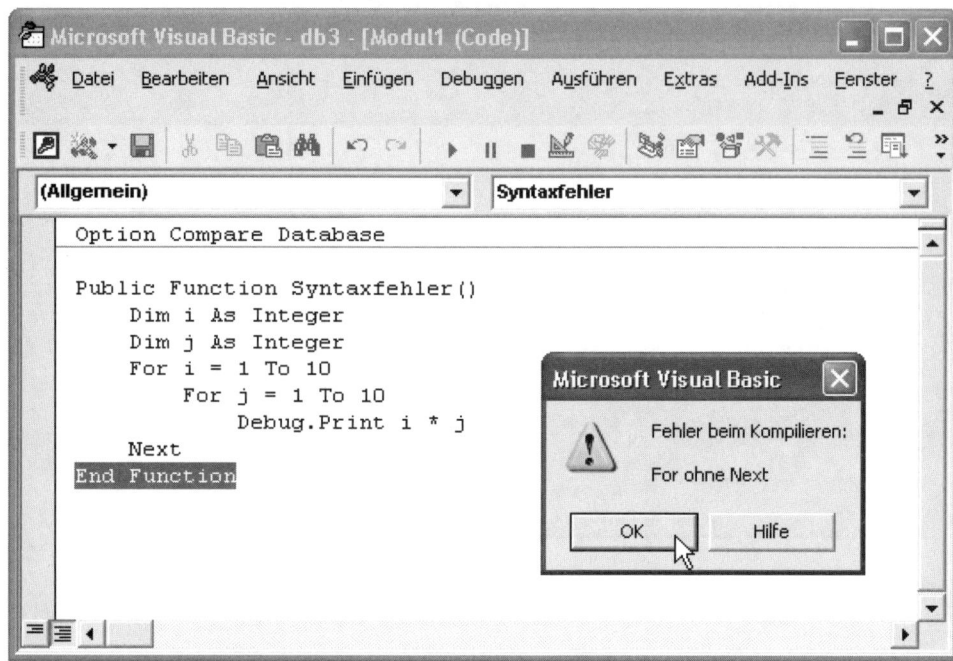

Abb. 8.3: Ein typischer Kompilierzeitfehler

8.1.3 Laufzeitfehler

Manche Fehler können nicht bei der Eingabe oder beim Kompilieren festgestellt werden, da sie erst bei der Ausführung der Prozedur auftreten. Dabei gibt es die unterschiedlichsten Möglichkeiten:

- Einer Variablen wird ein Wert eines anderen Datentyps zugewiesen, zum Beispiel ein String einer Integer-Variablen.

- Der Wert einer Variablen übersteigt deren Wertebereich.

- Eine Anweisung bezieht sich auf ein Objekt, welches nicht zur Verfügung steht.

Der klassische Vertreter der Laufzeitfehler ist die Division zweier Zahlen, wobei der Benutzer als Teiler den Wert 0 angibt. Hier tritt eine Division durch Null auf, worauf Access wie in Abb. 4 ersichtlich reagiert. Um diesen Fehler zu verhindern, gibt es zwei Möglichkeiten: Entweder Sie setzen direkt bei der Eingabe der Werte an und geben eine entsprechende Meldung aus, wenn der Wert Null für den Nenner eingegeben wurde.

Dies können Sie mit einer einfachen Anweisung erledigen (If Zahl1 = 0 then ...). Oder Sie überprüfen erst nach der Berechnung, ob ein Fehler aufgetreten ist. In diesem Fall legen Sie eine Fehlerbehandlung an. Wie das geht, erfahren Sie im Abschnitt 8.2 „Starten von Prozeduren".

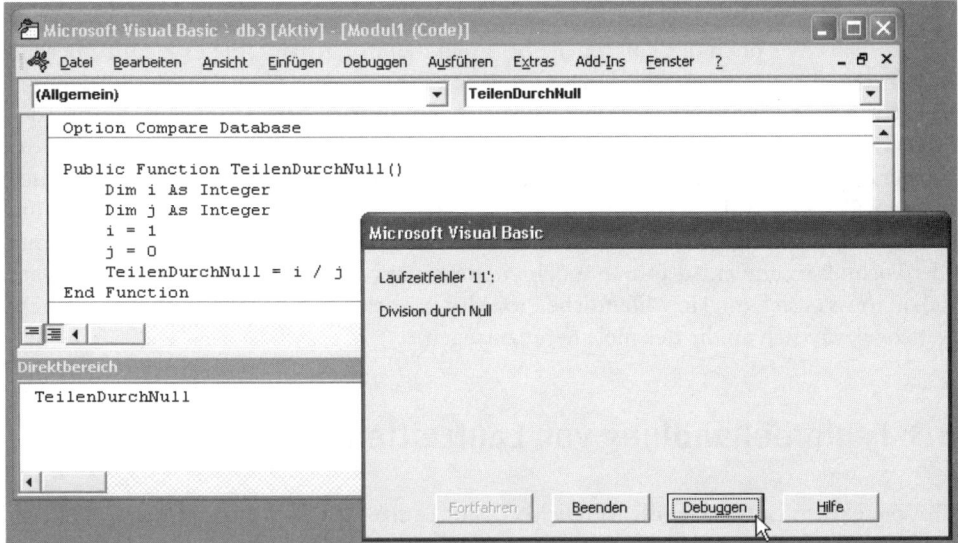

Abb. 8.4: Bei der Division durch Null tritt ein Fehler auf.

8.1.4 Logische Fehler

Zur unbequemsten Fehlerart gehören logische Fehler. Während Access sich in den meisten Fällen beim Auftreten der bisher genannten Fehler früher oder später zu Wort meldet, müssen Sie logische Fehler selbst finden und beheben.

Ein einfacher logischer Fehler wäre beispielsweise das falsche Setzen einer Klammer bei einer Rechenoperation, denn (1+1) x 1 ist nicht dasselbe wie 1+(1x1). Wenn Sie komplizierte Berechnungen in Ihrer Anwendung durchführen und am Ende einen unerwarteten Wert erhalten, ist meist ein solch trivialer Fehler schuld am Dilemma.

Access bietet aber auch hier beim Auffinden des Fehlers Hilfestellung. Es gibt beispielsweise zahlreiche Möglichkeiten, Variable während der Laufzeit auszugeben. Wie das funktioniert, erfahren Sie weiter unten im Abschnitt 8.9 auf Seite 133 „Fehlersuche".

8.2 Starten von Prozeduren

Bevor Sie die folgenden Beispiele ausprobieren, erfahren Sie zunächst, wie Sie eine Prozedur starten können, wenn dies nicht durch das Betätigen einer Schaltfläche passiert. Die schnellste Art, eine Prozedur zu starten, während Sie den Programmcode im Modulfenster sehen, ist das Betätigen des Menübefehls Auswählen → Weiter oder der gleichnamigen Schaltfläche in der Symbolleiste. Achten Sie darauf, dass sich die Einfügemarke in der gewünschten Prozedur befindet, damit Access weiß, welche Prozedur es ausführen soll.

Das funktioniert allerdings nur, wenn der Aufruf der Prozedur keinerlei Parameter erfordert. Falls dies doch der Fall ist, bleibt Ihnen die Möglichkeit, die Prozedur über das Testfenster zu starten. Das Testfenster erreichen Sie entweder über den Menübefehl An-sicht → Testfenster oder über die Tastenkombination **Strg** + **G**. Geben Sie hier den Prozedurnamen, gefolgt von den erforderlichen Parametern in der unteren Hälfte des Fensters ein und betätigen Sie die Eingabetaste, um die Prozedur zu starten. Beachten Sie, dass Sie bei privaten Prozeduren den Namen des Moduls mit einem Punkt getrennt voranstellen (zum Beispiel modTest.TextAnzeigen). Wenn Sie Prozeduren aus Berichts- oder Formularmodulen ausführen möchten, muss das entsprechende Objekt geöffnet sein, zudem muss es sich um eine öffentliche Prozedur handeln. Nun haben Sie das erforderliche Werkzeug, um sich an die Beispiele heranzuwagen.

8.3 Fehlerbehandlung von Laufzeitfehlern

VBA bietet dem Entwickler die Möglichkeit, auf Laufzeitfehler in angemessener Weise zu reagieren. Das bedeutet, dass Sie Access anweisen können, beim Auftreten eines bestimmten Fehlers in eine Fehlerbehandlungsroutine zu springen, welche dann überprüft, um welchen Fehler es sich handelt, und die entsprechenden Maßnahmen ausführt.

Die folgenden Anweisungen stellen das „Gerippe" einer Prozedur zur Fehlerbehandlung dar:

```
Sub <Prozedurname> (<Parameterliste>)
   On Error Goto <Sprungmarke>
   [<Anweisungen>]
<Prozedurname>_Exit
   [<Restarbeiten>]
   Exit Sub
<Prozedurname>_Err:
   <Anweisungen zur Fehlerbehandlung>
   Resume <Prozedurname>_Exit
End Sub
```

Dabei legt die Anweisung **On Error Goto <Prozedurname>_Err** fest, dass die Prozedur im Fall eines Laufzeitfehlers mit dem Programmteil nach der angegebenen Sprungmarke fortfährt.

In diesem Programmteil können Sie dann die notwendigen Anweisungen geben, die die Prozedur beim Auftreten eines Fehlers ausführen soll.

Die Prozedur enthält aber noch eine weitere Sprungmarke, die üblicherweise aus dem Prozedurnamen und dem Anhängsel _Exit besteht. Hinter dieser Sprungmarke befindet sich zumindest die Anweisung Exit Function beziehungsweise Exit Sub, um die Prozedur auf regulärem Wege vor Erreichen der Fehlerbehandlung zu beenden.

Ansonsten soll die Prozedur diese Marke nach dem Ausführen der Fehlerbehandlung anspringen, um Restarbeiten wie das Schließen von Recordsets zu erledigen; sie kommt also nur beim Auftreten eines Fehlers zur Geltung.

Hinweis: Die **On Error**-Anweisung muss nicht unbedingt auf eine Fehlerbehandlungsroutine verweisen. Sie können auch die Anweisung **On Error Resume Next** verwenden, um die fehlerhafte Zeile einfach zu überspringen und die Prozedur mit der nächsten Zeile fortzusetzen.

Die Funktionsweise der Fehlerbehandlung lässt sich am besten anhand eines kleinen Beispiels darstellen (siehe Quellcode 8.1).

```
Sub Dividieren()
    Dim Zahl1 As Double
    Dim Zahl2 As Double
    Dim Ergebnis As Double
    On Error GoTo Dividieren_Err
    Zahl1 = Val(InputBox("Geben Sie die erste Zahl ein."))
    Zahl2 = Val(InputBox("Geben Sie die zweite Zahl ein."))
    Ergebnis = Zahl1 / Zahl2
    MsgBox ("Das Ergebnis lautet: " & Ergebnis)
Dividieren_Exit:
    Exit Sub
Dividieren_Err:
    MsgBox "Es ist ein Fehler aufgetreten." & vbCrLf & "Fehlertext: " & Err. ⊃
    Description & vbCrLf & "Fehlernummer: " & Err.Number
    Resume Dividieren_Exit
End Sub
```

Listing 8.1: Quellcode

Mit der Anweisung **On Error Goto Err_Dividieren** teilen Sie der Prozedur mit, dass sie beim Auftreten eines Fehlers automatisch in die Fehlerbehandlungsroutine springt, die mit der Sprungmarke **Err_Division:** eingeleitet wird. Im vorliegenden Fall gibt die Fehlerbehandlungsroutine statt der üblichen Fehlermeldung eine benutzerdefinierte Fehlermeldung aus (siehe Abbildung 8.5).

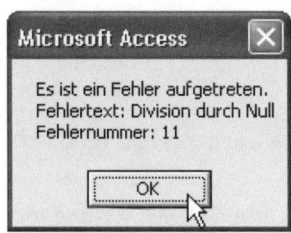

Abb. 8.5: Eine benutzerdefinierte Fehlermeldung

Wie hier zu erkennen ist, können sowohl die Fehlernummer als auch die Beschreibung des Fehlers ermittelt werden. Dies ermöglicht Ihnen, die Prozedur auf bestimmte Fehlerarten vorzubereiten.

In diesem Fall ist das die Division durch Null. In der folgenden Variante (siehe Quellcode 8.2) soll die Fehlermeldung den Anwender auf die falsche Eingabe hinweisen, damit er beim nächsten Versuch den richtigen Wert eingibt.

```
Sub Dividieren()
    Dim Zahl1 As Double
```

```
    Dim Zahl2 As Double
    Dim Ergebnis As Double
    On Error GoTo Dividieren_Err
    Zahl1 = Val(InputBox("Geben Sie die erste Zahl ein."))
    Zahl2 = Val(InputBox("Geben Sie die zweite Zahl ein."))
    Ergebnis = Zahl1 / Zahl2
    MsgBox ("Das Ergebnis lautet: " & Ergebnis)
Dividieren_Exit:
    Exit Sub
Dividieren_Err:
    Select Case Err.Number
       Case 11
          MsgBox "Sie haben den Wert Null als Teiler eingegeben. " & "Geben Sie ⊃
          bitte eine reelle Zahl ein."
       Case Else
          MsgBox "Es ist ein Fehler aufgetreten." & vbCrLf & "Fehlertext: " & Err. ⊃
          Description & vbCrLf & "Fehlernummer: & Err.Number
    End Select
    Resume Dividieren_Exit
End Sub
```

Listing 8.2: Quellcode

Leider kann man sich nicht darauf verlassen, dass keine anderen Fehler auftreten. Daher verwendet man eine `Select Case`-Anweisung zur Ermittlung der Fehlernummer und dem Ausführen einer bestimmten, vom Fehler abhängigen Funktion. Dabei erfolgt beim Auftreten des Fehlers mit der Nummer 11, der durch die Division durch 0 auftritt, eine gezielte Meldung (siehe Abbildung 8.5 auf der vorherigen Seite), während die Fehlerbehandlung in allen anderen Fällen die Systemmeldung ausgibt.

8.4 Parameter der Resume-Anweisung

Die `Resume`-Anweisung können Sie wie in obigem Beispiel verwenden, um aus der Fehlerroutine in das Programm zurückzuspringen.

Für die Anweisung gibt es drei unterschiedliche Parameter:

1. `Resume`: Die Prozedur wird mit dem Befehl fortgesetzt, durch den der Fehler verursacht wurde.

2. `Resume Next`: Die Prozedur wird mit dem ersten Befehl hinter der Anweisung fortgesetzt, die den Fehler ausgelöst hat.

3. `Resume <Sprungmarke>`: Die Prozedur wird an der Stelle fortgesetzt, die durch die angegebene Sprungmarke eingeleitet wird.

8.5 Fehlerbehandlung für spezielle Zwecke

In manchen Fällen soll die Fehlerbehandlung während des Ablaufs einer Prozedur wieder deaktiviert werden. Das kann zum Beispiel beim gezielten Provozieren eines Fehlers vorkommen: Wenn Sie beispielsweise überprüfen möchten, ob eine Instanz von Word geöffnet ist, um per Code auf diese zuzugreifen, verwenden Sie die Anweisungen aus Quellcode 8.3.

```
Public Sub OpenWord()
    Dim objWord As Object
    On Error Resume Next
    Set objWord = GetObject(, "Word.Application")
    If Err = 429 Then
        Set objWord = CreateObject("Word.Application")
    End If
    On Error GoTo 0
    '...weitere Anweisungen
End Sub
```

Listing 8.3: Quellcode

Hier stellen Sie die Fehlerbehandlung so ein, dass die Prozedur beim Auftreten eines Fehlers einfach mit der folgenden Zeile fortfährt.

Ist keine Word-Instanz vorhanden, die per Objektverweis verfügbar gemacht werden kann, wird ein Fehler mit der Nummer 429 ausgelöst.

Die nachfolgende Zeile überprüft, ob ein Fehler durch eine fehlende Instanz von Word aufgetreten ist und öffnet daraufhin eine neue Instanz.

Die folgende Anweisung `On Error Goto 0` sorgt dafür, dass Fehler wieder vom System behandelt werden.

8.6 Wirkungsbereich der Fehlerbehandlung

Die Fehlerbehandlung wird durch die **On Error**-Anweisung aktiviert und endet spätestens mit dem Ende der Prozedur.

Dabei gibt es zwei Besonderheiten:

1. Sie können die Fehlerbehandlung auch vor dem Prozedurende mit der Anweisung **On Error Goto 0** deaktivieren.

2. Wenn die Prozedur eine weitere Prozedur oder Funktion aufruft, während die Fehlerbehandlung aktiviert ist, gilt die Fehlerbehandlung auch hier als aktiviert. Das Gleiche gilt auch für weitere Verschachtelungen.

> **Hinweis:** Wenn in einer Folgeroutine ohne eigene Fehlerbehandlung ein Fehler auftritt, greift die Fehlerbehandlung der aufrufenden Routine, soweit vorhanden. Um nicht unnötig im Dunkeln zu tappen, sollte man daher möglichst allen Prozeduren eine Fehlerbehandlung hinzufügen.

8.7 Das Err-Objekt

Die obigen Beispiele verwendeten bereits einige Eigenschaften des Objekts **Err**. Hierbei handelt es sich um ein Visual-Basic-Objekt. Jedes Mal, wenn ein Fehler auftritt, speichert Visual Basic einige Informationen zu dem Fehler in dem Objekt. Im Allgemeinen verwendet man nur die Eigenschaften **Err.Number**, um die Nummer eines Fehlers abzufragen und entsprechend darauf zu reagieren, und die Eigenschaft **Err.Description**, um die Fehlerbeschreibung unerwarteter Laufzeitfehler auszugeben.

8.8 Unerwartete Laufzeitfehler

Wenn in einer Prozedur die Fehlerbehandlung aktiviert ist, enthält die Prozedur meist auch eine Fehlerbehandlungsroutine, die auf die Behandlung bestimmter Fehler vorbereitet ist. Das ist auch in obigem Beispiel der Fall – die Eingabe des Wertes `Null` als Nenner wird durch die Fehlerbehandlung kompensiert, indem die Eingabe wiederholt wird. Man kann aber meist nicht alle Fehler vorhersehen und gibt daher eine allgemeine Vorgehensweise an, die bei solchen unerwarteten Fehlern – zum Beispiel beim Beenden der Prozedur – anzuwenden ist.

Im vorherigen Beispiel wurden Fehler, die nicht die Fehlernummer 11 hatten, durch eine selbstdefinierte Meldung angezeigt – etwa beim Eingeben von Zahlenwerten anstatt Buchstaben (siehe Abbildung 8.6).

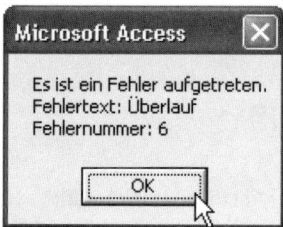

Abb. 8.6: Eine benutzerdefinierte Fehlermeldung für einen unerwarteten Fehler . . .

Dies ist die einzige Möglichkeit, den unerwarteten Fehler mit einer Fehlermeldung anzuzeigen und anschließend die Prozedur abzubrechen. Bedingt wird das durch die Tatsache, dass der Fehler durch die Fehlerbehandlung abgefangen wurde. Es gibt aber einen Trick, um dennoch die vom System gesteuerte Fehlermeldung anzuzeigen (siehe Abbildung 8.7 auf der nächsten Seite): Erzeugen Sie den Fehler in der Fehlerbehandlungsroutine einfach erneut. Die Fehlerbehandlung ist nun nicht mehr aktiviert, da sie jeweils nur einen Fehler abfangen kann.

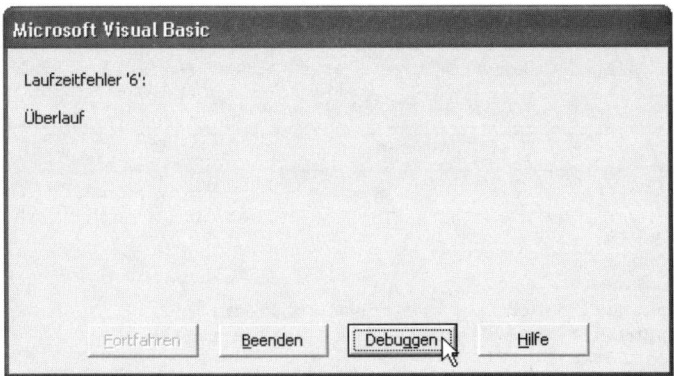

Abb. 8.7: ... und die gewohnte Access-Fehlermeldung

Um den Fehler erneut zu erzeugen, ersetzen Sie die Anweisung im **Case Else**-Teil der Fehlerbehandlung durch die folgenden Anweisungen:

```
Dim Fehlernummer As Integer
Fehlernummer = Err.Number
Err.Clear
Err.Raise Fehlernummer
```

Die erste Anweisung deklariert eine Variable namens **Fehlernummer**. Die Variable speichert die Nummer des Fehlers, bevor die aktuellen Informationen des Fehlerobjektes **Err** gelöscht werden. Anschließend erzeugt die Anweisung **Err.Raise Fehlernummer** erneut den Fehler mit der angegebenen Nummer. Tritt nun ein unerwarteter Fehler auf, erscheint die gewohnte Access-Fehlermeldung (siehe Abbildung 8.7).

8.9 Fehlersuche

Wenn ein Laufzeitfehler auftritt, kann Access Ihnen eine große Hilfe beim Finden des Fehlers sein. Wenn Access nämlich einen Fehler wie beispielsweise in Abbildung 8.7 findet, haben Sie die Wahl zwischen drei und vier Möglichkeiten, die Sie durch das Betätigen der entsprechenden Schaltflächen auswählen können. Wählen Sie die Schaltfläche **Testen**, aktiviert Access den Unterbrechungsmodus und zeigt im Modulfenster die fehlerhafte Zeile an (siehe Abbildung 8.8 auf der nächsten Seite). In manchen Fällen können Sie das Programm einfach durch einen Klick auf die Schaltfläche **Weiter** fortsetzen. Sie können die Prozedur auch einfach beenden, ohne die fehlerhafte Stelle anzeigen zu lassen. Falls Sie trotz des Hinweises auf die fehlerhafte Zeile im Dunkeln tappen, betätigen Sie doch einfach einmal die Schaltfläche **Hilfe**. Access zeigt dann einen Text an, der mögliche Gründe für den eingetretenen Fehler anzeigt.

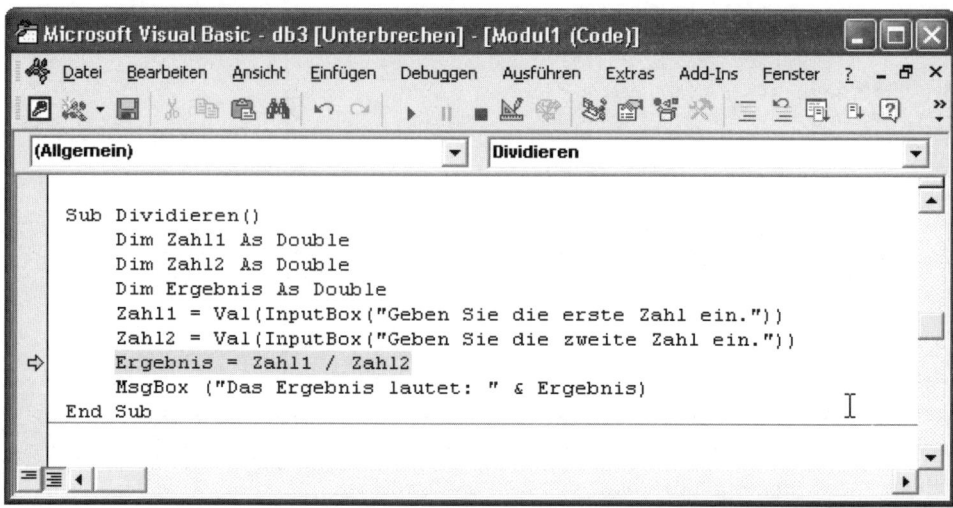

Abb. 8.8: Der Unterbrechungsmodus

Im Unterbrechungsmodus finden Sie in der Symbolleiste von Access drei Schaltflächen, die Ihnen beim Debuggen helfen können:

 Wenn Sie den Fehler erkannt haben, können Sie ihn direkt beheben und durch Betätigen dieser Schaltfläche mit der Ausführung des Programms fortfahren.

 Diese Schaltfläche beendet die Programmausführung und Access löscht alle lokalen und privaten Variablen.

 Mit dieser Schaltfläche können Sie das Programm ebenfalls beenden. Dabei werden alle Variablen gelöscht.

Beim Auffinden logischer Programmfehler können Ihnen diese Schaltflächen jedoch nicht helfen. Schließlich gelangen Sie gar nicht erst in den Unterbrechungsmodus, da es sich bei einem logischen Fehler ja meist nicht um einen Fehler handelt, den Access erkennt. In diesem Fall müssen Sie sich selbst auf die Suche machen. Aber auch dabei stellt Access Ihnen einige Hilfsmittel zur Verfügung.

8.10 Suchen logischer Programmfehler

Bei der Suche nach logischen Programmfehlern ist es meist hilfreich, die Werte von Variablen an bestimmten Stellen der Prozedur anzeigen zu lassen. Um das zu ermöglichen, müssen Sie zunächst einen Punkt festlegen, an dem die Prozedur angehalten werden soll, um die gewünschten Werte abzufragen.

Das Abfragen von aktuellen Variableninhalten ist zwar auch möglich, wenn das Programm durch einen Laufzeitfehler in den Unterbrechungsmodus gesetzt wurde, aber Sie können den Unterbrechungsmodus auch manuell aktivieren.

Um ein Programm an einer bestimmten Stelle anzuhalten, gehen Sie folgendermaßen vor:

1. Öffnen Sie die Prozedur im Modulfenster.

2. Klicken Sie mit der rechten Maustaste auf die gewünschte Zeile, um das Kontextmenü zu öffnen.

3. Wählen Sie den Menübefehl `Umschalten` → `Haltepunkt`.

Wenn Sie die Prozedur einmal in der Entwurfsansicht geöffnet haben, geht es auch noch einfacher: Klicken Sie mit der linken Maustaste in Höhe der gewünschten Zeile auf den grauen Rand links von der Zeile.

Beide Methoden haben das gleiche Ergebnis: Die Zeile wird rot unterlegt und zusätzlich durch einen roten Punkt im linken Bereich des Modulfensters markiert (siehe Abbildung 8.9). Um einen Haltepunkt wieder zu entfernen, klicken Sie entweder auf den roten Punkt oder wählen Sie über das Kontextmenü der Zeile erneut den Befehl `Umschalten` → `Haltepunkt` aus.

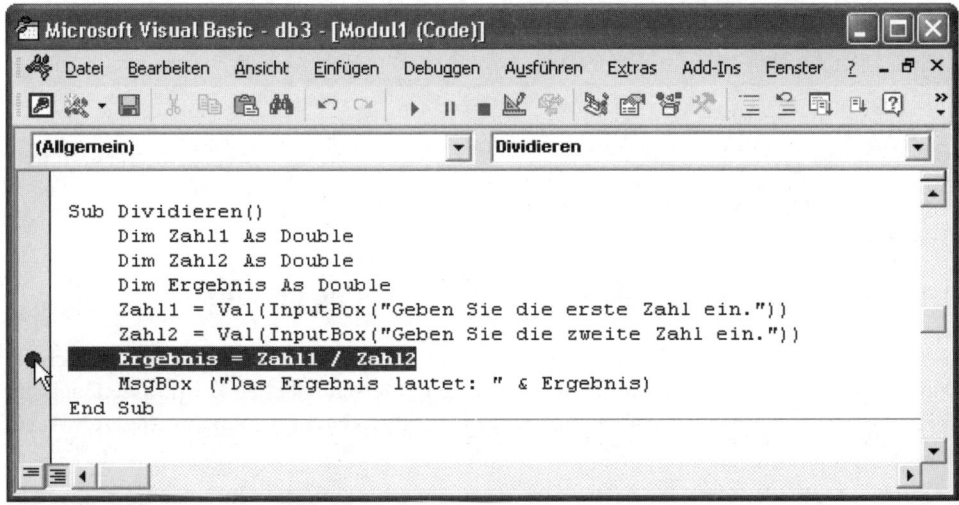

Abb. 8.9: Diese Zeile dient als Haltepunkt.

Vorteilhaft ist es, wenn Sie ungefähr abschätzen können, in welcher Prozedur und an welcher Stelle der Fehler ungefähr auftritt. Sie können dann an der entsprechenden Stelle einen Haltepunkt setzen und von dort aus das Programm in kleinen Schritten untersuchen.

Wenn Sie das Programm nun starten, hält es an der angegebenen Stelle an. Access zeigt im Modulfenster die aktuelle Zeile an. Hier haben Sie nun folgende Möglichkeiten:

Entfernen des Haltepunktes in der aktuellen Zeile

 Führt einen Einzelschritt aus, d. h. , dass Access die aktuell markierte Anweisung ausführt

 Führt einen Prozedurschritt aus. Wenn Sie diese Schaltfläche innerhalb der aktuellen Prozedur verwenden, wird jeder Befehl als Einzelschritt ausgeführt. Erst das Aufrufen eines Befehls, der eine weitere Prozedur aufruft, bewirkt das Ausführen der kompletten „Unterprozedur" ohne weitere Einzelschritte.

 Führt einen Rücksprung aus. Dabei werden die verbleibenden Anweisungen der aktuellen Prozedur ausgeführt und es wird zur aufrufenden Prozedur zurückgesprungen, wo dann erneut angehalten wird.

 Zeigt die Namen der Datenbank, des Moduls sowie der Prozedur der aktuellen und der aufrufenden Prozedur bis zur obersten Ebene an (siehe Abbildung 8.10)

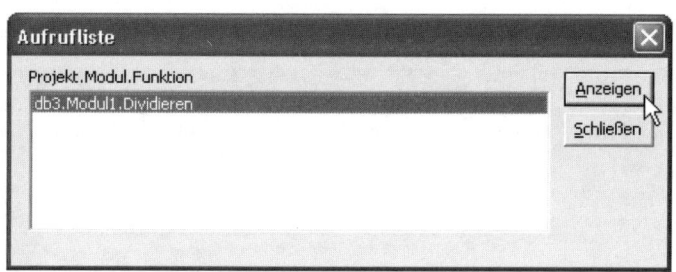

Abb. 8.10: Die Aufrufreihenfolge einer Prozedur

8.10.1 Abfrage von Variablen im Unterbrechungsmodus

Wenn Sie sich im Unterbrechungsmodus befinden und die Anwendung Schritt für Schritt durchlaufen, um anhand der Variablenwerte zu den unterschiedlichen Zeitpunkten logische Fehler ausfindig zu machen, haben Sie mehrere Möglichkeiten, die entsprechenden Werte anzuzeigen.

Die erste Möglichkeit besteht darin, den Mauszeiger im Unterbrechungsfenster über der gewünschten Variablen zu positionieren. Der Wert wird dann per Tooltip-Text angezeigt (siehe Abbildung 8.11).

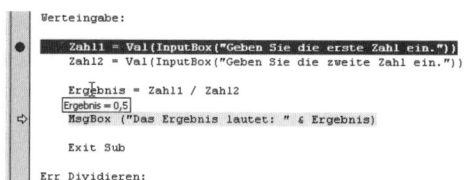

Abb. 8.11: Variablenwerte im Unterbrechungsfenster

8.10.2 Abfrage von Variablen im Testfenster

Das Testfenster dient nicht nur dem Starten von Prozeduren, sondern kann auch zur Ermittlung und Ausgabe von Variablenwerten verwendet werden.

Die einfachste Möglichkeit, einen Wert im Testfenster auszugeben, ist der Befehl De-bug.Print. Wenn Sie diesen Befehl gefolgt von einem Ausdruck in eine Prozedur einfügen, gibt Access den angegebenen Ausdruck im Testfenster aus. Während sich eine Prozedur im Unterbrechungsmodus befindet, können Sie über das Testfenster die aktuellen Variablenwerte einzeln ausgeben lassen und sie bei Bedarf ändern.

Die manuelle Ausgabe der Variablen ist aber in den meisten Fällen nicht erforderlich, da dies in der oberen Hälfte des Testfensters, dem so genannten Lokalbereich, automatisch geschieht.

Wenn Sie beispielsweise einen Haltepunkt bei der Ausgabe des Ergebnisses der Prozedur **Division** setzen, sieht das Testfenster wie in Abbildung 8.12 aus.

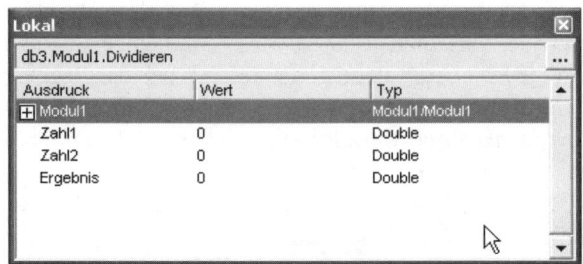

Abb. 8.12: Anzeige von Variablen im Testfenster

Noch komfortabler ist die kontrollierte Überwachung von Variablen. Im Gegensatz zur Ausgabe einer Variablen via VBA-Anweisung oder im lokalen Teil des Testfensters können Sie hier gezielt Variablen festlegen, die während der Laufzeit angezeigt werden.

Um eine Variable zu überwachen, gehen Sie folgendermaßen vor:

1. Klicken Sie mit der rechten Maustaste auf die gewünschte Variable, um das Kontextmenü anzuzeigen.

2. Wählen Sie den Befehl Überwachung hinzufügen aus.

3. Passen Sie die Parameter im Dialog Überwachung hinzufügen an.

Access fügt den Namen der Variablen automatisch in das Textfeld **Ausdruck** ein (siehe Abbildung 8.13 auf der nächsten Seite). Im Bereich **Kontext** können Sie festlegen, in welchem Bereich die Variable überwacht werden soll. Dabei gilt: Die Überwachung einer Variablen kostet immer Ressourcen. Sie sollten deshalb den maximal benötigten Bereich auswählen – also beispielsweise nur Prozeduren, in denen Veränderungen an der Variablen vorgenommen werden.

Im Bereich Überwachungsart können Sie festlegen, ob einfach nur der aktuelle Wert der Variablen ausgegeben oder ob beim Erreichen bestimmter Werte die Prozedur angehalten werden soll.

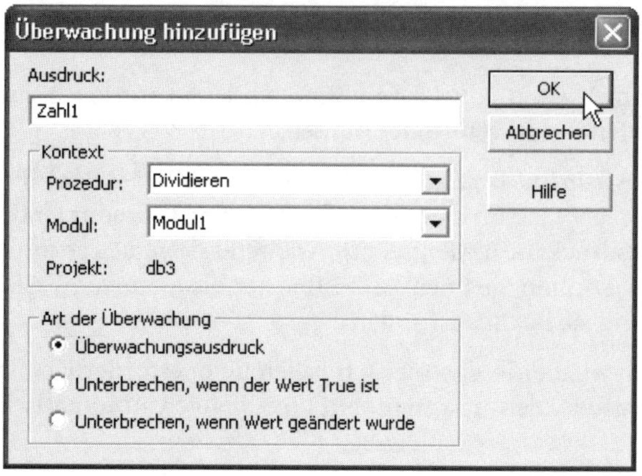

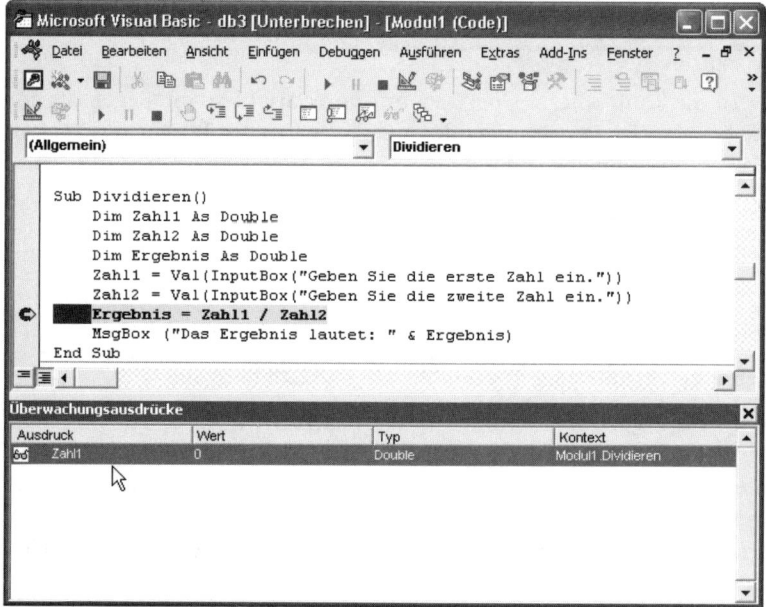

Abb. 8.13: Der Dialog Überwachung hinzufügen

So können Sie beispielsweise im Ausdruck einen Vergleichsausdruck angeben, bei dessen Eintreten die Prozedur angehalten wird, oder Sie wählen die dritte Option und halten damit die Prozedur an, sobald der Wert der Variablen geändert wird. Um die überwachten Werte betrachten zu können, müssen Sie im oberen Bereich des Testfensters das Register **Überwachung** aktivieren (siehe Abbildung 8.14). Beachten Sie, dass die Anzeige eines Überwachungsausdrucks nur im Einzelschrittmodus funktioniert, während die anderen beiden Optionen für den Laufzeiteinsatz vorgesehen sind.

Abb. 8.14: Überwachung einer Variablen

8.11 Zusammenfassung und Ausblick

Die Fehlerbehandlung ist ein wichtiges Thema bei der Programmierung im Allgemeinen und damit natürlich auch unter Access. Da Access in seiner Eigenschaft als „monolithischer Block" viele verschiedene Objekte in sich vereint, gibt es zahlreiche Ansätze, um Fehler zu erkennen.

Der vorliegende Beitrag kümmert sich allein um die Darstellung einiger Möglichkeiten beim Umgang mit dem Teil der Funktionalität einer Access-Datenbankanwendung, der per VBA-Code gesteuert werden kann.

Das meiste davon lässt sich nicht nur in Standard- und Klassenmodulen, sondern auch in den Objektmodulen von Formularen und Berichten verwenden, wenn dort auch noch einige Möglichkeiten hinzukommen - beispielsweise Fehler, die innerhalb der Steuerelemente eines Formulars auftreten – für diese gibt es wiederum eine spezielle Ereigniseigenschaft, mit der sich solche Fehler abfangen lassen. Abfragen und SQL-Ausdrücke bieten keine besonderen Möglichkeiten zum Debugging – hier ist in den meisten Fällen Handarbeit angesagt. Im Laufe der Zeit eignet sich jeder Access-Entwickler seine eigenen Methoden zum Finden und Behandeln von Fehlern an; die vorherigen Kapitel bieten hoffentlich einige Ansätze für einen erfolgreichen Umgang mit diesem Thema.

9 Fehlerdokumentation

André Minhorst, Duisburg

Es gibt wohl keine Anwendung, die absolut fehlerfrei ist. Selbst gestandene Softwareprodukte mit einer riesigen Benutzerschar wie beispielsweise die Microsoft-Office-Produkte verschwinden schneller wieder vom Markt, als es bis zur Behebung aller vorhandenen Fehler dauert. Hier und auch bei selbst gebauter Software wie etwa einer Access-Datenbankanwendung gilt in jedem Fall die Maxime: Nur entdeckte Fehler können behoben werden – und bei deren Übermittlung hilft die folgende Lösung.

Inhalt

9.1 Testen und finden

Den herkömmlichen Weg der Softwareentwicklung (ausgenommen die Wartung) kann man mit folgender Kette beschreiben:

- Lastenheft (Anforderungen aufnehmen)
- Pflichtenheft (Produkt spezifizieren)
- Softwareentwicklung
- Softwaretest
- Abnahme

In den meisten Fällen schleichen sich während der Softwareentwicklung noch einige Iterationsschritte ein, in denen neue Ideen des Auftraggebers einfließen und Änderungen des Pflichtenheftes und der anschließenden Softwareentwicklung bewirken (gut) oder die stillschweigend einfach in das Produkt eingearbeitet werden (schlecht, da zwingend Abweichungen zwischen Pflichtenheft und Produkt entstehen).

Auch das Testen des Produktes durch einen möglichst neutralen Tester kann unter Umständen – etwa bei gröberen Fehlern – noch bis zum Pflichtenheft rückwirken. Selbst der gewissenhafteste Test wird aber in der Regel nicht alle denkbaren Anwendereingaben abfangen; somit ergeben Einführungsphasen und eventuell sogar Produktivphasen noch Fehler, die Nachbesserungen erforderlich machen.

Je mehr Fehler in dieser Phase auftauchen, desto schlimmer: Erstens ist es immer unbefriedigend, wenn der Anwender Fehler aufdeckt, zweitens kann dieser in der Regel nur vage Hinweise auf die Entstehung des Fehlers geben, geschweige denn eine Beschreibung zu dessen Reproduktion liefern.

Der vorliegende Beitrag will Ansätze für eine angemessene Fehlerbehandlung und -dokumentation für diese Phase im Lebenszyklus eines Softwareproduktes liefern. Daher stellen die nachfolgenden Kapitel eine Möglichkeit vor, wie eine Anwendung bei Auftreten von Fehlern den Anwender in angemessener Weise davon in Kenntnis setzt und gleichzeitig eine für den Hersteller nutzbare Fehlerbeschreibung ausgibt.

Das bedeutet erstens, dass die Anwendung den Benutzer nicht mit irgendeiner von Access selbst generierten Fehlermeldung abspeist, sondern ihn einfacher und verständlicher Form vom Auftreten eines Fehlers in Kenntnis setzt und ihn darum bittet, die notwendigen Informationen zur Behebung des Fehlers an den Hersteller zu schicken.

Diese Informationen – und das ist der zweite Punkt – soll die Anwendung in einer leicht zu versendenden Form ausgeben. Im vorliegenden Fall soll das eine Textdatei mit dem beziehungsweise den aufgetretenen Fehlern sein.

Die Fehlerbeschreibungen sollen mindestens die Angabe des Moduls, der Routine und der Zeile enthalten, die zum Fehler führten. Dazu gehört, dass jede Zeile der Anwendung nummeriert ist. Wie man das ohne viel Aufwand bewerkstelligt, erläutert ein eigenes Kapitel.

In vielen Fällen kann es auch hilfreich sein, wenn die Fehlerbeschreibung zusätzlich Informationen über aktuell in der jeweiligen Routine verwendete Variablen enthält. Ob und wie ausführlich diese Informationen sein sollen, ist von Fall zu Fall zu entscheiden.

9.2 Fehlerbehandlung für alle

Wie bereits erwähnt, sollte jede einzelne Prozedur eine Fehlerbehandlung enthalten. Der Grund ist, dass man nur so sicherstellt, dass nicht doch irgendwo ein Fehler auftritt, der zu einer nicht gewünschten systemgenerierten Fehlermeldung führt.

Dazu gehört auch, dass Sie nicht nur die üblichen Fehlermeldungen behandeln, die im Code auftreten und die der Debugger in der Regel zuverlässig entdeckt und mit Fehlernummer und Beschreibung ausgibt.

Es gibt einige Fehler, die Access anders behandelt, soweit der Entwickler keine speziellen Maßnahmen trifft. Dazu gehören etwa Formularfehler, die nicht unbedingt auf die im zugehörigen Formularmodul enthaltenen Routinen zurückzuführen sind, oder Fehler, die beim Ausführen von SQL-Anweisungen ohne Fehlerbehandlung auftreten. Hier sind spezielle Maßnahmen vonnöten, deren Beschreibung ebenfalls ein eigenes Kapitel einnimmt.

9.3 Fehler in Formularen und Berichten

Formulare liefern bei Fehleingaben Fehlermeldungen zurück, die normalerweise aussagekräftig genug sind, um dem Benutzer den Fehler in angemessener Weise aufzuzeigen. Ein schnell nachvollziehbares Beispiel ist ein Textfeld, dessen Eigenschaft Format beispielsweise auf Allgemeine Zahl eingestellt ist (siehe Abbildung 9.1 auf der nächsten Seite).

Gibt der Benutzer hier etwas anderes als eine Zahl ein, also beispielsweise eine Buchstabenfolge, erscheint die Fehlermeldung Sie haben einen Wert eingegeben, der für dieses Feld nicht zulässig ist. Diese Fehlermeldung erscheint auch, wenn man den Datentyp eines eventuell an dieses Feld gebundenen Tabellenfeldes verfehlt.

Abhilfe schafft ein Zweizeiler. Mit der folgenden Prozedur, die durch die Ereigniseigenschaft Bei Fehler des Formulars ausgelöst wird, findet der Benutzer eine alternative Fehlermeldung vor:

```
Private Sub Form_Error(DataErr As Integer, Response As Integer)
   MsgBox "Es ist ein Fehler " & "aufgetreten. (" & DataErr & ")"
   Response = acDataErrContinue
End Sub
```

Die erste Anweisung gibt eine Meldung mit einem kurzen Hinweis und der Fehlernummer aus, die zweite unterbindet die herkömmliche Fehlermeldung.

Dazu verwendet die Prozedur den Parameter DataErr, der die Fehlernummer enthält, sowie den Parameter Response, dem man eine der beiden Konstanten acDataErrContinue (herkömmliche Fehlermeldung auslassen) oder acDataErrDisplay (Standardwert) zuweist.

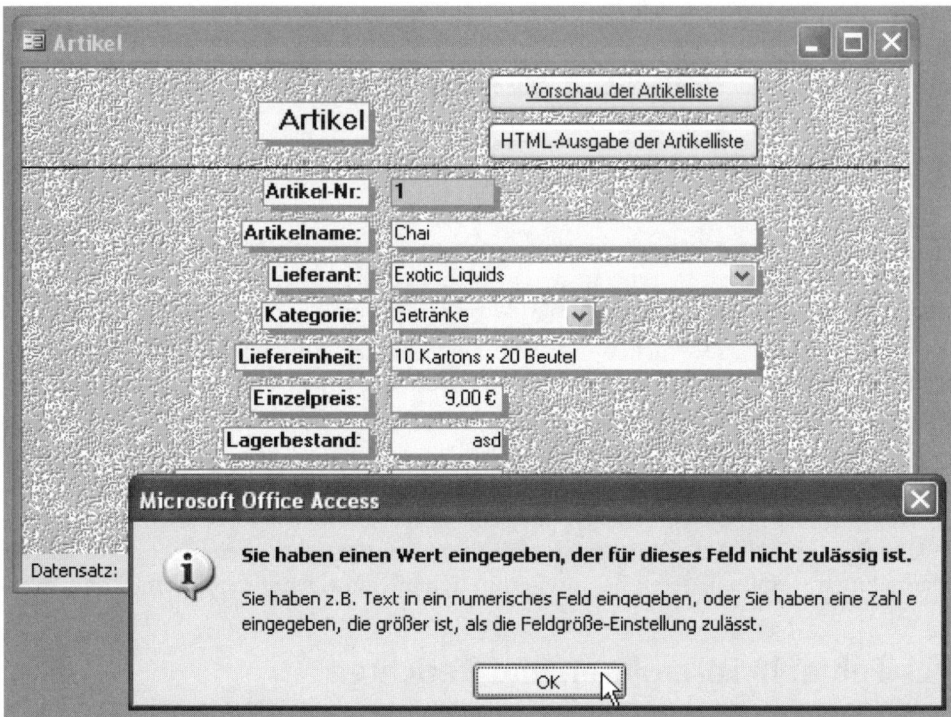

Abb. 9.1: Auftreten eines Fehlers durch falsche Formulareingaben

Natürlich sind Eingabefehler des Benutzers kein Grund, Einträge in eine Fehlerprotokolldatei vorzunehmen und diese gegebenenfalls auch noch an den Hersteller zu schicken – das sollten Sie sich für andere Kaliber aufsparen. Eingabefehler sollten Sie besser durch eine entsprechende Validierung beim Eintreten des Ereignisses Vor Aktualisierung verhindern.

Mit der On Error-Ereigniseigenschaft beugen Sie allerdings unterwarteten Fehlern vor und können mit Hilfe entsprechender Maßnahmen den Benutzer und den Hersteller angemessen informieren. Wie diese Information genau aussieht, erfahren Sie in Kapitel 9.4 auf der nächsten Seite.

Berichte wie Formulare behandeln

In Berichten sieht es ähnlich aus. Es kann selbst in der ausgefeiltesten Software vorkommen, dass der Anwender mit unerwarteten Eingaben für nicht weniger unerwartete Fehler sorgt.

Bei Berichten sind die Fehleingaben zwar schon vorher da, aber vermutlich nicht entsprechend verhindert worden. Um auf Nummer Sicher zu gehen, macht man sich auch hier die Ereigniseigenschaft On Error zu Nutze.

9.4 Fehler behandeln und weiterleiten

Nachdem Sie nun wissen, wo überall eine Fehlerbehandlung hingehört, benötigen Sie noch die Details zu deren Inhalt und Erscheinungsbild.

Um den Kunden beziehungsweise Benutzer Ihrer Datenbank mit möglichst wenig Umständen zu belasten (Was haben Sie genau gemacht? Wo ist der Fehler aufgetreten? Welche Fehlermeldung gibt es? Können Sie mir einen Screenshot von der Ansicht machen, in der die gelb markierte, fehlerhafte Zeile zu sehen ist?), beschaffen Sie all diese Informationen weitgehend automatisiert.

Das nachfolgend vorgestellte Prinzip ist einfach: Sie fügen jeder Fehlerbehandlung neben den üblichen Bestandteilen den Aufruf einer Funktion zu, die alle benötigten Daten in eine Textdatei schreibt. Diese können Sie sich dann leicht per E-Mail oder Fax zukommen lassen, auswerten und damit hoffentlich den Fehler beheben.

9.4.1 Fehlerbehandlung – herkömmlicher Teil

In der Regel platziert man die Fehlerbehandlung an das Ende einer Prozedur. Ausnahmen sind provozierte Fehler während des Ablaufs einer Prozedur, um beispielsweise eine Word-Instanz als Objekt zugreifbar zu machen: Dann versucht man zunächst, eine bestehende Word-Instanz zu finden, indem man einfach auf diese zugreift.

Ist Word nicht geöffnet, erzeugt dies einen Fehler, der direkt im Anschluss erkannt und behandelt wird, damit man die fehlende Word-Instanz selbst herstellen kann.

Eine Fehlerbehandlung könnte beispielsweise wie in Quellcode 9.1 aussehen.

```
Public Sub Personalliste()
   On Error Goto Personalliste_Err
   Dim db As DAO.Database
   Dim rst As Recordset
   Set db = CurrentDb
   Set rst = db.OpenRecordset("Personal", dbOpenDynaset)
   '...weitere Anweisungen
Personalliste_Exit:
   rst.Close
   Set rst = Nothing
   Set db = Nothing
   Exit Sub
Personalliste_Err:
   Debug.Print Err.Number & " " & Err.Description
   Resume Personalliste_Exit
End Sub
```

Listing 9.1: Quellcode

Wichtig sind die folgenden drei Elemente:

• Vor der ersten potenziellen Fehlerquelle befindet sich eine Anweisung, dass im Falle eines Fehlers die Fehlerbehandlung startet.

- Die Marke `Personalliste_Exit` legt den Beginn eines Teils der Prozedur fest, der auch bei Auftreten eines Fehlers noch ausgeführt werden soll. Darin können Restarbeiten wie das Schließen oder Entladen von Objekten erledigt werden.

- Die Marke `Personalliste_Err` enthält den eigentlich wichtigen Teil der Fehlerbehandlung, der die Fehlerinformationen in ein Meldungsfenster oder im Testfenster ausgibt oder eine spezielle Funktion zur Fehlerbehandlung startet. Wichtig ist, dass die eigentliche Prozedur vor dem Erreichen der Fehlerbehandlung endet – das lässt sich wie im Beispiel mit der `Exit`-Anweisung erledigen.

9.4.2 Fehlerbehandlung – spezieller Teil

Die soeben angedeutete „spezielle Funktion zur Fehlerbehandlung" sieht vor, genaue Daten zum Fehler in eine Datei zu schreiben, damit der Benutzer die Fehlerinformationen komfortabel an den Hersteller weitergeben kann.

Die Datei soll folgende Informationen enthalten:

- Datum und Zeit
- Datenbankname und -pfad
- Aktueller Benutzer
- Modulname
- Funktions- oder Prozedurname
- Fehlernummer
- Fehlerbeschreibung
- Auslösende Zeile
- Gegebenenfalls zusätzliche Kommentare

Aufruf der Funktion zur Fehlerbehandlung

Der Aufruf übergibt nur die prozedur- beziehungsweise fehlerspezifischen Daten an die Zielfunktion, die anderen Informationen ermittelt diese selber.

Zum Aufrufen der Fehlerbehandlungsfunktion platzieren Sie die folgende Anweisung im Anschluss an den Marker `<Prozedurname>_Err` (ohne Zeilenumbrüche):

```
Fehlerbehandlung "<Modul name>" , "<Prozedurname>" , Err.Number, Err.Description,
erl , "<Bemerkungen>"
```

Die Parameter `<Modulname>`, `<Prozedurname>` und `<Bemerkungen>` sind selbsterklärend und müssen die entsprechenden Informationen enthalten. Aber was ist nun `erl`? Es handelt sich dabei um eine undokumentierte Funktion, die beim Auftreten eines Fehlers die Nummer der auslösenden Zeile zurückgibt. Das setzt natürlich voraus, dass alle Zeilen mit einer Nummer versehen sind – was wiederum eine Menge Arbeit verspricht.

> **Hinweis:** Zum Glück müssen Sie als Leser dieses Werkes sich diese Arbeit nicht machen, denn einige Seiten weiter (Kapitel 24) finden Sie einen Beitrag namens „Erweitern der VBA-Entwicklungsumgebung": Dort wird eine Möglichkeit vorgestellt, per DLL Funktionen in der VBA-IDE verfügbar zu machen – beispielsweise zum Nummerieren kompletter Module und zum automatischen Hinzufügen von Fehlerbehandlungscode zu bestehenden Prozeduren.

Fehlerbehandlungsfunktion

Sind alle Zeilen nummeriert und ist die Fehlerbehandlung mit dem Funktionsaufruf versehen, benötigen Sie nur noch die eigentliche Funktion, die alle benötigten Informationen in eine Log-Datei schreibt.

Das Aussehen dieser Funktion können Sie Quellcode 9.2 entnehmen. Der Aufbau ist relativ einfach: Die Funktion öffnet die Textdatei, die im gleichen Verzeichnis wie die Datenbank liegt, schreibt einen Block für den aktuellen Fehler hinein und schließt die Datei wieder.

```
Public Function Fehlerbehandlung(strModul As String, strRoutine As String, ⊋
lngNumber As Long, strDesc as String, lngZeile As Long, Optional strRemarks As ⊋
String)
    Open Anwendungspfad & "Fehler.log" For Append As #1
    Print #1, "Datum: " & Format(Now, "yyyy-mm-dd, hh:nn:ss")
    Print #1, "Datenbankpfad: " & CurrentDb.Name
    Print #1, "Modul: " & strModule
    Print #1, "Routine:   " & strRoutine
    Print #1, "Benutzer: " & CurrentUser()
    Print #1, "Fehlernummer: " & lngNumber
    Print #1, "Fehlerbeschreibung: " & strDesc
    Print #1, "Zeile: " & lngZeile
    Print #1, "Bemerkungen: " & strRemarks
    Print #1, ""
    Close #1
End Function
```

Listing 9.2: Quellcode

Zur Ermittlung des Pfades der aktuellen Datenbank verwendet die Prozedur die Funktion Anwendungspfad (siehe Quellcode 9.3). Die beiden verwendeten Funktionen speichern Sie am besten in einem separaten Modul.

```
Public Function Anwendungspfad()
    Anwendungspfad = mID(CurrentDb.Name, 1, Len(CurrentDb.Name) - Len(Dir( ⊋
    CurrentDb.Name)))
End Function
```

Listing 9.3: Quellcode

Das Aussehen eines durch die Fehlerbehandlung in der Fehlerprotokolldatei erzeugten Eintrags können Sie Abbildung 9.2 auf der nächsten Seite entnehmen.

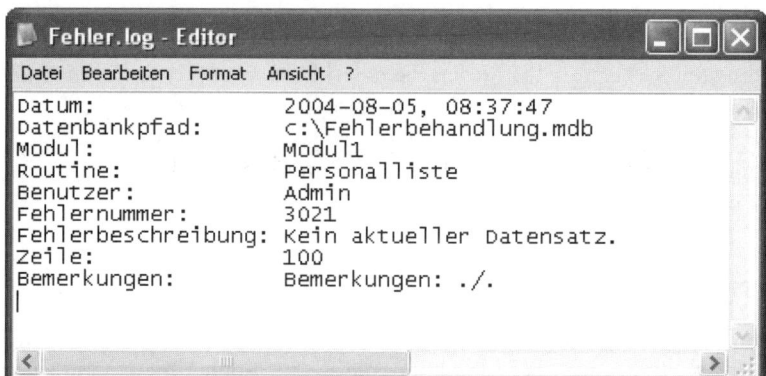

Abb. 9.2:
Datei mit
Fehlerangaben

9.5 Zusammenfassung und Ausblick

Die Fehlerbehandlung in der vorgestellten Form können Sie natürlich auch für eigene Zwecke einsetzen – manchmal treten hier und da Fehler auf und während man den einen Fehler ausbügelt, vergisst man vielleicht einen anderen.

Ein Blick in die Fehlerdokumentation teilt Ihnen dann schnell mit, wo es überall gehakt hat.

Statt einer einfachen Textdatei können Sie natürlich auch zu einem moderneren Format greifen und die Daten im XML-Format speichern. Allerdings müssen Sie selbst abwägen, ob der Aufwand vertretbar ist.

Eine interessante Erweiterung wäre die Integration der im Beitrag `Mail versenden ohne Outlook` vorgestellten Möglichkeiten zum Versenden von E-Mails direkt via SMTP. Natürlich müssen Sie dazu vorher die Zustimmung des Anwenders einholen.

10 Skalierbare Datensicherheit mit Access

André Minhorst, Duisburg

Die Verwendung von allgemein zugänglichen Datenbanken ist eine Sache – der Umgang mit sensiblen Daten eine andere. Datenbanken mit sensiblen Daten müssen verschiedenen Benutzern oder Benutzergruppen differenzierten Zugriff auf den Datenbestand der Datenbank ermöglichen. Zu diesem Zweck gibt es so genannte Arbeitsgruppen-Informationsdateien, in denen Sie Benutzer- und Benutzergruppen und deren Berechtigungen bezogen auf die unterschiedlichen Objekte der Datenbank festlegen können.

Es gibt zwei Wege zum Sichern einer Datenbank mit einer Arbeitsgruppen-Informationsdatei, einerseits mit Hilfe eines Assistenten und andererseits manuell. Im vorliegenden Beitrag lernen Sie den zweiten Weg kennen. Dazu legen Sie zunächst eine neue Arbeitsgruppen-Informationsdatei an und sichern diese anschließend ab, indem Sie für verschiedene Benutzergruppen die Rechte für den Zugriff auf die unterschiedlichen Datenbankobjekte festlegen.

Inhalt

10.1 Grundlagen

Die Sicherheit mittels Arbeitsgruppen-Informationsdatei beruht auf zweierlei Faktoren: erstens der genannten Datei selbst, in der die Benutzergruppen, die Benutzer und die Zuweisung von Benutzern zu den Gruppen gespeichert werden, sowie der Datenbank selbst, in der Informationen über die Zugriffsrechte der Benutzergruppen und Benutzer auf die unterschiedlichen Datenbankobjekte gespeichert werden.

10.1.1 Die Arbeitsgruppen-Informationsdatei

Bei der Installation von Access wird automatisch eine Standard-Informationsdatei namens `System.mdw` mit den zwei Benutzergruppen `Administratoren` und `Benutzer` angelegt.

Solange Sie keine weitere Arbeitsgruppen-Informationsdatei erstellen oder sich einer anderen Arbeitsgruppen-Informationsdatei anschließen, greifen neu erstellte Datenbanken auf die Standarddatei zu und verwenden die dort gespeicherten Einstellungen.

Da jeder Anwender standardmäßig als Administrator ohne Passwort angemeldet wird und für diesen als Angehörigen der Gruppe `Administratoren` keine Einschränkungen gelten, tritt der Mechanismus zunächst nicht in Erscheinung.

Um diesen uneingeschränkten Zugriff zu verhindern, müssen Sie einige Schritte durchführen. Damit erstellen Sie zunächst eine neue Arbeitsgruppen-Informationsdatei, legen dort die gewünschten Benutzergruppen mit den gewünschten Benutzern an und erstellen dann aus der bestehenden Datenbank eine neue, die dann die neue Arbeitsgruppen-Informationsdatei berücksichtigt.

10.1.2 Festlegung von Berechtigungen in der Datenbank

Die individuellen Berechtigungen für die Benutzergruppen und deren Mitglieder legen Sie dann in der Datenbank selbst fest. Es ist besonders wichtig, dass die Arbeitsgruppen-Informationsdatei, mit der Sie die neue Datenbank angelegt haben, nicht versehentlich gelöscht wird, da Sie ansonsten möglicherweise nicht mehr auf die Datenbank zugreifen können.

10.2 Erstellen einer Arbeitsgruppen-Informationsdatei

Für die Erstellung der Arbeitsgruppen-Informationsdatei verwenden Sie die Anwendung `Wrkgadm.exe`. Am einfachsten starten Sie diese Anwendung, indem Sie über das Windows-Startmenü den Eintrag `Ausführen...` auswählen und hier den Namen der Anwendung eingeben (siehe Abbildung 10.1 auf der nächsten Seite).

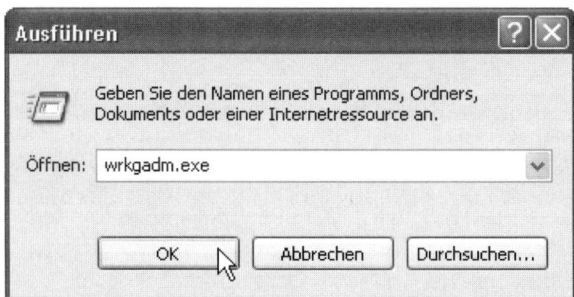

Abb. 10.1: Aufruf der Anwendung wrkadm.exe

Hinweis: Unter Access 2003 finden Sie den Arbeitsgruppenadministrator unter dem Menüpunkt Extras → Sicherheit → Arbeitsgruppenadministrator.

Daraufhin öffnet sich die Anwendung und bietet die drei Optionen Erstellen..., Anschließen... und Beenden an (siehe Abbildung 10.2).

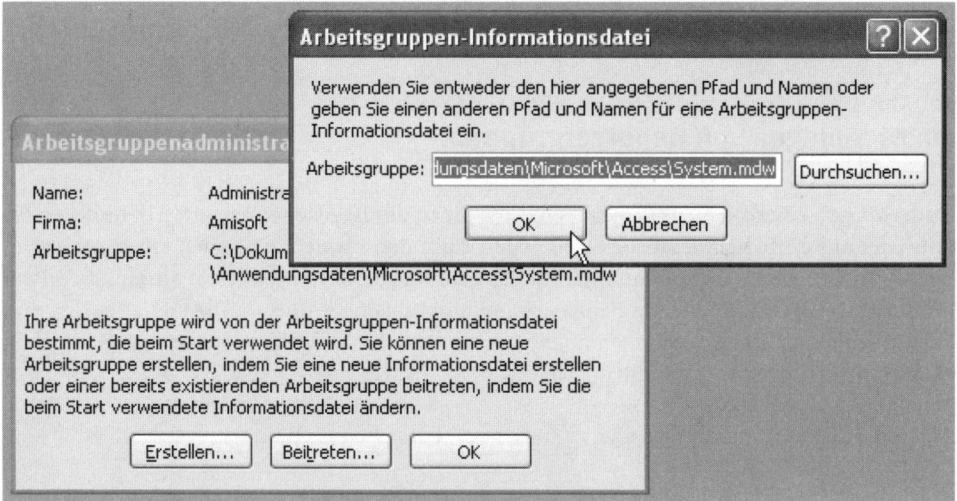

Abb. 10.2: Auswahl einer Arbeitsgruppen-Informationsdatei

Nach einem Mausklick auf die Schaltfläche Erstellen... erscheint ein weiteres Fenster, in das Sie Informationen wie Name, Firma und Arbeitsgruppen-Code eingeben. Notieren Sie sich diese Informationen und bewahren Sie diese an einem sicheren Ort auf.

Im nächsten Fenster werden Sie zur Eingabe von Pfad und Dateinamen der Arbeitsgruppen-Informationsdatei aufgefordert. Geben Sie hier beispielsweise c:\Beispiel.mdw ein.

Nachdem Sie im folgenden Fenster die Angaben bestätigt haben, können Sie die Anwendung beenden.

10.3 Anlegen von Benutzergruppen und deren Mitglieder

Starten Sie zunächst die Access-Datenbank, für die Sie Berechtigungen festlegen möchten.

> **Hinweis:** Für Beispielzwecke können Sie – wie üblich – die Nordwind-Datenbank verwenden, die standardmäßig mit Access installiert wird. Die in den folgenden Kapiteln beschriebene Vorgehensweise setzt voraus, dass Sie derzeit an die Arbeitsgruppen-Informationsdatei `System.mdw` angeschlossen sind und dort standardmäßig als Administrator angemeldet werden.

Über den Menübefehl `Extras → Zugriffsrechte → Benutzer- und Gruppen-konten...` können Sie Benutzergruppen und Benutzer anlegen sowie das Anmeldungskennwort für unterschiedliche Benutzer ändern.

Es spielt keine Rolle, ob Sie zuerst Benutzer oder Gruppen anlegen. Sie können allerdings einen Benutzer nicht einer Gruppe zuordnen, die noch nicht existiert. Daher sollten Sie zunächst die gewünschten Gruppen anlegen und anschließend die Benutzer. Sie können die neuen Benutzer dann direkt den gewünschten Gruppen zuordnen.

10.3.1 Anlegen von Benutzergruppen

Zum Anlegen einer Benutzergruppe wechseln Sie in das Register `Gruppen`. Hier klicken Sie entweder auf die Schaltfläche `Neu` und geben dann den Namen der neuen Gruppe an oder Sie tragen den neuen Gruppennamen in das Feld `Name:` ein und klicken anschließend auf die Schaltfläche `Neu`. In beiden Fällen erscheint der Dialog `Neue(r) Benutzer/Gruppe` (siehe Abbildung 10.3), in den Sie noch eine persönliche Identifikationskennung eingeben müssen.

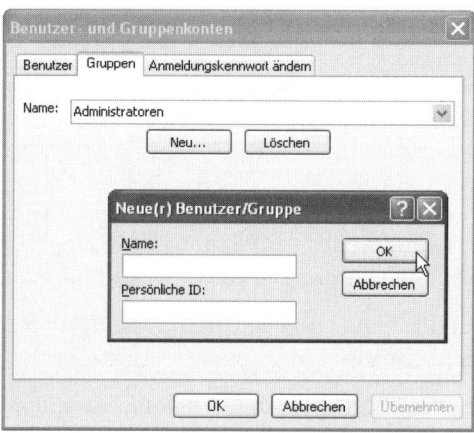

Abb. 10.3: Anlegen einer neuen Benutzergruppe

> **Hinweis:** Es gibt standardmäßig die beiden Benutzergruppen Administratoren und
> Benutzer. Die Gruppe Administratoren können Sie weder löschen, noch darf sie
> jemals weniger als ein Mitglied haben. Die Gruppe Benutzer hat die Besonderheit,
> dass jeder Benutzer auf jeden Fall mindestens dieser einen Gruppe zugewiesen ist.
> Daher sollten die Mitglieder dieser Gruppe in der Regel keine Berechtigung zum
> Zugriff auf kritische Daten erhalten.

10.3.2 Anlegen von Benutzern

Wenn Sie die gewünschten Gruppen angelegt haben, wechseln Sie zurück in das Register
Benutzer des Dialoges. Im Listenfeld Verfügbare Gruppen: finden Sie nun die neu
eingegebenen Gruppen (siehe Abbildung 10.4).

Abb. 10.4: Hinzufügen
eines neuen Benutzers

Nun geben Sie einen neuen Benutzer ein, indem Sie entweder den Benutzernamen in das
Feld Name: eintragen und anschließend die Schaltfläche Neu betätigen oder direkt auf
diese Schaltfläche klicken und dann den Benutzernamen eintragen.

Schließlich fehlt noch die bereits von den Benutzergruppen bekannte persönliche Identifikationskennung.

10.3.3 Zuweisen eines Passworts

Im dritten Register des Dialoges finden Sie die Möglichkeit zum Ändern des Anmeldungs-
kennworts. Dieses Kennwort wird beim Start von Access abgefragt, sobald es erstmalig für

> **Hinweis:** Die Kombination aus Benutzer oder Gruppe und persönlicher Identifikationskennung soll verhindern, dass unberechtigte Personen einfach eine Arbeitsgruppen-Informationsdatei mit den gleichen Benutzern und Gruppen wie in der Original-Datei erstellen. Dies funktioniert nur, wenn neben den Namen von Benutzern und Gruppen auch die persönlichen Identifikationskennungen mit dem Original übereinstimmen. Notieren Sie sich daher an einer sicheren Stelle neben den Namen auch die persönlichen Identifikationskennungen, um die .mdw-Datei im Falle eines Verlustes erneuern zu können.

den Benutzer Administrator angegeben wurde. Mit dem Anlegen dieses Passworts aktivieren Sie auch das Sicherheitssystem von Access. Um das Kennwort für einen bestimmten Benutzer festzulegen, wählen Sie den gewünschten Benutzer im Register Benutzer aus und wechseln dann in das Register Anmeldungskennwort ändern (siehe Abbildung 10.5).

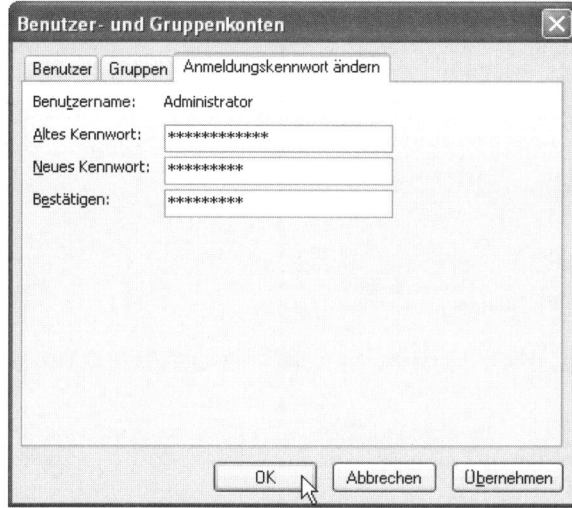

Abb. 10.5: Zuweisen eines Passwortes

10.4 Das Sicherheitssystem aktivieren

Access wird standardmäßig mit dem Benutzer Administrator geöffnet. Daher macht es Sinn, zunächst für den Administrator ein Passwort zu vergeben. Dabei gibt es jedoch einen Punkt zu beachten:

Falls jemand einfach eine andere Arbeitsgruppen-Informationsdatei verwendet, in der für den Benutzer Administrator kein Passwort festgelegt ist, kann er die Datenbank ohne die Eingabe eines Passworts starten.

Da die Datenbank also momentan offensichtlich alles andere als sicher ist, führen Sie nun die folgenden Schritte durch, die in den nächsten Abschnitten detaillierter beschrieben werden:

- Festlegen eines Administratorkennworts

- Anlegen eines neuen Benutzers als Administrator

- Schließen der Datenbank und unter dem neuen Benutzernamen anmelden

- Festlegen eines Kennwortes für den neuen Benutzer

- Kopieren der Datenbankinhalte in eine neue Datenbank

- Entziehen der Rechte des Benutzers `Administrator`

- Anlegen von neuen Benutzern und Gruppen und Vergabe von Berechtigungen

Hinweis: Im Fall des Benutzers `Administrator` gibt es eine Besonderheit: Er besitzt keine persönliche Identifikationskennung. Daher sollten Sie diesem Benutzer alle Rechte entziehen oder ihn direkt aus der .mdw-Datei entfernen. Wie das funktioniert, erfahren Sie weiter unten.

10.4.1 Festlegen eines Administratorkennworts

Um das Sicherheitssystem zu aktivieren, müssen Sie für den Benutzer `Administrator` ein Passwort festlegen. Welches Sie dabei verwenden, spielt keine Rolle. Sie sollten es sich nur merken, da Sie es einige Absätze weiter unten wieder benötigen.

10.4.2 Anlegen eines neuen Benutzers als Administrator

Da der Benutzername `Administrator` – wie oben beschrieben - einige Sicherheitsrisiken birgt, legen Sie nun zunächst einen neuen Benutzer an, der zukünftig administrative Rechte erhalten soll und zur Erledigung der entsprechenden Aufgaben dient.

Wählen Sie beispielsweise den Namen `Entwickler` und weisen Sie ihm die Gruppe `Administratoren` zu.

10.4.3 Schließen der Datenbank und Anmeldung als neuer Benutzer

Schließen Sie nun die Datenbank und öffnen Sie diese erneut. Sie werden nun zur Eingabe des Passworts für den Benutzer `Administrator` aufgefordert. Dem folgen Sie allerdings nicht, sondern geben als Benutzernamen den Namen des soeben angelegten Benutzers – also `Entwickler` - an und melden sich damit an. Ein Kennwort müssen Sie nicht angeben, da Sie ja noch keines festgelegt haben.

10.4.4 Festlegen eines Kennwortes für den neuen Benutzer

Nach dem Anmelden unter dem Benutzernamen `Entwickler` legen Sie für diesen ein Passwort an. Anschließend können Sie die Datenbank wieder schließen.

10.4.5 Kopieren der Datenbankinhalte in eine neue Datenbank

Datenbanken, die ohne Aktivierung des Sicherheitssystems erstellt wurden, haben die Eigenschaft, dass der Benutzer Administrator Besitzer aller Datenbankobjekte ist.

Um den neuen Benutzer Entwickler als Besitzer aller Datenbankobjekte festzulegen, legen Sie eine neue Datenbank an, melden sich mit dem Benutzernamen Entwickler an und importieren anschließend alle Objekte der zu schützenden Datenbank in die neue Datenbank:

1. Verwenden Sie den Menübefehl Datei → Externe Daten → Importieren..., um den Dialog Importieren zu öffnen.

2. Wählen Sie die zu schützende Datei aus.

3. Markieren Sie in den Registerseiten des Dialogs Objekte importieren alle Objekte der Datenbank.

4. Zusätzlich sollen Menüs und Symbolleisten sowie Import- und Exportspezifikationen importiert werden. Dies können Sie festlegen, indem Sie über die Schaltfläche Optionen die entsprechenden Optionen anzeigen, diese aktivieren und anschließend auf die Schaltfläche OK klicken (siehe Abbildung 10.6).

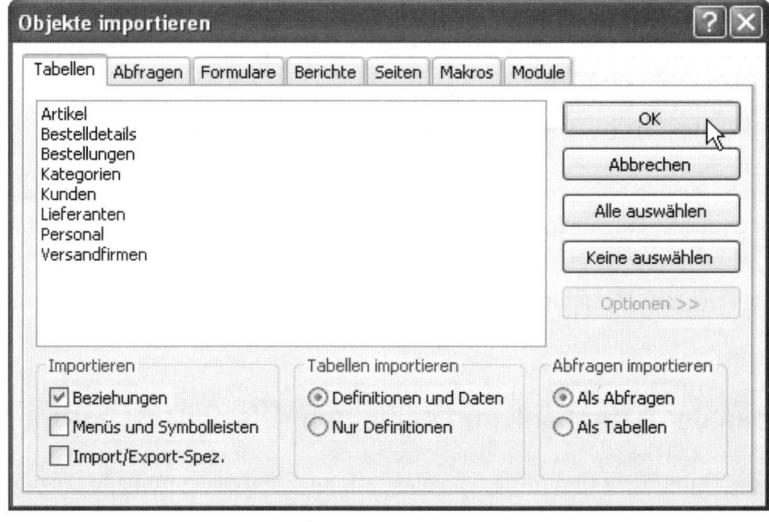

Abb. 10.6: Importieren von Datenbankobjekten

Wenn Sie nun die Eigenschaften eines beliebigen, auf diese Art importierten Datenbankobjekts anzeigen, finden Sie dort den Benutzer Entwickler als neuen Besitzer vor.

Hinweis: Im Dialog `Benutzer-` und `Gruppenberechtigungen` finden Sie neben dem Register `Berechtigungen` auch noch ein Register namens `Eigentümer än-dern` (siehe Abbildung 10.7). Mit der entsprechenden Berechtigung können Sie natürlich auch manuell einen neuen Eigentümer für die einzelnen Objekte festlegen. Das Einfügen aller Objekte in eine neue Datenbank, bei der Sie als zukünftiger Eigentümer der einzelnen Objekte angemeldet sind, geht allerdings sehr viel schneller.

Abb. 10.7: Ändern des Eigentümers eines Objektes

10.4.6 Entfernen der Rechte des Benutzers Administrator

Es ist immer noch eine Sicherheitslücke in Form des Benutzers `Administrator` vorhanden. Die Datenbank kann immer noch mit einer anderen .mdw-Datei unter dem Benutzer `Administrator` geöffnet werden. Damit auf diese Weise kein Schaden angerichtet werden kann, entfernen Sie die Gruppe `Administratoren` von den Gruppenzugehörigkeiten dieses Benutzers.

Sehen Sie sich außerdem die Berechtigungen für den Benutzer `Administrator` sowie die Gruppe `Benutzer` an, zu der ja auch der Benutzer `Administrator` gehört. Entfernen Sie auch hier alle Berechtigungen.

10.4.7 Anlegen von neuen Benutzern und Gruppen

Nun bleibt Ihnen nur noch die Aufgabe, die gewünschten weiteren Benutzergruppen und deren Benutzer anzulegen und individuelle Berechtigungen für die Benutzergruppen festzulegen.

> **Tipp:** Sie sollten bei der Vergabe der Berechtigungen an unterschiedlichen Objekten tatsächlich auf Gruppenebene bleiben. Die Vergabe von individuellen Berechtigungen an einzelne Benutzer wird schnell zu administrativen Problemen führen.

10.5 Vergabe von Berechtigungen

Die Vergabe von Berechtigungen erfolgt über den folgenden Menübefehl: `Extras → Zugriffsrechte → Benutzer- und Gruppenberechtigungen...`

Im Dialog `Benutzer- und Gruppenberechtigungen` (siehe Abbildung 10.8) können Sie nun für jede Kombination aus Benutzergruppe und Datenbankobjekt die gewünschten Berechtigungen festlegen. Dies geht zwar für einzelne Benutzer theoretisch auch, aber das sollten Sie – wie schon erwähnt – lieber lassen.

Abb. 10.8: Bearbeiten von Berechtigungen

Wenn Sie einen Benutzer einer Gruppe hinzufügen, übernimmt er automatisch die Berechtigungen dieser Gruppe.

Ist ein Benutzer Mitglied mehrerer Gruppen und haben diese Gruppen unterschiedliche Berechtigungen, übernimmt er alle vorhandenen Berechtigungen.

Beispiel: Der Benutzer Entwickler ist Mitglied der Benutzergruppen Administrator und Benutzer. Als Administrator hat er jeglichen Zugriff auf eine bestimmte Tabelle.

Die Gruppe Benutzer hingegen besitzt keinerlei Berechtigungen. Aufgrund seiner Angehörigkeit zur Gruppe der Administratoren hat der Benutzer Entwickler aber dennoch die entsprechenden Rechte.

> **Hinweis:** Lassen Sie sich nicht irritieren, wenn Sie die Berechtigungen für einen bestimmten Benutzer einsehen, aber hier keinerlei Berechtigungen vorfinden, auch wenn dies eigentlich über entsprechende Gruppenzugehörigkeiten gewährleistet sein sollte. Hier werden nur Berechtigungen angezeigt, die speziell für diesen Benutzer festgelegt worden sind. Die Berechtigungen, die ein Benutzer durch seine Gruppenzugehörigkeit hat, können Sie bei den entsprechenden Gruppen einsehen.

10.6 Tipps und Tricks

Zu guter Letzt finden Sie in den folgenden Abschnitten noch einige Tipps und Tricks, um die Berechtigungen sinnvoll einzusetzen.

10.6.1 Zugriff auf bestimmte Spalten oder Zeilen verhindern

Wenn Sie nicht möchten, dass Benutzer zwar grundsätzlich auf den Inhalt von Tabellen zugreifen, aber nicht alle Zeilen oder Spalten sehen dürfen, sollten Sie Folgendes tun:

1. Entziehen Sie der Benutzergruppe alle Berechtigungen auf die Tabelle.

2. Legen Sie Abfragen an, die nur die gewünschten Daten anzeigen.

3. Stellen Sie die Eigenschaft Ausführungsberechtigungen der Abfrage auf den Wert Eigentümer (siehe Abbildung 10.9 auf der nächsten Seite).

Der dritte Schritt ist besonders wichtig. Wenn ein Benutzer keine Berechtigungen für den Zugriff auf eine Tabelle hat, kann er – falls die Eigenschaft Ausführungsberechtigungen den Wert Benutzer hat – auch nicht auf Abfragen zugreifen, die auf dieser Tabelle basieren.

Je nachdem, ob Sie dem Benutzer den Blick auf einzelne Felder oder bestimmte Datensätze versagen möchten, können Sie entweder einfach die entsprechenden Felder nicht in den Abfrageentwurf übernehmen oder die angezeigten Datensätze durch eine geeignete Where-Klausel einschränken.

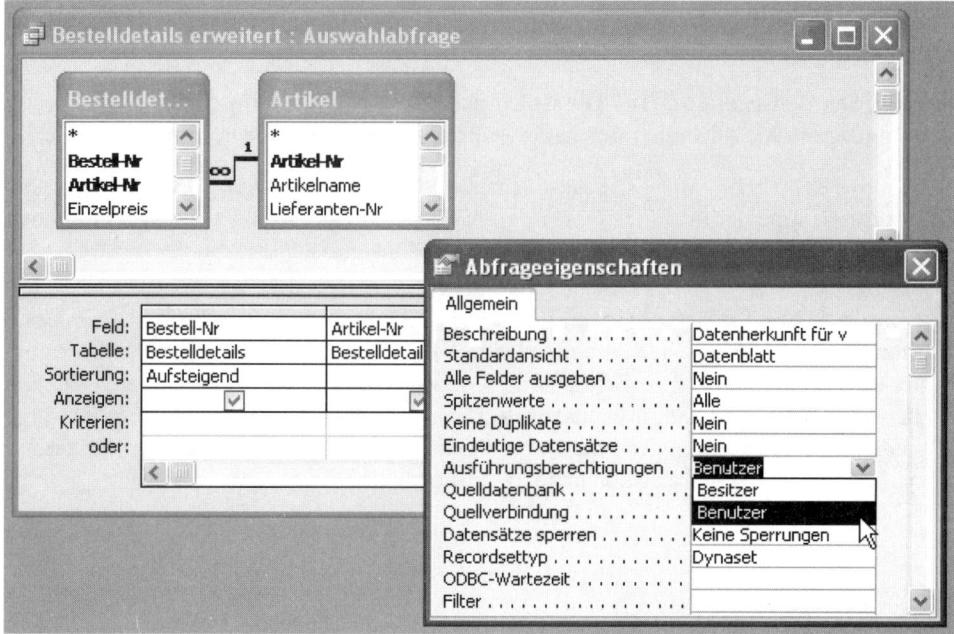

Abb. 10.9: Eigenschaften einer Abfrage

10.6.2 Verschiedene Datenbanken mit unterschiedlichen .mdw-Dateien öffnen

Unter Umständen gibt es in einem System mehrere Datenbanken, die unterschiedliche Arbeitsgruppen-Informationsdateien verwenden.

Ohne die Angabe weiterer Parameter verwendet Access beim Starten immer die jeweils angeschlossene .mdw-Datei.

Um eine andere .mdw-Datei zu verwenden, müssen Sie beim Aufruf der Datenbank entsprechende Startparameter benutzen.

Diese können Sie zum Beispiel in den Eigenschaften einer neuen Verknüpfung angeben.

Der Parameter zur Verwendung einer Arbeitsgruppen-Informationsdatei namens `test.mdw` lautet beispielsweise `/wrkgrp test.mdw`.

Wenn Sie auch noch den Benutzer und optional dessen Passwort beim Start übergeben möchten, verwenden Sie die Startoptionen `/user` und `/password` mit den entsprechenden Werten. Der komplette Aufruf könnte beispielsweise folgendermaßen aussehen:

```
C:\Programme\Office97\Office\msaccess.exe C:\Nordwind.mdb /wrkgrp
C:\WINNT\ system32\system.mdw  /user entwickler  /password test
```

Zum Anlegen einer solchen Verknüpfung gehen Sie folgendermaßen vor:

1. Kopieren Sie eine beliebige, bereits auf dem Desktop vorhandene Verknüpfung und fügen Sie diese am gewünschten Ort ein.
2. Wählen Sie aus dem Kontextmenü den Eintrag Eigenschaften aus.
3. Tragen Sie im Register Allgemein den gewünschten Namen ein.
4. Wechseln Sie in das Register Verknüpfung und tragen Sie in das Feld Ziel den Programmaufruf mit den entsprechenden Parametern ein (siehe Abbildung 10.10).

Abb. 10.10: Anlegen einer Verknüpfung

Der Programmaufruf sollte den oben beschriebenen Aufbau haben. Allgemein lautet die Syntax für den Aufruf folgendermaßen:

```
<Anwendungspfad> <Datenbankpfad> /wrkgrp <Pfad der .mdb-Datei>
/user <Benutzername> /passwort <Passwort>
```

Um Ihnen die Arbeit bei der Suche nach der Standard-Arbeitsgruppen-Informationsdatei zu erleichtern, finden Sie nachfolgend den Speicherort der Datei System.mdw.

Die Datei befindet sich unter Access 97 im Pfad C:\Windows\System bzw. C:\WinNT\System. Unter Access 2000 finden Sie die Datei im Ordner \Programme\Gemeinsame Dateien\System.

Dieser Ordner befindet sich in der Regel auf dem gleichen Laufwerk wie das Betriebssystem. Je nach Betriebssystem können sich bei den Pfadangaben gewisse Abweichungen ergeben. Im Notfall verwenden Sie die SuchenFunktion des Windows-Explorers, um die Dateien System.mdw zu finden.

10.7 Zusammenfassung und Ausblick

Die Vergabe von individuellen Berechtigungen mit Hilfe der Arbeitsgruppen-Informationsdatei lässt sich im vorliegenden Umfang nur ansatzweise erläutern.

Sie finden hier eine Beschreibung der grundlegenden Schritte, die zur skalierten Sicherung der Daten einer Datenbank nötig sind.

Es gibt noch viele weitere Faktoren, um die der vorliegende Beitrag erweitert werden könnte. Dazu gehört die Problematik verknüpfter Tabellen, die Konvertierung von geschützten Datenbanken oder das Schützen von aufgeteilten Datenbanken.

Außerdem können Sie VBA verwenden, um Benutzer- und Gruppenberechtigungen zu setzen und zu entfernen.

Weitere Informationen über die Verwendung des Sicherheitssystems von Access finden Sie bei Microsoft im Internet unter der folgenden Adresse:

`http://support.microsoft.com/support/Access/Content/SECFAQ.asp`

Die Seite ist zwar englischsprachig, aber sehr informativ und lohnt die Übersetzung.

11 Shareware mit Access

André Minhorst, Duisburg

Wenn Sie nicht möchten, dass man Ihre Datenbankanwendungen kostenlos benutzt und unter das Volk bringt, dann sollten Sie sich und Ihre Anwendungen dagegen schützen. Erstellen Sie einfach eine Shareware-Version Ihrer Anwendung. Der vorliegende Beitrag vermittelt einen Überblick über die Möglichkeiten, eine Shareware-Version eines Programms einzuschränken. Außerdem lernen Sie Schritt für Schritt, wie Sie eine Shareware-Version einer Datenbank erstellen, die bis zur Registrierung nur eine eingeschränkte Funktionalität aufweist.

Inhalt

11.1 Gründe für den Einsatz von Shareware

Programmierer möchten die Ergebnisse Ihrer Arbeit nur ungern kostenlos an den Anwender bringen. Falls die mit Access entwickelte Anwendung eine Auftragsarbeit ist, steht der Ertrag zumeist schon zu Beginn der Arbeit weitgehend fest. Anders ist es, wenn man eine Anwendung nicht als Individuallösung konzipiert. Man kann dann entweder versuchen, das Programm über den Handel zu vertreiben oder es kostenlos als Shareware verteilen.

Shareware darf im Gegensatz zu herkömmlicher kommerzieller Software uneingeschränkt abgegeben werden. Gerade durch die vielfältigen Möglichkeiten des Internets erreicht man leicht eine große Anzahl von potentiellen Benutzern. Die Anwendung wird dem Benutzer für einen bestimmten Zeitraum kostenlos zur Benutzung zur Verfügung gestellt. Nach Ablauf des Zeitraums muss der Anwender einen vom Urheber festgesetzten Betrag zahlen, um eine Lizenz für die Software zu erhalten. Benutzt der Anwender die Software über den festgesetzten Zeitraum hinaus, ohne die Lizenzgebühr zu entrichten, verstößt er gegen das Urhebergesetz. Da sich mit Gutgläubigkeit aber kaum Geld verdienen lässt, schränken Sie die Funktion Ihrer Anwendung spätestens nach Ablauf der Testphase soweit ein, dass eine Lizensierung der Anwendung zur Weiterbenutzung unumgänglich ist.

11.2 Möglichkeiten der Einschränkung

Sie haben verschiedene Möglichkeiten, die Funktionalität Ihrer Datenbank einzuschränken. Die Möglichkeiten kann man grob in zwei Gruppen einteilen. Die erste Gruppe umfasst solche Programme, die von Anfang an nur einige ausgesuchte Funktionen zur Verfügung stellen oder die vorhandenen Funktionen einschränken. Die zweite Gruppe verschafft der Testperson nur für einen bestimmten Zeitraum das Recht, alle Funktionen der Anwendung zu benutzen. Sicher sind auch Kombinationen der beiden Möglichkeiten sinnvoll.

11.2.1 Funktionseinschränkungen

Bezogen auf eine Datenbankanwendung besteht beispielsweise die Möglichkeit, dass der Benutzer zwar uneingeschränkt Daten mit Hilfe eines Formulars eingeben und die entsprechenden Berichte einsehen kann, aber die Druckfunktion deaktiviert ist. Aufbauend darauf können Sie die Druckfunktion auch freigeben, aber dafür jede Seite des auszudruckenden Berichtes mit einem Wasserzeichen versehen, welches etwa Ihren Firmennamen oder den folgenden Text enthält: „Dieser Bericht wurde mit einer nicht lizensierten Shareware-Version von … erstellt."

Eine weitere Möglichkeit ist die Beschränkung der möglichen Datensätze auf eine bestimmte Anzahl, zum Beispiel die Begrenzung der Adressdatensätze in einer Kontaktdatenbank auf zehn Adressen.

11.2.2 Zeitliche Einschränkungen

Sicher kann man den Benutzer leichter auf den Geschmack bringen, wenn man ihm von Anfang an alle Funktionen der Anwendungen zur Verfügung stellt. Man legt dann ein Kriterium fest, wann der Benutzer die Anwendung nicht mehr benutzen darf, beispielsweise:

- eine zeitliche Begrenzung der Testzeit, zum Beispiel auf 30 Tage
- eine Begrenzung der Anwendungsaufrufe auf eine bestimmte Zahl, zum Beispiel auf 30 Aufrufe

Was passiert nach Ablauf der Testphase oder wenn der Benutzer auf den kompletten Funktionsumfang zugreifen möchte? Damit der Benutzer die Anwendung uneingeschränkt nutzen kann, benötigt er eine Benutzerkennung und ein Passwort. Die Informationen erhält er beim Autor oder bei einer von diesem beauftragten Person oder Institution gegen die entsprechende Gebühr.

11.3 Startfenster eines Shareware-Programms

Ein Shareware-Programm soll sich beim Start zunächst als solches zu erkennen geben. Die Anwendung zeigt unmittelbar nach dem Aufrufen ein Startfenster an, im Fall von Access ein Startformular. Hier können Sie den Benutzer auf die Nutzungsbedingungen für die Anwendung sowie zeitliche oder funktionelle Einschränkungen der Shareware-Version hinweisen. Außerdem können Sie das Startfenster zur Eingabe einer Benutzerkennung und eines Passwortes benutzen. Nachdem der Benutzer einmal das richtige Passwort eingegeben hat, soll das Startfenster nicht mehr oder zumindest ohne den Hinweis auf die Shareware-Version erscheinen. Je nach den gewählten Einschränkungen sieht das Fenster unterschiedlich aus. Wenn Sie beispielsweise eine zeitliche Einschränkung verwenden, kann es praktisch sein, den verstrichenen und den Gesamtnutzungszeitraum anzuzeigen.

In den folgenden Abschnitten lernen Sie, wie man die Funktion der Shareware-Version eines Programms einschränkt und wie man die Einschränkung durch die Eingabe einer geeigneten Benutzerkennung aufhebt.

11.4 Funktionsumfang einschränken

Bei dieser Variante gibt es keine zeitliche Beschränkung der Nutzung. Der Benutzer darf aber nicht auf alle Funktionen der Anwendung zugreifen.

Man kann dem Anwender beispielsweise die Eingabe von Daten per Formular und die Ausgabe der Daten als Bericht erlauben, aber nicht die Ausgabe auf den Drucker. So kann der Anwender auch während der Testphase durchaus schon Daten eingeben und nach der Lizensierung der Anwendung auch in Papierform ausgeben.

Bei dem folgenden Beispiel verwenden Sie ein Startformular, welches gleichzeitig zur Information, zur Registrierung per Passwort und als Übersichtsformular dient.

Dazu werden alle benötigten Steuerelemente übereinander gelegt und bei Bedarf ein- und ausgeblendet beziehungsweise aktiviert und deaktiviert.

Die Entwurfsansicht zeigt alle Steuerelemente gleichzeitig. Deshalb ist diese Ansicht sehr unübersichtlich und wird hier nicht abgebildet. Statt dessen werden die einzelnen Ansichten des Formulars und die dazugehörigen Steuerelemente separat vorgestellt und erläutert.

11.4.1 Erstellen des Formulars

Legen Sie zunächst ein neues Formular an. Setzen Sie die Formulareigenschaften Bild-laufleisten, Datensatzmarkierer, Navigationsschaltflächen, Trennlini-en auf den Wert *Nein* und die Eigenschaft Automatisch Zentrieren auf den Wert *Ja*.

11.4.2 Erstellen der Steuerelemente des Startformulars

Das Startformular wird angezeigt, solange keine gültige Kombination aus Benutzernamen und Passwort eingegeben ist. Abbildung 11.1 zeigt die Anordnung der Steuerelemente in dieser Ansicht. Die drei Schaltflächen erhalten die Bezeichnung *btnStart, btnAbbrechen* und *btnFreischalten*. Das Bezeichnungsfeld mit dem Hinweis auf die Shareware-Version nennen Sie *lblText*.

Abb. 11.1: Startformular der Shareware-Anwendung

Die Schaltfläche *Start* wechselt in die Übersicht mit den derzeit aktivierten Funktionen. Die Schaltfläche *Abbrechen* beendet die Anwendung. Die Schaltfläche *Freischalten* zeigt den Dialog zur Eingabe des Benutzernamens und des Passworts an. Setzen Sie die Eigenschaft Sichtbar aller Steuerelemente außer der Überschrift auf den Wert *Nein*. Die Steuerelemente werden erst zur Laufzeit gegebenenfalls sichtbar gemacht.

11.4.3 Dialog zum Freischalten weiterer Funktionen

Erst nach der Eingabe einer geeigneten Kombination aus Benutzernamen und Passwort stehen dem Benutzer alle Funktionen der Anwendung zur Verfügung. Um die Eingabe der entsprechenden Daten zu ermöglichen, fügen Sie dem Formular einige weitere Steuerelemente hinzu. Aus Gründen der Übersichtlichkeit zeigt Abbildung 11.2 nur die Steuerelemente in der Formularansicht. In der Entwurfsansicht überlagern sich die Steuerelemente der beiden bisher vorgestellten Dialoge. Am besten legen Sie die Steuerelemente zunächst unterhalb der bisher vorhandenen Steuerelemente an und weisen ihnen die angegebenen Eigenschaften zu. Markieren Sie dann alle Steuerelemente zur Eingabe der Benutzerkennung und verschieben Sie sie nach oben, sodass sie die anderen Steuerelemente überlagern.

Abb. 11.2: Anordnung der Steuerelemente zur Eingabe von Benutzername und Passwort

Die in dieser Ansicht sichtbaren Steuerelemente erhalten folgende Bezeichnungen: *lblFreigabe, lblBenutzername, lblPasswort, txtBenutzername, txtPasswort, btnFreigabeOK* und *btnFreigabeAbbrechen*. Damit die Eingabe für das Feld *txtFreigabeID* durch Sternchen (*) ersetzt wird, geben Sie für die Eigenschaft Eingabeformat des Textfeldes den Wert Kennwort ein. Setzen Sie auch hier die Eigenschaft Sichtbar aller Steuerelemente auf den Wert *Nein*.

11.4.4 Erstellen der Übersicht zur Auswahl weiterer Funktionen

Die nachfolgend beschriebene Übersicht soll in zwei Fällen angezeigt werden. Erstens, wenn der Anwender die Option Start in der Startübersicht gewählt hat. In diesem Fall sind einige Funktionen deaktiviert. Zweitens, wenn der Anwender zunächst die Option Freischalten gewählt und das richtige Passwort eingegeben hat. Und drittens, wenn die Anwendung bereits freigeschaltet ist. In diesem Fall erscheint die Funktionsübersicht direkt beim Start der Anwendung. Bei der zweiten und dritten Möglichkeit sind alle Funktionen der Anwendung freigeschaltet.

Abbildung 11.3 auf der nächsten Seite zeigt die Anordnung der Steuerelemente der Hauptübersicht der Anwendung. Die Steuerelemente erhalten die folgenden Bezeichnungen: *lblAnwendung, btnDatenEingeben, txtDatenAusgeben* und *btnWeitereOptionen*. Alle Steuerelemente sollen zu Beginn unsichtbar sein. Außerdem setzen Sie die Eigenschaft Aktiviert der Schaltflächen Daten ausgeben und Weitere Optionen auf den Wert *Nein*.

Die Freischaltung der Funktionen der Anwendung erfolgt, sobald der Benutzer einmal die richtige Kombination aus Benutzernamen und Passwort eingegeben hat.

Das geschieht allerdings nicht, indem irgendwo in der Anwendung ein entsprechender Zeiger gesetzt wird. Statt dessen speichert die Datenbank Benutzername und Passwort

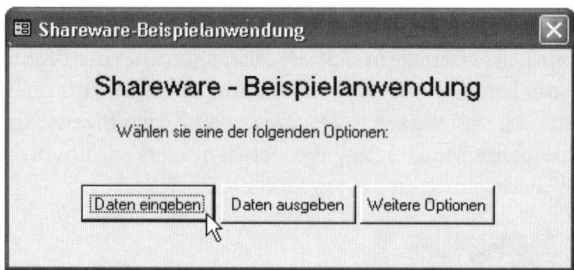

Abb. 11.3: Die Anwendung ist freigeschaltet

in einer eigens dafür angelegten Tabelle. Bei jedem Neuaufruf überprüft die Datenbank, ob das richtige Passwort bereits eingegeben wurde, und zeigt gegebenenfalls direkt die Optionen der Hauptübersicht an.

Zu dem Zweck erstellen Sie zunächst eine Tabelle namens *tblBenutzerdaten* mit den Feldern *Benutzername* und *Passwort*. Die Tabelle dient zum Speichern nur eines Datensatzes und benötigt daher keinen Primärschlüssel. Abbildung 11.4 zeigt die Entwurfsansicht der Tabelle.

Abb. 11.4: Entwurfsansicht der Tabelle zum Speichern der Benutzerdaten

Damit das Formular auch das aktuelle Passwort anzeigt und das Passwort bei Änderung in der Tabelle speichert, müssen Sie die Felder des Formulars noch an die entsprechenden Felder der Tabelle binden.

Gehen Sie dabei folgendermaßen vor:

- Geben Sie die Tabelle *tblBenutzerdaten* als Datenherkunft des Formulars an.

- Wählen Sie das Feld `Benutzername` der Tabelle als Steuerelementinhalt des Textfeldes *txtBenutzername*.

- Wählen Sie das Feld `Passwort` der Tabelle als Steuerelementinhalt des Textfeldes *txtPasswort*.

11.4.5 Auswahl eines Passworts

Zur Auswahl eines geeigneten Passworts gibt es zwei Möglichkeiten. Entweder Sie geben ein festes Passwort vor, das unabhängig vom eingegebenen Benutzernamen Gültigkeit besitzt. Sie müssen dann das Passwort an irgendeiner Stelle der Anwendung verstecken und es bei der Überprüfung abfragen.

Oder Sie vergeben ein vom Benutzernamen abhängiges Passwort. In der Passwortabfrage des folgenden Beispiels überprüft die Anwendung, ob das zweite Zeichen des Passwortes mit dem vierten Zeichen des Benutzernamens übereinstimmt. Natürlich ist solch ein Passwort leicht herauszufinden, aber Sie können ja selbst festlegen, wie die Zeichenfolge des Passwortes von dem Benutzernamen abhängt.

11.4.6 Funktionalität des Formulars

Da beim Aufruf des Formulars alle Steuerelemente unsichtbar sind, benötigen Sie zunächst eine Prozedur, die beim Öffnen des Formulars ausgelöst wird. Die Prozedur überprüft zunächst, ob bei einem früheren Start ein Passwort eingegeben wurde. Wenn nicht, werden die Zeichenfolgen Benutzername und Passwort als Platzhalter eingesetzt, damit keine Fehler in Folge von Nullwerten entstehen. Anschließend wird überprüft, ob die Kombination aus Benutzername und Passwort gültig ist – in diesem Fall muss zum Beispiel der vierte Buchstabe des Benutzernamens mit dem zweiten Buchstaben des Passwortes übereinstimmen.

```
Private Sub Form_Current()
'Wenn Tabelle Nullwerte enthält, entsprechende
'Platzhalter einsetzen
    If IsNull(Me!txtBenutzername) Then Me!txtBenutzername = "Benutzername"
    If IsNull(Me!txtPasswort) Then Me!txtPasswort = "Passwort"
    If (Mid$(Me!txtBenutzername, 4, 1) = Mid$(Me!txtPasswort, 2, 1)) Then
        'Hauptübersicht sichtbar machen und alle
        'Menüpunkte aktivieren
        Me!btnDateneingabe.Visible = True
        Me!btnDateneingabe.SetFocus
        Me!btnDatenausgabe.Visible = True
        Me!btnDatenausgabe.Enabled = True
        Me!btnWeitereOptionen.Visible = True
        Me!btnWeitereOptionen.Enabled = True
        Me!lblAnwendung.Visible = True
    Else
        'Startmenü sichtbar machen
        Me!btnStart.Visible = True
        Me!btnStart.SetFocus
        Me!btnAbbrechen.Visible = True
        Me!btnFreischalten.Visible = True
        Me!lblText.Visible = True
    End If
End Sub
```

Listing 11.1: Quellcode

In dem Fall erkennt die Prozedur die Anwendung als freigeschaltet und zeigt direkt die Hauptübersicht an. Dabei werden alle möglichen Optionen aktiviert. Ist das Passwort falsch, zeigt das Formular die Steuerelemente der Startübersicht an.

Falls die Hauptübersicht angezeigt wird, kann der Benutzer auf alle Funktionen der Anwendung zugreifen.

Im Fall der Startübersicht stehen dem Benutzer die Möglichkeiten *Starten*, *Abbrechen* und *Freischalten* zur Verfügung.

Wenn der Benutzer die Anwendung startet, ohne das richtige Passwort eingegeben zu haben, stehen ihm also nicht alle Funktionen zur Verfügung.

Die folgende Prozedur soll durch Betätigen der *Starten-Schaltfläche* ausgelöst werden.

```
Private Sub btnStart_Click()
    'Hauptmenü sichtbar machen
    Me!btnDateneingabe.Visible = True
    Me!btnDateneingabe.SetFocus
    Me!btnDatenausgabe.Visible = True
    Me!btnWeitereOptionen.Visible = True
    Me!lblAnwendung.Visible = True
    'Steuerelemente des Startformulars
    'unsichtbar machen
    Me!btnStart.Visible = False
    Me!btnAbbrechen.Visible = False
    Me!btnFreischalten.Visible = False
    Me!lblText.Visible = False
End Sub
```
Listing 11.2: Quellcode

Sie bewirkt, dass alle Steuerelemente der Startübersicht unsichtbar und alle Steuerelemente der Hauptübersicht sichtbar gemacht werden. Es wird allerdings keine der Schaltflächen aktiviert, mit denen der Benutzer gesperrte Funktionen aufrufen kann (siehe Abbildung 11.5).

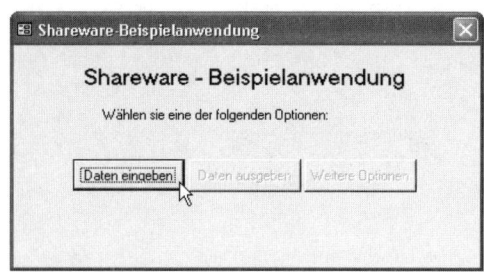

Abb. 11.5: Hauptübersicht mit gesperrten Schaltflächen

Entscheidet sich der Benutzer für den Abbruch der Anwendung, wird sie einfach geschlossen.

```
Private Sub btnAbbrechen_Click()
    Application.Quit
End Sub
```

Das Betätigen der Schaltfläche *Freischalten* bewirkt die Ausblendung der Steuerelemente der Startübersicht. Die Anzeige der Textfelder zur Eingabe von Benutzername und Passwort werden ebenfalls ausgeblendet.

```
Private Sub btnFreischalten_Click()
    'Steuerelemente der Passwortabfrage
    'sichtbar machen
    Me!txtBenutzername.Visible = True
    Me!txtBenutzername.SetFocus
    Me!lblFreigabe.Visible = True
    Me!btnPasswortOK.Visible = True
```

```
    Me!lblBenutzername.Visible = True
    Me!lblPasswort.Visible = True
    Me!txtPasswort.Visible = True
    'Steuerelemente des Startformulars
    'unsichtbar machen
    Me!btnStart.Visible = False
    Me!btnAbbrechen.Visible = False
    Me!btnFreischalten.Visible = False
    Me!lblText.Visible = False
End Sub
```

Listing 11.3: Quellcode

In der Ansicht zum Freischalten der Anwendung kann der Benutzer die erforderlichen Daten in die beiden Textfelder *txtBenutzername* und *txtPasswort* eingeben. Anschließend bestätigt er die Eingaben mit einem Klick auf die Schaltfläche *OK*.

Das Betätigen der *OK*-Schaltfläche startet wiederum die folgende Prozedur aus Quellcode 11.4.

```
Private Sub btnPasswortOK_Click()
    If IsNull(Me!txtBenutzername) Then
        'Wenn kein Benutzername eingegeben, Meldung und erneute Abfrage
        MsgBox "Bitte geben Sie einen Benutzernamen ein.", vbOKOnly + vbExclamation ⤸
        + vbDefaultButton1, "Registrierung"
        Me!txtBenutzername.SetFocus
        Exit Sub
    End If
    If IsNull(Me!txtPasswort) Then
        'Wenn kein Passwort, Meldung und erneute Abfrage
        MsgBox "Bitte geben Sie ein Passwort ein.", vbOKOnly + vbExclamation + ⤸
        vbDefaultButton1, "Registrierung"
        Me!txtPasswort.SetFocus
        Exit Sub
    End If
    If (Mid$(Me!txtBenutzername, 4, 1) <> Mid$(Me!txtPasswort, 2, 1)) Then
        'Wenn falsches Passwort, Meldung und Steuerelemente
        'des Startformulars sichtbar machen
        MsgBox "Sie haben ein falsches Passwort eingegeben.", vbOKOnly + vbCritical ⤸
        + vbDefaultButton1, "Registrierung"
        Me!btnStart.Visible = True
        Me!btnStart.SetFocusMe!btnAbbrechen.Visible = True
        Me!btnFreischalten.Visible = True
        Me!lblText.Visible = True
    Else
        'Wenn richtiges Passwort, Meldung und Steuerelemente
        'des Hauptformulars sichtbar machen und aktivieren
        MsgBox "Vielen Dank für die Registrierung!", vbOKOnly + 0 + ⤸
        vbDefaultButton1, "Registrierung"
        Me!btnDateneingabe.Visible = True
        Me!btnDateneingabe.SetFocus
        Me!btnDatenausgabe.Visible = True
        Me!btnDatenausgabe.Enabled = True
        Me!btnWeitereOptionen.Visible = True
        Me!btnWeitereOptionen.Enabled = True
        Me!lblAnwendung.Visible = True
```

```
     End If
     'In jedem Fall: Steuerelemente der Passwortabfrage unsichtbar machen
     Me!lblFreigabe.Visible = False
     Me!btnPasswortOK.Visible = False
     Me!lblBenutzername.Visible = False
     Me!lblPasswort.Visible = False
     Me!txtPasswort.Visible = False
     Me!txtBenutzername.Visible = False
End Sub
```

Listing 11.4: Quellcode

Die Prozedur überprüft zunächst, ob Benutzername und Passwort eingegeben wurden, und fordert den Benutzer gegebenenfalls dazu auf, das nachzuholen. Anschließend überprüft sie, ob die Kombination von Benutzername und Passwort gültig war.

Wenn die Eingabekombination korrekt ist, erscheint ein Dialog mit einer entsprechenden Meldung, die aktuell sichtbaren Steuerelemente werden ausgeblendet und die Steuerelemente der Hauptübersicht angezeigt und aktiviert.

Der Benutzer kann nun auf alle Funktionen der Anwendung zugreifen. Da die Datenbank das richtige Passwort speichert, erscheint bei allen folgenden Programmstarts direkt die Hauptübersicht.

Wenn das Passwort nicht stimmt, blendet die Prozedur eine entsprechende Meldung ein und zeigt anschließend wieder die Steuerelemente der Startübersicht an.

Hier kann der Benutzer entweder erneut versuchen, das richtige Passwort einzugeben, oder weiterhin die eingeschränkte Version der Anwendung verwenden (siehe Quellcode 11.4 auf der vorherigen Seite).

11.4.7 Weitere Sicherungsmaßnahmen

Die vorhergehenden Abschnitte beschreiben nur die technische Seite der Passwortabfrage zur Freischaltung einer Shareware-Anwendung.

Um die Anwendung wirklich sicher zu machen, sind noch einige weitere einschneidende Maßnahmen erforderlich.

Diese werden in den folgenden Abschnitten ausführlich erklärt.

11.5 Schützen des Programmcodes

Wenn der Benutzer Einsicht in den Programmcode hat, kann er natürlich leicht herausfinden, wie die Anwendung geschützt ist.

Deshalb sollten Sie die Kopie der Anwendung in eine MDE-Datenbank umwandeln. Gehen Sie dazu folgendermaßen vor:

Wählen Sie den Menübefehl `Extras → Datenbank-Dienstprogramme → MDE-Datei erstellen`. Geben Sie im Dialog *MDE* `speichern unter` den gewünschten Dateinamen an.

Der Benutzer hat nun keinen Einblick mehr in sämtliche Module, Makros und Entwurfsansichten von Formularen und Berichten.

11.6 Modifizierung von Benutzername und Passwort

Sie haben bereits zwei Möglichkeiten der Auswahl von geeigneten Benutzernamen und Passwörtern kennen gelernt. Beide Varianten haben einen entscheidenden Nachteil. Wenn ein Benutzer der Anwendung registriert ist und damit ein Passwort erhalten hat, kann er die Anwendung mit dem Passwort beliebig weitergeben.

Das ist zwar nicht erlaubt, aber wenn sich jeder an die Legalität hielte, müssten Sie gar nicht erst ein Passwort vergeben.

Um dafür zu sorgen, dass Ihre Anwendung nur an einem Arbeitsplatz benutzt werden kann (zumindest unter normalen Umständen), machen Sie die Auswahl des Benutzernamens von einer individuellen Eigenschaft des jeweiligen Rechners abhängig.

Dies kann beispielsweise der Name des aktuell an das System angemeldeten Benutzers oder der Computername sein.

Wenn Sie den Benutzernamen verwenden möchten, müssen Sie zunächst eine Funktion deklarieren, die den Benutzernamen ermittelt. Die Funktion verwendet wiederum die API-Funktion *GetUserName*, die Sie in einem neuen Modul deklarieren (siehe Quelltext 11.5).

```
Private Declare Function GetUserName Lib "advapi32.dll" Alias "GetUserNameA" ( ⤵
ByVal lpBuffer As String, nSize As Long) As Long
```

Listing 11.5: Quellcode

Anschließend geben Sie im gleichen Modul die Funktion ein, mit der Sie die API-Funktion benutzen (siehe Quellcode 11.6). Wenn die Datenbank die Benutzereingaben überprüft, verwendet sie die Inhalte der Textfelder *txtBenutzername* und *txtPasswort*.

```
Public Function Benutzername() As String
On Error Resume Next
   Dim NBuffer As String
   Dim Buffsize As Long
   Buffsize = 256
   NBuffer = Space$(Buffsize)
   GetUserName NBuffer, Buffsize
   Benutzername = Trim$(NBuffer)
   If Right(Benutzername, 1) = Chr(0) Then
      Benutzername = Left(Benutzername, Len(Benutzername) - 1)
   End If
End Function
```

Listing 11.6: Quellcode

Da als Benutzername nun immer der Name des am System angemeldeten Benutzers verwendet werden soll, geben Sie als Steuerelementinhalt des Feldes *txtBenutzername* einfach den folgenden Ausdruck an:

```
=Benutzername()
```

Das Textfeld ist nun sozusagen an den Wert der Funktion gebunden. Anders als bei der Bindung an ein Tabellenfeld können Sie das Textfeld nicht aktualisieren.

Wenn der Anwender nun ein geeignetes Passwort zur Freischaltung der Anwendung von Ihnen erhalten möchte, muss er Ihnen lediglich den Benutzernamen mitteilen, unter dem er sich an das System anmeldet.

Sie können dann das entsprechende Passwort mit einem geeigneten Verfahren ermitteln und an den Anwender weitergeben.

11.7 Formularaufruf über das Datenbankfenster verhindern

Wenn der Anwender die Startübersicht durch Anklicken der Schaltfläche *Starten* verlässt, erscheint die Hauptübersicht mit den Schaltflächen zum Aufrufen der weiteren Formulare und Optionen.

Einige Schaltflächen sind deaktiviert, damit der Anwender nicht auf die entsprechenden Funktionen zurückgreifen kann.

Das ist natürlich bei weitem kein ausreichender Schutz. Wenn der Anwender möchte, kann er das Datenbankfenster anzeigen und die gewünschten Formulare von dort aus aufrufen.

Um das zu verhindern, müssen Sie hier noch eine weitere Schutzmaßnahme ergreifen.

Sie können den Anwender zwar nicht davon abhalten, andere Formulare zu öffnen. Sie können es aber direkt wieder schließen, wenn es nicht von der Hauptübersicht geöffnet wurde.

Mit der im Folgenden beschriebenen Methode überprüfen Sie, ob das Übersichtsformular zum Zeitpunkt des Öffnens des Formulars ebenfalls geöffnet ist.

Erstellen Sie zunächst ein Dummy-Formular namens *frmDateneingabe*. Da es sich dabei um ein Beispiel handelt, müssen Sie dem Formular keine Steuerelemente oder Funktionalität zuweisen.

Geben Sie für die Ereigniseigenschaft `Beim Öffnen` des Formulars die Prozedur aus Quellcode 11.7 auf der nächsten Seite ein. Die Prozedur überprüft, ob das Hauptformular, in diesem Fall *frmStart*, geöffnet ist. Sollte der Anwender versuchen, das Formular aus dem Datenbankfenster heraus oder per *DoCmd.Open*-Anweisung zu öffnen, ohne dass das Hauptformular geöffnet ist, wird die Prozedur *FormularSchliessen* aufgerufen.

```
Private Sub Form_Open(Cancel As Integer)
    If SysCmd(acSysCmdGetObjectState, acForm, "frmStart") = 0 Then
        FormularSchliessen
    End If
End Sub
```
Listing 11.7: Quellcode

Diese Prozedur soll von allen Formularen benutzt werden können. Deshalb legen Sie für diese Prozedur ein eigenes Modul namens *modMain* an. Geben Sie in das Modul die Prozedur aus Listing 11.8 ein.

```
Public Sub FormularSchliessen()
    DoCmd.Close
    MsgBox "Sie können die Formulare dieser " & "Anwendung nur vom Hauptformular ⊃
    aus " & "öffnen, sofern die entsprechende " & "Funktion freigeschaltet ist.", ⊃
    vbOKOnly + vbCritical + vbDefaultButton1, "Registrierung"
End Sub
```
Listing 11.8: Quellcode

Wenn die Ereignisprozedur bemerkt, dass das Hauptformular nicht geöffnet ist, ruft sie die Prozedur *FormularSchliessen* auf. Die Prozedur schließt das Formular wieder und zeigt eine entsprechende Meldung an (siehe Abbildung 11.6).

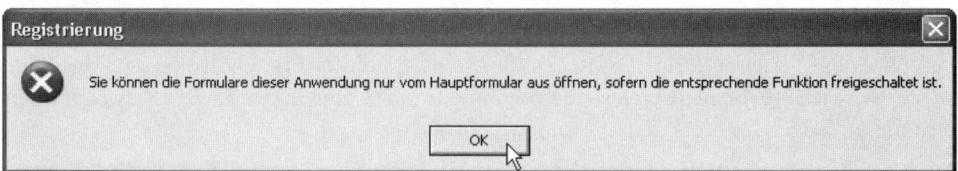

Abb. 11.6: Formulare können nur vom Hauptformular aufgerufen werden.

Beachten Sie, dass die Funktion *Daten eingeben* von Beginn an freigegeben ist. Die Funktionen *Daten ausgeben* und *Weitere Optionen* werden erst aktiviert, wenn der Benutzer die Anwendung registriert und durch die Passworteingabe freigeschaltet hat.

In dem Fall müssen Sie die Beim Öffnen-Prozedur noch ein wenig abändern. Sie müssen nicht nur überprüfen, ob das Hauptformular geöffnet ist, sondern auch, ob die entsprechenden Funktionen freigeschaltet sind. Sie können das am leichtesten anhand der Enabled-Eigenschaft der entsprechenden Steuerelemente überprüfen.

Erstellen Sie auch für dieses Beispiel ein Dummy-Formular und speichern Sie es unter dem Namen *frmDatenausgabe*. Die Prozedur, die Sie für die Ereigniseigenschaft Beim Öffnen eingeben, sieht folgendermaßen aus:

```
Private Sub Form_Open(Cancel As Integer)
   On Error GoTo Err_Form_Open
   If Forms!frmStart!btnDatenausgabe.Enabled = False Then
      FormularSchliessen
   End If
Err_Form_Open:
   If Err.Number = 2450 Then FormularSchliessen
   Exit Sub
End Sub
```

Listing 11.9: Quellcode

Die Prozedur überprüft, ob die Schaltfläche *btnDatenausgabe* aktiviert ist. Wenn sie nicht aktiviert ist, schließt die Prozedur das Formular über den Aufruf der Prozedur *Formular-Schliessen*. Ob das Hauptformular überhaupt geöffnet ist, wird hier nicht direkt überprüft.

Ist das Formular nicht geöffnet, löst die Abfrage der Enabled-Eigenschaft einen Fehler aus.

Wenn der Fehler ausgelöst wurde, bedeutet das automatisch, dass das Hauptformular nicht geöffnet ist. Auch in dem Fall wird die Prozedur *FormularSchliessen* aufgerufen.

11.8 Zusammenfassung und Ausblick

Der vorliegende Beitrag kratzt natürlich nur an den Möglichkeiten, die es zum Vorbereiten von Shareware-Anwendungen gibt. So könnte man bei der Freischaltung statt des Speicherns der entsprechenden Daten in einer Tabelle einen Eintrag in die Registry schreiben und diesen bei jedem Start der Anwendung abfragen.

Auch die Benutzername/Kennwort-Problematik kann man wesentlich aufwändiger und damit sicherer gestalten: Man könnte beispielsweise einen Benutzernamen generieren, der auf bestimmten Systeminformationen beruht.

Damit könnte man sicherstellen, dass eine einmal freigeschaltete Anwendung nicht einfach auf einen anderen Rechner kopiert und dort weiterverwendet werden kann.

Der vorliegende Beitrag sollte Ihnen aber einige Anregungen für die Erstellung eigener Shareware vermittelt haben.

12 Autoexec ohne Wenn und Aber

André Minhorst, Duisburg

Mit den Starteinstellungen einer Datenbank sowie dem Autoexec-Makro kann man einer Datenbank direkt beim Öffnen Beine machen: Da werden Datenbankfenster und Menüs ein- und ausgeblendet, Begrüßungsformulare angezeigt oder im Hintergrund wichtige Informationen wie der Zustand von verknüpften Tabellen oder der Verweise zu Objektbibliotheken überprüft. Das alles soll der Benutzer nach dem Willen des Entwicklers über sich ergehen lassen, denn es ist ja zu seinem Besten. Der vorliegende Beitrag zeigt, wie Sie verhindern, dass der Benutzer einer Datenbank Startoptionen und Autoexec-Makro unschädlich macht.

Inhalt

12.1 Einführung

Professionelle Datenbank-Programme empfangen den Anwender nicht mit einem Datenbankfenster, sondern mit einem Begrüßungsdialog und einem nachfolgenden Übersichtsformular. Dahinter versteckt sich meist noch mehr: Im Hintergrund laufen gleichzeitig Prozeduren, die verknüpfte Tabellen, Verweise oder Ähnliches überprüfen.

Es kann auch ein Hauptformular erscheinen oder eine Übersicht zur Steuerung der wichtigsten Funktionen. Zumindest soll die Benutzeroberfläche so gestaltet sein, dass der Anwender keine Objekte der Datenbank über das Datenbankfenster aufrufen muss, sodass dieses prinzipiell verschwinden kann.

Auch das Anpassen der Menü- und Symbolleisten an die jeweilige Datenbankanwendung ist bei professionellen Datenbanken gang und gäbe.

Zum Aktivieren dieser individuellen Features der Datenbank gibt es aufeinander aufbauende Möglichkeiten. Diese werden in den folgenden Abschnitten beschrieben. Genauso kennen die Anwender natürlich auch Tricks, um diese Maßnahmen zu umgehen. Wie Sie dem Anwender letzten Endes doch Ihre Startoptionen aufzwängen, erfahren Sie natürlich ebenfalls, beispielsweise erfahren Sie, wie Sie Ihre Backend-Datenbank vor dem direkten Zugriff ohne Frontend schützen können.

12.2 Aufruf von Startformularen und Menüs

Wenn Sie benutzerdefinierte Formulare und Menüs sofort nach dem Aufruf der Datenbank anzeigen möchten, haben Sie dazu zwei Möglichkeiten.

Die erste ist die Einstellung der Startoptionen im Dialog Start. Die zweite Möglichkeit ist die Erstellung eines Makros mit dem Namen Autoexec. Access ruft dieses Makro automatisch beim Start der dazugehörigen Datenbank auf, sofern es überhaupt vorhanden ist. Sie können diesem Makro beliebige Befehle zuweisen.

> **Hinweis:** Access führt zunächst die im Startdialog angegebenen Optionen aus. Erst danach ruft die Anwendung das Autoexec-Makro auf.

12.3 Eigenschaften im Dialog Start festlegen

Den Dialog Start (siehe Abbildung 12.1 auf der nächsten Seite) öffnen Sie über den Menübefehl Extras → Start.

Alle Optionen, die Sie in diesem Dialog festlegen, führt Access direkt nach dem Start von Access aus. Entnehmen Sie der Aufzählung „Optionen des Start-Dialogs" die Wirkung der einzelnen Einstellungen für die Optionen.

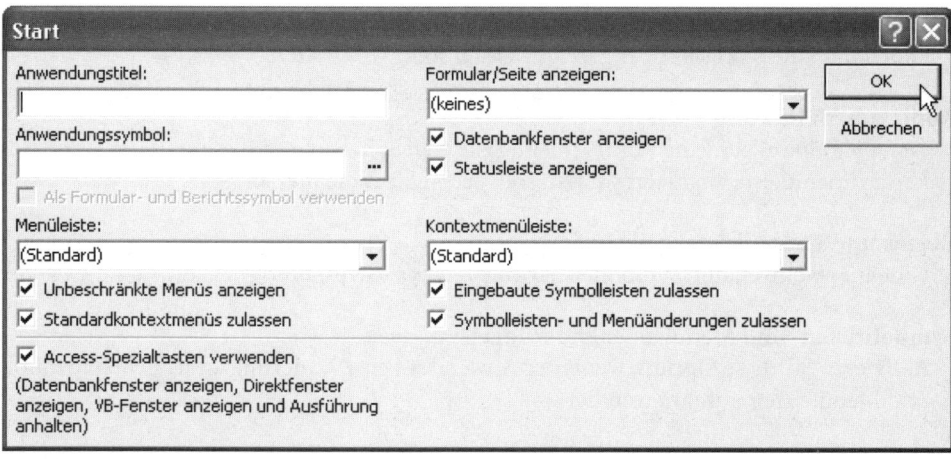

Abb. 12.1: Der Start-Dialog

Hinweis: Nicht alle Access-Versionen zeigen auf Anhieb alle Startoptionen an. Ein Mausklick auf die Schaltfläche `Weitere >>` erweitert den Dialog um die nicht sichtbaren Eigenschaften.

Optionen des Start-Dialogs

Anwendungstitel
Access zeigt den angegebenen Anwendungstitel in der Titelleiste an.

Anwendungssymbol
Alternativ zum Access-Symbol können Sie ein anderes Symbol auswählen.

Menüleiste
Wenn Sie eine Menüleiste definiert haben und diese beim Start anzeigen möchten, wählen Sie diese hier aus.

Unbeschränkte Menüs anzeigen
Gibt an, ob eingebaute Access-Menüs angezeigt werden sollen

Standard-Kontextmenüs zulassen
Gibt an, ob eingebaute Kontextmenüs angezeigt werden sollen

Formular/Seite anzeigen
Wählen Sie hier das beim Start anzuzeigende Formular aus.

Datenbankfenster anzeigen
Gibt an, ob das Datenbankfenster angezeigt werden soll (kann mit F11 nachträglich geöffnet werden)

Statusleiste anzeigen
Gibt an, ob die Statusleiste angezeigt werden soll

Kontextmenüleiste
Wenn Sie eine allgemeine Kontextmenüleiste erstellt haben und diese statt der Standardkontextmenüleiste angezeigt werden soll, geben Sie diese hier an.

Eingebaute Symbolleisten zulassen
Gibt an, ob eingebaute Symbolleisten angezeigt werden sollen

Symbolleisten- und Menüleistenänderungen zulassen
Aktivieren Sie diese Option, wenn der Anwender keine Änderung an jeglichen Symbol- und Menüleisten durchführen darf.

Access-Spezialtasten verwenden
Aktiviert Schaltflächen zur Anzeige des Datenbankfensters, des Direktfensters, des VB-Editors und zum Anhalten der Ausführung der Anwendung

12.4 Das Autoexec-Makro

Das Festlegen der Startoptionen mit dem `Autoexec`-Makro ist zwar etwas unkomfortabler, aber sehr viel flexibler als mit dem Start-Dialog.

Das liegt daran, dass Sie zunächst einmal alle verfügbaren Makrobefehle auch im `Autoexec`-Makro einsetzen können. Da sich unter diesen Befehlen auch der Befehl `AusführenCode` befindet, können Sie auch beliebige VBA-Prozeduren und -Funktionen aufrufen.

Alle im `Start`-Dialog auszuwählenden Optionen können auch per VBA eingestellt werden. Da Access beim Öffnen der Datenbank aber ohnchin zuerst die Optionen im `Start`-Dialog ausführt, wird auf eine genauere Beschreibung der Einstellung der entsprechenden Start-Eigenschaften in VBA verzichtet.

Vielmehr bietet sich das *Autoexec*-Makro an, die Optionen des Start-Dialoges zu ergänzen.

Access zeigt beispielsweise beim Öffnen einer Datenbank immer die Symbolleisten an, die beim letzten Schließen angezeigt wurden. Wenn Sie möchten, dass Access bestimmte Symbolleisten beim Start der Datenbank automatisch anzeigt, gehen Sie folgendermaßen vor:

1. Erstellen Sie ein Makro namens `Autoexec`.

2. Fügen Sie den Makrobefehl `EinblendenSymbolleiste` ein.

3. Geben Sie den Namen der einzublendenden Symbolleiste an.

4. Setzen Sie den Parameter `Show` auf den Wert `Ja` (siehe Abbildung 12.2 auf der nächsten Seite).

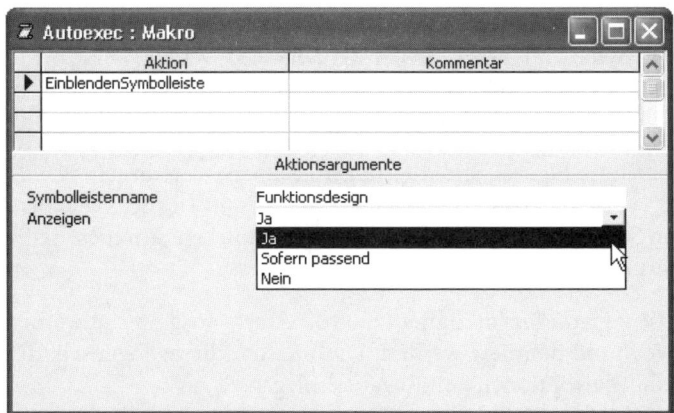

Abb. 12.2: Dieses Makro aktiviert die Anzeige der Symbolleiste mit dem Namen Hauptsymbolleiste

Auf diese Weise können Sie eine oder mehrere Symbolleisten direkt nach dem Start anzeigen.

> **Hinweis:** Menüleisten, Symbolleisten und Kontextmenüs, die in Abhängigkeit von aktivierten Objekten angezeigt werden, können Sie über die Eigenschaften der jeweiligen Objekte einstellen.

12.5 Ausführung von Startoptionen und Autoexec durchsetzen

Wenn Sie Ihre Datenbank so eingerichtet haben, wie der Anwender Sie beim Öffnen antreffen soll, bleibt nur noch ein Problem: Der Anwender kann Ihre ganze Mühe zunichte machen, indem er beim Öffnen der Datenbank schlicht und einfach die Umschalttaste gedrückt hält. Access ignoriert daraufhin sämtliche Optionen des `Start`-Dialogs und die Befehle des `Autoexec`-Makros.

12.5.1 Deaktivieren der Umschalttaste während des Öffnungsvorgangs

Wenn Sie befürchten, dass ein Anwender mit solchen Mitteln arbeitet, um beispielsweise die Datenbank zu manipulieren, müssen Sie härtere Geschütze auffahren. Mit der Datenbankeigenschaft `AllowBypassKey` legen Sie fest, ob Access die Umschalttaste während des Öffnungsvorgangs ignorieren soll. Setzen Sie die Eigenschaft auf den Wert `True` (-1), wenn die Umschalttaste aktiviert sein soll. Anderenfalls stellen Sie die Eigenschaft auf den Wert `False` (0).

Die Datenbankeigenschaft `AllowBypassKey` ist eine Eigenschaft, die normalerweise nicht vordefiniert und dementsprechend auch mit keinem Wert belegt ist.

Sie können mit Access beliebige Datenbankeigenschaften festlegen. Dazu gehören die benutzerdefinierten Eigenschaften, die im Eigenschaftsfenster angezeigt werden. Diese benutzerdefinierten Eigenschaften können Sie sowohl über eine entsprechende VBA-Anweisung als auch im Eigenschaftsfenster der Datenbank selbst anlegen.

Auch können Sie beliebige weitere Eigenschaften festlegen. Manche von diesen, wie die Eigenschaft AllowBypassKey, werden von Access während der Benutzung der Datenbank ausgewertet, andere können Sie unter beliebigem Namen selbst anlegen, um diese selbst auszuwerten oder deren Wert zu verändern.

Tabelle 12.1 zeigt eine Auflistung von Eigenschaften, die von Access ausgewertet werden, aber nur im Falle der Anwendung definiert werden. Die meisten dieser Eigenschaften können Sie allerdings über die Startoptionen komfortabel anlegen.

Tab. 12.1: Spezielle Datenbankeigenschaften

Eigenschaft	Datentyp	Beschreibung
StartupForm	dbText	enthält den Namen des beim Start der Datenbank anzuzeigenden Formulars
StartupShowDBWindow	dbBoolean	gibt an, ob das Datenbankfenster beim Start der Datenbank angezeigt werden soll
StartupShowStatusBar	dbBoolean	gibt an, ob die Statusleiste angezeigt werden soll
AllowBuiltinToolbars	dbBoolean	gibt an, ob eingebaute Symbolleisten angezeigt werden sollen
AllowFullMenus	dbBoolean	gibt an, ob alle eingebauten Menüleisten zur Verfügung stehen sollen
AllowBreakIntoCode	dbBoolean	gibt an, ob nach Laufzeitfehlern der Code eingesehen werden darf
AllowSpecialKeys	dbBoolean	gibt an, ob die Acces-eigenen Tastenkombinationen verwendet werden dürfen

Falls Sie die Eigenschaft AllowBypassKey vorher noch nicht benutzt haben, müssen Sie diese zunächst definieren. Öffnen Sie die Datenbank, aktivieren Sie mit Strg + G das Testfenster und geben Sie dort die folgende Anweisung ein (siehe Abbildung 12.3 auf der nächsten Seite):

```
CurrentDB.Properties.Append  CurrentDB.CreateProperty
("AllowBypassKey",dbBoolean,True)
```

Hinweis: Wenn Sie Access 2000 oder höher verwenden, ist die DAO-Bibliothek, die für den folgenden Code benötigt wird, unter Umständen nicht referenziert. Ist dies der Fall, müssen Sie zunächst einen entsprechenden Verweis setzen.

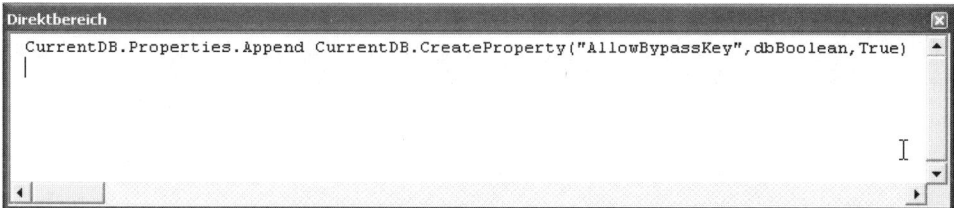

Abb. 12.3: Benutzen Sie das Testfenster, um Eigenschaften zuzuweisen.

Der erste Teil der Anweisung gibt an, dass Sie für die aktuelle Datenbank eine neue Eigenschaft erzeugen möchten. Der zweite Teil teilt Access die genauen Informationen über die Eigenschaft wie den Namen, Datentyp und Startwert mit.

In diesem Fall erstellen Sie eine Eigenschaft namens AllowBypassKey des Datentyps db-Boolean und weisen ihr zunächst den Wert True zu, was bedeutet, dass die Umschalttaste beim Öffnen der Datenbank nicht ignoriert wird.

Wenn Sie die Eigenschaft nach der Erstellung ändern möchten, benutzen Sie den folgenden Befehl:

```
CurrentDB.Properties!AllowBypassKey = False
```

Anschließend können Sie den Effekt ausprobieren. Schließen Sie die Datenbank und öffnen Sie diese erneut. Halten Sie dabei die Umschalttaste gedrückt.

Wenn Sie alles richtig gemacht haben, werden die Startoptionen und die Befehle des *Autoexec*-Makros trotzdem ausgeführt.

Den Wert einer Eigenschaft können Sie leicht in einer Message-Box anzeigen. Um beispielsweise den Wert der Eigenschaft *AllowBypassKey* anzuzeigen, geben Sie den folgenden Befehl in das Testfenster ein (in einer Zeile):

```
MsgBox CurrentDb.Properties!AllowBypassKey
```

Die Message-Box zeigt den Wert der Variablen.

Der Vollständigkeit halber können Sie auch einmal den Befehl zum Entfernen der Datenbankeigenschaft ausprobieren (in einer Zeile):

```
CurrentDb.Properties.Delete "AllowBypassKey"
```

12.6 Eigenschaftswerte per VBA ändern

Da Sie möglicherweise während der Entwicklung der Datenbank den Wert der Eigenschaft hin und wieder ändern müssen, können Sie die Tipparbeit mit einer Funktion reduzieren (siehe Quellcode 12.1):

```
Function ShiftAktivieren(bolShift As Boolean)
   Dim db As DAO.Database
   Set db = CurrentDb
   'Bei Fehler zu Err_EigenschaftErstellen wechseln
   On Error GoTo Err_EigenschaftErstellen
   'Eigenschaft den Wert Zeiger zuweisen
   db.Properties!AllowBypassKey = bolShift
   db.Close
Exit_ShiftAktivieren:
   Exit Function
Err_EigenschaftErstellen:
   'Fehler 3270 heißt: Property nicht definiert.
   If Err = 3270 Then
      'In diesem Fall: Property anlegen und fortfahren
      db.Properties.Append db.CreateProperty ("AllowBypassKey", dbBoolean, ⤸
      bolShift)
      Resume Next
   Else
      'bei anderem Fehler Fehlernummer ausgeben
      'und Funktion verlassen
      MsgBox "Fehler: " & Error$ & "(" & Err & ")"
      Resume Exit_ShiftAktivieren
   End If
End Function
```

Listing 12.1: Quellcode

Sie aktivieren die Umschalttaste mit dem folgenden Funktionsaufruf:

```
ShiftAktvieren True
```

Die Variante zum Abschalten der Umschalttaste beim Öffnen der Datenbank lautet so:

```
ShiftAktivieren False
```

Die Funktion versucht zunächst, der Eigenschaft den angegebenen Wert zuzuweisen. Falls dies nicht funktioniert, da die Eigenschaft noch nicht definiert ist, fängt die Funktion den Fehler ab und übernimmt die Definition der Eigenschaft.

Dieser Schutz sollte so weit ausreichend sein. Wenn die Anzeige des Datenbankfens-ters deaktiviert ist, muss der Anwender sich mit den zur Verfügung stehenden Objekten der Datenbank zufrieden geben.

Sie sollten allerdings darauf achten, dass Sie selbst über eine versteckte Möglichkeit verfügen, die Umschalttaste wieder zu aktivieren.

Der einzige Weg, die Funktion der Umschalttaste zu reaktivieren, wenn Sie keine versteckte Funktion dazu eingerichtet haben, ist das Ändern der Datenbankeigenschaften von außen. Dazu müssen Sie zunächst eine beliebige andere Datenbank öffnen. Geben Sie dann im Testfenster den folgenden Befehl ein:

```
DBEngine.Workspaces(0).OpenDatabase ("<Datenbankname>").Properties!AllowBypassKey ⤸
=True
```

Geben Sie für den Platzhalter `<Datenbankname>` den Pfad und den Dateinamen der zu entsichernden Datenbank an. Mit diesem Befehl öffnen Sie die Datenbank und ändern die Eigenschaft *AllowBypassKey* auf den Wert *True*.

Wenn Sie anschließend die Datenbank bei gedrückter Umschalttaste öffnen, werden die Startoptionen und das *Autoexec*-Makro nicht ausgeführt und der Anwender kann Ihre Datenbank nach Belieben bearbeiten.

12.7 Integration des Schutzmechanismus in das Sicherheitssystem

Wenn Sie die Datenbank kommerziell vertreiben möchten oder Ihnen aus anderen Gründen viel daran liegt, dass die bisher erwähnten Schutzmaßnahmen greifen, müssen Sie noch eine Stufe weitergehen.

Dazu haben Sie zwei Möglichkeiten: Entweder Sie erstellen eine MDE-Datenbank oder Sie aktivieren das Sicherheitssystem von Access.

Die erstgenannte Methode ist zwar mindestens ebenso sicher, aber möglicherweise möchten Sie sich die Option, Änderungen am Datenbankdesign vorzunehmen, offen halten.

In diesem Fall sollten Sie das Sicherheitssystem von Access aktivieren. Wie dies genau funktioniert, können Sie dem Beitrag `Skalierbare Datensicherheit` (siehe Kapitel 10 auf Seite 149) entnehmen.

Datenbankeigenschaften wie *AllowBypassKey* können, wenn Sie mit den oben genannten Optionen angelegt werden, von allen Benutzern der Datenbank bearbeitet werden – auch wenn dies aufgrund der Deaktivierung von Objekten und des Testfensters von außerhalb der Datenbank geschieht. Dies gilt auch, wenn das Sicherheitssystem der Datenbank aktiviert ist.

Sie können die Eigenschaft *AllowBypassKey* allerdings auch als DDL-Objekt erstellen. DDL bedeutet `Data Definition Language` (deutsch: Datendefinitionssprache). Mit der Data Definition Language werden die Attribute einer Datenbank beschrieben – neben der Beschreibung des Datenbankentwurfs und des Datenmodells gehören dazu auch einige allgemeine Eigenschaften der Datenbank. Der Grund dafür, die Eigenschaft *AllowBypassKey* in ein DDL-Objekt umzuwandeln, ist die Möglichkeit, den Zugriff auf solche Objekte über das Sicherheitssystem von Access zu reglementieren.

Bezogen auf das Sicherheitssystem gehören DDL-Objekte nämlich zum Objekttyp `Datenbank` (siehe Abbildung 12.4 auf der nächsten Seite).

Für Datenbanken gibt es die Berechtigungen `Öffnen/Ausführen`, `Exklusiv` und `Verwalten`. Wenn Sie einem Benutzer die Berechtigung zum Verwalten der Datenbank entziehen, entziehen Sie ihm gleichzeitig das Recht, DDL-Objekte zu bearbeiten. Somit müssen Sie lediglich noch die Eigenschaft in ein DDL-Objekt umwandeln.

Abb. 12.4: Dialog
zum Einstellen der
Zugriffsrechte

Leider können Sie den Typ der Eigenschaft nicht einfach ändern, sondern müssen die
Eigenschaft zunächst löschen. Das geht mit folgender Anweisung:

```
CurrentDB.Properties.Delete "AllowBypassKey"
```

Anschließend erstellen Sie die Eigenschaft erneut. Diesmal kommt noch ein Parameter am
Ende des Ausdrucks hinzu. Der Wert *True* gibt an, dass die Eigenschaft als DDL-Objekt
erstellt werden soll:

```
CurrentDB.Properties.Append  currentdb.CreateProperty
  ("AllowByPassKey",dbBoolean,False,True)
```

Wenn Sie die Datenbank nun über den Start-Dialog und das *Autoexec*-Makro schützen,
können Sie sogar das Testfenster aktiviert lassen. Kein Benutzer, der nicht die Berechtigung zum Verwalten der Datenbank hat, kann den Wert der Eigenschaft *AllowBypassKey*
verändern.

Es ist ebenso unmöglich, den Wert der Eigenschaft von einer anderen Datenbank aus zu
verändern, wenn die Berechtigung zum Verwalten der geschützten Datenbank für den
entsprechenden Benutzer nicht erteilt ist.

```
Function ShiftDeaktivieren(bolShift As Boolean)
  'Shift deaktivieren: False, Shift aktivieren: True
  Dim db As Database
  'Pfad und Name des Backend als DB festlegen
  Set db = DBEngine.Workspaces(0).OpenDatabase ("<Pfad und Name des Backend>")
```

```
  'Bei Fehler zu Err_EigenschaftErstellen springen
  On Error GoTo Err_EigenschaftErstellen
  'Eigenschaft ändern
  db.Properties!AllowBypassKey = bolShift
  db.Close
Exit_ShiftDeaktivieren:
  Exit Function
Err_EigenschaftErstellen:
  'Fehler 3270 heißt: Property nicht definiert.
  If Err = 3270 Then
    'In diesem Fall: Property anlegen und fortfahren
    db.Properties.Append db.CreateProperty ("AllowBypassKey", dbBoolean, ⊃
    bolShift)
    Resume Next
  Else
    'bei anderem Fehler Fehlernummer ausgeben
    'und Funktion verlassen
    MsgBox "Fehler: " & Error$ & "(" & Err & ")"
    Resume Exit_ShiftDeaktivieren
  End If
End Function
```

Listing 12.2: Quellcode 2

12.8 Schützen eines Backends

Wenn Sie mit einer aufgeteilten Datenbank arbeiten, können Sie über das Frontend und über das Backend Daten bearbeiten. Zwar ist das direkte Bearbeiten der Daten im Backend nicht sehr ergonomisch, da die Daten nur direkt in Tabellen eingegeben werden können, ohne ein Formular dazu zu benutzen. Manchmal enthalten Tabellen aber Daten, die nicht im Formular des Frontends angezeigt werden – weil sie einfach nicht für die Öffentlichkeit bestimmt sind.

Wie aber kann man einen Benutzer, der die Zugriffsrechte für die Daten über das Frontend und somit auch für das Backend hat, vom Öffnen der Tabellen des Backends abhalten? Die Lösung ist ganz einfach, erlangt aber erst durch oben beschriebene Sicherheitsmaßnahmen die notwendige Zuverlässigkeit.

Sie müssen dem Backend-Teil der Datenbank lediglich ein *Autoexec*-Makro zuweisen, welches die Datenbank direkt nach dem Öffnen automatisch wieder schließt.

Benutzen Sie dazu den Makrobefehl *AusführenBefehl* und geben Sie für den Parameter Befehl den Wert Beenden an (siehe Abbildung 12.5 auf der nächsten Seite).

Dieser Befehl beendet Access. Oder Sie benutzen den Makrobefehl Schließen, um nur die Datenbank zu schließen.

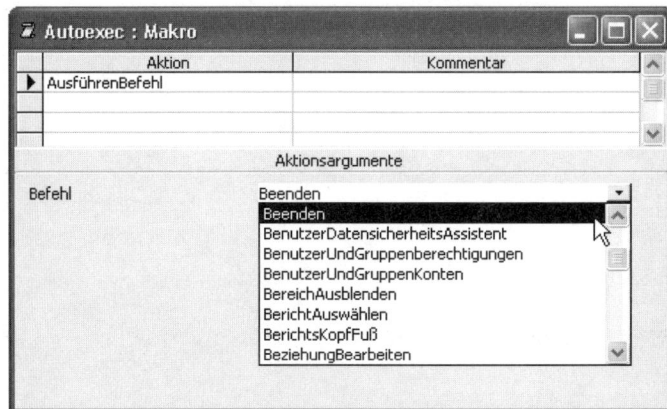

Abb. 12.5: Dieses Makro beendet Access.

Anschließend gehen Sie wie oben beschrieben vor. Zusammengefasst bedeutet dies:

• Erstellen des *Autoexec*-Makros

• Aktivierung des Sicherheitssystems von Access

• Erstellen der Eigenschaft *AllowBypassKey* als DDL-Objekt

• Eigenschaft *AllowBypassKey* auf den Wert `False` setzen

Wenn Sie oder der jeweilige Administrator der Datenbank einmal Änderungen am Backend-Teil der Datenbank vornehmen möchten, müssen Sie die Eigenschaft `AllowBypassKey` natürlich deaktivieren. Dies geht am komfortabelsten mit einer Funktion, die Sie in ein Modul des Frontends einfügen.

12.9 Backend per Kennwort schützen

Dies verhindert aber nicht, dass ein anderer Benutzer mit einer selbst erstellten Datenbank als Frontend auf die Datenbank zugreift – sofern er die Berechtigung dazu hat.

Da das Backend selbst dabei nicht geöffnet wird, sondern nur einzelne Tabellen angesprochen werden, führt Access natürlich auch nicht das *Autoexec*-Makro und die Startoptionen aus. In diesem Fall können Sie das Backend zusätzlich mit einer Kennwortabfrage schützen.

1. Öffnen Sie die Backend-Datenbank.

2. Führen Sie den Menübefehl `Extras` → `Zugriffsrechte` → `Datenbankkennwort zuweisen...` aus.

3. Weisen Sie der Datenbank ein Kennwort zu, zum Beispiel `Test`.

Wenn Sie nun das Backend schließen und das Frontend öffnen, zeigt Access die verknüpften Tabellen korrekt im Datenbankfenster an (siehe Abbildung 12.6 auf der nächsten Seite). Wenn Sie aber versuchen, eine der Tabellen zu öffnen, erscheint eine Fehlermeldung mit dem Hinweis auf ein ungültiges Kennwort.

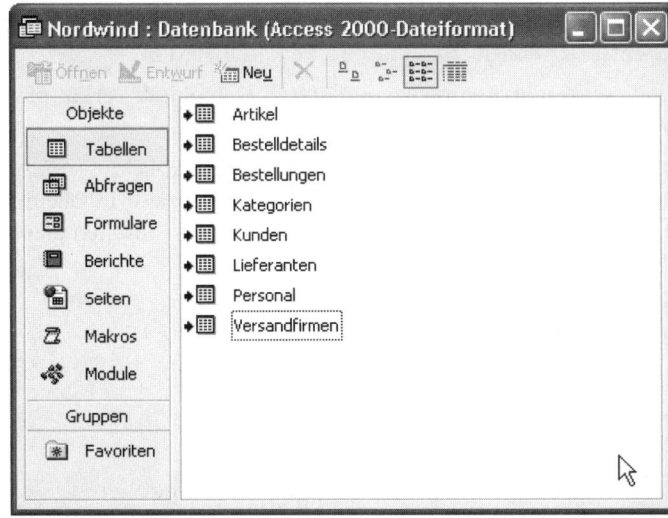

Abb. 12.6: Das Datenbankfenster zeigt die verknüpften Tabellen ordnungsgemäß an.

Die Tabellen müssen also vor der Verwendung unter Angabe des richtigen Kennwortes verknüpft werden. Damit Sie nicht genötigt sind, dies von Hand zu tun, schreiben Sie dazu eine Prozedur namens *MitKennwortVerknüpfen*, die über das *Autoexec*-Makro des Frontends aufgerufen wird. Diese Prozedur ist nur ein Beispiel, in dem eine Tabelle eines Kennwortgeschützten Backends mit einer Frontend-Datenbank verknüpft wird. Geben Sie die gewünschten Angaben für die Platzhalter (*<Platzhalter>*) ohne weitere Anführungszeichen ein.

```
Sub MitKennwortVerknuepfen(strTable As String)
   Dim db As DAO.Database
   Dim tdf As TableDef
   On Error Resume Next
   'Löscht bestehende Tabelle namens NeuerTabellenName
   DoCmd.DeleteObject acTable, strTable
   Set db = CurrentDb
   'Neue Tabellendefinition erstellen
   Set tdf = db.CreateTableDef(strTable)
   'Herkunft der Tabelle festlegen
   tdf.SourceTableName = strTable
   'Tabelle aus angegebener Datenbank und Kennwort verbinden
   tdf.Connect = ";PWD=Test;DATABASE=<Datenbankpfad>"
   'Tabelle hinzufügen
   db.TableDefs.Append tdf
End Sub
```

Listing 12.3: Quellcode

Dabei ist *<NeuerTabellenname>* der Name, unter dem die Tabelle verknüpft wird. *<NameDerVerknüpftenTabelle>* ist der Name der Originaltabelle in der Fremddatenbank, in diesem Fall dem Backend der Datenbank.

Für *<Kennwort>* geben Sie das DatenbankKennwort des Backends ein. Schließlich geben Sie für *<PfadUndName>* die entsprechenden Daten der Backend-Tabelle ein.

Falls Sie mehr als eine Tabelle aus einer Kennwortgeschützten Datenbank verknüpfen möchten, müssen Sie die Prozedur entsprechend anpassen.

Nach der Verknüpfung mit dieser Tabelle können Sie das Kennwort im Feld `Connect` der Tabelle `MSysObjects` einsehen (siehe Abbildung 12.7). Sie sollten diese Tabelle mit entsprechenden einschränkenden Rechten versehen, um ein unbefugtes Einsehen dieser Daten zu verhindern.

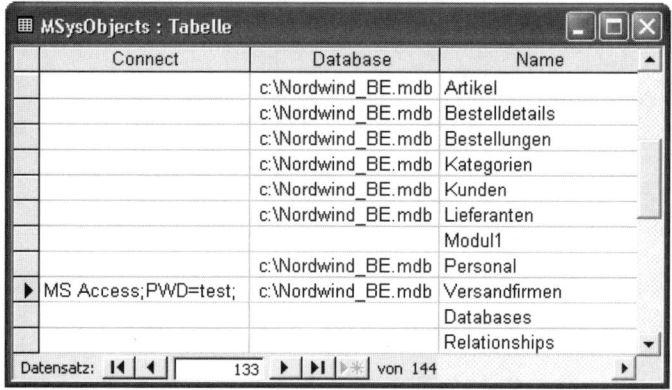

Abb. 12.7:
Verknüpfungsdaten
in der Tabelle
MSysObjects

13 Verteilte Datenbanken

André Minhorst, Duisburg

Kleinere Datenbankanwendungen mit wenigen Benutzern und nicht allzu großem Datenverkehr können auch im Netzwerk problemlos mit Access bewältigt werden. Das gilt auch, wenn die Datenbanken ihre Daten von unterschiedlichen Orten beziehen – zum Beispiel aus der Projektdatenbank, der Kundendatenbank, der Mitarbeiterdatenbank usw. Dabei gibt es allerdings einige Punkte zu beachten. Der vorliegende Beitrag erläutert die Benutzung verteilter Datenbanken am Beispiel der Nordwind-Datenbank.

Inhalt

13.1 Gründe für verteilte Anwendungen

Im Datenbankbereich spricht man von verteilten Anwendungen, wenn sich Benutzerfrontend und/oder Datenbankbackend auf mehrere Datenbanken aufteilen. Das kann im Wesentlichen zwei Gründe haben:

- Mehrere Benutzer sollen auf ein und denselben Datenbestand zugreifen können.

- Zwei Datenbanken sind so miteinander verknüpft, dass mindestens eine auf die Daten der anderen zugreift.

13.1.1 Mehrbenutzerbetrieb

Die Datenbank `Nordwind` ist ein gutes Beispiel für eine verteilte Datenbankanwendung. Dort sollen mehrere Anwender auf den gleichen Datenbestand zugreifen. Zwar hat jeder Mitarbeiter unter Umständen seinen eigenen Kundenstamm, aber allein im Falle der Abwesenheit eines Mitarbeiters sollten andere Mitarbeiter auf die jeweiligen Daten zugreifen können. Damit dies funktioniert, müssen die Daten – die sich in den Tabellen befinden – von allen beteiligten Rechnern aus erreichbar sein.

Da die Anwendungslogik – also die Abfragen, Formulare, Berichte und so weiter – aber möglichst auf den Rechnern der Anwender vorliegen sollen, um die Netzlast zu minimieren, müssen Sie die Datenbank zwangsläufig aufteilen.

13.1.2 Verteilte Datenbanken

Manchmal wächst mit der Zeit auch die Anzahl der in einer Firma verwendeten Datenbanken. Das liegt meistens daran, dass jede Abteilung ihr eigenes Süppchen kocht und eigene Datenbanken erstellt mit der Folge, dass das Unternehmen Datenbanken doppelt führt.

Wenn Daten also in der einen oder anderen Form bereits vorliegen, sollte man auf Vorhandenes zugreifen, statt die gleichen Daten nochmals zu speichern. Das verhindert redundante Daten, Inkonsistenzen und jede Menge Ärger.

Access bietet die Möglichkeit, Tabellen von bereits bestehenden Datenbanken in anderen Datenbanken weiter zu verwenden.

13.2 Aufteilen von Datenbanken

Das Aufteilen von Datenbanken erledigt in der Regel ein Assistent. Da Sie aber vermutlich die volle Kontrolle haben wollen und sich nicht auf den Assistenten verlassen möchten, führen Sie die Aufteilung und anschließende Verknüpfung einer Datenbank und ihrem Backend einfach einmal von Hand durch. Außerdem kommen Sie so leichter zurecht, wenn Sie nicht alle Tabellen ins Backend stellen möchten oder gegebenenfalls Tabellen in verschiedenen Backends unterzubringen sind.

> **Tipp:** Mit der vorliegenden Anleitungen können Sie beliebige Datenbanken aufteilen
> und wieder verknüpfen. Dabei ist es sinnvoll, abzuwägen, ob nicht manche Tabellen
> gegebenenfalls in der jeweiligen Frontend-Datenbank besser aufgehoben sind – das
> ist beispielsweise zwingend der Fall, wenn die Datenbank eine Tabelle mit Optionen,
> etwa für spezielle Einstellungen der Benutzeroberfläche – enthält. Ein anderer Fall sind
> temporäre Tabellen, in denen Daten oder Ergebnisse zwischengespeichert werden. Be-
> finden diese sich in den einzelnen Frontenddatenbanken, haben Sie direkt zwei Fliegen
> mit einer Klappe geschlagen: Die temporären Daten müssen nicht über das Netzwerk
> hin- und hertransportiert werden und Sie müssen sich nicht darum kümmern, dass
> mehrere Mitarbeiter auf die selbe temporäre Tabelle zugreifen und sich gegebenenfalls
> ins Gehege kommen.

1. Legen Sie eine neue Datenbank an und speichern Sie diese unter dem Namen Nord-
   wind_be.mdb.

2. Wählen Sie den Menübefehl Datei → Externe Daten → Importieren aus.

3. Wählen Sie die Datei Nordwind.mdb.

4. Markieren Sie alle Tabellen und klicken Sie auf die Schaltfläche OK (siehe Abbildung 13.1).

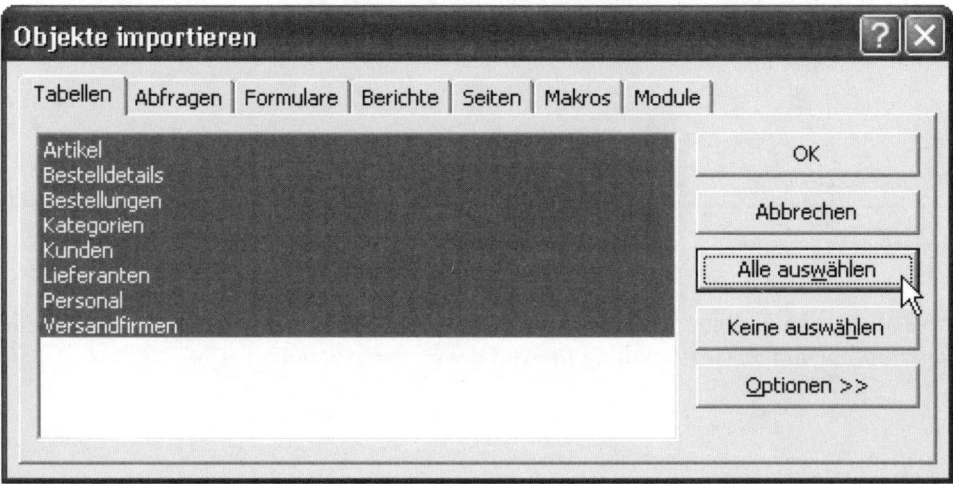

Abb. 13.1: Importieren von Tabellen

Den ersten Schritt haben Sie somit durchgeführt. Sie haben die Backend-Datenbank erstellt
und mit den Daten gefüllt.

Im zweiten Schritt bearbeiten Sie nun die Original- und zukünftige Frontenddatenbank.
Zuvor müssen Sie jedoch die neue Backenddatenbank noch schließen, da Sie sonst die
Tabellen nicht verknüpfen können.

Tipp: Bevor Sie die folgenden Schritte durchführen, sollten Sie die Originaldatenbank sichern.

1. Öffnen Sie die Originaldatenbank.

2. Löschen Sie alle Tabellen, die Sie in die Backendtabelle auslagern möchten.

3. Wählen Sie den Menübefehl `Daten` → `Externe Daten` → `Tabellen verknüpfen` aus.

4. Wählen Sie im Dialog `Verknüpfen` die Backenddatenbank aus.

5. Wählen Sie im Dialog `Tabellen verknüpfen` (siehe Abbildung 13.2) die zu verknüpfenden Tabellen aus.

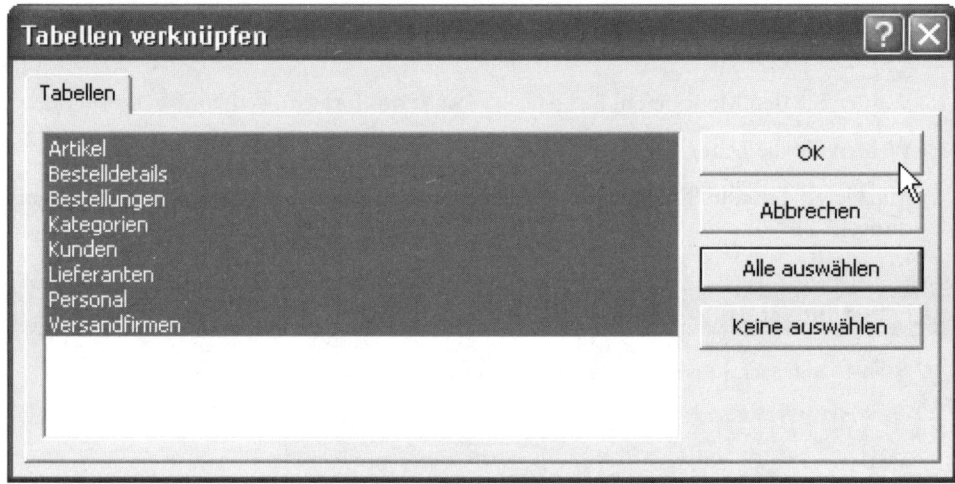

Abb. 13.2: Verknüpfen der Daten aus dem Backend

Access zeigt die verknüpften Tabellen im Datenbankfenster an. Ein Pfeil weist auf die Verknüpfung hin (siehe Abbildung 13.3 auf der nächsten Seite).

Abb. 13.3: Anzeige verknüpfter Tabellen im Datenbankfenster

13.3 Verknüpfungen automatisch aktualisieren

Unter manchen Umständen verändert sich der Speicherort der Backendtabelle. Die Folge: Die Frontenddatenbank findet das Backend nicht mehr.

Im Prinzip müssen Sie in diesem Fall einfach die Tabellen erneut mit dem Frontend verknüpfen. Dem Anwender sollten Sie das aber nicht zumuten.

Erstens gibt es Anwender, die damit überfordert sind, und zweitens müssen Sie unter Umständen alle vorhandenen Frontends aktualisieren. Also schreiben Sie eine kleine Prozedur, mit der Sie die Verknüpfungen fast komplett automatisch aktualisieren können (siehe Quellcode 13.1).

```
Public Function LinkTable(strTablename As String)
   On Error GoTo LinkTable_Err
   Dim db As Database
   Dim tdf As TableDef
   Dim strCurrentBackend As String
   Dim lngAnswer As Long
   Set db = CurrentDb
   strCurrentBackend = DLookup("Database", "MSysObjects", "Name = '" & Ɔ
   strTablename & "' AND Type =6")
Checkpath:
```

```
    If Dir(strCurrentBackend) = "" Or Err > 0 Then
        lngAnswer = MsgBox("Die Verknüpfung mit der Tabelle '" & strTablename & "' ⊋
        ist fehlgeschlagen. Klicken Sie auf 'Ja', um das richtige Backend " & "⊋
        auszuwählen und 'Nein', um abzubrechen.", vbYesNo)
        Select Case lngAnswer
            Case vbYes
                strCurrentBackend = OpenFilename("Choose backend", "*.mdb")
            Case vbNo
                DoCmd.Quit
        End Select
    End If
    For Each tdf In db.TableDefs
        On Error Resume Next
        If tdf.Name = strTablename Then
            tdf.Connect = ";database=" & strCurrentBackend
            tdf.RefreshLink
            If Err.Number > 0 Then GoTo Checkpath
        End If
    Next tdf
    LinkTable = True
LinkTable_Exit:
    Set db = Nothing
    Exit Function
LinkTable_Err:
    LinkTable = False
    MsgBox "Fehler-Nr: " & Err.Number & vbCrLf & "Fehler-Beschreibung: " & Err. ⊋
    Description
    GoTo LinkTable_Exit
End Function}
```

Listing 13.1: Quellcode

> **Hinweis:** Die Routine verwendet eine weitere Funktion zum Anzeigen des `Datei öff-`
> `nen`-Dialogs. Den entsprechenden Code finden Sie im Modul `mdlFiledialog` in der
> Beispieldatenbank `VerteilteDatenbanken97.mdb` (Access 97) beziehungsweise
> `VerteilteDatenbanken00.mdb` (Access 2000 und höher).

Der Aufruf der Funktion erfolgt über die Anweisung `LinkTable`, die Sie an geeigneter
Stelle in das Frontend einbauen – beispielsweise in die `Beim Laden`-Ereignisprozedur
eines beim Start aufgerufenen Formulars. Damit stellen Sie sicher, dass die Verknüpfungen
auf jeden Fall überprüft werden.

13.3.1 Ablauf der Aktualisierung der Verknüpfungen

Die Funktion LinkTable müssen Sie für jede zu verknüpfende Tabelle einmal aufrufen, und zwar mit dem Tabellennamen als Parameter. Der Aufruf für die Aktualisierung der Verknüpfung zu der Tabelle Artikel erfolgt beispielsweise mit folgender Anweisung:

```
LinkTable "Artikel"
```

Die Funktion liest den Pfad der Herkunftsdatenbank dieser Tabelle in die Variable strCurrentBackend ein. Dazu verwendet sie die Dlookup-Funktion und ermittelt damit den entsprechenden Wert aus der Systemtabelle MSysObjects.

Im Optimalfall findet die Funktion die Datenbank unter dem angegebenen Pfad, alle weiteren Fälle werden weiter unten beschrieben.

Das Vorhandensein der Datenbank vorausgesetzt, durchsucht die Funktion die TableDefs-Auflistung nach einer Tabelle mit dem angegebenen Namen und aktualisiert die Verknüpfung zu dieser, womit die Funktion ihren Dienst bereits getan hätte.

Kommen wir zu den nicht optimalen Fällen: Wenn bei der Aktualisierung der Verknüpfung ein Fehler auftritt, springt die Funktion zurück zur Marke Checkpath. Das Fehlerobjekt Err enthält in dem Fall einen Wert größer 0 und der erste Teil des If Then-Konstrukts wird durchlaufen.

Es erscheint eine Meldung, die dem Benutzer die Möglichkeiten bietet, entweder die richtige Datenbank für die Aktualisierung der Verknüpfung auszuwählen oder die Anwendung zu schließen.

Diesen Teil springt die Funktion auch dann an, wenn die als Herkunftsdatenbank angegebene Datei nicht vorhanden ist.

Da Sie diese Funktion für jede einzelne Tabelle aufrufen können, ist es auch möglich, Tabellen aus verschiedenen Datenbanken einzubinden. Außerdem erhalten Sie bei einem missglückten Versuch, die Tabellen einzubinden, Feedback, an welcher Tabelle es gelegen hat. So können Sie zielgerichteter überprüfen, weshalb die Verknüpfung fehlgeschlagen ist.

14 Datenübernahme von Datenbank zu Datenbank

André Minhorst, Duisburg

Neue Versionen von Datenbankanwendungen müssen eine Möglichkeit bieten, die Daten der Vorgängerversion zu importieren. Optimalerweise erfolgt dieser Import weitgehend automatisch, was aber einiges an Vorarbeit bei der Entwicklung der neuen Version erfordert. Damit Sie den Benutzern Ihrer Datenbank größtmöglichen Komfort beim Versionswechsel ermöglichen können, lernen Sie im vorliegenden Beitrag einige Varianten für den Import bestehender Daten in eine neue Datenbank kennen.

Inhalt

14.1 Warum Daten übernehmen?

Es gibt prinzipiell zwei Arten von Änderungen an Datenbankanwendungen: Die erste betrifft die Benutzeroberfläche, worunter unter Access Abfragen, Formulare und Berichte sowie die in den Klassen- und Standardmodulen versteckte Programmlogik fallen. Die zweite Art von Änderungen zielt auf das Datenmodell und damit auf die in einer Datenbank enthaltenen Tabellen.

Der wichtigste Unterschied der beiden Arten ist, dass die erste durch den Austausch der Benutzeroberfläche, die theoretisch in einem Datenbankfrontend gekapselt sein könnte, erledigt werden kann. Und selbst, wenn die Benutzeroberfläche und die Daten in derselben Datenbank untergebracht sind, können Sie immer noch eine neue Datenbank mit angepasster Benutzeroberfläche, aber ohne Tabellen als neues Datenbankfrontend verwenden. In dem Fall würden Sie die bestehende Datenbank, die ja gleichzeitig Frontend und Backend ist, in ein Backend umfunktionieren, auf das die neue Frontenddatenbank zugreift.

Wenn Sie aber das Datenmodell ändern, reicht es nicht aus, einfach das neue Datenbankbackend als Backend zu verwenden und die vormals komplette Datenbankanwendung in eine Frontenddatenbank umzufunktionieren, indem Sie die Datenbank einfach mit den Tabellen der neuen Backendtabelle verknüpfen. Sie müssen ja immer noch die Daten aus der alten Datenbank in das neue Datenmodell übertragen.

Und wenn Sie das ohnehin erledigen müssen, können Sie auch direkt eine komplett neue Datenbank liefern, die vielleicht auch noch Überarbeitungen an der Benutzeroberfläche beinhaltet, und die bestehenden Daten in die neue Datenbank übernehmen.

Und hier sitzt der Hase im Pfeffer: Der für die Datenübernahme erforderliche Algorithmus ist nämlich erstens keineswegs trivial und zweitens sicher von Datenbank zu Datenbank unterschiedlich.

14.2 Vorgehensweise

Eine der wichtigsten Aufgaben vor der Entwicklung einer Routine für den Import bestehender Daten in eine neue Datenbank ist die Analyse der Datenmodelle der alten und der neuen Datenbank. Einige grobe Hindernisse bei der einfachen Übernahme der Daten sind folgende:

- Das neue Datenmodell enthält Primärschlüsselfelder mit dem Felddatentyp `Autowert`. Die Werte dieser Felder können nicht ohne größeren Aufwand in die neue Datenbank übernommen werden.

- Das Datenmodell der neuen Datenbank unterscheidet sich grob vom Vorgänger. Das kann zum Beispiel darin begründet sein, dass das bestehende Datenmodell nicht sauber normalisiert ist oder die Felddatentypen nicht den Ansprüchen genügen, weil beispielsweise ein Textfeld doch mehr Zeichen als eingeplant benötigt.

Abhängig von diesen und weiteren Faktoren gibt es unterschiedliche Möglichkeiten, Daten aus fremden Datenbanken zu importieren. Dabei fällt zumindest der Import mit dem entsprechenden Assistenten weg, da der Vorgang optimalerweise komplett automatisiert wird.

Je unterschiedlicher die Strukturen der Quell- und der Zieldatenbank sind, desto aufwändiger wird der Import der Daten; in den meisten Fällen sollte die Verknüpfung der Quelltabellen mit der Zieldatenbank und die Verwendung einiger Aktionsabfragen aber ausreichend sein. In manchen Fällen kann aber auch die Verwendung von DAO beziehungsweise ADO erforderlich sein, um die alten Daten in das neue Format zu pressen.

Für beide Vorgehensweisen kann das Verknüpfen der Zieldatenbank mit den Tabellen der Quelldatenbank hilfreich sein – das ist sogar Voraussetzung, wenn die Daten per Aktionsabfragen von einer zur anderen Datenbank geschaufelt werden sollen (siehe Abschnitt 14.4 auf Seite 203).

Wenn die Quelldatenbank relational verknüpfte Tabellen enthält, deren Primärschlüsselwerte über Autowertfelder erzeugt werden, ist auch noch eine Anpassung der Zieltabellen erforderlich – mehr dazu in Kapitel 14.6 auf Seite 206.

Sind die Zieltabellen auf den Import von verknüpften Tabellen mit oder ohne Autowertfelder vorbereitet, steht dem Import per Aktionsabfragen nichts mehr im Wege (siehe Kapitel 14.7 auf Seite 208).

14.3 Beispieldatenbank

Für die nachfolgenden Beispiele benötigen Sie zwei Beispieldatenbanken: eine mit den Originaldaten und eine mit der überarbeiteten Tabellenstruktur, die die Originaldaten aufnehmen soll.

Als Originaltabelle dient die Nordwind-Datenbank und die zu füllende Datenbank können Sie mit Hilfe der folgenden Anleitung selbst erstellen:

1. Legen Sie eine neue, leere Datenbank an.

2. Führen Sie den Menübefehl Datei → Externe Daten → Importieren... aus.

3. Wählen Sie im nun erscheinenden Importieren-Dialog die Nordwind-Datenbank aus.

4. Wählen Sie alle Tabellen der Nordwind-Datenbank aus.

5. Erweitern Sie das Dialogfenster durch einen Klick auf die Schaltfläche Optionen.

6. Wählen Sie hier im Bereich Tabellen importieren die Option Nur Definitionen aus (siehe Abbildung 14.1 auf der nächsten Seite).

Wenn Sie die Tabellen auf die genannte Weise importiert haben, müssen Sie nicht zuerst die Daten aus jeder einzelnen Tabelle löschen.

Wenn Sie später den Urzustand der Tabellen reproduzieren, also die Daten löschen und die Autowertzähler wiederherstellen möchten, können Sie das auf zwei Arten durchführen:

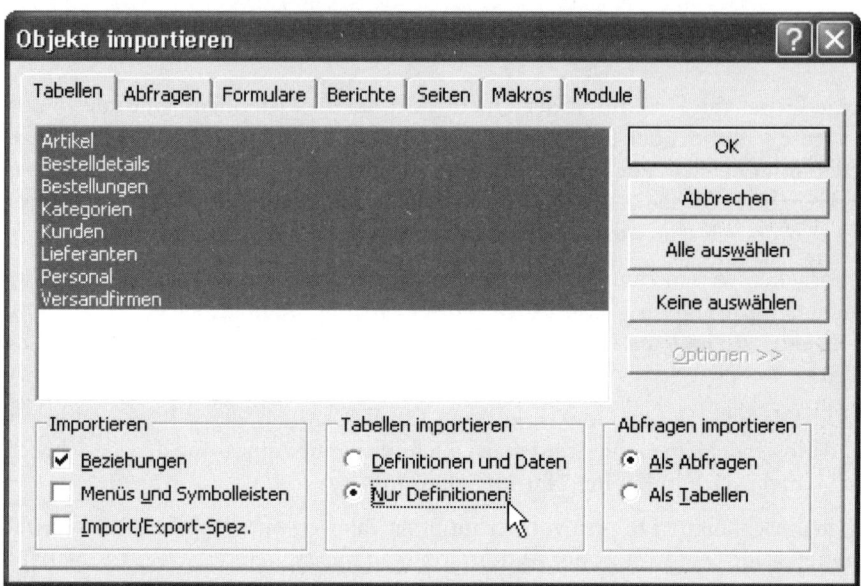

Abb. 14.1: Import der Tabellenstruktur der Nordwinddatenbank

Öffnen Sie die Tabellen jeweils einzeln, markieren Sie alle Datensätze und löschen Sie diese oder erstellen Sie sich eine kleine Routine zum Löschen der Tabellen, die Sie per Aufruf im Testfenster starten (siehe Quellcode 14.1). Dabei müssen Sie darauf achten, dass Sie immer erst die Daten aus den Tabellen löschen, auf die kein Fremdschlüsselfeld einer oder mehrerer anderer Tabellen verweist. Im Anschluss an das Löschen der Daten komprimieren Sie die Datenbank über den folgenden Menübefehl, wobei der Hauptzweck im Initialisieren der Autowertfelder liegt: Extras → Datenbank-Dienstprogramme → Datenbank komprimieren und reparieren...

```
Public Sub DatenLoeschen()
    Dim db As DAO.Database
    Set db = CurrentDb
    On Error GoTo DatenLoeschen_Err
    db.Execute "DELETE FROM Bestelldetails", dbFailOnError
    db.Execute "DELETE FROM Artikel", dbFailOnError
    db.Execute "DELETE FROM Lieferanten", dbFailOnError
    db.Execute "DELETE FROM Kategorien", dbFailOnError
    db.Execute "DELETE FROM Bestellungen", dbFailOnError
    db.Execute "DELETE FROM Personal", dbFailOnError
    db.Execute "DELETE FROM Versandfirmen", dbFailOnError
    db.Execute "DELETE FROM Kunden", dbFailOnError
    Exit Sub
DatenLoeschen_Err:
    MsgBox "Fehlernummer: " & Err.Number & vbCrLf & "Fehlerbeschreibung: " & Err. >
    Description
End Sub
```

Listing 14.1: Quellcode

14.4 Tabellenverknüpfungen erstellen und löschen

Der einfachste Fall für den Import bestehender Daten ergibt sich, wenn die zu importierenden Daten aus Tabellen stammen, die nicht mit anderen Tabellen verknüpft sind. In dem Fall können die Daten einfach von der einen Tabelle in die andere importiert werden – gegebenenfalls sogar mit dem Import-Assistenten von Access. Da Sie hier allerdings automatisierte Möglichkeiten zum Import von Daten kennen lernen sollen, fällt diese Möglichkeit im Rahmen des vorliegenden Beitrags weg.

14.4.1 Tabelle verknüpfen

Die Funktion LinkTable (siehe Quellcode 14.2) dient der Erstellung einer Verknüpfung der aktuellen Datenbank mit einer Tabelle einer fremden Datenbank. Die Anwendung dieser Funktion sieht beispielsweise folgendermaßen aus:

```
Call LinkTable("<Pfad>\Nordwind.mdb, "Artikel", "ArtikelTemp")
```

Mit diesem Aufruf erstellen Sie eine Verknüpfung zu der Tabelle Artikel der Nordwind-Datenbank unter dem Namen ArtikelTemp (siehe Abbildung 14.2 auf der nächsten Seite). Die Fehlerbehandlung der Funktion fängt einen Fehler gezielt ab. Dieser tritt auf, wenn bereits eine Tabelle mit dem Namen der zu erstellenden Verknüpfung vorhanden ist. In dem Fall wird die vorhandene Verknüpfung mit der weiter unten beschriebenen Funktion Unlink zunächst entfernt.

```
Public Function LinkTable(strDatabaseSource As String, strTableSource As String, ⊋
  strTableDestination As String)
   Dim dbSource As DAO.Database
   Dim dbTarget As DAO.Database
   Dim tdf As DAO.TableDef
   On Error GoTo LinkTable_Err
   Set dbSource = DBEngine.Workspaces(0).OpenDatabase(strDatabaseSource)
   Set dbDestination = CurrentDb
   Set tdf = dbDestination.CreateTableDef(strTableDestination)
   tdf.Connect = ";DATABASE="" & strDatabaseSource
   tdf.SourceTableName = strTableSource
   dbDestination.TableDefs.Append tdf
   LinkTable = True
LinkTable_Exit:
   dbSource.Close
   Set dbSource = Nothing
   Set dbDestination = Nothing
   Set tdf = Nothing
   Exit Function
LinkTable_Err:
   If Err.Number = 3012 Then
      If UnlinkTable(strTableDestination) = True Then
         Resume
      Else
         LinkTable = False
      End If
   Else
```

```
      LinkTable = False
   End If
   Resume LinkTable_Exit
End Function
```

Listing 14.2: Quellcode

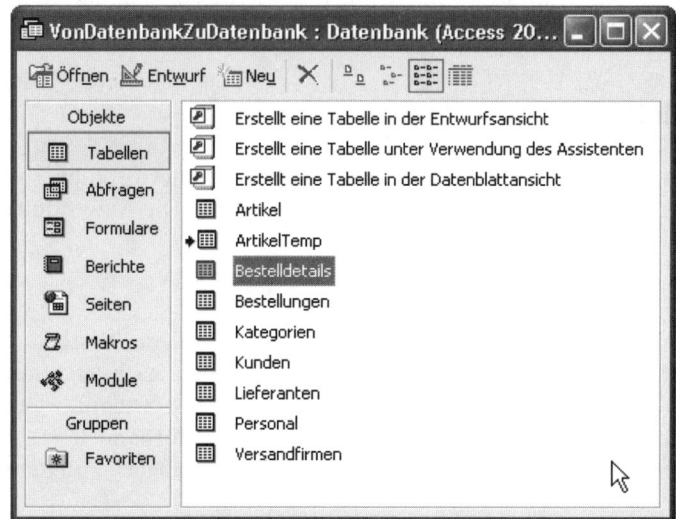

Abb. 14.2: Eine frisch verknüpfte Tabelle im Datenbankfenster

14.4.2 Verknüpfung löschen

Das Löschen der Verknüpfung per VBA erledigt die Funktion UnlinkTable (siehe Quellcode 14.3). Sie verwendet die Delete-Methode der TableDefs-Auflistung des Database-Objekts mit dem Tabellennamen als einzigem Argument.

```
Public Function UnlinkTable(strTable As String)
   Dim db As Database
   Set db = CurrentDb
   On Error GoTo UnlinkTable_Err
   db.TableDefs.Delete (strTable)
   UnlinkTable = True
UnlinkTable_Exit:
   Set db = Nothing
   Exit Function
UnlinkTable_Err:
   UnlinkTable = False
   GoTo UnlinkTable_Exit
End Function
```

Listing 14.3: Quellcode

14.5 Import „allein stehender" Tabellen

Wenn Sie sich vorstellen, dass die Tabelle Personal der Nordwind-Datenbank nicht mit anderen Tabellen verknüpft ist, kann sie gut als Beispiel für den Import einer allein stehenden Tabelle dienen.

Voraussetzung für die nachfolgend vorgestellte Vorgehensweise ist das Vorhandensein einer gefüllten Personaltabelle in der Nordwind-Datenbank und einer leeren Personaltabelle in der Beispieldatenbank.

Die Funktion ImportTable (siehe Quellcode 14.4) dient zum Import der Daten einer externen Tabelle und hat fünf Parameter:

- strDatabaseSource: Datenbank, aus der die Daten importiert werden
- strTableSource: Quelltabelle
- strTableDestination: Zieltabelle
- strTableSourceTemp: Name der verknüpften Tabelle in der Zieldatenbank
- strInsertSQL: Insert-Statement, mit dem die Daten aus der verknüpften Tabelle in die Zieltabelle geschrieben werden

```
Public Function ImportTable(strDatabaseSource As String, strTableSource As String ↵
, strTableDestination As String, strTableSourceTemp As String, strInsertSQL As ↵
String)
    Dim db As Database
    Set db = CurrentDb
    On Error GoTo ImportTable_Err
    If LinkTable(strDatabaseSource, strTableSource, strTableSourceTemp) = True ↵
Then
        db.Execute (strInsertSQL), dbFailOnError
        UnlinkTable (strTableSource)
        ImportTable = True
    Else
        ImportTable = False
    End If
ImportTable_Exit:
    Set db = Nothing
    Exit Function
ImportTable_Err:
    ImportTable = False
    GoTo ImportTable_Exit
End Function
```
Listing 14.4: Quellcode

Die Funktion verwendet zunächst die bereits beschriebene Funktion LinkTable, um eine Verknüpfung zu der Tabelle herzustellen, aus der die Daten importiert werden sollen. Wenn die Verknüpfung hergestellt ist, wird die angegebene Insert-Abfrage und somit der eigentliche Import ausgeführt und die Verknüpfung zur Quelltabelle wieder entfernt – natürlich über die oben genannte Funktion UnlinkTable.

Der Funktionsaufruf für den Import der Tabelle Personal ist wegen der vielen Felder der Tabelle relativ umfangreich:

```
Call ImportTable("<Pfad>\Nordwind.mdb", "Personal", "Personal", "PersonalTemp",
 "INSERT INTO Personal(Nachname, Vorname, Position, Anrede, Geburtsdatum,
 Einstellung, Straße, Ort, Region, PLZ, Land, [Telefon privat],
 [Durchwahl Büro], Foto, Bemerkungen, [Vorgesetzte(r)]) SELECT Nachname,
 Vorname, Position, Anrede, Geburtsdatum, Einstellung,  Straße, Ort,
 Region, PLZ, Land, [Telefon privat], [Durchwahl Büro], Foto,
 Bemerkungen, [Vorgesetzte(r)], FROM PersonalTemp")
```

Tipp: Die vorliegende Funktion überprüft nicht, ob die Zieltabelle bereits Daten enthält oder nicht, sondern schreibt die Daten einfach in die Tabelle. Wenn Sie möchten, dass vorhandene Daten zuvor entfernt werden, müssen Sie an geeigneter Stelle noch eine entsprechende DELETE-Anweisung einbauen.

14.6 Das Autowert-Problem

Wenn die Werte der Primärschlüsselfelder einer oder mehrerer Tabellen der Zieldatenbank per Autowert erzeugt werden und andere Tabellen per Fremdschlüsselfeld auf diese Felder verweisen, können Sie die Tabellen nicht einfach nacheinander mit der in Kapitel 14.5 auf der vorherigen Seite beschriebenen Prozedur importieren. Der Grund dafür ist, dass die Primärschlüsselfelder der Tabellen der neuen Datenbank mit an Sicherheit grenzender Wahrscheinlichkeit nicht mit den Primärschlüsselfeldern der Tabellen der Quelldatenbank übereinstimmen. In dem Fall können Sie also die Werte der auf die Primärschlüsselfelder verweisenden Fremdschlüsselfelder nicht einfach in die neue Tabelle übernehmen, da diese dann auf falsche oder nicht vorhandene Datensätze zeigen würden. Stattdessen gehen Sie folgendermaßen vor:

1. Legen Sie für jede Tabelle der Zieltabelle, deren Primärschlüsselfeld seine Werte per Autowert bezieht, ein weiteres Feld an. Der Name dieses Feldes lautet wie der Name des Primärschlüsselfeldes mit angehängtem „Temp".

2. Verwenden Sie für den Import der Daten eine INSERT-Anweisung, die neben den anderen Feldinhalten den Wert des Primärschlüsselfeldes der Quelltabelle in das neu angelegte Feld der Zieltabelle schreibt.

3. Wenn Sie nun Tabellen importieren, deren Fremdschlüsselfelder auf die soeben importierte Tabelle verweisen, verwenden Sie eine INSERT-Abfrage, die den Fremdschlüsselfeldern der Datensätze der neuen Tabelle den Wert des Primärschlüsselfeldes des Datensatzes der verknüpften Tabelle zuweist, dessen im temporären Feld gespeicherter Wert dem alten Fremdschlüssel entspricht.

Leichter lässt sich das anhand eines Beispiels erläutern. Nehmen Sie die Tabellen Artikel und Kategorien sowie Lieferanten. Die Tabelle Kategorien der Zieldatenbank erhält zunächst ein neues Feld zum Speichern des alten Primärindex und sieht nun im Entwurf wie in Abbildung 14.3 auf der nächsten Seite aus.

Nun importieren Sie mit dem Aufruf der Funktion ImportUnboundTable aus Quellcode 14.5 die Daten der Tabelle Kategorien der Quelldatenbank:

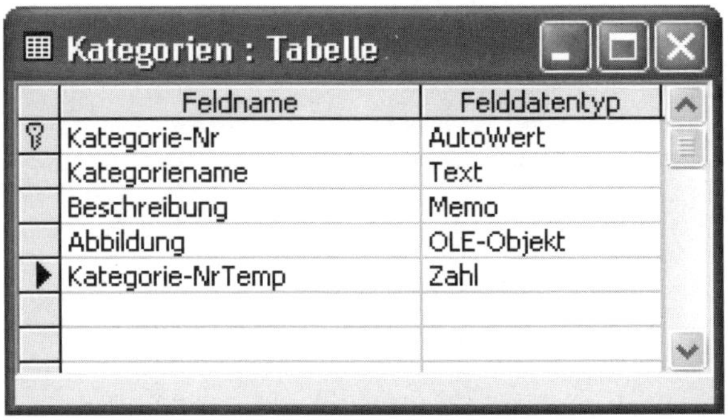

Abb. 14.3: Die Tabelle Kategorien mit einem temporären Primärschlüsselfeld

```
Call ImportTable("<Pfad>\Nordwind.mdb", "Kategorien", "Kategorien",
  "KategorienTemp", "INSERT INTO Kategorien(Kategoriename, Beschreibung,
  " & "Abbildung, [Kategorie-NrTemp]) SELECT Kategoriename, Beschreibung,
  " & "Abbildung, [Kategorie-Nr] FROM KategorienTemp")
```
Listing 14.5: Quellcode

Wenn Sie das Funktionsergebnis per Debug.Print in das Testfenster ausgeben lassen, erfahren Sie direkt, ob der Import erfolgreich war.

Die INSERT-Abfrage schreibt neben den eigentlichen Datenfeldern den Inhalt des Primärschlüsselfeldes der Quelltabelle in das temporäre Primärschlüsselfeld der Zieltabelle.

Auf die gleiche Weise gehen Sie nun mit der Tabelle Lieferanten vor, denn auch die Datensätze dieser Tabelle sind mit der Tabelle Artikel verknüpft.

Nach dem Hinzufügen des temporären Feldes für den Primärschlüssel verwenden Sie den Aufruf aus Quellcode 14.6 für den Import der Daten.

```
Call ImportTable("<Pfad>\Nordwind.mdb", "Lieferanten", "Lieferanten",
  "LieferantenTemp", "INSERT INTO Lieferanten(Firma, Kontaktperson, Position, "
  & "Straße, Ort, Region, PLZ, Land, Telefon, Telefax, Homepage, " &
  "[Lieferanten-NrTemp]) SELECT Firma, Kontaktperson, Position, Straße, Ort, "
  & "Region, PLZ, Land, Telefon, Telefax, Homepage, [Lieferanten-Nr] "
  & "FROM LieferantenTemp")
```
Listing 14.6: Quellcode

Und nun folgt der Clou: Mit dem nächsten Aufruf der Funktion ImportTable importieren Sie alle Daten der Tabelle Artikel und fügen den Feldern [Kategorie-Nr] und [Lieferanten-Nr] der Tabelle automatisch die neuen Primärschlüsselwerte der beiden verknüpften Tabellen Kategorien und Lieferanten zu.

Der Aufruf enthält eine entsprechend aufwändige INSERT-Anweisung zur Ermittlung der beiden neuen Werte für die Fremdschlüsselfelder (siehe Quellcode 14.7). Um mit der INSERT-Abfrage die neuen Primärschlüsselwerte der verknüpften Tabellen zu ermitteln, verwendet die Abfrage zwei Unterabfragen. Die Nicht-Fremdschlüsselfelder der Tabelle werden wie in einer herkömmlichen INSERT-Abfrage importiert, die folgende Syntax hat:

```
INSERT INTO <NeueTabelle> (<Feld1Neu>, <Feld2Neu>, ...)
  SELECT <Feld1Alt>, <Feld2Alt>, ... FROM <AlteTabelle>
```

```
Call ImportTable(<Pfad>\Nordwind.mdb", "Artikel", "Artikel", "ArtikelTemp",
  "INSERT INTO Artikel(Artikelname, Liefereinheit, Einzelpreis, Lagerbestand, "
  & "BestellteEinheiten, Mindestbestand, Auslaufartikel, [Kategorie-Nr], "
  & "[Lieferanten-Nr]) " & "SELECT Artikelname, Liefereinheit, Einzelpreis,
  Lagerbestand, " & "BestellteEinheiten, Mindestbestand, Auslaufartikel, "
  & "(SELECT t3.[Kategorie-Nr] AS [Kategorie-Nr] FROM Kategorien AS t3 "
  & "WHERE t3.[Kategorie-NrTemp] = t1.[Kategorie-Nr]), "
  & "(SELECT t2.[Lieferanten-Nr] AS [Lieferanten-Nr] FROM Lieferanten AS t2 "
  & "WHERE t2.[Lieferanten-NrTemp] = t1.[Lieferanten-Nr]) "
  FROM ArtikelTemp AS t1")
```
Listing 14.7: Quellcode

Die Werte für die beiden Felder [Kategorie-Nr] und [Lieferanten-Nr] werden mit wenigen Unterschieden in diese Syntax eingearbeitet. Der erste Unterschied ist, dass statt eines Ausdrucks wie <Feld1Alt> eine Unterabfrage eingesetzt wird, die beispielsweise so aussieht:

```
SELECT [Lieferanten-Nr] AS [Lieferanten-Nr] FROM Lieferanten
```

Es soll aber nicht irgendeine Lieferanten-Nummer aus der Tabelle Lieferanten verwendet werden, sondern diejenige, deren temporäre Lieferanten-Nummer aus der Quelldatenbank mit dem aktuellen Artikeldatensatz aus der Quelldatenbank übereinstimmt.

Und dazu muss in die Unterabfrage noch eine Bedingung eingebaut werden, die wiederum einen Wert aus der Hauptabfrage verwendet. Und damit die gleichnamigen Felder der Unterabfrage von denen der Hauptabfrage unterschieden werden können, verpassen Sie den in den beiden Abfragen verwendeten Tabellen noch Alias-Namen. Damit sieht die Unterabfrage für die Lieferanten-Nummer nun so aus, wobei t1 der Tabelle ArtikelTemp der Hauptabfrage, also der Quelltabelle, entspricht:

```
SELECT t2.[Lieferanten-Nr]  AS [Lieferanten-Nr]
   FROM Lieferanten AS t2
   WHERE t2.[Lieferanten-NrTemp] = t1.[Lieferanten-Nr]
```

14.7 Import relational verknüpfter Tabellen

Mit den oben genannten Funktionen haben Sie bereits alle Werkzeuge in der Hand, um komplette relationale Datenbanken zu importieren. Sicher gibt es den einen oder anderen Sonderfall, bei dem die Funktionen nicht greifen.

In dem Fall müssen Sie wohl oder übel eigene Prozeduren auf Basis von DAO oder ADO entwickeln, um die Daten in die Zieldatenbank zu kopieren.

Wenn Sie beispielsweise die komplette Nordwind-Datenbank importieren möchten, müssen Sie lediglich darauf achten, dass Sie die richtige Reihenfolge einhalten. Das heißt, dass Sie zunächst alle Tabellen importieren, die keine Fremdschlüsselfelder haben und dementsprechend nicht auf andere Tabellen verweisen. Diesen Tabellen fügen Sie temporäre Primärschlüsselfelder mit den Primärschlüsselwerten der bestehenden Datenbank hinzu. Anschließend importieren Sie die Tabellen, die mit diesen unabhängigen Tabellen verknüpft sind, und so weiter.

14.8 Aufteilen von Tabellen

Wenn Sie eine Tabelle aufteilen möchten, um beispielsweise einen höheren Grad der Normalisierung im Datenmodell zu erhalten, kommen Sie ebenfalls mit den oben genannten Funktionen aus. Angenommen Sie möchten die Positionen der Kontaktpersonen aus der Tabelle Lieferanten in einer einzelnen Tabelle speichern und von der Lieferantentabelle darauf verweisen, dann gehen Sie folgendermaßen vor:

- Legen Sie in der neuen Datenbank eine Tabelle namens tblPositionen mit den beiden Feldern PositionID und Position an.

- Ändern Sie den Datentyp des Feldes Position der Tabelle Lieferanten auf Zahl und stellen Sie die übrigen Eigenschaften dieses Feldes wie in Abbildung 14.4 ein.

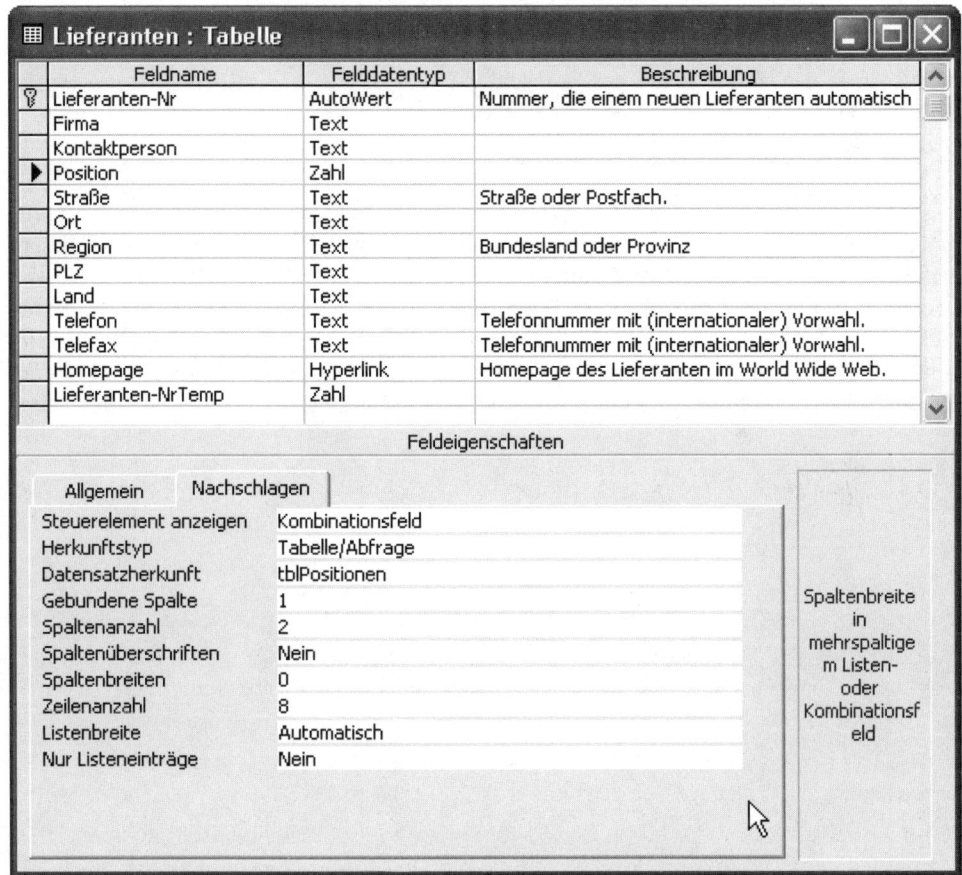

Abb. 14.4: Eigenschaften des Feldes Position der Tabelle Lieferanten

- Rufen Sie die Funktion ImportTable (siehe Quellcode 14.9) zweimal auf – einmal für den Import der Positionen aus der Tabelle Lieferanten in die Tabelle tblPositionen

und dann für den Import der Daten der alten Lieferantentabelle in die neue Lieferantentabelle.

```
Call ImportTable("<Pfad>\Nordwind.mdb", "Lieferanten",
 "tblPositionen", "LieferantenTemp",
 "INSERT INTO tblPositionen(Position) "
 & "SELECT DISTINCT Position FROM LieferantenTemp")
```

Listing 14.8: Quellcode

Der erste Aufruf der Funktion sieht wie in Quellcode 14.8 aus. Dabei ist das INSERT-
Statement so ausgelegt, dass jede Position nur einmal in die Tabelle tblPositionen
kopiert wird.

```
Call ImportTable("<Pfad>\Nordwind.mdb", "Lieferanten", "Lieferanten",
 "LieferantenTemp", "INSERT INTO Lieferanten(Firma, Kontaktperson, Position, "
 & "Straße, Ort, Region, PLZ, Land, Telefon, Telefax, Homepage) "
 & "SELECT Firma, Kontaktperson, (SELECT PositionID FROM tblPositionen AS t2 "
 & "WHERE t1.Position=t2.Position), Straße, Ort, Region, PLZ, Land, Telefon, "
 & "Telefax, Homepage FROM LieferantenTemp AS t1")
```

Listing 14.9: Quellcode

Anschließend verwenden Sie die Funktion für den Import der Daten aus der alten Lieferantentabelle in der neuen, umstrukturierten Lieferantentabelle. Das Besondere an diesem
Aufruf ist wiederum die INSERT-Abfrage: Sie verwendet ebenfalls eine Unterabfrage, die
aus der Tabelle tblPositionen den Wert PositionID des Datensatzes ermittelt, dessen
Wert für das Feld Position mit dem entsprechenden Wert aus der Quelltabelle übereinstimmt. Die Positionen können nun in der Tabelle Lieferanten per Auswahlfeld aus der
Tabelle tblPositionen ausgewählt werden (siehe Abbildung 14.5 auf der nächsten Seite).

		Lieferanten-N	Firma	Kontaktperson	Position	
▶	+	59	Exotic Liquids	Charlotte Cooper	Einkaufsmanager	
	+	60	New Orleans Cajun Delights	Shelley Burke	Einkaufsmanager	
	+	61	Grandma Kelly's Homestead	Regina Murphy	Exportadministrator	
	+	62	Tokyo Traders	Yoshi Nagase	Großhandelsvertreter	
	+	63	Cooperativa de Quesos 'Las Cabras'	Antonio del Valle Saavedra	Inhaberin	
	+	64	Mayumi's	Mayumi Ohno	Koordinator Auslandsmärkte	
	+	65	Pavlova, Ltd.	Ian Devling	Marketingmanager	
	+	66	Specialty Biscuits, Ltd.	Peter Wilson	Marketingmanager Internationa	
	+	67	PB Knäckebröd AB	Lars Peterson	Marketingrepräsentant	
	+	68	Refrescos Americanas LTDA	Carlos Diaz	Marketingmanager	
	+	69	Heli Süßwaren GmbH & Co. KG	Petra Winkler	Vertriebsmanager	
	+	70	Plutzer Lebensmittelgroßmärkte AG	Martin Bein	Marketingmanager Internationa	
	+	71	Nord-Ost-Fisch Handelsgesellschaft ml	Sven Petersen	Koordinator Auslandsmärkte	
	+	72	Formaggi Fortini s.r.l.	Elio Rossi	Vertriebsmitarbeiter	
	+	73	Norske Meierier	Beate Vileid	Marketingmanager	
	+	74	Bigfoot Breweries	Cheryl Saylor	Regionalvertreterin	
	+	75	Svensk Sjöföda AB	Michael Björn	Vertriebsmitarbeiter	
	+	76	Aux joyeux ecclésiastiques	Guylène Nodier	Vertriebsmanager	
	+	77	New England Seafood Cannery	Robb Merchant	Großhandelsvertreter	
	+	78	Leka Trading	Chandra Leka	Inhaberin	
	+	79	Lyngbysild	Niels Petersen	Vertriebsmanager	

Datensatz: 1 von 29

Abb. 14.5: Lieferanten mit Positionen aus einer separaten Tabelle

14.9 Zusammenfassung und Ausblick

Mit den genannten Techniken können Sie die Tabellen der meisten Datenmodelle in die Tabellen anderer Datenbanken überführen, auch wenn die Struktur der Datenmodelle nicht übereinstimmt. Es gibt sicher Ausnahmen wie Tabellen mit rekursiven Beziehungen. Hier sind dann entweder mehrere Schritte nötig oder Sie verwenden eine auf diese Tabelle zugeschnittene DAO-Routine. In der Musterlösung Fahrtenbuch finden Sie einen kompletten Import, basierend auf den hier vorgestellten Funktionen.

15 Die Microsoft SQL Server Desktop Engine

André Minhorst, Duisburg

Access ist bekanntlich die weitverbreitetste Datenbankanwendung für Windows-Betriebssysteme. Trotzdem ist Access nicht uneingeschränkt einsetzbar: Es gibt z. B. Einschränkungen bezüglich des maximalen Speicherplatzes. Ebenso nimmt die Geschwindigkeit mit wachsender Benutzeranzahl ab. Für die Anwendung mit größeren Datenmengen und höheren Benutzerzahlen bietet Microsoft daher den SQL Server an. Außerdem bietet der SQL Server die Möglichkeit des Einsatzes in einer echten Client-Server-Umgebung – im Gegensatz zu Access, das für den Betrieb als File-Server ausgelegt ist. Diesen Vorteil des SQL Servers können Sie mit Access 2000 und höher auch ausnutzen, ohne direkt auf den SQL Server umzusteigen – mit der Microsoft SQL Server Desktop Engine (MSDE), die den Access-Versionen ab Access 2000 beiliegt. In diesem Beitrag erfahren Sie, welche Vorteile die MSDE gegenüber der Jet-Engine hat, wie Sie die MSDE installieren und eine bestehende Access-Datenbank in ein Access-Projekt umwandeln können. Außerdem erfahren Sie, wie sich File-Server- und Client-Server-Anwendungen unterscheiden.

Inhalt

15.1 Unterschiede zwischen File-Server- und Client-Server-Prinzip

Die Voraussetzung für das Verständnis der Vorteile der MSDE gegenüber herkömmlichen Access-Datenbanken ist die Kenntnis der Unterschiede zwischen dem File-Server- und dem Client-Server-Prinzip. Beide Prinzipien setzen den Einsatz von mindestens zwei miteinander vernetzten PCs voraus, von denen der eine als Server die Datenbank enthält und der andere für den Zugriff auf die Daten dient.

Beim File-Server-Prinzip gibt es zwei unterschiedliche Varianten, um über das Netzwerk auf die Daten zuzugreifen: Die erste Möglichkeit besteht darin, die Datenbank komplett auf dem Server abzulegen. Beim Zugriff auf die Datenbank muss der Client-Rechner zunächst die komplette Anwendung über das Netz laden, bevor er auf die Daten zugreifen kann. Sinnvoller ist die zweite Variante: Hier wird die Datenbank in eine Frontend- und eine Backend-Datenbank aufgeteilt. Die Frontend-Datenbank enthält dabei die Datenbankobjekte, die zur Darstellung der Daten benötigt werden, wie z. B. Abfragen, Formulare und Berichte. Außerdem befindet sich in der Frontend-Datenbank die gesamte Funktionalität. Die Backend-Datenbank beinhaltet nur noch die Tabellen und damit die eigentlichen Daten. Die Verwaltung der Daten erfolgt aber über die Frontend-Datenbank.

Beim Client-Server-Prinzip ist der Aufbau der Gleiche wie bei der zweiten Variante des File-Server-Prinzips. Hier verwenden Sie ein Frontend, das z. B. mit Access 2000 und höher oder mit Visual Basic realisiert werden kann. Als Backend dient ein SQL-Server wie der MS SQL Server, Informix, Oracle oder die abgespeckte Version des MS SQL Servers, die MSDE.

Der wesentliche Unterschied der beiden Prinzipien liegt in der Art beziehungsweise dem Ausführungsort der Datenabfrage. Wenn Sie beispielsweise einen bestimmten Wert aus einer Tabelle abfragen möchten, geschieht das beim File-Server-Prinzip, indem der komplette Inhalt der entsprechenden Tabelle über das Netz auf den Client übertragen wird und dort die Auswahl des gesuchten Datensatzes stattfindet. Beim Client-Server-Prinzip erfolgt diese Auswahl bereits auf dem Server, allein der gewünschte Datensatz wird über das Netz auf den Client-Rechner übertragen. So wird einerseits die Netzlast verringert und andererseits die Zugriffsgeschwindigkeit erhöht.

Das Client-Server-Prinzip hat noch weitere Vorteile: Die SQL-Server-Software übernimmt die Verwaltung und die Sicherheit der Daten. Wann immer Daten beispielsweise geändert oder per Abfrage angefordert werden, aktualisiert der Server den Datenbestand beziehungsweise stellt die angeforderten Daten zusammen. Datenverluste, die beispielsweise durch einen Stromausfall, einen Rechnerabsturz oder durch einen Festplattenfehler entstehen, können nahezu ausgeschlossen werden, da die MSDE sämtliche Transaktionen mitschreibt. Die Datenbestände können somit fast in allen Fällen wiederhergestellt werden. Im Vergleich dazu muss man bei der Jet-Engine, mit der Microsoft Access üblicherweise arbeitet, mit dem letzten gespeicherten Stand Vorlieb nehmen.

15.2 Wo findet man die MSDE?

Wenn Sie bereits einmal Office 2000 oder höher installiert haben, fragen Sie sich möglicherweise, ob Sie die Option zur Installation der MSDE übersehen haben. Dies ist nicht der Fall, da Microsoft die MSDE gut auf der CD versteckt hat. Abhängig von der Office-Version finden Sie die Installationsdateien in den folgenden Verzeichnissen der jeweiligen Installations-CD:

- Office 2000: \SQL\X86\Setup\SETUPSQL.EXE

- Office XP: \MSDE2000\SETUP.EXE

- Office 2003: \MSDE2000\MSDE2KS3.EXE

Hierbei sei noch zu erwähnen, dass MSDE in der dem SQL Server 7.0 entsprechenden Version noch Microsoft Data Engine hieß und mit Einführung von SQL Server 2000 in Microsoft SQL Server Desktop Edition umgetauft wurde.

Die nachfolgenden Erläuterungen beziehen sich auf die MSDE-Version, die Access 2002 beiliegt. Die Installation der anderen Versionen unterscheidet sich geringfügig. So enthält die mit Access 2003 gelieferte Variante ein Paket, das zunächst einmal entpackt sein will, bevor man die MSDE installieren kann (siehe Abbildung 15.1).

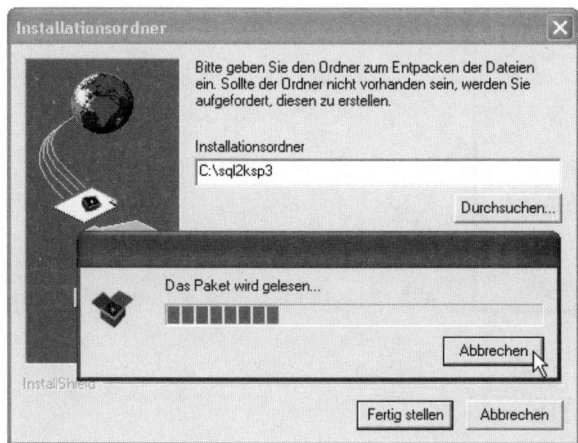

Abb. 15.1: Entpacken der Installationsdateien

Die Installation verläuft nach dem Start ohne weitere Rückfragen. Nachdem diese beendet ist, müssen Sie die MSDE nur noch starten - vorausgesetzt, Sie möchten nicht bis zum nächsten Neustart des Rechners warten, denn dann erfolgt der Start automatisch.

In dem Fall öffnen Sie die Systemsteuerung, wählen dort den Eintrag Verwaltung und im folgenden Fenster den Eintrag Dienste aus. Klicken Sie dort doppelt auf den Eintrag MSSQLSERVER und betätigen Sie die Taste Starten.

15.3 Anzeigen des SQL Server-Dienst-Managers

Spätestens nach dem nächsten Neustart finden Sie im Infobereich der Taskleiste eines der Symbole:

 SQL-Server ist beendet

 SQL-Server ist gestartet

 SQL-Server ist angehalten

Die MSDE meldet sich nach einem Doppelklick auf das entsprechende Symbol aus der Taskleiste mit dem Fenster aus Abbildung 15.2. Hier können Sie den SQL-Server starten, anhalten und beenden sowie den gewünschten Server auswählen. Außerdem legen Sie hier fest, ob der SQL-Server beim Hochfahren des Rechners automatisch gestartet werden soll.

Abb. 15.2: Der SQL Server-Dienst-Manager

15.4 Verwaltung der MSDE

Im Gegensatz zum Microsoft SQL Server kommt die MSDE völlig nackt daher, das heißt ohne Administrationstools wie den Enterprise Manager, den Query Analyzer oder den Profiler. Für die Verwaltung ist lediglich ein Kommandozeilentool namens OSQL vorhanden. Entweder gewöhnt man sich daran oder man lädt sich ein kostenloses Tool aus dem Internet herunter.

Das kann zum Beispiel der DBAMGR2K sein, den Sie unter folgender Internetadresse finden: http://www.asql.biz/DbaMgr.shtm

Das Tool bietet annähernd alle Möglichkeiten, die der Enterprise Manager bietet und ist einen Test wert.

Im Rahmen des vorliegenden Beitrags wird nicht näher darauf eingegangen, aber Sie finden in den Update-Heften von Access im Unternehmen weitere Informationen darüber.

15.5 MSDE und Access 97

Der Zugriff auf die MSDE mit Access 97 ist wie der Zugriff auf den SQL Server zwar möglich, aber stark eingeschränkt. Der Zugriff ist auf das Verknüpfen von Tabellen beschränkt. Die anderen Objekte einer MS SQL Server-Datenbank wie Sichten, gespeicherte Prozeduren oder Trigger können Sie mit Access 97 nicht bearbeiten und nicht verwenden.

15.6 MSDE und Access 2000

Wie bereits erwähnt, können Sie Access 2000 problemlos als Frontend einer Datenbank mit der Microsoft Database Engine als Backend verwenden. Im Gegensatz zur herkömmlichen Access-Datenbank spricht man hier allerdings von einem Access-Projekt.

Ein solches Projekt können Sie auf verschiedene Arten erstellen. Beide Möglichkeiten finden Sie im Bereich Neue Datei. Diesen Bereich aktivieren Sie über den Menüpunkt Datei → Neu.

Es handelt sich um die Einträge Projekt (Bestehende Daten) und Projekt (Neue Daten). Mit ihnen können Sie eine Datenbank auf Basis einer bestehenden SQL-Server-Datenbank oder eine komplett neue Datenbank erstellen (siehe Abbildung 15.3).

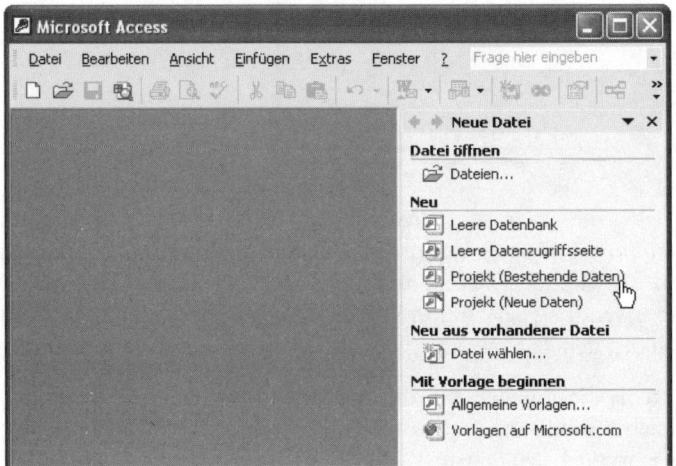

Abb. 15.3: Anlegen eines neuen Projekts

Die dritte Möglichkeit zur Erstellung eines neuen Datenbankprojektes ist die Konvertierung einer bestehenden Access-Datenbank. Mit dieser Möglichkeit beschäftigt sich der folgende Abschnitt.

15.7 Umwandeln einer Datenbank in ein Access-Projekt

Zur Erstellung bzw. zur Umwandlung einer bestehenden Access-Datenbank in ein Projekt verwenden Sie den so genannten Upsizing-Assistenten. Um den Assistenten zu starten, führen Sie den Menübefehl Extras → Datenbank-Dienstprogramme → Upsizing-Assistent aus. Der Upsizing-Assistent bietet Ihnen nun die zwei Optionen Vorhandene Datenbank verwenden und Neue Datenbank erstellen an.

Den Eintrag Vorhandene Datenbank verwenden sollten Sie wählen, wenn Sie bereits eine MSDE- oder SQL-Server-Datenbank erstellt haben und die Access-Datenbank auf diese portieren. Zunächst gehen wir jedoch von dem Fall aus, dass Sie eine solche Datenbank noch nicht erstellt haben. Wählen Sie deshalb die Option Neue Datenbank erstellen (siehe Abbildung 15.4).

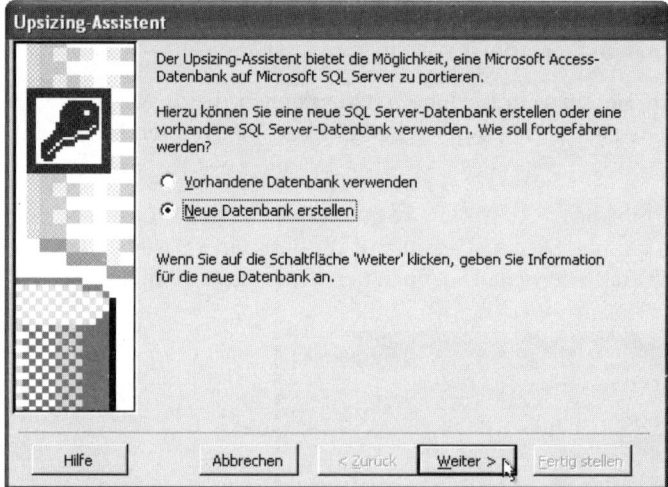

Abb. 15.4: Der Upsizing-Assistent

Wählen Sie im nächsten Dialog die gewünschte Instanz der MSDE beziehungsweise des SQL Servers aus, aktivieren Sie die Option Vertrauenswürdige Verbindung verwenden und geben Sie den Namen für die neue Datenbank an (siehe Abbildung 15.5 auf der nächsten Seite). Durch die Verwendung der Option Vertrauenswürdige Verbindung verwenden melden Sie sich mit den Zugangsdaten des aktuellen Windows-Benutzers an.

Im folgenden Schritt wählen Sie die Tabellen aus, die in die neue SQL-Server-Datenbank exportiert werden sollen (siehe Abbildung 15.6 auf der nächsten Seite). Wählen Sie alle Tabellen aus und gehen Sie zum nächsten Schritt.

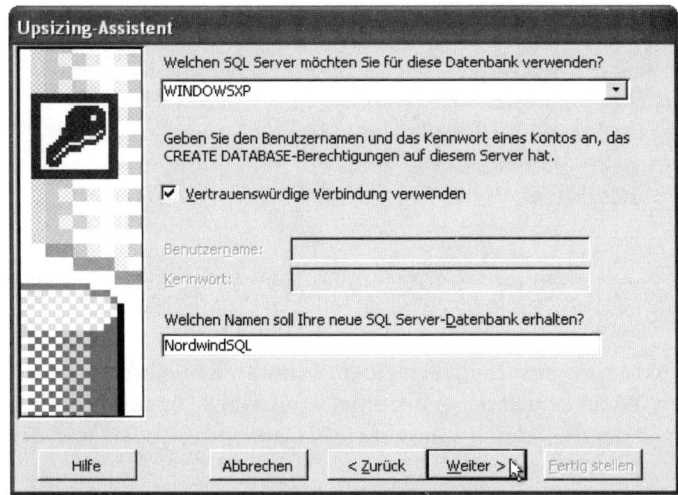

Abb. 15.5: Weitere Einstellungen zum Upsizing einer Datenbank

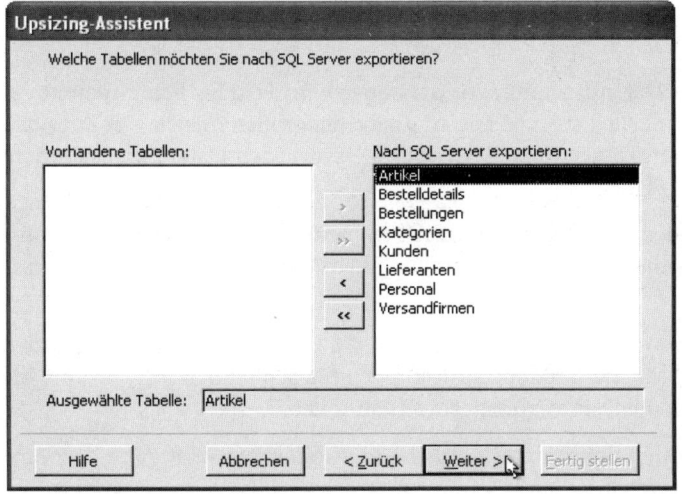

Abb. 15.6: Auswahl der zu exportierenden Tabellen

Im folgenden Fenster legen Sie fest, welche Tabellenattribute bei dem Export der Tabellen in die SQL-Server-Datenbank übernommen werden sollen. Die Optionen Indizes, Gültigkeitsregeln, Standardwerte und Tabellenbeziehungen sollten Sie aktivieren. Die Optionen Mit DRI und Mit Trigger beziehen sich auf die Definition der referentiellen Integrität. Wie Sie sicher wissen, können Sie unter Access bei der Definition auch die Löschweitergabe sowie die Aktualisierungsweitergabe aktivieren. Das ist mit dem SQL-Server nicht möglich, wenn Sie die Option Mit DRI (Declared Referential Integrity) verwenden, sondern nur dann, wenn Sie Trigger verwenden. Daher sollten Sie die Option Mit Trigger auswählen.

> **Hinweis:** Normalerweise können Sie bei definierter referentieller Integrität keine Datensätze einer Tabelle löschen, die noch mit einem Datensatz einer anderen Tabelle verknüpft sind. Ebenso wenig ist es möglich, den Index eines Datensatzes zu verändern, der über diesen Index mit einer anderen Tabelle verknüpft ist. Mit der Aktivierung der Optionen Mit Löschweitergabe bzw. Mit Aktualisierungsweitergabe können Sie das trotzdem ermöglichen.

Ob Sie die Option Timestamp-Feld in Tabellen einfügen aktivieren sollen, können Sie erst sicher entscheiden, wenn Sie deren Funktion kennen. Wenn Sie den SQL-Server einsetzen, ist davon auszugehen, dass eine Mehrbenutzerumgebung vorliegt.

In diesem Fall kann es durchaus vorkommen, dass mehrere Benutzer denselben Datensatz zur gleichen Zeit bearbeiten. Wenn es sich dabei um eine Adresstabelle handelt, kann es z. B. sein, dass der erste Anwender die Telefonnummer eines Datensatzes ändert und den Datensatz speichert.

Wenn der zweite Benutzer nun den Datensatz geöffnet hat, bevor der erste Benutzer die Änderung gespeichert hat, und seinerseits eine Änderung an einem anderen Feld durchführt, kann er seine Version des Datensatzes nicht speichern, ohne die Änderung des ersten Benutzers rückgängig zu machen.

Normalerweise müsste die Datenbank nun vor dem Speichern Feld für Feld miteinander vergleichen, ob sich eine Änderung ergeben hat, was bei einer großen Anzahl von Zugriffen sehr viele Ressourcen kostet. Daher versieht der SQL-Server jeden Datensatz mit einem neuen Feld namens Time-stamp.

In diesem Feld wird bei jedem schreibenden Zugriff ein neuer Wert eingetragen. So muss bei einer Änderung nicht jedes Feld, sondern nur das Timestamp-Feld auf eine Änderung überprüft werden.

Daher sollten Sie die Option Timestamp-Feld in Tabellen einfügen? auf den Wert Ja, immer setzen. Mit der letzten Option legen Sie schließlich fest, ob nur die Tabellenstruktur oder auch die Daten exportiert werden sollen.

Schließlich stellt Access Ihnen drei unterschiedliche Methoden zur Verfügung, um eine SQL-Server-Datenbank zu erstellen.

> **Hinweis:** Die Option Eine neue Access-Client/Server-Anwendung erstellen resultiert in der Erstellung eines Access-Projektes. Das hat einige grundlegende Änderungen zur Folge, die im Anschluss näher beschrieben werden sollen.

Wenn Sie die Option SQL Server-Tabellen in die bestehende Anwendung einbinden auswählen, erstellt Access ebenso eine SQL Server-Datenbank. Dabei werden die Tabellen mit der Access-Datenbank verknüpft, mit der das Upsizing durchgeführt wurde.

Wenn Sie die Option Keine Anwendungsänderung wählen, ändert sich nichts an Ihrer vorhandenen Datenbank.

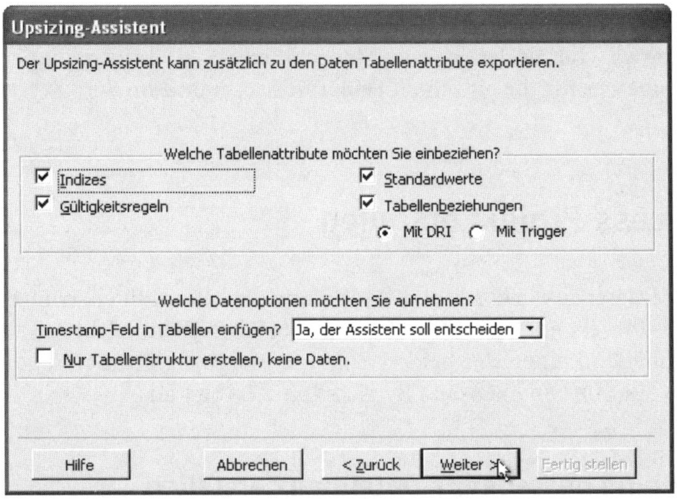

Abb. 15.7:
Eigenschaften der
Tabellenattribute

Access erstellt lediglich eine SQL Server-Datenbank mit dem angegebenen Namen (z. B. NordwindSQL.ldf).

Um ein echtes Projekt zum Zugriff auf die MSDE-Datenbank zu erstellen, wählen Sie die erste Variante. Nachdem Sie die Schaltfläche Fertig stellen betätigt haben, müssen Sie noch einige Eigenschaften zu der Datenverknüpfung eingeben (siehe Abbildung 15.8). In der Regel können Sie die voreingestellten Werte übernehmen.

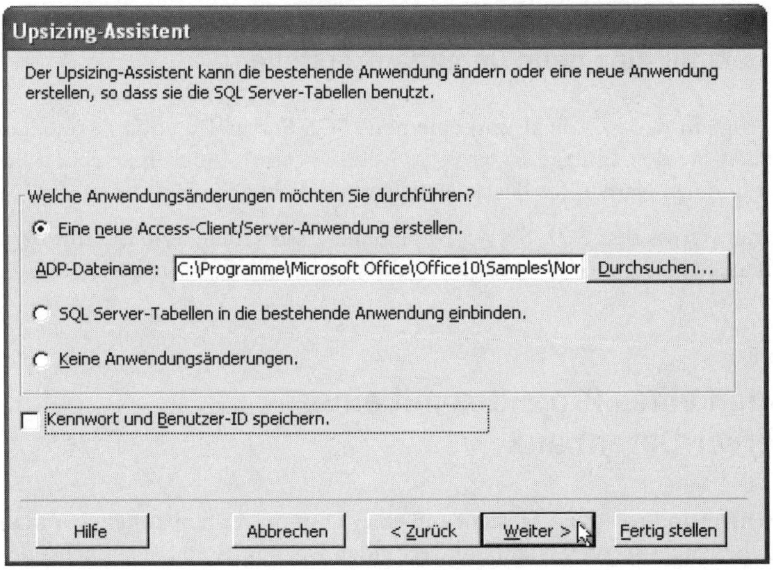

Abb. 15.8:
Auswahl der
Anwendungs-
änderung

Der Assistent erstellt nun das neue Projekt. Sie können das Projekt nun auf verschiedenen Rechnern installieren, die Zugriff auf den SQL-Server und damit auf die neue

SQL-Datenbank haben. Zum Abschluss zeigt der Upsizing-Assistent noch einen Bericht mit einer Zusammenfassung an. Hier finden Sie eine Menge interessanter Informationen zum Upsizing wie die Angabe der für die einzelnen Felder in Access und im SQL Server verwendeten Datentypen.

15.8 Ein neues Access-Projekt erstellen

Wenn Sie keine vorhandene Datenbank in ein Access-Projekt umwandeln möchten, können Sie auch ein komplett neues Projekt erstellen. Dazu betätigen Sie den Menübefehl Datei → Neu und wählen anschließend einen der beiden Einträge Projekt (Bestehende Daten) oder Projekt (Neue Daten) aus dem Bereich Neue Datei aus.

15.8.1 Ein Projekt für eine bestehende Datenbank erstellen

Wenn Sie bereits eine SQL Server-Datenbank erstellt haben, können Sie den Befehl Projekt (Bestehende Datenbank) auswählen.

Anschließend geben Sie den Namen des anzulegenden Projekts ein und wählen das Verzeichnis aus, in dem es angelegt werden soll.

Anschließend müssen Sie – wie beim Upsizing einer Datenbank – noch die Datenverknüpfungseigenschaften festlegen.

15.8.2 Ein Projekt für eine neue Datenbank erstellen

Wenn Sie gleichzeitig ein neues Projekt und eine neue SQL Server-Datenbank erstellen möchten, verwenden Sie den Eintrag Projekt (Neue Daten). Auch hier geben Sie zunächst den Pfad und den Namen für das zu erstellende Projekt an.

Anschließend startet Access den SQL Server-Datenbank-Assistenten. Wie Sie mit dem Assistenten eine neue SQL-Server-Datenbank erstellen können, haben Sie bereits weiter oben erfahren.

15.9 Verbinden eines Projektes mit einer SQL Server-Datenbank

Manchmal erstellt man ein Projekt und testet es an einer Dummy-Datenbank, bevor man es mit der eigentlichen SQL-Server-Datenbank verbindet. Dazu müssen Sie zunächst das gewünschte Projekt öffnen. Anschließend wählen Sie im Menü Datei den Befehl Verbindung... aus. Im nun erscheinenden Dialog Datenverknüpfungseigenschaften können Sie die zu verbindende Datenbank auswählen.

15.10 Verwenden der MSDE-Datenbank

Bei der Verwendung des Projektes und der MSDE-Datenbank ergeben sich einige Unterschiede im Vergleich zu herkömmlichen Access-Datenbanken, die Sie unbedingt beachten müssen.

Der erste Unterschied tritt bereits bei der Betrachtung des Datenbankfensters zutage (siehe Abbildung 15.9): Zusätzlich zu den bekannten Objekttypen finden Sie hier einen Eintrag namens Datenbankdiagramm, der allerdings – zumindest in der zuvor erstellten Datenbank NordwindSQL – noch keinen Eintrag enthält. Die Registerseite Abfragen enthält die Objekte, die aus den vorher vorhandenen Auswahl- und Aktionsabfragen entstanden sind, nämlich Sichten und Gespeicherte Prozeduren. In den folgenden Abschnitten finden Sie eine detaillerte Beschreibung der neuen Objektarten.

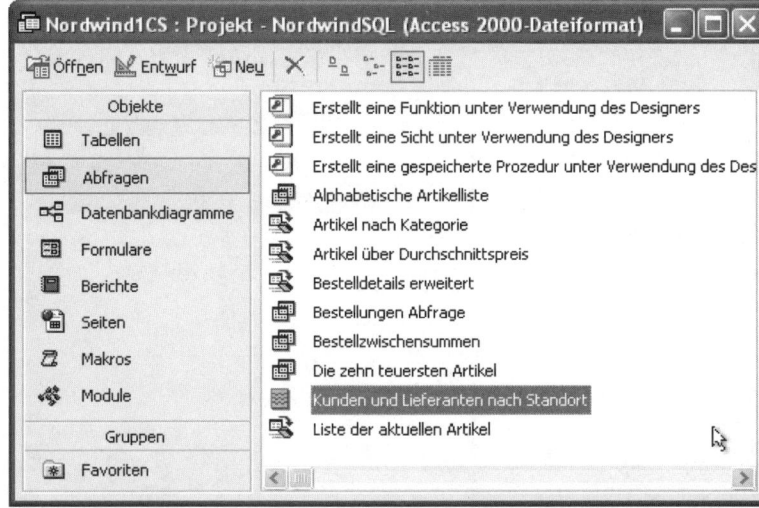

Abb. 15.9: Das Datenbankfenster eines Access-Projekts

> **Hinweis:** Die hier angegebene Aufteilung entspricht der Kombination aus Access 2002 und MSDE 2000. Das Datenbankfenster unter Access 2000 enthält gar kein Registerblatt namens Abfragen mehr, sondern drei neue Registerblätter für die neuen Objekttypen.

15.10.1 Sichten

Sichten haben eine sehr große Ähnlichkeit mit den in Access-Datenbanken verwendeten Abfragen. Genau wie Abfragen enthalten Sichten keine Daten, sondern zeigen nur die Daten einer oder mehrerer Tabellen in einer bestimmten Sichtweise an.

Damit Sie genauer erfahren, was eine Sicht ist und wie sie sich von einer Abfrage unterscheidet, erstellen Sie zunächst eine solche.

1. Aktivieren Sie mit der Taste [F11] das Datenbankfenster und wechseln Sie in das Register Sichten.

2. Klicken Sie doppelt auf den Eintrag Erstellt eine Sicht unter Verwendung des Designers. Es erscheint nun ein Fenster mit dem Titel Sicht1: Sicht. Es enthält zwei Bereiche, den Diagrammbereich im oberen Teil sowie den Rasterbereich im unteren Teil des Fensters.

3. Sofern der Dialog Tabelle hinzufügen noch nicht sichtbar ist, öffnen Sie diesen dem entsprechenden Eintrag des Kontextmenüs.

4. Wählen Sie die gewünschten Tabellen aus dem Fenster Tabelle anzeigen aus und ziehen Sie sie in den Diagrammbereich der Sicht (siehe Abbildung 15.10).

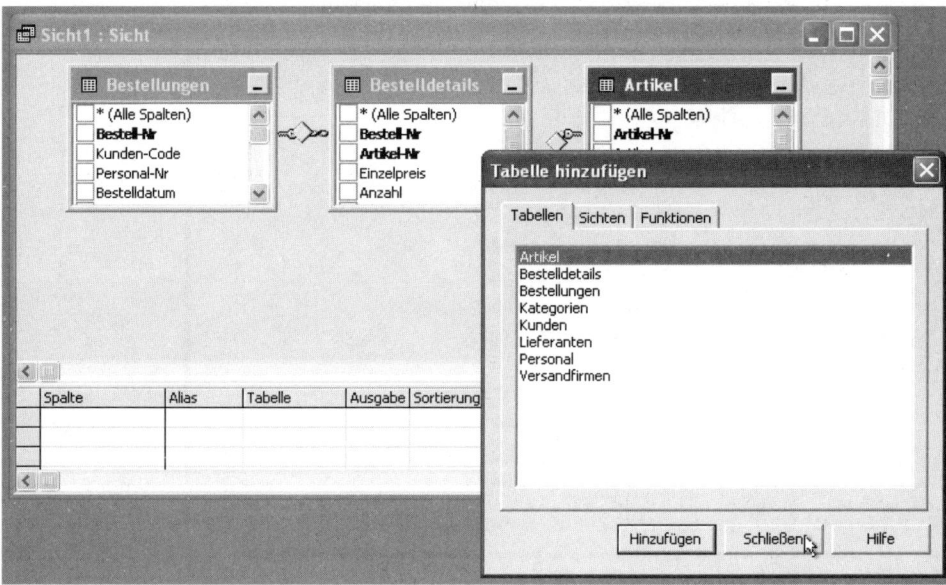

Abb. 15.10: Die gewünschten Tabellen können Sie mit der Maus in die Entwurfsansicht der Sicht ziehen.

Bevor Sie nun weitermachen, lernen Sie das Sichten-Fenster noch ein wenig genauer kennen.

Abfrage versus Sicht

Sie haben sicher bereits einige Gemeinsamkeiten des Sichten-Fensters mit der Entwurfsansicht einer Abfrage festgestellt.

Es gibt aber auch Unterschiede: Ein wichtiger Unterschied ist sicherlich, dass Sie die einzelnen Felder aus den Tabellen nicht nur mit der Maus in das Entwurfsraster ziehen können. Sie können auch einfach das Kontrollkästchen vor den gewünschten Feldern aktivieren. Damit erscheint das Feld automatisch im Entwurfsraster. Zusätzlich aktiviert der

Designer das Kontrollkästchen `Ausgabe`. Wenn das Feld nicht angezeigt werden, sondern nur als Kriterium dienen soll, können Sie das Kontrollkästchen deaktivieren.

Weiterhin sind die Felder im Entwurfsraster nicht neben-, sondern untereinander angeordnet.

SQL-Ansicht

Bei einer Abfrage können Sie zwischen Entwurfs-, Datenblatt- und SQL-Ansicht wechseln. Bei einer Sicht ist das nicht möglich: Das Menü `Ansicht` bietet lediglich die Einträge `Entwurfsansicht` und `Datenblattansicht`. Die scheinbar fehlende SQL-Ansicht ist in die Entwurfsansicht integriert, aber nicht standardmäßig aktiviert: Wählen Sie deshalb den Menübefehl `Ansicht → Bereiche anzeigen → SQL` aus, um die SQL-Ansicht zu aktivieren (siehe Abbildung 15.11).

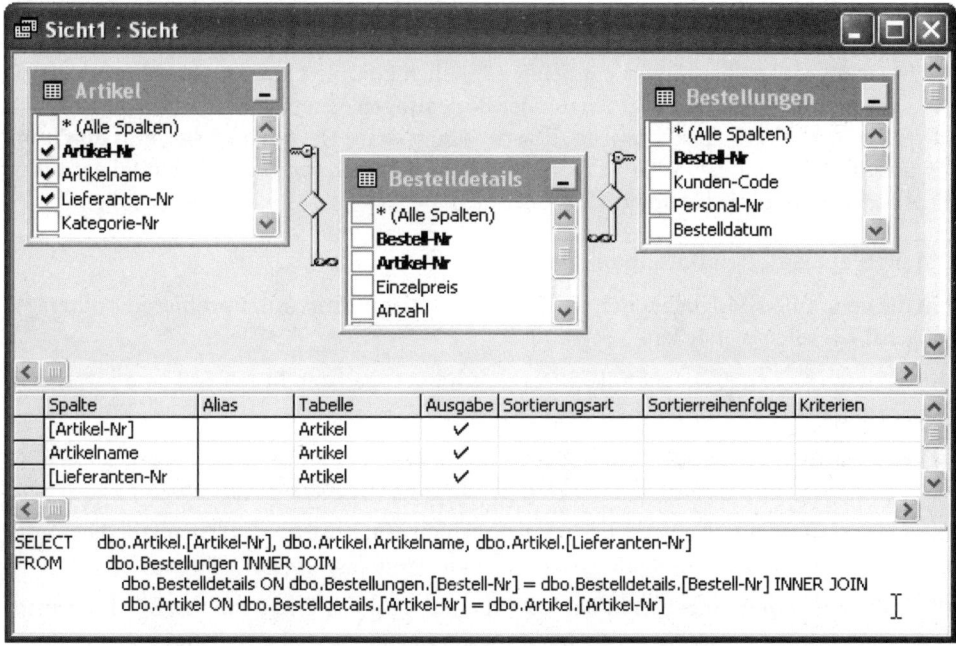

Abb. 15.11: Die Entwurfsansicht mit aktiviertem SQL-Bereich

Sie können hier auch direkt in den SQL-Code eingreifen. Bevor Sie hier jedoch Änderungen übernehmen, sollten Sie die Syntax des SQL-Ausdrucks überprüfen. Das tun Sie mit dem Befehl `SQL-Syntax überprüfen`, den Sie beispielsweise über das Kontextmenü des SQL-Fensters aktivieren können.

15.10.2 Datenbankdiagramme

Datenbankdiagramme entsprechen zunächst einmal den aus Access-Datenbanken bekannten Beziehungsfenstern. Sie dienen der grafischen Anzeige der Tabellen einer Datenbank und deren Beziehungen untereinander. Sie haben jedoch einen gravierenden Vorteil gegenüber dem Datenbankfenster von herkömmlichen Access-Datenbanken: Sie können mehrere unabhängige Datenbankdiagramme erzeugen, in denen Sie unterschiedliche Tabellen und Beziehungen anzeigen. Gerade bei umfangreicheren Datenbanken mit vielen Tabellen und Abfragen leidet schnell die Übersichtlichkeit im Datenbankfenster. Wenn Sie die Tabellen und Abfragen – nach sinnvollen Kriterien eingeteilt – in unterschiedlichen Datenbankdiagrammen anordnen, können Sie viel effektiver mit der Übersicht arbeiten.

Datenbankdiagramme als Tausendsassa

Datenbankdiagramme können aber noch viel mehr als das bekannte Beziehungsfenster. Sie können damit nicht nur Tabellen in das Datenbankdiagramm ziehen und deren Beziehungen bearbeiten. Darüber hinaus können Sie Tabellen komplett aus der Datenbank löschen, neue Tabellen erstellen und bearbeiten oder Beziehungen erstellen, bearbeiten und löschen. Die genannten Aktionen können Sie allesamt zunächst im Datenbankdiagramm durchführen und überdenken, bevor Sie schließlich mit dem Speichern des Datenbankdiagramms die Änderungen in die Datenbank übernehmen.

Erstellen eines neuen Datenbankdiagramms

Um die genannten Möglichkeiten des Datenbankdiagramms auszuprobieren, sollten Sie zunächst ein solches erstellen.

1. Aktivieren Sie das Datenbankfenster durch Betätigen der Taste [F11] und wechseln Sie in das Register Datenbankdiagramm.

2. Klicken Sie auf den Eintrag Erstellt ein Datenbankdiagramm unter Verwendung des Designers. Es erscheint ein leeres Datenbankdiagramm.

3. Aktivieren Sie durch einen Klick mit der rechten Maustaste in das Datenbankdiagramm das Kontextmenü und wählen Sie den Befehl Tabellen anzeigen aus.

4. Ziehen Sie einige Tabellen in das Datenbankdiagramm und schließen Sie das Fenster Tabellen anzeigen (siehe Abbildung 15.12 auf der nächsten Seite).

Sie haben nun ein Datenbankdiagramm mit einigen Tabellen und Beziehungen erstellt. Bevor Sie nun mit Hilfe des Datenbankdiagramms einige Änderungen an der Datenbank vornehmen, speichern Sie es zunächst durch einen Klick auf die Speichern-Schaltfläche.

Anlegen einer neuen Tabelle

Um eine neue Tabelle anzulegen, klicken Sie mit der rechten Maustaste auf den freien Bereich im Datenbankdiagramm und wählen den Befehl Neue Tabelle aus.

Access fragt anschließend nach dem Namen für die neue Tabelle und zeigt dann eine leere Entwurfsansicht der Tabelle an. Geben Sie der Tabelle beispielsweise den Namen tblPositionen. In ihr sollen die unterschiedlichen Positionen der Kontaktpersonen der

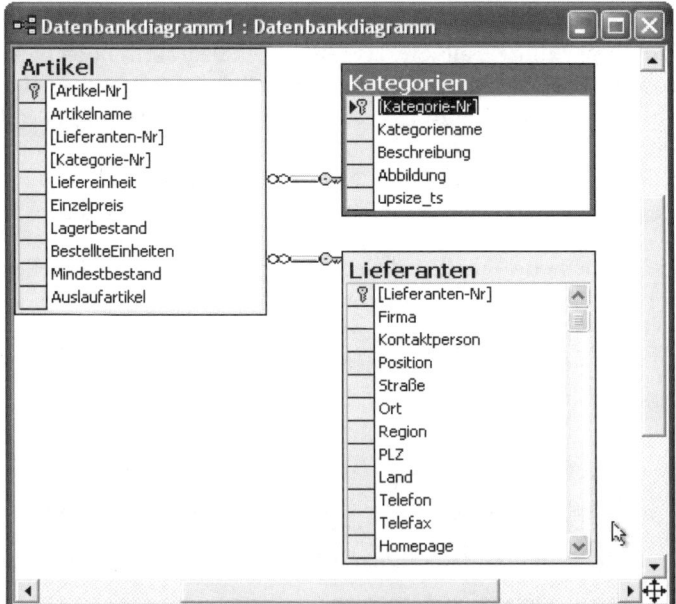

Abb. 15.12: Ein Datenbankdiagramm mit einigen verknüpften Tabellen

Lieferanten gespeichert werden. Fügen Sie der Tabelle einige Felder hinzu, beispielsweise wie in Abbildung 15.13.

tblPositionen							
Spaltenname	Datentyp-Kurzform	Nullwerte zulassen	Datentyp	Identität (ID)	ID-Startwert	ID-Schrittweite	
PositionID	int	NICHT NULL	int	✓	1	1	
Position	nvarchar(50)	NICHT NULL	nvarchar				
Beschreibung	nvarchar(50)	NULL	nvarchar				

Abb. 15.13: Entwurfsansicht der Tabelle eines Access-Projektes

Im Gegensatz zur herkömmlichen Entwurfsansicht in Tabellen können Sie hier – wie im Feld PositionID - auch detaillierte Angaben zum Aussehen eines Autowertfeldes machen. Um das Feld als Primärindex zu kennzeichnen, gehen Sie wie gewohnt vor: Wählen Sie das gewünschte Feld aus und klicken Sie auf den Befehl Primärschlüssel des Kontextmenüs. Wählen Sie dann den Eintrag Eigenschaften des Kontextmenüs der Tabelle aus, um Eigenschaften wie Startwert, Schrittweite und so weiter einzustellen. Diese Werte können Sie auch direkt in der Entwurfsansicht zu jedem Feld anzeigen, indem Sie wie unten beschrieben die Tabellenansicht anpassen.

Speichern des Datenbankdiagramms

Das Sternchen (*) neben dem Fenstertitel deutet an, dass das Datenbankdiagramm seit dem letzten Speichern verändert wurde. Speichern Sie das Datenbankdiagramm nun durch einen Mausklick auf die gleichnamige Schaltfläche der Symbolleiste, um die neue Tabelle in den Datenbankentwurf zu übernehmen. Falls Sie das Datenbankdiagramm noch nicht gespeichert haben, fragt Access Sie nun nach einem Namen. Anschließend zeigt Access eine Liste der geänderten Datenbankobjekte an. Sie können die Änderung mit einem Klick auf die Schaltfläche OK übernehmen.

Ansicht der Tabelle anpassen

Das Datenbankdiagramm zeigt die neue Tabelle im Gegensatz zu den anderen Tabellen noch mit allen Eigenschaften an. Wenn Sie die Ansicht anpassen möchten, wählen Sie einen der Befehle Spalteneigenschaften, Spaltennamen, Indizes, Nur Name oder Benutzerdefinierte Ansicht aus dem Kontextmenü der gewünschten Tabelle. Der gewählte Befehl bewirkt Folgendes (siehe Tabelle 15.1):

Tab. 15.1: Ansichtseigenschaften von Tabellen

Befehl	Ansicht
Spalteneigenschaften	Zeigt alle Spalten mit den Eigenschaften an.
Spaltennamen	Zeigt alle Spaltennamen an.
Indizes	Zeigt nur die Spaltennamen der indizierten Felder an.
Nur Name	Zeigt nur den Namen der Tabelle an.
Benutzerdefinierte Ansicht	Zeigt die benutzerdefinierte Ansicht an.

Benutzerdefinierte Ansicht ändern

Die benutzerdefinierte Ansicht können Sie ändern, indem Sie den Menübefehl Diagramm → Benutzerdefinierte Ansicht ändern anwählen. Es öffnet sich ein Dialogfenster, in welchem Sie die gewünschten Felder auswählen können (siehe Abbildung 15.14 auf der nächsten Seite).

Schlüssel definieren

Wenn Sie für eine Tabelle einen oder mehrere Schlüssel definieren wollen, können Sie dies über die Eigenschaften der gewünschten Tabelle tun.

1. Klicken Sie mit der rechten Maustaste auf die entsprechende Tabelle und wählen Sie den Befehl Eigenschaften aus dem Kontextmenü aus.

2. Wechseln Sie in das Register Indizes/Schlüssel.

3. Wählen Sie im Feld Spaltenname das zu indizierende Feld aus.

4. Geben Sie einen Indexnamen in das dafür vorgesehene Feld ein.

5. Um einen eindeutigen Index zu erstellen, aktivieren Sie das Kontrollkästchen UNIQUE erstellen und wählen Sie die Option Index aus.

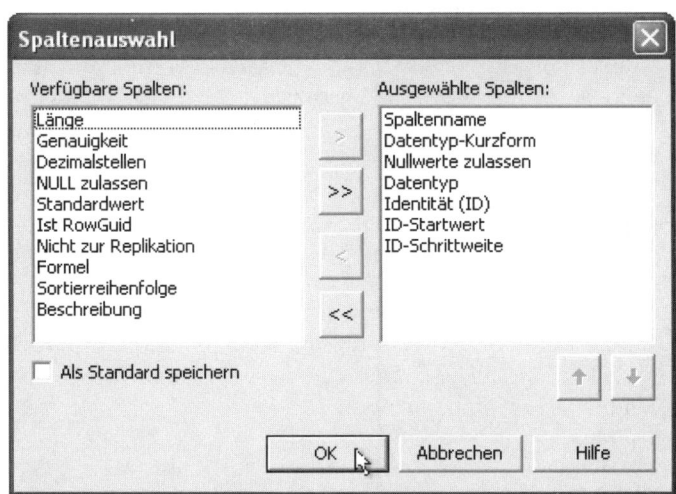

Abb. 15.14: Einstellung der benutzerdefinierten Ansicht

Beziehung zwischen Tabellen erstellen

Die Tabelle Positionen soll zur Auswahl der Positionen für die Tabelle Lieferanten dienen. Dazu müssen Sie eine neue Beziehung zwischen den beiden Tabellen erstellen. Zunächst sollten Sie allerdings die verschiedenen Positionen, die in der Tabelle Lieferanten gespeichert sind, der Tabelle Positionen hinzufügen. Das können Sie entweder manuell erledigen oder Sie springen kurz weiter vor zum Abschnitt Beispiel einer gespeicherten Prozedur, indem Sie eine entsprechende Prozedur zum Kopieren der Positionen und zum Löschen der vorhandenen Positionen in der Tabelle Lieferanten verwenden.

Bevor Sie die Beziehung zwischen den Tabellen erstellen, müssen Sie lediglich noch dafür sorgen, dass die zu verknüpfenden Felder den gleichen Datentyp haben. Ändern Sie dazu den Datentyp des Feldes Position in der Tabelle Lieferanten entsprechend ab. Und so erstellen Sie die Beziehung zwischen den beiden Tabellen:

1. Öffnen Sie das Datenbankdiagramm und positionieren Sie die Tabellen Lieferanten und Positionen so, dass beide Tabellen und deren Feldbezeichnungen sichtbar sind.

2. Klicken Sie in der Tabelle Positionen mit der linken Maustaste auf das graue Feld links in der Spalte [Position-Nr] und ziehen Sie es in das Feld Position der Tabelle Lieferanten. Es erscheint nun der Dialog Beziehung erstellen (siehe Abbildung 15.15 auf der nächsten Seite).

Wenn der Dialog die richtigen Feldbezeichnungen anzeigt und alle drei Kontrollkästchen aktiviert sind, können Sie die Erstellung der Beziehung mit der OK-Taste bestätigen.

Wenn Sie das Datenbankdiagramm nun speichern, erstellt Access die Beziehung zwischen den Tabellen.

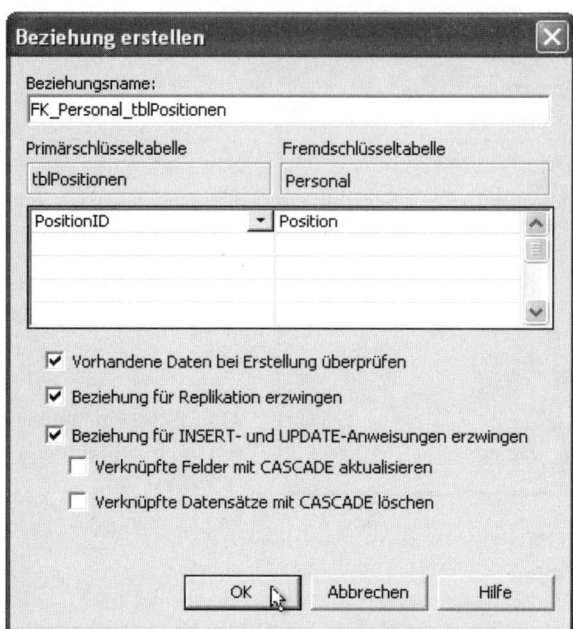

Abb. 15.15: Erstellen einer Beziehung

15.10.3 Gespeicherte Prozeduren

Mit gespeicherten Prozeduren können Sie eine oder mehrere SQL-Anweisungen speichern und ausführen. Sie verwenden vor allem die Sprache Transact-SQL, die auf SQL basiert, aber einige Erweiterungen aufweist. Mit gespeicherten Prozeduren können Sie beispielsweise Aktionsabfragen wie Lösch-, Tabellenerstellungs-, Anfüge- und Aktualisierungsabfragen durchführen. Die Möglichkeiten von gespeicherten Prozeduren reichen aber über Aktionsabfragen hinaus: Gespeicherte Prozeduren können mehrere Abfragen hintereinander ausführen, Übergabeparameter verarbeiten, Werte zurückgeben oder andere Prozeduren aufrufen.

Die Vorteile der gespeicherten Prozeduren liegen darin, dass das Netzwerk weniger belastet wird. Wenn Sie z. B. mehrere aufeinander basierende Abfragen hintereinander ausführen, werden sie einzeln über das Netz zum Server geschickt. Aufeinander aufbauende Abfragen können Sie aber auch in einer einzigen gespeicherten Prozedur ablegen. Die gespeicherte Prozedur liegt dann auf dem Server und wird nur einmal aufgerufen. Die einzelnen Abfragen werden auf dem Server ausgeführt und das Ergebnis zum Client geschickt.

15.11 Zusammenfassung und Ausblick

Die Entwicklung von Datenbanken mit der MSDE oder dem SQL-Server erfordert gewiss eine Umstellung, wenn man bisher nur mit Access gearbeitet hat. Bedenkt man aber die Vorteile des Client-Server-Modells, ist eine genauere Betrachtung der MSDE in Erwägung zu ziehen – zumindest für Datenbanken, die möglicherweise einmal für höhere Benutzerzahlen und zahlreiche Zugriffe ausgelegt sein müssen.

16 Assistenten und Add-Ins selbstgebaut

André Minhorst, Duisburg

Assistenten sind eigentlich etwas für Anfänger. Ein Profi macht alles selbst, da er alles hundertprozentig unter Kontrolle haben möchte und die Assistenten sowieso viel mehr Code und andere Nebenprodukte erzeugen als nötig. Stop! Bevor weitere Vorurteile gegen Assistenten geschürt werden, stellen Sie sich einmal vor, Sie erhalten extrem nervige und vor allem immer wiederkehrende Aufgaben übertragen, die Sie am liebsten „zum Teufel jagen" würden. Das kennen Sie? Und kein Assistent in der Nähe? Dann bauen Sie sich doch einfach selbst einen!

Inhalt

16.1 Einleitung

Assistenten sind nichts anderes als Datenbankdateien mit einem speziellen Format, die von der gewünschten Datenbank aus aufgerufen werden können.

Das spezielle Format ist im Wesentlichen durch eine besondere Tabelle und eine Funktion zum Aufruf der Funktionalität des Assistenten gekennzeichnet.

Die Tabelle beinhaltet einige Informationen, die beim Hinzufügen des Assistenten in die Registry von Windows eingetragen werden.

Die Funktion beinhaltet die Anweisungen, die zum Ausführen des Assistenten bei seinem Aufruf erforderlich sind. Dabei kann es sich um das Öffnen eines Formulars, aber auch einfach um die Abfolge einiger Anweisungen handeln.

16.2 Arten von Assistenten

Sicher sind Sie bei Ihrer alltäglichen Arbeit schon mit einer Reihe von Assistenten in Berührung gekommen. Diese Assistenten können in folgende Gruppen gegliedert werden:

• Menü-Add-Ins

• Formular- und Berichtsassistenten

• Tabellen- und Abfrageassistenten

• Steuerelement- und Eigenschaftsassistenten

Die folgenden Abschnitte enthalten einige Beispiele und Besonderheiten der jeweiligen Art von Assistenten.

16.2.1 Menü-Add-Ins

Der Aufruf von Menü-Add-Ins erfolgt über den Menüpunkt `Extras` → `Add-Ins - Name des Assistenten`. Dort finden Sie – je nach Access-Version – bereits einige Assistenten.

Unter Access 97 bietet sich beispielsweise das Bild aus Abbildung 16.1 auf der nächsten Seite. Falls Sie diese Einträge in höheren Access-Versionen suchen sollten, versuchen Sie es besser in den anderen Untermenüs des Menüs `Extras`.

Den ersten Eintrag der Add-In-Liste werden Sie später noch im Detail kennen lernen. Der Add-In-Manager dient nämlich zum Registrieren und damit zum Bereitstellen neuer Assistenten.

Der Add-In-Manager ist in neueren Versionen von Access der einzige Eintrag unter dem Menüpunkt `Extras` → `Add-Ins`. Die anderen Add-Ins befinden sich dort in anderen Untermenüs.

Alle Access-Versionen seit Access 97 haben aber gemein, dass neu hinzugefügte Menü-Add-Ins auch über das dafür vorgesehene Menü aufgerufen werden können.

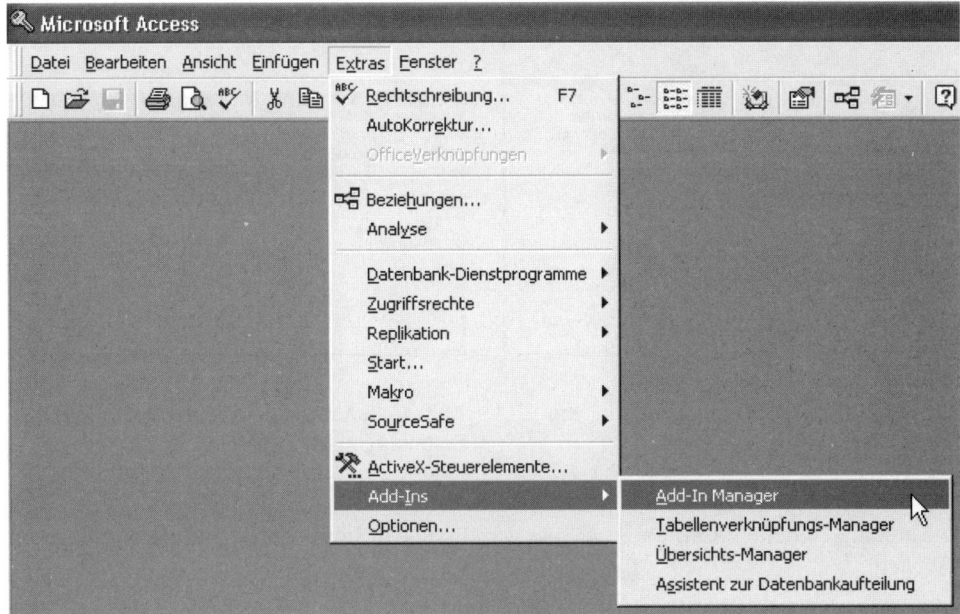

Abb. 16.1: Aufruf eines Menü-Add-Ins

Die Gemeinsamkeit aller Menü-Add-Ins ist, dass sie keiner der anderen Add-In-Gruppen zugeordnet werden können. Daher finden sie an dieser sehr globalen Stelle innerhalb der Menüstruktur von Access ihr Zuhause.

16.2.2 Formular- und Berichtsassistenten

Formular- und Berichtsassistenten heißen die kleinen Helfer, die dem Access-Neuling die Arbeit beim Erstellen seiner ersten Formulare und Berichte abnehmen.

Diese Assistenten stehen im Dialog Neues Formular bzw. Neue Tabelle zur Verfügung (siehe Abbildung 16.2 auf der nächsten Seite). Alle Einträge außer dem ersten, der die Entwurfsansicht des neuen Objekts anzeigt, dienen dem Aufruf von Assistenten für unterschiedliche Zwecke.

16.2.3 Tabellen- und Abfrageassistenten

Für Tabellen und Abfragen gilt das Gleiche wie für Formulare und Berichte: Die Assistenten, die dem Anwender bei der Erstellung von Tabellen oder Abfragen behilflich sind, werden über den Dialog zum Anlegen einer neuen Tabelle oder Abfrage aufgerufen (siehe Abbildung 16.3 auf der nächsten Seite).

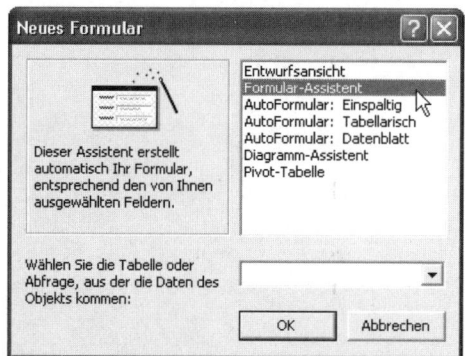

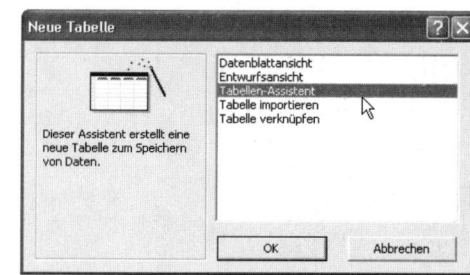

Abb. 16.2: Assistenten zur Erstellung von Formularen

Abb. 16.3: Aufruf von Assistenten für die Erstellung neuer Tabellen

Die hier angebotenen Assistenten dienen dem Erstellen, Importieren und Verknüpfen von Tabellen.

16.2.4 Steuerelement- und Eigenschaftsassistenten

Die Steuerelement- und Eigenschaftsassistenten finden Sie überall, wo Steuerelemente platziert oder Eigenschaften eingestellt werden können – also primär in Formularen und Berichten.

Steuerelementassistenten

Steuerelementassistenten sind nicht wie die anderen Assistenten über eine Liste auszuwählen. Sie können lediglich einstellen, dass beim Anlegen eines Steuerelements ein entsprechender Assistent ausgeführt wird – falls einer vorhanden ist. Um das einzustellen, klicken Sie in der Toolbox auf die Schaltfläche mit dem Zauberstab (siehe Abbildung 16.4).

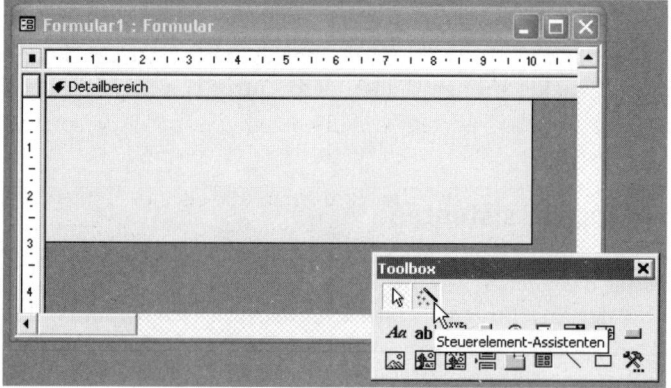

Abb. 16.4: Aktivierung des Steuerelementassistenten

Wenn Sie anschließend auf eines der Steuerelemente in der Toolbox klicken, wird der entsprechende Assistent – wenn vorhanden – beim Platzieren des gewünschten Steuerelements auf dem Formular oder Bericht gestartet.

Eigenschaftsassistenten

Eigenschaftsassistenten sind nur für bestimmte Eigenschaften verfügbar. In der Regel handelt es sich dabei um Eigenschaften, die komplizierte Ausdrücke als Wert annehmen können. Gibt es für eine Eigenschaft einen Assistenten, erscheint bei der Aktivierung der Eigenschaft eine Schaltfläche mit drei Punkten (...) rechts neben dem Textfeld zur Eingabe des Eigenschaftswertes (siehe Abbildung 16.5).

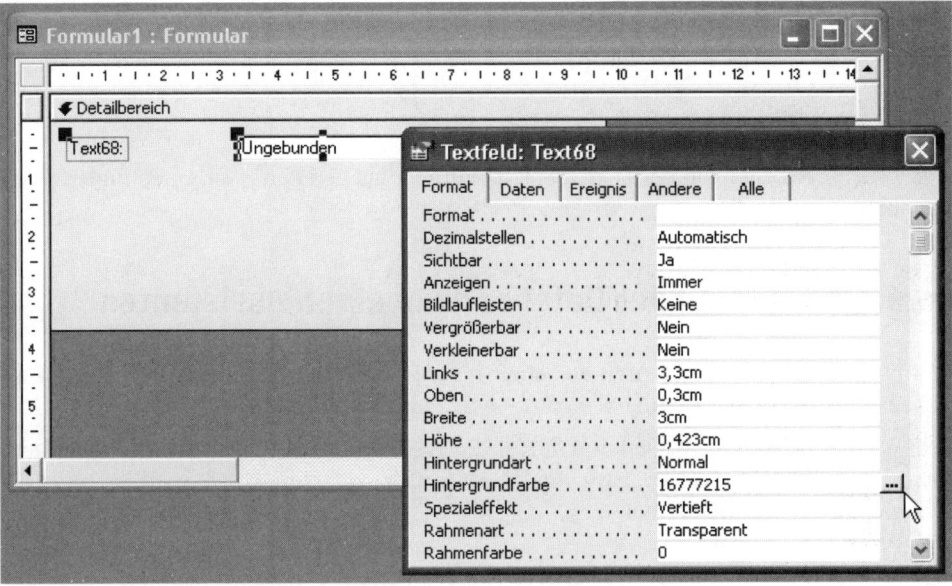

Abb. 16.5: Aufruf eines Eigenschaftsassistenten

16.3 Beispielanwendung: Beschriften von Listenfeldern

Um Sie nicht nur mit Theorie zu langweilen, steht wie üblich ein passendes Beispiel zur Verfügung.

Dabei handelt es sich um die Datenbank, deren Entwicklung im Beitrag `Listenfeldbeschriftung per Assistent` beschrieben wird (zu finden auf der Website zum Buch unter dem Dateinamen `ListenfeldbeschriftungPerAssistent.pdf`).

Da dieser Assistent eine speziell für Formulare vorgesehene Funktionalität enthält, wird sein Einsatz später erläutert.

Für Beispielzwecke erstellen Sie nun eine neue Datenbank, mit der Sie alle Schritte von der jungfräulichen Datenbank bis zum einsatzbereiten Assistenten durchführen werden.

16.3.1 Erstellen der Beispieldatenbank

Die erste Beispieldatenbank soll lediglich ein Meldungsfenster mit einem beliebigen Text anzeigen, um die Funktionalität des Aufrufs des Assistenten nachzuweisen.

Gehen Sie folgendermaßen vor, um die Beispieldatenbank zu erstellen:

1. Legen Sie eine neue Datenbank unter dem Namen `Assistent.mdb` an.

2. Wechseln Sie im Datenbankfenster in das Register `Module`.

3. Legen Sie ein neues Modul an und fügen Sie die Prozedur aus Quellcode 16.1 ein.

4. Speichern Sie das Modul unter dem Namen `mdlAssistent`.

```
Public Function Meldungsfenster()
   MsgBox "Der Assistent lebt!"
End Function
```

Listing 16.1: Quellcode

Alle weiteren Schritte von der Datenbank bis zum einsatzbereiten Assistenten finden Sie in den folgenden Kapiteln.

16.4 Umwandeln der Datenbank in einen Assistenten

Die Erstellung eines Assistenten aus einer herkömmlichen Datenbank erfordert einige Arbeitsschritte und das genaue Verständnis der Funktion zum Aufruf eines Assistenten.

Sehr wichtig ist, dass Sie wissen, wie die für die Verwendung einer Datenbank als Assistent benötigten Einträge in die Registry von Windows erfolgen – ohne diese wird der Assistent sich nicht einen Millimeter bewegen.

16.4.1 Assistenten und die Registry

Zur Verwendung eines Assistenten sind einige Informationen erforderlich, die in der Registry von Windows gespeichert werden müssen. Dazu gehören die Folgenden:

• Art des Assistenten (Add-In, Formular/Bericht, Tabelle/Abfrage, Steuerelement/Eigenschaft)

• Bei Steuerelement- und Eigenschaftsassistenten: Einsatzort des Assistenten

• Funktion, die bei Aktivierung des Assistenten aufgerufen werden soll

Das Vorbereiten eines Assistenten auf seinen Datenbankeinsatz erfordert neben dem Anlegen der Werte in der Registry das Speichern der Datenbank, die als Assistent dienen soll, in einem bestimmten Verzeichnis.

Bei diesem Verzeichnis handelt es sich um das Verzeichnis `Office` (Office 97), `Office\1031` (Office 2000) bzw. `Office10` (Office XP), das jeweils unterhalb des Office-Installationsordners liegt.

> **Tipp:** Den Pfad zur Speicherung der Add-In-Datenbanken finden Sie ganz einfach, indem Sie im Office-Installationsordner nach der Datei `Utility.mda` suchen.

Assistenten manuell registrieren

Theoretisch können Sie Assistenten manuell einsatzbereit machen. Access stellt aber – wie sollte es anders sein – auch für diese Aufgabe einen Assistenten zur Verfügung. Sie ahnen es:

Es handelt sich um den `Add-In-Manager` aus dem Menü `Extras` → `Add-Ins`.

Er nimmt Ihnen aber nicht die ganze Arbeit ab. Neben der Erstellung der Funktionalität der zum Assistenten umzuwandelnden Datenbank müssen Sie auch die entsprechenden Registry-Einträge vorbereiten, indem Sie diese in eine geeignete Tabelle eintragen.

> **Hinweis:** „Warum soll ich die Registry erst umständlich in eine Tabelle eintragen, wenn ich doch die Änderungen direkt in der Registry selbst durchführen kann?", fragen Sie sich jetzt vermutlich. Die Erklärung ist einfach: Wenn Sie die erforderlichen Daten einmal in der Tabelle `USysRegInfo` in der entsprechenden Datenbank gespeichert haben, können Sie diese wieder und wieder mit wenigen Mausklicks als Assistent registrieren. Damit können Sie den Assistenten weitergeben und bei obligatorisch vorkommenden Neuinstallationen des Rechners schnell wieder installieren.

16.4.2 Die Tabelle USysRegInfo

Die für die Speicherung verantwortliche Tabelle muss in jedem Fall `USysRegInfo` heißen und hat ein ganz spezielles Format. Abbildung 16.6 zeigt die Entwurfsansicht und damit den Aufbau der Tabelle.

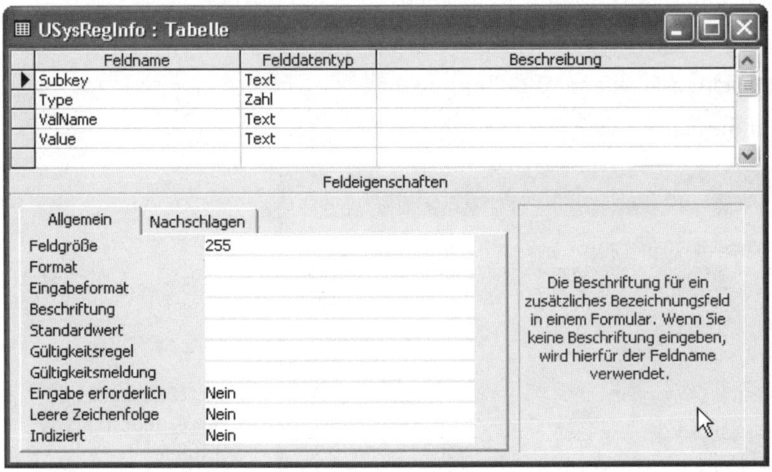

Abb. 16.6: Entwurfsansicht der Tabelle USysRegInfo

> **Hinweis:** Die Tabelle USysRegInfo wird von Access als Systemtabelle eingestuft. Sie müssen daher in den Optionen von Access die Einstellung Systemobjekte aktivieren, um die Tabelle im Datenbankfenster zu sehen und zum Bearbeiten öffnen zu können.

In Tabelle 16.1 finden Sie die Beschreibung zu den einzelnen Feldern der Tabelle USysReg-Info.

Tab. 16.1: Felder der Tabelle USysRegInfo

Feldname	Beschreibung
Subkey	Schlüssel in der Registry
Type	Art des Schlüssels, kann die Werte 0 (key), 1 (string) oder 4 (DWORD) annehmen
Valname	Name des Registry-Wertes
Value	eigentlicher Wert

In den folgenden Abschnitten erfahren Sie, welche Registry-Schlüssel Sie für die Aktivierung der unterschiedlichen Arten von Assistenten in die Tabelle USysRegInfo schreiben müssen.

16.4.3 Ein kurzer Blick in die Registry

Zum Registrieren eines Add-Ins benötigen Sie Informationen über die Orte in der Registry, die für den Eintrag der neuen Schlüssel vorgesehen sind.

Genau genommen sind die entsprechenden Schlüssel bereits vorhanden. Um sie in der Registry zu finden, gehen Sie einfach folgendermaßen vor:

1. Öffnen Sie den Registrierungseditor, indem Sie im Startmenü den Eintrag Ausführen... auswählen und dort Regedit eingeben.

2. Wählen Sie den Eintrag Bearbeiten → Suchen aus der Menüleiste.

3. Füllen Sie die Suchmaske wie in Abbildung 16.7 aus.

4. Klicken Sie auf die Schaltfläche Weitersuchen.

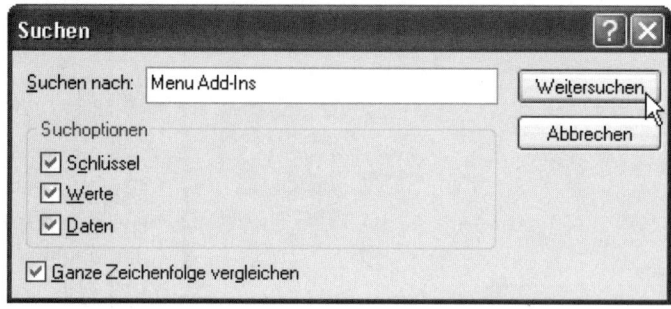

Abb. 16.7: Suche nach einem Registry-Schlüssel

Mit relativ hoher Wahrscheinlichkeit finden Sie auf diese Weise den richtigen Schlüssel. Der mit diesen Sucheinstellungen gefundene Schlüssel sieht vermutlich wie in Abbildung 16.8 aus. Die (zumindest unter Access 97) im Add-In-Menü verfügbaren Add-Ins sind hier bereits eingetragen.

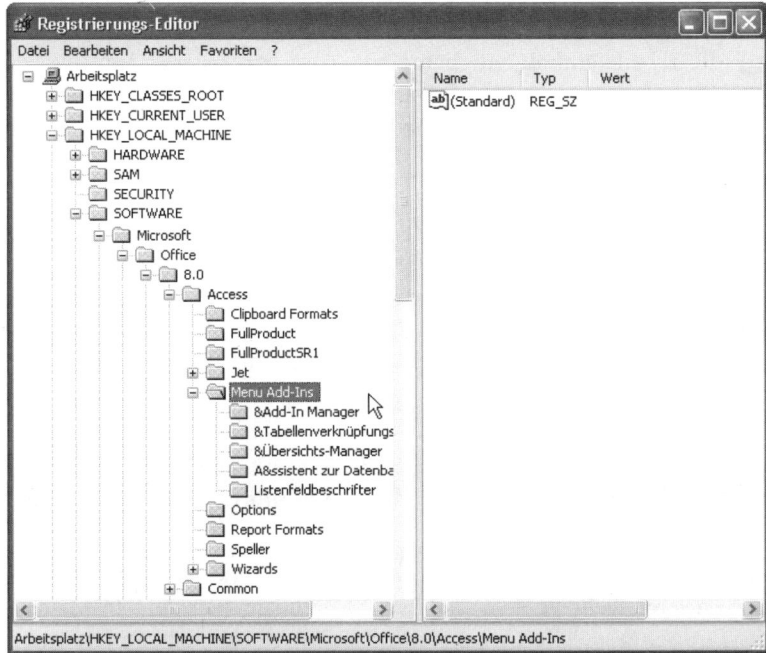

Abb. 16.8:
Suchergebnis
in der Registry

Wenn Sie den richtigen Schlüssel gefunden haben, können Sie ihn leicht von der Statuszeile des Registrierungs-Editors ablesen. Da Sie ihn aber nicht nur ablesen, sondern möglichst in die Zwischenablage kopieren möchten, um ihn von dort aus in die Tabelle `USysRegInfo` zu kopieren, verwenden Sie einfach den Menübefehl `Bearbeiten` → Schlüsselnamen kopieren.

> **Hinweis:** Die Ansicht in Abbildung 16.8 ist natürlich stark komprimiert, damit nur die relevanten Einträge sichtbar sind. Abhängig von der Access-Version befinden sich die gesuchten Schlüssel unterhalb des Eintrags `8.0` (Access 97), `9.0` (Access 2000), `10.0` (Access XP) oder `11.0` (Access 2003).

16.4.4 Menü-Add-Ins

Die Registrierung eines Menü-Add-Ins erfordert vier Einträge in die Tabelle `USysRegInfo`. Dabei ist der Wert des ersten Feldes namens `Subkey` bei allen vier Einträgen gleich. Er beinhaltet einen Eintrag mit folgender Syntax:

```
<Hauptschlüssel>\Menu Add-Ins\<Name des Add-Ins>
```

Dieser Wert gibt den Subkey an, unter dem die vier Einträge zu tätigen sind. Dabei geben Sie für den Platzhalter `<Name des Add-Ins>` den Namen an, unter dem der Assistent im Menü `Add-Ins` geführt werden soll. Für den Platzhalter `<Hauptschlüssel>` geben Sie den Pfad zu dem Eintrag `Menu Add-Ins` für die gewünschte Access-Version ein.

Achtung, hier kommt ein Assistent!

Der erste Eintrag in die Tabelle enthält lediglich einen Wert für das Feld `Subkey` (wie oben angegeben) und den Wert 0 für das Feld `Type`. Diese Konstellation teilt dem Add-In-Manager mit, dass Registry-Schlüssel hinzugefügt werden müssen.

Angabe der aufzurufenden Funktion

Der zweite Eintrag enthält neben dem `Subkey` den Wert 1 für das Feld `Type` und den Eintrag `Expression` im Feld `ValName`. Im Feld `Value` geben Sie den Namen der aufzurufenden Funktion der Add-In-Datenbank an – angeführt von einem Gleichheitszeichen und durch ein Klammernpaar abgeschlossen: `=Meldungsfenster()`. Damit weiß der Add-In-Manager, welche Funktion bei der Aktivierung des Add-Ins aufzurufen ist.

Angabe der Add-In-Datenbank

Der dritte Eintrag gibt an, in welcher Datenbank sich die aufzurufende Funktion befindet. Dazu tragen Sie für das Feld `Type` wiederum den Wert 1 und für das Feld `ValName` den Wert `Library` ein.

In das letzte Feld Value tragen Sie den Pfad und den Dateinamen der Add-In-Datenbank ein. Die Sache kann insofern vereinfacht werden, als dass die Datenbank vom Add-In-Manager automatisch in dem Ordner gespeichert wird, in dem sich auch Access befindet, und es hierfür eine Standardbezeichnung gibt, nämlich `|ACCDIR\`. Der komplette Ausdruck lautet also beispielsweise `|ACCDIR\Assistent.mda`.

MDB oder ADP?

Der vierte und letzte Eintrag in die Tabelle `USysRegInfo` betrifft nur Access-Versionen ab Access 2000. Er legt fest, ob der Assistent nur in Datenbankdateien, nur in Projekten oder in beiden zur Verfügung stehen soll.

Dazu geben Sie für das Feld `Type` den Wert 1, für `ValName` den Wert `Version` und für das Feld `Value` einen der drei Werte 1 (nur MDBs), 2 (nur ADPs) oder 3 (beide Varianten) an.

16.4.5 Registrierung des Assistenten

Wenn die Tabelle USysRegInfo nun wie in Abbildung 16.9 auf der nächsten Seite aussieht, können Sie den Assistenten endlich registrieren. Dazu gehen Sie folgendermaßen vor:

1. Schließen Sie die aktuelle Datenbank.
2. Öffnen Sie eine andere Datenbank.

3. Starten Sie den Add-In-Manager über den Eintrag Extras → Add-Ins → Add-In-Manager der Menüleiste.

4. Klicken Sie auf die Schaltfläche Hinzufügen.

5. Wählen Sie im Dialog Öffnen die gewünschte .mda-Datei aus.

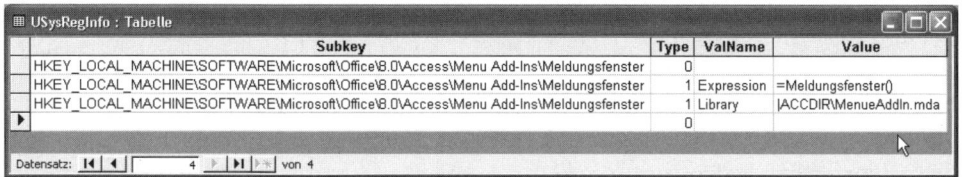

Abb. 16.9: Die Tabelle USysRegInfo

Fertig! Wenn Sie nach dem Registrieren keine Fehlermeldung erhalten haben und der Dialog nun etwa wie in Abbildung 16.10 aussieht, können Sie den Assistenten nun testen.

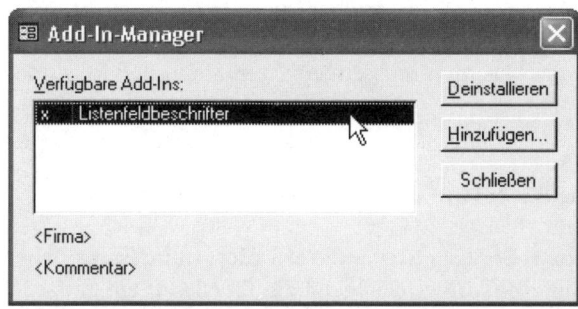

Abb. 16.10: Der Assistent ist ordnungsgemäß installiert.

> **Hinweis:** Der in der Liste angezeigte Name entspricht dem Eintrag Titel der Datenbankeigenschaften der .mda-Datei. Die Platzhalter <Firma> und <Kommentar> im unteren Bereich der Abbildung 16.10 entsprechen ebenfalls den jeweiligen Datenbankeigenschaften.

Unter Umständen tritt allerdings eine Fehlermeldung auf. Das kann u. a. folgende Ursachen haben:

• Die Datenbank, die Sie zum Assistenten umwandeln möchten, ist noch geöffnet.

• Die aufzurufende Funktion ist nicht vorhanden.

• Einer der Einträge der Tabelle USysRegInfo ist falsch.

Was macht der Add-In-Manager mit dem Assistenten?

Der Add-In-Manager führt –falls keine Fehler auftreten - nur zwei Schritte durch:

• Eintragen der Werte aus der Tabelle USysRegInfo in die Registry

• Kopieren der .mda-Datei in das Verzeichnis, in dem sich auch MSAccess.exe befindet

Hinweis: Gerade wenn Sie wissen, dass der Add-In-Manager die .mda-Datei in das Access-Verzeichnis kopiert, kann Ihnen das einige Enttäuschungen ersparen: Schon so mancher Anwender hat nachträglich Optimierungen an einer .mda-Datei vorgenommen und die Änderungen beim Ausführen des Assistenten vergeblich gesucht, weil er die Änderungen an der Originaldatei und nicht an der Datei im Access-Verzeichnis durchgeführt hat.

Erster Einsatz des neuen Add-Ins

Um das neue Add-In und dessen korrekte Registrierung zu testen, können Sie nach dem Schließen des Add-In-Managers direkt im Menü Extras → Add-Ins nachsehen, ob der gewünschte Eintrag dort vorhanden ist, und ihn ausprobieren.

16.5 Weitere Assistenten-Typen

Die weiter oben bereits vorgestellten Assistenten-Typen benötigen teilweise leicht unterschiedliche Registry-Einträge. Welche das sind und welche weiteren Besonderheiten Sie bei der Verwendung dieser Assistenten beachten müssen, erfahren Sie in den folgenden Abschnitten.

16.5.1 Formular- und Berichtsassistenten

Die Registrierung eines Formular- bzw. Berichtsassistenten erfordert mindestens sieben Einträge in die Tabelle USysRegInfo. Abbildung 16.11 zeigt die Tabelle für ein einfaches Beispiel.

Subkey	Type	ValName	Value
HKEY_LOCAL_MACHINE\SOFTWARE\..\Wizards\Form Wizards\Testassistent	0		
HKEY_LOCAL_MACHINE\SOFTWARE\..\Wizards\Form Wizards\Testassistent	1	Bitmap	c:\Assistenten\Formularassistent.bmp
HKEY_LOCAL_MACHINE\SOFTWARE\..\Wizards\Form Wizards\Testassistent	4	Datasource Required	0
HKEY_LOCAL_MACHINE\SOFTWARE\..\Wizards\Form Wizards\Testassistent	1	Description	Dies ist ein Beispiel für einem Formularassistenten.
HKEY_LOCAL_MACHINE\SOFTWARE\..\Wizards\Form Wizards\Testassistent	1	Function	=Meldungsfenster()
HKEY_LOCAL_MACHINE\SOFTWARE\..\Wizards\Form Wizards\Testassistent	4	Index	0
HKEY_LOCAL_MACHINE\SOFTWARE\..\Wizards\Form Wizards\Testassistent	1	Library	|ACCDIR\Formularassistent.mda
	0		

Abb. 16.11: Registry-Daten für einen Formular-Assistenten

Zu beachten ist hier, dass der letzte Teil der Werte des Feldes Subkey den Namen enthält, unter dem der Assistent ausgewählt werden kann. Der Eintrag für das Feld Subkey ist im Übrigen in der Mitte gekürzt. Der vollständige Subkey lautet z. B. folgendermaßen:

```
HKEY_LOCAL_MACHINE\SOFTWARE\Microsoft\Office\8.0\Access\Wizards\
Form Wizards\Testassistent
```

Falls Sie einen Berichtsassistenten erstellen möchten, sieht der Eintrag noch ein wenig anders aus: Statt Form Wizards verwenden Sie dann den Ausdruck Report Wizards.

Beschreibung der Registry-Einträge für einen Formular- oder Berichtsassistenten

Die erste Zeile der Tabelle zeigt dem Add-In-Manager wiederum an, dass nachfolgend einige Registry-Einträge anzulegen sind.

Die zweite Zeile dient zur Angabe eines Bitmap, das im Auswahlfenster für die Formular- bzw. Berichtsassistenten bei Aktivierung des entsprechenden Eintrags angezeigt wird (siehe Abbildung 16.12).

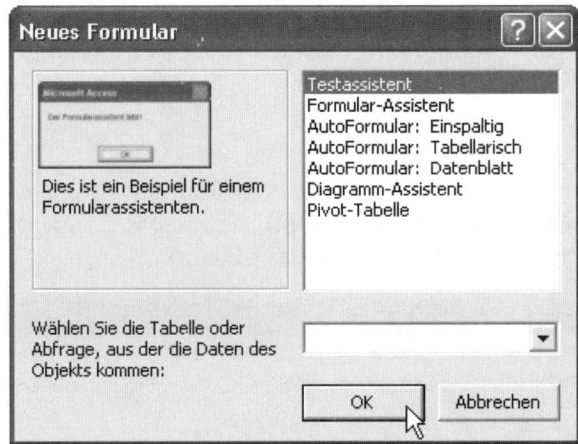

Abb. 16.12: Ein neuer Formularassistent

Die dritte Zeile gibt an, ob der Benutzer über das Kombinationsfeld zur Auswahl von Tabellen oder Abfragen die Datenherkunft des neuen Objekts auswählen muss.

Die vierte Zeile enthält die unter dem Bitmap angezeigte Beschreibung des Assistenten.

Den Inhalt der fünften Zeile kennen Sie bereits – sie enthält die Funktion, die bei Verwendung des Assistenten aufgerufen werden soll.

Die sechste Zeile gibt die Reihenfolgenposition innerhalb der Liste des Dialogs Neues Formular/Neuer Bericht an. Vorsicht: Wenn Sie eine Zahl angeben, die bereits von einem anderen Assistenten verwendet wird, zeigt Access einen der beiden Assistenten nicht mehr an.

Auch die siebte Zeile ist bekannt: Hier findet die Angabe des Speicherortes des Assistenten nach dessen Registrierung Platz.

Schließlich können Sie wie beim Menü-Add-In für Access-Versionen höher als Access 97 auswählen, ob der Assistent von .MDBs und/oder .ADPs aus verwendet werden soll.

16.5.2 Tabellen- und Abfrageassistenten

Die Registry-Einträge für die Verwendung eines Tabellen- oder Abfrageassistenten sind fast mit denen für Formular- oder Berichtsassistenten identisch. Es gibt im Wesentlichen zwei Unterschiede:

- Der Registry-Subkey enthält statt der Einträge `Form Wizards` oder `Report Wizards` einen der Einträge `Table Wizards` oder `Query Wizards`.

- Der Subkey zur Angabe, ob der Benutzer eine Tabelle oder Abfrage als Datenherkunft auswählen muss, entfällt.

16.5.3 Steuerelement- und Eigenschaftsassistenten

Der wesentliche Unterschied zwischen den Assistenten für die Hauptobjekte wie Tabellen, Abfragen, Formulare oder Berichte und für die untergeordneten Objekte wie Steuerelemente und deren Eigenschaften ist, dass der Subkey für die Registrierung eine Ebene mehr besitzt.

Der Aufbau eines solchen Eintrags sieht folgendermaßen aus:

```
HKEY_LOCAL_MACHINE\SOFTWARE\Microsoft\Office\8.0\Access\Wizards\Control
Wizards\ComboBox\MSComboBoxWizard
```

Bei diesem Assistenten handelt es sich um denjenigen, der beim Anlegen eines Kombinationsfeldes mittels Assistenten aufgerufen wird. Abbildung 16.13 zeigt die vorhandenen Steuerelementassistenten in der Baum-Ansicht des Registrierungs-Editors.

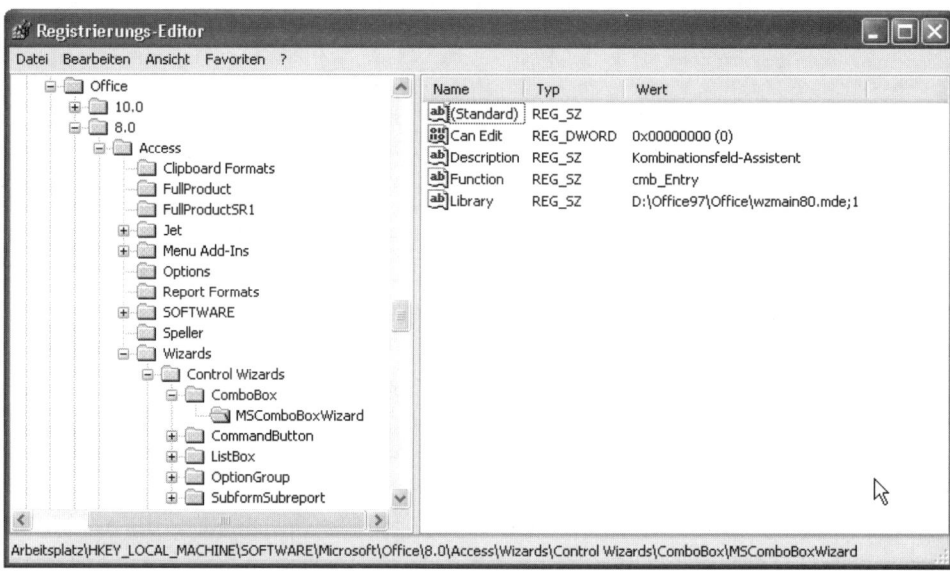

Abb. 16.13: Registry-Einträge eines Steuerelementassistenten

Benötigte Registry-Einträge

Ein Steuerelementassistent benötigt insgesamt fünf Einträge in die Registry. Der Erste dient wiederum dazu, dem Add-In-Manager mitzuteilen, dass einige Einträge in die Registry vorzunehmen sind.

Mit dem zweiten Eintrag, `Can Edit`, legen Sie fest, ob der Assistent nur neue Steuerelemente anlegen bzw. neue Eigenschaftswerte festlegen kann (Wert 0) oder auch zur Bearbeitung bestehender Objekte dient (Wert 1). Der dazugehörige Wert für das Feld Type ist 4.

Dieser Eintrag wird in der Praxis wohl eher für Eigenschaftsassistenten verwendet. Ein Beispiel ist der Ausdrucks-Editor, mit dem Sie beispielsweise die Eigenschaft Steuerelementinhalt eines Steuerelements bearbeiten als auch neu anlegen können.

Der dritte Eintrag dient der Festlegung einer Beschreibung des Assistenten. Sie wird aber lediglich angezeigt, wenn es für das gleiche Steuerelement bzw. die gleiche Eigenschaft mehrere Assistenten gibt und daher ein Dialog zur Auswahl des gewünschten Dialogs erscheint.

Der vierte Eintrag dient wiederum der Angabe der aufzurufenden Funktion und der fünfte zur Angabe der Add-In-Datenbank.

Steuerelementassistent im Einsatz

Abbildung 16.14 zeigt ein Beispiel für einen Steuerelementassistenten im Einsatz. Der Assistent hat in der Registry den folgenden Subkey:

```
HKEY_LOCAL_MACHINE\SOFTWARE\Microsoft\Office\8.0\Access\
Wizards\ControlWizards\ComboBox\Beispielassistent
```

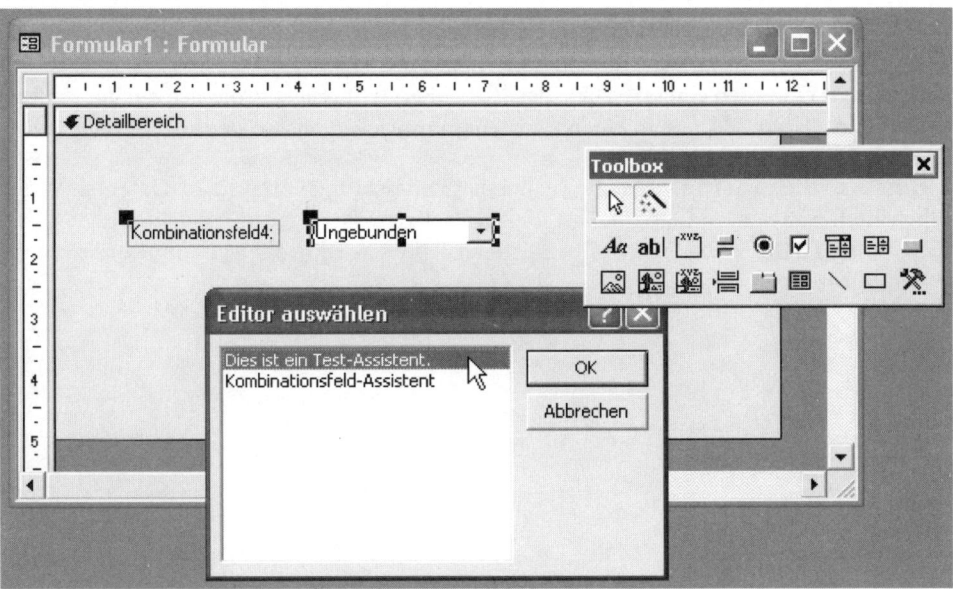

Abb. 16.14: Ein Steuerelement-Assistent im Einsatz

Es handelt sich also um einen Assistenten für die Erstellung neuer Kombinationsfelder (natürlich ist es nur ein Dummy, der ein Meldungsfenster anzeigt).

Da es neben dem standardmäßig installierten der zweite Kombinationsfeldassistent ist, erscheint bei seiner Aktivierung der Dialog aus .

Potenzielle Ziele für Steuerelement- und Eigenschaftsassistenten

Steuerelementassistenten können für alle standardmäßig angebotenen Steuerelemente erstellt werden.

Dabei müssen Sie im Registry-Subkey die englische Bezeichnung verwenden:

`Label`, `Textbox`, `OptionGroup`, `ToggleButton`, `OptionButton`, `CheckBox`, `Combo-Box`, `ListBox`, `CommandButton`, `Image`, `UnboundObjectFrame`, `BoundObjectFrame`, `PageBreak`, `SubformSubreport`, `Line` oder `Rectangle`.

Bei der Erstellung von Eigenschaftsassistenten können Sie sich an den folgenden Eigenschaften austoben:

`BackColor`, `BorderColor`, `FieldName`, `ForeColor`, `InputMask`, `LinkChildFields`, `LinkMasterFields`, `MenuBar`, `Module`, `ODBCConnectStr`, `Picture` oder `Shortcut-MenuBar`.

16.6 Zusammenfassung und Ausblick

Der vorliegende Beitrag beschreibt die wesentlichen Grundlagen, die zur Erstellung von Assistenten benötigt werden. Mit den dargestellten Informationen sollte die Einbindung eines Assistenten kein Problem mehr sein.

In dem Beitrag werden einige Aspekte bewusst außer Acht gelassen, die sich auf den Aufbau der Add-In-Datenbank, die in einen Assistenten umgewandelt werden soll, beziehen.

Hinweis: Wichtige Hinweise, die Sie bei der Entwicklung von Add-In-Datenbanken beachten müssen, finden Sie im Beitrag `Listenfeldbeschriftung per Assistent` (siehe Website zum Buch unter `ListenfeldbeschriftungPerAssistent.pdf`).

17 Referenzen und Bibliotheken

André Minhorst, Duisburg

Microsoft Access bietet eigentlich alles, was das Datenbankentwicklerherz begehrt – zumindest solange, bis der Access-Entwickler einen Blick über den Tellerrand wagt und sieht, was mit Access noch alles möglich ist. Denn Access kann so ziemlich alle Anwendungen, auf deren Objektmodell es per VBA zugreifen kann, steuern und mit ihnen kommunizieren – ob mit Word, Excel, Outlook oder anderen Produkten. Und auch die Funktionalität anderer bestehender Datenbanken lässt sich unter Access durch das Setzen eines einfachen Verweises auf eine so genannte Bibliothek wieder verwenden. Im vorliegenden Beitrag erfahren Sie, was es mit diesen Bibliotheken auf sich hat, welche Möglichkeiten es zum Setzen von Verweisen gibt und wie Sie dabei entstehende Probleme elegant umschiffen können.

Inhalt

17.1 Grundlagen

Access, Word, Excel, Outlook und viele andere Anwendungen, die übrigens nicht zwangsläufig aus Redmond stammen müssen, haben eines gemeinsam: Die Funktionalität dieser Anwendungen befindet sich in der Regel in einer oder mehreren `Dynamic Link Libraries` (DLLs), `Objekt Libraries` (OLBs), `ActiveX Controls` (OCX) oder Dateien ähnlichen Dateityps. Dabei beinhaltet jede dieser Dateien Funktionen zu einem bestimmten Anwendungsgebiet.

So hat z. B. Microsoft Word eine umfangreiche Bibliothek mit allen möglichen Funktionen zum Bearbeiten von Texten (MSWORD.OLB).

> **Hinweis:** Auch Windows enthält einige DLLs, die Funktionen für Bereiche wie Benutzeroberfläche, Dateioperationen, Textausgaben etc. beinhalten. Der Begriff für die Gesamtheit dieser Bibliotheken lautet `Application Programming Interface` (API).

Sie können sowohl die Bibliotheken mit den Systemfunktionen von Windows als auch die Objektbibliotheken der unterschiedlichen Anwendungen mit Hilfe von VBA in Access verwenden.

Die Einbindung der beiden Bibliotheksarten unterscheidet sich jedoch grundlegend: Während Sie die Windows-Funktionen im Code zunächst deklarieren und anschließend per Funktionsaufruf verwenden können, bieten die Objektbibliotheken von Anwendungen wesentlich mehr Komfort:

Nach dem Einbinden der gewünschten Bibliothek durch Setzen eines entsprechenden Verweises können Sie die Objekte, Eigenschaften und Methoden des jeweiligen Objektmodells genauso verwenden wie die Objekte, die Sie bisher in Access verwendet haben.

Dabei basieren die Funktionen, die Sie tagtäglich bei der Entwicklung von Access-Datenbanken verwenden, genauso auf per Verweis eingebundenen Objektbibliotheken. Unter Access sind standardmäßig die Bibliotheken `Visual Basic For Applications`, `Microsoft Access x.0 Objekt Library` und `Microsoft DAO x.xx Object Library` (Access 97) oder `Microsoft ActiveX Data Objects 2.1 Library` und `OLE Automation` (beide Access 2000 und höher) eingebunden.

Mit einem Verweis auf eine der Objektbibliotheken wie z. B. von Word (`Microsoft Word x.0 Object Library`) können Sie diese Anwendung komplett steuern.

Bibliothek für eigene Funktionen

Auch Access-Datenbanken können Sie als Bibliothek einsetzen: Wenn im Laufe Ihrer Arbeit mit Access z. B. eine umfangreiche Sammlung von Prozeduren oder Funktionen entstanden ist, haben Sie entweder bereits eine Datenbank mit den gesammelten Werken – oder Sie wünschen, dass Sie eine hätten.

Eine solche Sammlung hätte den Vorteil, dass Sie die Datenbank einfach in andere Datenbanken einbinden könnten und auf ihre Funktionen und Prozeduren zugreifen könnten, als wenn sie sich in der gleichen Datenbank befinden.

Mit einem kleinen Trick ist es sogar möglich, auch andere Objekte wie Formulare oder Berichte auf diese Weise verfügbar zu machen.

17.2 Funktionserweiterung per Verweis

Der wesentliche Schritt für Access auf dem Weg vom Einzelkämpfer zum Teamplayer besteht im Anlegen eines geeigneten Verweises.

17.2.1 Verweis auf Objektbibliotheken

Sie verfügen über Microsoft Access und mindestens eine weitere Anwendung, die Sie gerne von Access aus steuern oder deren Funktion Sie in Access verwenden möchten?

Dann fehlt nur noch ein Verweis auf die gewünschte Anwendung. Zum Setzen eines Verweises gehen Sie folgendermaßen vor:

1. Wechseln Sie in den VBA-Modus von Access. Dazu verwenden Sie beispielsweise die Tastenkombination Strg + G.
2. Wählen Sie im Menü Extras den Eintrag Verweise aus, um den gleichnamigen Dialog zu öffnen (siehe Abbildung 17.1).
3. Wählen Sie aus der Liste Verfügbare Verweise den gewünschten Verweis durch Setzen eines Häkchens aus.
4. Klicken Sie auf die Schaltfläche OK, um die Eingabe zu beenden.

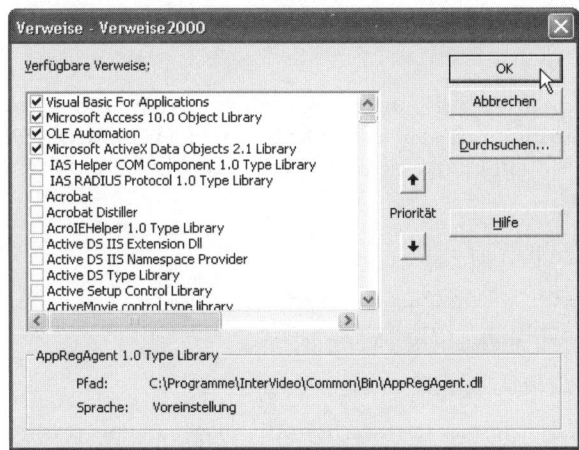

Abb. 17.1: Dialog zum Setzen von Verweisen

Wenn Sie hier beispielsweise den Eintrag Microsoft x.0 Object Library aktivieren, können Sie im VBA-Editor leicht auf die Objekte von Word zugreifen.

Wie das funktioniert, sehen Sie, wenn Sie die Beispielprozedur aus Abbildung 17.2 eingeben. Der Editor bietet die Elemente der Objektbibliothek nach der Eingabe des Hauptobjekts Word zur Auswahl an.

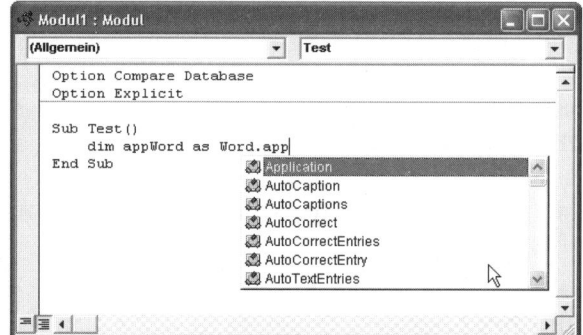

Abb. 17.2: Das Word-Objektmodell im Einsatz

17.2.2 Verweis auf andere Datenbanken

Wenn Sie eine Datenbank mit einer Sammlung oft verwendeter Funktionen und Prozeduren Ihr Eigen nennen, können Sie diese auch in anderen Access-Datenbanken verfügbar machen.

Dazu gehen Sie ähnlich wie beim Setzen eines herkömmlichen Verweises vor. Die Auswahl des Verweises selbst ist allerdings etwas aufwändiger: Da die Datenbank nicht als Objektbibliothek, DLL o. ä. registriert ist, müssen Sie die Datenbank selbst auswählen.

Dazu klicken Sie im Dialog Verweise auf die Schaltfläche Durchsuchen... und wählen dort die entsprechende Bibliotheksdatenbank aus.

17.3 Verweis ins Leere

Wenn eine Datenbankanwendung einen Verweis auf eine Bibliothek enthält und die referenzierte Datei aus irgendeinem Grund nicht an dem angegebenen Ort gefunden wird, versucht Access zunächst selbst, die Bibliothek an einem anderen Ort zu finden.

Dabei bezieht Access die folgenden Verzeichnisse in die Suche ein:

• das Verzeichnis, in dem Access installiert ist

• die Verzeichnisse Windows und Windows\System

• die in der Umgebungsvariablen Path angegebenen Verzeichnisse

• benutzerdefinierte Verweispfade (siehe Abschnitt 17.3.3 auf Seite 254)

Wenn Access die gesuchte Bibliothek dort immer noch nicht findet, erscheint eine entsprechende Fehlermeldung.

Die Fehlermeldung kann zwei Ausprägungen annehmen: entweder es erscheint die Fehlermeldung aus Abbildung 17.4 auf Seite 254 oder eine Fehlermeldung mit dem Text Funktion steht in Ausdrücken nicht zur Verfügung. Letztere tritt oft in Zusammenhang mit eingebauten Access-Funktionen wie Links(), Rechts() oder Format() auf.

17.3.1 Gründe für fehlerhafte Verweise

Besonders häufig treten Probleme mit Verweisen auf, wenn Sie Access-Datenbanken in irgendeiner Weise – z. B. durch Weitergabe an Kunden etc. – auf einem anderen als dem Entwicklungsrechner verwenden. Dort können aus verschiedenen Gründen Probleme auftreten:

- die Datei, auf die verwiesen wird, ist nicht vorhanden

- die Datei liegt nicht in der benötigten Version vor

17.3.2 Erzeugen eines fehlerhaften Verweises

Sie können das Auftreten eines fehlerhaften Verweises folgendermaßen reproduzieren:

1. Legen Sie eine neue, leere Datenbank namens `Bibliothek.mdb` an.

2. Erstellen Sie ein neues Modul und legen Sie dort die Funktion aus Quellcode 17.1 an.

3. Speichern und schließen Sie die Datenbank.

4. Öffnen Sie eine beliebige andere Datenbank und erstellen Sie einen Verweis auf die soeben angelegte Datenbank mit der Testfunktion.

```
Function Test()
    MsgBox "Dies ist eine Funktion aus einer Bibliotheksdatenbank."
End Function
```
Listing 17.1: Quellcode

Abgesehen davon, dass die eingebundene Datenbank nun in der Liste der Verweise auftaucht (siehe Abbildung 17.3 auf der nächsten Seite), macht sie sich nicht bemerkbar. Erst die Eingabe der Anweisung `Test` im Testfenster (zu aktivieren mit der Tastenkombination `Strg + G`) und das anschließend erscheinende Meldungsfenster beweisen die Funktionstüchtigkeit der eingebundenen Datei.

Nun „stören" Sie den Verweis, indem Sie den Dateinamen der Datenbank `Bibliothek.mdb` ändern oder die Datei in ein anderes Verzeichnis kopieren.

Hinweis: Sie können den Speicherort oder den Dateinamen der eingebundenen Datenbank nicht verändern, wenn der Verweis aktiv ist. Das ist der Fall, wenn die verweisende Datenbank bereits irgendeine Funktion der Bibliotheksdatenbank aufgerufen hat.

Wenn Sie nun die gewünschte Funktion aufrufen, erscheint eine entsprechende Fehlermeldung (siehe Abbildung 17.4 auf der nächsten Seite).

Im Anschluss an diese Meldung öffnet Access den Dialog `Verweise` und zeigt dort den fehlenden Verweis an (siehe Abbildung 17.5 auf Seite 255).

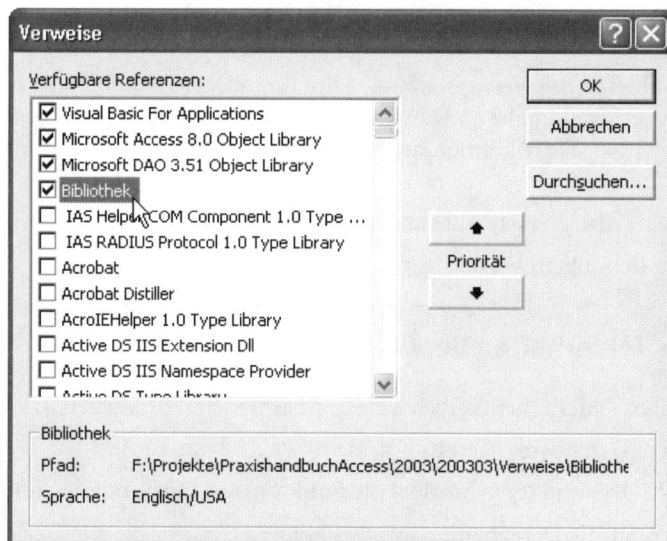

Abb. 17.3: Die eingebundene Bibliotheksdatenbank

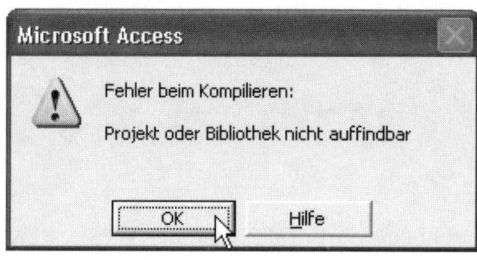

Abb. 17.4: Diese Meldung kann auf einen ungültigen Verweis hinweisen.

17.3.3 Standardspeicherort für Verweise festlegen

Wie bereits weiter oben erwähnt, durchsucht Access bei der Suche nach einem Verweis automatisch einige Standardverzeichnisse. Sie können auch selbst ein Verzeichnis zum Speichern von Bibliotheksdatenbanken festlegen.

Dazu müssen Sie einen entsprechenden Eintrag in der Registry von Windows hinterlegen. Gehen Sie dazu folgendermaßen vor:

1. Wählen Sie im Startmenü den Eintrag Ausführen... aus und geben Sie dort regedit.exe ein, um den Registrierungseditor zu starten.

2. Navigieren Sie zu dem Schlüssel HKEYLOCALMACHINE/Software/Microsoft/Office/x.0/Access.

3. Klicken Sie mit der rechten Maustaste auf den Eintrag Access und wählen Sie aus dem Kontextmenü die Anweisung Neu → Schlüssel aus.

4. Geben Sie RefLibPaths als Namen des neuen Schlüssels ein.

5. Legen Sie für diesen Schlüssel eine neue Zeichenfolge mit dem Dateinamen der Bibliotheksdatei als Namen an und weisen Sie als Wert den Namen des gewünschten Verzeichnisses zu (z. B. wie in Abbildung 17.6 auf der nächsten Seite).

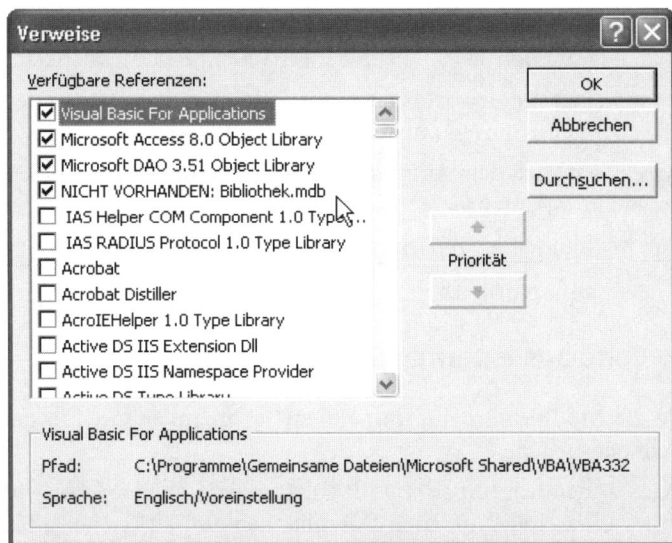

Abb. 17.5: Hinweis auf einen fehlenden Verweis

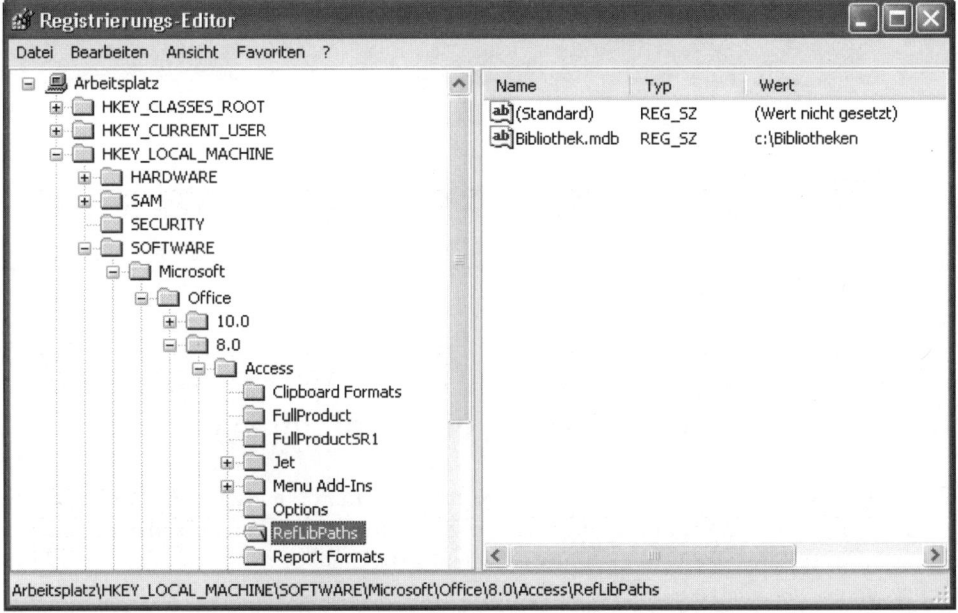

Abb. 17.6: Registry-Eintrag zum Festlegen eines Verzeichnisses für Bibliotheksdatenbanken

Falls Sie das Experiment zum Erzeugen eines fehlerhaften Verweises weiter oben mitge-macht und den Fehler noch nicht repariert haben, können Sie diesem noch ein weiteres Experiment anschließen:

Wenn Sie den Registry-Schlüssel erstellt und die Datenbank dort untergebracht haben, rufen Sie einfach noch einmal die Funktion Test() von der verweisenden Datenbank auf.

Es erscheint zwar erneut die erwartete Fehlermeldung – im anschließend erscheinenden Dialog Verweise findet sich aber kein Hinweis auf einen kaputten Verweis mehr.

Der Hintergrund ist, dass Access erst nach dem Auftreten eines Fehlers durch einen fehlenden Verweis die Standardverzeichnisse durchsucht.

Wenn die gesuchte Datei dort vorhanden ist, repariert Access den Verweis, indem es den neuen Speicherort einsetzt.

17.3.4 Bearbeiten von Code aus externen Datenbanken

Ab Access 2000 können Sie die Module von eingebundenen Datenbanken auch in der aufrufenden Datenbank leicht bearbeiten.

Grund ist der gegenüber Access 97 deutlich verbesserte VBA-Editor, der nun eine Übersicht der Module der aktuellen und aller eingebundenen Datenbanken enthält (siehe Abbildung 17.7).

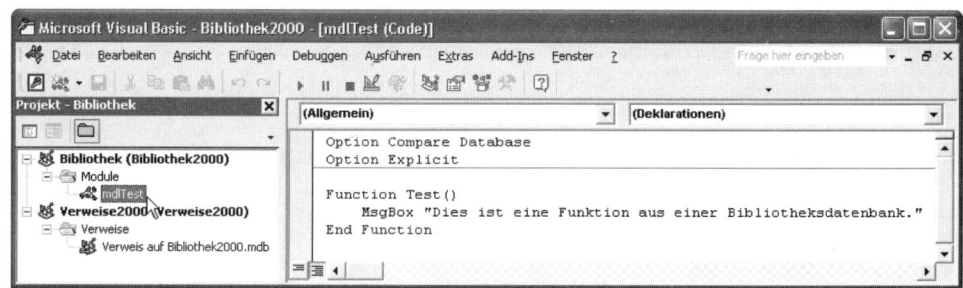

Abb. 17.7: Anzeige einer Funktion aus einer eingebundenen Datenbank

17.4 Optimieren der Verweise einer Datenbank

Gerade wenn Sie eine Datenbank an einen Kunden oder andere Mitarbeiter weitergeben, werden Sie ungern eine der in Kapitel 17.3 auf Seite 252 beschriebenen Fehlermeldungen als Reaktion auf die erste Verwendung der Datenbank erhalten.

Daher erfahren Sie, wie Sie fehlerhafte Verweise möglichst umgehen oder - im schlimmsten Fall - aber zumindest mit einer aussagekräftigeren Fehlermeldung aufdecken können.

17.4.1 Verweise anzeigen

Die Verweise werden in einer Auflistung namens References gespeichert. Diese Auflistung enthält für jede im Dialog Verweise markierte Bibliothek einen Eintrag. Mit der folgenden Prozedur können Sie einige Eigenschaften dieser Verweise im Testfenster ausgeben:

```
Public Sub VerweiseAnzeigen()
  Dim Verweis As Reference
  For Each Verweis In References
    Debug.Print Verweis.Name & " " & Verweis.FullPath & " " & Verweis.BuiltIn & ↵
    " " & Verweis.IsBroken
  Next Verweis
End Sub
```

> **Tipp:** Wenn Sie das Vorhandensein einer eingebundenen Datei überprüfen wollen, scheitern Sie gelegentlich an dem geringen Platz zur Anzeige der Dateiherkunft: Der Dateiname ist dann schlicht nicht zu sehen. Mit obiger Prozedur können Sie sich den Pfad in voller Breite im Testfenster ausgeben lassen.

17.4.2 Verweise ohne Ziel auffinden

Es macht sich sicher gut, wenn Sie dem Anwender Ihrer Datenbank eine genaue Fehlermeldung präsentieren, falls es mal mit den Verweisen nicht klappt. Er kann Ihnen dann direkt konkrete Hinweise auf eventuelle Fehlfunktionen aufgrund fehlender Verweise geben.

Die folgende Funktion können Sie in Datenbankanwendungen integrieren, die von anderen Benutzern außer Ihnen verwendet werden. Sie liefert direkt beim Start einen Hinweis auf eventuell fehlende Verweise.

```
Public Function VerweisePruefen1()
  Dim Verweis As Reference
  For Each Verweis In References
    If Verweis.IsBroken = True Then
      MsgBox "Die Anwendung hat einen fehlerhaften Verweis auf die Bibliothek" ↵
      & Verweis.Name & " (Version " & Verweis.Major & "." & Verweis.Minor & ↵
      ") gefunden." & vbCrLf & "Bitte geben Sie den Inhalt dieser " & "Meldung↵
      an den Datenbankadministrator weiter."
    End If
  Next Verweis
End Function
```
Listing 17.2: Quellcode

Damit die Prozedur beim Starten der Datenbankanwendung aufgerufen wird, legen Sie ein Makro an, das beim Start automatisch ausgeführt wird:

1. Wechseln Sie im Datenbankfenster in das Register `Makros` und klicken Sie dort auf die Schaltfläche `Neu`.

2. Wählen Sie in der ersten Spalte der ersten Zeile die Aktion `AusführenCode` aus.

3. Geben Sie für den Parameter `Funktionsname` im unteren Bereich des Makrofensters den Namen der auszuführenden Funktion ein, also `VerweiseChecken1()`.

4. Speichern Sie das Makro unter dem Namen `autoexec`. Das Makro mit diesem Namen wird beim Start automatisch aufgerufen.

Wenn Sie das Makro testen möchten, können Sie die Datenbank verwenden, in der Sie den Verweis auf die Bibliotheksdatenbank angelegt haben. Benennen Sie die Bibliotheksdatenbank um und starten Sie die Datenbank mit dem Verweis auf diese Datenbank. Daraufhin erscheint das Meldungsfenster aus Abbildung 17.8.

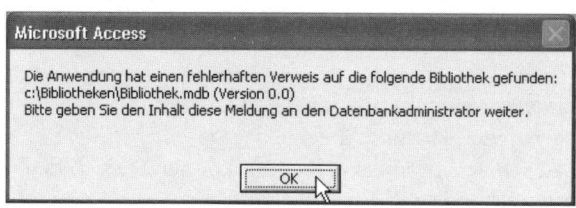

Abb. 17.8: Hinweis auf einen fehlenden Verweis

17.4.3 Fehlerhafte Verweise auffinden

Wenn Sie beim Aufruf einer Funktion wie z. B. Links(), Rechts() oder Format() eine Fehlermeldung mit dem Text Funktion steht in Ausdrücken nicht zur Verfügung erhalten, verweist die Datenbank möglicherweise auf die falsche Version der Zieldatei. Diesen Fehler können Sie ebenfalls beim Start der Anwendung abfangen.

Dazu benötigen Sie eine beliebige Tabelle und eine Abfrage, die eine der genannten Funktionen auf den Inhalt eines Feldes der Tabelle anwendet (siehe Abbildung 17.9 auf der nächsten Seite). Mit einer Funktion greifen Sie auf den entsprechenden Wert dieser Abfrage zu und fangen den eventuell auftretenden Fehler mit einer entsprechenden Fehlerbehandlung ab. Die Funktion zum Testen der in dieser Abfrage verwendeten VBA-Funktion erstellt ein Recordset mit der Abfrage als Datenherkunft (siehe Quellcode 17.3).

```
Function VerweisePruefen2()
    Dim db As Database
    Dim rst As Recordset
    Dim Wert As String
    Set db = CurrentDb
    On Error Resume Next
    Set rst = db.OpenRecordset("qryTest", dbOpenDynaset)
    Wert = rst!Test
    If Err.Number = 3075 Then
        MsgBox "Die Anwendung hat einen fehlerhaften" & "Verweis entdeckt. Dieser ⊃
        Fehler wird " & "nun behoben."
        VerweiseAktualisieren
    End If
End Function}
```

Listing 17.3: Quellcode

Anschließend liest sie den Wert des Feldes mit der Funktion in eine Variable ein. Wenn der Verweis fehlerhaft ist, tritt ein Fehler auf, der im nächsten Schritt direkt abgefangen wird und eine Prozedur zum Aktualisieren des Verweises aufruft.

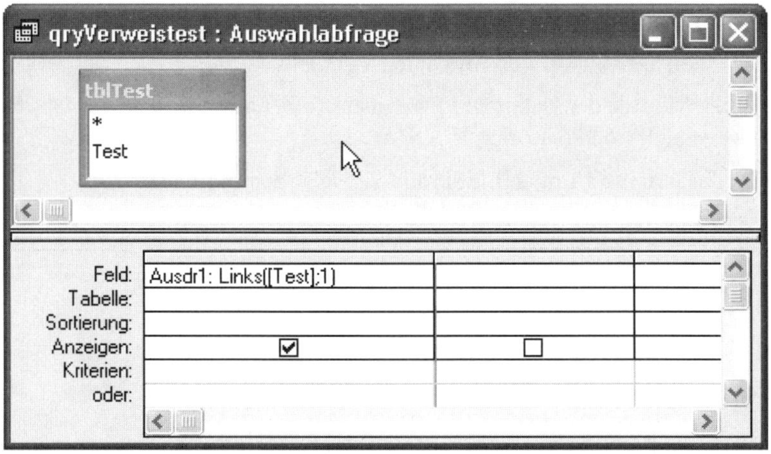

Abb. 17.9:
Abfrage zum
Testen von
Verweisen

17.4.4 Verweise reparieren

Falls die Funktion aus dem vorherigen Abschnitt einen fehlerhaften Verweis findet, ruft sie die Prozedur aus Quellcode 17.4 auf.

```
Sub VerweiseAktualisieren()
    Dim VerweisAlt, VerweisNeu As Reference
    Dim VerweisPfad As String
    For Each VerweisAlt In References
        If VerweisAlt.Name <> "Access" And VerweisAlt.Name <> "VBA" Then
            Set VerweisNeu = VerweisAlt
            Exit For
        End If
    Next VerweisAlt
    VerweisPfad = VerweisNeu.FullPath
    References.Remove VerweisNeu
    References.AddFromFile VerweisPfad
    Call SysCmd(504, 16384)
End Sub
```

Listing 17.4: Quellcode

Diese Prozedur testet alle Verweise außer denjenigen, die auf die Bibliotheken Access und VBA zeigen, bis sie einen Fehler findet.

17.4.5 Unnötige Verweise entfernen

Bei der Entwicklung einer Datenbankanwendung kommt es vor, dass Bibliotheken unnötig referenziert sind, weil deren Funktionen während des Entwicklungsprozesses verwendet, aber später doch wieder herausgenommen wurden.

Darunter leidet die Performance, außerdem können auch bei nicht verwendeten Verweisen Fehler auftreten. Sie sollten daher als letzten Test vor dem Verteilen einer Anwendung unbedingt überprüfen, ob auch alle Verweise benötigt werden, die Sie angelegt haben.

Gehen Sie dazu folgendermaßen vor:

1. Deaktivieren Sie einen aktiven Verweis im Dialog `Verweise`.

2. Kompilieren Sie alle Module der Datenbank. Wenn ein Fehler auftritt, wird das Objekt, auf das der Verweis zeigt, noch benötigt.

3. Wiederholen Sie die Schritte 1 und 2, bis Sie alle Verweise getestet haben.

18 Query-Analyzer für Access

Christoph Spielmann, Düsseldorf

Wenn Sie schon einmal mit dem Microsoft SQL-Server gearbeitet haben, werden Sie sicherlich den Query-Analyzer schätzen gelernt haben. Mit diesem Tool können Sie schnell und einfach eine SQL-Abfrage ausführen und das Ergebnis begutachten. Dieser Artikel stellt Ihnen einen Query-Analyzer zum Einsatz unter Access vor.

Inhalt

18.1 Leistungsumfang des Query-Analyzers

Man mag es kaum glauben, aber auch der Microsoft SQL Server hat einmal in der Version 1.0 das Licht der Welt erblickt. 1989 hatte Microsoft die erste Version für das Betriebssystem OS/2 herausgebracht, das damals noch unter der Federführung von Microsoft in Zusammenarbeit mit IBM entwickelt wurde. Die Basis des SQL-Servers stammte hierbei vom Sybase SQL-Server 4.0, einem Datenbank-Server für Unix und VMS. Das Typische für diese Datenbank-Server war zu jener Zeit, dass jegliche Kommunikation zwischen Benutzer und Server nur via SQL erfolgen konnte. Dies betraf zum Beispiel das Anlegen von Tabellen, das Hinzufügen von Benutzern, die Vergabe von Zugriffsrechten und natürlich auch das Abfragen von Daten. Die Eingabe von SQL-Anweisungen erfolgt hierbei über den Query-Analyzer (siehe Abbildung 18.1) beziehungsweise das DOS-Gegenstück „iSQL". Erst später stellte Microsoft mit dem Enterprise-Manager eine Benutzeroberfläche zur Verfügung, die dem Benutzer Aufgaben wie beispielsweise die Anlage von Tabellen auch ohne komplizierte SQL-Anweisungen ermöglichte.

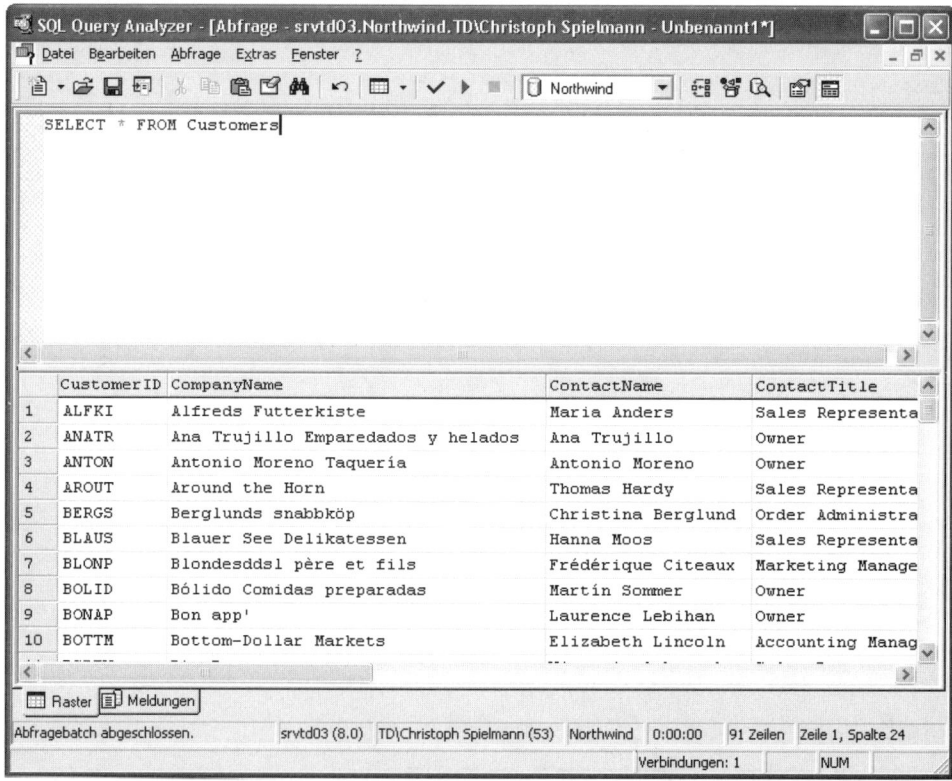

Abb. 18.1: Der Query-Analyzer des Microsoft SQL-Servers

Trotz Enterprise-Manager wird der Query-Analyzer noch von vielen Benutzern eingesetzt, da zum Beispiel die Eingabe von `DELETE FROM Kunden` zum Löschen von Datensätzen für viele der schnellste Weg ist.

Auch zum Test und zur Fehlerbehebung von SQL-Anweisungen ist der Query-Analyzer gut geeignet.

Die hier vorgestellte Lösung des Query-Analyzers bietet die wichtigsten Funktionen nun auch unter Access. Hierzu zählen die Eingabe und Ausführung von SQL-Statements sowie das Speichern und Laden von Abfragen.

18.2 Benutzung des Query-Analyzers

Der Query-Analyzer für Access besteht aus einem einzelnen Formular, das Sie problemlos in Ihre Datenbank importieren können. Von dort aus können Sie den Query-Analyzer dann aus dem Datenbankfenster heraus öffnen und einsetzen.

Voraussetzung ist lediglich, dass Sie Ihrem Projekt Verweise auf die Objekte `ADO` und `ADOX` hinzufügen (siehe Abbildung 18.2).

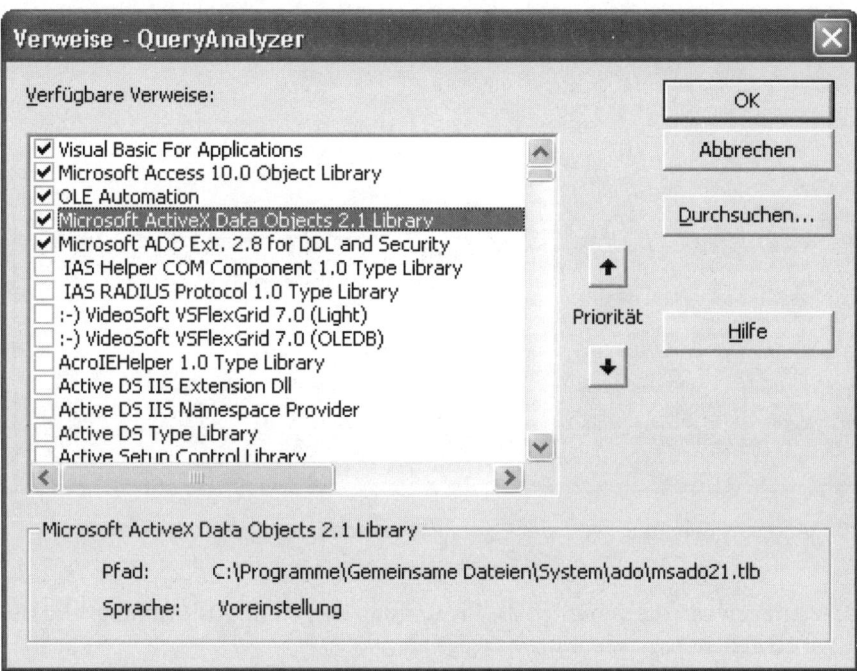

Abb. 18.2: Erforderliche Verweise zum Einsatz des QueryAnalyzers

Ein Einsatz des Query-Analyzers als Add-In ist leider nicht möglich, wie später noch erläutert wird.

18.2.1 Eingabe- und Ergebnisbereich

Das Formular des Query-Analyzers ist zweigeteilt. Im oberen Bereich befindet sich der Eingabebereich für SQL-Anweisungen.

Der untere Ergebnisbereich zeigt das Ergebnis an. Sollte es sich bei der Anweisung um eine SELECT-Anweisung handeln, wird das Ergebnis automatisch als Tabelle angezeigt.

Bei allen anderen Anweisungen – die keine Datensätze zurückliefern – erscheint eine entsprechende Meldung.

Daten und Meldungen sind im unteren Bereich durch ein Register-Steuerelement umschaltbar (siehe Abbildung 18.3 und 18.4 auf der nächsten Seite).

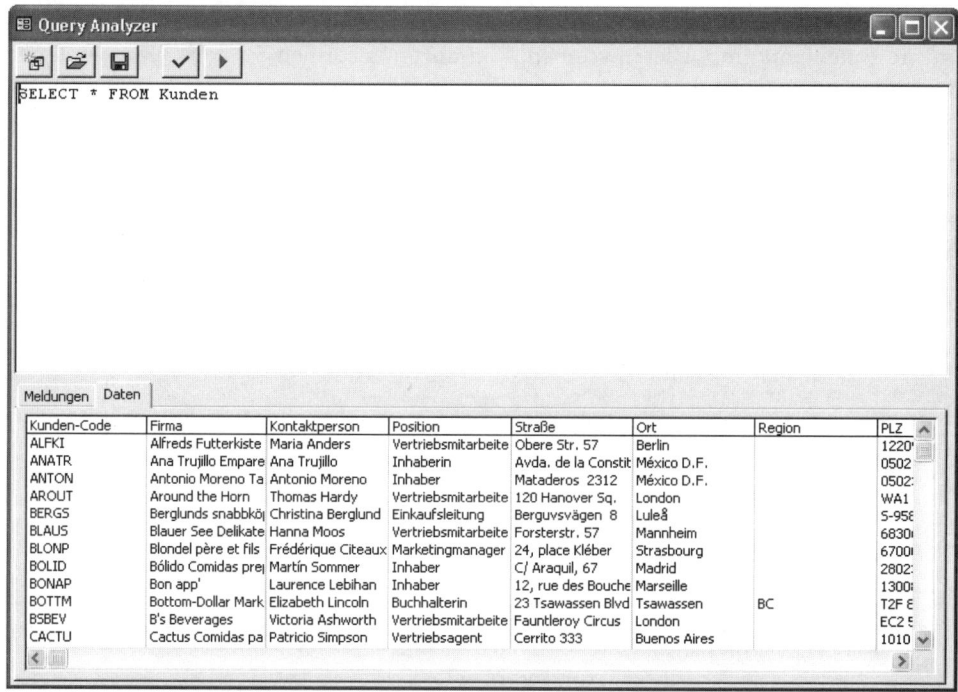

Abb. 18.3: Der Access-QueryAnalyzer in der Ergebnistabellenansicht …

Bei SELECT-Abfragen wird automatisch die Ergebnistabelle gefüllt. Als Meldung wird die Anzahl der zurückgelieferten Datensätze ausgegeben.

Bei allen anderen Abfrage-Typen (zum Beispiel DELETE, UPDATE oder INSERT INTO) wird das Register Daten automatisch ausgeblendet und lediglich das Meldungsfenster angezeigt.

Hier wird dann die Anzahl der von der Anweisung betroffenen Datensätze ausgegeben.

Bei DELETE-Anweisungen ist dies zum Beispiel die Anzahl der gelöschten Datensätze.

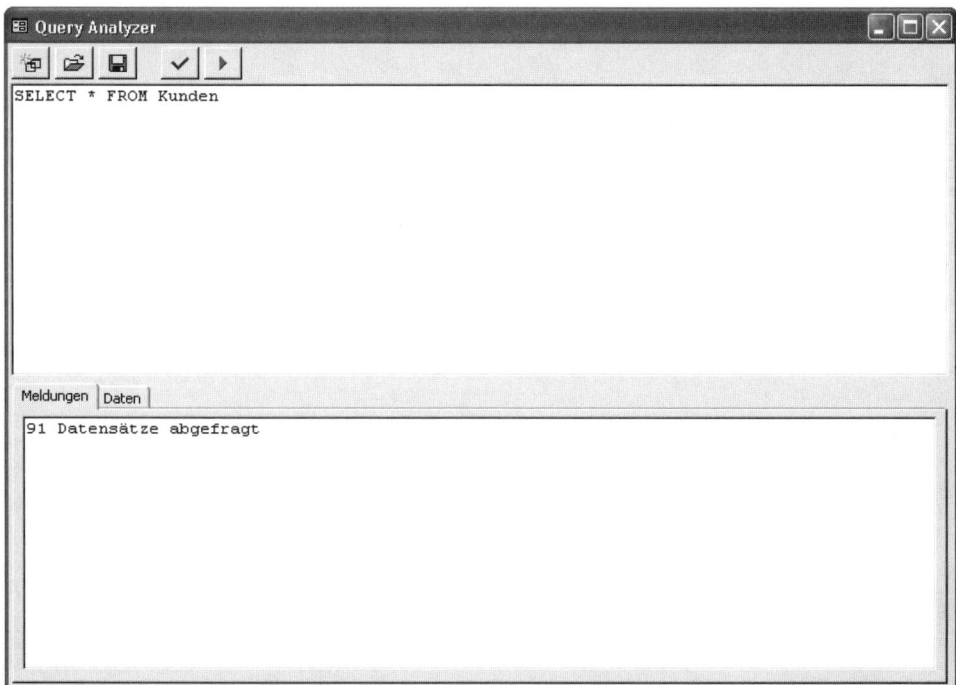

Abb. 18.4: ... und in der Ergebnisansicht

Sollte die angegebene Anweisung einen Fehler enthalten, wird dieser ebenfalls als Meldung ausgegeben (siehe Abbildung 18.5 auf der nächsten Seite).

18.2.2 Ausführen und prüfen von Anweisungen

Im Kopf des Query-Analyzers befindet sich eine Symbolleiste. Mit Hilfe des Pfeil-Symbols führen Sie die aktuelle Abfrage aus. Alternativ können Sie die SQL-Anweisung auch nach dem Vorbild des SQL-Servers mit der Taste F5 starten.

Eine besondere Bedeutung hat das Prüf-Symbol direkt links daneben. Hiermit können Sie eine Abfrage prüfen, ohne dass hierbei die Daten verändert werden. Dies ist insbesondere bei komplexen Löschabfragen hilfreich.

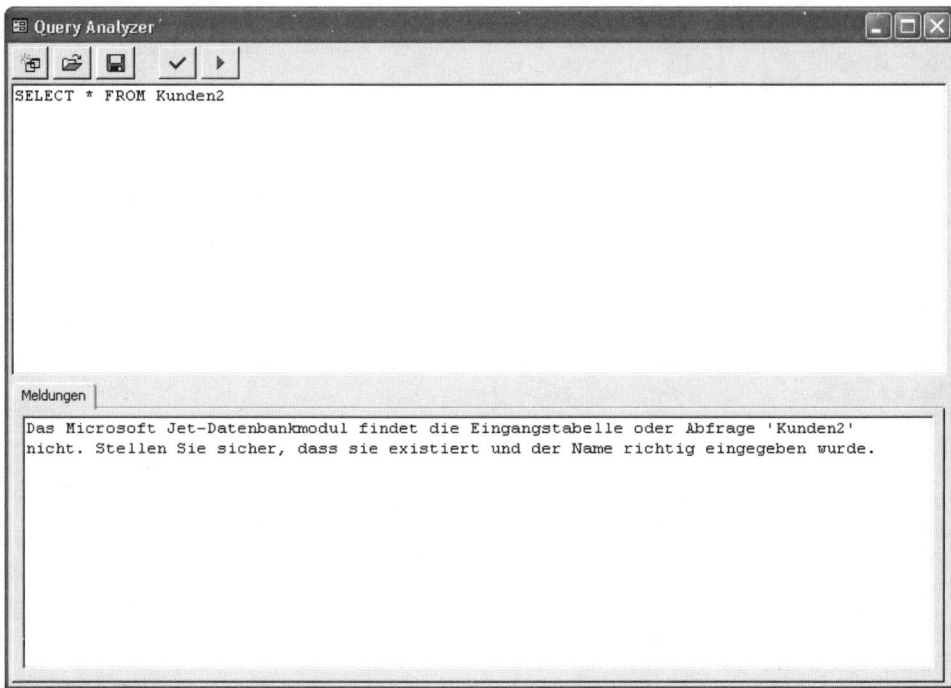

Abb. 18.5: Die Anzeige einer Fehlermeldung

18.2.3 Öffnen und speichern von Abfragen

Eine weitere wichtige Funktion ist das Speichern und Öffnen einer Abfrage.

Zu diesem Zweck stehen im Kopfbereich zwei entsprechende Symbole zur Verfügung.

Im Gegensatz zum Query-Analyzer des SQL-Servers werden die Abfragen jedoch nicht in Text-Dateien, sondern innerhalb der Datenbank als normale Access-Abfragen gespeichert.

Auch beim Laden einer Abfrage greifen Sie auf alle Access-Abfragen zu.

Beim Laden einer Abfrage ändert sich der Eingabebereich des Query-Analyzers in eine Auswahlliste (siehe Abbildung 18.6 auf der nächsten Seite).

Hier können Sie eine Abfrage durch einen Doppelklick auswählen, deren SQL-Anweisung dann im Eingabebereich angezeigt wird.

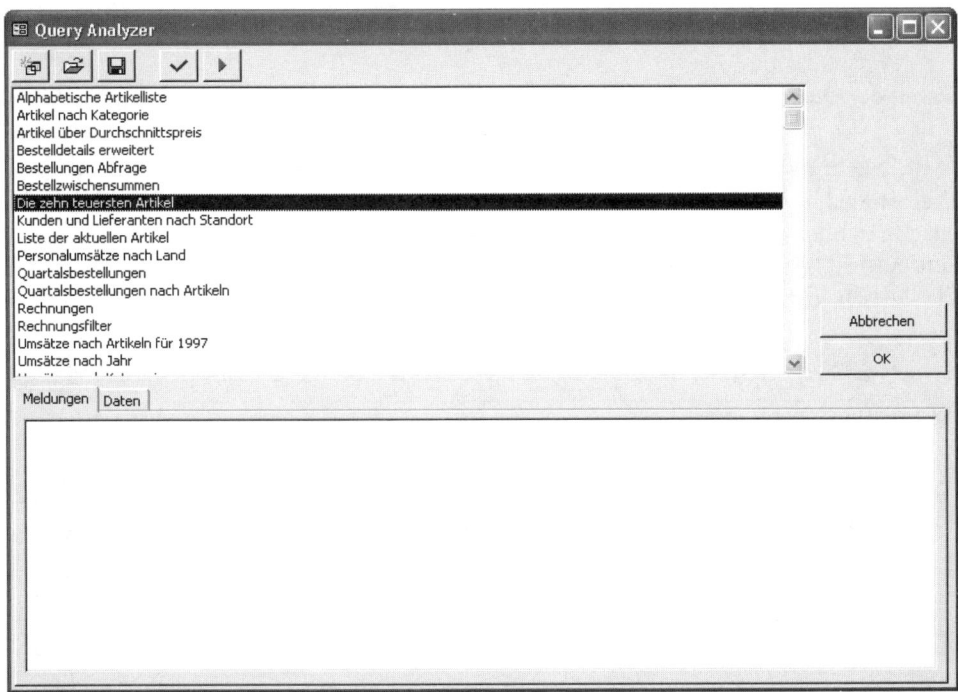

Abb. 18.6: Auswahl einer gespeicherten Abfrage

Hinweis: Auf der Website zum Buch (www.buch.cd) finden Sie zwei Versionen des Query-Analyzers, eine für Access XP und eine für Access 2000. Der Unterschied besteht darin, dass in der Access-XP-Version die Anzahl der Spalten mit Hilfe der Recordset-Eigenschaft des Listenfeldes ermittelt werden kann. Dies ist bei Access 2000 leider nicht möglich, weswegen die Spaltenanzahl immer auf 255 gesetzt wird. Weiterhin ist die Erkennung von Fehlern in der SQL-Anweisung bei der XP-Variante zuverlässiger. Die 2000er-Variante geht dagegen schon dann von einem Fehler in der Anweisung aus, wenn keine Datensätze zurückgeliefert werden (was ja nicht unbedingt einem Fehler in der Anweisung gleichkommt). In der Praxis hat dies jedoch kaum negative Auswirkungen. Aufgrund des besseren Funktionsumfangs wird im Folgenden die Version für Access XP beschrieben.

18.3 Funktionsweise des Query-Analyzers

Damit der Query-Analyzer problemlos in andere Datenbanken importiert werden kann, befindet sich die gesamte Logik innerhalb des Formulars `frmQueryAnalyzer` beziehungsweise dem dazugehörigen Formularmodul.

Dies ist auch der Grund dafür, warum beim Öffnen einer gespeicherten Abfrage nicht ein Auswahlfenster erscheint, sondern der obere Eingabebereich des Formulars durch eine Auswahlliste ersetzt wird. Abbildung 18.7 zeigt den Aufbau des Formulars in der Entwurfsansicht.

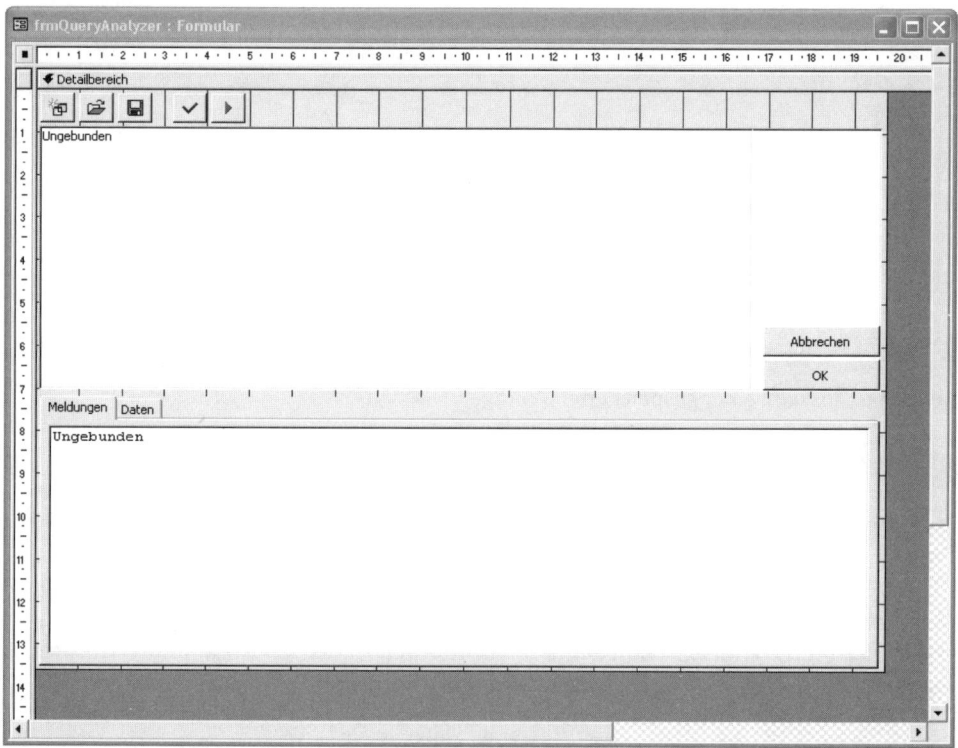

Abb. 18.7: Der Query-Analyzer in der Entwurfsansicht

18.3.1 Ausführen einer Abfrage

Das Ausführen einer Abfrage erledigt die Prozedur `ExecuteSQL` (siehe Quellcode 18.1).

```
Private Sub ExecuteSQL(CheckOnly As Boolean)
  Dim SQLError As Boolean
  If SQL = "" Then
    MsgBox "Bitte geben Sie eine SQL-Anweisung ein!", vbInformation
```

```
      Exit Sub
   End If
   Me.txtMessage.Value = ""
   If ReturnsData() Then
      If CheckOnly = False Then
         Me.lstData.RowSource = SQL
         Me.lstData.Requery
         On Error Resume Next
         Me.lstData.ColumnCount = Me.lstData.Recordset.Fields.Count
         If Err = 0 Then
            SQLError = False
         Else
            SQLError = True
         End If
         On Error GoTo 0
      End If
      If SQLError = True Or CheckOnly = True Then
         Dim tempData As New Recordset
         With tempData
           .ActiveConnection = CurrentProject.Connection
           .Source = SQL
           .CursorType = adOpenStatic
           .LockType = adLockReadOnly
           .CursorLocation = adUseClient
           On Error Resume Next
           .Open
           If Err <> 0 Then
               Me.txtMessage.Value = Err.Description
               Me.tabMessage.SetFocus
               Me.tabData.Visible = False
           Else
               If CheckOnly Then
                  Me.txtMessage.Value = "Die SQL-Anweisung wurde erfolgreich" & " >
                  geprüft"
                  Me.tabMessage.SetFocus
                  Me.tabData.Visible = False
               Else
                  Me.tabData.Visible = True
                  Me.tabData.SetFocus
               End If
           End If
         End With
      Else
         Me.tabData.Visible = True
         Me.tabData.SetFocus
         Me.txtMessage.Value = CStr(Me.lstData.ListCount - 1) & " Datensätze >
         abgefragt"
      End If
   Else
      Me.tabMessage.SetFocus
      Me.tabData.Visible = False
      Dim RecordsAffected As Long
      If CheckOnly Then CurrentProject.Connection.BeginTrans
      On Error Resume Next
      CurrentProject.Connection.Execute SQL, RecordsAffected
      If Err <> 0 Then
```

```
            Me.txtMessage.Value = Err.Description
        Else
            If CheckOnly Then
                Me.txtMessage.Value = "Die SQL-Anweisung wurde erfolgreich geprüft"
            Else
                Me.txtMessage.Value = CStr(RecordsAffected) & " Datensätze betroffen"
            End If
        End If
        If CheckOnly Then CurrentProject.Connection.RollbackTrans
    End If
    Me.txtSQL.SetFocus
    Me.txtSQL.SelLength = 0
End Sub
```

Listing 18.1: Quellcode

Die Prozedur prüft zunächst, ob überhaupt eine SQL-Anweisung eingegeben wurde. Wenn dies nicht der Fall ist, gibt sie eine Fehlermeldung aus. Anschließend wird ein eventuell vorhandener Meldungstext gelöscht und mittels `ReturnsData`-Funktion geprüft, ob es sich bei der SQL-Anweisung um eine Auswahl-Abfrage (`SELECT`) oder eine Aktionsabfrage (`DELETE, INSERT INTO, UPDATE...`) handelt.

Den Aufbau dieser Funktion lernen Sie später noch kennen.

Im Falle einer Auswahlabfrage muss das Ergebnis abgefragt und angezeigt werden. Zu diesem Zweck befindet sich im Ergebnisbereich ein Listenfeld namens `lstData`. Diesem wird mittels `RowSource`-Eigenschaft die SQL-Anweisung zugewiesen und das Ergebnis mittels `Requery`-Methode abgefragt und angezeigt.

Schließlich wird noch die Anzahl der Felder ermittelt und diese der `ColumnCount`-Eigenschaft zugewiesen. Diese Anweisung ist in eine Fehlerbehandlung mittels `On Error Resume Next` gekapselt. Das hat den folgenden Grund: Wenn die SQL-Anweisung fehlerhaft ist, tritt beim Aufruf der `Requery`-Methode kein Fehler auf. Dies ist jedoch beim Zugriff auf die `Recordset`-Eigenschaft der Fall. Hier muss der Fehler also abgefangen werden. Zusätzlich wird die Variable `SQLError` auf `True` gesetzt, um den nachfolgenden Anweisungen mitzuteilen, dass die SQL-Anweisung einen Fehler enthält.

Zur Vervollständigung sei noch erwähnt, dass die Aktualisierung der Liste nur dann erfolgt, wenn die SQL-Anweisung nicht geprüft, also wirklich ausgeführt werden soll.

Hinweis: Der Einsatz des Listenfeldes ist der Grund dafür, warum die Datenbank nicht als Add-In eingesetzt werden kann. Die `RowSource`-Eigenschaft des Listenfeldes kann nicht aus einem Add-In heraus auf die Daten der Benutzerdatenbank zurückgreifen. Die einzige Lösung wäre, das Abfrageergebnis in einer dynamisch erzeugten Access-Tabelle zwischenzuspeichern, was jedoch insbesondere bei großen Datenmengen zu deutlichen Performanceeinbußen führen würde.

Wenn in der SQL-Anweisung ein Fehler vorhanden ist, wird die Abfrage nochmals ausgeführt, diesmal jedoch unter Zuhilfenahme eines `ADO-Recordset`-Objekts.

Bei der Ausführung der `Open`-Methode tritt hier der erwartete Laufzeitfehler auf, dessen Meldung schließlich als Text ausgegeben wird.

Das ADO-Recordset kommt auch dann zur Ausführung, wenn die SQL-Anweisung lediglich geprüft werden sollte. Wenn die Prüfung erfolgreich verläuft, erscheint eine Erfolgsmeldung, andernfalls eine Fehlermeldung.

Je nachdem wird auch das Register `Daten` oder `Meldung` eingeblendet, damit der Benutzer das Ergebnis der SQL-Anweisung direkt begutachten kann.

Im unteren Teil der `ExecuteSQL`-Prozedur befindet sich der Block zur Ausführung von Aktionsabfragen. Wesentlich ist hierbei die Ausführung der `Execute`-Methode des Objekts `CurrentProject.Connection`.

Als Parameter werden der SQL-Befehl sowie die leere Variable `RecordsAffected` übergeben.

Letztere füllt Access nach erfolgreicher Ausführung mit der Anzahl der betroffenen Datensätze.

Diese Information ist zum Beispiel bei Lösch- oder Aktualisierungsabfragen interessant. Sollte ein Fehler auftreten, erfolgt wieder die Ausgabe des Fehlertextes.

Besondere Wichtigkeit liegt bei der Handhabung der Prüf-Funktion: Da Aktionsabfragen die Daten verändern, muss mit Hilfe einer Transaktion gearbeitet werden.

Diese wird mit `CurrentProject.Connection.BeginTrans` gestartet und am Ende der Prüfung mit `CurrentProject.Connection.Rollback` wieder rückgängig gemacht.

> **Hinweis:** Transaktionen sind unter Access leider nicht sehr sicher. Anders als beim SQL-Server kann Access Transaktionen, die nicht durch `Rollback` oder `CommitTrans` beendet wurden, nicht mehr zurückfahren. Dies wäre zum Beispiel bei einem Absturz von Access oder einem Stromausfall der Fall. Die Prüf-Funktion ist also mit gewisser Vorsicht zu verwenden.

18.3.2 Einsatz von Hilfsfunktionen

Wie bereits zu Beginn erwähnt, werden von der Prozedur `ExecuteSQL` einige Hilfsprozeduren verwendet. Eine hiervon ist als Eigenschaft ausgelegt. Sie trägt den Namen `SQL` und ermittelt den vom Benutzer eingegebenen SQL-Text (Quellcode 18.2).

```
Private Property Get SQL() As String
   Dim SQLText As String
   Me.txtSQL.SetFocus
   SQL = FullTrim(Me.txtSQL.Text)
End Property
```

Listing 18.2: Quellcode

Die Besonderheit ist hierbei, dass mit Hilfe der `FullTrim`-Eigenschaft alle führenden Leerzeichen und Leerzeilen abgeschnitten werden. Die Funktion hat den in Quellcode 18.3 beschriebenen Aufbau.

```
Private Function FullTrim(ByVal Text As String) As String
    Dim i As Integer
    For i = 1 To Len(Text)
        If Asc(Mid(Text, i, 1)) < 32 Then
            Mid(Text, i, 1) = " "
        End If
    Next i
    FullTrim = Trim(Text)
End Function
```
Listing 18.3: Quellcode

Mit einer Schleife werden hier alle Sonderzeichen mit einem ASCII-Code kleiner als 32 durch Leerzeichen ersetzt.

Abschließend wird noch die Trim-Funktion von Access aufgerufen, um führende und nachfolgende Leerzeichen abzuschneiden.

Die Hilfsfunktion ReturnsData haben Sie bereits kennen gelernt. Sie prüft, ob es sich bei der Abfrage um eine Auswahl oder eine Aktionsabfrage handelt. Zu diesem Zweck prüft die Funktion, ob die SQL-Anweisung mit dem Text SELECT beginnt. Hierbei greift sie auf die SQL-Eigenschaft zu, die bereits führende Leerzeichen und -zeilen entfernt hat (siehe Quellcode 18.4).

```
Private Function ReturnsData() As Boolean
    If Left(SQL, 6) = "SELECT" Then
        ReturnsData = True
    Else
        ReturnsData = False
    End If
End Function
```
Listing 18.4: Quellcode

Der Start der ExecuteSQL-Funktion erfolgt sowohl von der Schaltfläche der Symbolleiste aus, als auch durch Drücken der Taste F5.

Hierfür sind die folgenden beiden Ereignisprozeduren aus Quellcode 18.5 und 18.6 verantwortlich. Letztere ist mit dem KeyDown-Ereignis des Textfeldes verbunden. Sie prüft, ob es sich bei dem KeyCode um die Nummer 116 handelt, die der F5-Taste entspricht.

```
Private Sub btnExecuteSQL_Click()
    ExecuteSQL False
End Sub
```
Listing 18.5: Quellcode

```
Private Sub txtSQL_KeyDown(KeyCode As Integer, Shift As Integer)
    If KeyCode = 116 Then
        ExecuteSQL False
    End If
End Sub
```
Listing 18.6: Quellcode

18.3.3 Laden von SQL-Anweisungen

Das Laden von SQL-Anweisungen erledigt die Ereignisprozedur `btnOpen_Click` (siehe Quellcode 18.7). Die Prozedur erzeugt eine Liste aller Abfragen, indem sie mittels `ADOX` die Namen aller Auswahl-Abfragen (`View`) und Aktionsabfragen (`Procedures`) zu einer mit Semikolons getrennten Zeichenkette zusammen stellt und diese der Auswahlliste `lstQueryList` als Werteliste zuweist. Bei Aktionsabfragen werden hierbei die von Access angelegten temporären Abfragen ignoriert. Diese sind an einer führenden Tilde im Namen zu erkennen.

```
Private Sub btnOpen_Click()
    Dim QueryList As String
    Dim MyCatalog As New ADOX.Catalog
    Dim i As Integer
    MyCatalog.ActiveConnection = CurrentProject.Connection
    For i = 0 To MyCatalog.Views.Count - 1
        QueryList = QueryList + MyCatalog.Views(i).Name + ";"
    Next i
    For i = 0 To MyCatalog.Procedures.Count - 1
        If Left(MyCatalog.Procedures(i).Name, 1) <> "~" Then
            QueryList = QueryList + MyCatalog.Procedures(i).Name + ";"
        End If
    Next i
    If Len(QueryList) > 0 Then
        QueryList = Left(QueryList, Len(QueryList) - 1)
    End If
    With Me.lstQueryList
        .RowSource = QueryList
    End With
    SetQuerySelectMode True
End Sub
```
Listing 18.7: Quellcode

Nach Füllen der Liste wird das Formular in den Abfrageauswahlmodus umgeschaltet. Dies bedeutet, dass der Eingabebereich ausgeblendet und die Auswahlliste zusammen mit den beiden Schaltflächen `OK` und `Abbrechen` eingeblendet wird. Diese Aufgabe erledigt die Prozedur `SetQuerySelectMode` (siehe Quellcode 18.8).

```
Public Sub SetQuerySelectMode(Activate As Boolean)
    If Activate Then
        Me.lstQueryList.Visible = True
        Me.lstQueryList.SetFocus
        Me.txtSQL.Visible = False
        Me.btnSelectQueryCancel.Visible = True
        Me.btnSelectQueryOK.Visible = True
    Else
        Me.txtSQL.Visible = True
        Me.txtSQL.SetFocus
        Me.lstQueryList.Visible = False
        Me.btnSelectQueryCancel.Visible = False
        Me.btnSelectQueryOK.Visible = False
    End If
End Sub
```
Listing 18.8: Quellcode

Sofern der Benutzer eine Abfrage ausgewählt und auf OK geklickt hat, wird die Prozedur aus Quellcode 18.9 ausgeführt. Diese greift mittels ADOX auf die Abfrage zu und liest die SQL-Anweisung aus. Da die Prozedur anhand des Namens nicht unterscheiden kann, ob es sich um eine Auswahlabfrage (View) oder eine Aktionsabfrage (Procedure) handelt, versucht sie zunächst den Zugriff per View und im Fehlerfall einen Zugriff per Procedure. Die Anweisung wird schließlich mit der Command.CommandText-Eigenschaft ausgelesen und in das Eingabefeld eingetragen. Abschließend erfolgt durch Aufruf der SetQuerySelectMode-Prozedur wieder eine Umschaltung vom Abfrageauswahlmodus in den Eingabemodus.

```
Private Sub btnSelectQueryOK_Click()
    If Me.lstQueryList.ItemsSelected.Count = 0 Then
        MsgBox "Bitte Abfrage markieren.", vbInformation
    Else
        Dim SQLName As String
        Dim MyCatalog As New ADOX.Catalog
        Dim MyView As ADOX.View
        Dim MyProc As ADOX.Procedure
        MyCatalog.ActiveConnection = CurrentProject.Connection
        SQLName = Me.lstQueryList.Value
        On Error Resume Next
        Set MyView = MyCatalog.Views(SQLName)
        Me.txtSQL.Value = MyView.Command.CommandText
        If Err <> 0 Then
            Set MyProc = MyCatalog.Procedures(SQLName)
            Me.txtSQL.Value = MyProc.Command.CommandText
        End If
        SetQuerySelectMode False
    End If
End Sub
```

Listing 18.9: Quellcode

18.3.4 Speichern von SQL-Anweisungen

Das Speichern von SQL-Anweisungen funktioniert ebenfalls mit ADOX:

Nach der Prüfung, ob eine SQL-Anweisung vorhanden ist, wird der Benutzer zur Eingabe eines Abfragenamens aufgefordert.

Danach erfolgt die Anlage der View beziehungsweise Procedure (siehe Quellcode 18.10).

```
Private Sub btnSave_Click()
    If SQL = "" Then
        MsgBox "SQL-Anweisung eingeben!", vbInformation
        Exit Sub
    End If
    Dim QueryName As String
    Dim MyCommand As New ADODB.Command
    QueryName = InputBox("Abfragename")
    If Len(QueryName) > 0 Then
    On Error GoTo ErrHandler
        Dim MyCatalog As New ADOX.Catalog
```

```
    MyCatalog.ActiveConnection = CurrentProject.Connection
    If ReturnsData Then
        MyCommand.CommandText = SQL
        MyCatalog.Views.Append QueryName, MyCommand
    Else
        MyCommand.CommandText = SQL
        MyCatalog.Procedures.Append QueryName, MyCommand
    End If
  End If
  Exit Sub
ErrHandler:
  MsgBox Err.Description, vbCritical
  Exit Sub
End Sub
```

Listing 18.10: Quellcode

Unter Umständen ist die neue Abfrage nicht direkt im Datenbankfenster sichtbar.

Schalten Sie in diesem Fall einfach in ein anderes Register um und danach in das Abfragen-Register zurück.

Hinweis: Aus Sicherheitsgründen überschreibt der Query-Analyzer generell keine Abfragen. Sollten Sie also eine Abfrage öffnen, modifizieren und dann wieder unter dem gleichen Namen speichern, tritt ein Fehler auf. Löschen Sie in diesem Fall die Abfrage vorher aus dem Datenbankfenster von Access.

18.4 Zusammenfassung und Ausblick

Der Query-Analyzer dürfte bereits im jetzigen Zustand für Access-Anwender mit SQL-Know-how eine deutliche Arbeitserleichterung bedeuten. Trotzdem besteht natürlich Potenzial für weitere Entwicklungen. Denkbar wären zum Beispiel die folgenden Funktionen:

• Übersichtliche Formatierung von SQL-Anweisungen

• Implementierung als Add-In unter Inkaufnahme der Performance-Nachteile

• Speichern von Abfragen außerhalb von Access als Textdateien

• Unterstützung von SQL-Scripten nach dem Vorbild des SQL-Servers

19 VBA-Funktionen – ausgewählte Stiefkinder

Karl Donaubauer, Wien

Es gibt einige VBA-Funktionen, die sehr nützlich sind, aber so gut wie keinen Bekannt-heitsgrad haben. Das liegt vor allem daran, dass diese Funktionen von ihren Erschaffern nur sehr stiefmütterlich behandelt werden – z. B. im Falle neuer Funktionen, die in der Online-Hilfe von Access einfach nicht unter den Neuheiten zu finden sind. Daher ist es kaum verwunderlich, dass diese Funktionen von Access-Entwicklern recht selten eingesetzt werden. Anders ist dies bei Word-Programmierern, die aufgrund ihrer Textlastigkeit meist gut mit diesen Funktionen vertraut sind. Damit auch Sie in Zukunft von diesen Stiefkindern profitieren können, finden Sie im vorliegenden Beitrag eine Beschreibung interessanter, aber verwaister VBA-Funktionen.

Inhalt

Alle Funktionen, die hier behandelt werden, sind Teil der VBA-Bibliothek (Datei: vbe6.dll bzw. Vorgänger/Nachfolger) und zwar in den Klassen Interaction (Choose, Switch) und String (alle anderen).

Sie vollbringen keine weltbewegenden Dinge, können aber verschiedene Operationen vereinfachen, die oft mit viel zu komplizierten Konstruktionen oder Workarounds gelöst werden.

Schon lange Bestandteil von VBA bzw. bereits von Access-Basic sind die Funktionen Choose, Switch und StrComp ab Access 1.0, StrConv ab Access 95. Neu ab VBA 6 d. h. ab Access 2000 sind InStrRev, Join, Replace, Split und StrReverse. Das Schattendasein dieser neueren Funktionen ist nicht verwunderlich. Sie werden, wenn überhaupt, nur durch Zufall z. B. im Objektkatalog (siehe Abbildung 19.1) oder in der Online-Hilfe gefunden. Sie treten jedoch nicht in der Liste der Neuheiten in der ohnehin mangelhaften Online-Hilfe von Access 2000 oder Access 2002 auf.

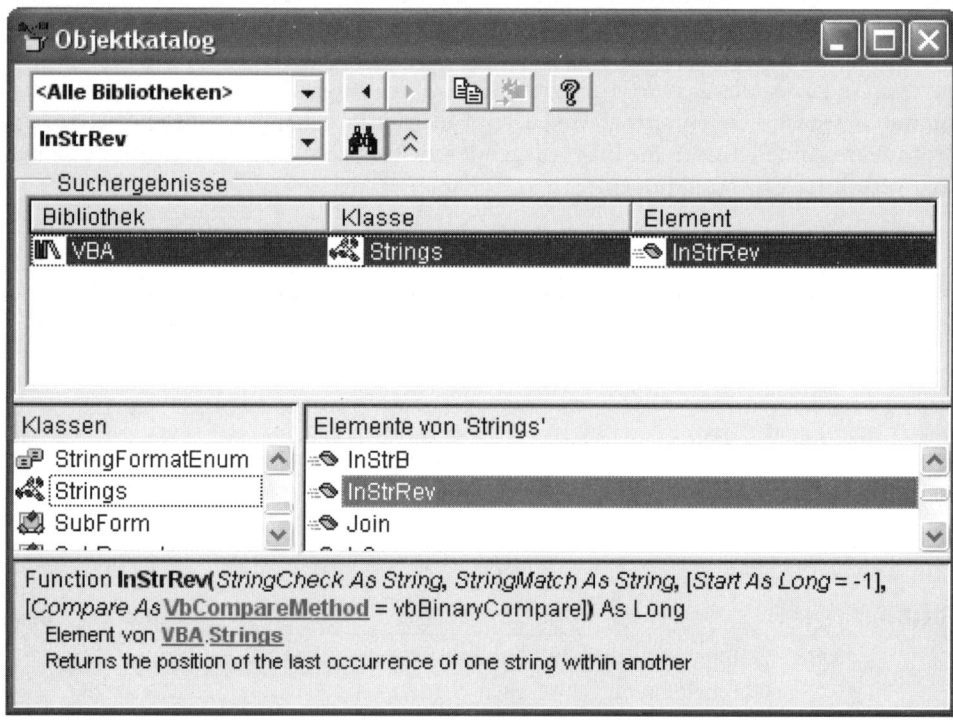

Abb. 19.1: Der Objektkatalog (hier von Access 2000) zeigt bekannte und wenig bekannte Funktionen relativ übersichtlich mit ihrer Klassenzugehörigkeit.

In Tabelle 19.1 finden Sie eine Zusammenstellung der vorgestellten Funktionen.

Tab. 19.1: VBA-Funktionen und deren Wirkung

Funktion	Wirkung
Choose	Auswahl eines Eintrags einer Liste in Abhängigkeit vom Index
Switch	Anzeige des ersten wahren Ausdrucks einer Liste
InStrRev	Ausgabe der letzten Position einer Zeichenfolge, die eine bestimmte Zeichenkette enthält
Replace	Ersetzen einer Zeichenfolge durch eine andere
StrComp	Vergleich zweier Zeichenfolgen
StrConv	Umwandlung einer Zeichenfolge nach bestimmten Regeln
Join	Aneinanderhängen der Teile eines Arrays
Split	Zerlegen einer Zeichenfolge in einzelne Teile eines Arrays
StrReverse	Umdrehen einer Zeichenfolge

19.1 Einträge auswählen mit Choose

Die Funktion Choose gibt den durch den Index festgelegten Wert aus der angebotenen Auswahlliste zurück. Die Syntax lautet folgendermaßen:

```
Choose(Index, Auswahl1, [Auswahl2... [, Auswahl-n]])
```

Folgendes Beispiel zeigt die Funktionsweise der Funktion:

```
Ergebnis = Choose(3, "A", "B", "C", "D")
```

Als Ergebnis gibt die Funktion den 3. Eintrag („C") aus. Eine sinnvolle Verwendung in der Praxis findet die Funktion Choose im Zusammenhang mit Werten, die man in Formularen mithilfe von Optionsgruppen eingibt.

Ein Beispiel ist die Bewertung der Zahlungsmoral von Kunden, die man in einem Tabellenfeld namens Zahlungsmoral vom Typ Zahl mit der Größe Byte speichern kann. Die Werteskala ist 1, 2, 3, 4, 5 – im Sinne von sehr gut, gut, normal, schlecht und sehr schlecht.

Zur Eingabe im Formular wird man hier eine Optionsgruppe verwenden (siehe Abbildung 19.2 auf der nächsten Seite). Die Rückverwandlung in Text – z. B. zum Drucken in einem Bericht – erfolgt meist mit If-Then- oder Select-Case-Konstruktionen. Eine bloße Umwandlung von Zahlen in Texte funktioniert jedoch einfacher mit der Funktion Choose.

Um im Code des Berichtes Zugriff auf das Tabellenfeld Zahlungsmoral zu haben, muss das Feld im Bericht vorhanden sein. Die Eigenschaft Sichtbar des Feldes wird auf Nein eingestellt, denn statt des Inhalts des Tabellenfeldes soll ja der Text angezeigt werden. Zur

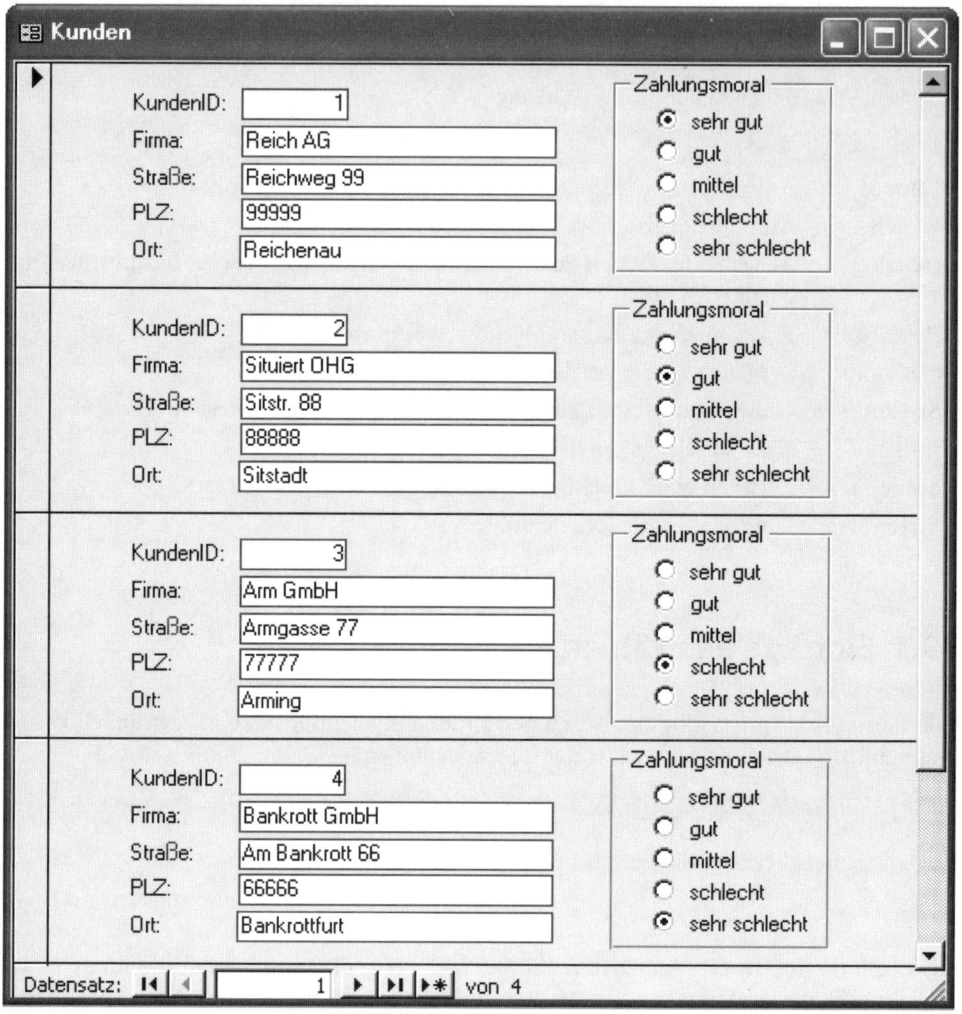

Abb. 19.2: Formular mit Optionsgruppe

Anzeige des Textwertes wird ein ungebundenes Textfeld `txtMoral` im Detailbereich eingefügt. Im Ereignis `Beim Formatieren` des Detailbereiches benötigt man dann nur noch
eine Codezeile für die Umwandlung der Zahl in Text (siehe Quellcode 19.1). Abbildung 19.3
zeigt die Verwendung der Funktion `Choose` in einem Bericht.

```
Private Sub Detailbereich_Format(Cancel As Integer, FormatCount As Integer)
    Me!txtMoral = Choose(Me!Zahlungsmoral, "sehr gut", "gut", "normal", "schlecht
    ", "sehr schlecht")
End Sub
```

Listing 19.1: Quellcode 1

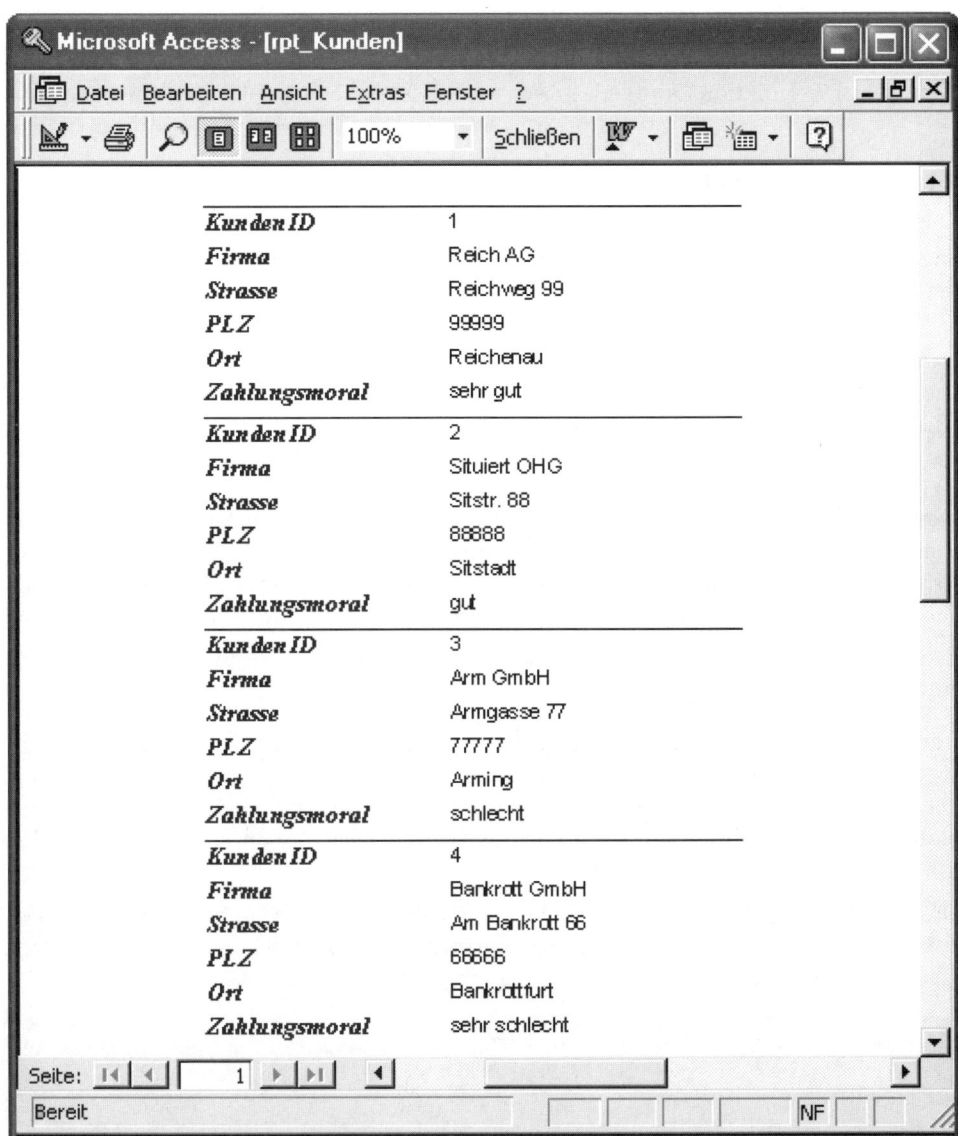

Abb. 19.3: Bericht mit Bewertung als Text

Die Funktion `Choose` lässt sich nicht nur in VBA, sondern auch in Ausdrücken z. B. in einem Steuerelementinhalt verwenden. In dieser deutschen Version heißt die Funktion `Wählen`. So kann man in obigem Beispiel die Darstellung der Textwerte noch einfacher auch über den folgenden Steuerelementinhalt des Steuerelementes `txtMoral` regeln:

```
=Wählen([Zahlungsmoral]; "sehr gut"; "gut";"normal";"schlecht";"sehr schlecht")
```

Manche mühsame und schwer lesbare Wenn-Konstruktion kann dadurch ersetzt werden – nicht nur in Steuerelementinhalten und bei anderer Verwendung in Formularen und Berichten. Die Funktion Choose lässt sich auch in Kriterien von Abfragen einsetzen.

19.2 Wahrheitsfindung mit Switch

Die Funktion Switch gibt den ersten Ausdruck aus einer Liste zurück, der wahr ist. Sie hat die folgende Syntax:

```
Switch(Ausdr1, Wert1[, Ausdr2, Wert2 [, Ausdr-n,Wert-n]])
```

Das folgende Beispiel beschreibt die Funktionsweise der Funktion:

```
Ergebnis = Switch(RgDatum < #1/1/2002#, "DM",  RgDatum < #3/1/2002#,
"DM/EUR", RgDatum >=#3/1/2002#, "EUR")
```

Wenn das Rechnungsdatum vor dem 1.1.2002 liegt, wird DM zurückgegeben. Falls dieser erste Ausdruck nicht wahr ist, sondern der zweite, d. h. das Rechnungsdatum liegt vor dem 1.3.2002 (in amerikanischer Schreibweise Monat/Tag/Jahr), wird DM/EUR ausgewählt. Falls das Rechnungsdatum später liegt, wird der dritte Wert EUR gewählt.

Es werden übrigens immer alle Ausdrücke durchlaufen, auch wenn stets nur der erste zutreffende ausgewählt wird.

Daher gibt es z. B. einen Fehler, falls in irgendeinem der Ausdrücke eine Division durch 0 erfolgt.

Die Funktion Switch findet praktische Anwendung, wenn mit komplexeren Kriterien als bloß einer aufsteigenden Zahl (wie bei Choose) aus einigen Optionen ausgewählt werden soll.

Das erste Beispiel ist eine Funktion, bei der es darum geht, Anreden für einen Serienbrief zu erzeugen. Je nachdem, ob der Ansprechpartner männlich, weiblich oder unbekannt ist, gibt die Funktion eine passende Anrede zurück (siehe Quellcode 19.2).

```
Function fctAnrede(strAnr As String)
   fctAnrede = Switch(strAnr Like "Herr*", "Sehr geehrter " & strAnr, strAnr Like
   "Frau*", "Sehr geehrte " & strAnr, strAnr = "", "Sehr geehrte Damen und
   Herren!")
End Function
```

Listing 19.2: Quellcode

Durch die Verwendung des Operators Like und des Platzhalters * wird sichergestellt, dass auch Kurzanreden mit Titel wie Herr Direktor, Frau Dr. usw. korrekt behandelt werden. Der Aufruf der Funktion sieht so aus:

```
fctAnrede ("" & FeldnameMitDerKurzanrede)
```

Steht im Feld mit der Kurzanrede z. B. Frau Vorsitzende, so gibt die Funktion Sehr geehrte Frau Vorsitzende zurück. Ist das Feld mit der Kurzanrede hingegen leer, trifft die dritte Variante zu und es wird `Sehr geehrte Damen und Herren!` zurückgeliefert.

Die Funktion `Switch` lässt sich wie `Choose` auch in Ausdrücken verwenden und heißt dann `Schalter`.

Das folgende Beispiel setzt ein Feld namens `Umsatz` voraus. Ein Steuerelement könnte dann folgenden Inhalt haben:

```
=Schalter([Umsatz] < 10000; "zu wenig";
([Umsatz] Zwischen 10000 Und 50000; "ok";
[Umsatz] > 50000; "sehr gut")
```

Je nach der Höhe des Wertes im Feld `Umsatz` wird der passende Text angezeigt.

Ob man `Switch` oder besser `Wenn` verwenden sollte, hängt vor allem von der Anzahl der zur Auswahl stehenden Varianten ab. Sobald etwa eine Wenn-Anweisung mehrfach verschachtelt werden müsste, ist die Funktion `Switch` übersichtlicher.

19.3 Das Feld von hinten aufrollen mit InStrRev

Die Funktion `InStrRev` gibt die letzte Position zurück, an der eine Zeichenfolge innerhalb einer anderen Zeichenfolge auftritt. Mit der `InStrRev`-Funktion kann also geprüft werden, an welcher Stelle bestimmte Zeichen in einem Text zuletzt vorkommen.

Die Funktion hat die folgende Syntax:

```
InstrRev(stringcheck, stringmatch [, start[, compare]])
```

Dabei enthält `stringcheck` die zu durchsuchende Zeichenfolge, `stringmatch` die gesuchte Zeichenfolge, `start` die Position, ab der gesucht werden soll, und `compare` die Art des Vergleiches.

Wichtig sind vor allem die Varianten `vbBinaryCompare` (binärer Vergleich) und `vbTextCompare`. Folgendes Beispiel verdeutlicht die Funktionsweise:

```
Ergebnis = InStrRev("ABCABC", "C",,vbTextCompare)
```

Die Funktion gibt als Ergebnis den Wert 6 zurück. Eine praktische Verwendungsmöglichkeit ist das Extrahieren eines Dateinamens oder der Dateinamen-Erweiterung (Extension) aus einem gegebenen Pfad.

In Versionen vor Access 2000 muss man mit einer Schleife (und der `InStr`-Funktion) durch den Pfad laufen, um zu erfahren, wo der letzte Backslash (\) vorkommt – dies entspricht der Stelle, an der der eigentliche Dateiname beginnt. Die `InStrRev`-Funktion erleichtert diese Suche (Quellcode 19.3). Mit dem folgenden Aufruf dieser Funktion erhalten Sie beispielsweise die Meldung aus Abbildung 19.4:

```
fctFileExt("c:\Dokumente\Angebot.doc")
```

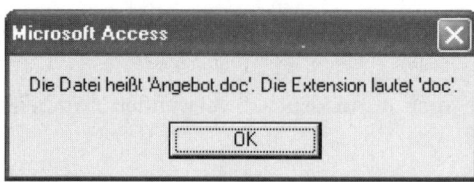

Abb. 19.4: InstrRev() hilft beim Extrahieren von Teilen eines Dateipfades.

```
Public Function fctFileExt(strPfad As String)
    Dim intStart As Integer
    Dim strDateiname As String, strExtension As String
    'Position des letzten Backslashes ermitteln
    intStart = InStrRev(strPfad, "\", , vbTextCompare) + 1
    'Dateiname aus dem Pfad extrahieren
    strDateiname = Mid(strPfad, intStart)
    'Position des letzten Punktes ermitteln
    intStart = InStrRev(strPfad, ".", , vbTextCompare) + 1
    'Dateierweiterung aus dem Pfad extrahieren
    strExtension = Mid(strPfad, intStart)
    MsgBox "Die Datei heißt '" & strDateiname & "'. Die Extension lautet '" & ↄ
    strExtension & "'."
End Function
```

Listing 19.3: Quellcode

19.4 Ersetzen mit Replace

Die Funktion `Replace` ersetzt einen Teil einer Zeichenfolge durch einen anderen. Sie hat die folgende Syntax:

```
Replace(expression, find, replace[, start[, count[, compare]]])
```

Die verwendeten Parameter haben folgende Funktion:

- `expression`: Zeichenfolge, in der ersetzt werden soll
- `find`: neuer Wert für den zu ersetzenden Teil
- `start`: Startposition des Teiles, der ersetzt werden soll
- `count`: Anzahl der Ersetzungen, bei Weglassung werden alle Vorkommen ersetzt
- `compare`: Art des Vergleiches (wie bei `InstrRev`)

Folgendes Beispiel verdeutlicht die Funktionsweise der Funktion `Replace`:

```
Ergebnis = Replace("Wunderbare Befehle von VBA", "bar","voll",,,vbTextCompare)
```

Die Funktion übergibt den Text `Wundervolle Befehle von VBA` an die Variable `Ergebnis`. Da es bis Access 2000 nur die nicht sehr komfortable `Mid`-Anweisung zum Ersetzen von Zeichenfolgen gab, existieren viele benutzerdefinierte Funktionen mit mehr oder weniger komplizierten Schleifenkonstruktionen. Die meisten dieser selbst gebastelten Funktionen können nun durch das einfachere `Replace` ersetzt werden.

Ein häufiger Anwendungsfall für die Funktion `Replace` ergibt sich in Aktualisierungsabfragen. In Ausdrücken heißt die `Replace`-Funktion `Ersetzen`. Wenn man z. B. Leerzeichen in einem Textfeld loswerden möchte, so geht das nun ohne komplizierte Programmierung. Es reicht ein Ausdruck in der Zeile `Aktualisieren` der Aktualisierungsabfrage:

```
Ersetzen([Feldname]; " ";"")
```

Dadurch werden alle Leerzeichen im angegebenen Feld durch leere Zeichenketten ersetzt. Eine wichtige Anmerkung, die mehrere der hier geschilderten Funktionen betrifft, die mit `VBA 6` bzw. `Access 2000` eingeführt wurden: Bei manchen Installationen kommt es vor, dass diese neuen Funktionen nur im VBA-Code funktionieren, nicht jedoch in Ausdrücken d. h. in ihrer eingedeutschten Version. Das kann in zwei Abstufungen auftreten.

Die schlimme Version ist, dass eine Funktion wie `Replace` außerhalb des VBA-Codes überhaupt nicht erkannt wird.

Die Fehlermeldung lautet dann `Undefinierte Funktion 'Replace' in Ausdruck`. Ich kenne keine offizielle Stellungnahme von MS dazu.

Die Gründe liegen also im Dunkeln. Es fällt nur auf, dass das Problem oft auftritt, wenn keines der Service Packs für Office 2000 installiert ist.

Falls der Fehler erscheint, sollten Sie also versuchen, am besten gleich das Service Pack 2 zu installieren. Eine zweite Version sieht so aus, dass zwar die Funktionen wie `Replace` erkannt und korrekt ausgeführt werden. Sie werden aber weder automatisch groß geschrieben – was sonst standardmäßig in Ausdrücken passiert – noch werden sie auf Deutsch übersetzt. Der Fehler ist nicht weiter tragisch. Verwenden Sie einfach die englischen Funktionsnamen.

Mit Access 2002 scheint Microsoft diese Probleme behoben zu haben. Zumindest habe ich bisher keine Installation gesehen, bei der `Replace` in Ausdrücken nicht sauber in `Ersetzen` übersetzt und ausgeführt wurde.

19.5 Vergleichen mit StrComp

Die Funktion `StrComp` gibt eine Zahl zurück, die anzeigt, ob zwei Zeichenfolgen gleich sind. Sie hat die folgende Syntax:

```
StrComp(Zeichenfolge1, Zeichenfolge2 [, Compare])
```

Die Parameter `Zeichenfolge1` und `Zeichenfolge2` enthalten die zu vergleichenden Zeichenfolgen. Der Parameter `Compare` beinhaltet die Art des Vergleiches.

In der Praxis sind folgende Werte für das Argument `Compare` wichtig:

- `vbTextCompare` (1): textbasierter Vergleich (keine Unterscheidung zwischen Groß- und Kleinschreibung)
- `vbBinaryCompare` (0): binärer Vergleich (Unterscheidung zwischen Groß- und Kleinschreibung)

Die Funktion hat die folgenden Rückgabewerte:

- 0: Die Zeichenfolgen sind gleich.
- -1: Die erste Zeichenfolge liegt in der ASCII-Tabelle vor der zweiten Zeichenfolge.
- 1: Die erste Zeichenfolge liegt in der ASCII-Tabelle hinter der zweiten Zeichenfolge.
- Null: Eine der Zeichenketten ist Null.

Die folgenden zwei Beispiele verdeutlichen die Funktionsweise der Funktion:

```
Ergebnis = StrComp("abc","ABC",vbTextCompare)
Ergebnis = StrComp("abc","ABC",vbBinaryCompare)
```

Während der erste Funktionsaufruf den Wert 0 für zwei gleiche Zeichenfolgen zurückgibt, ergibt der zweite Funktionsaufruf den Wert 1. Dies bedeutet, dass die Zeichenfolgen nicht gleich sind. Genau das ist auch der entscheidende Punkt für die praktische Verwendung der StrComp-Funktion. Access unterscheidet normalerweise nicht zwischen Groß- und Kleinschreibung (Stichwort: case sensitiv) oder auch zwischen scharfem s (ß) und doppeltem s (ss).

Beides lässt sich jedoch mithilfe von StrComp und binärem Vergleich erreichen. Das kann in vielen Situationen, z. B. in Abfragen, zur Unterscheidung von Feldinhalten nützlich sein. Das vorherige Beispiel würde in einer Abfrage so aussehen:

```
Ergebnis: StrVgl("abc";"ABC";0)
```

Als Ergebnis erhält man wieder 1 und weiß damit, dass die Zeichenfolgen nicht gleich sind und die erste Zeichenfolge in der ASCII-Tabelle wegen der Kleinbuchstaben vor der zweiten liegt. Bei dieser Gelegenheit sollen einmal zusammenfassend die Unterschiede bei der Verwendung von VBA-Funktionen in Ausdrücken, wie z. B. in Abfragen, im Gegensatz zur Verwendung im Code aufgeführt werden:

- Das Semikolon muss statt des Kommas als Trennzeichen verwendet werden.
- Die Funktionen haben zum Teil eingedeutschte Namen, z. B. heißt StrComp in Ausdrücken StrVgl. Sie können dabei ruhig die englischen Bezeichnungen eingeben – sie werden bei Bedarf von Access automatisch übersetzt.
- Man kann für Argumente keine Konstantenmaskierungen wie vbBinaryCompare, sondern nur die Zahlkonstanten verwenden.

19.6 Zeichenfolgen konvertieren mit StrConv

Die Funktion StrConv gibt eine nach bestimmten Regeln umgewandelte Zeichenfolge zurück. Sie hat folgende Syntax:

```
StrConv(Zeichenfolge, Conversion, LCID)
```

Der Parameter Conversion gibt die Art der Umwandlung an. Dabei gelten folgende Werte:

- vbUpperCase (1): wandelt die ganze Zeichenfolge in Großbuchstaben um.

- `vbLowerCase` (2): wandelt die ganze Zeichenfolge in Kleinbuchstaben um.

- `vbProperCase` (3): wandelt den ersten Buchstaben jedes Wortes innerhalb der Zeichenfolge in einen Großbuchstaben um, die weiteren Buchstaben jedes Wortes in Kleinbuchstaben.

Weitere, in der Praxis nicht besonders wichtige Varianten finden Sie in der Online-Hilfe. Der zweite Parameter `LCID` enthält die Gebietsschema-ID für den Zeichenvergleich. Voreinstellung ist die des Betriebssystems.

Die Funktionsweise wird durch folgendes Beispiel verdeutlicht:

```
Ergebnis = StrConv("mein Text",vbUpperCase)
```

Entsprechend dem verwendeten Wert für den Parameter gibt die Funktion den Ausdruck `MEIN TEXT` zurück. Die komplette Umwandlung in Groß- oder Kleinbuchstaben ist oft eine sinnvolle Sache. Noch nützlicher in der Praxis ist jedoch die Variante `vbProperCase` des Argumentes `Conversion`. Man kann damit z. B. dafür sorgen, dass schlampig eingetippte Vor- und Nachnamen mit großen Anfangsbuchstaben versehen werden:

```
Ergebnis = StrConv("herr franz müller",vbProperCase)
```

ergibt beispielsweise `Herr Franz Müller`. Die deutsche Version – z. B. für eine Abfrage – sieht so aus:

```
Ergebnis: StrKonv("herr franz müller";3)
```

Dabei wird man im Regelfall natürlich eher mit Feldnamen arbeiten. Ein gutes Beispiel ist wiederum eine Aktualisierungsabfrage. Dort würde man in der Zeile `Aktualisieren` einer Aktualisierungsabfrage für das Textfeld `Vorname` den folgenden Ausdruck einsetzen:

```
StrKonv([Vorname];3)
```

Damit erhalten alle Vornamen große Anfangsbuchstaben. Vorsicht ist jedoch bei doppelten Vornamen geboten, die mit Bindestrich getrennt sind. So würde in diesem Beispiel aus `Karl-Heinz` ein `Karl-heinz`, denn der Doppelname wird als ein Wort aufgefasst und daher außer dem Anfangsbuchstaben insgesamt klein geschrieben.

19.7 Vom Feld zur Zeichenfolge mit Join

Die Funktion `Join` setzt die Teile eines Arrays (ggf. mit Trennzeichen) zu einer Zeichenfolge zusammen. Die Syntax der Funktion lautet:

```
Join(Quellarray [, Trennzeichen])
```

Mit dem Parameter `Quellarray` übergeben Sie der Funktion ein eindimensionales Array und mit `Trennzeichen` legen Sie fest, welches Trennzeichen verwendet werden soll.

Die Funktionen `Join` und die im folgenden Kapitel vorgestellte Funktion `Split` sind nicht in einer Zeile zu erklären. Deshalb folgt nun gleich ein längeres Beispiel.

Manchmal ist es sinnvoll, die Inhalte eines bestimmten Tabellenfeldes in einem längeren Text zusammenzufassen, z. B. um die bisher in einem Feld eingegebenen Werte gebündelt in einem Bericht darzustellen oder als Information am Bildschirm anzuzeigen. Im folgenden Beispiel wird dazu der `RecordsetClone` eines Formulars durchlaufen, ein Array mit den Werten eines Feldes gefüllt und am Ende ein Meldungsfenster mit dem Inhalt des Arrays ausgegeben (siehe Quellcode 19.4).

```
Private Sub btn_Uebersicht_Click()
    On Error GoTo BspJoin_Error
    Dim rs As DAO.Recordset
    Set rs = Me.RecordsetClone
    Dim strArr() As String
    Dim i As Integer
    Dim j As Integer
    ' Falls keine Datensätze vorhanden, Prozedur verlassen
    If rs.BOF Then GoTo BspJoin_Error
    ' Datensätze zählen, zuerst MoveLast, damit richtig gezählt wird
    rs.MoveLast
    j = rs.RecordCount - 1
    ' Array dimensionieren
    ReDim strArr(j)
    ' RecordsetClone durchlaufen und Array füllen
    rs.MoveFirst
    For i = 0 To j
        strArr(i) = Nz(rs!Nachname, "leer")
        rs.MoveNext
    Next i
    ' Mitgliederliste als Meldung mit einem Wert pro Zeile ausgeben
    ' Trennzeichen in der Join-Funktion ist hier der Zeilenumbruch
    MsgBox Join(strArr, vbCrLf), , "Mitglieder bisher sind"
BspJoin_Exit:
    Exit Sub
BspJoin_Error:
    Set rs = Nothing
    Resume BspJoin_Exit
End Sub
```

Listing 19.4: Quellcode

Abbildung 19.5 auf der nächsten Seite zeigt, wie das entsprechende Meldungsfenster aussieht.

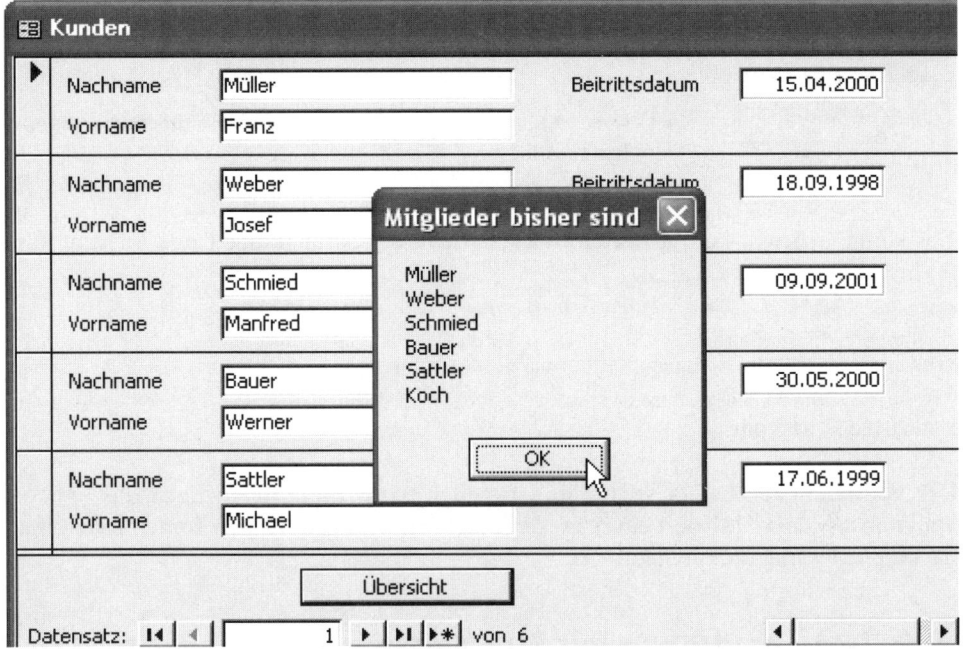

Abb. 19.5: Ein mit Join erzeugtes Meldungsfenster mit einer Übersicht der bisherigen Eingaben

19.8 Zeichenfolgen zerlegen mit Split

Die Funktion Split zerlegt eine Zeichenfolge in einzelne Elemente eines Arrays. Sie hat die folgende Syntax:

```
Split(Ausdruck [, Trennzeichen[, Limit[, Compare]]])
```

Die Parameter haben die folgende Bedeutung:

- Ausdruck: Zeichenfolge, die durch ein Trennzeichen geteilt ist
- Trennzeichen: standardmäßig wird ein Leerzeichen angenommen
- Limit: Anzahl der zurückgegebenen Zeichenfolgen, im Normalfall -1 d. h. alle
- Compare: Art des Stringvergleiches

Praktisch einsetzen lässt sich die Split-Funktion vor allem zum Zählen von Wörtern. Dazu muss man nur einen Text (oder ein Array aus Zeichenfolgen) an Split übergeben und mithilfe der Funktionen UBound und LBound die Dimensionen dieses Arrays ermitteln (siehe Abbildung 19.6 auf der nächsten Seite).

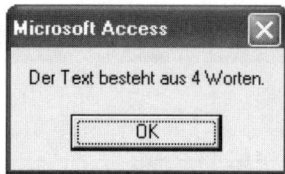

Abb. 19.6: Mit der Split-Funktion kann man die Wörter eines Textes zählen.

Das klingt vielleicht komplizierter als es ist, denn der dafür nötige Code ist recht kurz (siehe Quellcode 19.5).

```
Dim strWorte() As String
strWorte = Split("Split() hilft beim Zählen.", , , vbBinaryCompare)}
MsgBox "Der Text besteht aus " & UBound(strWorte) - LBound(strWorte) + 1 & " ⟩
Worten."
```

Listing 19.5: Quellcode

Der Vollständigkeit halber sei bei diesen neuen Array-Funktionen noch die Filter-Funktion erwähnt. Sie liefert ein Array der in einem Array gefundenen Treffer. Kurz gesagt hat sie recht wenig praktischen Wert.

19.9 Texte umdrehen mit StrReverse

Zum Abschluss lernen Sie noch eine besondere Funktion kennen: Die Funktion StrReverse dreht schlicht einen übergebenen Text um – z. B. folgendermaßen:

```
MsgBox StrReverse("Hallo, Welt!")
```

Das nun erscheinende Meldungsfenster enthält den folgenden Text !tleW ,ollaH. Ich habe das ursprünglich eher für einen Scherz der Entwickler von VBA in Redmond gehalten und deshalb einige Leute befragt, ob sie einen praktischen Nutzen in dieser Funktion sehen. Es kamen doch zwei ernsthafte Antworten:

• Die Verwendung als Bestandteil einer Verschlüsselungsfunktion.

• Das Erstellen einer Stempel-Vorlage, für die man einen Text ja verkehrt herum braucht.

20 Mails versenden ohne Outlook

André Minhorst, Duisburg

Die Möglichkeit, Mails ohne die Verwendung von Outlook zu versenden, würde vielen Access-Anwendungen gut zu Gesicht stehen. Wo auch immer der direkte Versand von Informationen interessant ist, tritt normalerweise Outlook auf den Plan. Das ist aber nicht immer gewünscht, denn warum sollte man einen Umweg gehen, wenn man auch direkt auf die entsprechenden Funktionen des Betriebssystems – in diesem Fall auf die Bibliothek Winsock.dll – zugreifen kann?

Inhalt

20.1 Appetithäppchen

Wer sich ein wenig mit SMTP auskennt und einmal von Access aus versucht hat, mit Hilfe von Microsoft Outlook automatisiert Mails zu verschicken, der weiß, dass er dabei mit Kanonen auf Spatzen schießt. Dabei öffnet man nämlich eine Riesenanwendung, nur um ein paar Zeilen an einen Mailserver zu schicken. Wenn Sie Outlook nur zu diesem Zweck starten und anschließend wieder schließen, kostet dieser Vorgang durchaus einige Sekunden.

Warum also nicht einmal ein wenig in der Geheimniskiste kramen und E-Mails versenden, ohne den Umweg über Outlook in Kauf zu nehmen? Wenn Sie auf den – zugegebenermaßen vorhandenen – Komfort von Outlook verzichten können und einfach nur zu bestimmten Anlässen eine Mail direkt über die Datenbankanwendung versenden lassen möchten, ist das bestimmt eine gewisse Vorarbeit wert.

Anwendungsfälle dafür gibt es genug. Das Verschicken einer Rundmail an ein paar hundert Kunden aus der Kontakte-Tabelle geht damit sicher wesentlich schneller als mit Outlook, aber das ist noch nicht einmal der wichtigste Grund, Access in einen Mail- beziehungsweise SMTP-Client umzubauen. Viel interessanter ist beispielsweise das automatisierte Verschicken einer Mail, wenn zum Beispiel der Lagerbestand einer bestimmten Ware einen kritischen Wert erreicht hat oder wenn Fehlfunktionen auftreten.

Dazu bedarf es allerdings einiger grundlegender Kenntnisse über Winsock, SMTP sowie den Aufbau von Mails im Allgemeinen. Die nachfolgenden Kapitel behandeln diese Themen in der notwendigen Tiefe.

Schließlich folgen zum Schluss einige Beispiele für den Praxiseinsatz von SMTP innerhalb von Access-Datenbanken.

20.2 Access und SMTP

Auf Windows-Betriebssystemen wird in der Regel zum Versenden von E-Mails Microsoft Outlook, Outlook Express oder ein ähnlicher Mail-Client verwendet.

Diese Anwendungen verfügen über eine Menge wichtiger und weniger wichtiger Funktionen, die dem Anwender den Großteil der Arbeit abnehmen. Der muss in der Regel nur noch den oder die Adressaten, die Betreffzeile und den Text eingeben und auf den Senden-Button klicken, um eine Mail zu versenden. In manchen Fällen gibt's noch eine Beilage in Form eines so genannten Attachments, das aber ebenfalls bequem per Dialog zu ermitteln ist.

Wenn Sie von Access aus eine Mail versenden möchten, kann dies mit Microsoft Outlook ab der Version 2000 ohne Probleme per Automatisierung erledigt werden. Per VBA lassen sich dann leicht die Methoden, Ereignisse und Eigenschaften des Outlook-Objektmodells ansprechen und von Access aus fernsteuern.

Outlook selbst verwendet dann das zur Familie der TCP/IP-Protokolle gehörende SMTP (Simple Mail Transfer Protocol), um eine E-Mail an den entsprechenden SMTP-Server zu

Anschließend folgen die drei eigentlichen Elemente einer E-Mail:

- `Envelope`: enthält den Sender und Empfänger der Mail.
- `Header`: enthält Daten wie From, To, Subject, Date oder Message-ID.
- `Body`: enthält die eigentliche Nachricht.

Der Umschlag der Mail

Danach folgen die beiden wichtigsten Informationen: Die Übermittlung des Adressaten sowie des Absenders der Mail. In beiden Fällen sind Sie mit der Großschreibung der Befehle, dem Einfassen der Adressen in spitzen Klammern und dem Verzicht auf Leerzeichen zwischen Doppelpunkt und Adresse auf der sicheren Seite. Soweit der SMTP-Server alle bisherigen Angaben akzeptiert, sendet er jeweils den Code 250 als Bestätigung der Ausführung der Kommandos zurück – unter Umständen ergänzt durch weitere, serverabhängige Floskeln.

Der Briefkopf

Anschließend leiten Sie durch die Anweisung DATA die Eingabe der Header-Informationen und des eigentlichen Inhalts der Mail ein.

Während die soeben genannten Daten quasi den Briefumschlag der Mail darstellen und für die eigentliche Versendung wichtig sind, folgen nun einige Daten, die bei einem normalen Brief auch innerhalb des Umschlags auf dem Brief selbst stehen würden. Dazu gehören folgende Informationen:

- `From`: Senderadresse, eventuell mit vollem Namen und anschließender, in spitze Klammern gesetzter E-Mail-Adresse.
- `To`: Empfängeradresse, Syntax wie `From`
- `Subject`: Betreff der E-Mail
- `Date`: Das Datum der Mail, welches für eine korrekte Übernahme in den Mail-Client ein bestimmtes Format haben muss, das später beschrieben wird.
- `Reply-To`: Wenn der Empfänger einer Mail Antworten nicht an den Absender, sondern an eine andere Adresse senden soll, können Sie diesen Header verwenden.

Hinweis: Es gibt noch eine Reihe weiterer Header, deren Beschreibung allerdings den Rahmen dieses Beitrags überschreitet. Weitere Informationen finden Sie unter der folgenden Internetadresse (ohne Zeilenumbruch):
`http://sites.inka.de/anc alagon/faq/headerfaq.html`

Der Inhalt

Nach den Headerzeilen folgt in der Regel der eigentliche Inhalt einer Mail. Diesen schreiben Sie ohne weitere Angaben in die dem letzten Header folgende Zeile. Dabei können Sie beliebige Zeichen und auch Leerzeilen verwenden.

Das Absenden der Mail initiiert man durch die Eingabe eines einzelnen Punktes in einer Zeile. Der Server akzeptiert die Mail dann entweder mit dem Code 250 oder „meckert", wenn ein Header nicht den Konventionen entsprechen sollte.

In ersterem Fall ist die Mail damit verschickt und trifft in Kürze beim Empfänger ein - zumindest, sofern nicht vorher ein Viren- oder Spamprogramm auf den Plan tritt und die Mail aussortiert, ansonsten müssen Sie die eingegebenen Daten überprüfen.

Damit sind die Grundlagen für das Versenden einer Mail per SMTP geklärt. Später kommen noch einige Informationen hinzu, beispielsweise wie Sie Dateien an eine Mail anhängen oder eine Mail gleichzeitig im Text- und HTML-Format verschicken können.

20.4 Winsock verwenden

Die Grundlage für das Versenden von Mails direkt von Access aus ist die Herstellung einer Verbindung zwischen dem verschickenden Rechner und dem Zielrechner, also dem SMTP-Server. Diese Verbindung realisieren Sie über die Winsock-Schnittstelle von Microsoft Windows.

> **Hinweis:** Die Prozeduren und Funktionen in den nachfolgenden Beispielen basieren auf der Arbeit von John Rhoton. Er beschreibt in seinem Buch `Programmer's Guide to Internet Mail` (Digital Press, 1999) unter anderem ausführlich die Funktionsweise von Winsock und SMTP. Die diesem Beitrag zugrunde liegenden Funktionen können dem Download für Visual Basic unter der folgenden Adresse entnommen werden (ohne Zeilenumbruch):
> `http://www.winsite.com/bin/Info?500000022279`.

Die Verwendung der Winsock-Schnittstelle ist auf den ersten Blick eine sehr umfangreiche und unübersichtliche Geschichte. Dank der Arbeit von John Rhoton reduziert sich das Ganze aber auf einige wesentliche Punkte. In den Beispieldaten, die er eigentlich für die Verwendung in Visual Basic zusammengestellt hat, findet man unter anderem eine recht große Sammlung an API-Funktionen.

Wer den Umgang mit solchen Funktion nicht gewohnt ist, verstrickt sich dort leicht. Glücklicherweise hat John Rhoton eine Menge Wrapper-Funktionen hinzugefügt, die den eigentlichen Aufruf der API-Funktionen übernehmen und dabei nur die wirklich benötigten Informationen als Parameter erwarten. Die verwendeten API-Funktionen gehören bis auf wenige Ausnahmen der Windows-Bibliothek `wsock32.dll` an.

20.5 Funktionen der Beispieldatenbank

Die Beispieldatenbanken zu diesem Beitrag enthalten einige Module, deren Routinen nachfolgend kurz erläutert werden.

20.5.1 Das Modul mdlWinsock

Dieses Modul enthält die bereits weiter oben erwähnten Deklarationen der API-Funktionen für die Verwendung der Winsock-Schnittstelle.

Außerdem finden Sie hier die Wrapperfunktionen, welche die Arbeit mit API-Funktionen vereinfachen.

Starten von Winsock

Die Funktion `StartWinsock` erwartet keine Parameter und startet Winsock. Wenn der Start erfolgreich verläuft, gibt die Funktion einige Statusmeldungen im Testfenster aus.

Aktuelle IP-Adresse ermitteln

Die Funktion `GetIPAdress` ermittelt die IP-Adresse des zu verwendenden SMTP-Servers.

Verbindung erstellen

Das Verbinden zum SMTP-Server erfolgt durch den Aufruf der beiden Funktionen `CreateSocket` und `ConnectSocket`. Die erste sorgt für die Voraussetzung auf dem Client, indem sie ein Handle auf ein Socket von Winsock ermittelt. Die zweite Funktion baut die Verbindung zum SMTP-Server auf, dessen IP-Adresse die Funktion `GetIPadress` zuvor ermittelt hat.

Daten senden und empfangen

Der eigentliche Verkehr erfolgt dann durch die beiden Funktionen `SendSocket` und `ReceiveSocket`. Die Funktion `SendSocket` schickt jeweils eine Anweisung an den SMTP-Server.

Die Funktion `ReceiveSocket` liest die Antwort des SMTP-Servers auf die gesendete Anweisung.

Socket verabschieden

Die Funktion `ReleaseSocket` beendet schließlich die Verbindung zwischen dem Client und dem SMTP-Server.

20.5.2 Das Modul mdlFileDialog

Eine der Beispielanwendungen bietet die Möglichkeit zum Anhängen einer Datei an eine Mail. Mit den Funktionen des Moduls `mdlFileDialog` kann man den Dialog zur Auswahl der anzuhängenden Datei aufrufen. Weitere Informationen zu diesen Funktionen finden Sie unter dem folgenden Link:

`http://www.access-im-unternehmen.de:8080/192.0.html`

20.5.3 Das Klassenmodul MIMEMessage

Diese Klasse enthält die Methoden zum Zusammensetzen des eigentlichen Inhalts der Mail, also den Header und den Body. Eine Beschreibung der notwendigen Funktionen folgt weiter unten in Kapitel 20.6.

20.5.4 Das Klassenmodul MIMEAttachment

In dieser Klasse finden Sie einige Funktionen, mit denen man Dateien in Mail-taugliche Datenpakete umwandelt. Eine Beschreibung dieser Funktionen würde jedoch den Rahmen des vorliegenden Beitrags sprengen.

20.6 Beispielanwendungen

Die nachfolgenden Abschnitte stellen vier unterschiedliche Variationen für den Einsatz von SMTP unter Access vor:

- Versenden einer Textmail
- Versenden einer Mail mit Text- und HTML-Inhalt, der je nach Client in dem einen oder anderen Format erscheint
- Versenden einer Mail mit einer angehängten Datei
- Versenden einer Mail an mehrere Empfänger

Es folgt nun eine ausführliche Beschreibung des ersten Beispiels, das als Grundlage für die nachfolgenden Beispiele dient.

Die Erläuterung der Besonderheiten der anderen Beispiele finden Sie im Anschluss.

20.6.1 Versenden einer Textmail

Wie weiter oben deutlich wurde, erfordert der Versand einer Mail eine ganze Menge Informationen. Die Beispiele enthalten jeweils ein Formular, in das der Benutzer die notwendigen Informationen eintragen kann. Das Formular für das erste Beispiel heißt `frmEinzelmailText` und sieht in der Entwurfsansicht wie in Abbildung 20.2 auf der nächsten Seite aus.

Das Formular ist in dieser Version nicht an eine Tabelle gebunden. Wenn Sie das Formular als Grundlage für ein Tool zum Versenden von E-Mails verwenden möchten, würden Sie vermutlich eine oder mehrere Tabellen mit den relevanten Daten erstellen und das Formular an diese binden. Für Demozwecke reicht aber das ungebundene Formular aus.

Ein Tipp: Wenn Sie beim Ausprobieren nicht immer wieder die Daten neu eingeben möchten, tragen Sie diese in die jeweilige Standardwert-Eigenschaft der einzelnen Steuerelemente ein.

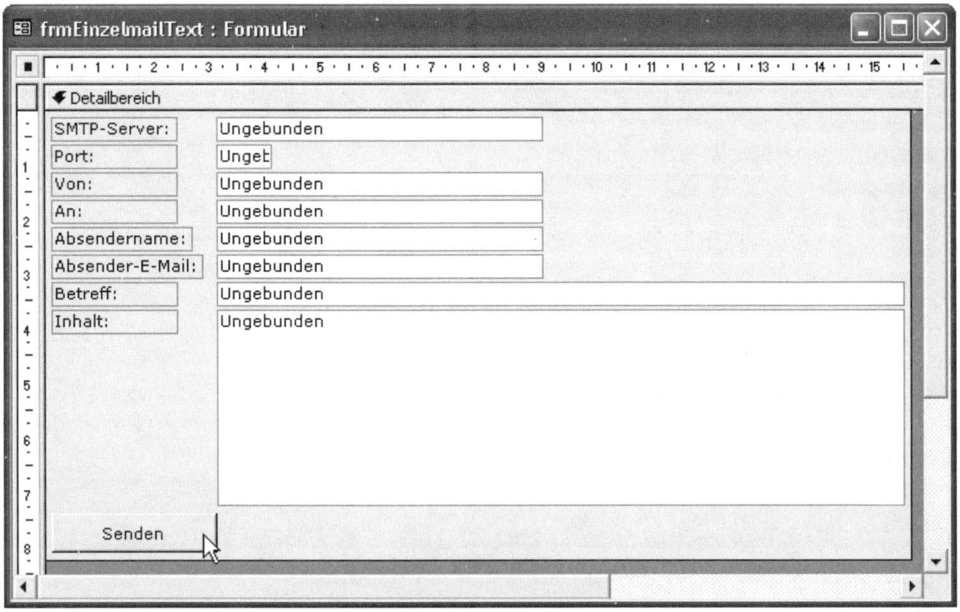

Abb. 20.2: Das Formular zum Versenden einer E-Mail

Noch einfacher ist es, die Beispielwerte in der `Beim Öffnen`-Ereignisprozedur unterzubringen, so können Sie die Einträge später auf einen Rutsch wieder entfernen. Quellcode 20.2 zeigt die erforderlichen Zeilen. Die Anweisung `StartWinsock` muss das Formular beim Öffnen allerdings auf jeden Fall aufrufen. In Abbildung 20.3 ist das mit der Routine aus Quellcode 20.2 ausgefüllte Formular zu sehen.

```
Private Sub Form_Open(Cancel As Integer)
    Me.txtSMTPServer = "smtp.beispielserver.de"
    Me.txtFrom = "info@beispielserver.de"
    Me.txtTo = "info@access-sql-dotnet.de"
    Me.txtSubject = "Testmail"
    Me.txtPlaintext = "Dies ist eine Testmail."
    Me.txtPort = 25
    Me.txtSendername = "André Minhorst"
    Me.txtSenderEMail = "info@beispielserver.de"
    Debug.Print StartWinSock
End Sub
```

Listing 20.2: Quellcode

Die Schaltfläche mit der Beschriftung `Senden` löst bei Betätigung eine Ereigniseigenschaft aus, welche die E-Mail mit den angegebenen Daten versendet. Die entsprechende Ereignisprozedur ist in Quellcode 20.3 zu finden. Diese Routine hat keine andere Aufgabe, als die Schritte zu erledigen, die auch in Quellcode 20.2 durchgeführt werden – dort allerdings bei bestehender und direkter Verbindung zum SMTP-Server via Telnet.

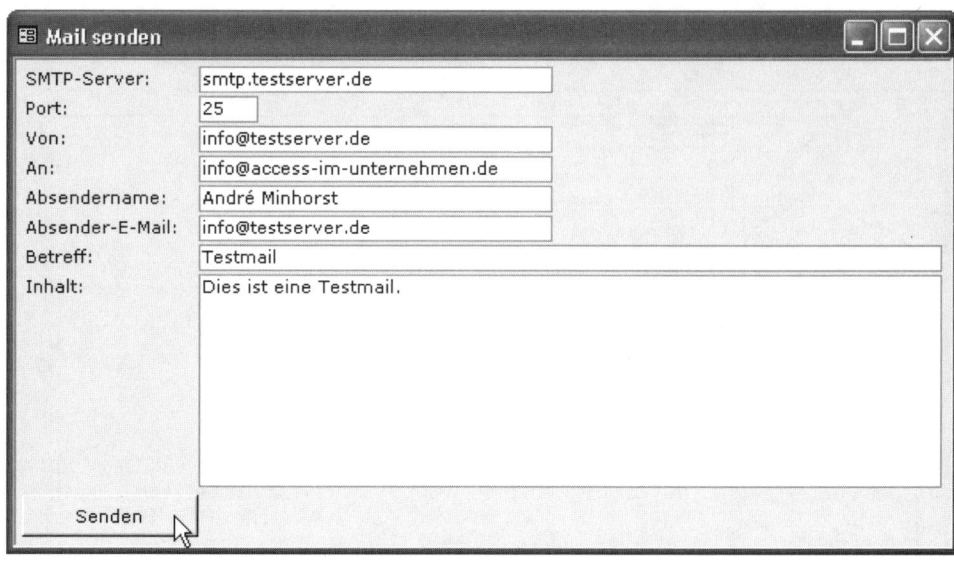

Abb. 20.3: Das ausgefüllte Formular zum Versenden einer Textmail

```
Private Sub cmdSend_Click()
    DoCmd.Hourglass True
    Dim lngSMTPSocket As Long
    Dim lngServerAddress As Long
    Dim strServerName As String
    Dim strServerResponse As String
    Dim mmsgCurrentMessage As New MIMEMessage
    Dim strCurrentLine
    Dim intStatus As Boolean
    lngSMTPSocket = 0
    strServerName = Me.txtSMTPServer
    intStatus = GetIPAddress(lngServerAddress, strServerName)
    intStatus = CreateSocket(lngSMTPSocket, 0)
    intStatus = ConnectSocket(lngSMTPSocket, lngServerAddress, Me.txtPort)
    intStatus = ReceiveSocket(lngSMTPSocket, strServerResponse)
    intStatus = SendSocket(lngSMTPSocket, "HELO" + Me.txtSMTPServer)
    intStatus = ReceiveSocket(lngSMTPSocket, strServerResponse)
    intStatus = SendSocket(lngSMTPSocket, "mail from:<" + Me.txtFrom + ">")
    intStatus = ReceiveSocket(lngSMTPSocket, strServerResponse)
    intStatus = SendSocket(lngSMTPSocket, "rcpt to:<" + Me.txtTo + ">")
    intStatus = ReceiveSocket(lngSMTPSocket, strServerResponse)
    intStatus = SendSocket(lngSMTPSocket,"data")
    intStatus = ReceiveSocket(lngSMTPSocket, strServerResponse)
    mmsgCurrentMessage.AddHeader "From",Me!txtSendername & " <" & Me! ⊃
    txtSenderEMail & ">"
    mmsgCurrentMessage.AddHeader "To",Me!txtTo
    mmsgCurrentMessage.AddHeader "Subject",Me!txtSubject
    mmsgCurrentMessage.AddHeader "Date", Choose(Weekday(Date), "Sun","Mon", "Tue", ⊃
    "Wed", "Thu", "Fri", "Sat") & ", "& Format(Now, "d") & " " & Choose(Month( ⊃
    Date), "Jan", "Feb", "May", "Apr", "May", "Jun", "Jul", "Aug", "Sep", "Oct", " ⊃
```

```
     Nov", "Dec") & " " & Format(Now, "yyyy") & " " & Format(Now, "hh:nn:ss") & ⊃
     "+0200"
     mmsgCurrentMessage.BodyLines.Add Me.txtPlaintext
     mmsgCurrentMessage.ComposeSimple
     For Each strCurrentLine In mmsgCurrentMessage.Lines
        intStatus = SendSocket(lngSMTPSocket, CStr(strCurrentLine))
     Next
     intStatus = SendSocket(lngSMTPSocket, ".")
     intStatus = ReceiveSocket(lngSMTPSocket, strServerResponse)
     intStatus = SendSocket(lngSMTPSocket,"quit")
     intStatus = ReceiveSocket(lngSMTPSocket, strServerResponse)
     intStatus = ReleaseSocket(lngSMTPSocket)
     DoCmd.Hourglass False
End Sub
```

Listing 20.3: Quellcode

Per VBA ist selbstverständlich ein wenig mehr Aufwand vonnöten. Die Prozedur startet und endet mit dem Ein- und Ausblenden der Sanduhr anstelle des Mauszeigers, damit der Benutzer weiß, dass gerade etwas passiert.

Anschließend deklariert die Routine einige Variablen, unter anderem auch eine Instanz der Klasse MIMEMessage. Dann liest sie den Namen des SMTP-Servers aus dem Textfeld txtSMTPServer ein und ermittelt über die Funktion GetIPAdress die IP-Adresse des Servers. Die bereits weiter oben erläuterten Funktionen CreateSocket und Connect-Socket stellen die Verbindung zum Server her.

Envelope senden

Danach sendet die Routine die HELO-Anweisung sowie die Informationen über den Sender und den Adressaten der Mail. Zu allen Sendevorgängen ermittelt die Prozedur die erforderlichen Parameter aus den jeweiligen Textfeldern des Formulars.

Nach dem Senden der DATA-Anweisung setzt die Routine die eigentliche Nachricht im MIMEMessage-Objekt zusammen.

Headerdaten zusammenstellen

Um die Header-Daten zusammenzustellen, ruft die Prozedur jeweils die AddHeader-Methode des MIMEMessage-Objekts auf. Diese erwartet als Parameter die Bezeichnung des Headers (ohne Doppelpunkt) und den zu übergebenden Wert.

Interessant ist die Übergabe des Datums: Für eine zuverlässige Anzeige in allen gängigen E-Mail-Clients ist die Verwendung eines speziellen Formats erforderlich. Dieses sieht beispielsweise folgendermaßen aus:

```
Thu, 8 Jul 2004 13:36:15 +0200
```

Der Body

Nach den Headern folgt der Body der Mail. Der dementsprechende Inhalt des Textfeldes txtPlaintext wird dazu mit der Add-Methode an die Bodylines-Auflistung des MIMEMessage-Objektes angehängt.

Nun kommt die Methode `ComposeSimple` der `MIMEMessage`-Klasse zum Zug (siehe Quellcode 20.4).

```
Public Sub ComposeSimple()
    Dim rhdrCurrentHeader
    Dim mattCurrentAttachment
    For Each rhdrCurrentHeader In Headers
        Lines.Add CStr(rhdrCurrentHeader.Label) + ": " + CStr(rhdrCurrentHeader. ↲
        Value)
    Next
    Lines.Add "MIME-Version: 1.0"
    Lines.Add "CONTENT-TYPE: text/plain; " & "charset=""ISO-8859-1"""
    Lines.Add ""
    Dim CurrentLine}
    For Each CurrentLine In BodyLines
        Lines.Add CStr(CurrentLine)
    Next
End Sub
```

Listing 20.4: Quellcode

Sie schnappt sich alle bisher übergebenen Header samt Bezeichnung und Inhalt, fügt noch die beiden Header

```
MIME-Version: 1.0
```

und

```
CONTENT-TYPE: text/plain;charset="ISO-8859-1"
```

hinzu und ergänzt das Ganze um den Body.

Das auf diese Weise zusammengesetzte Gebilde – wie z. B. in Quellcode 20.4 gezeigt – schickt die Routine `cmdSend_Click` dann Zeile für Zeile mit der `SendSocket`-Funktion an den SMTP-Server.

Bleibt noch, den Punkt (`.`) als abschließendes Zeichen zu schicken und mit der Anweisung `quit` den Datenverkehr mit dem SMTP-Server zu beenden.

```
From: André Minhorst <info@andre-minhorst.de>
To: info@access-sql-dotnet.de
Subject: Testmail
Send was OK.
Date: Thu, 8 Jul 2004 13:51:55 +0200
MIME-Version: 1.0
CONTENT-TYPE: text/plain; charset="ISO-8859-1"

Hallo Freunde,

dies ist eine Testmail.

Viele Grüße
Euer André
```

Listing 20.5: Quellcode

20.6.2 Versenden einer Textmail mit Attachment

Das Versenden einer Mail mit Attachment unterscheidet sich nicht wesentlich vom Versenden einer einfachen Mail. Im Formular zur Eingabe der Daten können Sie neben den bereits bekannten Informationen noch ein Attachment auswählen (siehe Abbildung 20.4).

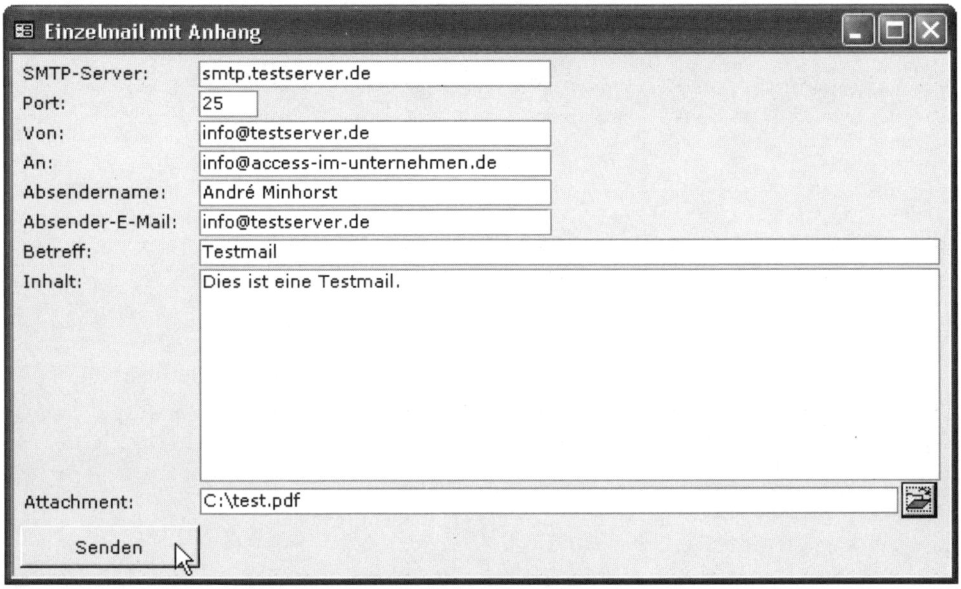

Abb. 20.4: Formular zum Versenden von Mails mit Anhang

Die zum Versenden notwendige Routine unterscheidet sich lediglich an einer Stelle von der aus Quellcode 20.3 auf Seite 300. Anstatt der Zeile

```
mmsgCurrentMessage.ComposeSimple
```

kommen die folgenden Anweisungen zum Einsatz:

```
If Me.txtAttachment <> "" And Dir(Me.txtAttachment) <> "" Then
   mmsgCurrentMessage.AddAttachment Me.txtAttachment, "Base64"
End If
mmsgCurrentMessage.ComposeSimpleWithAttachment
```

Dabei überprüft die Routine zunächst, ob der Benutzer ein Attachment angegeben hat und ruft dann die Methode AddAttachment der Klasse MIMEMessage auf. Diese reicht die Aufgabe, die Datei in ein versendbares Format umzuwandeln, direkt an die Klasse MIMEAttachment weiter.

Außerdem kommt anstatt der Methode ComposeSimple (siehe Quellcode 20.3) des Klassenmoduls MIMEMessage die Methode ComposeSimpleWithAttachment zum Zuge.

Diese Methode unterscheidet sich wesentlich von der Methode ComposeSimple. Sie erstellt eine etwas kompliziertere Kombination aus Header und Body (siehe Quellcode 20.6).

```
Public Sub ComposeSimpleWithAttachment()
   Dim strAttachmentBoundary As String
   Dim rhdrCurrentHeader
   Dim mattCurrentAttachment
   Randomize
   strAttachmentBoundary = "--Boundary" + Trim(str(Rnd)) + Trim(str(Rnd)) + "--"
   For Each rhdrCurrentHeader In Headers
      Lines.Add CStr(rhdrCurrentHeader.Label) + ": " + CStr(rhdrCurrentHeader. ⟩
      Value)
   Next
   Lines.Add "MIME-Version: 1.0"
   Lines.Add "CONTENT-TYPE: multipart/mixed; "  + "boundary=""" + ⟩
   strAttachmentBoundary + """
   Lines.Add ""
   Lines.Add "--" + strAttachmentBoundary
   Lines.Add""
   Dim CurrentLine
   For Each CurrentLine In BodyLines
      Lines.Add CStr(CurrentLine)
   Next
   Lines.Add ""
   For Each mattCurrentAttachment In Attachments
      Lines.Add "--" + strAttachmentBoundary
      Lines.Add "Content-Type: application/octet-stream; name=""" + Dir( ⟩
      mattCurrentAttachment.Filename) + """"
      Lines.Add "Content-Transfer-Encoding: base64"
      Lines.Add""
      For Each CurrentLine In mattCurrentAttachment.Lines
         Lines.Add CStr(CurrentLine)
      Next
      Lines.Add""
   Next
   Lines.Add "--" + strAttachmentBoundary + "--"
End Sub
```

Listing 20.6: Quellcode

Um die Vorgehensweise zu verstehen, ist ein etwas tieferer Einblick in den Aufbau von solchen E-Mails notwendig, die aus mehreren Teilen bestehen – in diesem Fall aus einem Textteil und einem Anhang.

Um in einer E-Mail mehrere Teile unterzubringen, müssen Sie zunächst für den Header CONTENT-TYPE den Wert multipart/mixed verwenden. Zusätzlich ermitteln Sie eine Zeichenkette für den Parameter boundary. Dieser muss unbedingt eindeutig sein, um Verwechselungen mit eventuell vorhandenen untergeordneten mehrteiligen Body-Teilen zu vermeiden.

Ist diese Zeichenkette einmal ermittelt (wie im Beispiel --Boundary.7682531.4953315--), verwendet man diese, um weitere neue Bestandteile einer mehrteiligen Mail einzuleiten.

Dabei stellen Sie dem Ausdruck zwei Minuszeichen voran (--). Um das Ende des letzten Teilabschnitts des Bodys zu kennzeichnen, verwenden Sie erneut diesen Ausdruck, schließen ihn aber in dem Fall in doppelte Minuszeichen ein.

Der Inhalt von Quellcode 20.7 zeigt dies recht deutlich: Nach dem einführenden `- - - -` `Boundary...` folgt zunächst der Textteil der Mail, den der E-Mail-Client auch als Inhalt anzeigt. Die gleiche Zeichenkette leitet auch den danach folgenden Teil ein. Dieser Teil enthält den Hinweis, dass es sich bei dem Inhalt um einen anderen `Content-Type` handelt, nämlich `application/octet-stream`. Der nachfolgende Parameter `Content-Transfer-Encoding` gibt das Format des Inhalts an. Anschließend folgt der eigentliche Inhalt in Form einer `Base64`-codierten Zeichenfolge. Der empfangende Mail-Client erzeugt daraus wieder das ursprüngliche Format.

```
From: André Minhorst <info@andre-minhorst.de>
To: info@access-sql-dotnet.de
Subject: Testmail
Date: Thu, 8 Jul 2004 18:41:36 +0200
MIME-Version: 1.0
CONTENT-TYPE: multipart/mixed; boundary="--Boundary.7682531.4953315--"

----Boundary.7682531.4953315--

Dies ist eine Testmail.

----Boundary.7682531.4953315--

Content-Type: application/octet-stream; name="Codezone.zip"
Content-Transfer-Encoding: base64
```
```
UEsDBBQAAAAIAOGJ2DA3OHG8ogEAAN8CAAAKAAAAYXVOaG9yLnhtbHVS207jMBB9X2n/IfK765Sm
UJAbtqVUQuLywPIBxp4mFokd2RPa7h/vX+wkKdCuhBQlM2duZ85EXu/qKnmHEK13czYepSwBp72x
rpizu+cnPptNL/mYJRGVM6ryDubMexad//whtXcIDhPcN4Q21MU711BHFz/cOS4adjKAJhStNXM2
zS5u1reLCb9Z73GY8u1hc8uVskvL1arxer1eT6XI9obm+DRruKL9EbK6E2G63I1xMHtzVtiEByU
...
NbiRAcFyWQOqXKLFCvKFM+Fv8mBd6UNEKQZUGog62AaJksj1MIGMN1TO1gFUF1kphPwsTTOenvOz
7HeaXvWPFCcZs1IRXxpD9vcV/+XOHO+9VkTGgBRH7oemR9FTRP6xTcfS4r7jjgEAO5/6Fj5YiOS8
```

```
----Boundary.7682531.4953315----
```

Listing 20.7: Quellcode

20.6.3 Versenden einer kombinierten Mail mit Plain Text und HTML

Wer seinen Mail-Editor im Textmodus betreibt, der schüttelt sich gelegentlich beim Anblick diverser Mails, die unter Umständen mühevoll im HTML-Format erstellt wurden, aber im Textmodus einfach nur schauderhaft aussehen. Um dies zu verhindern, können Sie auch eine Text- und eine HTML-Version des Inhalts in einer Mail versenden, wobei der E-Mail-Client sich dann normalerweise die richtige Version heraussucht. Und wenn der Leser einen textbasierten Client verwendet, findet man die HTML-Version im Anhang der Mail vor und kann sie per Doppelklick im Browser anzeigen.

Das Formular aus Abbildung 20.5 auf der nächsten Seite dient dem Versenden einer Mail, die den Inhalt im Text- und im HTML-Format enthält. Dazu enthält das Formular zwei entsprechende Eingabefelder.

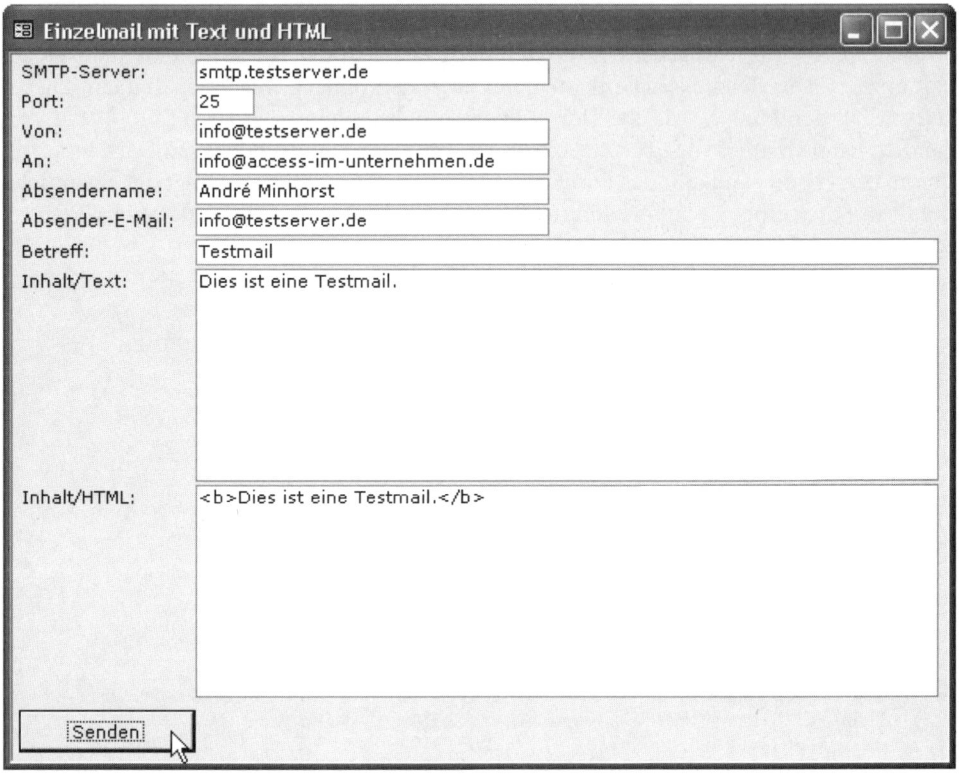

Abb. 20.5: Gleichzeitiges Versenden von Plain Text und HTML

Die Technik zur Zusammenstellung der Mail ist ähnlich der beim Versenden von Mails mit Anhängen. Man gibt lediglich als `Content-Type` den Wert `multipart/alternative` an und fügt den HTML-Part als zweiten, gleichberechtigten Inhalt des Mailbody ein. Die entsprechenden Routinen sind im Klassenmodul des Formulars `frmEinzelmail-TextUndHTML` und im Klassenmodul `MIMEMessage` (`ComposeSimpleHTMLAndPlain`) zu finden.

20.6.4 Versenden einer Mail an mehrere Empfänger

Bleibt noch die Möglichkeit, eine Mail an mehrere Absender zu versenden, beispielsweise um andere Empfänger als CC: oder BCC: zu berücksichtigen. Das Formular aus Abbildung 20.6 auf der nächsten Seite greift dies auf und enthält eine Funktion, mit der man einer Mail neben dem Hauptempfänger mehrere weitere E-Mail-Adressen hinzufügen kann. Dabei dienen die beiden Kombinationsfelder `Quelltabelle` und `Quellfeld` dazu, eine Tabelle und aus dieser Tabelle das Feld mit einer E-Mail-Adresse auszuwählen.

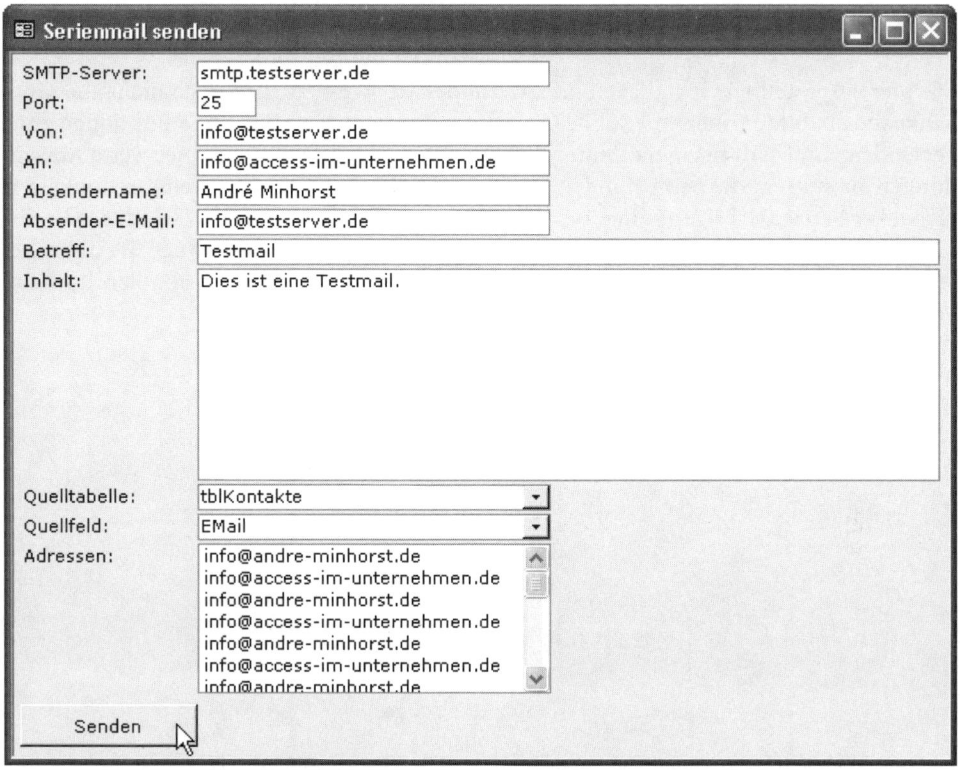

Abb. 20.6: Formular zum Versenden von Mail an mehrere Empfänger

Technisch gesehen passiert hier nicht mehr, als dass in der Routine zur Durchführung des Mailverkehrs zum SMTP-Servers um die Stelle, an der der Empfänger mit RCPT TO: festgelegt wird, eine Schleife läuft, die nacheinander alle im Listenfeld angezeigten E-Mail-Adressen einträgt. Dabei verschickt die Anwendung die Mail zwar wie gehabt nur einmal, diese geht aber an alle angegebenen Adressaten. Dadurch verliert die Mail natürlich die persönliche Note, weil jeder Adressat die gleiche, im Header angegebene Adresse sieht. Wenn alle Mails mit einem individuellen Empfänger ausgestattet sein sollen, würde man eine Schleife um den kompletten Sendevorgang legen und dabei den Empfänger sowohl beim Envelope unter RCPT TO als auch beim Header unter To eintragen. Dann können Sie auch direkt eine persönliche Anrede im Body unterbringen. Dadurch dauert der Vorgang natürlich je nach Anzahl der Adressaten möglicherweise recht lange. Andererseits soll an dieser Stelle auch erwähnt werden, dass eine Mail mit mehreren Adressaten zwar in einem Rutsch zum SMTP-Server gelangen, aber irgendwann ja auch mal in unterschiedliche Mails für die verschiedenen Empfänger aufgeteilt werden muss.

20.7 Zusammenfassung und Ausblick

Die hier vorgestellten Grundlagen und Methoden decken natürlich noch nicht alle Möglichkeiten ab, bilden aber eine solide Grundlage für die Integration von Funktionen zum Versenden von Mails in eigene Anwendungen. Damit könnte man beispielsweise Anwendungen ausstatten, die beim Kunden laufen und beim Auftreten von Fehlern direkt den Hersteller benachrichtigen sollen – natürlich nicht ohne Erlaubnis des Kunden. Mit der in einer der nächsten Ausgaben vorgestellten POP3-Funktionalität können Sie die so gesendeten Benachrichtigungen direkt per Datenbank vom Mailserver abholen und zur Verarbeitung vorbereiten.

21 Versionsverwaltung mit Access und CVS

André Minhorst, Duisburg

Beim Thema Versionsverwaltung fällt dem Anwender von Microsoft-Entwicklerprodukten erstmal Visual Source Safe ein. Wenn man über den Tellerrand schaut, finden sich dort einige vor allem aus der Unix-Welt stammende Produkte, allen voran CVS (Concurrent Version System). Der vorliegende Beitrag stellt die Grundlagen zu diesem System vor und klopft ab, inwieweit es sich zur Kooperation mit Microsoft Access bewegen lässt.

Inhalt

21.1 Einführung in CVS

CVS ist eine Software zur Versionsverwaltung von Dateien. Es ist das Open-Source-Pendant zu Microsoft Visual Source Safe (VSS), ist aber im Vergleich zu diesem Open-Source-Software.

Versionsverwaltungssoftware erfüllt mehrere Aufgaben gleichzeitig: Der wichtigste Punkt ist, dass der Quellcode an einer zentralen Stelle gespeichert und von allen beteiligten Entwicklern kopiert, bearbeitet und wieder zurückgespielt werden kann.

Halten sich alle beteiligten Personen an die Regeln, hat jede eine weitgehend aktuelle Version des Projektes auf der Festplatte. Änderungen lassen sich mit Versionsverwaltungen leicht ins System übernehmen und an die anderen Entwickler verteilen.

Der zweite wichtige Punkt folgt aus der Bezeichnung dieser Software als Versionsverwaltungssystem:

Jede neue Version einer Datei wird mit allen Änderungen registriert; dementsprechend kann das Versionsverwaltungssystem jederzeit frühere Versionen einer Datei rekonstruieren und bereitstellen.

Dieser zweite Punkt bildet den Grundstein für die in diesem Beitrag vorgestellten Vorgehensweisen und die daraus resultierende Lösung.

21.1.1 Wie läuft die Versionsverwaltung ab?

Üblicherweise geht man bei der Versionsverwaltung davon aus, dass ein Verzeichnis mit seinen Unterverzeichnissen und Dateien den Quellcode für ein Projekt oder einen Teil eines Projektes repräsentiert. Da der Quellcode während der Entwicklung Änderungen unterworfen ist, müsste man ohne Versionsverwaltung regelmäßig Kopien des Verzeichnisses anlegen, um später bestimmte Versionsstände rekonstruieren zu können – etwa, wenn man in die falsche Richtung entwickelt hat und ein Stück zurückrudern möchte.

Der Ablauf bei der Entwicklung von Software mit der Unterstützung durch eine Versionsverwaltung sieht folgendermaßen aus:

Sobald man es für sinnvoll erachtet, fügt man der Versionsverwaltung den vorhandenen Quellcode hinzu. Unter CVS heißt dieser Vorgang „Import".

Sobald der Quellcode einmal in einem Modul des Repositorys gelandet ist, kann man die komplette Struktur in jedem beliebigen Verzeichnis wieder herstellen. Dieses Verzeichnis wird somit zum Arbeitsverzeichnis.

Hat man dort Änderungen an den Dateien vorgenommen, kann man die Änderungen auf die im Repository gespeicherten Dateien übertragen. Arbeitet man allein (das ist bei Access-Entwicklern recht oft der Fall), ist man weitgehend flexibel, was den Zeitpunkt des „Eincheckens" der Änderungen betrifft: Alle zwei Stunden, einmal am Tag, oder einfach, wenn Sie den Eindruck haben, dass Sie den aktuellen Zwischenstand noch einmal reproduzieren möchten.

Im Team sieht das natürlich anders aus: Hier sollte man regelmäßig die aktuelle Version seiner Arbeitsdateien wieder einchecken, gerade wenn mehrere Entwickler an zusammenhängenden Teilen des Projekts arbeiten und auf die jeweiligen Aktualisierungen des anderen angewiesen sind.

21.1.2 Access und Versionsverwaltung

Wer mit Access entwickelt, kennt das: Aufgrund der „monolithischen" Struktur einer Access-Anwendung kann man gar nicht viel anders, als regelmäßig Sicherungskopien der kompletten Datenbank anzulegen.

Das macht es natürlich sehr schwer, einen bestimmten Versionsstand zu finden – wenn man die vorgenommenen Änderungen nicht umfassend dokumentiert hat.

Dies kommt vor allem dann ungelegen, wenn man nur mal eben die letzten paar geänderten Zeilen wiederherstellen möchte, aber die Kapazität der Rückgängig-Funktion des Visual Basic-Editors wieder mal ein wenig zu klein ist.

21.1.3 Installation von CVS

Der Schnelldurchlauf der Installation von CVS für Windows sieht folgendermaßen aus:

1. Laden Sie die aktuelle Version von CVSNT von der Internetseite `http://www.cvsnt.com/` herunter.

2. Starten Sie die Installation.

3. Akzeptieren Sie alle Voreinstellungen des Setup-Assistenten.

4. Starten Sie den Rechner neu.

21.1.4 Inbetriebnahme von CVS

CVS speichert die zu zu verwaltenden Dateien in einem so genannten „Repository". Das erstellen Sie wie folgt:

1. In der Systemsteuerung finden Sie einen Eintrag mit der Beschriftung `CVS for NT`. Starten Sie die Benutzeroberfläche per Doppelklick (siehe Abbildung 21.1 auf der nächsten Seite).

2. Stoppen Sie den CVS-Service.

3. Wechseln Sie zu `Repositories` und klicken Sie auf `Add`. Geben Sie das Verzeichnis an, in dem CVS das Repository anlegen soll, und bestätigen Sie die Initialisierung des Verzeichnisses als Repository (siehe Abbildung 21.2 auf der nächsten Seite).

4. Wählen Sie auf der Registerseite `Advanced` ein temporäres Verzeichnis aus, das Sie am besten schon vorher anlegen – beispielsweise unter dem Namen „CVSTemp".

5. Behalten Sie die übrigen Einstellungen bei und starten Sie den Dienst wieder.

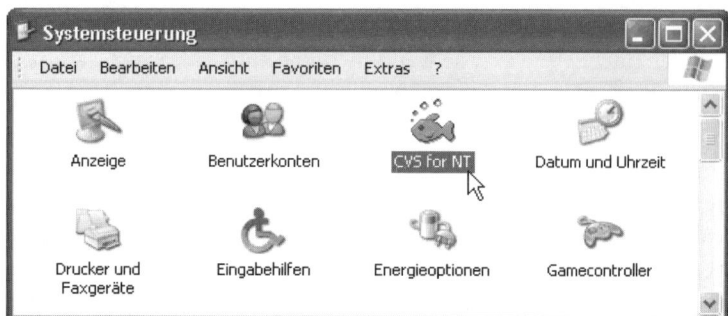

Abb. 21.1:
CVS in der
Systemsteuerung

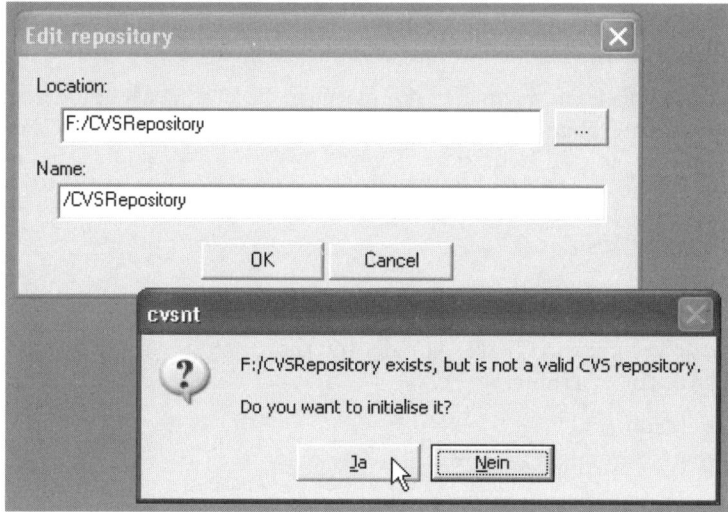

Abb. 21.2:
Festlegen des
Verzeichnisses
und Bestätigen
des Einrichtungs-
vorgangs

21.1.5 Zugriffsart

CVS bietet verschiedene Arten des Zugriffs auf das Repository an, die an die einzelnen Anwendungsfälle angepasst sind. In unserem Falle soll sich das Repository auf dem lokalen Rechner befinden und ohne Benutzername und Kennwort erfolgen. Je nachdem, ob man sich in einem als solches gekennzeichneten Arbeitsverzeichnis befindet, muss man CVS die Art der Verbindung und die damit zusammenhängenden Parameter mitteilen, bevor man auf das Repository zugreifen kann. Ruft man eine CVS-Anweisung vom Arbeitsverzeichnis selbst auf, bezieht CVS die benötigten Informationen aus Dateien, die extra für diesen Zweck zusätzlich zu den Arbeitsdateien im Verzeichnis vorliegen.

21.2 CVS-Anweisungen

Nachfolgend lernen Sie die grundlegende Funktion der Anweisungen von CVS kennen. Der Schwerpunkt liegt dabei auf den Anweisungen, die von `accessCVS`, einem Plugin für Access-Datenbanken zur Integration von CVS, verwendet werden.

Hinweis: Weitere Informationen sowie eine Referenz zu CVSNT finden Sie im Internet unter der Adresse `http://www.cvsnt.org`.

21.2.1 Projekt importieren

Damit CVS überhaupt Wind von den zu verwaltenden Daten bekommt, „importieren" Sie diese und speichern sie damit erstmalig im Repository.

Das ist die Grundlage für alle weiteren Operationen, mit denen Sie eine Datei bearbeiten und als neue Version ablegen, alte Versionen wieder hervorholen, Dateien hinzufügen oder entfernen können. Das Einchecken erfolgt allgemein mit folgender Anweisung:

```
cvs import -m "<Bemerkung>" CVSBeispiel avendor arelease
```

Damit kopiert man das komplette Verzeichnis inklusive aller Unterverzeichnisse und Dateien in das Repository. Der Platzhalter `<Bemerkung>` enthält eine Logmessage, mit der Sie Informationen über den aktuellen Stand speichern können. Diese Informationen können Sie mit jeder Aktualisierung des Inhalts des Repository übergeben. Damit erhalten Sie ein sehr wichtiges Mittel zur späteren Identifizierung des Inhalts des jeweiligen Revisionsstandes.

Legen Sie zu Beispielzwecken ein Verzeichnis mit einer kurzen Textdatei an. Das Ganze erledigen Sie vom DOS-Prompt aus. Erstellen Sie zunächst das Testverzeichnis:

```
mkdir c:\cvsTest
```

Wechseln Sie in das Verzeichnis:

```
cd c:\cvsTest
```

Öffnen Sie anschließend den Texteditor, geben Sie einen kurzen Text (etwa „Beispieltext") ein und speichern Sie die Textdatei mit den entsprechenden Menübefehlen:

```
edit Beispiel.txt
```

Nun können Sie den Inhalt des Verzeichnisses in ein neues Modul im CVS-Repository importieren:

```
cvs --d :local:<Repositorypfad>
import --m "Neues Modul" Beispiel avendor arelease
```

Dabei geben Sie für `<Repositorypfad>` den Pfad an, unter dem Sie das Repository angelegt haben. Achten Sie darauf, dass Sie statt des Backslash (\\) das Slash-Zeichen (/) verwenden.

Die Zeichenfolge `:local:` gibt an, dass es sich um ein Repository auf dem lokalen Rechner handelt. Der Parameter `-m` und der folgende String dienen zum Anlegen einer Logmessage. Diese sollte in der Regel Informationen zu der eingecheckten Version enthalten. „Beispiel" ist der Name des neuen Repository. Diesen sollten Sie sinnvoll auswählen, da Sie ihn für alle weiteren Zugriffe benötigen. Die beiden letzten Elemente, `avendor` und `arelease`, sind zwar erforderlich, haben aber in diesem Zusammenhang keine wichtige Bedeutung und werden daher nicht weiter erläutert. CVS antwortet wie folgt (eingerückte Zeilen sind Fortsetzungen der vorherigen Zeile):

```
cvs import: cwd=C:\cvstest, current=C:\cvstest
N Beispiel/Beispiel.txt
No conflicts created by this import
```

Das N vor der Angabe der Beispieldatei signalisiert, dass es sich um eine neue Datei handelt.

21.2.2 Dateien auschecken

Zum Auschecken von Dateien, also zum Anlegen einer Kopie der aktuellsten Version der kompletten Struktur, dient folgende Anweisung:

```
csv checkout CVSBeispiel
```

Die Anweisung legt – soweit nicht vorhanden – ein Arbeitsverzeichnis mit dem Namen des Moduls im aktuellen Verzeichnis an und kopiert dort die komplette Struktur des aktuellen Standes hinein.

Mit dem folgenden Schalter können Sie alle Dateien eines bestimmten Versionsstandes in das Arbeitsverzeichnis auschecken:

```
cvs checkout --r <Version> CVSBeispiel
```

> **Tipp:** CVS legt beim Checkout standardmäßig ein neues Verzeichnis in dem aktuellen Verzeichnis mit dem Namen des Moduls an. Um die Arbeitskopie in einem individuellen Verzeichnis anzulegen, verwenden Sie einfach den Schalter `-d <Verzeichnis>`.

Ganz besonders wichtig für das Auschecken von Dateien ist die Möglichkeit, die Version der ausgecheckten Dateien per Parameter anzugeben. So kann man beispielsweise alle Dateien aus dem Repository in das Arbeitsverzeichnis kopieren lassen, die zu einem bestimmten Datum Gültigkeit hatten. Außerdem kann man auch zu einem beliebigen Zeitpunkt einen Release-Stand festlegen, der jederzeit wieder abgerufen werden kann.

Beispiel

Um bei unserem Beispiel zu bleiben, checken wir die ins Repository importierte Datei direkt einmal aus. Ohne diesen Schritt können Sie die Datei zwar bearbeiten, aber die Datei nicht mit dem Repository abgleichen (in einer Zeile):

```
C:\cvstest>cvs -d :local:h:/cvsrepository checkout -d c:\cvstest Beispiel
```

CVS gibt folgende Meldung zurück und bestätigt damit, dass ein Update auf dem Verzeichnis erfolgt ist (erkennbar an dem Buchstaben U vor dem Dateinamen):

```
cvs checkout: cwd=C:\cvstest, current=C:\cvstest
cvs checkout: Updating c:\cvstest
U c:\cvstest/Beispiel.txt}
```

21.2.3 Dateien updaten

Wenn mehrere Entwickler an einem Projekt arbeiten, kann es sein, dass Entwickler A eine Datei des Projekts ändert und seine Version in das Repository überführt hat.

Damit nun nicht Entwickler B zufällig Änderungen an der gleichen Datei durchführt, diese zum Repository überträgt und damit eventuell die Änderungen von Entwickler A verwirft, gibt es die Update-Anweisung.

Damit gleicht Entwickler B seine Version mit der aktuellen Version im Repository ab, wobei die Änderungen aus der Version des Repositorys auf die Version von Entwickler B im Arbeitsverzeichnis übertragen werden – aber auch nur die Änderungen.

Entwickler B kann dann die neue Version mit den eigenen Änderungen und denen von Entwickler A ins Repository einchecken. Und wenn zufällig mal beide an der gleichen Stelle im Code gearbeitet haben (was im Übrigen von einer schlechten Absprache zeugt) muss Entwickler B den Konflikt manuell beheben und die richtige Version ins Repository übertragen.

Dem Access-Entwickler, der in der Regel als Einzelkämpfer auftritt, wird dies aber vermutlich eher selten passieren.

Beispiel

Für ein Update-Beispiel ändern Sie den Inhalt der Datei Beispiel.txt im Verzeichnis c:\cvstest, indem Sie einfach eine Zeile hinzufügen (siehe Abbildung 21.3 auf der nächsten Seite).

Anschließend setzen Sie vom Arbeitsverzeichnis aus folgende Anweisung ab:

```
C:\cvstest>cvs update
```

CVS zeigt den Update-Vorgang an und kennzeichnet die Beispieldatei mit dem Buchstaben M als „modified".

```
cvs update: Updating .
M Beispiel.txt
```

Damit ist die Änderung aber noch nicht ins Repository übertragen. Dazu benötigen Sie noch eine weitere Anweisung, die Sie im nächsten Abschnitt kennen lernen.

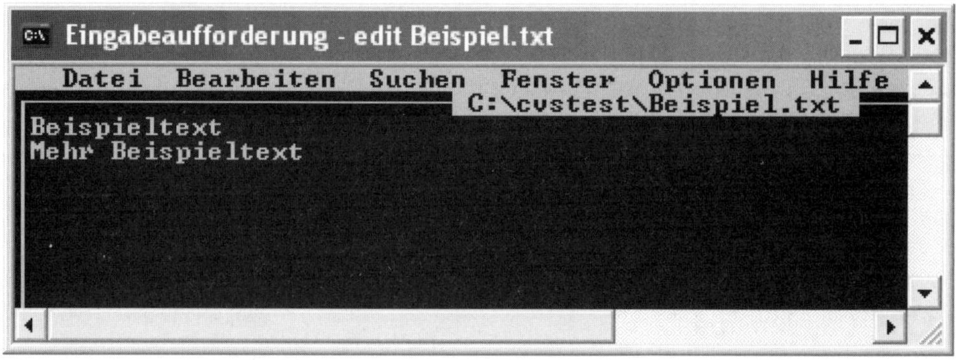

Abb. 21.3: Geänderte Textdatei

Hinweis: Möglicherweise wundern Sie sich, dass die Angabe der Verbindungseigenschaften und des Repository fehlen. Der Grund ist, dass Sie sich gerade in einem Arbeitsverzeichnis befinden, und dort hat CVS ein zusätzliches Verzeichnis namens CVS angelegt. Es enthält alle notwendigen Informationen, sodass Sie von hier aus alle Anweisungen ohne den Parameter d und die entsprechenden Zugangsanweisungen angeben können.

21.2.4 Änderungen übertragen

Um Änderungen an einer Datei im Arbeitsverzeichnis in das Repository zu bringen, verwenden Sie den Commit-Befehl. Dieser erfolgt am besten im Anschluss an den Aufruf der Update-Anweisung. Mit der Übertragung der Änderungen legt CVS im Repository einen neuen Versionsstand der geänderten Dateien an.

Beispiel

Die soeben vorgenommene Änderung haben Sie per „Update"-Anweisung bereits markiert, nun soll diese noch ins Repository übernommen werden. Dazu verwenden Sie folgende Anweisung:

```
C:\cvstest>cvs commit -m "Zweizeiler"
```

Diese Anweisung überträgt alle Änderungen ins Repository. Wenn Sie also mehrere Dateien geändert haben, aber nur die Änderungen an einem Teil der Dateien in das Repository übertragen möchten, geben Sie alle Dateinamen an. Der Parameter m leitet die Angabe der Logmessage für diese Version ein. CVS gibt als Antwort Folgendes aus:

```
cvs commit: Examining .
Checking in Beispiel.txt;
h:/cvsrepository/Beispiel/Beispiel.txt,v
<-- Beispiel.txt
```

```
new revision: 1.2; previous revision: 1.1
done
```

21.2.5 Historie einer Datei

CVS speichert Dateien nur beim Import beziehungsweise beim ersten Hinzufügen komplett.

Anschließend notiert es lediglich die Unterschiede zwischen der Originaldatei und der geänderten Datei mit; daraus resultiert unter Umständen eine enorme Speicherplatzersparnis.

Die Historie einer oder mehrerer Dateien lässt sich leicht mit der Anweisung „log" anzeigen.

Beispiel

Nach nur einem Import- und einem Commit-Vorgang ist noch keine besonders umfangreiche Historie vorhanden.

Daher können wir diese leicht an dieser Stelle abdrucken. Mit dem folgenden Aufruf zeigen Sie die Historie für alle Dateien des angegebenen Repository an:

```
C:\cvstest>cvs log
cvs log: Logging .
```

CVS antwortet mit den Zeilen aus Quellcode 21.1. Dabei ist die mit revision 1.2 gekennzeichnete Version diejenige, die wir soeben ins Repository überführt haben. Die Angabe lines +1 -0 gibt an, dass eine Zeile hinzugekommen ist und keine gelöscht wurde.

```
RCS file: h:/cvsrepository/Beispiel/Beispiel.txt,v
Working file: Beispiel.txt
head: 1.2
branch:
locks: strict
access list:
symbolic names:
      arelease: 1.1.1.1
      avendot: 1.1.1
keyword substitution: kv
total revisions: 3;  selected revisions: 3
description:
----------------------------
revision 1.2
date: 2004/09/20 14:31:02;  author: Administrator;  state: Exp;  lines: +1 -0;
kopt: kv;  commitid: 670414ee9a66f3b;  filename: Beispiel.txt;
Zweizeiler
----------------------------
revision 1.1
date: 2004/09/20 13:58:54;  author: Administrator;  state: Exp;
branches:  1.1.1;
Initial revision
----------------------------
revision 1.1.1.1
date: 2004/09/20 13:58:54;  author: Administrator;  state: Exp;  lines:
```

```
+0 -0;
Neues Modul
=============================================================
```

Listing 21.1: Quellcode 1

21.2.6 Unterschiede zwischen Versionsständen

Oft muss man gar nicht zu einem älteren Versionsstand zurückkehren, um in der Entwicklung voranzuschreiten: In vielen Fällen reicht es, die Änderungen an einer Datei einzusehen. Für diesen Fall bietet CVS die Anweisung diff.

Mit dieser Anweisung kann man die aktuell im Arbeitsverzeichnis befindliche Version einer Datei mit jeder gespeicherten Version vergleichen.

Es ist sogar möglich, die Änderungen zwischen zwei im Repository gespeicherten Dateien anzuzeigen.

Beispiel

Um die Unterschiede zwischen der im Arbeitsverzeichnis befindlichen Version der Textdatei und beispielsweise der Version 1.1 anzuzeigen, geben Sie im Arbeitsverzeichnis die folgende Anweisung ein:

```
C:\cvstest>cvs diff -r1.1 Beispiel.txt
```

Die Ausgabe der Unterschiede sieht etwa folgendermaßen aus. Dabei findet CVS automatisch heraus, dass die Version im Arbeitsverzeichnis mit der Version 1.2 übereinstimmt und zeigt die Unterschiede zwischen Version 1.1 und 1.2 an:

```
Index: Beispiel.txt
====================================}
RCS file: h:/cvsrepository/Beispiel/Beispiel.txt,v
retrieving revision 1.1
retrieving revision 1.2
diff -r1.1 -r1.2
1a2
> Mehr Beispieltext
```

21.3 accessCVS

`accessCVS` ist eine Schnittstelle für die Verwendung von CVS mit Access. Es verwendet die in den vorhergehenden Abschnitten vorgestellten Techniken zur Verwaltung der Versionsstände für folgende Objekttypen:

* Abfragen

* Formulare

* Berichte

* Makros

* Module

Hinweis: Da `accessCVS` ständig weiterentwickelt wird und Sie hier keine Dokumentation vorfinden sollen, die beim Erscheinen des Beitrags schon nicht mehr aktuell ist, drucken wir an dieser Stelle keine Beschreibung der Anwendung ab. Damit Sie ständig mit der aktuellen Version des Tools und einer entsprechenden Dokumentation arbeiten können, bieten wir beides unter `http://www.accesscvs.de` zum Download an.

21.3.1 Behandlung von Tabellen

In der oben aufgeführten Liste der Objekte, die man mit CVS verwalten kann, fehlen die Tabellen. Der Grund ist, dass Access Tabellen nicht in einer Art und Weise exportieren kann, die eine Verwaltung in CVS sinnvoll macht. Alternativ sollte man die Tabellen in ein Backend ausgliedern und dieses Backend separat mit CVS verwalten. So kann man zu jedem Release die derzeit gültige Fassung des Datenmodells per Backend versionieren.

21.3.2 Technische Hintergründe

Wenn Sie auch an dieser Stelle keine Beschreibung der kompletten Lösung finden, möchten wir auf einige technische Besonderheiten hinweisen.

CVS arbeitet normalerweise so, dass nach dem erstmaligen Speichern der Dateien eines Projekts zunächst ein „Checkout" in ein Arbeitsverzeichnis erfolgen muss. Der Entwickler arbeitet im Folgenden mit der in diesem Arbeitsverzeichnis abgelegten Version des Projekts.

Wenn er die vorgenommenen Änderungen an das Repository übermitteln möchte, überprüft er zunächst per „Update"-Anweisung, ob nicht zufällig ein anderer Entwickler an den gleichen Dateien gearbeitet hat und eventuell Konflikte zu lösen sind. Erst dann kann er mit der „Commit"-Anweisung die vorgenommenen Änderungen ins Repository überführen.

Will man CVS mit Access anwenden, kommt noch ein Schritt hinzu, denn prinzipiell ist ja Access auch eine Art „Repository". Dort gilt es zunächst, die mit CVS zu verwaltenden Daten zu exportieren.

Zum Glück gibt es dort zwei undokumentierte Funktionen, mit denen Abfragen, Formulare, Berichte, Makros und Module im Textformat exportiert und wieder importiert werden können. Die beiden nützlichen Helfer heißen `SaveAsText` und `LoadFromText` und ihr Aufruf sieht beispielsweise folgendermaßen aus:

```
Application.SaveAsText acModule, "mdlTest", "c:\mdlText.txt"
```

Diese Anweisung speichert den Inhalt des Moduls `mdlText` in eine Datei namens `mdl-Text.txt` im Verzeichnis `c:\`. Genau andersherum arbeitet die Methode `LoadFromText`.

Mit diesen beiden Methoden bewaffnet kann man die gewünschten Datenbankobjekte im Textformat im Arbeitsverzeichnis speichern und sie von dort aus mit den entsprechenden CVS-Anweisungen mit dem Inhalt des Repository abgleichen.

Wenn man einen früheren Versionsstand als den aktuellen wiederherstellen möchte, macht man die entsprechenden Dateien per „Checkout"-Anweisung im Arbeitsverzeichnis verfügbar; von dort greift sich die Access-Anwendung diese per „LoadFromText"-Befehl.

21.3.3 Automatisierung ist Trumpf

Sie können die Versionsverwaltung von Access-Objekten natürlich von Hand erledigen, aber dann werden Sie wahrscheinlich mehr Zeit mit dem Dos-Prompt als mit dem VBA-Editor verbringen.

Deshalb versucht `accessCVS`, Ihnen einen Großteil der Arbeit abzunehmen und die Versionsverwaltung weitgehend automatisiert zu erledigen.

Sprich: Sie können beispielsweise mit wenigen Mausklicks einen neuen Versionsstand der aktuellen Fassung der Datenbankobjekte im Repository unterbringen oder einen bestimmten dort gespeicherten Stand in der Datenbank wiederherstellen.

Die Realisierung enthält einige Stolpersteine. Damit aus der Kommunikation der Anwendung mit CVS keine Einbahnstraße wird, ist es nötig, die Antworten von CVS auf die abgesetzten Anweisungen auszuwerten. Da CVS ein Kommandozeilentool ist, sendet es alle Ausgaben an den DOS-Prompt.

Von dort wollen diese Informationen erst mal nach Access gelangen. Mit Hilfe einiger API-Funktionen (unter anderem `CreateProcess`) kann man die Ausgabe direkt in eine Variable umleiten.

Anschließend müssen die Antworten von CVS so ausgewertet werden, dass sich ein Erfolg oder Misserfolg der abgesetzten Anweisungen ablesen lässt.

Weitere Informationen zu der Vorgehensweise finden Sie in der Dokumentation zum Download unter `http://www.accesscvs.de`.

21.4 WinCVS

Wer sich auch außerhalb von Access mit CVS beschäftigen möchte und kein Kommandozeilen-Freund ist, kann sich im Internet unter `http://www.wincvs.org` das Tool `WinCVS` herunterladen. Es ist Explorer-ähnlich aufgebaut und ermöglicht die menügesteuerte Bedienung von CVS.

Und lernen können Sie durch die Benutzung dieses Tools auch noch: WinCVS zeigt alle per Menübefehl oder Schaltfläche aufgerufenen CVS-Anweisungen mit allen Parametern an und präsentiert zusätzlich auch die jeweiligen Antworten von CVS.

21.5 Zusammenfassung und Ausblick

Der Beitrag liefert einen Überblick über die Möglichkeiten von CVS und zeigt auf, wie sich diese in Kooperation mit Microsoft Access einsetzen lassen.

Unter `http://www.accesscvs.de` finden Sie alles, was unter den Bereich Ausblick fällt: nämlich die Umsetzung der hier vorgestellten Möglichkeiten in Form einer Erweiterung von Access, mit der Sie Access-Datenbankobjekte mit wenigen Mausklicks einer Versionsverwaltung zuführen können.

22 Objektorientiertes Programmieren mit Klassen

André Minhorst, Duisburg

VBA wird im Allgemeinen die Eigenschaft abgesprochen, eine objektorientierte Programmiersprache zu sein. Um diese Aussage zu untersuchen, müsste man erst einmal festlegen, ab wann eine Sprache objektorientiert ist und welche Eigenschaften für diese Bezeichnung vorhanden sein müssen. Lässt man einmal außen vor, dass Vererbung und Polymorphie im VBA-Sprachgebrauch Fremdwörter sind, kann man VBA sicher als objektorientierte Sprache auffassen. Wie auch immer – im vorliegenden Beitrag erfahren Sie, wie Sie sich die objektorientierten Eigenschaften von VBA zu Nutze machen.

Inhalt

22.1 Eingebaute Objekttypen in Access

Wer mit Access arbeitet und dabei VBA für die Entwicklung von Datenbankanwendungen verwendet, kann vermutlich mit Objekten verschiedenen Typs umgehen – wenn er auch vielleicht noch nie einen eigenen Objekttyp erstellt hat.

Sicher hat jeder schon einmal ein Recordset via VBA geöffnet und auf die darin enthaltenen Methoden wie Open, MoveNext, AddNew, Update oder Close zugegriffen oder Informationen aus Eigenschaften wie RecordCount, EOF oder Filter verwendet. Beispiele dafür zeigt die Routine aus Quellcode 22.1, die eine auf der Tabelle tblKontakte basierende Datensatzgruppe öffnet und den Inhalt der einzelnen Datensätze ausgibt. Mit diesem Code erzeugt man unter anderem eine Instanz des Objekttyps Recordset, legt einige seiner Eigenschaften wie beispielsweise die Datenherkunft und die zugrunde liegende Verbindung fest und greift anschließend auf die so verfügbar gemachten Daten zu.

```
Public Sub OpenRecordset()
   Dim cnn As ADODB.Connection
   Dim rst As ADODB.Recordset
   Set cnn = CurrentProject.Connection
   Set rst = New ADODB.Recordset
   rst.Open "tblKontakte", cnn, adOpenKeyset, adLockPessimistic
   Do While Not rst.EOF
      Debug.Print rst!KontaktID, rst!Vorname, rst!Nachname
      rst.MoveNext
   Loop
   rst.Close
   Set rst = Nothing
   Set cnn = Nothing
End Sub
```

Listing 22.1: Quellcode

Eine weitere, ganz offensichtliche Objektart ist beispielsweise ein Formular – wie für ein Objekt üblich, verfügt es über Methoden, Eigenschaften und Ereignisse. Ein Formularobjekt kann wiederum Steuerelemente enthalten, die ebenfalls Objekttypen repräsentieren.

22.2 Eigene Objekttypen – warum?

Mit den in Access vorhandenen Objekttypen lässt sich jede Menge nützlicher Dinge anstellen. Ein wichtiger Aspekt dabei ist, dass die unterschiedlichen Objekttypen bestimmte Methoden, Eigenschaften und Ereignisse enthalten. Ein Objekt des Typs Recordset fasst beispielsweise eine Menge Funktionalität zusammen. Und das Beste daran ist, dass man sich gar nicht darum kümmern muss, was im Innern dieses Objekts passiert – es reicht völlig aus, dass man die Methoden, Eigenschaften und Ereignisse kennt. Wen interessiert denn schon, was intern alles abläuft, wenn man die Methode AddNew eines Recordset-Objekts aufruft? Wichtig ist allein das Kennen der Schnittstelle und dass das Objekt die gewünschten Reaktionen und Ergebnisse auf die getätigten Eingaben liefert.

Hinweis: Um keine Verwirrung bezüglich der hier verwendeten Begriffe aufkommen zu lassen, sollen folgende Definitionen gelten: Der Inhalt eines Klassenmoduls definiert eine Klasse. Eine Klasse wird auch Objekttyp genannt. Das Instanzieren einer Klasse beziehungsweise eines Objekttyps erzeugt ein Objekt. Auf das Objekt kann man in der Folge über die Objektvariable zugreifen. Das Klassenmodul enthält also einen Entwurf dessen, wie das Objekt sich verhalten soll. Dieser Entwurf besteht aus der Definition geeigneter Eigenschaften, Methoden und Ereignisse sowie der dahinter liegenden Funktionen.

Nun bietet Access nur eine begrenzte Menge Objekttypen, die allerdings bereits viele Anforderungen abdecken. Genau genommen sind Art und Menge der Objekttypen gerade so bemessen, dass sie als vernünftige Grundlage für den Aufbau der jeweils individuell abzubildenden Geschäftsprozesse einer Anwendung dienen.

Damit gibt es bereits einige gute Gründe, um eigene Objekttypen zu schaffen:

- Objekttypen enthalten Methoden, Eigenschaften und Ereignisse und machen diese über eine leicht zugängliche Schnittstelle verfügbar.

- Affinität: Mit der Definition eines Objekttyps macht man Softwareentwicklung wesentlich greifbarer, denn reelle Objekte wie beispielsweise der nachfolgend vorgestellte Kontakt können über realitätsnahe Attribute angesprochen werden.

- Komplexität verbergen: Objekttypen verbergen mitunter komplexe Vorgänge, um die man sich, wenn sie einmal getestet und praxiserprobt sind, keine Gedanken mehr machen muss. Der ansonsten offen liegende Code verschwindet in einer Black Box; nicht mehr die darin enthaltenen Techniken interessieren, sondern allein die Schnittstelle.

- Wiederverwendbarkeit: Auf den Funktionsumfang eines Objekts kann man von der ganzen Anwendung aus zugreifen; unter Umständen können Objekttypen sogar in weiteren Anwendungen zum Einsatz kommen – beispielsweise, wenn die Klassen nicht an eine bestimmte Datenherkunft gebunden sind.

- Weitergabe: Objekttypen können in Form von Klassenmodulen leicht weitergegeben werden; eine funktionierende Schnittstelle und eine brauchbare Dokumentation vorausgesetzt, können andere Entwickler diese leicht weiterverwenden.

22.3 Klassenmodule

Wie bereits oben erwähnt, ist einer der Vorteile der Verwendung von Objekttypen, dass man reelle Objekte und deren Eigenschaften in einer Einheit zusammenfassen kann, deren Methoden, Eigenschaften und Ereignisse über eine entsprechende Schnittstelle erreichbar sind. Unter VBA spricht man in diesem Zusammenhang von einem Klassenmodul.

Als Beispiel für die Erläuterung des Aufbaus und der Verwendung von Objekttypen dient ein Kontakt. Er enthält bestimmte Informationen zu einer Person wie Vorname, Nachname, Geschlecht und Adressdaten. Um nicht nur die Verwendung von Eigenschaften, sondern auch den Einsatz von Methoden vorzustellen, erhält die Beispielobjektklasse zusätzlich eine Routine zur Ausgabe der Adressdaten in Form einer Anschrift.

Hinweis: Die zu den nachfolgenden Beispielen gehörenden Objekte und Codes finden Sie in der Beispieldatenbank `OOMitKlassen00.mdb` für Access 2000 und höher auf der Website zum Buch.

22.3.1 Erstellen eines Klassenmoduls

Access stellt drei unterschiedliche Modularten zur Verfügung: die Klassenmodule von Formularen und Berichten, Standardmodule sowie Klassenmodule, die nicht an ein bestimmtes Objekt wie ein Formular oder einen Bericht gebunden sind. Die Klassenmodule von Formularen und Berichten sind prinzipiell mit den im Anschluss vorgestellten Klassenmodulen identisch; der einzige Unterschied ist, dass Letztere keine Oberfläche in Form eines Formulars oder Berichts enthalten.

Um ein solches Klassenmodul zu erstellen, wählen Sie im VBA-Editor von Access den Menüeintrag `Einfügen` → `Klassenmodul` aus. Daraufhin öffnet Access ein fast leeres neues Klassenmodul, das Sie am besten direkt unter dem gewünschten Namen speichern – beispielsweise `clsKontakt`. Wählen Sie den Namen eines Klassenmoduls immer so, dass er auch verrät, welches Objekt sich dahinter verbirgt – später werden Sie über diesen Namen auf diese Klasse zugreifen.

Tipp: Damit der Debugger sich meldet, wenn eine Variable nicht ordnungsgemäß deklariert ist, sollten Sie im Prozedurkopf die Anweisung `Option Explicit` hinzufügen.

22.3.2 Schreib- und lesbare Variablen

Die Eigenschaften eines Objekttyps speichert man in herkömmlicher Weise in Variablen. Die Zugriffsmöglichkeiten auf diese Variablen kann man allerdings wesentlich flexibler gestalten als in Prozeduren in Standardmodulen.

Sie können eine Variable innerhalb eines Klassenmoduls natürlich als öffentlich zugänglich deklarieren, indem Sie etwa folgende Anweisung verwenden:

```
Public Vorname As String
```

Damit können Sie den Wert dieser Variablen von außen lesen und auch ändern, haben aber keinerlei Vorteile der in Klassenmodulen üblichen Art der Deklaration.

Dort gibt es nämlich so genannte `Property`-Funktionen, über die man von außen den Wert einer Variablen lesen und ändern kann. Daher deklariert man Variablen in Klassenmodulen niemals als öffentlich, sondern immer als privat. Die `Property`-Funktionen erlauben nicht nur den schreibenden und lesenden Zugriff auf die privaten Variablen (wobei es für jede Zugriffsart eine eigene Funktion gibt), sondern man kann dort beliebige weitere

Anweisungen unterbringen. Auf diese Weise lässt sich beispielsweise ein Zeiger setzen, der Informationen darüber enthält, ob sich eine Variable seit Erstellung der Objektinstanz geändert hat.

Namenskonventionen

Die Variablen, die über `Property`-Funktionen für die Außenwelt erreichbar sein sollen, kennzeichnet man durch Voranstellen eines weiteren Buchstabens zum eigentlichen Variablennamen. Genau genommen wählt man einen Namen aus, unter dem die Variable nach außen erscheinen soll, wie beispielsweise `Vorname`, und nennt die Variable intern `mVorname`.

22.3.3 Hinzufügen einer Variablen

Um eine bessere Vorstellung davon zu bekommen, was es mit diesen `Property`-Funktionen auf sich hat, fügen Sie der Klasse einfach eine Variable hinzu und erstellen zwei passende `Property`-Funktionen:

```
Dim mVorname As String

Public Property Get Vorname() As String
    Vorname = mVorname
End Property

Public Property Let Vorname(strVorname As String)
    mVorname = strVorname
End Property
```

22.3.4 Testen der Variablen

Zum Testen der Funktionsweise verwenden Sie eine Prozedur namens `BeispielKontakt` in einem beliebigen Standardmodul. Um die Klasse verfügbar zu machen, deklarieren Sie zunächst eine entsprechende Objektvariable:

```
Public Sub KontaktBeispiel()
    Dim objKontakt As clsKontakt
    '... weitere Anweisungen
End Sub
```

Nach der Eingabe des Schlüsselwortes `As` erscheint die Liste aller verfügbaren Objekttypen, unter denen sich nun auch die neu erstellte Klasse befindet – wenn Sie also später mal eine ganze Menge eigener Objekttypen verwenden, müssen Sie sich noch nicht einmal mehr deren Namen genau merken.

Anschließend erzeugen Sie eine Instanz dieses Objekttyps, die Sie in der Prozedur verwenden möchten:

```
Set objKontakt = New clsKontakt
```

Sie könnten die ersten beiden Anweisungen auch zu einer einzigen Anweisung zusammen-fassen:

```
Dim objKontakt As New clsKontakt
```

Dadurch sparen Sie zwar eine Zeile, aber wenn Sie die Objektinstanz möglicherweise erst später benötigen oder es sich erst im Verlaufe der Prozedur herausstellt, ob Sie diese überhaupt brauchen, verschwenden Sie unter Umständen wertvolle Ressourcen.

Damit auch alles seine Ordnung hat und Objekte nicht unnötig Speicherplatz belegen, obwohl sie nicht mehr benötigt werden, legen Sie vorsichtshalber jetzt schon die Anweisung zum Zerstören des Objektes an:

```
Set objKontakt = Nothing
```

Das ist zwar im vorliegenden Fall nicht unbedingt erforderlich, da das Objekt ohnehin nach Beenden der Prozedur zerstört wird, aber es ist programmiertechnisch sauberer. Die folgenden Beispielanweisungen fügen Sie natürlich vor dieser Anweisung ein, da sie sich sonst auf ein nicht mehr vorhandenes Objekt bezögen.

Und nun geht's an die Variable mVorname und deren Property-Prozeduren, die zusammen die les- und schreibbare Eigenschaft Vorname ergeben. Die folgende Anweisung setzt den Wert dieser Variablen auf den Wert Heinz:

```
objKontakt.Vorname = "Heinz"
```

Dank Intellisense erscheint der Eigenschaftsname direkt nach der Eingabe des Punktes hinter objKontakt in der Liste der verfügbaren Eigenschaften, Methoden und Ereignisse dieses Objekts – bisher also allein auf weiter Flur (siehe Abbildung 22.1).

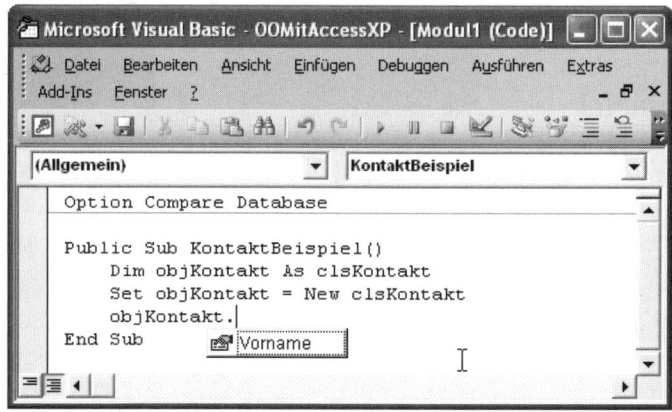

Abb. 22.1: Intellisense vereinfacht den Zugriff auf Objekt eigenschaften.

Um zu überprüfen, ob die Zuweisung funktioniert, geben Sie mit nachfolgender Anweisung den Inhalt der Eigenschaft im Testfenster aus:

```
Debug.Print objKontakt.Vorname
```

Was ist passiert?

Über die Zuweisung der Zeichenkette an objKontakt.Vorname haben Sie die Proper-ty Let-Methode aufgerufen. Diese nimmt den übergebenen Wert über den Parameter strVorname entgegen und weist ihn der privaten Variablen mVorname zu.

Bei der nachfolgenden Ausgabe läuft es umgekehrt: Die Propery Get-Prozedur ermittelt den Wert der Variablen mVorname und schickt ihn über die Eigenschaft Vorname zur Ausgabe.

> **Hinweis:** Vielleicht haben Sie den großen Vorteil dieser Vorgehensweise schon erkannt: Sie können mit Hilfe von Get- und Let-Prozeduren für eine Property festlegen, ob diese zum Lesen, Schreiben oder gar für beide Zugriffsarten verfügbar sein soll.

Im Gleichschritt: Marsch!

Nachdem Sie sich von der Funktionsweise der Eigenschaft Vorname überzeugt haben, können Sie nun die Variablen für die weiteren Eigenschaften des Kontakts wie Nachna-me, Strasse, PLZ, Ort, Land und Unternehmen sowie die entsprechenden Property Let und Property Get-Prozeduren anlegen. Damit hätten Sie eine Klasse erzeugt, die wichtige Eigenschaften eines Kontaktes erhalten und wieder ausgeben kann.

22.3.5 Die Ereignisse Initialize und Terminate

Klassenmodule stellen zwei eingebaute Ereigniseigenschaften zur Verfügung, die beim Erzeugen und beim Zerstören einer Objektinstanz ausgelöst werden.

Um die entsprechenden Ereigniseigenschaften zu erzeugen, wählen Sie einfach im VBA-Editor im linken Kombinationsfeld den Eintrag Class und im rechten den Namen der gewünschten Ereignisprozedur aus (siehe Abbildung 22.2).

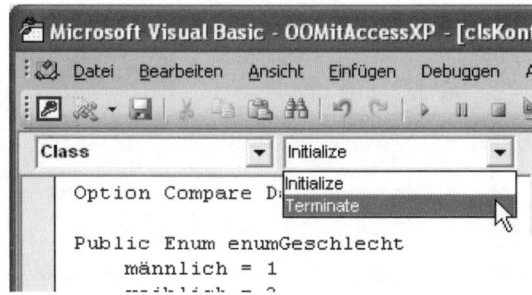

Abb. 22.2: Erzeugen einer Ereignispro-zedur einer Klasse

Diese Eigenschaften können Sie beispielsweise verwenden, um beim Erzeugen der Objekt-instanz Variablen auf bestimmte Startwerte oder Verweise auf andere Objekte zu setzen. Beim Zerstören einer Objektinstanz erledigt man mit der entsprechenden Ereignisprozedur notwendige Aufräumarbeiten.

22.3.6 Verwenden von Enumerationen

Sicher kennen Sie die Möglichkeit, per Intellisense eine vordefinierte Konstante für einen Parameter auszuwählen. Das Gleiche ist auch mit den Eigenschaften einer Objektinstanz möglich. Um bei unserem Beispiel mit den Kontaktdaten zu bleiben, fügen wir diesem noch eine Eigenschaft namens Geschlecht hinzu. Dafür gibt es unter normalen Umständen nur zwei mögliche Einträge, deren Auswahl man dem Benutzer gerne abnimmt. Die passende Enumeration sieht folgendermaßen aus:

```
Public Enum enumGeschlecht
    männlich
    weiblich
End Enum
```

Die Definition der entsprechenden Variablen sowie der Property Let- und Get-Prozeduren sieht wie folgt aus:

```
Dim mGeschlecht As enumGeschlecht

Public Property Get Geschlecht() As enumGeschlecht
    Geschlecht = mGeschlecht
End Property

Public Property Let Geschlecht(lngGeschlecht As enumGeschlecht)
    mGeschlecht = lngGeschlecht
End Property
```

Es gibt also prinzipiell keine Unterschiede zu herkömmlichen Datentypen, mit der Ausnahme, dass der Datentyp als Enumeration definiert wird.

Hier sind zwei Dinge zu beachten: Beim Zugriff auf diese Objekteigenschaft stehen zwar die beiden Konstanten zur Verfügung (siehe Abbildung 22.3 auf der nächsten Seite). Wenn man sich den ausgewählten Wert nachher ausgeben lässt, erhält man aber nicht den ausgewählten Ausdruck, sondern die dahinter stehende Konstante.

Womit wir direkt beim zweiten Punkt wären: Man kann den einzelnen Teilen der Enumeration direkt entsprechende Zahlenwerte mitgeben oder diese wie in obigem Beispiel weglassen. In dem Fall nummeriert Access die Werte hinter den Einträgen bei 0 beginnend durch. Für ein wenig mehr Kontrolle sollten Sie also selbst entsprechende Werte vergeben, also etwa folgendermaßen:

```
Public Enum enumGeschlecht
    Männlich = 1
    Weiblich = 2
End Enum
```

22.3.7 Methoden von Objekttypen

Was kann man nun mit einer Klasse anfangen, die es erlaubt, Eigenschaften eines Kontaktes einzugeben und wieder abzurufen? Ein einfaches Beispiel ist das Zusammenstellen einer Anschrift aus den eingegebenen Daten und deren Ausgabe.

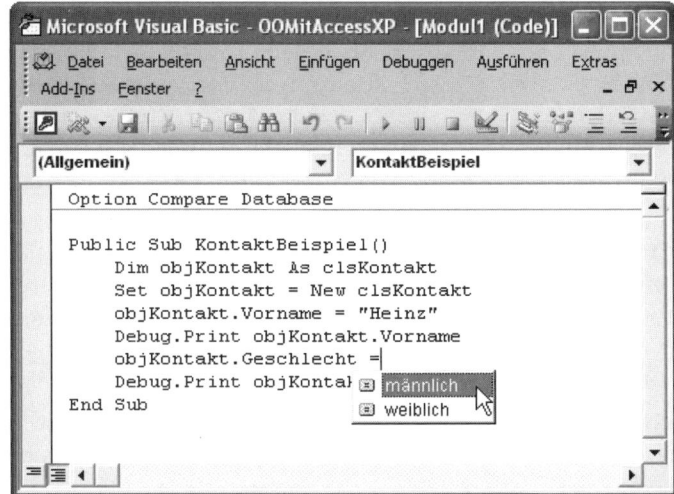

Abb. 22.3:
Enumerationen können die Auswahl von Konstanten vereinfachen.

Dazu legen Sie einfach die Prozedur aus Quellcode 22.2 im Klassenmodul `clsKontakt` an.

```
Public Function Anschrift() As String
    Dim strAnschrift As String
    Dim strAnrede As String
    If mGeschlecht = männlich Then
        strAnrede = "Herrn "
    Else
        strAnrede = "Frau "
    End If
    If Not mUnternehmen = "" Then
        strAnschrift = strAnschrift & mUnternehmen & vbCrLf
        strAnschrift = strAnschrift & strAnrede & mVorname & " " & mNachname & ⊃
        vbCrLf
    Else
        strAnschrift = strAnschrift & strAnrede & vbCrLf
        strAnschrift = strAnschrift & mVorname & " " & strNachname & vbCrLf
    End If
    strAnschrift = strAnschrift & mStrasse & vbCrLf
    strAnschrift = strAnschrift & mPLZ & " " & mOrt & vbCrLf
    strAnschrift = strAnschrift & mLand
    Anschrift = strAnschrift
End Function
```

Listing 22.2: Quellcode

Function oder Sub?

Genau wie in anderen Modulen kann man auch die öffentlich zugänglichen Prozeduren in Klassenmodulen als `Function` oder `Sub` ausführen. Der einzige Unterschied ist, dass eine `Function` ein Ergebnis an die aufrufende Routine zurückliefert. Das ist im Falle des Zusammenstellens einer Anschrift aus Adressdaten natürlich sinnvoll.

Alternativ könnte man natürlich auch eine Eigenschaft für den Objekttyp festlegen, der die fertige Anschrift enthält. Die `Function` könnte man dann in eine `Sub`-Prozedur umwandeln, die das Ergebnis in eine der Eigenschaft entsprechende Variable schreibt. Die aufrufende Routine würde dann das Zusammenstellen der Anschrift anstoßen und anschließend das Ergebnis aus der Objekteigenschaft `Anschrift` ermitteln. Das ist aber nicht sinnvoll, da sich so unter Umständen Redundanzen innerhalb der Klasse ergeben.

Wenn die Anschrift einmal erzeugt ist und eine Eigenschaft wie beispielsweise der `Vorname` geändert wird, würden die Daten der Anschrift und der zugrunde liegenden Eigenschaften nicht mehr übereinstimmen. Man müsste dann schon die `Property Let`-Prozeduren jeder einzelnen Eigenschaft so anpassen, dass bei Änderung einer Eigenschaft auch direkt die Anschrift neu zusammengestellt wird – und das wäre im vorliegenden Beispiel nicht sehr sinnvoll. Daher ist die Rückgabe des Ergebnisses als Funktionswert der bessere Weg.

Die Anwendung der Funktion `Anschrift` des Klassenmoduls sieht nun wie in Quellcode 22.3 aus. Abbildung 22.4 zeigt, wie die durch die Prozedur `KontaktBeispiel` erzeugte Anschrift aussieht.

```
Public Sub KontaktBeispiel()
   Dim objKontakt As clsKontakt
   Set objKontakt = New clsKontakt
   With objKontakt
      .Vorname = "Heinz"
      .Nachname = "Müller"
      .Geschlecht = männlich
      .Strasse = "Teststraße 12"
      .PLZ = "12345"
      .Ort = "Beispielstadt"
      .Unternehmen = "Müller's " & "Klassenmodule"
      MsgBox .Anschrift
   End With
   Set objKontakt = Nothing
End Sub
```

Listing 22.3: Quellcode

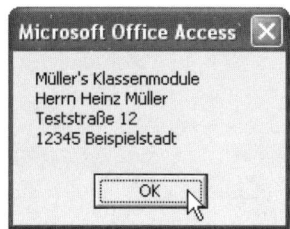

Abb. 22.4: Ergebnis der Methode Anschrift des Klassenmoduls

Funktionsparameter oder Objekteigenschaften?

Eine weitere wichtige Frage, die sich gerade bei dem soeben beschriebenen Beispiel aufdrängt, ist folgende: Warum soll man eigentlich extra Eigenschaften erzeugen, um Werte zu übergeben, die man auch per Funktionsparameter übermitteln könnte? Die Antwort für den vorliegenden Fall lautet: Im diesem Fall könnte man die benötigten Werte ebenso per Funktionsparameter übergeben. Der Grund dafür, dass wir dennoch für jeden Wert eine eigene Eigenschaft inklusive `Property`-Funktionen angelegt haben, ist der, dass der Objekttyp in den folgenden Beispielen noch um einige Funktionen erweitert werden soll, die die Verwendung der Eigenschaften rechtfertigen.

22.4 Datenzugriff kapseln per Klassenmodul

Wenn eine Anwendung von verschiedenen Stellen aus auf in Tabellen gespeicherte Daten zugreift, enthält sie zwangsläufig Routinen mit immer gleichen oder zumindest ähnlichen Anweisungen für den Datenzugriff. Mit einer Klasse für den Zugriff auf die Daten einer Tabelle lassen sich derartige immer wiederkehrende Programmierarbeiten vereinfachen.

Die nachfolgenden beiden Beispielprozeduren zeigen, wie Sie die Daten eines Objekts in eine Tabelle schreiben und von dort wieder einlesen können. Später erfahren Sie, wie Sie diese Prozeduren verwenden können, um ungebundene Formulare mit Daten zu füllen.

22.4.1 Schreiben von Objektdaten in eine Tabelle

Die Routine aus Quellcode 22.4 schreibt die aktuellen Kontaktdaten in die Tabelle `tblKontakte`, die wie in Abbildung 22.5 auf der nächsten Seite aufgebaut ist und alle Felder enthält, die auch in der Klasse `clsKontakt` als Eigenschaft vorhanden sind.

```
Public Function Save() As Boolean
    Dim cnn As ADODB.Connection
    Dim rst As ADODB.Recordset
    Set cnn = CurrentProject.Connection
    Set rst = New ADODB.Recordset
    rst.Open "SELECT * FROM tblKontakte WHERE " & "KontaktID = " & mID, cnn, ⟩
    adOpenKeyset,        adLockPessimistic
    With rst
        If .EOF Then
            .AddNew
            mID = !KontaktID
        End If
        !Vorname = mVorname
        !Nachname = mNachname
        !Geschlecht = mGeschlecht
        !Strasse = mStrasse
        !PLZ = mPLZ
        !Ort = mOrt
        !Land = mLand
        !Unternehmen = mUnternehmen
        .Update
    End With
    Save = True
Save_Exit:
    rst.Close
    Set rst = Nothing
    Set cnn = Nothing
    Exit Function
```

```
Save_Err:
  Save = False
  GoTo Save_Exit
End Function
```

Listing 22.4: Quellcode

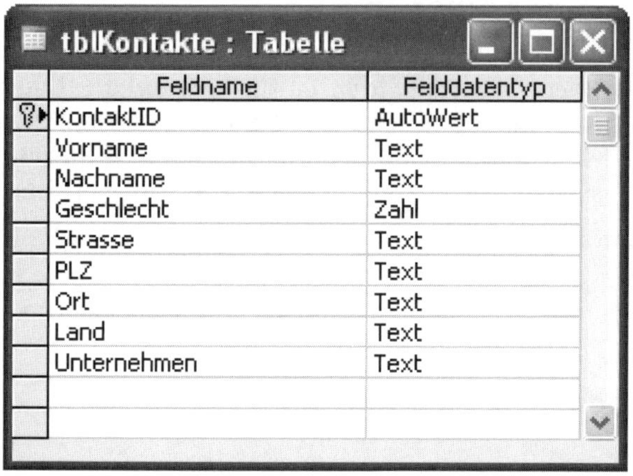

Abb. 22.5: Entwurfsansicht der Tabelle tblKontakte

Die Routine erstellt erst die erforderlichen `Connection`- und `Recordset`-Instanzen. Das Recordset füllt sie mit allen Datensätzen der Tabelle `tblKontakte`, deren `KontaktID` dem in der Variablen `mID` gespeicherten Wert entspricht.

Wenn ein solcher Datensatz noch nicht vorhanden ist, legt die Methode einen neuen Datensatz an und speichert die `KontaktID` des neuen Datensatzes in der Variablen `mID` der Klasse.

Anschließend stellt sie die übrigen Felder der Tabelle auf die in den Objekteigenschaften gespeicherten Werte ein und aktualisiert die Tabelle. Die rudimentäre Fehlerbehandlung sorgt lediglich dafür, dass die Methode beim Auftreten eines Fehlers den Wert `False` als Funktionswert an die aufrufende Routine zurückgibt.

Der Aufruf könnte wie in Quellcode 22.5 aussehen. Wie in den vorherigen Beispielen versieht auch diese Routine die einzelnen Eigenschaften mit entsprechenden Werten (in Quellcode 22.5 aus Platzgründen entfernt). Das Ergebnis des Aufrufs der `Save`-Methode des Objekts `objKontakt` wertet die Routine so aus, dass ein Meldungsfenster mit einer entsprechenden Nachricht den Erfolg oder das Scheitern des Speichervorgangs mitteilt.

```
Public Sub KontaktSpeichern()
  Dim objKontakt As clsKontakt
  Set objKontakt = New clsKontakt
  With objKontakt
    '...Eigenschaftszuweisungen...
    If objKontakt.Save = True Then
      MsgBox "Speichern erfolgreich!"
    Else
      MsgBox "Speichern missglückt!"
    End If
```

```
   End With
   Set objKontakt = Nothing
End Sub
```

Listing 22.5: Quellcode

22.4.2 Einlesen von Daten in ein Objekt

Die Prozedur zum Einlesen eines Kontaktes aus der Tabelle tblKontakte in ein Objekt des Typs clsKontakt sieht wie in Quellcode 22.6 aus. Sie öffnet ein Recordset mit dem Datensatz, dessen KontaktID der ID des Objekts entspricht.

```
Public Function Load() As Boolean
   Dim cnn As ADODB.Connection
   Dim rst As ADODB.Recordset
   Set cnn = CurrentProject.Connection
   Set rst = New ADODB.Recordset
   rst.Open "SELECT * FROM tblKontakte WHERE " & "KontaktID = " & mID, cnn, )
   adOpenKeyset, adLockPessimistic
   With rst
      If Not .EOF Then
         mVorname = !Vorname
         mNachname = !Nachname
         mGeschlecht = !Geschlecht
         mStrasse = !Strasse
         mPLZ = !PLZ
         mOrt = !Ort
         mLand = !Land
         mUnternehmen = !Unternehmen
         Load = True
      Else
         Load = False
      End If
   End With
Load_Exit:
   rst.Close
   Set rst = Nothing
   Set cnn = Nothing
   Exit Function
Load_Err:
   Load = False
   GoTo Load_Exit
End Function
```

Listing 22.6: Quellcode

Anders als in der Prozedur Save aus Quellcode 22.4 liest diese Prozedur die einzelnen Feldwerte der Tabelle in die Eigenschaften der Objektinstanz ein. Auch hier sorgt die Fehler-behandlung dafür, dass die Funktion in jedem Fall eine Erfolgs- oder Misserfolgsmeldung zurückgibt.

Der Aufruf dieser Methode erfolgt beispielsweise wie in der Prozedur aus Quellcode 22.7. Zu Beispielzwecken erfolgt ein „hartes" Setzen der ID des gewünschten Datensatzes.

```
Public Sub KontaktLaden()
    Dim objKontakt As clsKontakt
    Set objKontakt = New clsKontakt
    With objKontakt
        .ID = 10
        If .Load = True Then
            MsgBox "Vorname: " & .Vorname & vbCrLf & "Nachname: " & .Nachname
        Else
            MsgBox "Der Datensatz ist " & " nicht vorhanden."
        End If
    End With
    Set objKontakt = Nothing
End Sub
```

Listing 22.7: Quellcode

Wenn die Load-Methode fündig wird, erscheint ein Meldungsfenster mit Vor- und Nachnamen des gesuchten Kontakts.

22.5 Formulare als Objektoberfläche

Natürlich greifen Sie nicht immer nur von Prozeduren aus auf eine Klasse zu, die beispielsweise die Daten einer Tabelle kapselt. Um praktischen Nutzen aus der soeben erstellten Klasse zum Laden und Speichern eines Kontaktes zu ziehen, lernen Sie nachfolgend, wie Sie ein ungebundenes Formular zur Anzeige und zum Bearbeiten der gewünschten Kontaktdaten verwenden können.

Abbildung 22.6 zeigt das Formular in der Formularansicht. Alle Felder des Formulars sind ungebunden, nur die mit den beiden Kombinationsfeldern auswählbaren Informationen stammen aus den entsprechenden Tabellen.

Abb. 22.6: Ungebundenes Formular zur Anzeige von Kontaktdaten

Dabei dient das Kombinationsfeld cboKontaktID zur Auswahl des anzuzeigenden Kontakts.

22.5.1 Vorteile von ungebundenen Formularen

Wenn Sie statt eines herkömmlichen, an eine Datenherkunft gebundenen Formulars ein ungebundenes Formular verwenden, das seine Daten aus einem Objekt bezieht, haben Sie mehrere Vorteile. Sie können beispielsweise viel genauer steuern, wann Daten in das Formular gelangen, wie Sie zwischen den vorhandenen Datensätzen navigieren oder wann die Daten gespeichert werden.

22.5.2 Laden eines Kontaktes

Die Auswahl eines Eintrags des Kombinationsfeldes zur Anzeige der vorhandenen Kontakte löst die entsprechende Ereigniseigenschaft aus, die wiederum die Prozedur LoadKontakt startet.

Diese Prozedur (siehe Quellcode 22.8) erzeugt zunächst eine neue Instanz der Klasse clsKontakt und weist ihrer Eigenschaft ID die KontaktID des im Kombinationsfeld ausgewählten Eintrags zu.

```
Private Sub LoadKontakt()
    Dim objKontakt As clsKontakt
    Set objKontakt = New clsKontakt
    With objKontakt
        .ID = Me!cboKontaktID
        If .Load = True Then
            Me!txtVorname = .Vorname
            Me!txtNachname = .Nachname
            Me!cboGeschlechtID = .Geschlecht
            Me!txtStrasse = .Strasse
            Me!txtPLZ = .PLZ
            Me!txtOrt = .Ort
            Me!txtLand = .Land
            Me!txtUnternehmen = .Unternehmen
        Else
            MsgBox "Kontakt kann " & "nicht angezeigt " & "werden."
        End If
    End With
End Sub
```

Listing 22.8: Quellcode

Mit dieser ID im Gepäck darf anschließend die Load-Methode des Kontakt-Objekts seinen Dienst verrichten; die so in die Klasse geladenen Daten landen direkt in den entsprechenden Feldern des Formulars.

22.5.3 Speichern eines Kontaktes

Ein Klick auf die Speichern-Schaltfläche des Formulars ruft über die entsprechende Ereigniseigenschaft die Prozedur SaveKontakt auf (siehe Quellcode 22.9). Diese weist einer frisch erzeugten Instanz der Kontakt-Klasse die in den Feldern des Formulars enthaltenen Daten zu – inklusive der ID des aktuell im Kombinationsfeld ausgewählten Eintrags.

Beim Scheitern des Speichervorgangs erscheint eine entsprechende Meldung, anderenfalls aktualisiert die Prozedur das Kombinationsfeld cboKontaktID und setzt es auf die ID des soeben gespeicherten Datensatzes. Das mag auf den ersten Blick unnötig erscheinen, ist es aber nicht – wie der nächste Abschnitt zeigen wird.

```
Private Sub SaveKontakt()
    Dim objKontakt As clsKontakt
    Set objKontakt = New clsKontakt
    With objKontakt
        .ID = Me!cboKontaktID
        .Vorname = Me!txtVorname
        .Nachname = Me!txtNachname
        .Geschlecht = Me!cboGeschlechtID
        .Strasse = Me!txtStrasse
        .PLZ = Me!txtPLZ
        .Ort = Me!txtOrt
        .Land = Me!txtLand
        .Unternehmen = Me!txtUnternehmen
        If Not .Save = True Then
            MsgBox "Speichern nicht " & "erfolgreich."
        Else
            Me!cboKontaktID.Requery
            Me!cboKontaktID = .ID
        End If
    End With
End Sub
```

Listing 22.9: Quellcode

22.5.4 Anlegen eines neuen Kontakts

Die Schaltfläche cmdNeuerKontakt leert alle vorhandenen Felder des Formulars. Nach Eingabe der Daten des neuen Kontakts kann dieser mit der Prozedur aus Quellcode 22.9 gespeichert werden. Damit findet sich auch der Grund für die Aktualisierung des Kombinationsfeldes und die Zuweisung der aktuellen ID: Beim Speichern des neuen Datensatzes zeigt das Kombinationsfeld cboKontaktID keinen Wert an, weil der neue Kontakt ja noch nicht in der Tabelle verfügbar ist und er auch noch keine ID hat. Diese ist erst nach dem Speichern des Datensatzes bekannt. Daher kann (und muss) das Kombinationsfeld erst nach dem Speichern auf den neuen Wert eingestellt werden. Wenn das nicht passiert und man erneut die Speichern-Schaltfläche betätigt, speichert die Prozedur SaveKontakt den Kontakt erneut – in einem neuen Datensatz.

22.6 Zusammenfassung und Ausblick

Die hier vorgestellten Techniken sind eventuell nicht für die Quick-and-Dirty-Anwendung geeignet, die in einer halben Stunde programmiert werden und einen Tag halten soll. Wenn Sie aber den Wunsch verspüren, leicht zu wartende und auch von anderen Personen leicht erfassbaren Code zu erstellen, werden Sie bald von der Anwendung der Klassenmodule begeistert sein.

Einige interessante Techniken lässt dieser Beitrag offen. Dazu gehört etwa die Verwendung des `Collection`-Objekts. Damit können Sie selbst Paare verknüpfter Tabellen abbilden, indem Sie zu jeder Tabelle einen passenden Objekttyp erstellen, von denen der eine Objekte des anderen Typs in einer `Collection` erfassen kann.

Des Weiteren besteht die Möglichkeit, benutzerdefinierte Ereignisse für Objekte festzulegen – auch diese Eigenschaft beschreibt der vorliegende Beitrag nicht.

Die Erzeugung von Objekttypen sollte äußerst sorgfältig erfolgen, da diese unter Umständen von vielen Stellen aus referenziert und gegebenenfalls auch in weiteren Anwendungen weiterverwendet werden sollen. Bei der Entwicklung ausgefeilter Klassen hilft eine spezielle Vorgehensweise – die so genannte `Testgetriebene Entwicklung` (aus dem Englischen: `Test Driven Development`, kurz: TDD). Dieser Methode widmet sich der Beitrag `Testgetriebene Entwicklung mit Access`, den Sie ebenfalls in diesem Buch finden.

23 Testgetriebene Entwicklung mit Access

André Minhorst, Duisburg

Uwe Schäfer, Essen

Die Schlagwörter Extreme Programming (XP), Unit-Testing, Test Driven Development, Refactoring oder Pair Programming geistern durch die Entwicklerwelt. Dabei ist Extreme Programming der Oberbegriff für die anderen und fasst diese und mehr zu einer neuartigen Philosophie der Softwareentwicklung zusammen. Ziel der dahinter stehenden Konzepte sind Projekte, die von kleinen Entwicklerteams durchgeführt werden. Da die meisten Leser dieses Beitrags vermutlich allein entwickeln, stellt dieser Beitrag ein elementares Konzept von XP heraus: das Test Driven Development (TDD), zu deutsch testgetriebene Entwicklung.

Inhalt

23.1 Warum testgetrieben entwickeln?

Extreme Programming ist ein Thema, mit dem man leicht mehrere hundert Seiten füllen könnte – wenn man nur die theoretischen Aspekte berücksichtigt.

Da dieser Platz leider nicht zur Verfügung steht, greifen wir die Teilbereiche auf, die auch Ein-Mann-Teams bei der Entwicklung von Access-Datenbanken Gewinn bringend nutzen können. Der Kern ist die „testgetriebene Entwicklung", eng damit verbunden sind die Begriffe „Unit Test" und „Refactoring".

Der vorliegende Beitrag soll möglichst praxisnah die Vorteile der testgetriebenen Entwicklung beschreiben. Dennoch sind einige einführende Worte erforderlich.

> **Hinweis:** Im Internet und in der Literatur finden Sie eine Menge theoretischer Abhandlungen über diesen Themenkomplex. Wir möchten Ihnen neben den theoretischen Grundlagen ein Tool vorstellen, das Sie für die testgetriebene Entwicklung mit Access einsetzen können; außerdem lernen Sie, wie Sie dieses installieren und wie Sie Ihre ersten Schritte mit der testgetriebenen Entwicklung durchführen.

23.1.1 Test a little, code a little

Diese Entwicklungsmethode erfordert vom Programmierer eine Menge Disziplin, da sie voraussetzt, dass für jede Funktion einer Anwendung zunächst ein Test geschrieben wird.

Damit Sie sehen, ob der Test funktioniert – was der erste und wichtigste Schritt bei der testgetriebenen Entwicklung ist – schreiben Sie einen Test, der beim ersten Start scheitert.

Erst dann implementieren Sie die eigentliche Funktion.

Durch erneuten Start des Tests wird dann verifiziert, dass die Implementierung den Anforderungen des Tests genügt, dieser also nicht mehr fehlschlägt.

> **Hinweis:** Schreiben Sie niemals mehr als einen neuen Test gleichzeitig! Vermutlich kennen Sie das Problem, Funktionen zu einer Anwendung hinzufügen oder ändern zu wollen, die Anpassungen an mehr als einer Stelle erfordern. Die wiederum beeinflussen andere Programmfunktionen oder machen diese gar untauglich. Wenn Sie jeweils nur einen Test gleichzeitig hinzufügen oder ändern, halten Sie auch den durch diese Anforderungen verursachten Aufwand minimal.

Kleine Schritte, einfache Wege

Jeder Test soll auf möglichst einfache Weise erfüllt werden. Wenn ein Test fordert, dass eine Funktion den Eingangswert „andré" in die Zeichenkette „André" umwandelt, dann schreiben Sie einfach eine Funktion, die den gewünschten Wert hartcodiert zurückgibt – das reicht für den ersten Ansatz, denn damit ist ja der erste Test bestanden! Wenn der zweite Test die Umwandlung eines zweiten, anderen Wertes einfordert, müssen Sie die Funktion natürlich anpassen, was Sie in dem Fall leicht mit einer bestimmten VB-Funktion tun können. Auf diese Weise stellen Sie sicher, dass die Definition der Anforderungen (durch den Test) möglichst vollständig ist und nicht von Ihrem Verständnis der Implementierung abhängt.

Einmal testen, immer testen

Natürlich bringt das ganze Testen nicht viel, wenn Sie einen Test nach erfolgreichem Bestehen aus den Augen verlieren und sich direkt dem nächsten Test zuwenden.

Deshalb fügen Sie jeden neuen Test zu den bereits erfüllten Tests hinzu und führen mit jedem neuen Test alle bestehenden Tests erneut durch. Auf diese Weise stellen Sie sicher, dass bereits erfüllte Anforderung durch neuen Code oder Codeänderungen unberührt bleiben.

> **Hinweis:** Unit-Testing-Frameworks wie `accessUnit` bieten durch so genannte Testsuites die Möglichkeit, Tests nach beliebigen Gesichtspunkten zusammenzufassen. So können Sie etwa alle Tests, die nicht den gerade in Arbeit befindlichen Code betreffen, zusammenfassen und beispielsweise einmal am Tag ausführen, um unvorhergesehene Defekte der Software frühzeitig zu erkennen. Die Tests, auf deren Basis Sie gerade entwickeln, fassen Sie ebenfalls zusammen. Da Sie damit häufig testen (was dem Grundprinzip der testgetriebenen Entwicklung entspricht), sollten diese Test möglichst schnell abgearbeitet werden. Je schneller ein Test abläuft, desto geringer ist die Wahrscheinlichkeit, dass Sie ihn einmal aus „Zeitnot" auslassen.

23.1.2 Automatisierung ist Trumpf

Nach den ersten Abschnitten fragen Sie sich vermutlich wie jeder andere, der sich erstmalig mit dieser Thematik auseinandersetzt, wie die Tests überhaupt ablaufen. Die Antwort ist: Sie werden – genau wie normale Anwendungen auch – programmiert, und zwar als Abfolge von Prüfungen bestimmter Ausdrücke.

Wenn Sie beispielsweise eine Funktion testen möchten, die zwei Zahlen addiert, dann vergleichen Sie einfach das Ergebnis dieser Funktion mit dem zu erwartenden Ergebnis. Und damit Sie sich nur um die Festlegung dieser Tests und die Eingabe der erwarteten Ergebnisse kümmern müssen, gibt es so genannte Test-Frameworks. Mehr darüber erfahren Sie später im praktischen Teil dieses Beitrags.

23.1.3 Refactoring – alles bleibt besser

Der Begriff „Refactoring" ist eng mit der testgetriebenen Entwicklung verbunden. Refactoring ist eine Veränderung, Anpassung oder Verbesserung des Designs. Dabei müssen natürlich bestehende, durch Tests definierte Anforderungen auch nach dem Refactoring noch erfüllt werden.

Ein Ad-hoc-Programmierstil, der aus dem immer höheren Zeit- und Erfolgsdruck entsteht und möglicherweise auch im ersten Schritt zu einer lauffähigen Anwendung führt, garantiert großen Aufwand, wenn nachträglich zu behebende Fehler und/oder sich während der Entwicklung ändernde Anforderungen auftreten; auch die nachträgliche Optimierung einer Anwendung, die nicht die gewünschte Performance aufweist, führt sicher zu Kopfschmerzen beim Entwickler(team).

Die testgetriebene Entwicklung bietet wesentlich mehr Möglichkeiten, den bestehenden Code ohne Angst anzufassen: nämlich immer, wenn alle bis dato vorhandenen Tests zuverlässig laufen. Da Sie mit jedem Testlauf den neuen und alle bereits bestehenden Tests durchführen, erfahren Sie nicht nur, ob der neue Test erfolgreich ist oder scheitert, sondern auch, ob alles andere noch wie gewünscht funktioniert.

So können Sie den bestehenden und regelmäßig getesteten Code nach Lust und Laune refaktorisieren, solange – ja, solange die Änderungen nicht bewusst ein anderes Ergebnis für einen beliebigen Test zurückliefern sollen. Das fiele dann nicht mehr unter den Begriff „Refactoring"; statt dessen heißt die Devise: Erst den Test schreiben beziehungsweise anpassen und dann die Funktionalität ändern.

Wenn Sie beispielsweise einen Vorgang, der in mehreren getesteten Routinen auftritt, in eine eigene Funktion auslagern und von den jeweiligen Routinen aus aufrufen möchten, können Sie das natürlich, ohne die Tests zu ändern, denn Sie lagern ja nur ein paar Zeilen in eine Funktion aus (Mathematiker würden hier von „Ausklammern" sprechen).

Noch besser wäre allerdings, Sie würden vorher Tests schreiben, welche die ausgelagerte Funktion auf Herz und Nieren prüfen. Damit wären Sie wieder bei der kleinsten Einheit – der „Unit".

23.1.4 Unit Test – was heißt das?

Der Begriff „Unit Test" ist so eng mit der testgetriebenen Entwicklung verknüpft, weil beide sich auf die kleinstmögliche Einheit beziehen. Wenn Sie kleinste Einheiten testen möchten, dann ist damit nicht eine Anwendung, auch kein Teil einer Anwendung wie ein Formular oder eine Klasse gemeint, sondern ein elementarer Bestandteil davon – eine Eigenschaft, eine Methode oder ein Ereignis, kurz: die „Unit under Test".

Je kleiner die Einheiten sind, die Sie testen, desto schneller und leichter finden Sie fehlerhafte Stellen. Zumindest aber sollte es für jede testbare Schnittstelle Ihrer Klassen und Objekte einen oder mehrere Tests geben, die deren Funktionalität jederzeit sicherstellen können. Nur auf diese Weise können Sie sich auf das im vorherigen Abschnitt beschriebene „Refactoring" stürzen.

23.1.5 Alles auf einmal?

Bei jeder größeren Änderung oder Erweiterung sollten Sie alle vorhandenen Tests Ihrer Anwendung durchführen. Wichtig ist, dass jeder Aspekt Ihrer Anwendung für sich allein testbar ist, und zwar in beliebiger Reihenfolge, um Wechselwirkungen auszuschließen.

23.1.6 Dummys

Natürlich können Sie mit der testgetriebenen Entwicklung nicht nur Einheiten, sondern auch deren Interaktion testen – man spricht hier von Integrationstests. Das entspricht allerdings nicht dem Grundprinzip der testgetriebenen Entwicklung. Um dennoch die Wechselwirkung zwischen Klassen testen zu können, verwendet man verschiedene Arten von Dummies.

Das Testen ohne Wechselwirkung ist in manchen Fällen nicht so einfach, da auch die Interaktion zwischen Klassen getestet werden muss. Dabei gibt es zwei Varianten:

Im ersten Fall benötigt die erste Klasse eine Eigenschaft oder Funktion der zweiten Klasse, um einen bestimmten Wert zu ermitteln. Im Idealfall lässt sich die zweite Klasse dabei durch eine Dummy-Implementierung ersetzen, die den gewünschten Wert liefert – dabei handelt es sich um einen so genannten „Stub". Im zweiten Fall löst die Interaktion der beiden Klassen die Änderung einer Eigenschaft oder Verhaltensweise der zweiten Klasse aus, die für den Test der ersten Klasse wichtig ist. Will man für die zweite Klasse einen Dummy verwenden, reicht es nicht aus, wenn dieser einfach auf Anfrage einen bestimmten Wert liefert. Statt dessen muss man die Auswirkung der Interaktion zwischen den Klassen prüfen können. Ein solcher Dummy ist ein wenig komplizierter und heißt in der Fachsprache „Mock".

Hinweis: Mocks und Stubs werden im Rahmen dieses Beitrags nicht weiter erläutert.

23.1.7 Testdaten

Elementar wichtig für Tests sind Testdaten. Optimal wäre natürlich ein „echter" Testdatenbestand; wenn es sich um eine neue Anwendung handelt, ist dieser aber in der Regel nicht verfügbar. Um für alle Tests die gleiche Ausgangsposition zu schaffen, sollten Sie die vorhandenen Daten vorher auf einen fest definierten Stand bringen – am besten jedes Mal neu.

Dazu gibt es zwei Möglichkeiten:

• Sie erstellen die Daten mit jedem Test durch geeignete SQL-Skripte neu und löschen diese anschließend wieder. Testframeworks enthalten geeignete Methoden, um die notwendigen Anweisungen unterzubringen.

• Wenn die zu entwickelnden Klassen selbst Methoden enthalten, um die notwendigen Daten anzulegen, stellen Sie die Testdaten doch einfach im Rahmen der Tests der entsprechenden Klassen zusammen! Vermutlich finden sich auch Methoden zum Löschen von Daten in den Klassen, die Sie zum Entfernen der Testdaten verwenden können.

23.1.8 Zusammenspiel und Vorzüge

Die vorhergehenden Abschnitte machen bereits deutlich, dass testgetriebene Entwicklung, Unit Tests und Refactoring ein eingespieltes „Team" sein müssen, wenn sie zum Erfolg führen sollen.

Zusammengefasst haben Sie die folgenden Vorzüge kennen gelernt:

- Vorausschauend planen: Wenn Sie vor jedem Programmierschritt einen Test erstellen, setzen Sie sich intensiver mit dem Ziel auseinander.

- Die Wahrscheinlichkeit, nach der Erstellung einigen Codes festzustellen, dass Sie eigentlich am Ziel vorbeiprogrammiert haben, ist geringer.

- Schritt für Schritt statt Entwicklung im Multitasking-Stil: Erst wenn der vorherige Test positiv ausfällt (und die damit verbundene Code-Änderung keine älteren Tests scheitern lässt), dürfen Sie einen neuen Test und neue Funktionalität hinzufügen. Vorteil: Sie arbeiten immer nur an einer Baustelle; wenn ein oder mehrere Tests durch neuen Code fehlschlagen, wissen Sie sofort, woran es liegt.

- Absicherung: Dadurch, dass Sie mit jedem neuen Test auch alle anderen Tests ausführen, sind Sie immer sicher, dass Sie durch Hinzufügen neuer Funktionen oder Refactoring nichts Funktionierendes zerstören.

- Durch den automatisierten Ablauf der Tests können Sie sich jederzeit davon überzeugen, dass noch alles entsprechend der Spezifikation funktioniert.

Hinzu kommen die folgenden Vorteile:

- Mit jedem Test stellen Sie sich eine neue Aufgabe, die Sie schnell erfüllen können – außer, Sie haben den Anspruch an den Test zu hoch angesetzt.

- Sie haben eine Menge kleiner Erfolgserlebnisse.

- Sie können jederzeit, wenn Sie einen Test erfolgreich durchgeführt haben, Pause oder Feierabend machen in dem Gefühl, dass die Anwendung im aktuellen Zustand wie gewünscht läuft.

- Tests sind eine sehr genaue Formulierung von Anfordungen. Sie können mit ihnen sehr schnell feststellen, ob die tatsächlichen Anforderungen umgesetzt wurden.

- Tests sind Dokumentation: Wenn Sie für alle Methoden, Eigenschaften und Ereignisse einer Klasse Tests schreiben, können Entwickler, die sich anschließend mit Weiterentwicklungen oder Änderungen der Anwendung beschäftigen, diese Tests als Dokumentation heranziehen.

23.2 Testgetriebene Entwicklung in der Praxis

Nachdem die theoretischen Grundlagen Ihr Interesse geweckt haben, lernen Sie nun den praktischen Ablauf kennen.

Dazu sind einige Vorbemerkungen erforderlich: Die testgetriebene Entwicklung wurde zuerst in Zusammenhang mit objektorientierten Sprachen eingesetzt. Sie können diese Entwicklungsmethode natürlich auch für die Entwicklung mit prozeduralen Sprachen heranziehen. Es ist aber zu empfehlen, sich direkt mit der objektorientierten Entwicklung im Rahmen der Möglichkeiten von VBA auseinanderzusetzen (siehe Kapitel 22 auf Seite 323 `Objektorientierte Programmierung mit Klassen`).

Die meisten Quellen zum Thema testgetriebene Entwicklung enthalten in der Regel keine Hinweise zum Testen von Benutzeroberflächen. In gewisser Weise können Sie die testgetriebene Entwicklung aber dennoch dazu verwenden: Formulare, die ja den größten Teil der Benutzeroberfläche ausmachen, sind eigentlich ebenfalls Objekte mit Methoden, Eigenschaften und Ereignissen. Der einzige Unterschied zu einem aus einer herkömmlichen Klasse erzeugten Objekt ist, dass es eine Benutzeroberfläche hat. Wie Sie Formulare testgetrieben entwickeln, erfahren Sie in einem der Update-Magazine zu diesem Werk.

23.2.1 Das Werkzeug: accessUnit

Die Werkzeuge zum Durchführen von Unit Tests heißen Testframework. Die Namen der entsprechenden Testframeworks für die unterschiedlichen Programmiersprachen sind immer nach dem gleichen Muster aufgebaut und enden auf Unit. Für Java gibt es unter anderem `JUnit`, für .NET `NUnit` und für Visual Basic `vbUnit`. Das nachfolgend vorgestellte Testframework ist einer der jüngeren Vertreter, aber ähnlich aufgebaut wie die anderen: `accessUnit`.

> **Hinweis:** Sie finden eine Version von `accessUnit` auf der Website zum Buch. Um neuere Versionen und Update-Informationen zu erhalten, besuchen Sie einfach im Internet die Seite `www.accessunit.de`.

`accessUnit` bietet eine grafische Benutzeroberfläche zur Darstellung des Ablaufs der Tests sowie der im Anschluss vorliegenden Testergebnisse (siehe Abbildung 23.1).

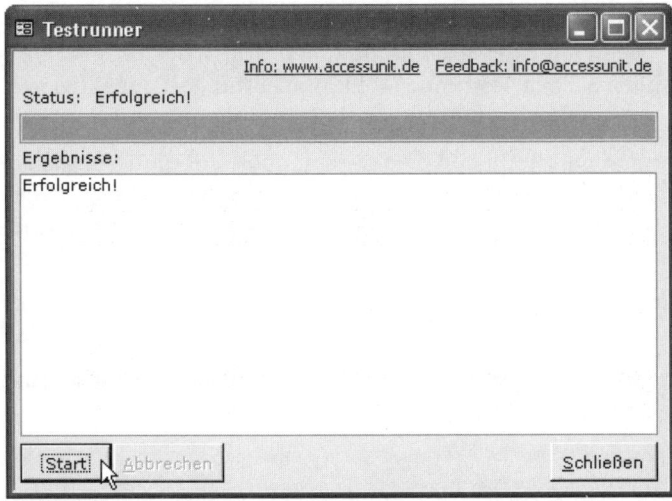

Abb. 23.1: Das Testframework accessUnit im Einsatz

> **Hinweis:** Das Testframework `accessUnit` funktioniert in der vorliegenden Version mit Access 2000 und höher.

23.2.2 Installation von accessUnit

accessUnit liegt in Form eines Formulars, eines Makros und einiger Klassenmodule vor, die in der Datenbankdatei accessUnit.mdb zu finden sind.

Sie können das Unit-Testing-Framework nachträglich in eine Datenbank einbinden oder eine neue Datenbank damit entwickeln.

Im ersten Fall importieren Sie einfach alle Objekte der Datenbank accessUnit.mdb in die Zieldatenbank. Das Framework steht dann sofort zur Verfügung.

Falls Sie eine neue Datenbank mit Hilfe des Unit-Testing-Frameworks entwickeln möchten, erstellen Sie einfach eine Kopie der Datenbank accessUnit.mdb und speichern Sie diese unter dem gewünschten Namen.

23.2.3 Elemente von accessUnit

Vor dem ersten Beispiel sollen Sie noch kurz die wichtigsten Elemente des accessUnit-Frameworks kennen lernen.

Die Benutzeroberfläche besteht aus dem Formular frmTestrunner, das eine Schaltfläche zum Starten der Tests und Steuerelemente zur Ausgabe der Testergebnisse liefert.

Charakteristisch für Unit-Testing-Frameworks mit Benutzeroberfläche ist dabei je nach Testergebnis die Anzeige eines roten oder grünen Balkens. Der rote Balken bringt in der Regel eine oder mehrere Meldungen mit sich, die auf den oder die gescheiterten Tests hinweisen.

Das in der Datenbank enthaltene Autoexec-Makro enthält eine Anweisung, die der VBA-Entwicklungsumgebung ein Menü mit einer Schaltfläche zum Aufrufen des Testrunner-Formulars hinzufügt. So können Sie den Testrunner komfortabel von dort aus aktivieren.

Neben dem Formular und dem Makro benötigt das Framework einige Module mit der Funktionalität: das Standardmodul aUMenu und die Klassenmodule aUMenuEvents, aU-Module, aUTestcase, aUTestsuite und aUTestsuites. Die Modulnamen enthalten das Präfix aU, um die accessUnit-Module leicht von den anderen Modulen unterscheiden zu können.

Die übrigen Klassen der Datenbank accessUnit.mdb beinhalten die Tests. Sie benötigen auf jeden Fall eine Testsuite.

Sie enthält die Aufrufe der einzelnen Testcases, die in eigenen Klassen untergebracht sind. Eine solche Testsuite-Klasse sieht etwa wie in Quellcode 23.1 aus.

```
Option Compare Database
Option Explicit
Public Sub Suite(objTestsuite As Object)
   objTestsuite.AddTest New clsSampleTest
End Sub
```

Listing 23.1: Quellcode

Eine Testsuite enthält nur eine Methode namens `Suite`. Diese Methode fügt der Testsuite mit der `AddTest`-Methode eine oder mehrere Testklassen hinzu.

Die Testsuite dieses Beispiels sorgt für die Ausführung der in dem Klassenmodul `clsSampleTest` enthaltenen Tests.

Damit Sie eine Testsuite über den Testrunner aufrufen können, müssen Sie einen Eintrag wie in dem Code aus Quellcode 23.2 in der Klasse `aUTestsuites` anlegen.

```
Public Function TestsuiteWrapper(strTestsuitename As String) As Object
   Select Case strTestsuitename
      Case "clsTestsuite"
         Set TestsuiteWrapper = New clsTestsuite
   End Select
End Function
```

Listing 23.2: Quellcode

Fehlt noch der eigentliche Test. Jeder Test wird in einer Testklasse untergebracht. Eine einfache Testklasse sieht wie in Quellcode 23.3 aus.

```
Option Compare Database
Option Explicit

Public Sub Setup()
End Sub

Public Sub Teardown()
End Sub

Public Property Get Fixturename() As String
   Fixturename = "clsSampleTest"
End Property

Public Sub Test1(objTestcase As aUTestcase)
   On Error GoTo RunTest_Err
   objTestcase.Assert "Sample assertion 1a", True
   objTestcase.Assert "Sample assertion 1b", True
   Exit Sub
RunTest_Err:
   objTestcase.Assert "#Error in " & Me.Fixturename,
False
   Resume Next
End Sub
```

Listing 23.3: Quellcode

Einen Test bringt man in je einer Methode unter, deren Methodenname mit „Test" beginnen muss. Ein Test besteht aus einer oder mehreren Assertions (deutsch: Absicherung), die Werte von (Funktions-)Methoden oder Eigenschaften der zu testenden Klasse überprüfen. Eine Assertion hat zwei Parameter: eine aussagekräftige Bezeichnung dessen, was getestet wird, sowie einen Bool'schen Ausdruck als Ergebnis der Assertion.

Ein oder mehrere Tests, die sich in der gleichen Testklasse befinden und denselben Aspekt einer Klasse testen – etwa eine Methode oder Eigenschaft –, nennt man Testcase.

Die verschiedenen Tests einer Testklasse erfordern häufig die gleiche Startkonfiguration, und wenn es sich nur um das Instanzieren der zu testenden Klasse handelt. Oft kommen noch weitere Vorbereitungen wie beispielsweise das Anlegen von Testdaten hinzu. Damit man die entsprechenden Anweisungen nicht in jede einzelne Test-Methode einbauen muss, verwenden alle Tests einer Testklasse eine gemeinsame Methode, die alle notwendigen Vorbereitungen enthält. Diese Methode heißt Setup.

Die vor und während des Testens angefallenen Testdaten sollen auch wieder entfernt werden, was in einer Methode passiert, die automatisch nach der Ausführung jeder einzelnen Testmethode aufgerufen wird: die Methode Teardown. Diese beiden Methoden nennt man zusammenfassend „Fixture".

23.3 Beispielanwendung

Als Beispielanwendung erstellen wir nachfolgend eine Klasse, die zur Kontrolle und gegebenenfalls zur Korrektur der Groß- und Kleinschreibung von Namen dient. Sie soll sicherstellen, dass ein eingegebener Benutzername einen führenden Großbuchstaben und nachfolgend klein geschriebene Buchstaben enthält. Die Methode soll also beispielsweise die Eingabe andRé in André umwandeln.

Desweiteren soll die Methode Capitalize heißen und in einer Klasse namens clsStringfunctions enthalten sein. Die Klasse erhält diesen Namen, weil später vielleicht noch weitere Zeichenkettenfunktionen hinzugefügt werden sollen.

> **Hinweis:** Die Funktion strConv mit dem Parameter vbProperCase deckt die gewünschte Funktionalität in den meisten Fällen bereits ab. Daher verwenden wir diese Funktion als Grundlage und fügen die Behandlung von Sonderfällen später hinzu.

Ohne Test kein neuer Code – diese Regel haben Sie bereits weiter oben kennengelernt. Das gilt im Übrigen für jeden Schritt, den Sie mit dem Testframework gehen. Sie schreiben einen Test, bevor Sie Quellcode schreiben, und genauso fügen Sie dem Testframework erstmal eine Testklasse und den entsprechenden Aufruf hinzu.

> **Hinweis:** Die nachfolgenden Schritte müssen Sie bei der testgetriebenen Entwicklung noch häufiger gehen; beachten Sie diese daher besonders aufmerksam.

23.3.1 Neue Testsuite erstellen

Für das Erstellen der benötigten Testsuite kopieren Sie einfach die enthaltene Beispieltestsuite clsTestsuite in eine neue Klasse namens clsTestsuite_StringFunctions. Öffnen Sie das Klassenmodul und passen Sie es wie in Quellcode 23.4 an.

```
Public Sub Suite(objTestsuite As Object)
   objTestsuite.AddTest New clsStringfunctionsTest
End Sub
```

Listing 23.4: Quellcode

Testsuite im Testrunner verfügbar machen

Damit die Testsuite im Testrunner-Formular ausgewählt werden kann, fügen Sie den folgenden Eintrag zu der `Select Case`-Anweisung der Methode `TestsuiteWrapper` der Klasse `aUTestSuites` hinzu (siehe Quellcode 23.5).

```
Public Function TestsuiteWrapper(strTestsuitename As String) As Object
   Select Case strTestsuitename
      '... weitere Testsuites
      Case "clsStringfunctionsTest"
         Set TestsuiteWrapper = New clsStringfunctionsTest
   End Select
End Function
```

Listing 23.5: Quellcode

Wenn Sie nun den Testrunner öffnen möchten, erhalten Sie vermutlich eine Meldung, die Sie zum Kompilieren der Anwendung auffordert.

Das passiert zu Recht, denn der nachfolgende Kompiliervorgang, den Sie beispielsweise über den Menüeintrag `Debuggen → Kompilieren von ...` starten, wird auf die fehlende Klasse `clsStringfunctionsTest` hinweisen.

Testklasse anlegen

Das Gerüst der Testklasse erstellen Sie genauso wie im Fall der Testsuite: Kopieren Sie die Klasse `clsNoTest` in eine neue Klasse und nennen Sie diese `clsStringfunctionsTest`. Diese sollte nun den Inhalt aus Quellcode 23.6 haben.

```
Option Compare Database
Option Explicit

Public Sub Setup()
End Sub

Public Sub Teardown()
End Sub

Public Property Get Fixturename() As String
   Fixturename = "clsStringfunctionsTest"
End Property

Public Sub Test1(objTestcase As aUTestcase)
   On Error GoTo RunTest_Err
   'Add assertions
   Exit Sub
RunTest_Err:
   objTestcase.Assert "#Error in " & Me.Fixturename, False
   Resume Next
End Sub
```

Listing 23.6: Quellcode

Passen Sie die Eigenschaft `Fixturename` wie folgt an, indem Sie `clsNoTest` durch `clsStringfunctionsTest` ersetzen. Kompilieren Sie erneut und öffnen Sie den Testrunner. Das Kombinationsfeld `Testsuite` (siehe Abbildung 23.2 auf der nächsten Seite) sollte nun unter anderem den Eintrag `clsTestsuite_StringfunctionsTest` anzeigen.

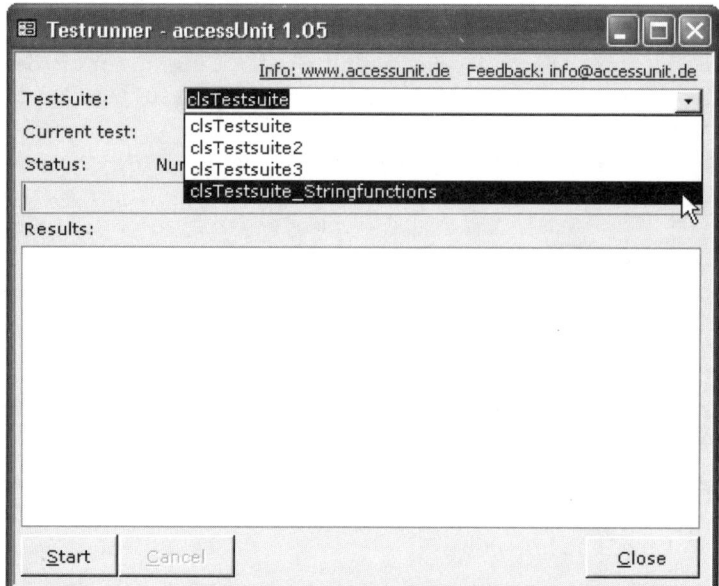

Abb. 23.2: Auswahl einer Testsuite

23.3.2 Testen mit dem Testrunner

Da noch keine Assertions vorhanden sind, sollte der Test erfolgreich verlaufen, da keine negativen Ergebnisse zu erwarten sind. Ein Klick auf die Schaltfläche Start zeigt, dass die Annahme richtig war – es erscheint der grüne Balken.

Nach der Auswahl der Testsuite clsTestsuite_Stringfunctions zeigt der Testrunner an, dass die Suite einen Test enthält. Dabei handelt es sich um den (noch) leeren Test1 (siehe Quellcode 23.6).

> **Hinweis:** Schließen Sie den Testrunner jedesmal, wenn Sie Änderungen am Code vornehmen, und öffnen Sie ihn für weitere Tests erneut. Auf diese Weise macht der Testrunner Sie darauf aufmerksam, wenn Sie die Anwendung nach Änderung des Codes nicht kompiliert haben. Wenn Sie den Testrunner geöffnet lassen, können anderenfalls Laufzeitfehler auftreten.

Nun wollen wir zum ersten Test schreiten: Dazu legen wir zunächst im Kopf der Testklasse eine Objektvariable für die zu testende Klasse an:

```
Private mClass As clsStringfunctions
```

Zum Instanzieren der Klasse verwenden wir die Methode Setup:

```
Public Sub Setup()
   Set mClass = New clsStringfunctions
End Sub
```

Der Ordnung halber wird nach dem Test aufgeräumt:

```
Public Sub Teardown()
    Set mClass = Nothing
End Sub
```

Und jetzt folgt der große Moment. Wir legen den ersten Test an, der voraussetzt, dass ein Name, der aus beliebigen Groß- und Kleinbuchstaben besteht, in einen Namen mit führendem großem Buchstaben umgewandelt wird. Dazu verwenden wir verschiedene Assertions (siehe Quellcode 23.7). Diese sechs Assertions überprüfen verschiedene Varianten für die Eingabe, darunter die Übergabe eines Leerstrings und einer Sonderzeichenkombination als „Randfälle".

```
Public Sub Test_SingleWord(objTestcase As aUTestcase)
    On Error GoTo RunTest_Err
    objTestcase.Assert "Andre -> Andre", StrComp(mClass.Capitalize("Andre"), "↩
    Andre", vbBinaryCompare) = 0
    objTestcase.Assert "andre -> Andre", StrComp(mClass.Capitalize("andre"), "↩
    Andre", vbBinaryCompare) = 0
    objTestcase.Assert "ANDRE -> Andre", StrComp(mClass.Capitalize("ANDRE"), "↩
    Andre", vbBinaryCompare) = 0
    objTestcase.Assert "AnDrE -> Andre", StrComp(mClass.Capitalize("AnDrE"), "↩
    Andre", vbBinaryCompare) = 0
    objTestcase.Assert "->", StrComp(mClass.Capitalize(""), "", vbBinaryCompare) =↩
    0
    objTestcase.Assert "Sonderzeichen", StrComp(mClass.Capitalize({"(/&$$=('§/§"), ↩
    ¬
        "(/&$$=('§/§", vbBinaryCompare) = 0
    Exit Sub
RunTest_Err:
    objTestcase.Assert "#Error in " & Me.Fixturename, False
    Resume Next
End Sub
```
Listing 23.7: Quellcode

> **Hinweis:** Sie können jetzt natürlich zu Recht fragen, wozu wir soviele Assertions benötigen, da die `strConv`-Funktion doch zuverlässig arbeitet. Die Antwort ist: Bei der testgetriebenen Entwicklung werden Einheiten getestet, und zwar an den Schnittstellen. Diese müssen immer das erwartete Ergebnis liefern, egal, wie die Implementierung aussieht. Wenn Sie die eine Methode einmal – etwa aus Performance-Gründen – ändern und die `strConv`-Funktion durch ein völlig anderes Mittel wie beispielsweise reguläre Ausdrücke ersetzen, liefern die Tests nach wir vor eine Zusicherung, dass die Funktionen den Anforderungen entsprechen.

Bevor Sie den Testrunner erneut öffnen, kompilieren Sie die Anwendung und stellen fest, dass die zu testende Klasse `clsStringfunctions` noch nicht vorhanden ist.

Legen Sie ein leeres Klassenmodul namens `clsStringfunctions` an und kompilieren Sie erneut.

Der nächste Kompilierversuch bringt erwartungsgemäß zu Tage, dass die Methode `Capitalize` nicht vorhanden ist.

Legen Sie diese als leere Methode an:

```
Public Function Capitalize(strName As String) As String
End Function
```

Die Kompilierung funktioniert nun. Öffnen Sie den Testrunner, wählen Sie die richtige Suite aus und starten Sie den Test. Wie Abbildung 23.3 zeigt, scheitert der Test, weil fünf der sechs Assertions nicht erfüllt wurden.

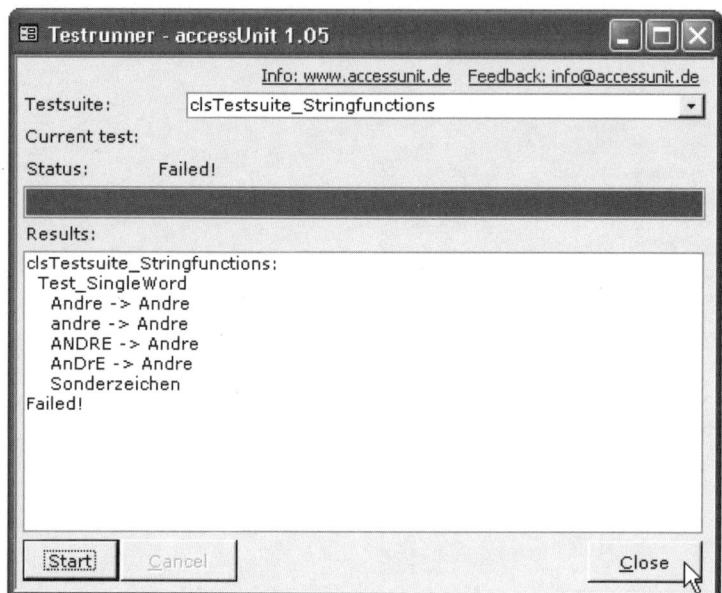

Abb. 23.3: Ein Test mit nicht erfüllten Anforderungen

Nur die leere Zeichenfolge wird als leere Zeichenfolge zurückgegeben und erfüllt die entsprechende Assertion.

In dieser Abbildung ist schön zu sehen, wie accessUnit von der Testsuite über den Test bis hin zum Assertion zeigt, wo es hapert. Passen wir also nun den Test so an, dass die Anforderungen erfüllt werden:

```
Public Function Capitalize(strName As String) As String
   Capitalize = StrConv(strName, vbProperCase)
End Function
```

Es folgt die übliche Prozedur: Kompilieren, Testrunner starten, Test durchführen. Erwartungsgemäß wird der Test nun bestanden.

23.3.3 Anforderungen erweitern

Die Funktion soll aber nicht nur einzelne Namen anpassen, sondern auch Kombinationen aus Vor- und Nachname. Diese Anforderung formulieren wir in einem neuen Test, der folgendermaßen aussieht und wie erwartet erfolgreich verläuft (siehe Quellcode 23.8).

```
Public Sub Test_FirstAndLastname(objTestcase As aUTestcase)
    On Error GoTo RunTest_Err
    objTestcase.Assert "Andre Minhorst -> Andre Minhorst", mClass.Capitalize(" ⤸
    Andre Minhorst") = "Andre Minhorst"
    objTestcase.Assert "andre minhorst -> Andre Minhorst", mClass.Capitalize(" ⤸
    andre minhorst") = "Andre Minhorst"
    objTestcase.Assert "ANDRE MINHORST -> Andre Minhorst", mClass.Capitalize(" ⤸
    ANDRE MINHORST") = "Andre Minhorst"
    objTestcase.Assert "AnDrE MiNhOrSt -> Andre Minhorst", mClass.Capitalize(" ⤸
    AnDrE MiNhOrSt") = "Andre Minhorst"
    Exit Sub
RunTest_Err:
    objTestcase.Assert "#Error in " & Me.Fixturename, False
    Resume Next
End Sub
```
Listing 23.8: Quellcode

Hinweis: Mit diesem „Ergänzungstest" haben Sie der Gewissheit, dass der Test funktionieren wird, eine zusätzliche Sicherheit gegeben. Wenn aber einmal ein Test funktioniert, von dem Sie es nicht erwarten, sollten Sie kontrollieren, ob nicht der Test selbst eventuell fehlerhaft ist - möglicherweise wurde er gar nicht aufgerufen. Wenn Sie unsicher sind, bauen Sie einfach eine Assertion ein, die fehlschlägt – damit finden Sie auf jeden Fall heraus, ob der Test überhaupt aufgerufen wird. Das geht etwa mit folgendem Ausdruck:

```
objTestcase.Assert „Test the test", False.
```

Doppelnamen

Die Methode gibt nun sowohl einzelne Namen als auch Kombinationen aus Vor- und Nachname in der gewünschten Form zurück. Nachdem wir diese Klasse nun beispielsweise in einer Web-Anwendung zum „Geradebiegen" von Namen bei der Anmeldung etwa für einen Newsletter verwenden, stellt sich früher oder später heraus, dass die Anforderungen nicht alle Fälle abgedeckt haben.

Meldet sich dort jemand mit einem Doppelnamen an, der durch Bindestrich getrennt ist, wird der zweite Teil des Namens komplett klein geschrieben.

Schreiben wir also einen Test für diesen Fall. Dieser Test enthält nur zwei Assertions: Eine, die überprüft, dass ein großer Buchstabe hinter einem Bindestrich auch groß bleibt, und eine, die überprüft, ob ein kleiner Buchstabe hinter dem Bindestrich in einen großen umgewandelt werden soll (siehe Quellcode 23.9).

```
Public Sub Test_MinusBetweenNames(objTestcase As aUTestcase)
    On Error GoTo RunTest_Err
    objTestcase.Assert "Müller-Lüdenscheid -> Müller-Lüdenscheid", StrComp(mClass. ⤸
    Capitalize("Müller-Lüdenscheid"), "Müller-Lüdenscheid", vbBinaryCompare) = 0
    objTestcase.Assert "müller-lüdenscheid -> Müller-Lüdenscheid", StrComp(mClass. ⤸
    Capitalize("müller-lüdenscheid"), "Müller-Lüdenscheid", vbBinaryCompare) = 0
    Exit Sub
RunTest_Err:
    objTestcase.Assert "#Error in " & Me.Fixturename, False
```

```
    Resume Next
End Sub
```
Listing 23.9: Quellcode

Beide Tests schlagen wie fehl, weil die Buchstaben hinter dem Minus-Zeichen durch die `strConv`-Funktion verkleinert werden.

Passen wir also die `Capitalize`-Funktion an. Dazu fügen wir eine `Do While`-Schleife ein, die so lange durchlaufen wird, bis keine Minus-Zeichen mehr enthalten sind (siehe Quellcode 23.10). Normalerweise ist das zwar maximal eines, aber mit dieser Vorgehensweise gehen wir auf Nummer Sicher.

```
Public Function Capitalize(strName As String) As String
    Dim posMinus As Integer
    Capitalize = StrConv(strName, vbProperCase)
    posMinus = InStr(1, Capitalize, "-")
    Do While posMinus > 0
        If Mid(Capitalize, posMinus + 1, 1) Like "[a-z]" Then
            Capitalize = Mid(Capitalize, 1, posMinus) & StrConv(Mid(Capitalize, ⌐
            posMinus + 1, 1), vbUpperCase) & Mid(Capitalize, posMinus + 2)
        End If
        posMinus = InStr(posMinus + 1, Capitalize, "-")
    Loop
End Function
```
Listing 23.10: Quellcode

Der Test verläuft erfolgreich: Die Methode erfüllt nun alle vorläufig bekannten Anforderungen. Natürlich gibt es noch einige Varianten, die hier nicht berücksichtig sind – beispielsweise Namenszusätze wie „de", „van" oder „von". Diese würden von der Methode im aktuellen Zustand wie alle anderen Bestandteile groß geschrieben. Für Beispielzwecke reicht uns allerdings die jetzige Form der Methode.

23.3.4 Ein wenig Refactoring

Allerdings möchten wir noch einen kleinen Ausflug in die Welt des Refactoring unternehmen. Die Methode hat den kleinen Makel, dass die Funktionsbezeichnung nicht nur für die Zuweisung des Rückgabewertes, sondern als Hilfsvariable verwendet wird.

Da alle Tests gerade bestanden sind, können wir ohne Sorge eine neue Hilfsvariable einbauen – der anschließende Test wird uns mitteilen, ob die Funktion der Methode durch den Umbau beeinträchtigt wurde.

Abbildung 23.4 auf der nächsten Seite veranschaulicht die einzelnen Positionen, die man bei der testgetriebenen Entwicklung durchlaufen kann.

Derzeit haben wir die Wahl zwischen einem der beiden „Test bestanden"-Pfeile – und wählen den Weg zum Refactoring. Wir bauen die Methode also wie in Quellcode 23.11 um und überprüfen direkt im Anschluss, ob die Tests noch durchlaufen. Bei positivem Ergebnis können wir beruhigt an die Entwicklung der nächsten Methode oder Klasse herangehen.

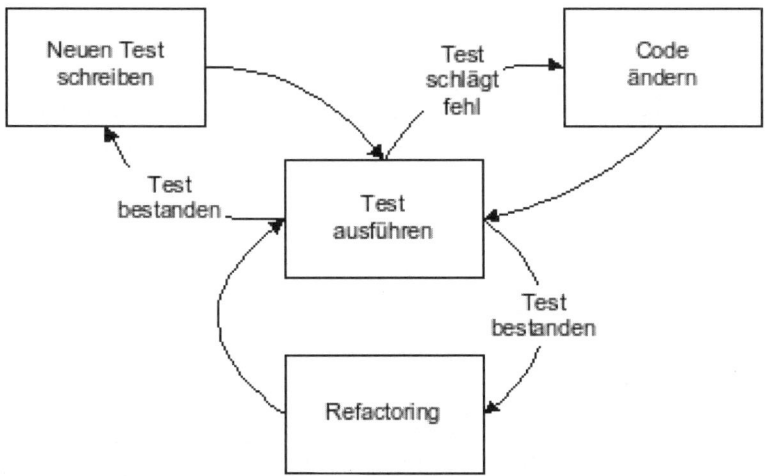

Abb. 23.4: Ablauf der testgetriebenen Entwicklung

```
Public Function Capitalize(strName As String) As String
    Dim posMinus As Integer
    Dim strCapitalize As String
    strCapitalize = StrConv(strName, vbProperCase)
    posMinus = InStr(1, strCapitalize, "-")
    Do While posMinus > 0
        If Mid(strCapitalize, posMinus + 1, 1) Like "[a-z]" Then
            strCapitalize = Mid(strCapitalize, 1, posMinus) & StrConv(Mid( ↲
            strCapitalize, posMinus + 1, 1), vbUpperCase) & Mid(strCapitalize, ↲
            posMinus + 2)
        End If
        posMinus = InStr(posMinus + 1, strCapitalize, "-")
    Loop
    Capitalize = strCapitalize
End Function
```

Listing 23.11: Quellcode

23.3.5 Randfälle testen

Mit den hier beschriebenen Tests haben Sie relativ einfache Fälle abgedeckt. Dabei bestand kein grösserer Anlass, sich Gedanken um so genannte Randfälle zu machen. Bei Randfällen handelt es sich um solche Anforderungen, die nicht triviale Fälle abdecken und deren Erfüllung spezielle Vorgehensweisen erfordert, weil durch das Eintreten des Randfalls beispielsweise ein Fehler ausgelöst würde. Im vorliegenden Test gibt es keinen solch schwerwiegenden Randfall, da die Methode ohnehin nur Werte mit dem Datentyp String akzeptiert. Ein Beispiel wäre aber etwa eine Funktion, die den Quotienten zweier Zahlen ermittelt und die man mit solchen Werten füttert, dass eine Division durch 0 auftritt. Diesen Fall würde man im Test berücksichtigen, damit er bei der Ausführung entsprechend behandelt wird.

23.3.6 Wie geht es weiter?

Auf die gleiche Art wie im Beispiel können Sie komplette Anwendungen erstellen, indem Sie Klasse für Klasse testgetrieben entwickeln. Dabei werden Sie oft Testklassen erstellen, die sich jeweils auf nur eine zu testende Klasse beziehen; Sie werden aber auch Testklassen verwenden, die dem Testen der Interaktion zwischen Klassen dienen.

23.3.7 Wohin mit den Tests?

Sie haben mittlerweile gemerkt, dass Sie bei der testgetriebenen Entwicklung bestimmt noch einmal soviel Code produzieren wie für die eigentliche Anwendung erforderlich ist.

Wenn die Anwendung fertig ist, möchten Sie diesen Code möglicherweise loswerden – vielleicht aber auch nicht, denn immerhin haben Sie eine Menge Arbeit hineingesteckt. Außerdem sollten Sie nicht vergessen: Die Tests sind eine Dokumentation der damit erstellten Klassen. Sie sollten die Tests auf jeden Fall in Ihrer eigenen Kopie der Anwendung behalten, und es gibt eigentlich auch keinen Grund, die Tests nicht mit auszuliefern.

Dass Sie zusätzlich zu den Tests auch noch das Framework in der Anwendung belassen, kann ebenfalls Vorteile haben: Gegebenenfalls gibt es einmal neue Versionen des Frameworks, die mit mit den aktuell in der getesteten Datenbank vorhandenen Objekten nicht mehr zusammenarbeiten. Das enthaltene Framework wird seinen Dienst aber klaglos tun, solange Sie es nicht ersetzen.

23.4 Zusammenfassung und Ausblick

Die testgetriebene Entwicklung mag Ihnen nach der Lektüre dieses Beitrags sinnvoll erscheinen – völlig überzeugt sein werden Sie vielleicht erst, wenn Sie es selbst ausprobiert haben. Um sich den Einstieg zu erleichtern, nehmen Sie sich einfach eine möglichst kleine bestehende Anwendung und erstellen diese neu. Damit haben Sie schon eine Vorstellung davon, in welche Richtung die Anwendung gehen soll, und können sich voll auf die Art der Entwicklungsmethode konzentrieren.

Die Internetseite `www.accessunit.de` beschäftigt sich mit dem Testframework selbst und mit den damit in Zusammenhang stehenden Techniken wie der testgetriebenen Entwicklung oder Refactoring; hier finden Sie regelmäßig neue Versionen und neue Informationen zum Unit-Testing mit Access sowie interessante Links.

24 Erweitern der VBA-Entwicklungsumgebung

André Minhorst, Duisburg

Wer hat sich nicht schon einmal die eine oder andere, vielleicht ganz individuelle Erweiterung der Entwicklungsumgebung von Access gewünscht? Klar, wie man sich einen Assistenten für bestimmte Aufgaben bastelt, ist in der Fachliteratur hinlänglich erklärt, aber den VBA-Editor mit zusätzlichen Funktionen versehen? Dieser Beitrag zeigt, wie Sie mit etwas Fremdhilfe von VB eine .dll-Datei entwickeln, die viele Wünsche erfüllen kann.

Inhalt

24.1 Die fertige Lösung

Wahrscheinlich verfügt nicht jeder Leser dieses Beitrags über das Microsoft Visual Studio. Das hätte den Nachteil, dass er nicht selbst Lösungen wie diese oder ähnliche erstellen kann – was einerseits sehr schade ist, denn wer die hier vorgestellte Technik einmal kennt, der möchte vermutlich für einige immer wiederkehrende Aufgaben eine automatische Lösung erstellen. Andererseits kommen Sie auch als Nicht-Visual Studio-Anwender in den Genuss der hier vorgestellten Lösung, da diese als .dll-Datei auf der Website zum Buch (www.buch.cd) vorliegt.

24.1.1 DLL registrieren

Um die fertige DLL im VBA-Editor verwenden zu können, müssen Sie diese zunächst registrieren. Dazu kopieren Sie die DLL in einen Ordner Ihrer Wahl (am besten zu den anderen DLLs im Windows-Verzeichnis unter System32).

Anschließend rufen Sie im Ausführen-Dialog (Start → Ausführen) die Anweisung regsvr32 mit dem kompletten Pfad der DLL als Parameter auf. Beim nächsten Start von Access und der VBA-Entwicklungsumgebung stehen die Funktionen dann zur Verfügung.

Hinweis: Die DLL arbeitet mit Access ab Version 2000 zusammen.

24.1.2 Nummerieren von Quellcode

Im Beitrag Professionelle Fehlerbehandlung an anderer Stelle in diesem Werk finden Sie eine Fehlerbehandlung, die bei jedem aufgetretenen Fehler einen Eintrag in eine Datei vornimmt und dort die Fehlernummer, die Beschreibung, das Modul und die Prozedur, in der der Fehler auftritt, sowie die entsprechende Zeilennummer einträgt.

Dazu muss allerdings erst einmal eine Zeilennummer vorhanden sein; Access trägt diese nicht automatisch in eine Prozedur ein oder ermittelt diese wie andere Programmiersprachen. Wer schon einmal eine etwas umfangreichere Anwendung entwickelt hat, kann sich ungefähr vorstellen, wie viele Zeilen Code eine solche Anwendung enthält.

Der Aufwand, diese von Hand zu nummerieren, ist unverhältnismäßig groß. Hinzu kommt, dass – egal wie groß man die Abstände zwischen den einzelnen Zahlen wählt – garantiert irgendwann so viele Zeilen hinzukommen, dass man alles erneut nummerieren muss. Da kommt eine Funktion zum automatischen Nummerieren von Modulen doch gerade recht.

Wenn Sie die DLL ordnungsgemäß registriert haben, erscheint beim Öffnen der VBA-Entwicklungsumgebung eine neue Menüleiste mit drei Schaltflächen (siehe Abbildung 24.1 auf der nächsten Seite).

Mit einem Klick auf die Schaltfläche Modul nummerieren fügen Sie dem aktuellen Modul eine Nummerierung hinzu. Um diese wieder zu entfernen, klicken Sie einfach auf die Schaltfläche Modul entnummerieren.

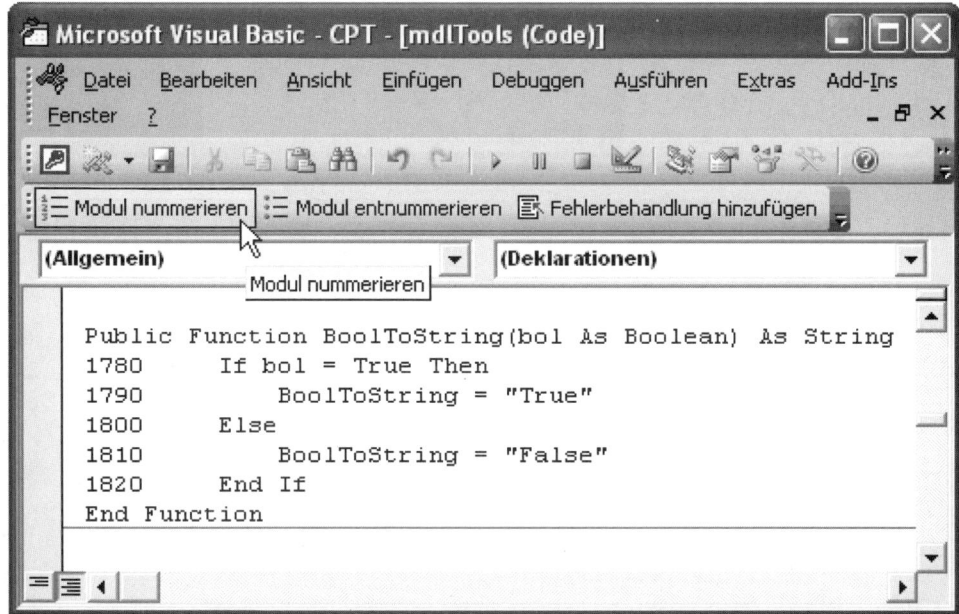

Abb. 24.1: Zeilen nummerieren per Knopfdruck

24.1.3 Hinzufügen einer Fehlerbehandlung

Fehlerbehandlungen haben immer das gleiche Grundgerüst. Der VBA-Editor bietet auch eine eingebaute Funktion an, um eine rudimentäre Fehlerbehandlung zu integrieren, aber um die im Beitrag Professionelle Fehlerbehandlung vorgestellte Fehlerbehandlung zu verwenden, bedarf es ein paar Zeilen mehr.

Um eine Fehlerbehandlung in eine beliebige Prozedur zu integrieren, öffnen Sie einfach das gewünschte Modul, platzieren die Einfügemarke über der entsprechenden Prozedur und klicken auf die Schaltfläche Fehlerbehandlung hinzufügen. Das Ergebnis sieht beispielsweise wie in Abbildung 24.2 auf der nächsten Seite aus.

24.2 Erstellen der .dll-Datei

Nur den wenigsten Anwendern dürfte bekannt sein, dass man mit einem VB-Programm die Entwicklungsumgebung von Access, nachfolgend kurz VBA-Editor genannt, um eigene Funktionen erweitern kann. Das VB-Programm nistet sich – einmal registriert – an der gewünschten Stelle im VBA-Editor ein und stellt dort fortan seine Funktionen zur Verfügung. Im vorliegenden Fall sollen die entsprechenden Funktionen über eine spezielle Menüleiste aufgerufen werden.

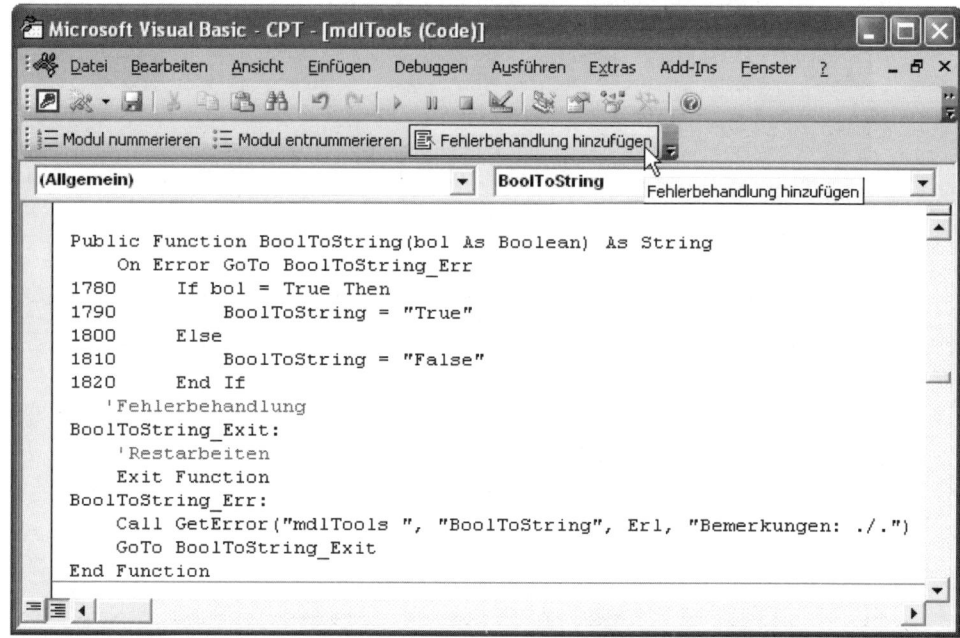

Abb. 24.2: Hinzufügen einer Fehlerbehandlung

Um die .dll-Datei zu erstellen, benötigen Sie – wie oben erwähnt – Microsoft Visual Studio 6.0. Nach dem Start des Visual Studios bietet es Ihnen verschiedene Möglichkeiten zum Erstellen eines neuen Projekts an. Wählen Sie dort den Eintrag ActiveX-DLL aus.

Das nun erscheinende Bild mag Access-Entwicklern teilweise bekannt vorkommen, da es prinzipiell die gleichen Elemente wie der VBA-Editor enthält. Der wesentliche Unterschied ist, dass die Benutzeroberfläche der zu erstellenden Anwendungen ebenfalls hier und nicht in einer separaten Umgebung wie unter Access erzeugt werden kann.

Damit Sie das Projekt später identifizieren können, stellen Sie nun einige Eigenschaften (Menüeintrag Projekt → Eigenschaften von Projekt1...) wie in Abbildung 24.3 auf der nächsten Seite ein. Entfernen Sie dann das Klassenmodul Class1 aus dem Objektexplorer (zu aktivieren mit Strg + R). Anschließend speichern Sie das Projekt unter dem Namen VBAExtensions.

Öffnen Sie nun den Dialog Komponenten (Menüeintrag Projekt → Komponenten) und aktivieren Sie auf der Registerseite Designer den Eintrag Addin Class.

Falls dadurch nicht automatisch eine neue Addin Class zu dem Projekt hinzugefügt wird, holen Sie das nach: Wählen Sie aus dem Kontextmenü des Eintrags VBAExtensions (VBAExtensions.vbp) im Projektexplorer den Eintrag Hinzufügen → Addin Class aus.

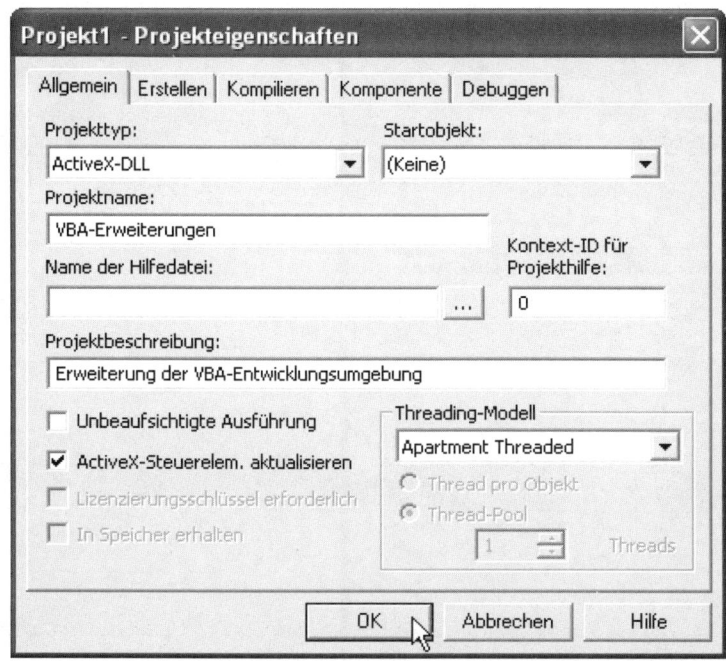

Abb. 24.3:
Eigenschaften des
neuen Projekts

Neben dem neuen Eintrag im Projektexplorer erscheint ein Dialog mit den Eigenschaften der neuen AddIn-Klasse. Ergänzen Sie die Eigenschaften wie in Abbildung 24.4 auf der nächsten Seite.

Stellen Sie außerdem im Eigenschaftsfenster des AddIn den Wert der Eigenschaft Public auf True ein. Die nachfolgende Meldung können Sie getrost bejahen.

Anschließend geben Sie dem Projekt noch die benötigten Referenzen mit auf den Weg. Im vorliegenden Fall benötigen Sie eine Referenz auf die Microsoft Office x.0 Object Library in der Version, die auf dem Zielrechner zum Einsatz kommt, sowie die Bibliothek Microsoft Visual Basic for Applications Extensibility 5.3 (siehe Abbildung 24.5 auf der nächsten Seite).

> **Hinweis:** Nachfolgend verwenden wir das Objektmodell des Microsoft Office Visual Basic Editors. Detaillierte Informationen finden Sie unter folgender Internetadresse (ohne Zeilenumbrüche):
> http://msdn.microsoft.com/library/default.asp?url=/library/en-us/dnofftalk/html/office07042002.asp

Schließlich fügen Sie dem Projekt noch ein neues Modul hinzu, das lediglich eine Zeile enthält:

```
Public oVBE As VBIDE.VBE
```

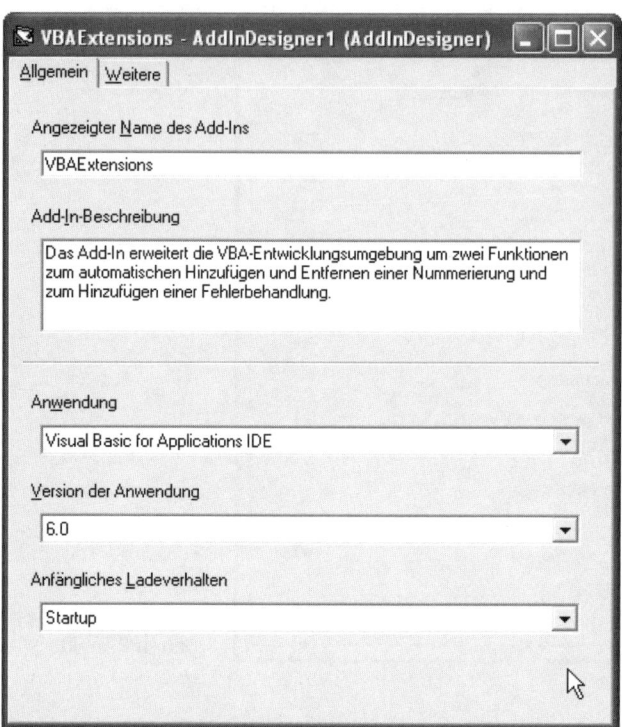

Abb. 24.4: Einstellungen des AddInDesigners

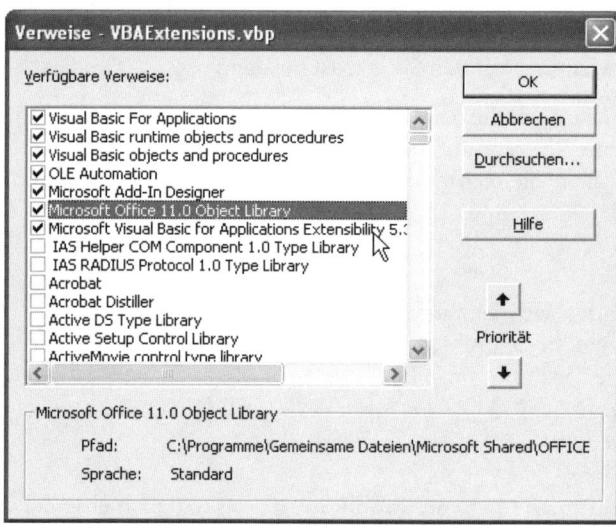

Abb. 24.5: Die letzten beiden Referenzen

Damit setzen Sie eine Referenz auf das oberste Objekt des entsprechenden Objektmodells und können darüber auf die Elemente des VBA-Editors zugreifen.

Um die DLL zu testen, folgt nun der übliche „Hello World"-Test. Öffnen Sie das Modul des `AddInDesigner1` per Kontextmenü (Eintrag `Code anzeigen`). Wählen Sie aus dem linken Kombinationsfeld den Eintrag `AddinInstance` aus und es erscheint automatisch eine Ereignisprozedur, die Sie wie in Quellcode 24.1 ergänzen.

```
Private Sub AddinInstance_OnConnection(ByVal Application As Object, ByVal ⟩
ConnectMode As AddInDesignerObjects.ext_ConnectMode, ByVal AddInInst As Object, ⟩
custom() As Variant)
    Set objVBAIDE = Application
    MsgBox "Hello World"
End Sub
```

Listing 24.1: Quellcode

Kompilieren Sie das Projekt nun über den Menüeintrag `Datei → VBAExtensi-ons.dll erstellen...` und probieren Sie die DLL aus, indem Sie eine Access-Datenbank öffnen und mit `Strg + G` den VBA-Editor aktivieren. Wenn das gewünschte Meldungsfenster erscheint, haben Sie bisher alles richtig gemacht – ansonsten überprüfen Sie nochmals die vorherigen Schritte.

> **Hinweis:** Um während der Entwicklung die Fortschritte mitzuverfolgen und gegebenenfalls den Code zu debuggen, setzen Sie die gewünschten Haltepunkte und starten das Projekt per `F5`. Das anschließende Öffnen von Access und Aufrufen des VBA-Editors verwendet dann das Projekt wie die richtige DLL.

24.3 Menü mit Schaltflächen hinzufügen

Um die drei nachfolgend vorgestellten Funktionen im VBA-Editor starten zu können, benötigen Sie eine entsprechende Menüleiste mit drei Schaltflächen.

Der Übersicht halber enthält Quellcode 24.2 nur die Anweisungen für die Erstellung der ersten Schaltfläche mit der Beschriftung `Modul nummerieren`.

```
Private cbbNummerieren As CommandBarButton
Private WithEvents evtNummerieren As CommandBarEvents
Private Sub AddinInstance_OnConnection(ByVal Application As Object, ByVal ⟩
ConnectMode As AddInDesignerObjects.ext_ConnectMode, ByVal AddInInst As Object, ⟩
custom() As Variant)
    Set oVBE = Application
    Dim cbr As CommandBar
    Set cbr = oVBE.CommandBars.Add("VBAExtensions", Position:=msoBarTop, Temporary ⟩
    :=True)
    cbr.Visible = True
    Set cbbNummerieren = cbr.Controls.Add(msoControlButton, Temporary:=True)
    cbbNummerieren.Style = msoButtonIconAndCaption
    cbbNummerieren.FaceId = 11
    cbbNummerieren.Caption = "Modul nummerieren"
    Set evtNummerieren = oVBE.Events.CommandBarEvents(cbbNummerieren)
End Sub
```

Listing 24.2: Quellcode

Die beiden ersten Zeilen des Moduls enthalten Deklarationen einer Objektvariablen für die Schaltfläche sowie die Deklaration der Ereignisse für die enthaltenen Schaltflächen.

Die Prozedur, die soeben noch den „Hello World"-Test enthielt, bestücken Sie nun wie in Quellcode 24.2. Die Prozedur erstellt zunächst eine neue Menüleiste mit dem Namen VBAExtensions, die nach dem Setzen der Visible-Eigenschaft auf den Wert True direkt unter den anderen Menüleisten erscheint und mit dem Schließen des VBA-Editors wieder verschwindet.

Anschließend fügt die Prozedur der Menüleiste eine Schaltfläche mit der Beschriftung Modul nummerieren hinzu und stellt das im Modulkopf deklarierte Objekt evtNumme- rieren so ein, dass es auf die Ereignisse der soeben angelegten Schaltfläche reagiert.

Sie müssen nun nur noch die entsprechende Ereigniseigenschaft für die neue Schaltfläche anlegen. Behilflich ist Ihnen dabei der Editor: Im linken Kombinationsfeld hat er mittlerweile einen Eintrag namens evtNummerieren hinzugefügt, dessen Auswahl automatisch eine Ereigniseigenschaft anlegt. Ergänzen Sie diese wie in folgendem Beispiel und sagen Sie das zweite Mal in diesem Beitrag „Hello World":

```
Private Sub evtNummerieren_Click(ByVal CommandBarControl As Object, handled As ⤵
Boolean, CancelDefault As Boolean)
   MsgBox "Hello World"
End Sub
```

An dieser Stelle führt das Öffnen von Access und dem VBA-Editor zum Bild aus Abbildung 24.6.

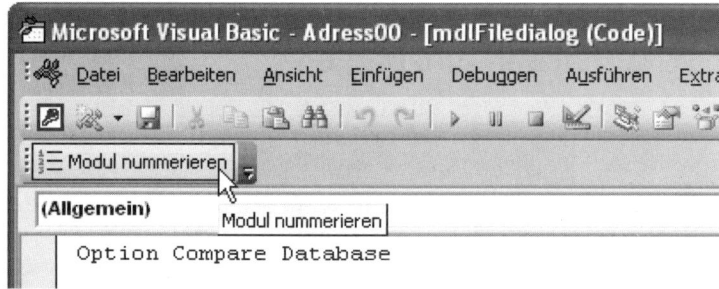

Abb. 24.6: Die neue Menüleiste inklusive Schaltfläche

Hinweis: Wenn Sie das Projekt mit F5 starten, anstatt direkt die DLL zu erzeugen, erscheint nach dem Klicken auf die neue Schaltfläche im VBA-Editor das Meldungsfenster im Visual Studio. Nicht, dass Sie sich wundern, wenn nach dem ersten Probeklick gar nichts mehr geht – wechseln Sie einfach zum Visual Studio und schließen Sie das Meldungsfenster.

Für weitere Schaltflächen benötigen Sie jeweils die beiden Deklarationsanweisungen aus dem Kopf des Moduls – natürlich mit entsprechend angepassten Bezeichnungen – sowie eine angepasste Kopie der fünften bis neunten Zeile der Prozedur AddinInstance_OnConnection für jede Schaltfläche.

Selbstverständlich müssen Sie für eine sinnvolle Funktion noch die Anweisung zum Anzeigen des Meldungsfensters durch entsprechenden Code ersetzen. Und wie dieser aussieht, erfahren Sie in den folgenden beiden Kapiteln.

24.4 Der Nummerierungs-Assistent

Bevor man eine Routine zum Nummerieren der Zeilen eines Moduls entwickeln kann, muss man genau wissen, welche Zeilen nummeriert werden sollen und welche nicht – besser gesagt: welche Zeilen überhaupt nummeriert werden dürfen oder müssen.

Genau genommen werden für die Verwendung mit der Fehlerbehandlung nur die Zeilen benötigt, in denen auch Fehler auftreten können, also solche, die ausführbaren Code enthalten. Herauszufinden, welche Zeile ausführbaren Code enthält, könnte sich aber als sehr schwierig erweisen. Also vielleicht lieber den Hebel am anderen Ende ansetzen und testen, welchen Zeilen der Compiler eine Zeilennummer gönnt?

Zum Glück probieren Autoren manchmal einiges aus, bevor sie einen Beitrag schreiben. In dem Fall hilft der goldene Mittelweg: Ausführbaren Code findet man nur innerhalb von Properties, Subs und Functions. Innerhalb dieser Strukturen gibt es ein paar Stellen, an denen Nummerierungen nicht erlaubt sind – beispielsweise bei Fortsetzungen umbrochener Zeilen oder in der ersten Zeile eines `Select Case`-Konstrukts.

Die Prozedur aus Quellcode 24.3 wird dem gerecht. Sie überprüft zunächst, ob überhaupt ein Modul aktiviert ist (`If oVBE.ActivecodePane Is Nothing`) und gibt anderenfalls eine entsprechende Meldung aus. Liegt ein Modul vor, erzeugt die Prozedur mit der Objektvariablen `cdPane` einen Verweis darauf; ein weiterer Verweis namens `mdl` dient im Anschluss dem Zugriff auf das enthaltene Modul.

```
Private Sub evtNummerieren_Click(ByVal CommandBarControl As Object, handled As ⌐
Boolean, CancelDefault As Boolean)
   Dim cdPane As VBIDE.CodePane
   Dim mdl As VBIDE.CodeModule
   Dim bolNummerieren As Boolean
   Dim bolJetztNicht As Boolean
   Dim bolNaechsteNicht As Boolean
   Dim strZeile As String
   Dim i As Integer
   If oVBE.ActiveCodePane Is Nothing Then
      MsgBox "Bitte öffnen Sie zunächst das gewünschte Modul."
      Exit Sub
   End If
   Set cdPane = oVBE.ActiveCodePane
   Set mdl = cdPane.CodeModule
   For i = 1 To mdl.CountOfLines
      strZeile = Trim(mdl.Lines(i, 1))
      If Left(strZeile, 10) = "Public Sub" Or Left(strZeile, 11) = "Private Sub" ⌐
      Or Left(strZeile, 3) = "Sub" Or Left(strZeile, 15) = "Public Function" Or ⌐
      Left(strZeile, 16) = "Private Function" Or Left(strZeile, 8) = "Function" ⌐
      Or Left(strZeile, 15) = "Public Property" Or Left(strZeile, 16) = "Private ⌐
      Property" Then
         bolNummerieren = True
```

```
            bolJetztNicht = True
       Else
            bolJetztNicht = False
       End If
       If bolNaechsteNicht = True Then
            bolJetztNicht = True
       End If
       If Left(strZeile, 12) = "End Function" Or Left(strZeile, 7) = "End Sub" Or )
       Left(strZeile, 12) = "End Property" Then
            bolNummerieren = False
            bolJetztNicht = True
       End If
       bolNaechsteNicht = Right(strZeile, 1) = "_"
            Or Left(strZeile, 11) = "Select Case"
       If bolNummerieren = True And bolJetztNicht = False Then
            mdl.ReplaceLine i, i & "0 " & mdl.Lines(i, 1)
       End If
    Next i
End Sub
```

Listing 24.3: Quellcode

Nun folgt der Kern der Routine:

Eine For Next-Schleife durchläuft alle Zeilen des Moduls und stellt beim ersten Auftreten eines Prozedurkopfes die Variable bolNummerieren auf True ein. Findet die Routine das Ende einer Prozedur, setzt sie den Wert dieser Variablen wieder auf False.

Der Rest ist – mit zwei Ausnahmen – unkompliziert: Solange die Variable bolNummerieren auf True steht, setzt die Routine eine fortlaufende Nummer in Zehnerschritten vor die aktuelle Zeile. Ausnahmen sind Zeilen, die eine vorherige Zeile fortsetzen oder unmittelbar auf den Kopf einer Select Case-Konstruktion folgen.

Nummerierung entfernen

Wenn die Nummerierung in Zehnerschritten nicht mehr ausreicht, weil nach einiger Zeit hier und da einige Zeilen hinzugekommen sind, sollte man die Nummerierung einfach anpassen können. Das erfolgt in zwei Schritten: Mit der in Quellcode 24.4 abgebildeten Routine entfernen Sie die Nummerierung aus dem gewünschten Modul und erneuern sie mit der soeben vorgestellten.

```
Private Sub evtEntnummerieren_Click(ByVal CommandBarControl As Object, handled As )
Boolean, CancelDefault As Boolean)
    Dim cdPane As VBIDE.CodePane
    Dim mdl As VBIDE.CodeModule
    Dim strZeile As String
    Dim i As Integer
    Dim j As Integer
    If oVBE.ActiveCodePane Is Nothing Then
        MsgBox "No active code pane!"
        Exit Sub
    End If
    Set cdPane = oVBE.ActiveCodePane
    Set mdl = cdPane.CodeModule
    Dim pos As Long
```

```
    For i = 1 To mdl.CountOfLines
        strZeile = mdl.Lines(i, 1)
        pos = 0
        j = 1
        Do While IsNumeric(Mid(strZeile, j, 1))
            pos = pos + 1
            j = j + 1
        Loop
        If pos > 0 Then
            mdl.ReplaceLine i, Mid(strZeile, pos + 2)
        End If
    Next i
End Sub
```

Listing 24.4: Quellcode

Die Prozedur zum Entfernen von Zeilennummern ist recht einfach gestrickt. Sie entfernt einfach alle numerischen Zeichen zu Beginn einer jeden Zeile.

24.5 Der Fehlerbehandlungs-Assistent

Eigentlich trifft der Name Fehlerbehandlungs-Assistent nicht ganz den Punkt, denn er behandelt keine Fehler, sondern fügt einer Routine eine Fehlerbehandlung hinzu.

Dabei macht die Prozedur umfangreichen Gebrauch von den Methoden und Eigenschaften des CodeModule-Objekts – was einiges an Arbeit erspart, wenn man nicht mit den üblichen Zeichenkettenfunktionen an die zu bearbeitende Routine herangehen möchte.

Die Prozedur (siehe Quellcode 24.5) überprüft nach dem Deklarationsteil zunächst, ob überhaupt ein Modul geöffnet ist, und falls ja, ob die Einfügemarke sich auf einer Sub-Prozedur, einer Function oder einer Property befindet. Dazu ermittelt sie die aktuelle Position der Einfügemarke (cdPane.GetSelection ...) und verwendet die Eigenschaft ProcOfLine des aktuellen Moduls, um den Namen der zu ergänzenden Routine zu ermitteln.

```
Private Sub evtFehlerbehandlung_Click(ByVal CommandBarControl As Object, handled ⤸
As Boolean, CancelDefault As Boolean)
    Dim cdPane As VBIDE.CodePane
    Dim mdl As VBIDE.CodeModule

    'Deklaration der String- und Long-Variablen aus Platzgründen ausgespart
    Dim lngProzedurart As Prozedurart
    If oVBE.ActiveCodePane Is Nothing Then
        MsgBox "Bitte öffnen Sie zunächst das gewünschte Modul.": Exit Sub
    End If
    Set cdPane = oVBE.ActiveCodePane
    Set mdl = cdPane.CodeModule
    cdPane.GetSelection lngStartLine, lngStartColumn, lngEndLine, lngEndColumn
    strProcName = mdl.ProcOfLine(lngStartLine, lngProcKind)
    If strProcName = "" Then
        MsgBox "Bitte positionieren Sie die Einfügemarke auf der gewünschten ⤸
        Routine."
```

```
      Exit Sub
   End If
   lngProcStartLine = mdl.ProcBodyLine(strProcName, lngProcKind)
   If InStr(1, mdl.Lines(lngProcStartLine, 1), "Function") > 0 Then
      lngProzedurart = Funktion
      'weitere Prüfungen auf 'Sub' und 'Property' aus Platzgründen ausgespart
   Else
      MsgBox "Die Prozedurart ist nicht definiert."
      Exit Sub
   End If
   lngProcLines = mdl.ProcCountLines(strProcName, lngProcKind)
   lngStartLineFind = lngProcStartLine
   lngStartColumnFind = -1
   lngEndLineFind = lngProcStartLine + lngProcLines
   lngEndColumnFind = -1
   If mdl.Find("On Error", lngStartLineFind, lngStartColumnFind, lngEndLineFind, ⟩
    lngEndColumnFind) Then
      MsgBox "Es ist bereits eine Fehlerbehandlung vorhanden.": Exit Sub
   End If
   If Right(Trim(mdl.Lines(lngProcStartLine, 1)), 1) = "_" Then
      lngStartLineFind = lngStartLineFind + 2
   Else
      lngStartLineFind = lngStartLineFind + 1
   End If
   Do
      If Right(Trim(mdl.Lines(lngStartLineFind, 1)), 1) = "_" Then
         lngStartLineFind = lngStartLineFind + 2
      ElseIf Left(Trim(mdl.Lines(lngStartLineFind, 1)), 1) = Chr(39) Then
         lngStartLineFind = lngStartLineFind + 1
      Else
         Exit Do
      End If
   Loop

   mdl.InsertLines lngStartLineFind, "  On Error Goto " & strProcName & "_Err"
   strText = " 'Fehlerbehandlung" & vbCrLf
   strText = strText & strProcName & "_Exit:" & vbCrLf
   strText = strText & " 'Restarbeiten" & vbCrLf
   Select Case lngProzedurart
      Case Funktion
         strText = strText & "  Exit Function" & vbCrLf
      Case SubProzedur
         strText = strText & "  Exit Sub" & vbCrLf
      Case Property
         strText = strText & "  Exit Property" & vbCrLf
   End Select
   strText = strText & strProcName & "_Err:" & vbCrLf
   strText = strText & "  Call Fehlerbehandlung ("""
      & Mid(oVBE.ActiveWindow.Caption, 1, Len(oVBE.ActiveWindow.Caption) - 6)
      & """, """ & strProcName & """, Erl, ""Bemerkungen: ./.""")" & vbCrLf
   strText = strText & "  GoTo " & strProcName & "_Exit"
   mdl.InsertLines lngEndLineFind - 1, strText
End Sub
```

Listing 24.5: Quellcode

Als Nächstes bestimmt die Prozedur die Art der Routine. Dazu liest sie deren komplette erste Zeile ein, prüft auf Vorkommen von Sub, Function und Property und stellt die Eigenschaft lngProzedur auf den entsprechenden Wert ein.

Im folgenden Schritt durchsucht die Prozedur die betroffene Routine nach bereits vorhandenen Fehlerbehandlungen und bricht mit einer entsprechenden Meldung ab, wenn irgendwo in der Routine die On Error-Anweisung auftaucht.

Ist das nicht der Fall, kann es losgehen: Die Prozedur ermittelt zunächst die Nummer der ersten Zeile nach der ersten Zeile der Routine. Das ist nicht mit einem Einzeiler getan, da die erste Zeile ja durchaus umbrochen sein kann. In die Zeile, die auf die so gefundene erste Zeile folgt, platziert die Prozedur dann den Beginn der Fehlerbehandlung (On Error Goto <Prozedurname>_Err).

Bleibt nur noch, die eigentliche Fehlerbehandlung zusammenzusetzen und vor der letzten Zeile einzufügen. Die Fehlerbehandlung sieht dabei folgendermaßen aus, wobei die Texte in spitzen Klammern entsprechend der jeweiligen Prozedur ersetzt werden:

```
'Fehlerbehandlung
<Prozedurname>_Exit:
'Restarbeiten
Exit <Prozedurart>
<Prozedurname>_Err:
   Call Fehlerbehandlung("<Modulname>", "<Prozedurname>", Erl, "Bemerkungen: ⤸
   ./.")
   GoTo <Prozedurname>_Exit
```

Bleibt dem Entwickler noch, die Restarbeiten an der entsprechenden Stelle einzufügen und gegebenenfalls den Aufruf der Funktion Fehlerbehandlung anzupassen.

> **Hinweis:** Weitere Informationen zur Funktion Fehlerbehandlung und deren Anwendung finden Sie im Kapitel 8 Fehlersuche und -behandlung auf Seite 123 in diesem Werk.

24.6 Zusammenfassung und Ausblick

Die vorgestellte Lösung kratzt nur an der Oberfläche dessen, was mit der beschriebenen Technik möglich ist. Eine weitere Anwendungsmöglichkeit wäre die Verwendung einer Funktion, die Property-Prozeduren auf Basis eines Variablennamens erstellt. Wenn man mit Klassenmodulen arbeitet und die Klasse einige nach außen zugängliche Variablen enthält, kann dies eine Menge Arbeit ersparen.

Teil II

SQL-Know-how

25 SQL und Access

André Minhorst, Duisburg

SQL (Structured Query Language, strukturierte Abfragesprache) ist die am weitesten verbreitete und weitgehend standardisierte Datenbankabfragesprache. Sie erlaubt das Erstellen, Bearbeiten und Löschen von Datenbanken, Datentabellen und deren Inhalten sowie den Abruf von Daten nach den gewünschten Gesichtspunkten. Neben Datenbanksystemen wie Microsoft SQL Server, MySQL und Oracle verwendet Microsoft Access SQL. Im vorliegenden Beitrag lernen Sie die Grundlagen von SQL kennen und erfahren, an welchen Stellen innerhalb von Access Sie es überall einsetzen können. Dabei berücksichtigen wir sowohl Auswahl-, Aktions- als auch Datendefinitionsabfragen.

Inhalt

25.1 Einführung

Der Grund dafür, dass Sie als Anwender möglicherweise noch keinen Kontakt mit SQL hatten, ist folgender: Microsoft Access soll wie alle Office-Anwendungen von Microsoft, dem Anwender den Umgang mit der Software soweit wie möglich vereinfachen. Da SQL im Prinzip eine eigene Programmiersprache ist, erfordert der Umgang damit Einarbeitungszeit. Dem Anwender ohne höhere Ansprüche bietet Access deshalb die Möglichkeit, ohne SQL-Kenntnisse auszukommen. Dies geschieht durch den Einsatz geeigneter Werkzeuge, die als Schnittstelle zwischen dem Anwender und SQL fungieren. Entwickler und interessierte Benutzer müssen bzw. sollten aber dennoch einen genaueren Blick auf diese mächtige Sprache werfen.

Dieser Beitrag bietet Ihnen die Möglichkeit, sich mit der Anwendung von SQL bei der Arbeit mit Microsoft Access zu befassen. Der Beitrag ist folgendermaßen aufgebaut: Der erste Teil enthält allgemeine Informationen über SQL. Sie lernen, wie Sie ohne SQL-Kenntnisse SQL-Anweisungen erstellen können und welche Einsatzmöglichkeiten es für SQL-Anweisungen gibt. In den Beispielen lernen Sie bereits einige SQL-Anweisungen kennen. Im zweiten Teil werden die für die Arbeit mit Access wichtigen Befehle vorgestellt und deren Anwendung ist anhand von Beispielen erläutert. Außerdem erfahren Sie, welche Unterschiede es zwischen ANSI-SQL und Access-SQL gibt und was Sie in diesem Zusammenhang beachten müssen.

25.2 Die Hauptbestandteile von SQL

Der Befehlsumfang von SQL lässt sich grob in zwei Teile aufsplitten. Die Data Definition Language (DDL) dient dem Erstellen von Datenbanken und dem Erstellen, Definieren, Bearbeiten und Löschen von Tabellen, Feldern und Indizes. Der andere Teil, die Data Manipulation Language (DML), beinhaltet die Befehle zur Abfrage sowie zum Erstellen, Bearbeiten und Löschen von Daten.

25.2.1 Data Definition Language (DDL)

Selbst als Entwickler werden Sie wahrscheinlich nur selten auf die Befehle der Data Definition Language zugreifen müssen. Der Grund für diese Tatsache ist schnell gefunden: Access stellt Ihnen beim Erstellen und Anpassen der Datenbank und deren Tabellen solch komfortable Werkzeuge zur Verfügung, dass der Einsatz von SQL nicht zur Steigerung der Effektivität beitragen würde. Der Einsatz dieser Befehle wäre nur dann sinnvoll, wenn bei der Arbeit mit der fertigen Datenbank dynamisch neue Tabellen erstellt oder die Struktur der vorhandenen Tabellen verändert werden müsste. Normalerweise erfährt eine Datenbank während der Anwendung aber keine wesentlichen strukturellen Veränderungen mehr. Tabelle 25.1 auf der nächsten Seite zeigt eine Auflistung der DDL-Befehle. Die wichtigsten Befehle werden später in diesem Beitrag kurz vorgestellt.

DDL-Befehl	Wirkung
Create Table	Tabelle erstellen
Alter Table	Felder hinzufügen und entfernen
Drop Table	Tabelle löschen
Create Index	Index erstellen
Drop Index	Index löschen

Tab. 25.1: DDL-Befehle und deren Wirkung

25.2.2 Data Manipulation Language (DML)

Unser Hauptaugenmerk liegt vorerst auf der Data Manipulation Language. Mit Hilfe der Befehle dieses Teils von SQL können Sie sowohl Auswahlabfragen als auch Aktionsabfragen durchführen. Mit Auswahlabfragen stellen Sie Daten aus einer oder mehreren Tabellen oder Abfragen nach bestimmten Gesichtspunkten zusammen. Mit Aktionsabfragen erstellen Sie neue Tabellen, die bestimmte Daten aus bestehenden Tabellen oder Abfragen erhalten. Oder Sie aktualisieren bestehende Tabellen oder Abfragen, indem bestimmte Daten gelöscht, hinzugefügt oder geändert werden. Die Befehle der DML spielen also bei der Arbeit mit der fertigen Datenbank eine wesentlich größere Rolle als die Befehle zur Datendefinition. Tabelle 25.2 zeigt eine Übersicht über die DML-Befehle.

DML-Befehl	Wirkung
Select... From	Auswahlabfrage
Update... Set... Where	Aktualisierungsabfrage
Insert Into... Select	Anfügeabfrage
Select... Into... From	Tabellenerstellungsabfrage
Delete... From... Where	Löschabfrage

Tab. 25.2: DML-Befehle und deren Wirkung

25.2.3 SQL-Anweisungen schnell erstellt

Access bietet mit der Entwurfsansicht von Abfragen ein exzellentes Werkzeug, um ohne SQL-Kenntnisse Abfragen zu formulieren. Auch für Anwender mit SQL-Kenntnissen ist es einfacher, die Abfrage über die Entwurfsansicht einzugeben und Access die SQL-Abfrage erstellen zu lassen. Bis auf wenige Ausnahmen lassen sich alle SQL-Befehle über diese Entwurfsansicht eingeben.

Im folgenden Beispiel erstellen Sie eine Abfrage mit der grafischen Benutzeroberfläche der Entwurfsansicht von Access. Diese Art der Formulierung von Abfragen wird QBE (englisch: Query by Example; deutsch: Abfrage durch Beispiel) genannt. Syntax- und Schreibfehler sind hier nahezu ausgeschlossen (siehe Abbildung 25.1 auf der nächsten Seite).

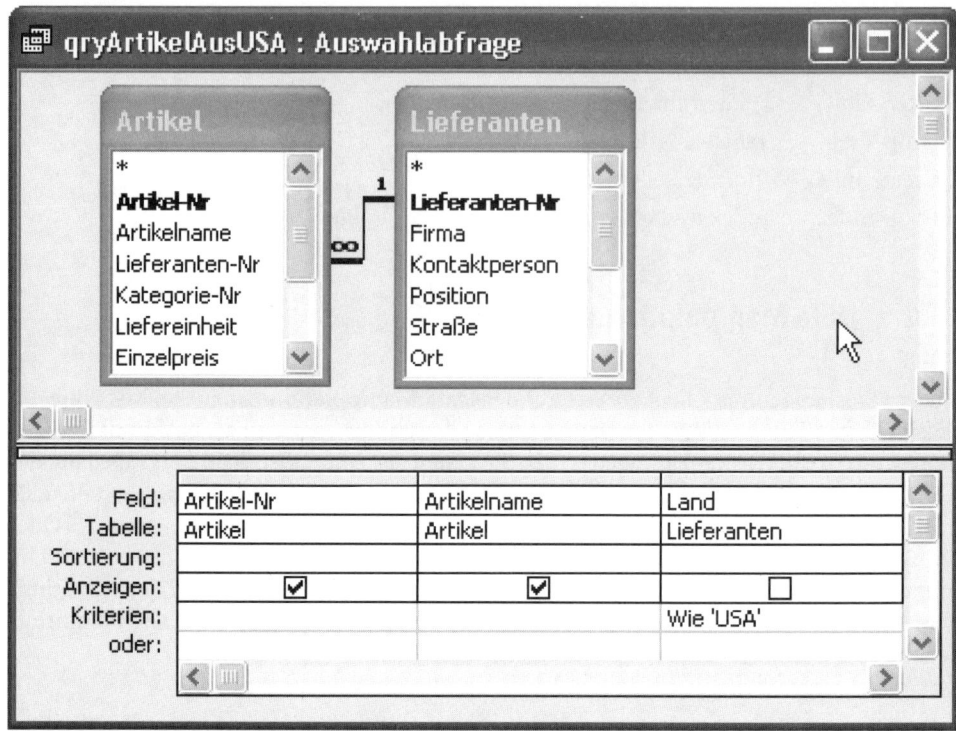

Abb. 25.1: Abfrage in der Entwurfsansicht ...

> **Hinweis:** Damit Sie nicht erst eigene Beispieltabellen erstellen müssen, benutzen Sie die in der Datenbank Nordwind enthaltenen Tabellen. Auch in späteren Beispielen wird auf die Datenbank Nordwind zurückgegriffen.

Es handelt sich bei diesem Beispiel um eine Auswahlabfrage. Aus den verknüpften Tabellen Artikel und Lieferanten sollen all diejenigen Artikel ausgewählt werden, deren Herkunftsland die USA sind. Abbildung 25.1 zeigt die Entwurfsansicht der Abfrage. Die ersten beiden Spalten geben an, welche Felder in die Abfrage übernommen werden sollen. Die Spalte ohne Häkchen in der Zeile Anzeigen legt die Bedingung fest. Durch die Möglichkeit, Vergleichsoperatoren in Deutsch anzugeben, wird die Erstellung der Abfrage noch weiter erleichtert. Wenn Sie nun in die Datenblattansicht der Abfrage wechseln, zeigt diese alle Artikel an, die aus den USA geliefert werden (siehe Abbildung 25.2 auf der nächsten Seite).

Um den SQL-Ausdruck zu betrachten, der hinter dieser Abfrage steckt, wechseln Sie in die SQL-Ansicht. Klicken Sie mit der rechten Maustaste auf die Titelleiste des Abfragefensters und wählen Sie im Kontextmenü den Eintrag SQL aus. Abbildung 25.3 auf der nächsten Seite zeigt den SQL-Ausdruck, der hinter der Abfrage steckt. Das Beispiel verdeutlicht, dass selbst hinter relativ einfachen Auswahlabfragen ein komplizierter SQL-Ausdruck steht.

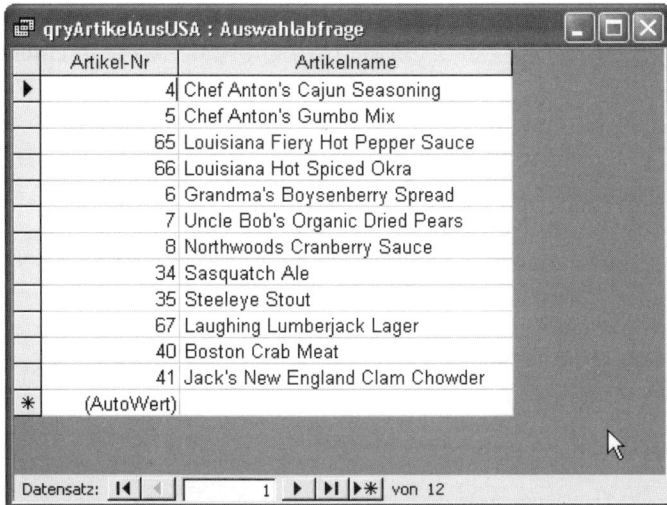

Abb. 25.2: ... die entsprechende Datenblattansicht ...

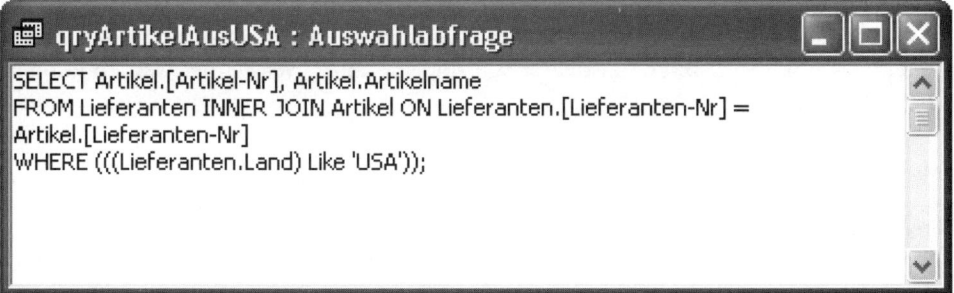

Abb. 25.3: ... und die SQL-Ansicht der Abfrage

25.3 Gründe für SQL

Als Anwender hat man eigentlich nicht viel mit SQL-Ausdrücken zu tun, aber als Entwickler kommt man nicht um den Einsatz von SQL herum. Sowohl in Makros als auch in VBA müssen die SQL-Ausdrücke explizit angegeben werden. Zwar ist es möglich, die gewünschte Abfrage im Abfrageentwurfsfenster einzugeben und anschließend die so entstandene SQL-Anweisung in das Makro oder in den VBA-Code zu kopieren. Aber wie bereits oben erwähnt, können nicht alle SQL-Befehle im Entwurfsfenster abgebildet werden. Außerdem funktioniert nicht jeder Ausdruck in einem Makro oder im VBA-Code so, wie in der Abfrage.

Access bietet unter VBA die Möglichkeit, gespeicherte Abfragen bei Bedarf auszuführen. Dies erhöht sicher die Bearbeitungsgeschwindigkeit, da die Abfrage nicht mehr kompiliert werden muss. Andererseits werden Ergebnisse von SQL-Abfragen meist direkt weiterverarbeitet und deshalb nur temporär gespeichert. Dadurch bleibt erstens die Übersicht im Register `Abfragen` des Datenbankfensters erhalten. Weiterhin können vorhandene Tabellen oder Abfragen ohne Erstellung einer Abfrage per SQL-Aktionsabfrage direkt manipuliert werden.

Sie können SQL-Anweisungen in VBA-Anweisungen dynamisch zusammensetzen. So können Sie beispielsweise ein Formular zur Eingabe bestimmter Eigenschaften von Datensätzen benutzen. Anschließend setzt eine Prozedur die angegebenen Informationen zu einer SQL-Anweisung zusammen und führt diese aus.

Zwingend ist der Einsatz von selbst erstellten SQL-Anweisungen erforderlich, wenn Sie SQL-Befehle nutzen wollen, die Access nicht unterstützt. Diese SQL-Befehle und weitere Unterschiede zwischen dem vom American National Standards Institute (ANSI) normierten SQL lernen Sie im Verlauf dieses Beitrags kennen.

25.4 Anwendung von SQL-Anweisungen

Access bietet Ihnen einige Möglichkeiten, SQL-Anweisungen einzusetzen. Tabelle 25.3 listet die Stellen auf, an denen SQL-Abfragen benutzt werden können, und gibt die dort möglichen Abfragetypen an. In den folgenden Abschnitten lernen Sie die in der Tabelle aufgeführten Stellen kennen, an denen SQL-Befehle direkt verwendet werden können. Beispiele zeigen ihnen Abfragetypen.

Tab. 25.3: Abfragetypen in Abhängigkeit von der Art des Aufrufs

Mögliche Stellen für SQL-Abfragen	Mögliche Abfragetypen
VBA: DoCmd.RunSQL-Anweisung	Aktionsabfragen, Datendefinitionsabfragen
VBA: Execute-Methode	Aktionsabfragen, Datendefinitionsabfragen
VBA: OpenRecordset-Methode	Auswahlabfragen
Makros: AusführenSQL	Aktionsabfragen, Datendefinitionsabfragen
Formulare, Berichte: Datenherkunft	Auswahlabfragen
Tabellen: Nachschlagefelder	Auswahlabfragen

25.5 SQL-Anweisungen in VBA

In VBA gibt es mehrere Möglichkeiten, Abfragen auszuführen. Dabei müssen Sie beachten, dass Sie nicht mit jeder Möglichkeit alle Arten von Abfragen ausführen können. So können Sie beispielsweise keine Auswahlabfragen mit der `Execute`-Methode ausführen.

25.5.1 Auswahlabfragen

Mit Auswahlabfragen können Daten nach verschiedenen Kriterien ausgewählt, sortiert und gruppiert werden.

Den Einsatz von Auswahlabfragen in VBA erlaubt die `OpenRecordset`-Methode. Mit Hilfe dieser Methode können Sie einem Objekt von Typ `Recordset` das Ergebnis einer Auswahlabfrage zuweisen.

Die Syntax der Anweisung sieht so aus:

```
Set <Recordset> = <AktuelleDatenbank>.OpenRecordset (<SQL-Anweisung>)
```

Mit dieser Anweisung legt Access ein neues `Recordset` des Typs `Dynaset` an. Beachten Sie, dass Sie die SQL-Anweisung in Anführungszeichen setzen müssen. Die folgende Prozedur erzeugt ein `Recordset` mit allen Datensätzen der Tabelle `Artikel`, sortiert nach dem Artikelnamen:

```
Sub Auswahlabfrage()
    Dim rst As Recordset
    Dim db As Database
    Set db = CurrentDb
    Set rst = db.OpenRecordset({\textquotedbl}SELECT Artikelname FROM Artikel ↲
    ORDER BY Artikelname;")
End Sub
```

Das Ausführen dieser Prozedur macht sich nicht sichtlich bemerkbar. Es wird lediglich das Abfrageergebnis in einem neuen `Dynaset-Recordset` namens `rst` gespeichert. Auf dieses `Dynaset` können Sie mit den entprechenden VBA-Befehlen zugreifen.

Um dieses und die folgenden Beispiele für den Einsatz von SQL in VBA auszuprobieren, gehen Sie folgendermaßen vor:

1. Erstellen Sie ein neues Standardmodul.

2. Geben Sie das Listing mit der gewünschten Prozedur ein.

3. Speichern Sie das Modul.

Wenn Sie die Prozedur testen wollen, setzen Sie die Einfügemarke an eine beliebige Stelle innerhalb der Prozedur und wählen Sie den Menübefehl `Ausführen → Weiter`.

25.5.2 Aktionsabfragen

Aktionsabfragen können in VBA mit der `DoCmd`-Anweisung oder der `Execute`-Methode ausgeführt werden. Mit der `DoCmd`-Anweisung können Sie nahezu alle Befehle aufrufen, die auch über den Einsatz von Makros verfügbar sind. In unserem Fall ist dies der Befehl `AusführenSQL`. Die `DoCmd`-Anweisung verlangt allerdings nach der englischen Übersetzung des Makrobefehls. Der Befehl zum Ausführen einer SQL-Anweisung lautet demnach folgendermaßen:

```
DoCmd.RunSQL <SQL-Anweisung>
```

Beachten Sie, dass die SQL-Anweisung in Anführungszeichen gesetzt werden muss.

Im folgenden Beispiel soll eine Tabelle `tblBeispiel` erstellt werden, die alle Datensätze der Tabelle `Artikel` enthält, deren Artikelname mit `A` beginnt.

Dazu ist eine Aktionsabfrage erforderlich, in diesem Fall eine Tabellenerstellungsabfrage. Die SQL-Anweisung lautet

```
SELECT Artikel.*, Artikel.Artikelname INTO tblBeispiel FROM Artikel
WHERE (((Artikel.Artikelname) Like 'A*'));
```

> **Hinweis:** Bei der Erstellung einer Tabelle mit einer Tabellenerstellungsabfrage werden neben den Daten nur der Datentyp und die Feldgröße übernommen. Sämtliche anderen Eigenschaften wie beispielsweise Informationen bezüglich Verknüpfungsfeldern werden nicht übertragen.

Mit der DoCmd-Anweisung RunSQL lassen sich die folgenden SQL-Anweisungen durchführen: INSERT INTO, DELETE, SELECT...INTO, UPDATE, CREATE TABLE, ALTER TABLE, DROP TABLE, CREATE INDEX oder DROP INDEX.

Gleiches gilt für den entsprechenden Makro-Befehl. Der Vorteil des Aufrufs dieses Befehls über VBA ist, dass die SQL-Anweisung wesentlich länger sein darf, nämlich 32.768 Zeichen.

Es gibt noch einen weiteren Weg, Aktionsabfragen in VBA auszuführen. Diese erfordert den Einsatz der Execute-Methode.

Da diese eine Methode der Datenbank ist, müssen Sie vor dem Aufruf dieser Funktion noch die gewünschte Datenbank als Bezugsdatenbank festlegen. Das erledigen Sie mit den folgenden beiden Befehlen:

```
Dim db as Database
Set db = CurrentDB()
```

Der Befehl zum Ausführen einer SQL-Anweisung mit Hilfe der Execute-Methode sieht folgendermaßen aus:

```
db.Execute (<SQL-Anweisung>)
```

Um die Execute-Anweisung auszuprobieren, verwenden Sie diesmal eine Anfügeabfrage.

Der im letzten Beispiel erstellten Tabelle fügen Sie nun alle Datensätze der Tabelle Artikel hinzu, deren Artikelname mit B oder C beginnt:

```
INSERT INTO tblBeispiel SELECT Artikel.* FROM Artikel
WHERE (((Artikel.Artikelname) Like 'B*')) OR (((Artikel.Artikelname) Like 'C*'));
```

Die komplette Befehlsfolge zum Hinzufügen eines Datensatzes über die Execute-Methode sieht folgendermaßen aus:

```
Sub btnAddDatasets_Click()
   Dim db As Database
   Set db = CurrentDb()
   db.Execute ("INSERT INTO tblBeispiel SELECT Artikel.* FROM Artikel WHERE (((
   Artikel.Artikelname) Like 'B*'));")
End Sub
```

> **Hinweis:** Anfügeabfragen überprüfen nicht, ob gegebenenfalls Datensätze angefügt werden, die bereits vorhanden sind.

Die `Execute`-Methode hat noch weitere Vorteile: Wenn Sie den Wert `dbFailOnError` als Parameter anhängen, können Sie Fehler, die im SQL-Statement auftreten, per VBA behandeln. Beispiel:

Die Prozedur `Fehlerbehandlung` führt eine Aktionsabfrage gegen eine Tabelle aus, die nicht vorhanden ist.

```
Sub Fehlerbehandlung()
   Dim db As Database
   Set db = CurrentDb
   On Error GoTo Fehlerbehandlung_Err
   db.Execute "INSERT INTO tblNichtDa(KeinFeld) VALUES
      ('KeinWert')", dbFailOnError Fehlerbehandlung_Exit:
   Set db = Nothing
   Exit Sub
Fehlerbehandlung_Err:
   MsgBox "Fehler!" & vbCrLf & "Fehler-Nr.: " & Err.Number & vbCrLf & "Fehler: " )
   & Err.Description
   GoTo Fehlerbehandlung_Exit
End Sub
```
Listing 25.1: Quelltext

Der daraus entstehende Fehler kann über die integrierte Fehlerbehandlung behandelt werden, es erscheint keine Systemfehlermeldung.

25.5.3 Datendefinitionsabfragen

Datendefinitionsabfragen werden in VBA mit den gleichen Methoden wie Aktionsabfragen ausgeführt, also über die `DoCmd.RunSQL`-Anweisung und die `Execute`-Methode.

25.6 SQL-Anweisungen in Makros

Eine weitere Möglichkeit zum Ausführen von Datendefinitions- und Aktionsabfragen bieten Makros.

Das nächste Beispiel erläutert die Ausführung einer Aktionsabfrage mit einem Makro.

Mit einer Löschabfrage sollen alle Datensätze der Tabelle `tblBeispiel` gelöscht werden, deren Einzelpreis über 20 EUR liegt. Gehen Sie folgendermaßen vor:

1. Erstellen Sie ein neues Makro.
2. Wählen Sie aus dem Kombinationsfeld `Aktion` den Befehl `AusführenSQL` (siehe Abbildung 25.4 auf der nächsten Seite). Im unteren Bereich des Makrofensters erscheint ein Textfeld mit der Bezeichnung `SQL-Anweisung`. Geben Sie hier den folgenden Text ein: `DELETE tblBeispiel.*, tblBeispiel.Einzelpreis FROM tblBeispiel WHERE tblBeispiel.Einzelpreis>20;`
3. Speichern Sie das Makro unter dem Namen `makBeispiel` und schließen Sie es.

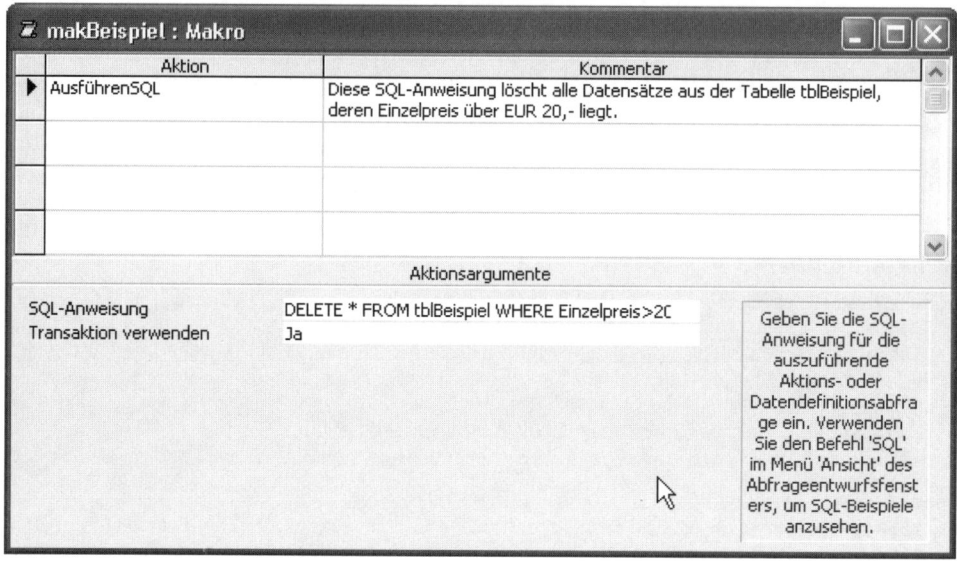

Abb. 25.4: Eingabe einer SQL-Anweisung als Makro-Aktion

Um das Makro auszuführen, klicken Sie doppelt auf den Eintrag makBeispiel im Datenbankfenster.

Wechseln Sie dann ins Register Tabellen und öffnen Sie die Tabelle tblBeispiel. Die Tabelle enthält nur noch Datensätze, deren Preis unter 20 EUR liegt.

> **Tipp:** Wenn Sie längere Texte in Textfelder eingeben, verlieren Sie aufgrund der geringen Größe der Textfelder schnell den Überblick, da nicht der ganze Text gleichzeitig sichtbar ist. Wenn Sie den Text komfortabler editieren und betrachten möchten, positionieren Sie die Einfügemarke im Textfeld und drücken Sie die Tastenkombination Umschalttaste + F2. Sie können den Text dann im Zoom-Fenster bearbeiten (siehe Abbildung 25.4). Dies funktioniert übrigens an allen Stellen, an denen Text eingegeben werden kann.

Aufgrund der geringen Flexibilität von Makros gegenüber VBA wird hier nicht näher auf die Möglichkeiten eingegangen, Tabellen und Daten mit Hilfe von Makros zu verändern. Die Verwendung des weiter oben beschriebenen VBA-Befehls DoCmd.RunSQL erzielt nicht nur die gleiche Wirkung, sondern hat auch den entscheidenden Vorteil, dass die auszuführende Anweisung 32.768 statt 256 Zeichen lang sein darf.

25.7 SQL-Anweisungen in Tabellen

Auch Tabellen, die eigentlich als Herkunft für SQL-Abfragen dienen, können SQL-Anweisungen beinhalten. Wenn zwischen zwei Tabellen eine relationale Verknüpfung besteht, kann das Verknüpfungsfeld alle Werte der verknüpften Tabelle beinhalten, um eine einfachere Auswahl dieser Werte zu ermöglichen.

Für bestimmte Fälle ist die Einschränkung der verknüpften Datensätze erforderlich. In den meisten Fällen dient die SQL-Abfrage jedoch der Sortierung der Einträge des Nachschlagefeldes zur komfortableren Bearbeitung wie im Beispiel (siehe Abbildung 25.5). Der SQL-Befehl lautet in diesem Fall:

```
SELECT DISTINCTROW  [Lieferanten-Nr],[Firma] FROM Lieferanten ORDER BY [Firma];
```

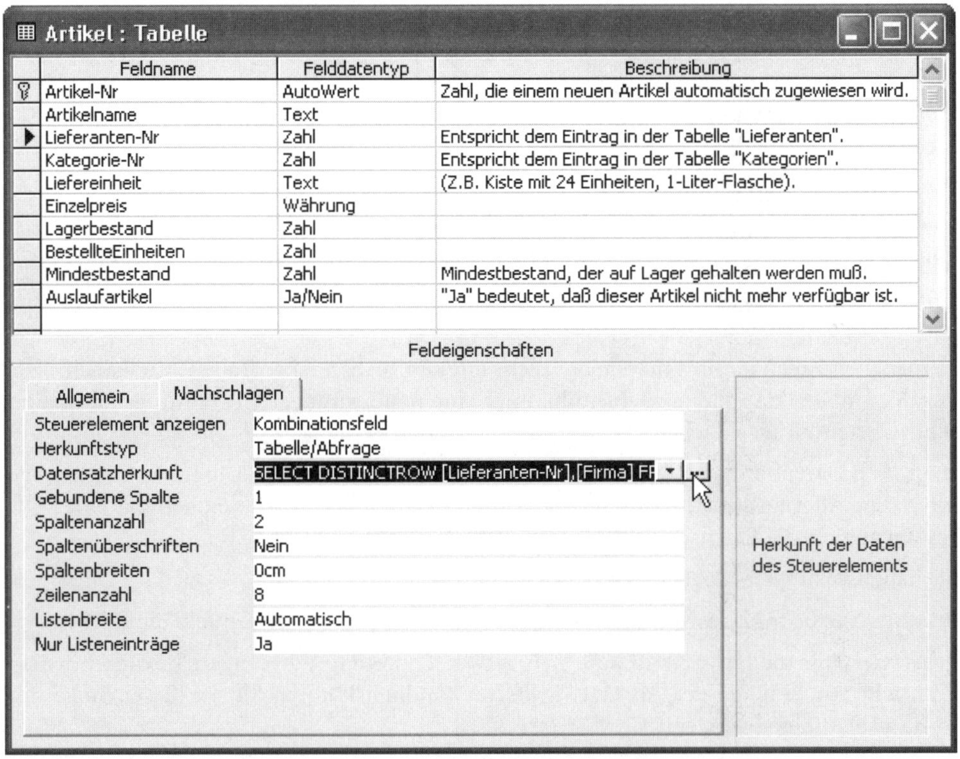

Abb. 25.5: Auch in Tabellen können sich SQL-Ausdrücke verbergen

25.8 SQL-Anweisungen in Formularen und Berichten

Wenn Sie ein neues Formular oder einen neuen Bericht über die Entwurfsansicht erstellen, werden Sie stets gefragt, aus welcher Tabelle oder Abfrage die Daten des neuen Objekts kommen. Sie definieren damit die Datenmenge, auf die Sie innerhalb des Objekts zugreifen können.

Oft ist bereits eine Tabelle oder Abfrage vorhanden, die alle Daten enthält, die im Objekt benötigt werden. Diese können Sie auch nachträglich im Eigenschaftsfenster des Objektes festlegen (siehe Abbildung 25.6 auf der nächsten Seite).

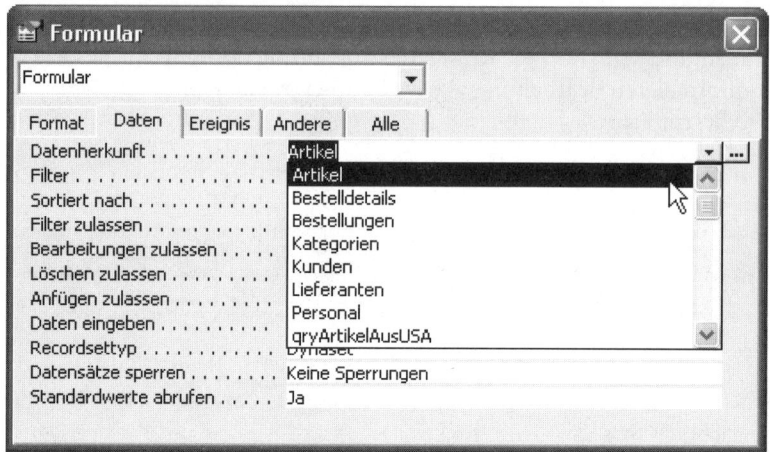

Abb. 25.6: Nachträgliche Angabe der Datenherkunft aus bestehenden Objekten

In manchen Fällen kommt man leider nicht mit den vorhandenen Tabellen oder Abfragen aus. Sie müssen dann aber nicht unbedingt eine neue, auf den Anwendungsfall maßgeschneiderte Abfrage erstellen.

In großen Datenbanken geht so nämlich schnell die Übersicht im Datenbankfenster verloren. Die Alternative ist, statt der Angabe eines Datenherkunftsobjekts direkt eine SQL-Anweisung für die Eigenschaft Datenherkunft einzusetzen.

Sie haben dazu zwei Möglichkeiten:

● Geben Sie die SQL-Anweisung von Hand in das entsprechende Textfeld ein oder

● betätigen Sie die [...]-Schaltfläche neben dem Textfeld und benutzen Sie die Entwurfsansicht zur Eingabe der Abfrage. Selbstverständlich können Sie an dieser Stelle nur Auswahlabfragen verwenden!

Sie können so zum Beispiel vorhandene Tabellen nach Belieben einschränken oder sortieren. Außerdem können Sie die Datenherkunft aus mehreren Tabellen zusammensetzen, wofür sonst eine neue Abfrage angelegt werden müsste.

Speziell in Formularen können Sie unabhängig von der Datenherkunft des Formulars eine Datensatzherkunft für Listen- und Kombinationsfelder angeben. Wählen Sie dazu in der Eigenschaft Herkunftstyp den Eintrag Tabelle/Abfrage aus.

Sie können nun den gewünschten SQL-Ausdruck eingeben, um so etwa die Sortierung der Listen zu beeinflussen oder die Menge der zugrunde liegenden Datensätze einzuschränken.

Anhand des Formulars Artikel der Datenbank Nordwind können Sie dies schnell nachvollziehen.

Nachdem Sie das Formular in der Entwurfsansicht geöffnet haben, geben Sie für die Eigenschaft Datenherkunft des Formulars folgenden Ausdruck an:

```
SELECT Artikel.* FROM Artikel WHERE (((Artikel.Artikelname) Like 'A*'));
```

Wechseln Sie nun in die Formularansicht. Statt sämtlicher Artikeldaten können Sie nur noch solche betrachten, deren Artikelname mit A beginnt (siehe Abbildung 25.7).

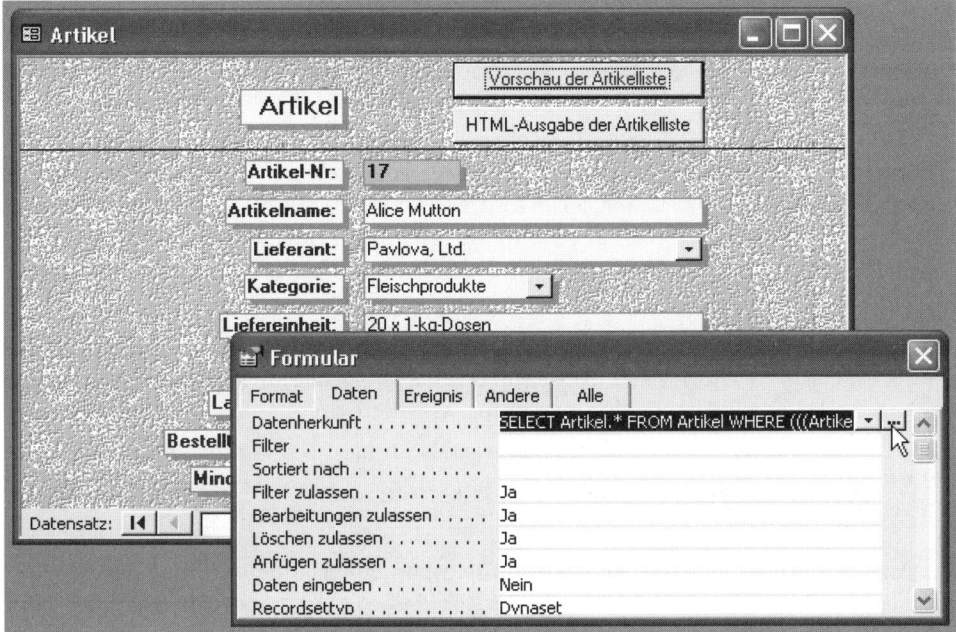

Abb. 25.7: Einschränkung der Datensätze in einem Formular

Ähnlich ist die Vorgehensweise bei der Datensatzherkunft von Kombinations- oder Listenfeldern. Sie müssen lediglich die Eigenschaft Datensatzherkunft des entsprechenden Feldes ändern.

Sie können beispielsweise einmal die Liste der Lieferanten in umgekehrter alphabetischer Reihenfolge anzeigen lassen.

Dazu dient der folgende SQL-Ausdruck:

```
SELECT Lieferanten.[Lieferanten-Nr], Lieferanten.Firma FROM Lieferanten ORDER BY
Lieferanten.Firma DESC;
```

Beim nächsten Zugriff listet das Kombinationsfeld die Einträge in umgekehrter Reihenfolge auf.

In Berichten ist die Möglichkeit der Einschränkung der Datensätze insofern interessant, als man Berichte wirklich nur mit den Daten ausdrucken kann, die auch tatsächlich benötigt werden. Außerdem hat man so eine weitere Möglichkeit, die Reihenfolge der Datensätze beliebig zu beeinflussen.

In den folgenden Kapiteln lernen Sie die gebräuchlichen SQL-Befehle kennen. Wenn Sie die Beispiele ausprobieren möchten, haben Sie zwei Möglichkeiten:

Entweder Sie geben die SQL-Anweisung in der SQL-Ansicht der Abfrage ein oder Sie nehmen die Entwurfsansicht zu Hilfe. In der Entwurfsansicht können Sie die Tabellen auswählen, die als Datenherkunft für die Abfrage dienen und die gewünschten Felder in das Entwurfsraster ziehen. Gegenüber der Eingabe von Hand spart dies meist Zeit.

Bis auf wenige Ausnahmen, auf die an entsprechender Stelle hingewiesen wird, können Sie auch alle Auswahlkriterien und weitere Details über die Entwurfsansicht eingeben. Sie müssen aber Folgendes beachten:

Wenn Sie eine Abfrage über die Entwurfsansicht eingeben und in die SQL-Ansicht wechseln, werden Sie Unterschiede zwischen den SQL-Anweisungen der Beispiele und dem Inhalt des SQL-Fensters bemerken. Access gibt bei der Angabe von Feldern immer den Namen der Tabelle an, aus der das Feld stammt. Außerdem ist Access sehr großzügig beim Einsatz von Klammern.

Anschaulich wird dies bei der Abfrage `Artikel aus den USA` (siehe Abbildung 25.1 auf Seite 378). Die dazugehörige SQL-Anweisung enthält einige unnötige Klammern und auch die Angabe der Tabellennamen ist nicht immer erforderlich.

```
SELECT Artikel.[Artikel-Nr], Artikel.Artikelname FROM Lieferanten
  INNER JOIN Artikel ON Lieferanten.[Lieferanten-Nr] = Artikel.[Lieferanten-Nr]
  WHERE (((Lieferanten.Land) Like 'USA'));
```

Die Angabe des Tabellennamens ist nur nötig, wenn eine Feldbezeichnung in mehreren Tabellen vorkommt. Dies ist zum Beispiel beim Feld `Lieferanten-Nr` der Fall. Hier kann die Angabe des Tabellennamens nicht weggelassen werden. Abbildung 25.8 zeigt, wie die SQL-Anweisung nach dem Entfernen aller unnötigen Elemente aussieht.

Abb. 25.8: SQL-Anweisung ohne unnötige Tabellenangaben und Klammern

Aus Gründen der Übersicht und aus Platzgründen werden die SQL-Anweisungen in den Beispielen in dieser vereinfachten Form angegeben. Wenn Sie eine Anweisung in der Entwurfsansicht verändern und anschließend wieder in die SQL-Ansicht wechseln, hat Access alle Tabellennamen und Klammern wieder hinzufügt.

25.9 Auswahlabfragen

Wie die vorherigen Abschnitte belegen, bietet Access dem Anwender ausreichende Möglichkeiten, SQL einzusetzen. Dieses und die nachfolgenden Kapitel stellen alle für die Anwendung von Auswahlabfragen wichtigen SQL-Befehle samt Beispielen und auch die zu beachtenden Unterschiede zwischen Access-SQL und ANSI-SQL vor.

Die Auswahlabfrage ist die am häufigsten gebrauchte Abfrage in Datenbankanwendungen. Sie dient zum Selektieren, Sortieren, Gruppieren und Filtern von Datensätzen. Dabei können Sie auf nahezu alle denkbaren Kriterien zurückgreifen. In den folgenden Abschnitten lernen Sie den Kern einer Auswahlabfrage, den `SELECT FROM`-Befehl und die SQL-Ausdrücke, die für die verschiedenen Auswahlmöglichkeiten benötigt werden, kennen.

25.9.1 Der SELECT-Befehl

Der `SELECT`-Befehl ist der Grundstein einer jeden Auswahlabfrage. Er hat in seiner einfachsten Form die folgende Syntax:

```
Select <Feldliste> From <Tabellenausdruck>;
```

Mit diesem Befehl können Sie beliebige Felder aus den vorhandenen Tabellen in einer neuen Abfrage zusammenstellen. Dabei repräsentiert `<Feldliste>` die Felder, die in der Abfrage dargestellt werden. `<Tabellenausdruck>` steht für die Tabellen oder Abfragen, aus denen die Daten stammen und deren Beziehungen zueinander. Die nachfolgenden Erläuterungen beschränken sich aber zunächst auf Abfragen, denen nur Datenfelder aus einer Tabelle zugrunde liegen. Später lernen Sie auch Abfragen kennen, deren Abfrageergebnis auf mehreren miteinander verknüpften Tabellen beruht.

Auswahl von Feldern

Mit dem `SELECT`-Befehl können Sie eines, mehrere oder alle Felder aus einer oder mehreren Tabellen auswählen. Geben Sie beispielsweise einmal folgende Abfrage in die SQL-Ansicht einer neuen Abfrage ein. Das Ergebnis ist eine Liste der Namen aller Artikel der Tabelle `Artikel`.

```
SELECT Artikelname FROM Artikel;
```

Wenn Sie mehrere Felder in die Abfrage aufnehmen möchten, geben Sie weitere Feldnamen an und trennen diese durch Kommata voneinander.

Wenn Sie die Abfrage in der Entwurfsansicht eingeben und dann in die SQL-Ansicht wechseln, wird jedem Feldnamen der Name der Tabelle vorangestellt, aus der dieses Feld stammt.

```
SELECT Artikel.[Artikel-Nr], Artikel.Artikelname FROM Artikel;
```

Dies ist nur zwingend notwendig, wenn zwei oder mehr Felder aus unterschiedlichen Tabellen den gleichen Namen haben. In der Regel sind dies die Namen von Feldern, über die eine Verknüpfung zwischen zwei Tabellen hergestellt wird. Später erfahren Sie mehr über das Verknüpfen von Tabellen mit SQL-Abfragen.

Sonderzeichen in Feldnamen

Die Feldbezeichnung `Artikel-Nr` im vorhergehenden Beispiel ist in eckige Klammern gesetzt. Access erlaubt zwar den Einsatz einiger Sonderzeichen in Objektnamen. Objektnamen mit Sonderzeichen müssen jedoch in eckige Klammern gesetzt werden. Zu diesen Zeichen gehört auch das Leerzeichen.

Beachten Sie: Wenn Sie den Namen der Tabelle, aus der das Feld stammt, explizit angeben und der Tabellenname oder der Feldname Sonderzeichen enthält, dürfen Sie nicht die gesamte Bezeichnung in eckige Klammern setzen! Setzen Sie, je nach Bedarf, den Tabellen- oder den Feldnamen oder beide in eckige Klammern, aber klammern Sie nicht den Punkt mit ein, der die Bezeichnungen voneinander trennt.

Der Einsatz folgender Sonderzeichen ist in Objektnamen gar nicht erlaubt: Punkt(.), Ausrufezeichen(!), Akzentzeichen(') und eckige Klammer ([ ]).

Alle Felder einer Tabelle in die Abfrage aufnehmen

Geben Sie wie im folgenden Beispiel anstelle von Feldnamen das Sternchen (*) an, werden alle Felder der angegebenen Tabelle in die Abfrage aufgenommen:

```
SELECT Artikel.* FROM Artikel;
```

Die folgende Abfrage hat den gleichen Effekt:

```
SELECT * FROM Artikel;
```

Es gibt jedoch einen Unterschied. Wenn Sie nun in die Entwurfsansicht wechseln, finden Sie im Gegensatz zum vorherigen Beispiel ein leeres Entwurfsraster vor (siehe Abbildung 25.9 auf der nächsten Seite).

Was zunächst wie ein Access-Bug aussieht, hat durchaus seinen Sinn. Wer aufmerksam die Eigenschaften der Abfrage in der Entwurfsansicht betrachtet, stellt fest, dass die Eigenschaft `Alle Felder ausgeben` nun den Wert `Ja` hat. Die Erklärung ist einfach: Ziehen Sie in der Entwurfsansicht das Sternchen einer Tabelle in das Entwurfsraster, werden alle Felder dieser Tabelle angezeigt. Setzen Sie allerdings die eben genannte Eigenschaft auf den Wert `Ja`, werden nicht nur alle Felder einer, sondern alle Felder aller angezeigten Tabellen im Abfrageergebnis angezeigt. In diesem Fall ist das Ergebnis zufälligerweise gleich, da sich nur eine Tabelle im Entwurf befindet. Geben Sie also immer den Tabellennamen mit an, wenn Sie das Sternchen benutzen, es sei denn, Sie möchten wirklich alle Felder aller betroffen Tabellen anzeigen.

Wenn mehr als eine Tabelle in die Abfrage aufgenommen wird und zwei oder mehr Felder unterschiedlicher Tabellen den gleichen Namen haben, wird diesen in der Datenblattansicht der entsprechende Tabellenname vorangestellt. Da dies optisch nicht besonders ansprechend ist, können Sie dem Spaltenkopf des Feldes in der Datenblattansicht einen Feldnamen nach Wahl zuordnen. Dazu hängen Sie an die Feld-Angabe in der `SELECT`-Anweisung das Schlüsselwort `AS` und den gewünschten Alias-Namen an, zum Beispiel:

```
SELECT [Artikel-Nr] AS Nr, Artikelname AS [Name des Artikels] FROM Artikel;
```

Abbildung 25.10 zeigt die entsprechenden Datenblatt- und Entwurfsansichten.

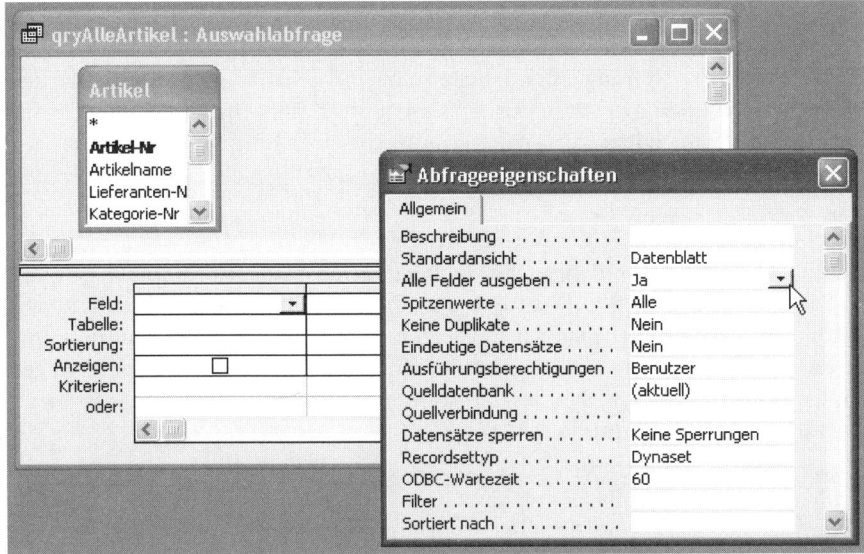

Abb. 25.9: Wo ist denn das Sternchen?

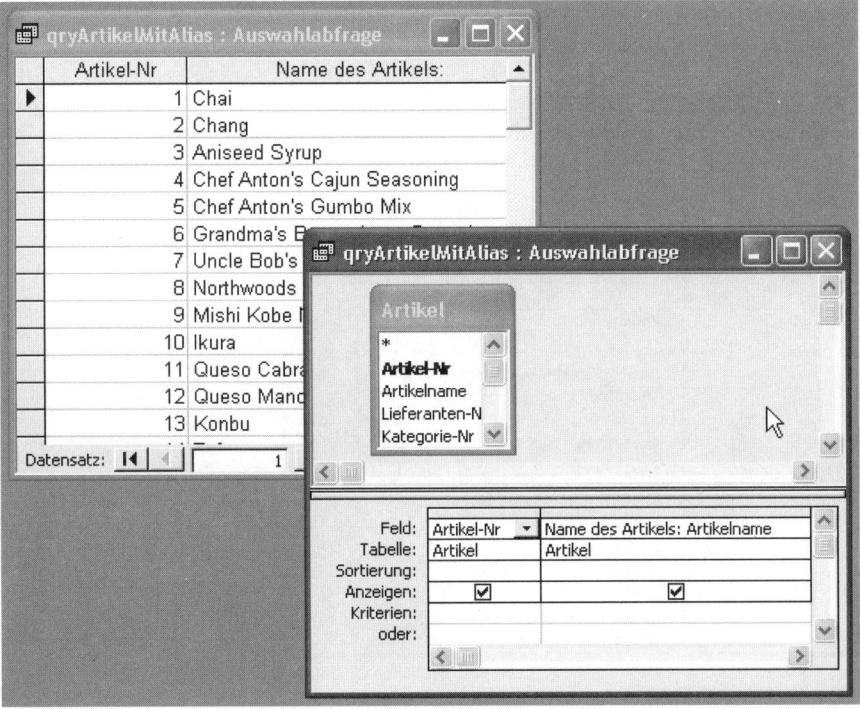

Abb. 25.10: Abfrage mit Aliasfeldnamen

25.9.2 ORDER BY

Die einfachste Art, die Darstellung einer Tabelle zu beeinflussen, ist wohl die Sortierung nach verschiedenen Kriterien. Dies wird durch Verwendung des `Order By`-Schlüsselworts erreicht. Die grundlegende Syntax zur sortierten Ausgabe einer Abfrage ist folgende:

```
SELECT <Feldliste> FROM <Tabellenausdruck> ORDER BY <Sortierkriterien>
```

Als Sortierkriterien können alle Felder der Tabellen dienen, die in `<Tabellenausdruck>` angegeben sind. Die Kriterien werden, genau wie in der Feldliste, durch Kommata getrennt aufgelistet. Die Reihenfolge der Auflistung bestimmt die Priorität der Sortierkriterien. Die voreingestellte Sortierreihenfolge ist aufsteigend (A-Z, 0-9). Der Ordnung halber können Sie das reservierte Wort `ASC` (ascending, aufsteigend) anfügen. Wenn hingegen in absteigender Reihenfolge (Z-A, 9-0) sortiert werden soll, müssen Sie das Schlüsselwort `DESC` (descending, absteigend) anfügen.

```
SELECT Artikel.* FROM Artikel ORDER BY Artikelname;
```

Ergänzend können Sie auch die Sortierreihenfolge mit angeben:

```
SELECT Artikel.* FROM Artikel ORDER BY Artikelname ASC;
```

Wie Sie eine Tabelle nach mehreren Kriterien sortieren, zeigt das nächste Beispiel:

```
SELECT [Artikel-Nr], Einzelpreis, Artikelname FROM Artikel
   ORDER BY Einzelpreis, Artikelname;
```

Zunächst wird aufsteigend nach der Kategorie sortiert. Falls mehrere Datensätze der gleichen Kategorie angehören, werden diese absteigend nach dem Einzelpreis geordnet. Schließlich werden Artikel gleichen Preises alphabetisch nach dem Artikelnamen sortiert (siehe Abbildung 25.11).

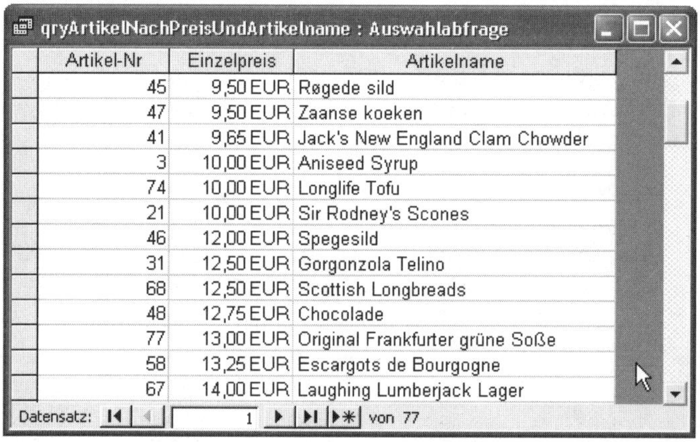
qryArtikelNachPreisUndArtikelname : Auswahlabfrage

Artikel-Nr	Einzelpreis	Artikelname
45	9,50 EUR	Røgede sild
47	9,50 EUR	Zaanse koeken
41	9,65 EUR	Jack's New England Clam Chowder
3	10,00 EUR	Aniseed Syrup
74	10,00 EUR	Longlife Tofu
21	10,00 EUR	Sir Rodney's Scones
46	12,00 EUR	Spegesild
31	12,50 EUR	Gorgonzola Telino
68	12,50 EUR	Scottish Longbreads
48	12,75 EUR	Chocolade
77	13,00 EUR	Original Frankfurter grüne Soße
58	13,25 EUR	Escargots de Bourgogne
67	14,00 EUR	Laughing Lumberjack Lager

Datensatz: 1 von 77

Abb. 25.11: Sortierung nach mehreren Kriterien

Hinweis: Falls kein Sortierkriterium angegeben ist, wird nach dem Primärindex sortiert.

In der Entwurfsansicht entscheidet – wie im SQL-Ausdruck – die Anordnung der Felder im Entwurfsraster über die Reihenfolge der Sortierkriterien (von links nach rechts abgearbeitet.

25.9.3 Der Where-Befehl

Die meisten Abfragen dienen zur Auswahl bestimmter Datensätze einer oder mehrerer Tabellen.

Diese Abfragen haben gemeinsam, dass sie sich des `Where`-Befehls bedienen. Der `Where`-Befehl leitet einen Vergleichsausdruck ein, mit dem die gewünschten Datensätze ausgewählt werden. Diese Vergleichsausdrücke haben im Allgemeinen die Form

```
<Feldname> <Operator> <Vergleichswert>
```

Als `Feldname` wird der Name des Feldes angegeben, das als Kriterium für die Auswahl dient. Ein `Operator` ist beispielsweise ein Vergleichsoperator wie das Gleichheitszeichen (=), das Kleiner-Zeichen (<) oder das Größer-Zeichen (>). Weitere Operatoren sind `In`, `Like` und `Between`.

> **Hinweis:** Auch die Prädikate `Top`, `Distinct` und `DistinctRow` können streng genommen zum Auswählen bestimmter Datensätze verwendet werden. Sie stehen jedoch nicht in direktem Zusammenhang mit dem `Where`-Befehl. Deshalb folgt die Beschreibung dieser Prädikate weiter unten. Ein weiterer Abschnitt beschäftigt sich mit dem Verknüpfen von Tabellen. Auch durch das Verknüpfen von Tabellen können Datensätze ausgewählt werden.

Beim Umgang mit dem `Where`-Befehl müssen Sie Folgendes beachten:

Voraussetzung für einen solchen Vergleich ist, dass die Datentypen der Vergleichswerte kompatibel sind. Sie können beispielsweise keine Zahl mit einem Text oder ein Datum mit einem Boolean-Wert vergleichen.

Allerdings gibt es verschiedene Konvertierungsfunktionen, mit denen Sie zum Beispiel Zahlen, die Sie im Textformat eingegeben haben, in ein Zahlenformat umwandeln können und umgekehrt. Sollten Sie einmal zwei nicht kompatible Werte miteinander vergleichen wollen, werden Sie durch eine Fehlermeldung darauf hingewiesen.

25.9.4 Die Vergleichsoperatoren

Die Vergleichsoperatoren>, <, =, >=, <= und <> werden in der Regel benutzt, um Zahlenwerte miteinander zu vergleichen. Mit dem Operator kleiner/gleich (<=) können Sie z. B. alle Datensätze ausgeben, in denen ein Feld einen bestimmten Zahlenwert nicht überschreitet. Ebenso können Sie Datensätze ausgeben, in denen ein Feld mit einem bestimmten Text übereinstimmt.

Das folgende Beispiel veranschaulicht die Anwendung der Vergleichsoperatoren.

```
SELECT Artikel.* FROM Artikel WHERE Einzelpreis < 20;
```

Diese Abfrage ermittelt alle Artikel, deren Einzelpreis weniger als 20 EUR beträgt. Mit Hilfe der logischen Verknüpfungsoperatoren AND und OR können Sie Vergleichsausdrücke miteinander verknüpfen. So können Sie sogar solche Daten ermitteln, in denen ein Feldinhalt in einem bestimmten Intervall liegt. Im folgenden Beispiel werden zwei Vergleichsausdrücke miteinander verknüpft. So werden alle Artikel ermittelt, deren Preis zwischen 20 EUR und 50 EUR liegt:

```
SELECT Artikel.* FROM Artikel WHERE Einzelpreis>=20 AND Einzelpreis<50;
```

Leichter ist dies allerdings mit dem Operator Between zu realisieren, den Sie weiter unten kennen lernen werden.

Die Vergleichsoperatoren können in ähnlicher Weise auch in Zusammenhang mit Zeichenfolgen verwendet werden. Hier bietet sich allerdings eher die Anwendung des Like-Operators an, der ebenso weiter unten beschrieben wird.

Interessant ist die Anwendung der Vergleichsoperatoren mit Datumsangaben. Die folgende Abfrage ermittelt zum Beispiel alle Bestellungen, deren Lieferdatum später als 30 Tage nach dem Bestelldatum liegt:

```
SELECT Bestellungen.* FROM Bestellungen WHERE Lieferdatum > Bestelldatum + 30;
```

Sie müssen nicht unbedingt einen bestimmten Wert als Vergleichswert angeben. Als Vergleichswert können Sie auch den Wert eines anderen Feldes derselben oder einer anderen Tabelle verwenden. Eine weitere Alternative ist die Ermittlung des Vergleichswertes über eine Unterabfrage. Unterabfragen werden weiter unten beschrieben.

25.9.5 Die Operatoren LIKE, IN und BETWEEN

Der Like-Operator vergleicht Textausdrücke mit Zeichenfolgen. Dabei kann die Vergleichszeichenfolge auch Platzhalter für Buchstaben, Ziffern und Sonderzeichen enthalten. Das folgende Beispiel ermittelt beispielsweise alle Artikel, deren Name mit A beginnt. Dabei wird das Sternchen (*) als Platzhalter eingesetzt. Es steht stellvertretend für eine beliebige Anzahl von beliebigen Zeichen.

```
SELECT Artikel.* FROM Artikel WHERE Artikelname Like "a*";
```

Dabei spielt die Groß-/Kleinschreibung keine Rolle. Tabelle 25.4 auf der nächsten Seite zeigt die wichtigsten Platzhalter und deren Wirkung.

Die Elemente der Tabelle sind beliebig mit Buchstaben, Zahlen und Sonderzeichen kombinierbar. Es können also mehrere Platzhalter hintereinander angeordnet werden.

Hinweis: ANSI-SQL verwendet teilweise andere Zeichen als Platzhalter. Unter ANSI-SQL wird der Unterstrich(_) statt des Fragezeichen und das Prozentzeichen (%) statt des Sternchens verwendet.

Tab. 25.4: Platzhalter in LIKE-Abfragen

Platzhalter	Der Platzhalter steht für
*	kein, ein oder mehrere Zeichen (Buchstaben, Ziffern, Zeichenfolgen)
?	einen einzelnen Buchstaben
[*]	ein einzelnes Sonderzeichen
#	eine einzelne Ziffer
[a-z], [0-9]	einen einzelnen Buchstaben von a bis z
[!a-m]	einen einzelnen Buchstaben außer den Buchstaben von a bis m

Tipp: Verwenden Sie keine Platzhalter am Anfang der Vergleichszeichenfolge. Access muss die Zeichenfolge dann mit allen Datensätze der Tabelle vergleichen, sofern das entsprechende Feld nicht indiziert ist. Dies kann bei großen Datenbeständen unter Umständen viel Zeit in Anspruch nehmen.

Der `Between`-Operator dient der Auswahl von Feldern in Datensätzen, die in einem bestimmten Bereich liegen. Vorrangig sind davon Zahlen- und Datumsformate betroffen.

Die nächste Abfrage ermittelt alle Datensätze der Tabelle Artikel, deren Einzelpreis zwischen 10 und 20 EUR liegt:

```
SELECT Artikel.* FROM Artikel WHERE Einzelpreis Between 10 And 20;
```

Bei Abfragen mit `Between` wird das angegebene Intervall inklusive der Grenzwerte überprüft.

In diesem Beispiel bedeutet dies, dass auch Artikel angezeigt werden, die genau 10 EUR beziehungsweise 20 EUR kosten.

Eine Abfrage, die überprüft, ob ein Datumsfeld eines Datensatzes in einem bestimmten Zeitraum liegt, kann folgende Form haben:

```
SELECT Bestellungen.* FROM Bestellungen
  WHERE Bestelldatum Between #8/1/94# And #9/1/94#
```

Die Datumsangaben müssen in der SQL-Anweisung in der englischen Schreibweise angegeben werden. Diese Schreibweise hat das Format `#mm.dd.yy#`. Wenn Sie die Abfrage über die Entwurfsansicht erstellen, benutzen Sie die Schreibweise, die durch die Ländereinstellungen Ihres Systems voreingestellt sind. Access wandelt die Darstellung in der SQL-Ansicht automatisch in das englische Format um.

Beachten Sie: Im Gegensatz zu ANSI-SQL spielt die Reihenfolge der Bereichsgrenzen beim `Between-Operator` keine Rolle. Unter ANSI-SQL muss der erste angegebene Wert kleiner als der zweite sein.

Der `In`-Operator kommt zum Einsatz, wenn Sie ein Feld einer Tabelle mit einer Liste von Ausdrücken vergleichen wollen. Diese Liste geben Sie entweder von Hand ein oder

Sie verwenden eine Unterabfrage zum Erstellen der Liste. Wenn Sie die Liste von Hand eingeben, sieht dies folgendermaßen aus:

```
SELECT [Artikel-Nr], Artikelname FROM Artikel
   WHERE Artikelname in("Chang","Chai","Ikura");
```

Der folgende Abschnitt enthält ein Beispiel, wie eine Vergleichsliste per Unterabfrage erstellt wird.

25.9.6 Unterabfragen

Unterabfragen sind Auswahlabfragen, die Vergleichswerte für den Where-Teil einer Abfrage liefern. Sie können mit einigen Einschränkungen wie alle anderen Auswahlabfragen gehandhabt werden. Die wichtigste Ausnahme ist, dass das Ergebnis einer solchen Anfrage auf ein Ausgabefeld beschränkt ist, da in einer Vergleichsoperation nicht zwei Werte gleichzeitig verglichen werden können. Außerdem dürfen Unterabfragen, die als Vergleichswert mit den Vergleichsoperatoren <, >, <=, >=, = und <> verwendet werden, nur einen Wert ausgeben. Dies gilt auch für die Vergleichswerte für den Between-Operator.

Im folgenden Beispiel wird die Funktion Avg benutzt. Avg steht für Average, zu Deutsch: Durchschnitt. Diese Funktion ist eine der fünf Standardfunktionen, die SQL zur Verfügung stellt. Die Standardfunktionen werden weiter unten beschrieben.

Die Unterabfrage ermittelt den Durchschnittspreis aller Artikel. Die übergeordnete Abfrage ermittelt alle Datensätze, deren Einzelpreis über dem Durchschnitt liegt:

```
SELECT [Artikel-Nr], Artikelname FROM Artikel
   WHERE Einzelpreis > (SELECT Avg(Einzelpreis) FROM Artikel);
```

Wenn die Unterabfrage in Zusammenhang mit dem In-Operator verwendet wird, ist die Menge der ermittelten Werte der Unterabfrage nicht auf eins beschränkt. Da der In-Operator nach einer Liste von Vergleichswerten verlangt, ist eine Unterabfrage für diesen Fall prädestiniert.

In manchen Anwendungen wird sogar die dynamische Erstellung der Liste mit den Vergleichswerten gefordert, um dem aktuellen Datenbestand gerecht zu werden.

Im folgenden Beispiel ermittelt die Unterabfrage zunächst die Lieferanten-Nr. aller Lieferanten aus den USA. Anschließend ermittelt die übergeordnete Abfrage alle Artikel, die von einem Lieferanten aus den USA beliefert werden.

```
SELECT [Artikel-Nr], Artikelname FROM Artikel
   WHERE Artikel.[Lieferanten-Nr] In (SELECT Lieferanten.[Lieferanten-Nr]
   FROM Lieferanten WHERE Lieferanten.Land="USA");
```

Sie können Abfragen mit bis zu 50 Select-Unterabfragen erstellen.

25.9.7 Funktionen

Access stellt verschiedene Funktionen zur statistischen Auswertung von Werten zur Verfügung, so genannte Aggregatfunktionen. In der Entwurfsansicht sucht man zunächst vergeblich nach einer Möglichkeit zur Eingabe dieser Funktionen. Über den Menübefehl `Ansicht → Funktionen` macht man die entsprechende Zeile im Entwurfsraster sichtbar (siehe Abbildung 25.12). Hier können auch einige andere Funktionen, zum Beispiel zum Gruppieren von Daten, aktiviert werden. In diesem Abschnitt werden zunächst die Statistik-Funktionen von Access vorgestellt.

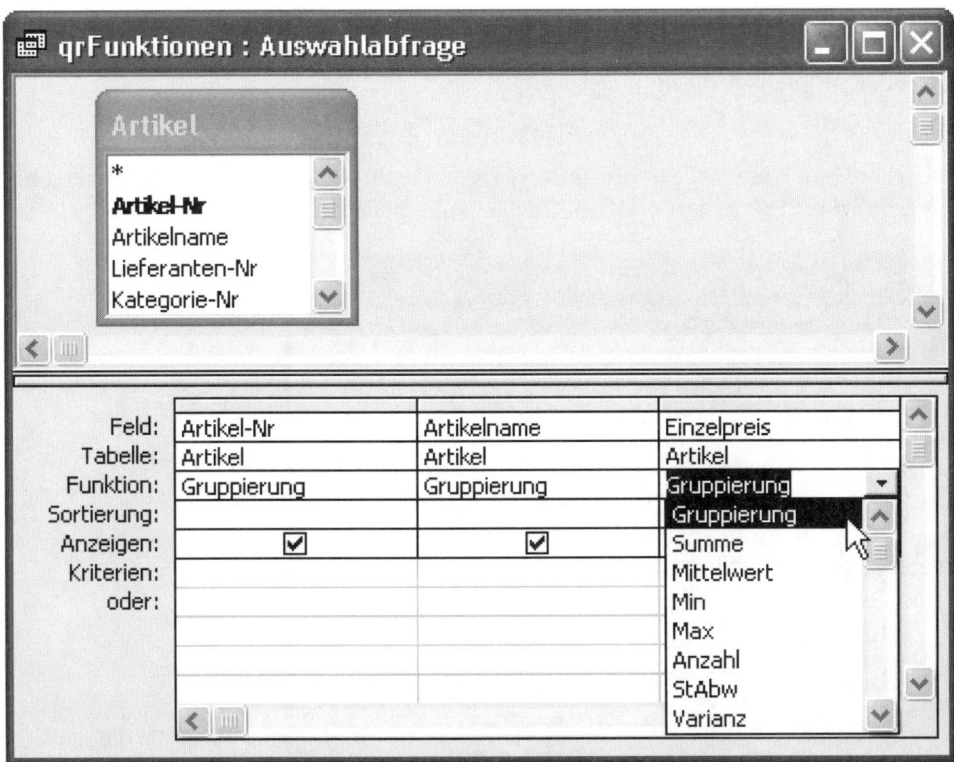

Abb. 25.12: In der Entwurfsansicht können die Funktionen leicht ausgewählt werden.

> **Hinweis:** Während die Funktionen in der Entwurfsansicht in Deutsch angegeben werden, müssen Sie in der SQL-Ansicht die englische Version verwenden. Deshalb werden in den folgenden Abschnitten jeweils beide Varianten erwähnt.

Mittelwert

Die Funktion Mittelwert (engl.: `avg`) berechnet den Mittelwert aller Werte einer Spalte mit Ausnahme der Nullwerte. Die folgende Abfrage berechnet den Mittelwert aller Einzelpreise.

Es empfiehlt sich, im AS-Teil der Abfrage einen Spaltennamen einzugeben, da Access dies sonst automatisch erledigt.

```
SELECT Avg(Einzelpreis) AS  [Mittelwert von Einzelpreis] FROM Artikel;
```

Anzahl der Zahlenwerte und der Zeilen

Die Funktion Anzahl (engl.: `count`) ermöglicht die Ausgabe der Anzahl der Zeilen, die keinen Nullwert enthalten, sowie die Ausgabe der Anzahl aller Zeilen. Geben Sie einen Feldnamen als Parameter an, wird die Anzahl aller Zeilen ohne Nullwerte ausgegeben:

```
SELECT Count(Einzelpreis) AS [Anzahl von Einzelpreis] FROM Artikel;
```

Wenn Sie die Anzahl aller Felder der Tabelle ermitteln möchten, können Sie dies mit der folgenden Abfrage erledigen:

```
SELECT Count(*) AS [Anzahl aller Werte inklusive Nullwerte] FROM Artikel;
```

Diese Funktion können Sie in der Entwurfsansicht nicht wie die anderen Funktionen über die Zeile `Funktion` festlegen. Geben Sie die Funktion deshalb wie in Abbildung 25.13 ein.

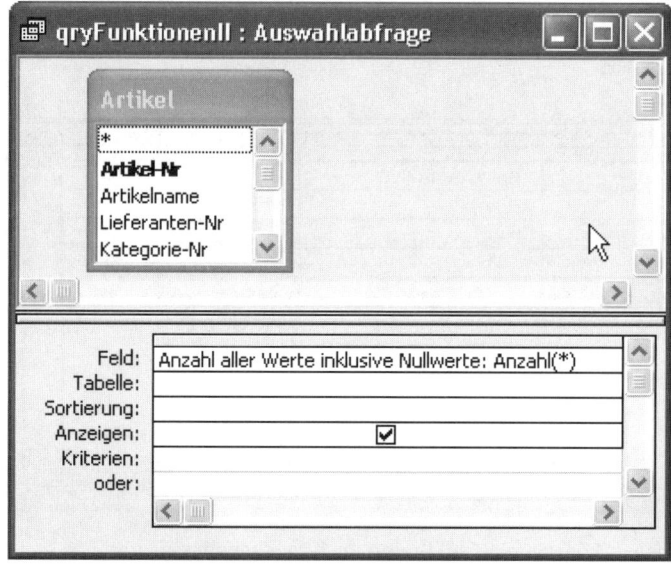

Abb. 25.13: Die Funktion Count(*) in der Entwurfsansicht

Kleinster und größter Wert

Den kleinsten und den größten Wert einer Spalte bestimmen Sie mit den Funktionen `min` und `max`. Als Parameter geben Sie den Namen des Feldes an. Nullwerte werden nicht berücksichtigt, wohl aber die Zahl 0.

Bilden der Summe einer Spalte

Mit der Funktion Summe (engl.: `sum`) berechnen Sie die Summe aller Werte der angegebenen Spalte, die kein Nullwert sind. Als Parameter wird auch hier der Feldname angegeben.

> **Hinweis:** Die im folgenden beschriebenen Funktionen sind nur unter Access-SQL, nicht aber unter ANSI-SQL verfügbar.

Ersten und letzten Wert einer Spalte bestimmen

Mit den Funktionen `ErsterWert` (engl.: `vfirst`) und `LetzterWert` (engl.: `last`) bestimmen Sie die Werte der Spalte, die bezüglich der aktuellen Sortierung an erster bzw. letzter Stelle stehen.

Außerdem gibt es Funktionen zur Bestimmung von Standardabweichung und Varianz von Stichprobe und Grundgesamtheit einer Spalte. Diese werden hier nicht weiter erläutert.

25.9.8 Der Group By-Abschnitt

Der `Group By`-Abschnitt kann im Abfrageentwurf ebenso wie die Aggregatfunktionen in der Zeile `Funktionen` ausgewählt werden. Dies ist eigentlich nicht konsequent, da es sich hierbei nicht um eine Funktion, sondern um einen (optionalen) Abschnitt des `Select`-Befehls handelt. Der `Group By`-Abschnitt gruppiert die Datensätze einer Tabelle nach bis zu zehn Kriterien. Bei diesen Kriterien handelt es sich um Felder der Tabelle. Außer den zu gruppierenden Feldern der Tabelle können keine Felder ausgegeben werden, es sei denn, es handelt sich um Felder, für die mit einer der Aggregatfunktionen ein Wert ermittelt wird.

Die folgende Abfrage berechnet die Anzahl der verschiedenen Artikel je Kategorie. Abbildung 25.14 zeigt das Ergebnis in der Datenblattansicht.

```
SELECT [Kategorie-Nr], Count(Artikelname) AS [Anzahl der Artikel]
   FROM Artikel GROUP BY [Kategorie-Nr];
```

Kategorie	Anzahl der Artikel
Getränke	12
Gewürze	12
Süßwaren	13
Milchprodukte	10
Getreideprodukte	7
Fleischprodukte	6
Naturprodukte	5
Meeresfrüchte	12

Abb. 25.14: Gruppierte und gezählte Artikel

25.9.9 Berechnungen in Abfragen

Wenn Sie in einer Abfrage Felder aus einer oder mehreren Tabellen zusammengestellt haben, können Sie Berechnungen durchführen, die auf diese Felder bezogen sind.

In der Tabelle Bestelldetails sind Einzelpreis und Anzahl sämtlicher Posten aufgeführt. Wenn Sie diese Felder in eine Abfrage aufnehmen, können Sie den Gesamtpreis pro Posten berechnen. In SQL sieht dies folgendermaßen aus:

```
SELECT [Artikel-Nr], [Bestell-Nr], Einzelpreis, Anzahl,
  [Einzelpreis]*[Anzahl] AS Gesamtpreis FROM Bestelldetails;
```

Wenn Sie diese Abfrage noch nach der Bestellnummer gruppieren, erhalten Sie den gesamten Nettobetrag pro Bestellung:

```
SELECT [Bestell-Nr], Sum([Einzelpreis]*[Anzahl]) AS [Gesamtpreis der Bestellung]
  FROM Bestelldetails GROUP BY [Bestell-Nr];
```

In diesem Fall können die Felder Artikel-Nr, Einzelpreis und Anzahl nicht mehr ausgegeben werden, da in diesen Feldern für die gruppierten Bestellnummern keine einheitlichen Werte mehr angegeben werden können.

Sie können auch mit Zeichenketten „rechnen", allerdings nur additiv. Dazu stehen die Operatoren ‚+' und ‚&' zur Verfügung. So können Sie z. B. die Felder Vorname und Nachname aus der Tabelle Personal zusammensetzen und in einem neuen Feld als gesamten Namen ausgeben:

```
SELECT [Vorname] & " " & [Nachname] AS Name FROM Personal;
```

Verwenden Sie statt des Kaufmanns-Und (&) ein Pluszeichen (+), führt ein Nullwert in einer der beteiligten Zeichenketten zum Gesamtergebnis Null, anstatt das leere Feld einfach zu ignorieren.

25.9.10 Der Having-Abschnitt

Der Having-Abschnitt wird wie der Where-Abschnitt verwendet. Er bezieht sich allerdings nur auf Daten, die zuvor mit Group gruppiert wurden. Dementsprechend kann dieser Abschnitt auch nur dann eingesetzt werden, wenn in der gleichen Abfrage Daten gruppiert werden.

Sie ermitteln also zunächst das Ergebnis einer Funktion, die auf die Gruppierungen angewandt wurde, und wählen aus diesem Ergebnis die Datensätze mit bestimmten Eigenschaften aus. Die folgende Abfrage ermittelt beispielsweise alle Kategorien, die aus mehr als zehn unterschiedlichen Artikeln bestehen:

```
SELECT [Kategorie-Nr], Count(Artikelname) AS [Anzahl der Artikel] FROM Artikel
  GROUP BY [Kategorie-Nr] HAVING Count(Artikelname)>10;
```

25.9.11 Die IIF-Funktion

Mit der IIF-Funktion können Sie ein oder mehrere Felder einer Abfrage auf bestimmte Kriterien überprüfen und einem anderen Feld einen von der Überprüfung abhängigen Wert zuweisen.

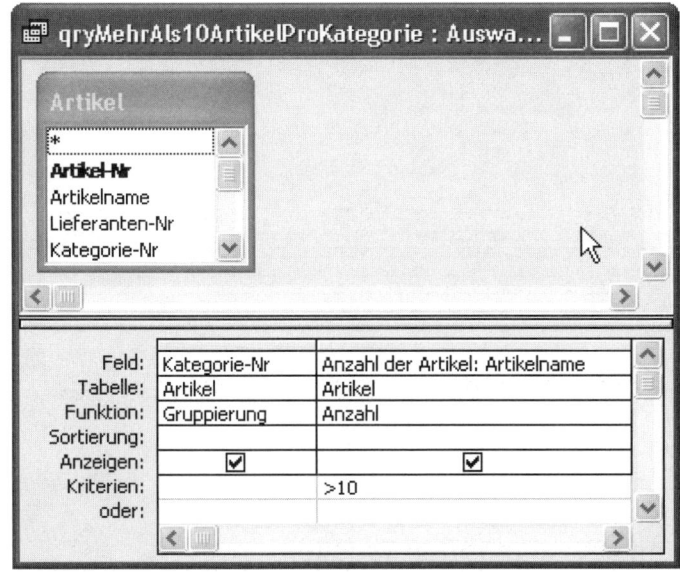

Abb. 25.15: Der Having-Abschnitt in der Entwurfsansicht

Die Syntax lautet:

```
IIF(<Bedingung>,<Wahr-Teil>,<Falsch-Teil>)
```

Die Funktion wird anstelle eines Tabellenfeldes in die Feldliste der Abfrage gesetzt.

An einem Beispiel wird die Funktionsweise dieser Funktion deutlicher. In diesem Fall soll für alle Artikel überprüft werden, ob der Lagerbestand noch größer als der Mindestbestand ist und ob dementsprechend neue Ware bestellt werden muss. Im Feld Bestellung vornehmen? wird in Abhängigkeit von dieser Überprüfung entweder Ja oder Nein angezeigt.

Artikelname	Bestellung vornehmen?
Chai	Nein
Chang	Ja
Aniseed Syrup	Ja
Chef Anton's Cajun Seasoning	Nein
Chef Anton's Gumbo Mix	Nein
Grandma's Boysenberry Spread	Nein
Konbu	Nein

Abb. 25.16: Die Abfrage zeigt an, welche Artikel nachbestellt werden müssen.

```
SELECT Artikelname, IIF((Lagerbestand<Mindestbestand+10 AND Auslaufartikel = No),
 "Ja","Nein") AS [Bestellung vornehmen?] FROM Artikel;
```

Abbildung 25.17 auf der nächsten Seite zeigt das Aussehen der Abfrage in der Entwurfsansicht.

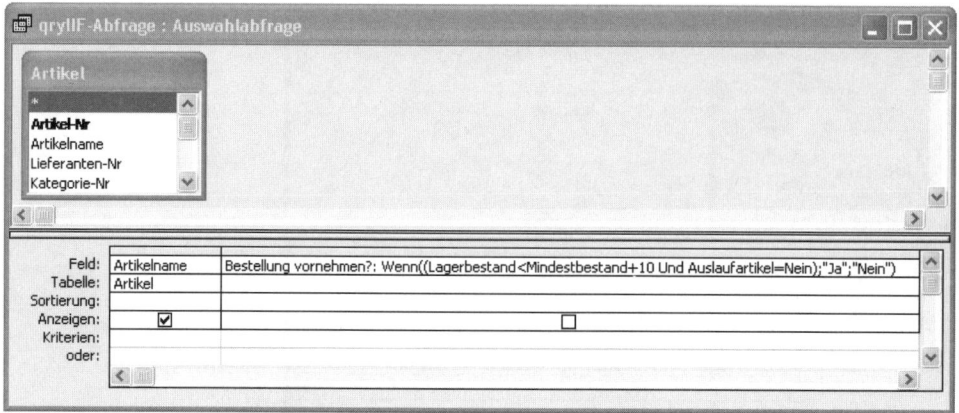

Abb. 25.17: Eine IIF-Abfrage in der Entwurfsansicht

25.9.12 Besonderheiten bei verknüpften Tabellen

Access-SQL bietet gegenüber ANSI-SQL einige Vorteile bezüglich der Abfrage von Datensätzen aus verknüpften Tabellen. Wenn Sie mit ANSI-SQL eine Abfrage erstellen möchten, die auf zwei miteinander verknüpften Tabellen beruht, tun Sie dies zum Beispiel auf folgende Weise:

```
SELECT [Artikel-Nr],Artikelname,Kategorien.Kategoriename FROM Artikel, Kategorien
    WHERE Artikel.[Kategorie-Nr]= Kategorien.[Kategorie-Nr] AND Kategoriename Like⤸
    "Getränke";
```

Im From-Abschnitt werden die beiden Tabellen Artikel und Kategorien als Datenherkunft festgelegt.

Der erste Teil des Where-Abschnittes legt fest, dass nur diejenigen Datensätze angezeigt werden, denen eine Kategorie zugeordnet ist. Eingeschränkt wird diese Auswahl durch den zweiten Teil des Where-Abschnittes.

Dadurch zeigt die Abfrage nur Datensätze an, die mit einem Datensatz der Tabelle Kategorien mit dem Kategoriennamen Getränke verknüpft sind.

Der Nachteil dieser Beziehungsdefinition über ANSI-SQL ist, dass Sie im Abfrageergebnis keine Änderung vornehmen können.

Sie können dies ganz einfach ausprobieren, indem Sie die SQL-Anweisung in der SQL-Ansicht einer neuen Abfrage eingeben, ohne zuvor Tabellen zur Abfrage hinzuzufügen.

Die entsprechende Entwurfsansicht sieht wie in Abbildung 25.18 auf der nächsten Seite aus. Wechseln Sie anschließend in die Datenblattansicht und versuchen Sie, Änderungen an einem Datensatz vorzunehmen – es tut sich nichts, die Eingabe ist gesperrt.

Access bietet einige Möglichkeiten zur Erstellung von Abfragen aus verknüpften Tabellen, die auch die Änderung von Abfragen aus verknüpften Tabellen erlauben.

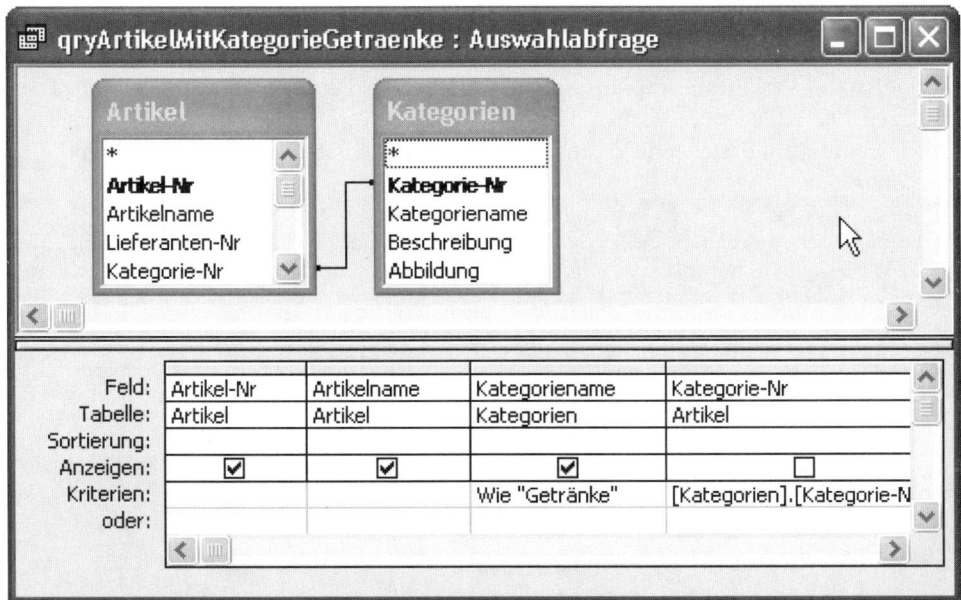

Abb. 25.18: ANSI-SQL erlaubt keine Änderung von Datensätzen aus verknüpften Tabellen

Dem vorhergehenden Beispiel entspricht unter Access-SQL die Operation INNER JOIN. Wird diese Operation in einer Abfrage angewandt, werden nur diejenigen Datensätze angezeigt, für die der ausgewählte Wert in beiden Tabellen gleich ist.

Die Syntax einer solchen Abfrage ist folgende:

```
SELECT <Felder> FROM <Tabelle1> INNER JOIN <Tabelle2> ON
  <Tabelle1.Verknüpfungsfeld1> = <Tabelle2.Verknüpfungsfeld2>;
```

Die Abfrage zeigt alle Datensätze an, für die der Inhalt der Verknüpfungsfelder gleich ist.

Hinweis: Als Verknüpfungsfeld kommen prinzipiell alle Felder in Frage, die gleichen Datentyps sind. Nicht in Frage kommen Memo-Felder und OLE-Objekte. Kombinierbar sind Autowertfelder und Zahlenfelder des Formats Long Integer. Außerdem können Single und Double sowie Byte, Integer und Long Integer miteinander kombiniert werden.

Bevor Sie die folgenden Beispiele eingeben, sollten Sie beachten: Die Tabellen der Datenbank Nordwind sind bereits auf verschiedene Arten miteinander verknüpft. Wenn Sie die Beispiele ohnehin direkt in der SQL-Ansicht eingeben, spielt dies keine Rolle.

Wenn Sie jedoch zunächst einmal die benötigten Tabellen in die Entwurfsansicht ziehen, um Tipparbeit zu sparen, werden Sie Folgendes feststellen: Access übernimmt vorhandene Verknüpfungen direkt in die Abfrage. Diese wird sowohl in der Entwurfsansicht (siehe Abbildung 25.19) als auch in der SQL-Anweisung (siehe Abbildung 25.20) angezeigt. Wenn

Sie dies verhindern wollen, geben Sie die SQL-Anweisung direkt ein oder ziehen Sie die Tabellen in das Entwurfsfenster und löschen Sie die Verknüpfungen. Dies können Sie durch Markieren des Verknüpfungspfeils und anschließendes Betätigen der `Entfernen`-Taste erledigen. Das Anlegen, Entfernen oder Ändern einer Verknüpfung in einer Abfrage hat keinen Einfluss auf bestehende Verknüpfungen zwischen Tabellen in der Datenbank.

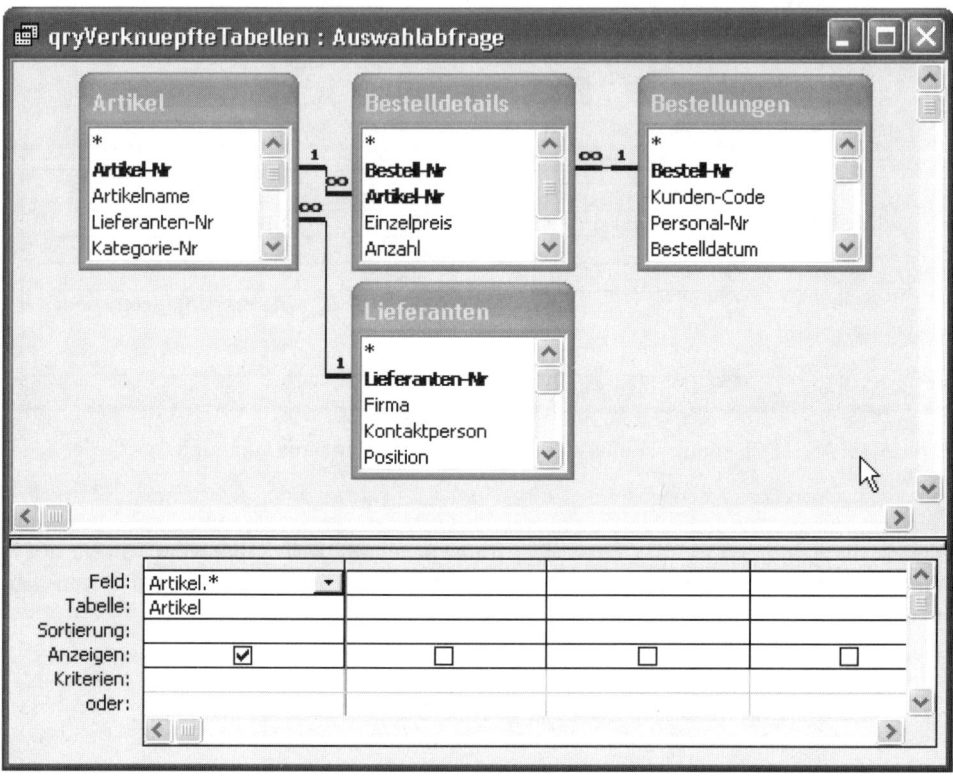

Abb. 25.19: Vorhandene Beziehungen werden in die Entwurfansicht übernommen ...

Abb. 25.20: ... und erscheinen auch in der SQL-Anweisung

Im folgenden Beispiel wird angenommen, es bestehe keine Verknüpfung zwischen den Tabellen `Artikel` und `Kategorien`. Mit einer SQL-Anweisung können Sie eine solche Verknüpfung folgendermaßen erstellen:

```
SELECT [Artikel-Nr], Artikelname, Kategorien. Kategoriename FROM Artikel
    INNER JOIN Kategorien ON Artikel.[Kategorie-Nr]=Kategorien.[Kategorie-Nr];
```

Selbstverständlich können Sie auch aus Abfragen mit verknüpften Tabellen Daten nach bestimmten Kriterien auswählen. Hängen Sie der Abfrage einfach die gewünschte Bedingung an.

Die folgende Abfrage ermittelt die gleichen Datensätze wie die ANSI-SQL-Abfrage aus dem vorletzten Beispiel:

```
SELECT Artikel.[Artikel-Nr],Artikel.Artikelname, Kategorien.Kategoriename
    FROM Artikel INNER JOIN Kategorien
    ON Artikel.[Kategorie-Nr]=Kategorien.[Kategorie-Nr]
    WHERE Kategoriename=<Getränke>;
```

Sie sollten sich von der Möglichkeit überzeugen, mit Access-SQL erstellte Abfragen aus mehreren verknüpften Tabellen im Gegensatz zu Abfragen, die mit ANSI-SQL erstellt wurden, ändern zu können. Während die Änderung der Artikelnamen relativ unauffällig vonstatten geht, wird eine Änderung des Eintrags `Getränke` direkt in allen Datensätzen durchgeführt.

Outer Join

Access-SQL stellt noch einen weiteren Verknüpfungstyp zur Verfügung, die Verknüpfung per `Outer Join`. Mit dieser Verknüpfung können Sie Abfragen erstellen, die alle Datensätze der einen Tabelle, aber nur die verknüpften Datensätze der anderen Tabelle enthalten. Dabei gibt es zwei Möglichkeiten: `Left Join` und `Right Join`. Diese Wörter stehen, wie auch `Inner Join`, zwischen den beiden verknüpften Tabellen. Der Unterschied zwischen `Left Join` und `Right Join` ist, dass beim `Left Join` alle Datensätze der links vom Befehl angegebenen Tabelle angezeigt werden und umgekehrt. Genauso könnten Sie auch einfach die Tabellennamen vertauschen.

Die Datenbank Nordwind beinhaltet fast nur Beziehungen mit referentieller Integrität. Dies bedeutet, dass für jeden Datensatz der einen Tabelle immer ein Datensatz der verknüpften Tabelle ausgewählt sein muss. So darf es z. B. keinen Artikel ohne einen Lieferanten geben. Nordwind liefert in diesem Fall leider kein gutes Beispielmaterial. Damit Sie diese Verknüpfungsart trotzdem nachvollziehen können, erweitern wir kurzfristig die Tabelle um ein Nachschlagefeld namens `Alternativ-Lieferant`, welches genau wie das Feld `Lieferant` mit der Tabelle `Lieferanten` verknüpft wird. Dazu gehen Sie folgendermaßen vor:

Öffnen Sie die Tabelle `Artikel` und wechseln Sie in die Entwurfsansicht.

Markieren Sie die Zeile `Lieferanten-Nr` und kopieren Sie diese in die Zwischenablage.

Fügen Sie die Zeile unter der letzten Zeile ein und benennen Sie die Zeile in `Alternativ-Lieferant` um.

Wechseln Sie in die Datenblattansicht und wählen Sie für einige Datensätze einen Alternativlieferanten aus, aber keinesfalls für alle (das wäre auch etwas viel Aufwand).

Nun können Sie die Wirkungsweise einer `Outer Join`-Verknüpfung ausprobieren. Im folgenden Beispiel werden alle Datensätze der Tabelle `Artikel` und, falls vorhanden, die entsprechenden Alternativ-Lieferanten angezeigt.

```
SELECT [Artikel-Nr], Artikelname, Firma FROM Artikel LEFT JOIN Lieferanten
  ON Artikel.[Alternativ-Lieferanten-Nr]=Lieferanten.[Lieferanten-Nr];
```

Im Gegensatz zur `Inner Join`-Abfrage werden hier also auch diejenigen Datensätze angezeigt, die mit keinem Datensatz der anderen Tabelle verknüpft sind.

Probieren Sie einmal aus, `Left Join` durch `Inner Join` zu ersetzen. Sie werden feststellen, dass nur die Datensätze der Tabelle `Artikel` angezeigt werden, für die es einen Alternativ-Lieferanten gibt.

Sie können die Datensätze aus Abfragen mit verknüpften Tabellen natürlich genau wie bei Abfragen, deren Daten nur aus einer Tabelle stammen, durch den Einsatz geeigneter Optionen weiter einschränken. Die folgende Abfrage ermittelt aus den Tabellen des vorherigen Beispiels alle Datensätze, deren Alternativ-Lieferant seinen Sitz in den USA hat, und sortiert diese alphabetisch nach dem Artikelnamen.

```
SELECT [Artikel-Nr], Artikelname, Firma, Land FROM Artikel LEFT JOIN Lieferanten
  ON Artikel.[Alternativ-Lieferanten-Nr]=Lieferanten.[Lieferanten-Nr]
  WHERE Land="USA" ORDER BY Artikelname;
```

In diesem Beispiel spielt es eigentlich keine Rolle, ob Sie eine `Inner Join`- oder `Outer Join`-Verknüpfung benutzen. Durch die Einschränkung der Datensätze auf Artikel, deren Alternativ-Lieferant in den USA sitzt, werden ohnehin keine Datensätze ohne Alternativ-Lieferant ausgewählt.

Alle Arten von Verknüpfungsoperationen erlauben auch mehr als eine Vergleichsoperation zwischen den betroffenen Tabellen. Die Syntax einer SQL-Abfrage mit zwei Vergleichsoperatoren sieht so aus:

```
SELECT <Felder> FROM <Tabelle1> <Verknüpfungsoperator><Tabelle2>
  ON <Tabelle1.Feld1> <Vergleichsoperator1> <Tabelle2.Feld1> AND
  ON <Tabelle1.Feld2> <Vergleichsoperator2><Tabelle2.Feld2>;
```

Sie können beispielsweise die folgende Abfrage benutzen, wenn Sie herausfinden wollen, welche Artikel zu einem niedrigeren Preis verkauft werden, als in der Tabelle `Artikel` angegeben ist.

```
SELECT Artikelname, Artikel.Einzelpreis, Bestelldetails.Einzelpreis
  FROM Artikel INNER JOIN Bestelldetails
  ON (Artikel.[Artikel-Nr] = Bestelldetails.[Artikel-Nr]) And
  (Artikel.Einzelpreis > Bestelldetails.Einzelpreis);
```

Diese Abfrage gibt neben der Artikelbezeichnung auch den regulären und den reduzierten Einzelpreis aus.

Wenn Sie versuchen, in die Entwurfsansicht zu wechseln, stoßen Sie auf eine Fehlermeldung (siehe Abbildung 25.21). Access kann in der Entwurfsansicht nur Verknüpfungen anzeigen, die über den Operator Gleich (=) hergestellt wurden.

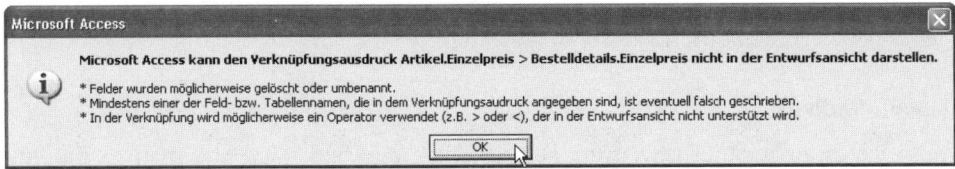

Abb. 25.21: Access kann manche Vergleichsoperatoren nicht im Entwurf darstellen.

Auch die Verschachtelung mehrerer Verknüpfungen ist möglich. Die Syntax einer Verknüpfung dreier Tabellen sieht folgendermaßen aus:

```
SELECT <Feldliste> FROM <Tabelle3>
  <Verknüpfungsoperator2>(<Tabelle2 <Verknüpfungsoperator1><Tabelle1>
  ON <Tabelle2.Feld1><Vergleichsoperator><Tabelle1.Feld1>)
  ON <Tabelle3.Feld1><Vergleichsoperator><Tabelle2.Feld2>;
```

Die Verknüpfung aus Abbildung 25.22 liefert beispielsweise folgende SQL-Abfrage:

```
SELECT Artikel.Artikelname FROM Bestellungen
  INNER JOIN (Artikel INNER JOIN Bestelldetails
  ON Artikel.[Artikel-Nr] = Bestelldetails.[Artikel-Nr])
  ON Bestellungen.[Bestell-Nr] = Bestelldetails.[Bestell-Nr];
```

Abb. 25.22: Verknüpfung dreier Tabellen

Um SQL-Befehle mit mehreren verknüpften Tabellen zu erstellen, ist die Entwurfsansicht wirklich eine hervorragende Hilfe. Sie erspart jede Menge Schreibarbeit und erfordert wesentlich weniger Konzentration.

25.9.13 Prädikate

Prädikate sind eine weitere Möglichkeit, die Auswahl von Datensätzen einzuschränken. Sie werden direkt hinter dem `Select`-Befehl eingesetzt, zum Beispiel folgendermaßen:

```
SELECT ALL Artikel.* FROM Artikel;
```

Das All-Prädikat

Wenn Sie in einer SQL-Anweisung kein Prädikat angeben, wird automatisch das All-Prädikat angenommen. Dies bedeutet, dass alle durch die SQL-Anweisung ausgewählten Datensätze auch ausgegeben werden.

Wenn Sie also keines der anderen Prädikate benutzen möchten, spielt es keine Rolle, ob Sie das Prädikat `All` benutzen oder weglassen.

Das Distinct-Prädikat

Das `Distinct`-Prädikat wird eingesetzt, wenn doppelt vorhandene Datensätze nur einmal angezeigt werden sollen. Ein gutes Beispiel sind die unterschiedlichen Liefereinheiten. Die folgende Abfrage listet die Liefereinheiten aller Artikel der Tabelle `Artikel` auf, inklusive der doppelt vorhandenen:

```
SELECT Liefereinheit FROM Artikel;
```

Wenn Sie das `Distinct`-Prädikat einsetzen, wird jede vorkommende Liefereinheit nur einmal angezeigt:

```
SELECT DISTINCT Liefereinheit FROM Artikel;
```

Dieses Prädikat kann auch über die Abfrageeigenschaften in der Entwurfsansicht eingestellt werden. Setzen Sie dazu den Wert der Eigenschaft `Keine Duplikate` auf `Ja`. Wenn Sie mehr als ein Feld der Tabelle ausgewählt haben, ermittelt Access automatisch alle Kombinationen dieser beiden Felder ohne Duplikate. Im folgenden Beispiel werden aus der Tabelle Bestellungen alle möglichen Kombinationen von Kunden und Bearbeitern ermittelt.

```
SELECT DISTINCT [Kunden-Code], [Personal-Nr] FROM Bestellungen;
```

Ist in diesem Fall das Prädikat `Distinct` nicht angegeben, wird die Kombination aus Kunde und Bearbeiter einfach zu allen Datensätzen ausgegeben, auch wenn diese mehrfach vorkommen.

Wenn eines der ausgewählten Felder der Primärschlüssel der Tabelle ist, können Sie das Prädikat `Distinct` weglassen. Der Primärschlüssel enthält niemals doppelte Werte.

Der Nachteil liegt darin, dass die Datensätze in Abfragen mit dem `Distinct`-Prädikat nicht aktualisiert werden können.

Das `Distinct`-Prädikat kann auch auf verknüpfte Tabellen angewandt werden. Nehmen wir an, Sie möchten wissen, welche Mitarbeiter eine Bestellung bearbeiten oder bearbeitet haben.

Dann bedeutet dies, dass Sie eine Abfrage benötigen, die Vor- und Nachname für alle Datensätze der Tabelle Personal ausgibt, die mit einem Datensatz der Tabelle Bestellungen verknüpft sind.

Um zusätzlich jeden betroffenen Datensatz der Personaltabelle nur einmal auszugeben, benötigen Sie das DistinctRow-Prädikat. Die gewünschte Abfrage hat dann folgendes Aussehen:

```
SELECT DISTINCT Nachname, Vorname FROM Personal INNER JOIN
   Bestellungen ON Personal.[Personal-Nr] = Bestellungen.[Personal-Nr];
```

In diesem Beispiel ist es natürlich nicht möglich, Details über die Bestellungen auszugeben. Dazu müssten schließlich wieder alle Datensätze ausgegeben werden - was eben durch den Einsatz des Distinct-Prädikates verhindert wird.

Bei der Auswahl von bestimmten Datensätzen ist es allerdings möglich, sowohl Felder der Tabelle Personal als auch der Tabelle Bestellungen als Kriterien zu benutzen.

Die folgende Abfrage macht sich dies zunutze, in dem sie das Bestelldatum auf den Zeitraum vom 1. bis zum 10. August 2004 einschränkt:

```
SELECT DISTINCT Nachname, Vorname FROM Personal INNER JOIN
   Bestellungen ON Personal.[Personal-Nr] = Bestellungen.[Personal-Nr]
   WHERE Bestelldatum Between #8/1/04# And #8/10/04#;
```

Mit dieser Abfrage werden alle Mitarbeiter ausgegeben, die zwischen dem 1. und dem 10. August 2004 eine Bestellung angenommen haben.

Mit folgender Abfrage schränken Sie das Abfrageergebnis weiter auf die Mitarbeiter ein, deren Vorname mit den Buchstaben a-l beginnt:

```
SELECT DISTINCT Nachname, Vorname FROM Personal INNER JOIN
   Bestellungen ON Personal.[Personal-Nr] = Bestellungen.[Personal-Nr]
   WHERE Vorname Like "[a-l]*" AND Bestelldatum Between #8/1/04# And #8/10/04#;
```

Das DistinctRow-Prädikat

Das DistinctRow-Prädikat ist eine Anweisung, die nur in Access-SQL vorkommt. Es hat bis auf wenige Unterschiede die gleiche Wirkung wie das Distinct-Prädikat.

Der entscheidende Unterschied ist, dass Sie die Datensätze in der Datenblattansicht einer Abfrage aktualisieren können.

Es gibt jedoch einige Einschränkungen. Das DistinctRow-Prädikat kann nur auf verknüpfte Tabellen angewendet werden. Wenn Sie das Prädikat auf eine einzelne Tabelle anwenden, bewirkt dies noch nicht einmal die Anzeige der Datensätze ohne Duplikate. Außerdem dürfen nicht aus jeder betroffenen Tabelle Datensätze angezeigt werden. Am besten lässt sich dies anhand zweier Beispiele erläutern:

```
SELECT DISTINCTROW Nachname, Vorname FROM Personal INNER JOIN
   Bestellungen ON Personal.[Personal-Nr] = Bestellungen.[Personal-Nr];
```

Diese Abfrage zeigt die Namen aller Mitarbeiter an, denen eine oder mehrere Bestellungen zugeordnet sind. Bei aktiviertem DistinctRow-Prädikat können Sie die Namen der Mitarbeiter ändern.

Wenn hier Daten aus beiden Tabellen angezeigt werden sollen, können Sie zwar dennoch Änderungen an den Datensätzen vornehmen. Es werden aber keine doppelten Daten beziehungsweise Datenkombinationen mehr herausgefiltert. Sie können dies nachprüfen, indem Sie das Prädikat DistinctRow durch Distinct ersetzen und die Anzahl der angezeigten Datensätze miteinander vergleichen.

Wenn Sie die Abfrage nicht von Hand eingeben möchten, können Sie das DistinctRow-Prädikat auch über das Setzen der Eigenschaft Eindeutige Datensätze auf den Wert Ja aktivieren (siehe Abbildung 25.23).

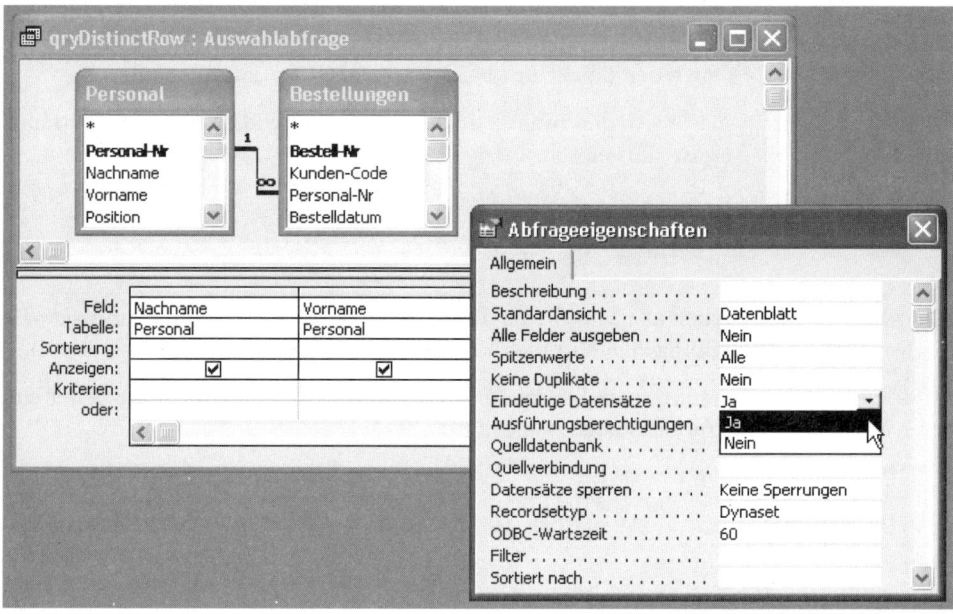

Abb. 25.23: Einstellung der DistinctRow-Eigenschaft

Falls vorher die Eigenschaft Keine Duplikate auf den Wert Ja gesetzt war, erhält diese den Wert Nein und umgekehrt.

Das DistinctRow-Prädikat kann nicht nur zwischen direkt verknüpften Tabellen eingesetzt werden.

Im folgenden Beispiel sollen alle Lieferanten ausgewählt werden, die zwischen dem 1. und 15. August 04 eine Lieferung durchgeführt haben.

Abbildung 25.24 auf der nächsten Seite zeigt, dass die Verknüpfung zwischen der Tabelle mit den gesuchten Lieferanten und dem Auswahlkriterium, also dem Lieferdatum, etwas komplizierter als im vorhergehenden Beispiel ist. Sehen Sie dazu Quellcode 1:

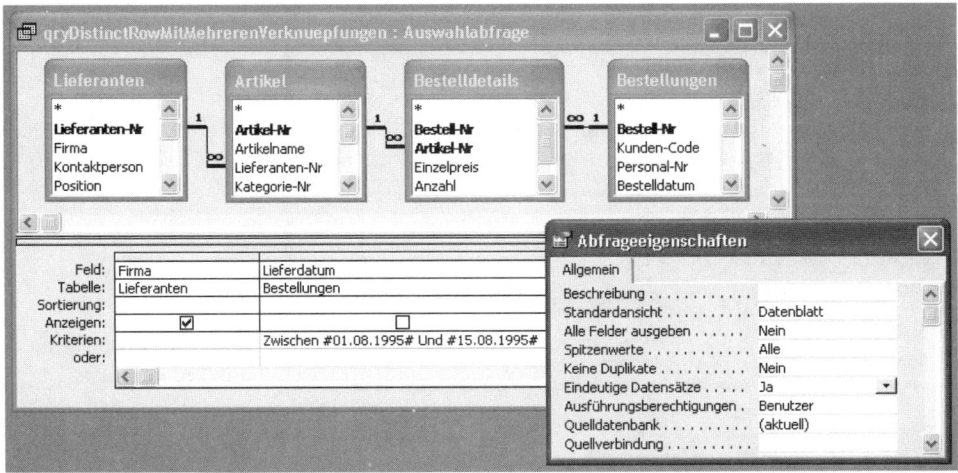

Abb. 25.24: Anwendung von DistinctRow über mehrere Verknüpfungen

```
SELECT DISTINCTROW Firma FROM Lieferanten
   INNER JOIN (Bestellungen INNER JOIN (Artikel INNER JOIN Bestelldetails
   ON Artikel.[Artikel-Nr] = Bestelldetails.[Artikel-Nr])
   ON Bestellungen.[Bestell-Nr] = Bestelldetails.[Bestell-Nr])
   ON Lieferanten.[Lieferanten-Nr] = Artikel.[Lieferanten-Nr]
   WHERE Lieferdatum Between #8/1/04# And #8/15/04#;
```

Listing 25.2: Quellcode

Das Top-Prädikat

Das Top-Prädikat dient zur Auswahl einer bestimmten Anzahl oder eines bestimmten Prozentsatzes von Datensätzen einer Abfrage. Die Abfrage des folgenden Beispiels wählt z. B. die fünf Artikel mit den höchsten Einzelpreisen aus:

```
SELECT TOP 5 Artikelname, Einzelpreis FROM Artikel ORDER BY Einzelpreis DESC;
```

Wichtig ist dabei, dass Sie das Feld, dessen Spitzenwerte Sie auswählen möchten, in der entsprechenden Reihenfolge sortieren.

Neben einer festen Anzahl können Spitzenwerte auch prozentual gesehen ausgegeben werden. Die folgende Abfrage gibt die 10 Prozent Artikel mit dem geringsten Lagerbestand aus:

```
SELECT TOP 10 PERCENT Artikelname, Lagerbestand FROM Artikel
   ORDER BY Lagerbestand;
```

Im Abfrageentwurf können Sie dieses Prädikat mit der Eigenschaft Spitzenwerte einstellen (siehe Abbildung 25.25 auf der nächsten Seite).

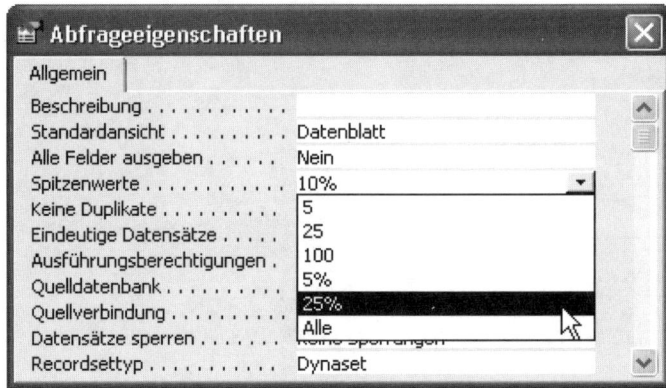

Abb. 25.25: Aktivieren des Top-Prädikats

25.9.14 Parameterabfragen

Im Abschnitt Unterabfragen haben Sie bereits erfahren, wie Sie Vergleichswerte einer Abfrage dynamisch ermitteln. Dazu können Sie zum Beispiel bestimmte Werte einer Tabelle oder berechnete Werte benutzen. Wenn Sie dem Benutzer die Eingabe von Vergleichswerten überlassen wollen, greifen Sie am besten auf eine Parameterabfrage zu. Parameterabfragen sind eine der Besonderheiten von Access-SQL. ANSI-SQL bietet diese Möglichkeit nicht. In den folgenden Beispielen lernen Sie den Umgang mit Parameterabfragen kennen.

Abfragen mit einem Parameter

Am einfachsten und schnellsten können Sie Parameterabfragen erzeugen, die den gewünschten Wert über ein simples Dialogfeld anfordern (siehe Abbildung 25.26).

Abb. 25.26: Dialogfenster zur Eingabe eines Parameters

Benutzen Sie zunächst die Entwurfsansicht zur Eingabe der Abfrage. Geben Sie einfach im gewünschten Feld im Entwurfsraster unter Kriterien den Text ein, den der Abfragedialog anzeigen soll, zum Beispiel Geben Sie den Artikelnamen ein: (siehe Abbildung 25.27 auf der nächsten Seite).

Hinweis: Der Text der Parameterabfrage darf nicht mit einem Feldnamen übereinstimmen.

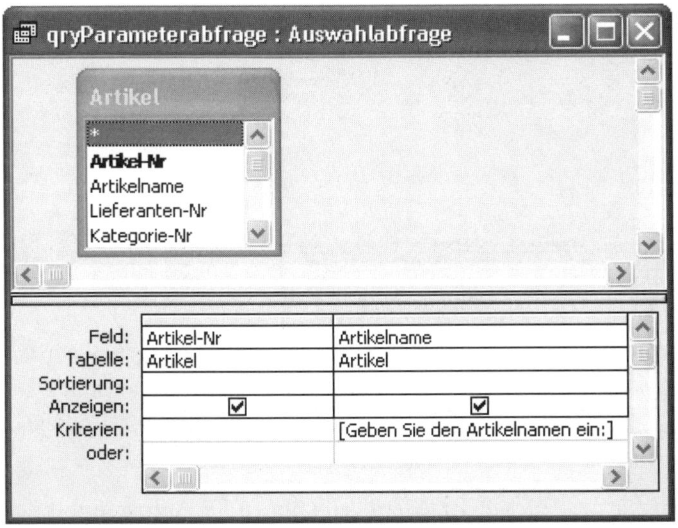

Abb. 25.27: Die Zeile Kriterien des Entwurfs-rasters enthält den Dialogtext.

Wenn Sie die Abfrage über die SQL-Ansicht eingeben möchten, verwenden Sie den folgenden SQL-Befehl:

```
SELECT [Artikel-Nr], Artikelname FROM Artikel
   WHERE Artikelname= [Geben Sie den Artikelnamen ein:];
```

Dieses Abfragebeispiel ist leider nicht besonders flexibel, da nur die Eingabe der exakten Artikelbezeichnung zur Anzeige eines Datensatzes führt. Sie können den Parameterausdruck in den eckigen Klammern jedoch mit den üblichen Elementen der Vergleichsausdrücke des Where-Teils der Abfrage kombinieren. Zu diesen Elementen zählen z. B. Zeichenfolgen oder Platzhalter wie das Sternchen (*) oder das Fragezeichen (?), die bereits weiter oben erläutert wurden.

Das folgende Beispiel ermittelt alle Felder, die den eingegebenen Text enthalten. Dazu wird der Parameterausdruck um ein vorangestelltes und ein nachgestelltes Sternchen, jeweils durch den &-Operator mit dem Parameter verbunden, ergänzt. Abbildung 25.28 zeigt die Abfrage in der Entwurfsansicht.

```
SELECT [Artikel-Nr],  Artikelname FROM Artikel
   WHERE Artikelname Like "*" & [Geben Sie einen Artikelnamen ein:] & "*";
```

Nachdem Sie eine dieser Abfragen aufgerufen haben, erscheint das Dialogfenster mit dem unter Kriterium angegebenen Text und einem Eingabefeld.

Abfrage mehrerer Parameter

Auch die Abfrage mehrerer Parameter innerhalb einer einzigen Abfrage ist mit SQL möglich. Leider fragt Access mehrere Parameter auch in unterschiedlichen Dialogfenstern ab.

Da dies bei einer entsprechenden Menge von Parametern schnell zu Verwirrung führt, da nicht alle eingegebenen Parameter gleichzeitig sichtbar sind, benutzen Sie besser ein

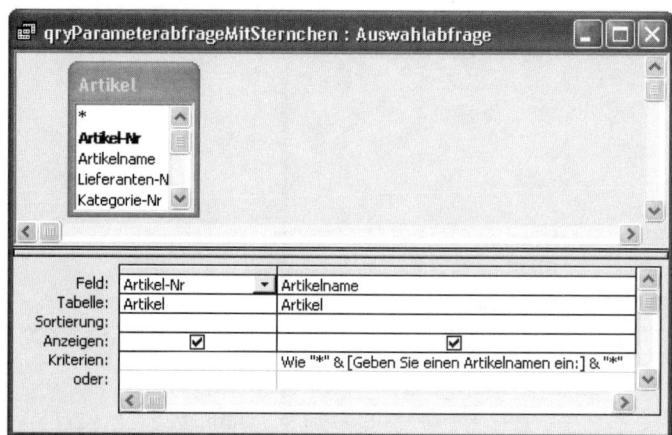

Abb. 25.28: Platzhalter machen die Parameterabfrage noch flexibler.

Formular als Datenherkunft für die Abfrage. In jedem Fall können Sie Abfragen mit den Vergleichsoperatoren In, Between und Like mit Parametern versehen.

Ein beliebtes Beispiel ist die Abfrage von Zeiträumen über die Eingabe zweier Daten.

Am einfachsten realisieren Sie dies mit Hilfe des Between-Operators:

```
SELECT [Bestell-Nr], [Kunden-Code], [Personal-Nr], Bestelldatum
   FROM Bestellungen WHERE Bestelldatum BETWEEN [Startdatum] AND [Enddatum];
```

Access fragt in diesem Fall in zwei aufeinander folgenden Dialogen die beiden Daten ab und gibt anschließend die Datensätze aus, deren Bestelldatum innerhalb des angegebenen Zeitraums liegt.

Datentypen in Parameterabfragen

Access überprüft nicht automatisch den Datentyp des eingegebenen Parameters. Erst wenn Sie einen Wert eingeben, der syntaktisch nicht zu den Inhalten des entsprechenden Feldes passt, erscheint eine Feldermeldung. Um direkt bei der Eingabe des Parameters eine Überprüfung des Datentyps vorzunehmen, müssen Sie den Datentyp des Parameters vorher definieren. Sehr komfortabel funktioniert dies im Dialog Abfrageparameter, den Sie über den Menübefehl Abfrage →Parameter öffnen (siehe Abbildung 25.29 auf der nächsten Seite). Geben Sie einfach den Namen des Parameters ohne eckige Klammern ein und wählen Sie den dazugehörigen Datentyp aus der Liste aus. Achten Sie auf die korrekte Schreibweise des Parameternamens.

Unter SQL müssen Sie die Datentypen der Parameter ganz am Anfang der Anweisung festlegen – also noch vor der SELECT-Anweisung. Beginnen Sie mit dem SQL-Wort Parameters. Anschließend geben Sie zunächst den Namen des Parameters in eckigen Klammern gefolgt von dem gewünschten Datentyp ein. Trennen Sie mehrere Parameterdefinitionen durch Kommata voneinander ab. Tabelle 25.5 auf der nächsten Seite enthält eine Auflistung aller möglichen Datentypen des Dialogs Abfrageparameter und der entsprechenden SQL-Wörter.

Abb. 25.29: Dialog zur Eingabe der Datentypen von Parametern

Tab. 25.5: Datentypen der Abfrageparameter

Bezeichnung des Datentyps im Dialog Abfrageparameter	Bezeichnung des Datentyps in SQL-Anweisungen
Text	Text
Memo	LongText
Byte	Byte
Integer	Short
Long Integer	Long
Single	IEEESingle
Double	IEEEDouble
Replikations-ID	Guid
Datum/Uhrzeit	DateTime
Wert	Value
Währung	Currency
Ja/Nein	Bit
OLE-Objekt	LongBinary
Binär	Binary

Der SQL-Befehl zur Definition von Abfrageparametern wie in Abbildung 25.29 lautet folgendermaßen:

```
PARAMETERS [Startdatum] DateTime,  [Enddatum] DateTime;
```

In manchen Fällen müssen Sie einen Datentyp für die Parameter angeben. Dies ist der Fall, wenn die Vergleichsdaten aus einer Kreuztabelle oder einer externen Tabelle stammen oder wenn es sich um ein Ja/Nein-Feld handelt.

> **Hinweis:** Achtung: In der Entwurfsansicht fordert Access die Angabe der Abfrage-
> parameter in eckigen Klammern. Dies ist in SQL-Anweisungen nicht in jedem Fall
> erforderlich. Sofern die Parameterbezeichnung aus einem einzelnen Wort ohne Son-
> derzeichen besteht und kein reserviertes Wort oder Feldname ist, können Sie die
> Klammern weglassen. Aus Gründen der Übersichtlichkeit und um Missverständnissen
> vorzubeugen, ist das Setzen der Klammern aber anzuraten.

25.9.15 Union-Abfragen

Union-Abfragen sind eine weitere Besonderheit von Access-SQL. Sie dienen zum Abfragen
von Datensätzen aus verschiedenen Tabellen oder auch aus verschiedenen Feldern der
gleichen Tabelle. Anschaulich bedeutet dies, dass Sie z. B. alle Firmen und deren Ansprechpartner aus den beiden Tabellen Lieferanten und Kunden der Datenbank Nordwind in
einer Abfrage anzeigen. Dies kann z. B. interessant sein, wenn Sie zu Weihnachten kleine
Präsente an Kunden und Lieferanten verschicken möchten. Sie können dann das Abfrageergebnis als Grundlage für Serienbriefe oder Adressetiketten verwenden. Die SQL-Anweisung
zur Zusammenführung aller Firmen und Kontaktpersonen lautet folgendermaßen:

```
SELECT Firma, Kontaktperson  FROM Lieferanten UNION
SELECT Firma, Kontaktperson  FROM Kunden;
```

Wie leicht zu erkennen ist, verbindet man einfach zwei Select-Anweisungen mit dem
Wort Union. Die Eingabe von Union-Abfragen hat einige Besonderheiten. Gehen Sie
folgendermaßen vor:

1. Erstellen Sie eine neue Abfrage in der Entwurfsansicht und schließen Sie den Dialog
   Tabelle anzeigen, ohne eine Tabelle in die Entwurfsansicht zu übernehmen.
2. Wählen Sie den Menübefehl Abfrage → SQL spezifisch → Union.
3. Die SQL-Ansicht der Abfrage erscheint. Geben Sie nun die Union-Abfrage ein.

Um die Abfrage auszuführen, wechseln Sie wie gewohnt in die Datenblattansicht.

> **Hinweis:** Interessanterweise können Sie auch einfach wie gewohnt in die SQL-Ansicht
> wechseln und die Union-Abfrage eingeben. Access erkennt nach dem ersten Wechsel
> in die Datenblattansicht am Vorhandensein der Union-Anweisung, dass es sich um
> eine Union-Abfrage handelt, und behandelt diese entsprechend.

Sie können Union-Abfragen nämlich nur in der Datenblatt- und der SQL-Ansicht betrachten. Access deaktiviert die Entwurfsansicht, sobald es den Union-Befehl in einer
SQL-Anweisung entdeckt und Sie in eine andere Ansicht wechseln.

Beachten Sie folgende Punkte bei der Anwendung von Union-Abfragen:

• Alle Abfragen, die Sie mit der Union-Anweisung verbinden, müssen die gleiche Anzahl
  an Feldern aufweisen.

• Sortierungen beziehen sich stets auf die Feldnamen der erstgenannten Abfrage.

- Die gewählten Felder müssen nicht den gleichen Datentyp haben.

Wie bereits erwähnt, können Sie auch Felder aus einer Tabelle mit der `Union`-Anweisung zusammenführen. Mit folgender `Union`-Abfrage können Sie z. B. alle Firmen und Kontaktpersonen der Tabelle Lieferanten darstellen (siehe Abbildung 25.30):

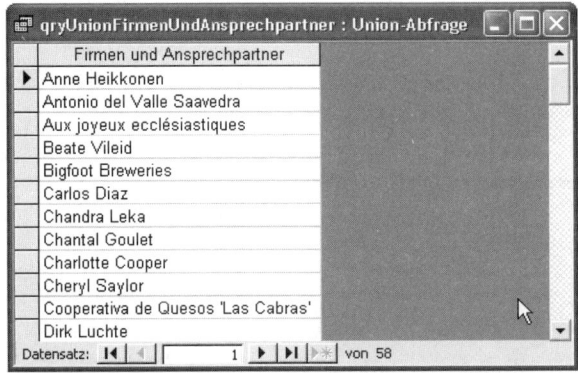

Abb. 25.30: Ergebnis einer Union-Abfrage

```
SELECT Firma AS [Firmen und Ansprechpartner] FROM Lieferanten
   UNION SELECT Kontaktperson FROM Lieferanten
   ORDER BY [Firmen und Ansprechpartner];
```

Access markiert Union-Abfragen im Datenbankfenster mit einem Symbol, das zwei ineinander verschlungene Ringe zeigt (siehe Abbildung 25.31 auf der nächsten Seite).

Union-Abfragen unterdrücken standardmäßig die Anzeige von doppelten Datensätzen. Wenn Sie mehrfach vorkommende Datensätze in der entsprechenden Anzahl anzeigen möchten, fügen Sie einfach das All-Prädikats direkt hinter dem Union-Befehl ein.

Kreuztabellenabfragen

Kreuztabellenabfragen sind ein Werkzeug zur Auswertung von Datenbeständen. Mit Kreuztabellen können Sie Daten gleichzeitig nach mehreren Kriterien gruppieren. Der Nachteil ist, dass die Definition von Kreuztabellenabfragen selbst mit dem Assistenten kompliziert erscheint. Mit SQL können Sie jedoch auf einfache Weise Kreuztabellenabfragen erstellen.

Dem folgenden Beispiel für eine Kreuztabellenabfrage liegt die Tabelle `Bestelldetails` zugrunde. Verschiedene Kunden erhalten unterschiedliche Rabatte auf die Artikel. Die Kreuztabellenabfrage soll abhängig vom Preis die Anzahl pro verkauftem Artikel darstellen.

Wenn es zum Beispiel Thüringer Rostbratwurst zu 99 EUR und zu 123,79 EUR gibt, soll die Kreuztabelle die Anzahl der verkauften Einheiten für jeden dieser Preise anzeigen. Abbildung 25.32 auf der nächsten Seite zeigt das Resultat einer Kreuztabellenabfrage. Leider ist die Darstellung der Preise in der Kopfzeile nicht korrekt formatiert, erfüllt aber dennoch den Zweck dieses Beispiels.

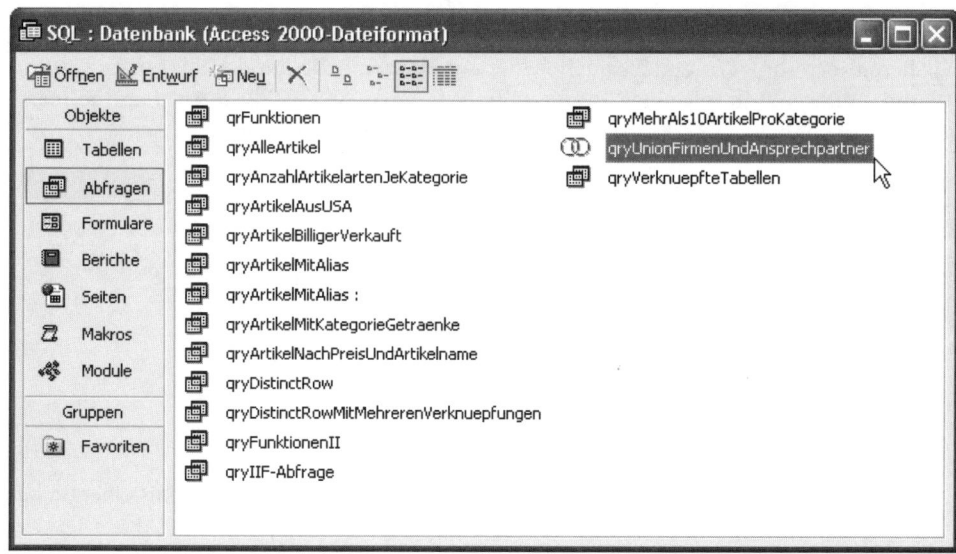

Abb. 25.31: Zwei verschlungene Ringe deuten auf eine Union-Abfrage hin.

Artikel	2	2_5	3_6	4_5
Gustafs Knäckebröd				
Tunnbröd				
Guaraná Fantástica			311	814
NuNuCa Nuß-Nougat-Creme				
Gumbär Gummibärchen				
Schoggi Schokolade				
Rössle Sauerkraut				
Thüringer Rostbratwurst				
Nord-Ost Matjeshering				
Gorgonzola Telino				
Mascarpone Fabioli				
Geitost	348	407		
Sasquatch Ale				

Datensatz: 1 von 77

Abb. 25.32: Das Ergebnis einer Kreuztabellenabfrage

Diese Kreuztabelle erstellt die folgende Abfrage:

```
TRANSFORM Sum(Anzahl)
SELECT [Artikel-Nr] FROM Bestelldetails
GROUP BY [Artikel-Nr]  PIVOT Einzelpreis;
```

Diese Abfrage enthält bereits die wesentlichen Teile einer Kreuztabellenabfrage. Das SQL-Wort Transform leitet stets eine solche Abfrage ein.

Diesem folgt eine der Aggregatfunktionen, die sich auf das auszuwertende Feld der Tabelle bezieht – in diesem Fall die Summe der Spalte Anzahl. Die nachfolgende Select-Anweisung enthält die Namen der Felder, dessen Werte als Zeilenüberschriften dienen sollen, hier der Artikelname. Die Spaltenüberschriften legen Sie mit dem letzten Teil der Abfrage fest, der Pivot-Anweisung. Diese Kreuztabelle stellt alle vorkommenden Einzelpreise als Spaltenköpfe dar. Im Datenbankfenster markiert Access Kreuztabellenabfragen mit einem speziellen Icon (siehe Abbildung 25.33).

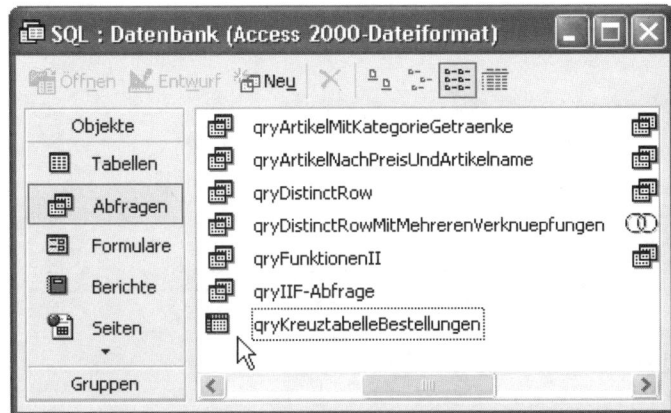

Abb. 25.33:
Kreuztabellen haben ein eigenes Icon

25.10 Aktionsabfragen

Aktionsabfragen haben im Gegensatz zu Auswahlabfragen nicht nur zum Ziel, bestimmte Datensätze zu ermitteln. Vielmehr verwenden Aktionsabfragen das Ergebnis der Abfrage zur Änderung an Datensätzen einer bestehenden Tabelle oder zum Erstellen einer neuen Tabelle. Die folgenden Abschnitte beschreiben, wie Sie mit SQL Aktionsabfragen erstellen können.

Hinweis: Die in den folgenden Abschnitten vorgestellten SQL-Befehle dienen dem Verändern von Daten. Wenn Sie die Tabellen der Datenbank Nordwind nicht verändern möchten, erstellen Sie eine Sicherungskopie.

25.10.1 Tabellenerstellungsabfragen

Mit diesem Abfragetyp erstellen Sie eine neue Tabelle, die das Ergebnis der Abfrage enthält.

Die Syntax der entsprechenden SQL-Anweisung lautet folgendermaßen:

```
SELECT <Feldliste> INTO <NeueTabelle> [IN <ExterneDatenbank>]
  FROM <Tabellenausdruck>
```

Die Tabellenerstellungsabfrage unterscheidet sich nur durch die `Into`- und die optionale `In`-Anweisung von einer Auswahlabfrage. Die Abfrage im folgenden Beispiel legt eine neue Tabelle namens `tblKontakte` an, die nur einige Felder der Tabelle `Kunden` enthält. Dabei handelt es sich um die Adressdaten der Kontaktpersonen.

```
SELECT Kontaktperson AS Name, Straße, Ort, PLZ, Land
   INTO tblKontakte FROM Kunden;
```

Der Unterschied zur Entwurfsansicht einer Auswahlabfrage ist die Angabe des Zusatzes Tabellenerstellungsabfrage im Titel der Entwurfsansicht (siehe Abbildung 25.34).

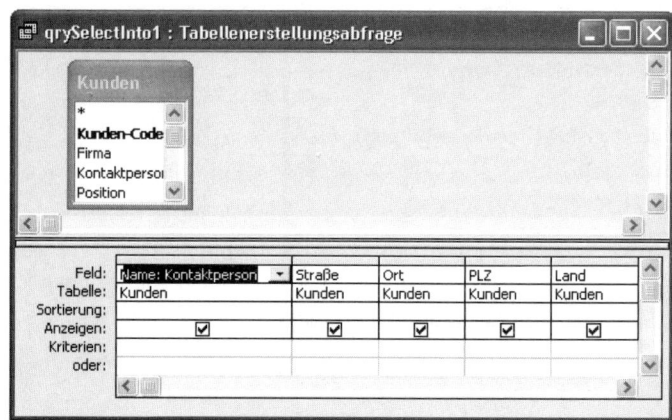

Abb. 25.34: Eine Tabellenerstellungsabfrage in der Entwurfsansicht.

Sie können die Auswahl der Datensätze mit allen Methoden einschränken, die mit herkömmlichen Auswahlabfragen funktionieren. Dazu gehört sowohl die Angabe verschiedener Kriterien im `Where`-Teil der Abfrage als auch die Benutzung der Prädikate.

Außerdem können Sie Tabellen erstellen, die auf mehreren verknüpften Tabellen basieren. Die nächste SQL-Anweisung erstellt eine Tabelle, die die Anzahl der im vierten Quartal 2004 bestellten Artikel auflistet:

```
SELECT Artikelname, Sum(Anzahl) AS Gesamtanzahl
   INTO tblBestellteArtikel FROM Bestellungen
   INNER JOIN (Artikel INNER JOIN Bestelldetails
   ON Artikel.[Artikel-Nr] = Bestelldetails.[Artikel-Nr])
   ON Bestellungen.[Bestell-Nr] = Bestelldetails.[Bestell-Nr]
   WHERE Bestelldatum Between #10/1/04# And #12/31/04#
   GROUP BY Artikelname;
```

Abbildung 25.35 auf der nächsten Seite zeigt die Entwurfsansicht der Tabellenerstellungsabfrage. Die mit dieser Abfrage erstellte Tabelle zeigt Abbildung 25.36 auf der nächsten Seite. Üblicherweise übernimmt die neue Tabelle die Feldnamen der Herkunftstabelle. Wenn Sie einem Feld einen anderen Namen geben möchten, benutzen Sie die `As`-Anweisung wie in obigem Beispiel.

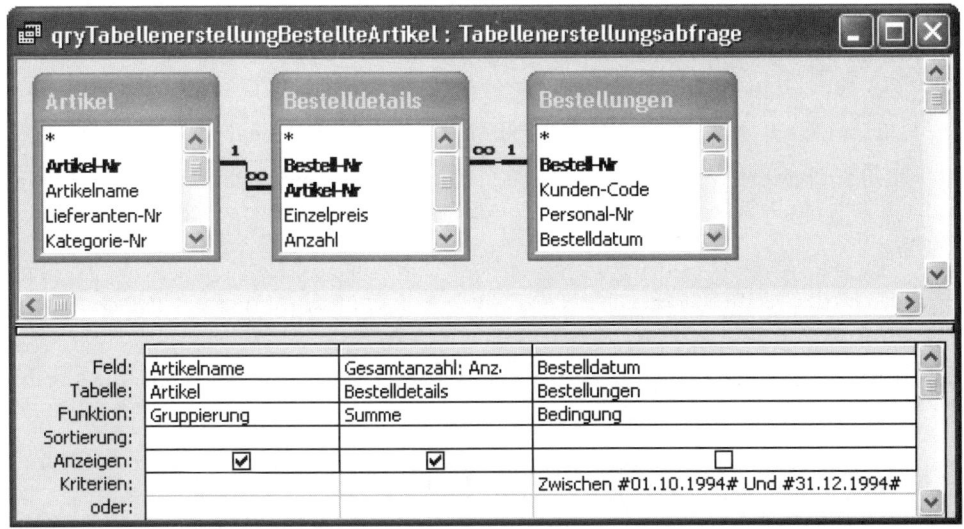

Abb. 25.35: Entwurfsansicht einer etwas komplizierteren Tabellenerstellungsabfrage

qryTabellenerstellungBestellteArtikel : Tabellenerstellungsabfrage

Artikelname	Gesamtanzahl
Alice Mutton	174
Boston Crab Meat	54
Camembert Pierrot	143
Carnarvon Tigers	85
Chai	47
Chang	96
Chartreuse verte	198
Chef Anton's Cajun Seasoning	107
Côte de Blaye	100
Escargots de Bourgogne	60
Filo Mix	28
Fløtemysost	80
Geitost	8

Datensatz: 1 von 63

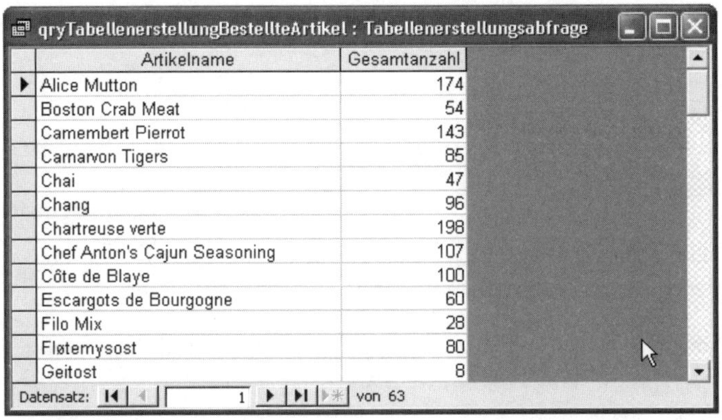

Abb. 25.36: Zahlen der bestellten Artikel eines Quartals

25.10.2 Anfügeabfragen

Mit Hilfe einer Anfügeabfrage können Sie Daten an eine bestehende Tabelle anfügen. Die Syntax der SQL-Anweisung zum Anfügen von Datensätzen lautet folgendermaßen:

```
INSERT INTO <Zieltabelle> [IN <ExterneDatenbank>] <FeldlisteZieltabelle>
   SELECT <FeldlisteHerkunftstabelle> FROM Herkunftstabellenausdruck>
```

Der `Insert Into`-Abschnitt enthält Informationen über die Zieltabelle und die Felder dieser Tabelle, in die die gewünschten Daten eingefügt werden sollen.

Im `Select`-Ausdruck geben Sie die zu importierenden Felder und deren Herkunftstabelle(n) an.

Den `Select`-Ausdruck können Sie auf die übliche Weise handhaben. Beachten Sie, dass die Anzahl der Felder der Auflistungen `FeldlisteZieltabelle` und `FeldlisteHerkunftstabelle` identisch sein muss.

Die Feldnamen selbst dürfen voneinander abweichen, nicht aber die Datentypen der Felder.

Im folgenden Beispiel fügen Sie der Tabelle `tblKontakte`, die Sie weiter oben mit der Tabellenerstellungsabfrage erzeugt haben, die Adressen der Kontaktpersonen der Lieferanten hinzu.

```
INSERT INTO tblKontakte ( Name, Straße, Ort, PLZ, Land )
   SELECT Kontaktperson, Straße, Ort, PLZ, Land FROM Lieferanten;
```

Abbildung 25.37 zeigt die Entwurfsansicht der Anfügeabfrage. Auffallend ist hier die Angabe der Feldnamen der Zieltabelle in der Zeile Anfügen des Entwurfsrasters.

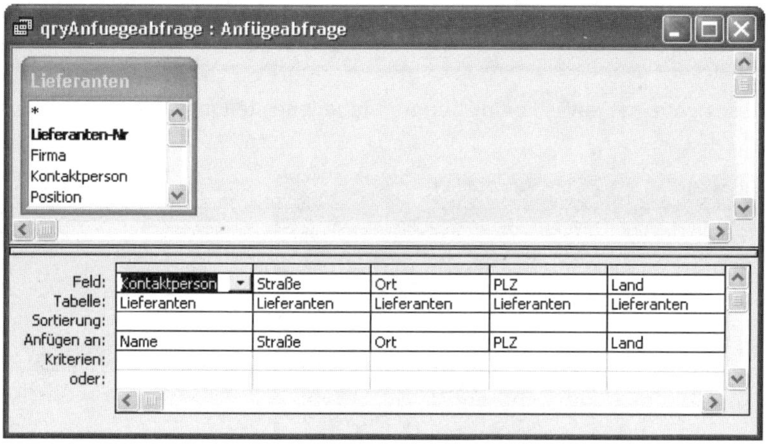

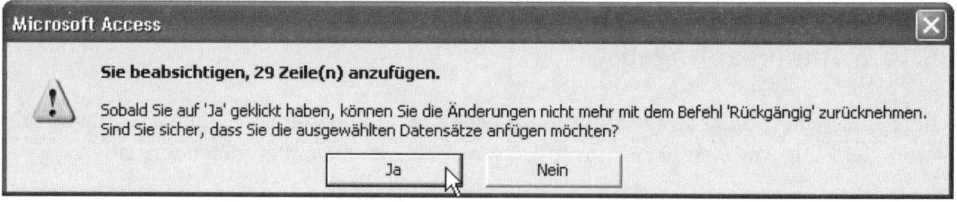

Abb. 25.37: Entwurfsansicht einer Anfügeabfrage

Nach der Ausführung der Anfügeabfrage fragt Access Sie zunächst, ob Sie mit dem Anfügen von Datensätzen einverstanden sind (siehe Abbildung 25.38).

Microsoft Access

Sie beabsichtigen, 29 Zeile(n) anzufügen.

Sobald Sie auf 'Ja' geklickt haben, können Sie die Änderungen nicht mehr mit dem Befehl 'Rückgängig' zurücknehmen. Sind Sie sicher, dass Sie die ausgewählten Datensätze anfügen möchten?

[Ja]   [Nein]

Abb. 25.38: Vor der Durchführung der Anfügeabfrage erscheint eine Warnmeldung.

Neben vorhandenen Datensätzen können Sie auch neue Daten an eine bestehende Tabelle anfügen. Die Syntax dieses Befehls lautet:

```
INSERT INTO <Zieltabelle> (<FeldlisteZieltabelle>) VALUES (<Werteliste>);
```

Die Werteliste muss genauso viele Elemente wie `FeldlisteZieltabelle` enthalten, wobei die Datentypen der neuen Werte zu den Feldern der Zieltabelle passen müssen.

Diese Variante der Anfügeabfrage können Sie nur in der SQL-Ansicht eingeben und in der Entwurfsansicht betrachten. Wenn Sie in die Datenblattansicht wechseln, führt dies zu einer Fehlermeldung.

Probieren Sie dies einmal mit der folgenden Abfrage aus:

```
INSERT INTO tblKontakte ( Name, Straße, Ort, PLZ, Land )
   VALUES ('Hans Meier','Horststr.27','Duisburg','47137','Deutschland');
```

Die Entwurfsansicht der Abfrage zeigt die einzufügenden Feldinhalte als Ausdrücke anstelle von Feldnamen und die Feldnamen der Zieltabelle in der Zeile `Anfügen an` an (siehe Abbildung 25.39).

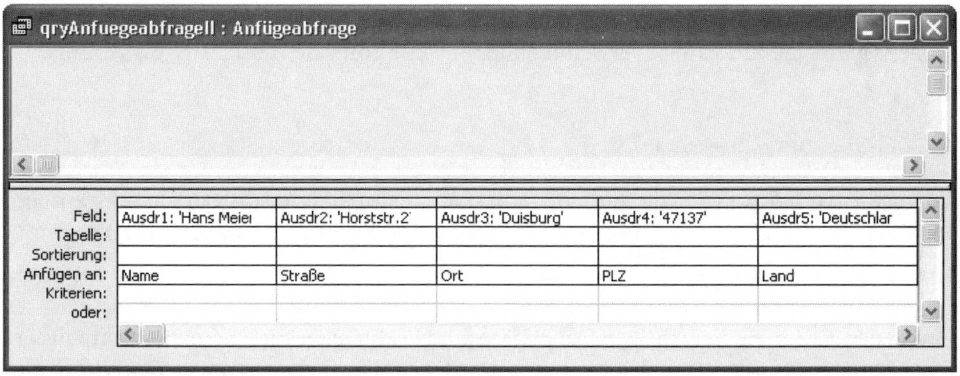

Abb. 25.39: Eine Anfügeabfrage in der Entwurfsansicht

Außerdem ändert Access die Anweisung entsprechend der Entwurfsansicht in eine `Insert Into ... Select`-Anweisung um. Die einzufügenden Werte werden in dieser Anweisung nicht mehr eingeklammert:

```
INSERT INTO tblKontakte ( Name, Straße, Ort, PLZ, Land )
   SELECT 'Hans Meier' AS Ausdr1, 'Horststr.27' AS Ausdr2,
   'Duisburg' AS Ausdr3, '47137' AS Ausdr4, 'Deutschland' AS Ausdr5;
```

Sie können auch direkt die `Insert Into...Select`-Anweisung verwenden. Die Form der Anfügeabfrage mit dem `Values`-Teil können Sie nur in Makros oder in VBA-Prozeduren verwenden. Wie dies geht, zeigt das nächste Beispiel. Das Ausführen des Beispiels hat die gleiche Wirkung wie das Ausführen der oben beschriebenen Abfrage. Geben Sie die Prozedur mit der Abfrage in ein Modul ein und rufen Sie diese aus dem Testfenster heraus auf.

```
Sub InsertIntoValues()
   Dim db As Database
   Set db = CurrentDb
```

```
    db.Execute " INSERT INTO tblKontakte " & "( Name, Straße, " & " Ort, PLZ, ⊃
    Land ) VALUES ('Peter Müller'," & " 'Gernestr.27', 'Düsseldorf', '40137', '⊃
    Deutschland');"
End Sub
```

25.10.3 Aktualisierungsabfragen

Aktualisierungsabfragen können Sie mit der `Update`-Anweisung durchführen. Die Syntax dieses Befehls lautet:

```
UPDATE <Tabellenname>
SET <Feldname1> = <NeuerWert1,...>
WHERE <Kriterien>;
```

Die `Update`-Anweisung wenden Sie an, wenn mehrere Datensätze gleichzeitig auf dieselbe Art geändert werden müssen. Wenn Sie beispielsweise die Preise aller Auslaufartikel um 25 Prozent reduzieren möchten, verwenden Sie folgende einfache Aktualisierungsabfrage:

```
UPDATE Artikel
SET Einzelpreis = [Einzelpreis]*0.75
WHERE Auslaufartikel=Yes;
```

Achten Sie darauf, dass Sie die Feldnamen in mathematischen Ausdrücken in eckige Klammern setzen, da Access den gesamten Ausdruck sonst in Anführungszeichen setzt.

Abbildung 25.40 zeigt die Aktualisierungsabfrage in der Entwurfsansicht. Wenn Sie in die Datenblattansicht der Abfrage wechseln, vermuten Sie wahrscheinlich einen Fehler, da zwar gemäß den Kriterien die richtigen Datensätze ausgewählt, aber die Preise nicht aktualisiert sind. Die Anzeige der aktualisierten Daten erfolgt allerdings erst nach Durchführung der Aktualisierungsabfrage. Die Datenblattansicht zeigt zunächst nur die zu ändernden Datensätze mit den aktuellen Werten an.

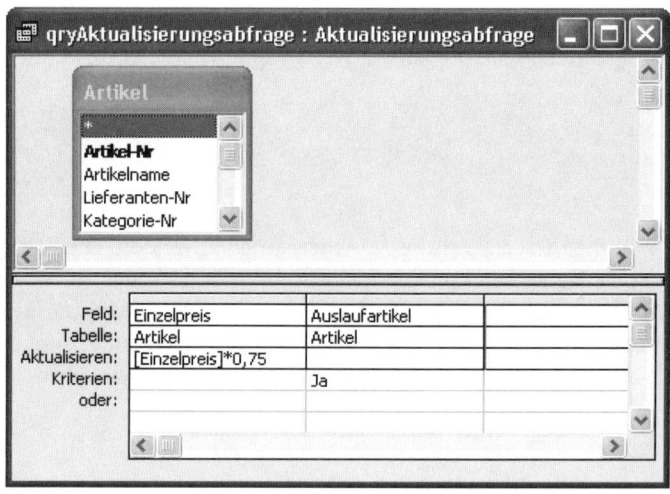

Abb. 25.40:
Entwurfsansicht einer
Aktualisierungsabfrage

25.10.4 Löschabfragen

Benutzen Sie die `Delete`-Anweisung, um Löschabfragen mit SQL zu realisieren. Sie können auf diese Weise komplette Datensätze löschen, die bestimmte Kriterien erfüllen. Die `Delete`-Anweisung hat die folgende Syntax:

```
DELETE * FROM <Tabellenname> WHERE <Kriterien>
```

Statt einer Auflistung von Feldern verwendet diese Abfrage das Sternchen. Dies hat einen logischen Grund: Sie können mit der `Delete`-Anweisung lediglich ganze Datensätze, nicht aber einzelne Felder löschen.

Mit folgender Anweisung löschen Sie alle Auslaufartikel aus der Tabelle `Artikel`, die nicht mehr im Lager vorrätig sind:

```
DELETE * FROM Artikel WHERE Lagerbestand=0 AND Auslaufartikel=Yes;
```

Ähnlich der Aktualisierungsabfrage zeigt Access in der Datenblattansicht nicht die resultierende Tabelle ohne die zu löschenden Datensätze, sondern nur die zu löschenden Datensätze an (siehe Abbildung 25.41).

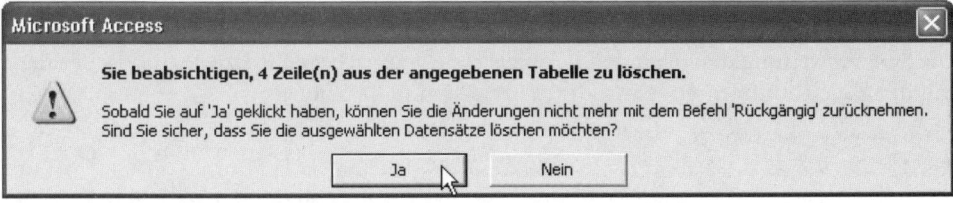

Abb. 25.41: Die Datenblattansicht zeigt alle zu löschenden Datensätze an.

Vor dem Löschen von Datensätzen gibt Access eine Warnmeldung aus (siehe Abbildung 25.42).

Microsoft Access

Sie beabsichtigen, 4 Zeile(n) aus der angegebenen Tabelle zu löschen.

Sobald Sie auf 'Ja' geklickt haben, können Sie die Änderungen nicht mehr mit dem Befehl 'Rückgängig' zurücknehmen. Sind Sie sicher, dass Sie die ausgewählten Datensätze löschen möchten?

> Ja   Nein

Abb. 25.42: Das Löschen von Datensätzen müssen Sie zuvor bestätigen.

25.11 Datendefinitionsabfragen

Wie bereits am Anfang dieses Beitrags erwähnt, stellt Access in Form der Benutzeroberfläche komfortable Hilfsmittel zum Erstellen, Ändern und Löschen von Tabellen und Indizes zur Verfügung. Deshalb benötigt man die SQL-Befehle, die sich dahinter verbergen, eher selten. Dennoch werden diese Befehle an dieser Stelle vorgestellt.

25.11.1 Erstellen von Tabellen

Mit der `Create Table`-Anweisung können Sie neue Tabellen erstellen, ohne auf die Benutzeroberfläche von Access zuzugreifen.

Die Syntax dieser Anweisung lautet:

```
CREATE TABLE <Tabellenname> (<Feldliste>, <Constraint>)
```

Die Feldliste beinhaltet die Namen und Datentypen aller Felder der Tabelle. In manchen Fällen, etwa bei Textfeldern, müssen Sie zusätzlich die Größe des Feldes angeben. Außerdem können Sie verschiedene Einschränkungen angeben, die bei der Eingabe von Daten berücksichtigt werden müssen:

```
<Feldname> <Feldtyp> [(<Größe des Feldes>)] [NOT NULL] [<Constraint>]
```

Die Feldnamen sind nach den üblichen Regeln anzugeben. Feldnamen aus mehreren Wörtern oder mit Sonderzeichen müssen Sie folglich in eckige Klammern setzen. Mögliche Feldtypen können Sie Tabelle 25.5 auf Seite 415 entnehmen. Geben Sie die Option `Not Null` an, wenn in das Feld in jedem Fall ein Wert eingegeben werden soll.

Der `Constraint`-Abschnitt, der sowohl in der Feldliste als auch im Anschluss an die Tabellendefinition folgt, wird weiter unten im Abschnitt 25.11.2 auf Seite 428 „Einschränkung von Tabellen mit Constraints" beschrieben.

Um die Befehle zur Datendefinition kennen zu lernen, erstellen Sie im Folgenden eine Adresstabelle und nehmen einige Veränderungen an dieser vor.

Die SQL-Anweisung des folgenden Beispiels erstellt zunächst eine Tabelle mit drei Feldern mit den Bezeichnungen `Adresse-Nr`, `Vorname` und `Nachname`.

```
CREATE TABLE tblAdressen (
Adresse-Nr Integer, Vorname Text(50), Nachname Text(50));
```

Speichern und schließen Sie die Abfrage, bevor Sie diese ausführen. Beim Ausführen der Abfrage über das Datenbankfenster stellen Sie fest, dass Datendefinitionsabfragen ein eigenes Symbol im Datenbankfenster haben, welches dem Symbol der Entwurfsansicht ähnelt (siehe Abbildung 25.43 auf der nächsten Seite).

Nach dem Aufrufen der Abfrage fordert Sie ein Dialog zum Bestätigen der Ausführung auf (siehe Abbildung 25.44 auf der nächsten Seite).

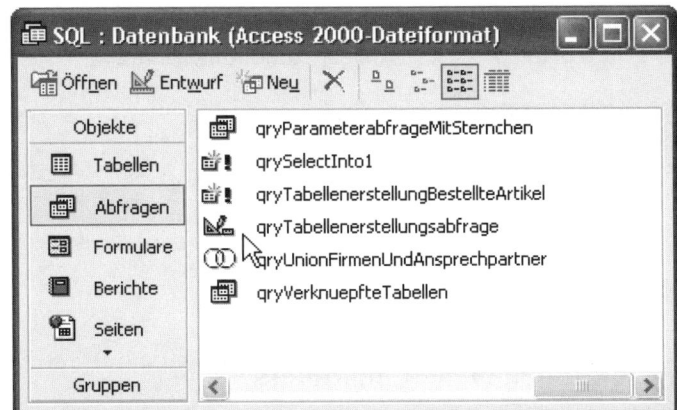

Abb. 25.43: Auch Datendefinitionsabfragen haben ein eigenes Symbol.

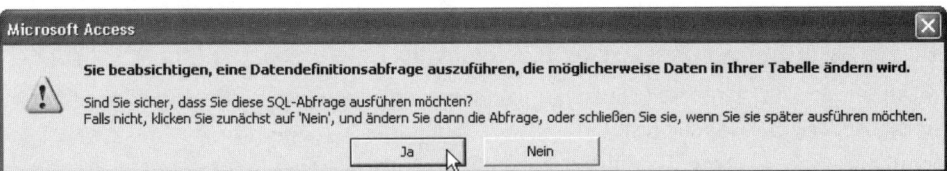

Abb. 25.44: Bestätigen Sie diesen Dialog, um eine Datendefinitionsabfrage auszuführen.

Feldname	Felddatentyp
Adresse-Nr	Zahl
Vorname	Text
Nachname	Text

tblAdressen : Tabelle

Abb. 25.45: Die neue Tabelle in der Entwurfsansicht

Wenn Sie anschließend in das Register `Tabellen` des Datenbankfensters wechseln, entdecken Sie die neue Tabelle `tblArtikel`. Abbildung 25.45 zeigt die Entwurfsansicht der neu erstellten Tabelle mit den gewünschten Feldern.

Natürlich wäre es schöner, wenn das Feld `Adresse-Nr` automatisch mit einem Autowert versehen werden würde. Ersetzen Sie dazu den Felddatentyp `Integer` durch `Counter`. Dieser Felddatentyp entspricht dem aus dem Tabellenentwurf bekannten Autowert. Um dieses Feld zusätzlich als Primärindex zu definieren, benutzen Sie einen `Constraint`-Abschnitt zur Definition von Einzelfeldeinschränkungen:

```
CREATE TABLE tblAdressen ([Adresse-Nr] Counter CONSTRAINT
Primärschlüssel PRIMARY KEY, Vorname Text(50), Nachname Text(50));
```

Vergessen Sie nicht, die vorhandene Tabelle `tblAdressen` zuvor über das Datenbankfenster zu löschen. Im weiteren Verlauf des Artikels erfahren Sie, wie Sie dies per SQL direkt erledigen können.

In der Entwurfsansicht der mit dieser Abfrage erstellten Tabelle erscheint das Symbol für den Primärschlüssel und der Felddatentyp `Autowert` (siehe Abbildung 25.46).

⊞ tblAdressen : Tabelle	
Feldname	Felddatentyp
🔑▶ Adresse-Nr	AutoWert
Vorname	Text
Nachname	Text

Abb. 25.46: Das Feld `Adresse-Nr` ist der Primärschlüssel der Tabelle.

25.11.2 Einschränkung von Tabellen mit Constraints

Mit dem Constraint `Primärschlüssel` haben Sie bereits eine mögliche Einschränkung einer Tabelle über die Tabellendefinition kennen gelernt. In den folgenden Abschnitten erfahren Sie mehr über diese Art der Einschränkung.

Im Abschnitt `Constraint` (deutsch: Einschränkung) legen Sie bestimmte Eigenschaften für die Felder einer Tabelle fest.

Möglicherweise haben Sie bereits festgestellt, dass dieser Abschnitt sowohl als letztes Argument der `Create Table`-Anweisung als auch im darin vorhandenen Abschnitt `Feldliste` vorkommt.

Der Grund dafür ist, dass Sie sowohl einzelnen Feldern als auch einer Gruppe von Feldern Eigenschaften mit dem `Constraint`-Abschnitt zuweisen können. Tabelle 25.6 auf der nächsten Seite enthält die Schlüsselwörter für verschiedene Constraints sowie deren Wirkung als Einzel- und als Mehrfeldindex.

Einschränkung einzelner Felder

Im `Constraint`-Abschnitt der Feldliste legen Sie Einschränkungen für einzelne Felder fest. Fügen Sie einfach hinter den Namen und den Datentyp das reservierte Wort `Constraint` und die Bezeichnung der gewünschten Einschränkung ein. Die möglichen Einschränkungen und die dazu verwendeten Schlüsselwörter finden Sie in Tabelle 25.6 auf der nächsten Seite.

Diese Constraints können Sie auch über die Feldeigenschaften in der Entwurfsansicht einer Tabelle verändern.

Die folgende Datendefinitionsabfrage erstellt eine Tabelle mit vier verschiedenen Einschränkungsarten:

```
CREATE TABLE tblConstraints (
    Primärfeld INTEGER CONSTRAINT Primär PRIMARY KEY,
    EindeutigesFeld INTEGER CONSTRAINT Eindeutig UNIQUE,
    NichtNullFeld INTEGER CONSTRAINT NichtNull NOT NULL,
    Verknüpfungsfeld INTEGER CONSTRAINT Verknüpfung
    REFERENCES tblAdressen ([Adresse-Nr]));
```

Die Anweisung erstellt eine Tabelle mit einem Primärindex, einem eindeutigen Feld, einem Feld, das keinen Nullwert enthalten darf, und ein Feld mit einer Verknüpfung zum Feld

Tab. 25.6: Verschiedene Arten zur Einschränkung von Tabellen

Constraint	Einzelfeldindex	Mehrfeldindex
Primary	Indiziert das Feld als Primärindex. Jede Tabelle hat nur einen Primärindex. Dieser kann aber auch aus zwei oder mehr Feldern zusammengesetzt sein (siehe rechts). Die Angabe des Primary-Constraints impliziert die Constraints Unique und Not Null.	Indiziert zwei und mehr Felder als Primärindex. Jede Kombination der Felder darf nur einmal in der Tabelle vorkommen.
Unique	Indiziert das Feld als eindeutigen Schlüssel. In diesem Feld darf jeder Wert nur einmal vorkommen.	Indiziert zwei oder mehr Felder als eindeutigen Schlüssel. In diesen Feldern darf jede Kombination nur einmal vorkommen.
Not Null	Jede Zeile dieses Feldes muss einen Wert zugewiesen bekommen.	-
References	Gibt Name und Feld einer Fremdtabelle an, mit der das betroffene Feld verknüpft werden soll.	Gibt Namen und Felder einer Fremdtabelle an, mit der die betroffenen Felder verknüpft werden sollen.

`Adresse-Nr` der Tabelle `tblAdressen`. Die vorgenommenen Einschränkungen wirken sich auf die Eigenschaften `Eingabe erforderlich` und `Indiziert` aus (siehe Abbildung 25.47).

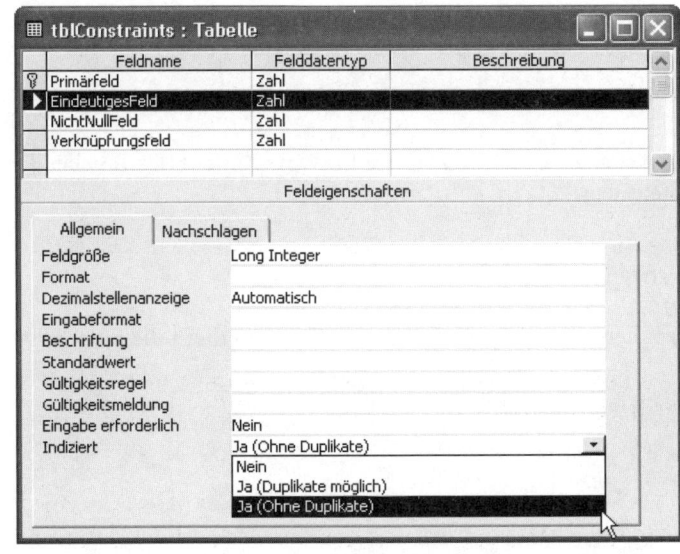

Abb. 25.47: Einschränkungen können auch über die Feldeigenschaften festgelegt werden.

Tabelle 25.7 enthält eine Auflistung der Constraints und deren Auswirkung auf die Feldeigenschaften.

Tab. 25.7: Constraints und ihre Auswirkungen auf verschiedene Eigenschaften einer Tabelle

Constraint	Eingabe erforderlich	Indiziert	Besonderes
Primary Key	Nein	Ja (ohne Duplikate)	Primärschlüsselsymbol
Unique	Nein	Ja (ohne Duplikate)	
Not Null	Ja	Nein	
Verknüpfung	Nein	Nein	

Mehrfeldeinschränkungen

Wenn Sie den `Constraint`-Abschnitt zur kombinierten Einschränkung mehrerer Felder verwenden möchten, setzen Sie den `Constraint`-Abschnitt an das Ende der SQL-Anweisung.

Der Abschnitt hat folgende Syntax:

```
CONSTRAINT <Name der Einschränkung>
   <Art der Einschränkung> (<Liste der betroffenen Felder>);
```

Die Anweisung im folgenden Beispiel erzeugt erneut die Adressentabelle aus dem vorhergehenden Beispiel. Diesmal kommt jedoch eine neue Einschränkung hinzu. Die `Unique`-Beschränkung bezieht sich auf die beiden Felder `Vorname` und `Nachname` und unterbindet die Eingabe von Namen, deren Vor- und Nachname gleich ist. Sie können dann zwar mehrere Personen mit gleichem Vornamen oder gleichem Nachnamen, aber keine Personen mit gleichem Vor- und Nachnamen in die Tabelle eingeben.

```
CREATE TABLE tblArtikel (
   [Artikel-Nr] INTEGER,
   Artikelbezeichnung TEXT (50),
   CONSTRAINT Zusammengesetzter-Primärschlüssel
   PRIMARY KEY ([Artikel-Nr], Artikelbezeichnung));
```

In Abbildung 25.48 auf der nächsten Seite sehen Sie die Entwurfsansicht der Tabelle, die mit obiger SQL-Abfrage erstellt wurde.

25.11.3 Verknüpfung von Tabellen

Zur Verknüpfung zweier Tabellen mittels Datendefinitionsabfragen dient die Einschränkung `References`.

Dieser `Constraint` hat die folgende Syntax:

```
CONSTRAINT <Name der Einschränkung> REFERENCES
   <Name der Fremdtabelle> (<Feldliste>);
```

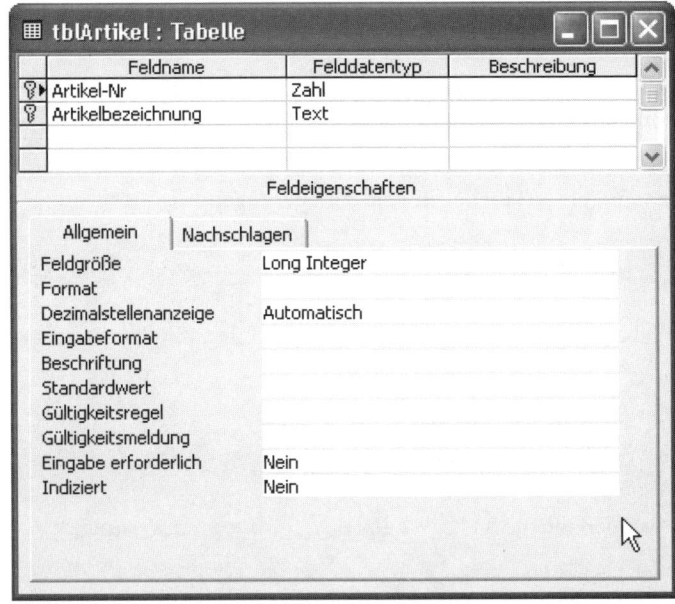

Abb. 25.48: Eine Tabelle mit zusammengesetztem Primärschlüssel

Wenn Sie zum Beispiel eine Projektetabelle erstellen möchten, die ihre Kundendaten aus der Tabelle tblAdressen bezieht, benutzen Sie die folgende SQL-Abfrage:

```
CREATE TABLE  tblProjekte  (
   ProjektNummer COUNTER,
   Projektname Text(50),
   Kunde INTEGER CONSTRAINT Verknüpfung
   REFERENCES tblAdressen (AdresseNr));
```

In der Entwurfsansicht der neu erstellten Tabelle tblProjekte findet sich kein Hinweis auf die Verknüpfung zur Tabelle tblAdressen. Im Fenster Beziehungen zeigt Access die Beziehung zwischen den beiden Tabellen an (siehe Abbildung 25.49).

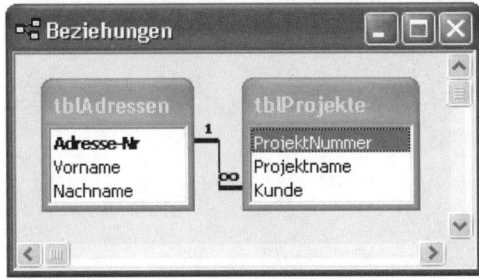

Abb. 25.49: Per SQL erstellen Sie leicht Beziehungen mit referentieller Integrität.

Sie können zwei Tabellen auch über mehrere Felder miteinander verknüpfen.

25.11.4 Ändern von Tabellen

Der SQL-Befehl Alter Table dient zum Ändern bestehender Tabellen. Dies umfasst das Hinzufügen und Löschen von Feldern und deren Einschränkungen sowie von Einschränkungen für mehrere Felder.

Benutzen Sie folgende Syntax, um einer Tabelle ein Feld hinzuzufügen:

```
ALTER TABLE <Tabellenname>
    ADD COLUMN <Feldname> <Datentyp>[(<Größe>)] [NOT NULL];
```

Fügen Sie beispielsweise der Tabelle tblAdressen das Feld Bemerkung mit dem Datentyp Memo hinzu.

Dies können Sie mit folgender SQL-Anweisung erledigen:

```
ALTER TABLE tblAdressen ADD COLUMN Beschreibung MEMO;
```

Um ein Feld zu löschen, verwenden Sie die Alter Table ... Drop-Anweisung:

```
ALTER TABLE <Tabellenname> DROP <Feldname>;
```

Beim Löschen ist die Angabe von Datentyp, Größe und so weiter nicht erforderlich.

Zur Übung entfernen Sie das soeben erstellte Feld wieder:

```
ALTER TABLE tblAdressen  DROP Beschreibung;
```

Beachten Sie, dass Sie keine Felder löschen können, die Teil eines Primärindex sind.

Um die Felder zu löschen, müssen Sie zunächst den Primärindex entfernen.

25.11.5 Entfernen von Indizes

Die Syntax des Befehls zum Löschen eines einzelnen Index lautet:

```
DROP INDEX  <Indexname> ON <Tabellenname>;
```

Um also den Primärindex der Tabelle tblAdressen löschen zu können, benutzen Sie folgenden Befehl:

```
DROP INDEX Primärschlüssel ON tblAdressen;
```

Dasselbe Ergebnis ergibt die folgende Alter Table-Anweisung:

```
ALTER TABLE tblAdressen DROP Primärschlüssel;
```

Einen Mehrfeldindex entfernen Sie auf ähnliche Weise. Die Syntax lautet:

```
ALTER TABLE <Tabellenname> DROP CONSTRAINT <Name der Einschränkung>;
```

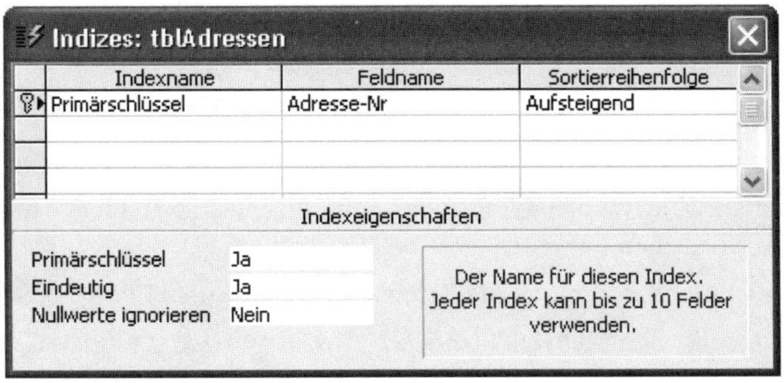

Abb. 25.50: Der Dialog Indizes zeigt alle Indizes einer Tabelle inklusive Eigenschaften.

Da in einer Datenbank mit der Zeit einige Tabellen und damit auch einige Indizes zusammenkommen, behält man mitunter nicht die Namen aller Indizes.

Wenn die Entwurfsansicht einer Tabelle aktiviert ist, können Sie unter dem Menüpunkt Ansicht Indizes eine Auflistung aller Indizes dieser Tabelle inklusive Namen finden (siehe Abbildung 25.50).

Leider kann man auf diesem Weg nicht die Namen anderer Einschränkungen wie von Nicht Null- oder Referenzfeldern ermitteln.

25.11.6 Erstellen von Indizes

Um einem vorhandenen Feld einen Index zuzuweisen, benutzen Sie den Create Index-Befehl. Mit diesem Befehl können Sie – ebenso wie mit dem Alter Table-Befehl – auch Mehrfeldindizes erstellen.

```
CREATE [ UNIQUE ] INDEX <Indexname>
   ON <Tabellenname> (<Feldliste>) [WITH <Option>]
```

Setzen Sie die Option Unique, wenn jeder Wert nur einmal in diesem Feld vorkommen darf. Mit dem With-Abschnitt können Sie mehrere Optionen festlegen.

Mit Disallow Null verhindern Sie, dass das betroffene Feld in neu angelegten Datensätzen Nullwerte enthält.

Ignore Null bewirkt das Gegenteil, Access indiziert alle Werte dieses Feldes einschließlich der Nullwerte. Mit der Option Primary definieren Sie das entsprechende Feld als Primärindex. In diesem Fall können Sie die Option Unique weglassen.

25.11.7 Erstellen eines Mehrfelderindex

Zum Hinzufügen eines Mehrfelderindex dient folgender Befehl:

```
ALTER TABLE <Tabellenname> ADD <Constraint>;
```

Die Syntax des Constraint ist dieselbe wie beim SQL-Befehl zum Erstellen einer Tabelle mit einem Mehrfelderindex und wurde bereits weiter oben beschrieben.

Um ein Tabellenfeld oder einen Mehrfelderindex zu löschen, benutzen Sie den Drop-Befehl.

Löschen Sie zum Beispiel zunächst den Mehrfelderindex ZusammengesetzterPrimärschlüssel mit dem Befehl

```
ALTER TABLE tblArtikel DROP COLUMN ZusammengesetzterPrimärschlüssel;
```

und anschließend das Feld Artikelbezeichnung mit folgendem Befehl:

```
ALTER TABLE tblArtikel DROP CONSTRAINT Artikelbezeichnung;
```

25.11.8 Löschen von Tabellen und Indizes

Das im vorherigen Beispiel zum Löschen von Mehrfelderindizes und Feldern benutzte reservierte Wort Drop benutzt man auch zum Löschen von Tabellen.

Allerdings steht der Befehl in diesem Fall allein, wie folgendes Beispiel zeigt. Der folgende Befehl löscht beispielsweise die Tabelle tblArtikel:

```
DROP TABLE tblArtikel;
```

Teil III

.NET-Know-how

26 .NET-Programmierung mit SharpDevelop

Christoph Spielmann, Düsseldorf

Bei der Entwicklung professioneller Geschäftsanwendungen für die Windows-Plattform kommen Programmierer heutzutage kaum mehr an dem .NET-Framework von Microsoft vorbei. In diesem Artikel lernen Sie die kostenlos erhältliche Entwicklungsumgebung SharpDevelop kennen, mit der Sie auf einfache Weise .NET-Anwendungen entwickeln können.

Inhalt

26.1 Was ist SharpDevelop?

Bei der Konzeptionierung des .NET-Frameworks hat Microsoft großen Wert darauf gelegt, dass alle zur Entwicklung erforderlichen Dateien als normale Textdateien vorliegen. Ausnahme sind lediglich Grafiken, die weiterhin als Binärdateien vorhanden sind. Da Microsoft mit dem .NET-Framework auch einen Compiler für C#- und VB.NET-Quellcode ausliefert, reicht also neben einem vollständig installierten .NET-Framework ein einfacher Text-Editor zur Entwicklung von Anwendungen aus. Tatsächlich wurden in der Anfangsphase von .NET – also während sich das Produkt noch in der Alpha- und Beta-Phase befand – viele Programme auf diese Weise erstellt, da noch keine Entwicklungsumgebungen zur Verfügung standen.

Ein Team von Entwicklern hat sich diese offene Architektur zunutze gemacht, um ein Tool zur einfachen Erfassung von C#-Quellcode zu erstellen. Daraus ist inzwischen eine komfortable Entwicklungsumgebung mit dem Namen SharpDevelop entstanden, die sich in vielen Punkten nicht hinter der Entwicklungsumgebung „Visual Studio.NET" aus dem Hause Microsoft verstecken muss. Anders als der Name vermuten lässt, unterstützt SharpDevelop inzwischen jedoch nicht nur die Programmiersprache C# (gesprochen: C-Sharp), sondern auch VB.NET.

Besonders bemerkenswert ist außerdem, dass SharpDevelop ein OpenSource-Projekt ist und selbst in C# programmiert wurde – es sich also um eine .NET-Anwendung handelt. Sie können also einen Blick auf den Quellcode werfen oder an der Entwicklung teilnehmen.

26.2 Installation von SharpDevelop

Voraussetzung für den Betrieb von SharpDevelop (kurz #develop) ist ein installiertes .NET-Framework in der Version 1.1 sowie das Microsoft .NET 1.1 SDK. Beides erhalten Sie kostenlos auf der Web-Seite von Microsoft. Unter dem Link `http://msdn.microsoft.com/ netframework/downloads/framework1_1/` finden Sie sowohl eine Verknüpfung zum Framework selbst und zum SDK. Wichtig: Sie müssen zuerst das Framework und anschließend das SDK installieren.

Nachdem Sie beide Komponenten eingerichtet haben, benötigen Sie als dritte Komponente noch das Installationsprogramm zu SharpDevelop, das Sie unter dem folgenden Link finden:

`http://www.icsharpcode.net/OpenSource/SD/download/`

Achten Sie beim Download darauf, dass Sie die Version „Download #develop setup, no source code" herunterladen. Starten Sie auch hier die Installation und folgen Sie den Anweisungen des Setup-Programms. Nach Abschluss der Installation wird SharpDevelop automatisch gestartet. Es erscheint zunächst ein Assistent zur Anlage einer Datenbank mit IntelliSense-Einträgen, die Ihnen bei der Eingabe von Programmcode helfen. Durchlaufen Sie die einzelnen Assistenten-Seiten und übernehmen Sie jeweils die vorgeschlagenen Einstellungen.

Auf der dritten Seite klicken Sie auf die Schaltfläche `Datenbank anlegen`. Warten Sie die Erstellung der Datenbank ab und bestätigen Sie abschließend mit `Fertig stellen`. SharpDevelop wird nun neu gestartet.

26.3 Das erste .NET-Projekt

Nach dem Start erscheint der Hauptbildschirm von SharpDevelop (siehe Abbildung 26.1).

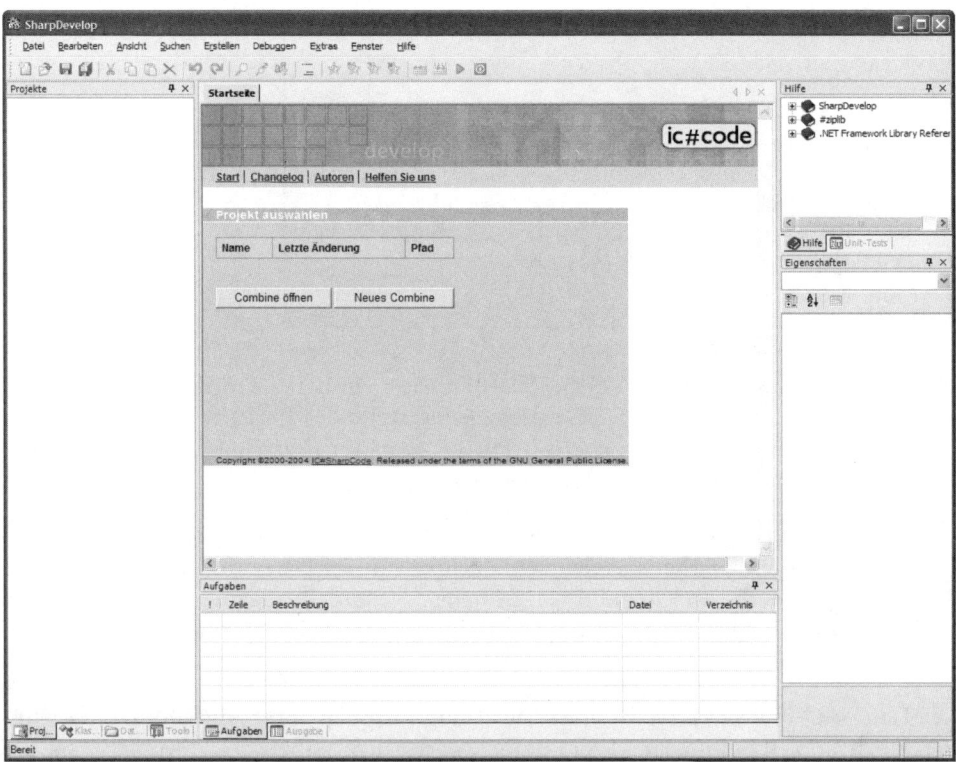

Abb. 26.1: Der Hauptbildschirm von SharpDevelop

Zur Anlage eines ersten Testprojekts gehen Sie wie folgt vor:

1. Wählen Sie den Menüpunkt `Datei` → `Neu` → `Combine` aus.
2. Markieren Sie im Dialogfenster `Neues Projekt` (siehe Abbildung 26.2 auf der nächsten Seite) die Kategorie `VBNET`.
3. Wählen Sie unter `Schablone` den Eintrag `Windows-Anwendung` aus.
4. Geben Sie unter `Name` den Namen des neuen Projekts ein – in diesem Beispiel `Test1`.
5. Geben Sie unter `Verzeichnis` den Ordner an, in dem das neue Projekt angelegt werden soll.
6. Bestätigen Sie mit `Erstellen`.

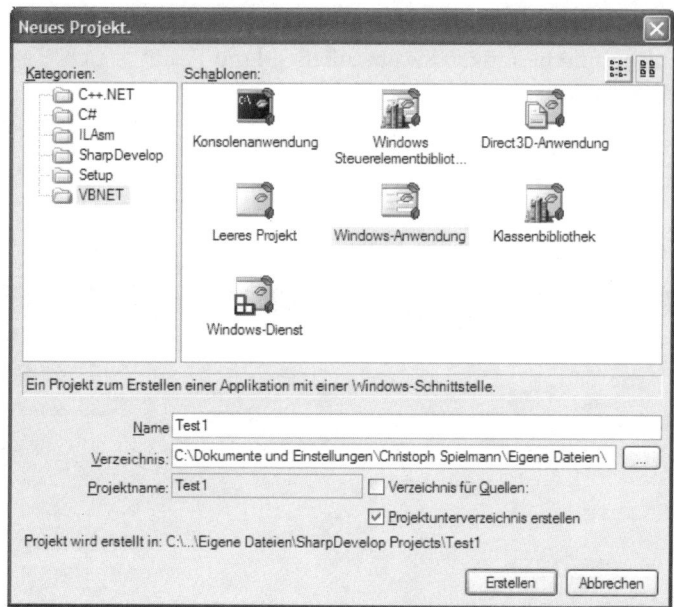

Abb. 26.2: Das Dialog-fenster Neues Projekt

Nach dem Klick auf Erstellen legt SharpDevelop ein neues Projekt an. Auf der linken Seite des Bildschirms sind die einzelnen Elemente des Projekts als Baumstruktur dargestellt. Diese Ansicht wird auch als Projekt-Explorer bezeichnet. Alle Dateien, die VB.NET-Quellcode enthalten, besitzen die Endung vb.

Wenn Sie beispielsweise doppelt auf die Datei AssemblyInfo.vb klicken, zeigt SharpDevelop im mittleren Arbeitsbereich den Quellcode dieser Datei an. Die Datei AssemblyInfo.vb ist hierbei in jedem Projekt enthalten. Sie enthält allgemeine Informationen zu der aktuellen Programm-Komponente wie zum Beispiel einen Firmennamen oder die Versionsnummer.

Die Datei MainForm.vb repräsentiert das Hauptformular Ihrer Anwendung. Hier finden Sie den objektorientierten Programmcode, der den Aufbau des Formulars genauer beschreibt.

Zur Anzeige des Quellcodes klicken Sie doppelt auf die entsprechende Datei des Projekt-Explorers. Direkt unter dem Quellcode werden nun die beiden Registerlaschen Quellcode und Design angezeigt. Klicken Sie auf Design, um den Formular-Editor zu öffnen (siehe Abbildung 26.3 auf der nächsten Seite).

Um einen ersten Test-Start der Anwendung vorzunehmen, wählen Sie den Menüpunkt Debuggen → Ausführen aus oder drücken Sie die Taste F5. Wenn Sie nun ein leeres Formular auf dem Bildschirm sehen, wurde Ihr erstes Testprogramm erfolgreich kompiliert und gestartet. Wichtig: Vor dem Start speichert SharpDevelop automatisch alle Änderungen an allen Dateien, damit die aktuellen Quellcodes an den Compiler übergeben werden können.

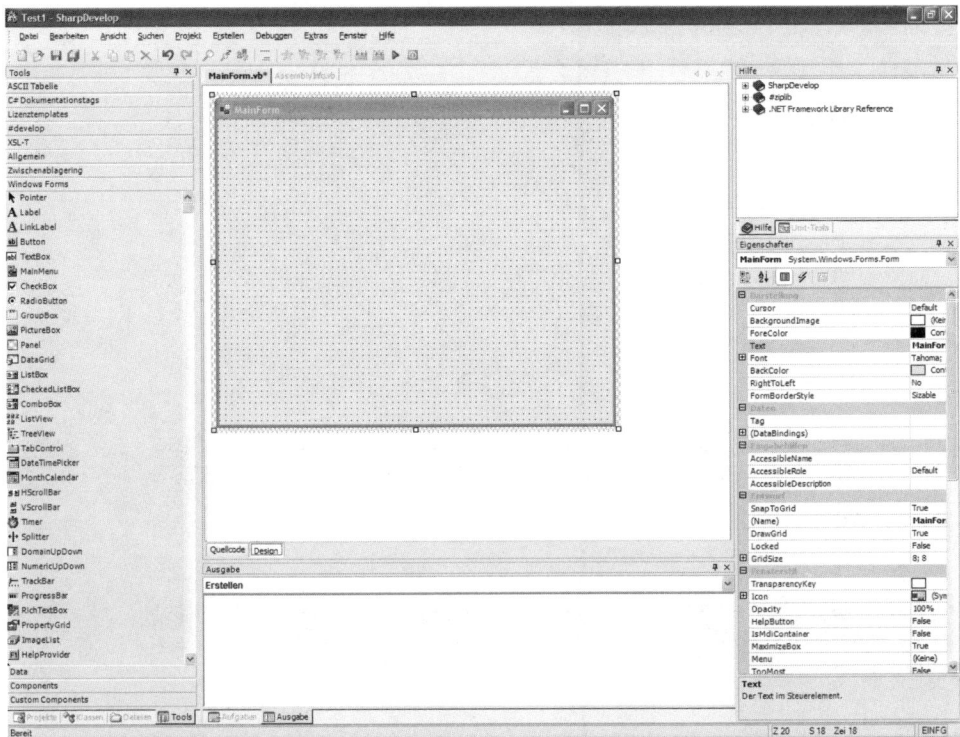

Abb. 26.3: Der Formulareditor

26.4 Formulare entwerfen

Um das Formular mit Steuerelementen zu füllen, müssen Sie das laufende Testprogramm
zunächst wieder beenden. Dazu schließen Sie das Formular. Klicken Sie nun auf die Registerlasche Tools (siehe Abbildung 26.4), die Sie direkt unterhalb des Projekt-Explorers
finden.

Abb. 26.4: Die Registerlasche Tools

Klicken Sie anschließend auf den Button Windows Forms. Hier finden Sie nun alle Steuerelemente, die Sie innerhalb Ihrer Windows-Anwendung verwenden können (siehe Abbildung 26.5 auf der nächsten Seite).

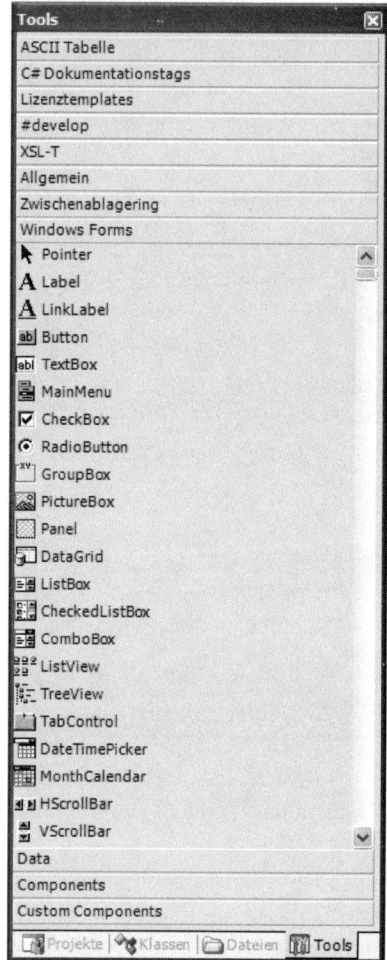

Abb. 26.5: Die Toolbox für Windows-Formulare

Einige der hier aufgelisteten Steuerelementtypen sind Ihnen sicherlich bereits von der Access-Toolbox her bekannt.

Um Ihrem Formular beispielsweise eine OK- und eine Abbrechen-Schaltfläche hinzuzufügen, gehen Sie wie folgt vor:

1. Ziehen Sie per Drag & Drop das Button-Tool aus der Toolbox rechts unten auf das Formular.

2. Erstellen Sie auf die gleiche Weise eine zweite Schaltfläche und positionieren Sie diese links neben der ersten Schaltfläche.

3. Markieren Sie die erste Schaltfläche. Rechts neben dem Formular-Designer werden nun die Eigenschaften der Schaltfläche aufgelistet. Dieses Eigenschaften-Fenster ist mit dem von Access vergleichbar.

4. Stellen Sie die Name-Eigenschaft auf `btnAbbrechen` ein und ändern Sie die Text-Eigenschaft in `Abbrechen`.

5. Weisen Sie der zweiten Schaltfläche auf die gleiche Weise die Eigenschaften `btnOk` und `OK` zu.

6. Ziehen Sie das `Label`-Tool aus der Toolbox auf das Formular und geben Sie ihm den Namen `lblText`. Ändern Sie die `Text`-Eigenschaft in `Dies ist meine erste .NET-Anwendung`.

7. Markieren Sie im Eigenschaften-Fenster die `Font`-Eigenschaft und klicken Sie auf die Schaltfläche mit den drei Punkten (. . .). Wählen Sie einen größeren Font aus.

8. Vergrößern Sie das `Label`-Steuerelement, sodass der komplette Text lesbar ist.

Das Formular sollte nun dem aus Abbildung 26.6 entsprechen.

Abb. 26.6: Das fertige Formular

Wenn Sie das Formular jetzt starten und die Größe des Formulars verändern, bleiben die beiden Schaltflächen an ihrer vorgesehenen Position. Besser wäre es natürlich, wenn diese weiterhin in der unteren rechten Ecke platziert blieben.

Zu diesem Zweck stellt .NET bei allen Steuerelementen die `Anchor`-Eigenschaft zur Verfügung. Markieren Sie beide Schaltflächen gleichzeitig und klicken Sie auf die `DropDown`-Schaltfläche der `Anchor`-Eigenschaft.

Es erscheint ein grafischer Editor mit vier Linien. Klicken Sie die dunkel hinterlegten Linien einzeln an. Danach klicken Sie die beiden übrigen Linien an.

Die Schaltflächen sind nun nicht mehr mit dem oberen linken, sondern dem unteren rechten Rand verankert. Drücken Sie F5 und prüfen Sie, ob die Position der Schaltflächen sich an die Größe des Formulars anpasst.

26.5 Ereignisprozeduren

Zu guter Letzt fehlen noch zwei Ereignisprozeduren für die beiden Schaltflächen.

Zur Anlage klicken Sie die `OK`-Schaltfläche in der Entwurfsansicht doppelt an. Es öffnet sich der `Code`-Editor, in dem SharpDevelop automatisch eine leere Ereignisprozedur anlegt.

Ergänzen Sie diese wie folgt:

```
Private Sub BtnOKClick(sender As System.Object, e As System.EventArgs)
    Me.Close
End Sub
```

Innerhalb dieser Ereignisprozedur wird das aktuelle Formular mit Hilfe der `Close`-Anweisung geschlossen und die Anwendung damit beendet.

Legen Sie auf die gleiche Weise auch für die `Abbrechen`-Schaltfläche eine Ereignisprozedur an und ergänzen Sie diese wie folgt:

```
Private Sub BtnAbbrechenClick(sender As System.Object, e As System.EventArgs)
    MessageBox.Show ("Sie haben auf Abbrechen geklickt!")
End Sub
```

Diese Ereignisprozedur zeigt ein Meldungsfenster an, sobald Sie auf die Schaltfläche klicken.

Starten Sie die Anwendung mit `F5`, um das Ergebnis zu begutachten.

26.6 Zusammenfassung und Ausblick

Sie haben in diesem Artikel gelernt, wie Sie mit Hilfe von frei verfügbaren und kostenlosen Werkzeugen eine .NET-Testanwendung entwickeln können.

Viele Vorgehensweisen beim Entwurf des Beispielformulars dürften Ihnen hierbei bereits von Access her bekannt sein. Hier liegt auch die Stärke von .NET: Sie können mit relativ einfachen Mitteln und ohne tiefere Kenntnisse eine .NET-Anwendung erstellen.

Wenn die Anforderungen an Ihre Anwendung zunehmen, können Sie weiter in .NET einsteigen und den kompletten Funktionsumfang nutzen. Hierbei gilt: Mit .NET können Sie alles programmieren, was Sie auch mit Access programmieren können.

Da Access speziell auf Datenbank-Anwendungen zugeschnitten ist, sind viele Aufgaben dort auf den ersten Blick etwas einfacher und schneller zu lösen.

Nach etwas Einarbeitungszeit werden Sie jedoch feststellen, dass Sie mit .NET weniger Fehler produzieren, der Programmcode aufgeräumter ist und Sie die Benutzer mit neuen Funktionen überraschen können. Der Einstieg in .NET lohnt sich also und wir werden Sie in den Update-Magazinen auf diesem Weg weiter begleiten.

27 Datentypen in VB.NET

Christoph Spielmann, Düsseldorf

Wie es sich für eine vernünftige Programmiersprache gehört, stellt auch VB.NET eine Reihe von Datentypen zur Verfügung, die Sie in Ihrem Programmcode verwenden können. Dieser Artikel gibt Ihnen einen Überblick über die wichtigsten Datentypen und erläutert Besonderheiten, die Sie unbedingt berücksichtigen sollten.

Inhalt

27.1 Der passende Datentyp

Programmiersprachen stellen in der Regel einen kompletten Satz an Datentypen zur Verfügung. Jeder Datentyp hat hierbei bestimmte Fähigkeiten und belegt eine bestimmte Menge Speicherplatz.

Zu einem guten Programmierstil gehört es, einen Datentyp auszuwählen, der bei minimalem Speicherplatzbedarf die gewünschte Anforderung erfüllen kann. Wenn Sie also beispielsweise das Alter einer Person speichern möchten, ist der Datentyp Byte (= 8 Bit) in der Regel ausreichend. Er unterstützt Werte im Bereich von 0 bis 255.

Jedoch gibt es eine wichtige Ausnahme von dieser Regel: Heutzutage sind die meisten Prozessoren als 32-Bit-Prozessoren ausgelegt. Dies führt dazu, dass sie mit aus 32 Bit bestehenden Zahlen schneller rechnen können, als mit kleineren oder größeren Zahlen. In der Praxis wird daher auch für Zahlen mit kleinen Wertebereichen häufig der Datentyp Integer eingesetzt.

Der Wertebereich entspricht dem eines Long-AutoWert-Feldes von Access und ist damit sehr groß. Außerdem werden sowohl negative als auch positive Ganzzahlen unterstützt.

Wenn Sie also auf eine gute Performance Ihrer Anwendung Wert legen, sollten Sie für Ganzzahlen den Datentyp Integer verwenden. Wenn dagegen ein möglichst geringer Speicherbedarf Priorität hat (weil Sie beispielsweise sehr viele Werte in einem Array ablegen möchten), sollten Sie einen möglichst speicherplatzsparenden Typ auswählen. Insgesamt unterstützt VB.NET die numerischen Datentypen aus Tabelle 27.1.

Typ	Speicherplatz (Bits)
Byte	8
Short	16
Integer	32
Single	32
Long	64
Double	64
Decimal	128

Tab. 27.1: Numerische Datentypen unter .NET

Die ersten fünf Datentypen können nun ganzzahlige Werte aufnehmen. Die letzten beiden Datentypen Double und Decimal unterstützten dagegen auch Dezimalbruchzahlen.

27.2 Deklaration einer Variablen

Die Deklaration einer Variablen erfolgt in VB.NET auf die gleiche Weise, wie in VBA unter Access mit Hilfe der Dim-Anweisung. Das folgende Beispiel definiert eine neue Variable mit dem Typ Integer und weist dieser einen Wert zu:

```
Dim Alter As Integer
Alter = 23
```

Um dieses Beispiel in SharpDevelop nachzuvollziehen, gehen Sie wie folgt vor:

1. Falls noch nicht geschehen, installieren Sie SharpDevelop und das .NET-Framework nach der Beschreibung im Artikel .NET-Programmierung mit SharpDevelop.

2. Starten Sie SharpDevelop.

3. Wählen Sie den Menüpunkt Datei → Neu → Combine aus.

4. Klicken Sie auf die Kategorie VBNET und die Schablone Konsolenanwendung.

5. Geben Sie unter Name den Projektnamen Datentypen ein.

6. Bestätigen Sie mit Erstellen.

7. Ergänzen Sie die Sub Main wie in Quellcode 27.1.

```
Imports System
Module Main
    Sub Main()
        Dim Alter As Integer
        Alter = 23
        Console.WriteLine (Alter)
    End Sub
End Module
```

Listing 27.1: Quellcode

Wenn Sie die Anwendung nun mit der Taste F5 starten, wird das Alter in einem Konsolenfenster ausgegeben.

Die Deklaration einer Variablen mit dem Datentyp Double erfolgt auf die gleiche Weise. Bei der Zuweisung eines Wertes müssen Sie darauf achten, dass Sie als Dezimaltrennzeichen den Punkt verwenden (siehe Abbildung 27.1 auf der nächsten Seite):

```
Dim Wechselkurs As Double
Wechselkurs = 1.2333
```

Tipp: Wenn Sie einer Variablen des Typs Double eine Ganzzahl zuweisen möchten, sollten Sie dies im Programmcode immer inklusive .0 angeben (beispielsweise 4.0). Dies verbessert die Lesbarkeit deutlich.

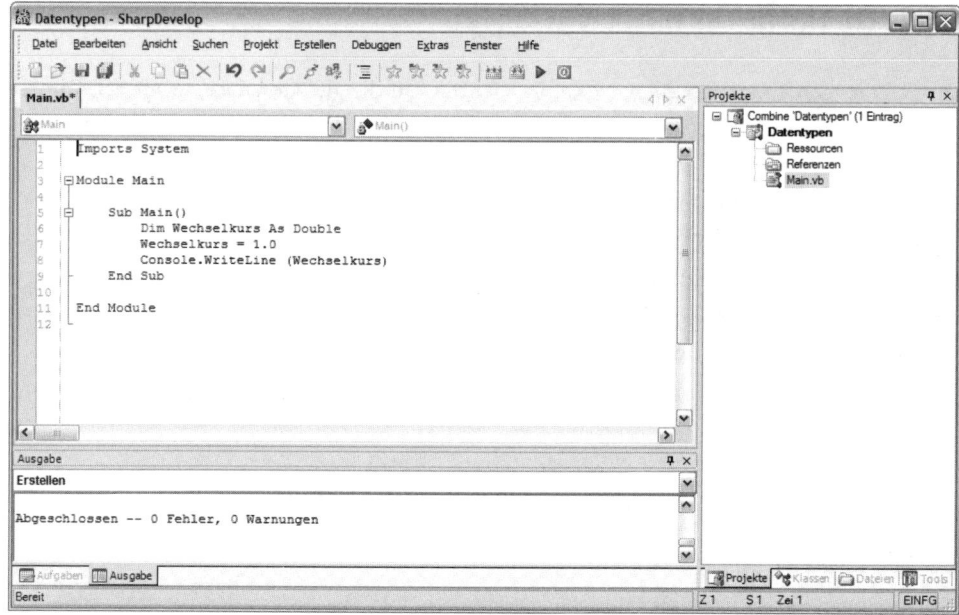

Abb. 27.1: Die Testprozedur in SharpDevelop

27.3 Boxing

Bei der Entwicklung von .NET war es das Ziel, alles als Objekt zu behandeln. Dies sollte auch auf einfache Variablen (Value Types) des Typs Integer oder Double zutreffen.

Das Problem bei Objekten ist, dass diese in einem speziellen Speicherbereich abgelegt werden (Heap), was viel Zeit in Anspruch nimmt und damit die Performance der Anwendung verschlechtert. Die Lösung besteht darin, dass .NET eine Value Type-Variable bei Bedarf in ein einfaches Objekt umwandelt. Dieser Vorgang wird auch als „Boxing" bezeichnet. Das folgende Beispiel demonstriert dies:

```
Sub Main()
    Console.WriteLine ((3.4).ToString())
End Sub
```

Hier wird die Zahl 3,4 mit Hilfe der ToString-Methode in einen Text umgewandelt und schließlich ausgegeben. Die Klammern um die Zahl herum sind nur erforderlich, damit .NET den Dezimalpunkt von dem üblichen Punkt zum Verweis auf Methoden unterscheiden kann. Bei der Ausführung der Anweisung liest .NET die Zahl in ein temporäres Objekt ein, sodass es die ToString-Methode ausführen kann. Wird das Objekt danach nicht mehr benötigt, zerstört es .NET automatisch. Von dem ganzen Vorgang bekommen Sie als Programmierer nichts mit.

27.4 Nicht numerische Datentypen

Neben den bereits vorgestellten numerischen Datentypen unterstützt VB.NET noch die folgenden Typen (siehe Tabelle 27.2):

Typ	Verwendungszweck
Boolean	True/False
String	Zeichenketten
Char	Ein einzelnes Zeichen
DateTime	Datums- und Zeitangaben
Object	Ein beliebiges Objekt

Tab. 27.2: Nicht numerische Datentypen

In den folgenden Abschnitten werden die Einsatzzwecke kurz beschrieben.

27.4.1 Boolean

Der Datentyp `Boolean` dient zum Speichern von zwei Zuständen, nämlich `True` oder `False`. Das folgende Beispiel deklariert eine `Boolean`-Variable und weist dieser den Wert `True` zu:

```
Dim IstAngestellt As Boolean
IstAngestellt = True
```

Anders als bei Access beziehungsweise VBA entsprechen `True` und `False` nicht mehr numerischen Werten. Die folgende Anweisung würde daher bei VBA funktionieren, bei .NET jedoch zu einem Kompilierfehler führen:

```
IstAngestellt = -1
```

27.4.2 String

Der Datentyp `String` unterstützt das Speichern von Texten. Die Länge des Textes ist hierbei nur durch den zur Verfügung stehenden Speicherplatz beschränkt. Wenn Sie also beispielsweise den Inhalt eines Access-Memo-Feldes in .NET weiterverarbeiten möchten, ist der `String`-Datentyp hierfür ideal. Es folgt ein Beispiel, in dem eine entsprechende Variable deklariert und ein Text zugewiesen wird:

```
Dim Nachname As String
Nachname = "Müller"
```

Um zu prüfen, ob eine `String`-Variable einen Inhalt hat, können Sie eine der folgenden Varianten verwenden:

```
Sub Main()
    Dim Nachname As String
    Nachname =""
    If Nachname = "" Then
        Console.WriteLine("Leer")
    End If
    If Nachname.Length = 0 Then
        Console.WriteLine("Leer")
    End If
    If Nachname = String.Empty Then
        Console.WriteLine("Leer")
    End If
End Sub
```

In einigen Fällen kann eine String-Variable nicht nur leer sein, sondern überhaupt nicht auf ein Objekt verweisen. Dies kann mit dem folgenden Ausdruck geprüft werden:

```
If Nachname Is Nothing Then
    Console.WriteLine("Leer")
End If
```

Da VB.NET einer neuen String-Variablen schon bei der Deklaration einen Leerstring zuweist, sollte der Zustand `Nothing` in der Regel nicht auftreten. Einige Klassen des .NET-Frameworks verhalten sich hier jedoch anders, sodass eine entsprechende Prüfung erforderlich ist.

27.4.3 Char

Der `Char`-Datentyp hat die Aufgabe, ein einzelnes Zeichen zu speichern. Das folgende Beispiel zerlegt einen String in einzelne Zeichen und gibt diese in der Konsole aus (siehe Abbildung 27.2):

```
Sub Main()
    Dim Nachname As String
    Dim Zeichen As Char
    Nachname = "Müller"
    For Each Zeichen In Nachname
        Console.WriteLine(Zeichen)
    Next
End Sub
```

Abb. 27.2: Die Zerlegung einer Zeichenkette

27.4.4 DateTime

Der DateTime-Datentyp unterstützt das Speichern von Datums- und Zeitangaben. Streng genommen handelt es sich hierbei nicht um einen Value-Type, sondern um eine „normale" Objektklasse. Das folgende Beispiel definiert eine DateTime-Variable und weist dieser ein festes Datum zu:

```
Sub Main()
    Dim Geburtsdatum As DateTime
    Geburtsdatum = New DateTime(1970,12,30)
    Console.WriteLine (Geburtsdatum)
End Sub
```

Anders als bei Access werden feste Datumswerte im Quellcode nicht in der Form #mm/d-d/yyyy#, sondern durch Angabe der einzelnen Bestandteile eines Datums definiert. Die Angabe erfolgt hierbei innerhalb des Konstruktors, der bei der Anlage eines neuen Objekts aufgerufen wird.

Nach dem Start des Beispiels erscheint in der Konsole das folgende Ergebnis:

```
30.12.1970 00:00:00
```

Die Nullwerte stehen hierbei für eine Uhrzeit. Um die Ausgabe anders zu formatieren, können Sie die ToString-Anweisung einsetzen. Der folgende Ausdruck gibt beispielsweise nur das Datum ohne Uhrzeit aus:

```
Console.WriteLine(Geburtsdatum.ToString("d"))
```

Das „d" steht hierbei für ein vordefiniertes Standardformat, ähnlich wie Sie es zum Beispiel von Access her kennen. In der Dokumentation zum .NET-Framework finden Sie noch weitere Formate für die verschiedensten Einsatzzwecke.

Natürlich stellt das .NET-Framework zum Rechnen mit Datumswerten eine Reihe von Funktionen in Form von Objektmethoden zur Verfügung. Das folgende Beispiel addiert zu dem angegebenen Datum sechs Monate und gibt das Ergebnis aus:

```
Sub Main()
    Dim Geburtsdatum As DateTime
    Geburtsdatum = New DateTime(1970, 12, 30)
    Dim NeuesDatum As DateTime
    NeuesDatum = Geburtsdatum.AddMonths(6)
    Console.WriteLine (NeuesDatum.ToString("d"))
End Sub
```

27.4.5 Object

Der Datentyp Object hat eine besondere Bedeutung. Er ist das Basis-Objekt aller anderen Objekte und kann damit Referenzen auf alle anderen Objekte speichern.

Er ist daher mit dem aus VBA bekannten Datentyp Variant vergleichbar, der in .NET nicht mehr verfügbar ist. Das folgende Beispiel speichert ein Datum in einer Variablen des Typs Object:

```
Sub Main()
  Dim MeinDatum As Object
  MeinDatum = New DateTime(2004, 1, 12)
  Console.WriteLine (DirectCast(MeinDatum, DateTime).ToString("d"))
End Sub
```

Die Zuweisung eines Datums zu einer `Object`-Variablen funktioniert auf die gewohnte Art und Weise.

Um das Datum aber aus der Variablen wieder herauszubekommen, muss mit Hilfe der `DirectCast`-Anweisung angegeben werden, welchen Typ der Programmierer in der Variablen erwartet.

Auf diese Weise kann der Compiler von .NET den Quellcode auf Richtigkeit prüfen, was Fehler vermeidet. Sollte während der Ausführung des Programms nicht der erwartete Typ in der Variablen sein, tritt ein Laufzeitfehler auf, wie das folgende Beispiel zeigt:

```
Sub Main()
  Dim MeineZahl As Object
  MeineZahl = 5
  Console.WriteLine (DirectCast(MeineZahl, DateTime).ToString())
End Sub
```

In diesem Beispiel wird einer `Object`-Variablen eine Zahl zugewiesen, beim Auslesen jedoch ein Datum erwartet. Dies quittiert .NET durch einen Fehler des Typs `InvalidCastException` (siehe Abbildung 27.3).

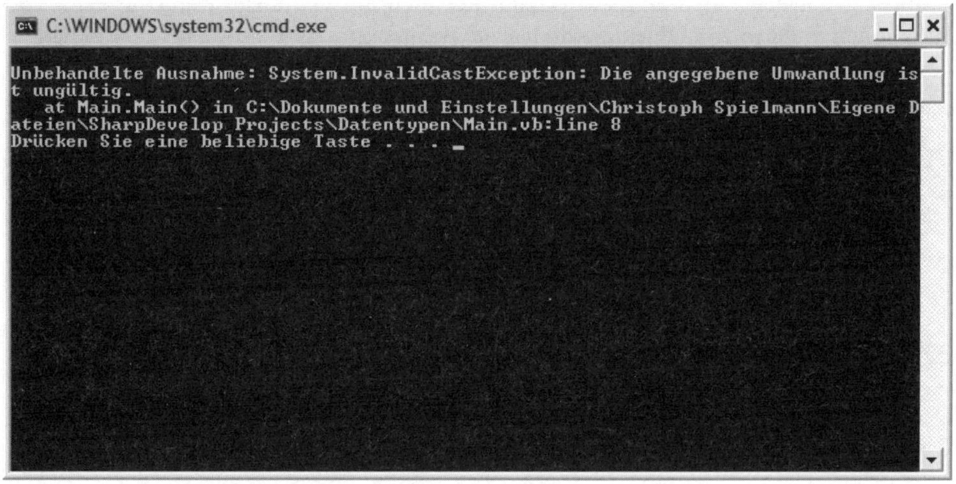

Abb. 27.3: Der von .NET ausgelöste Fehler

27.5 Typkonvertierung

Eine wichtige Aufgabe bei der Programmierung ist die Umwandlung von einem Typ in einen anderen.

Eine Variante, nämlich die von einer Zahl in einen String, haben Sie bereits im Zusammenhang mit der `ToString`-Methode kennen gelernt. Diese Methode steht grundsätzlich bei allen Objekten zur Verfügung.

Der andere Weg, nämlich die Umwandlung eines Textes in eine Zahl, tritt häufig bei der Verarbeitung von Benutzereingaben auf.

Zu diesem Zweck stellt .NET die `Convert`-Klasse zur Verfügung. Das folgende Beispiel wandelt einen Text in eine Zahl um:

```
Sub Main()
    Dim MeineEingabe As String
    Console.WriteLine ("Bitte geben Sie eine Zahl ein:")
    MeineEingabe = Console.ReadLine()
    Dim MeineZahl As Integer
    MeineZahl = Convert.ToInt32(MeineEingabe)
    Console.WriteLine (MeineZahl.ToString())
End Sub
```

> **Hinweis:** Falls Sie bei der Eingabe einen Text eingeben, der nicht in eine Zahl konvertiert werden kann, meldet .NET einen Laufzeitfehler.

Neben der `ToInt`-Methode stellt die `Convert`-Klasse noch eine Vielzahl anderer Methoden zur Verfügung, mit der Sie jeden Value-Type in jeden anderen Value-Type verwandeln können.

27.6 Zusammenfassung und Ausblick

Nach diesem kurzen Überblick über .NET-Datentypen fällt es Ihnen sicherlich leichter, den passenden Datentyp für Ihre Zwecke auszuwählen.

In zukünftigen Artikeln in den Update-Magazinen zu diesem Werk werden wir anhand von Praxisbeispielen noch genauer auf den Umgang mit den verschiedenen Typen eingehen.

28 .NET-Klassen in Access verwenden

Manfred Hoffbauer, Düsseldorf

Das Microsoft.NET Framework hält mit über 4.000 wesentlich mehr Klassen bereit als Microsoft Access. Darunter befinden sich auch zahlreiche Klassen, bei denen dem Access-Entwickler das Wasser im Munde zusammenläuft. Der folgende Beitrag beschreibt ein paar Tricks, mit denen Sie eine .NET-Klasse als COM-Komponente kompilieren und mit Access benutzen können.

Inhalt

28.1 Was Sie benötigen

Ein mit Microsoft .NET erstelltes Programm kann prinzipiell nur innerhalb des .NET-Frameworks ausgeführt werden. Demzufolge können Sie auch die mit .NET programmierten COM-Komponenten auf PCs ausführen, auf denen das .NET-Framwork installiert ist.

Außerdem benötigen Sie einige Hilfsprogramme, die im Microsoft Visual Studio.NET und im Microsoft NET-Framework SDK enthalten sind. Als Programmeditor setzen wir SharpDevelop ein.

Alle benötigten Komponenten können Sie kostenlos aus dem Internet laden und installieren.

> **Hinweis:** Eine Anleitung zur Installation und zur Anwendung der .NET-Entwicklungsumgebung SharpDevelop finden Sie in Kapitel 26 auf Seite 437 `.NET-Programmierung mit SharpDevelop`.

28.1.1 Vom Quellcode zum COM-Server

Das Component Object Model ist als weitgehend standardisierte Beschreibung für die Kommunikation zwischen Anwendungen unter Windows recht weit verbreitet.

Viele Windows-Programme können COM-Komponenten unabhängig davon benutzen, mit welcher Programmiersprache sie erstellt wurden. Beispiele sind Microsoft Access, Microsoft C++, Microsoft Excel und Microsoft Visual Basic. Wenn eine Anwendung eine COM-Komponente benutzt, fungiert die Anwendung als COM-Client und die Komponente als COM-Server.

Bei der Verwendung eines .NET-Programms mit Microsoft Access ist die .NET-Komponente der COM-Server und die Microsoft Access-Anwendung der COM-Client. Dieser Weg ist für Sie als Access-Programmierer zunächst der nahe liegende. Dank der COM-Schnittstelle können Sie Ihre Hauptanwendung weiterhin mit Microsoft Access entwickeln und .NET-Programmcode nur sporadisch per COM einfließen lassen.

Wenn Sie später hauptsächlich mit .NET entwickeln sollten, dann wird Sie vielleicht schon jetzt beruhigen, dass der umgekehrte Weg ebenfalls möglich ist: Ein .NET-Programm kann bestehende COM-Komponenten als so genannten unsicheren Code verwenden. Diese Verfahrensweise benötigen Sie, um mit .NET auf Microsoft Excel und Microsoft Word zuzugreifen.

Ein erstes Testprogramm soll zunächst die verschiedenen Schritte vom Quellcode zum COM-Server aufzeigen. Um wirklich nur die erforderlichen Schritte zu zeigen und etwaige Programmierfehler weitgehend auszuschließen, soll das Programm selbst möglichst einfach gehalten werden. Später erhält die Komponente weitere Klassen aus dem .NET-Framework. Dabei erhalten Sie unter anderem eine Klasse, mit der sich Zeichenketten ver- und entschlüsseln lassen.

28.1.2 Programm eingeben

Zur Eingabe des ersten Testprogramms starten Sie den kostenlosen Programmeditor `Sharp-Develop`. Gehen Sie dann wie folgt vor (siehe Abbildung 28.1):

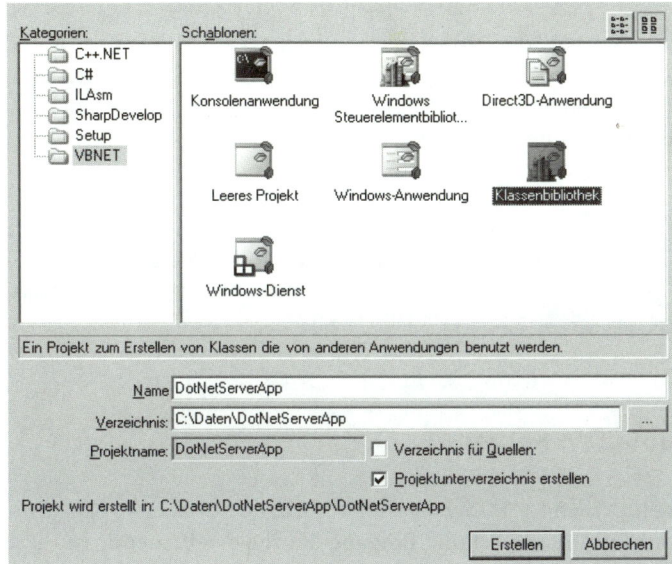

Abb. 28.1: Mit diesem Dialog legen Sie eine neue Klassenbibliothek an.

1. Klicken Sie auf den Button `Neues Combine`.

2. Markieren Sie im Dialog `Neues Projekt` die Kategorie `VBNET`.

3. Markieren Sie die Schablone `Klassenbibliothek`.

4. Geben Sie `DotNetServerApp` als Namen ein.

5. Wählen Sie einen einprägsamen und kurzen Pfad wie zum Beispiel `C:\Daten\DotNetServerApp` für das Verzeichnis.

6. Klicken Sie auf die `Erstellen`.

SharpDevelop legt eine neue Klassenbibliothek an und fügt die leere Klasse `NewClass` hinzu. Aus Gründen der Übersichtlichkeit sollten Sie der Klasse einen sprechenden Namen geben. Klicken Sie den Eintrag `NewClass.vb` im Projekt-Explorer mit der rechten Maustaste an und wählen Sie `Umbenennen` aus dem Kontextmenü. Ändern Sie den Namen in `DotNetTestClass.vb`. Korrespondierend können Sie den Klassennamen im Quelltext ebenfalls anpassen. Fügen Sie außerdem den folgenden Programmcode ein:

```
Public Class DotNetTestClass
   Public Sub New()
      MyBase.New()
   End Sub
   Public Function EineZeichenkette() As String
      EineZeichenkette = "http://www.trinidat.de"
   End Function
End Class
```

Damit verfügen Sie über eine Funktion namens `EineZeichenkette()`, die eine Zeichenkette als Parameter zurückgibt. Mit der F8-Taste können Sie das Combine erstellen und erhalten im Verzeichnis `C:\Daten\DotNetServerApp\DotNetServerApp\bin\Debug` die Datei `DotNetServerApp.dll`. Diese Datei gilt es nun für eine Access-Anwendung verfügbar zu machen.

Nun könnte man auf die Idee kommen, die DLL über den Befehl `Extras/Verweise` und `Durchsuchen` in Access hinzuzufügen. Dies führt jedoch leider zu der Fehlermeldung, dass ein Verweis auf die angegebene Datei nicht hinzugefügt werden kann (siehe Abbildung 28.2). Die nächsten Abschnitte dieses Beitrags beschreiben die Schritte, mit denen Sie aus der DLL-Datei einen COM-Server machen.

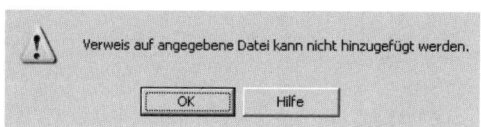

Abb. 28.2: Diese Fehlermeldung erhalten Sie beim Versuch, die DLL als Com-Server einzubinden.

28.1.3 Von der DLL zum COM-Server

Eine wichtige Voraussetzung für einen COM-Server ist das Vorhandensein eines Konstruktors, der ohne Argumente auskommt. Durch die Eingabe der `New()`-Prozedur ist diese Voraussetzung bereits erfüllt. Die Angabe von `MyBase.New()` ruft den Konstruktor der Basisklasse auf, was für unser Beispiel völlig ausreichend ist.

Mit dem `ComClass`-Attribut kennzeichnen Sie die neue Klasse als COM-Server. Dies veranlasst den Compiler zu verschiedenen Aktionen, die für die Verwendung eines .NET-Programms als COM-Server erforderlich sind. Sie müssen das Attribut in spitzen Klammern vor `Public Class DotNetTestClass` setzen.

Alternativ können Sie es auch eine Zeile darüber positionieren und die beiden Zeilen mit dem Unterstrich verbinden (siehe Quellcode 28.1).

```
<Comclass(VonDotNet.ClassId, VonDotNet.InterfaceId, VonDotNet.EventsId)> Public ⊃
Class DotNetTestClass
```
Listing 28.1: Quellcode

Wenn Sie das Combine nun mit F8 erstellen, dann meldet .NET den Fehler, dass `ComClass` unbekannt sei. Der Grund hierfür besteht darin, dass `ComClass` im Namespace `Microsoft.VisualBasic` definiert ist. Aus diesem Grund müssen Sie den Namespace entweder importieren oder vor `ComClass` mit angeben (siehe Quellcode 28.2).

```
<Microsoft.Visualbasic.Comclass(DotNetTestClass.ClassId,
DotNetTestClass.InterfaceId, DotNetTestClass.EventsId)> Public Class ⊃
DotNetTestClass
```
Listing 28.2: Quellcode

Jede unter Windows registrierte COM-Komponente muss eindeutig über eine Guid iden-
tifizierbar sein. Aus diesem Grund müssen Sie mindestens die Guid für die `ClassId` im
Quellcode angeben. Falls Ihr COM-Server Interfaces und Ereignisse verwendet, müssen Sie
auch diese Guids angeben. Die Definition der Guids geschieht durch die Programmzeilen
aus Quellcode 28.3.

```
#Region "COM GUIDs"
   Public Const ClassId As String = "ce8c8909-1126-4694-bfdd-602528cae505"
   Public Const InterfaceId As String = "b937860c-6670-4f1e-8028-31e5adacb18d"
   Public Const EventsId As String = "ccd5da17-c538-4903-913e-3b7bcf6f7f71"
#End Region
```

Listing 28.3: Quellcode

Woher kommen die Guids?

Es stellt sich natürlich die Frage, woher Sie gültige Guids bekommen können. Eine einfache
Möglichkeit besteht darin, dass Sie mit SharpDevelop ein kleines Tool für diesen Zweck
programmieren. Legen Sie dazu eine neue Combine mit dem Namen `CreateGuid` an.
Wählen Sie `VBNET` als Kategorie und verwenden Sie die Schablone `Windows-Anwendung`.

SharpDevelop fügt Ihrer Combine automatisch das Formular `MainForm.vb` hinzu. Klicken
Sie auf das Register `Design`, damit SharpDevelop die Entwurfsansicht des Formulars
anzeigt (siehe Abbildung 28.3 auf der nächsten Seite). Gehen Sie dann wie folgt vor:

1. Blenden Sie mit `Ansicht` → `Tools` die Toolbox ein.

2. Klicken Sie auf die Gruppe `Windows Forms`.

3. Ziehen Sie ein `Textbox`-Steuerelement und ein `Button`-Steuerelement in die Entwurfsansicht des Formulars.

4. Klicken Sie das `Textbox`-Steuerelement mit der rechten Maustaste an und wählen Sie
   `Eigenschaften` aus dem Kontextmenü.

5. Ändern Sie die Eigenschaft `Name` auf `txtGuid`.

6. Klicken Sie das `Button`-Steuerelement an.

7. Ändern Sie die Eigenschaft `Name` auf `btnCreateGuid` und die Eigenschaft `Text` auf
   `&Create Guid`.

Mit einem Doppelklick auf den Button veranlassen Sie SharpDevelop, eine Ereignisprozedur
für das `Click`-Ereignis des Buttons anzulegen und diese über `AddHandler` mit dem Click-
Ereignis des Buttons zu verknüpfen. Falls Sie sich den vom Formulardesigner generierten
Programmcode ansehen wollen, dann brauchen Sie nur einen Doppelklick auf die Region
`Windows Forms Designer generated code` auszuführen.

Die Ereignisprozedur `BtnCreateGuidClick` ist ein echter Einzeiler. Mit der folgenden
Anweisung veranlassen Sie .NET zur Anlage einer Guid. Diese Guid wird dem Steuerelement
als Text zugewiesen:

```
me.txtGuid.text = System.Guid.NewGuid.ToString
```

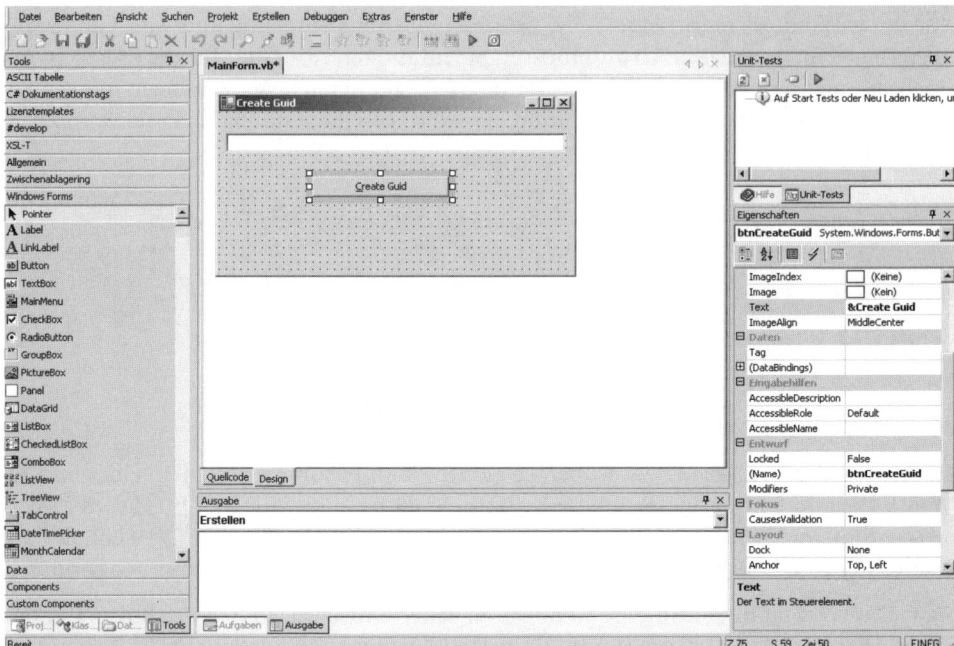

Abb. 28.3: In der Entwurfsansicht des Formulars können Sie Steuerelemente hinzufügen und deren Eigenschaften bearbeiten.

Durch das Betätigen der F5-Taste veranlassen Sie das Kompilieren und den Start des Programms. .Net zeigt ein Formular mit einer Schaltfläche an. Bei jedem Klick auf die Schaltfläche wird eine neue Guid generiert (siehe Abbildung 28.4).

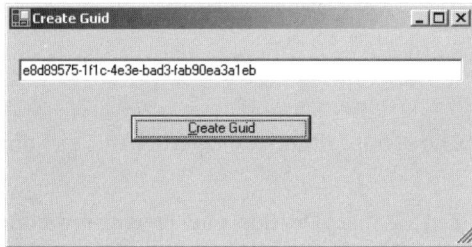

Abb. 28.4: Mit diesem Formular erhalten Sie neue Guids.

Falls Sie das Programm häufiger benötigen, brauchen Sie jeweils nur die Datei Create-Guid.exe per Doppelklick zu starten. Bei Bedarf können Sie auch eine Verknüpfung zu dieser EXE-Datei auf dem Desktop ablegen.

28.2 DLL als COM-Server kompilieren

Das Programm ist nun so vollständig, dass Sie es mit F8 kompilieren können. Falls beim Kompilieren Fehler auftreten, zeigt SharpDevelop die Anzahl der Fehler an. Im unteren Teil des Fensters können Sie auf das Register Aufgaben klicken, um eine Liste der Fehler zu erhalten. Ein Doppelklick auf einen dieser Fehler markiert die entsprechende Stelle im Quellcode.

Wenn das Kompilieren fehlerfrei funktioniert, erhalten Sie erwartungsgemäß die Datei DotNetServerApp.dll. Leider lässt sich auch diese Datei mit Access nicht als Verweis hinzufügen. Bevor Sie den COM-Server wirklich benutzen können, müssen Sie ihn zuerst noch in Windows registrieren.

28.2.1 Einen starken Namen zuweisen

Eine DLL ist nur dann als COM-Server zu gebrauchen, wenn die Assembly einen starken Namen hat. In .NET ist eine Assembly eine abstrakte Zusammenfassung von Klassen und Projekten zu einer Einheit.

Es handelt sich dabei um die kleinste als eigenständiges Programm ausführbare Einheit. Ein einfaches Beispiel für eine minimale Assembly ist das weiter oben beschriebene Programm CreateGuid.exe.

Eine besondere Stärke von .NET ist das so genannte XCopy-Deployment. Das bedeutet sinngemäß, dass Sie, um sie von dort aus zu starten, die Bestandteile einer Anwendung (DLL-, EXE- und Ressourcen-Dateien) einfach nur in ein Verzeichnis zu kopieren brauchen. Wenn Sie das Programm CreateGuid.exe in ein anderes Verzeichnis kopieren, dann können Sie es von dort aus starten. Ein zusätzliches Installationsprogramm ist nicht erforderlich.

Dieses Verfahren ist in den meisten Fällen einfach zu handhaben und sinnvoll. Nicht geeignet ist das Verfahren für Programmbestandteile, die von vielen Anwendungen gleichzeitig benutzt werden sollen. Diese verwaltet .NET im so genannten Global Assembly Cache (kurz: GAC). Ein .NET-Programm, das als COM-Server fungieren soll, muss ebenfalls im GAC registriert werden. Dies ist nun aber leider nur mit solchen Programmen möglich, die über einen starken Namen (englisch: strong name) verfügen. Es gibt mehrere Verfahren zur Vergabe starker Namen. Das Beispiel verwendet das AssemblyKeyFile-Attribut. Mit ihm können Sie den Namen einer Datei angeben, die ein Schlüsselpaar für die Registrierung der Assembly im GAC enthält.

Die Anlage dieser Datei erfolgt mit dem Programm SN.EXE, das sowohl im Lieferumfang von Microsoft Visual Studio .NET als auch im Lieferumfang des Microsoft .NET Framework SDK enthalten ist. Wenn Sie nicht wissen, an welcher Stelle Sie das Programm finden können, sollten Sie einfach mit dem Windows-Explorer im Unterverzeichnis Programme danach suchen. Auf einem PC mit installiertem Visual Studio.NET lautet der Aufruf zur Anlage des Schlüsselpaares wie folgt:

```
"C:\Programme\Microsoft Visual Studio .NET 2003\SDK\v1.1\Bin\sn.exe"
-k DotNetServerApp.snk
Pause
```

Sie finden die Batchdatei unter dem Namen SN.BAT in den Beispieldateien zu diesem Beitrag. Wenn Sie die Befehle direkt eingeben wollen, dann wählen Sie den Befehl Ausführen aus dem Start-Menü von Windows und geben Sie Command als Befehl ein.

Ja richtig, im Zeitalter von WLans und objektorientierter Programmierung geht's wieder zurück zu den Wurzeln, also zum DOS-Prompt – Verzeihung: zum Windows-Befehlszeileninterpreter. Der beschriebene Aufruf von SN.EXE generiert die Datei DotNetServerApp.snk, die Sie als Schlüsseldatei in Ihre Combine einfügen sollten (siehe Abbildung 28.5). Es bietet sich an, die Datei in das gleiche Verzeichnis zu kopieren, in dem sich der Quellcode der Anwendung befindet.

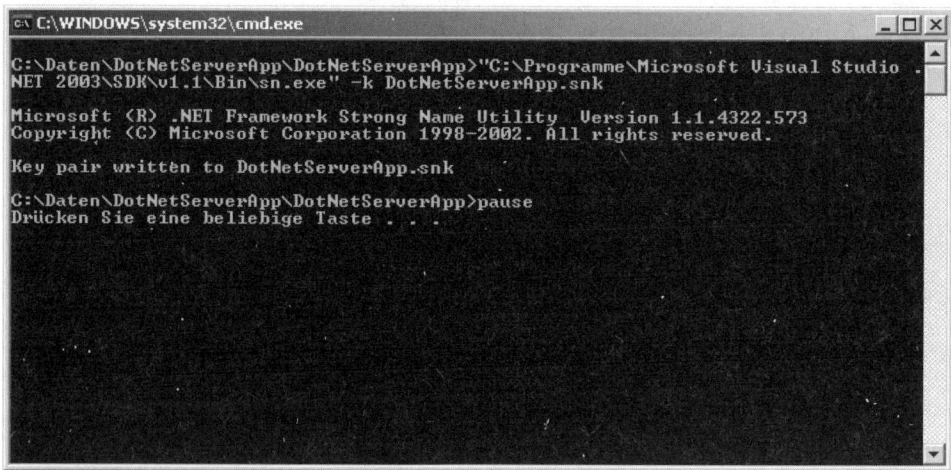

Abb. 28.5: Der Aufruf des .NET Framework Strong Name Utilities erfolgt über den Windows-Befehlszeileninterpreter.

Im Beispiel ist dies der folgende Ordner:

C:\Daten\DotNetServerApp\DotNetServerApp

Anschließend sollten Sie im Projekt-Explorer von SharpDevelop das Projekt DotNetServerApp mit der rechten Maustaste anklicken und den Befehl Hinzufügen → Dateien hinzufügen aus dem Kontextmenü auswählen. Fügen Sie die Datei DotNetServerApp.snk Ihrem Projekt hinzu. Damit die Datei auch verwendet wird, müssen Sie im Projekt-Explorer doppelt auf AssemblyInfo.vb klicken.

Ändern Sie die standardmäßig eingefügte Zeile für das AssemblyKeyFile-Attribut wie folgt:

```
<assembly: AssemblyKeyFile("DotNetServerApp.snk")>
```

Abschließend sollten Sie die Combine durch Betätigen der F8-Taste neu erstellen lassen.

28.2.2 COM-Server im Global Assembly Cache registrieren

Die nächsten drei Schritte erfolgen komplett außerhalb des Editors. Sie müssen eine Typenbibliothek anlegen, die Assembly im GAC installieren und sie unter Windows registrieren.
Das Erzeugen der Typenbibliothek erfolgt mit dem Tool tlbexp, das Installieren der Assembly im GAC erfolgt mit gacutil und die Anmeldung unter Windows übernimmt
regasm (siehe Abbildung 28.6). Die Beispieldateien zu diesem Beitrag enthalten die Batchdatei libgen.bat, die diese Aufgaben für Sie durchführt. Falls bei der Ausführung der
Batchdatei ein Fehler auftritt, sollten Sie die Pfade den Gegebenheiten Ihres PCs anpassen.

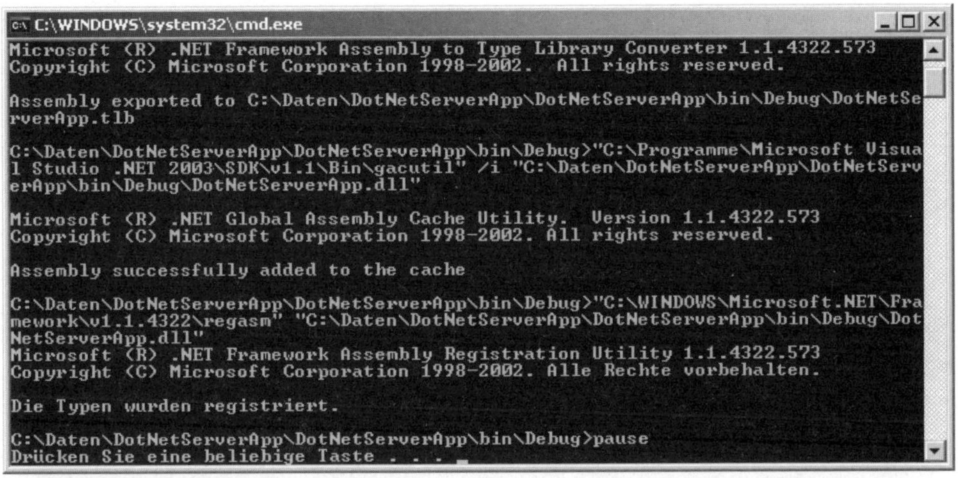

Abb. 28.6: Mit diesen Schritten erzeugen Sie eine Typenbibliothek sowie installieren und
registrieren die Assembly.

Das Tool gacutil registriert die DLL bei jedem Aufruf mit einer neuen Versionsnummer
im globalen Assemblycache. Das bedeutet, wenn Sie das Programm ändern und gacutil
neu starten, haben Sie anschließend zwei Programmversionen im globalen Assemblycache.
Einen Überblick über alle Programmversionen erhalten Sie mit dem Windows Explorer.
Öffnen Sie einfach den Ordner C:\WINDOWS\assembly. Windows zeigt den Inhalt dieses
Ordners wie in Abbildung 28.7 auf der nächsten Seite an.

Bei Bedarf können Sie alte Programmversionen einfach mit der Entf-Taste löschen. Aber
Vorsicht: Sie sollten sich vorerst auf die verschiedenen Versionen von DotNetServerApp
beschränken. Wenn Sie andere Assemblies löschen, kann Ihr PC stark durcheinander
geraten.

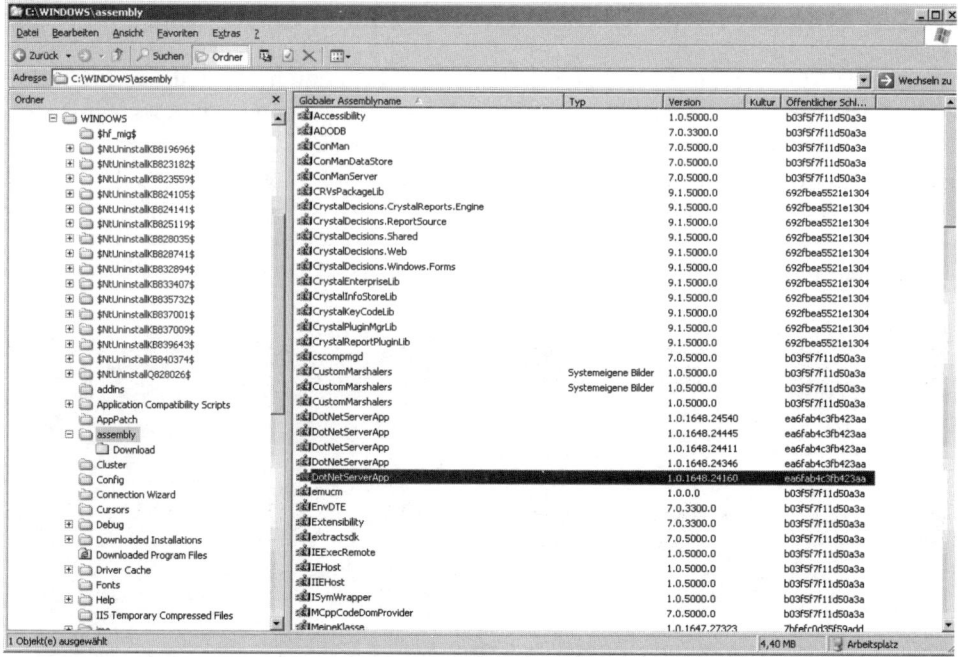

Abb. 28.7: Der Inhalt des Global Assembly Cache mit mehreren Versionen von DotNetServer-App

28.3 Den Com-Server verwenden

So, das war's. Der Com-Server ist fertig programmiert, registriert und Sie können ihn verwenden. Gehen Sie dazu wie folgt vor:

1. Starten Sie Microsoft Access mit einer leeren Datenbank.

2. Fügen Sie ein neues, leeres Modul hinzu.

3. Wählen Sie den Befehl `Extras → Verweise`.

4. Klicken Sie auf die Schaltfläche `Durchsuchen`.

5. Fügen Sie den Verweis auf die Datei `DotNetServerApp.tlb` hinzu (siehe Abbildung 28.8 auf der nächsten Seite).

Wenn alles geklappt hat, dann können Sie die Datei ohne weitere Fehlermeldung öffnen und den Verweisen hinzufügen. Im `Verweis`-Fenster sehen Sie anschließend die Datei `DotNetServerApp`. Um den COM-Server zu testen, können Sie in das Modulfenster VBA-Code aus Quellcode 28.4 eingeben.

```
Option Compare Database
Option Explicit
Public Sub MeinTest()
   Dim x As New DotNetServerApp.DotNetTestClass
   Debug.Print x.EineZeichenkette
End Sub
```

Listing 28.4: Quellcode

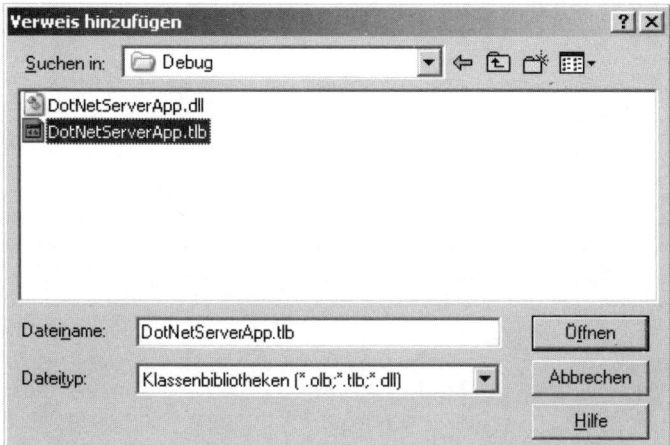

Abb. 28.8: Mit diesem Dialog fügen Sie einen Verweis auf den COM-Server hinzu.

Öffnen Sie mit Strg + G das Direktfenster und geben Sie die Anweisung MeinTest ein. Unmittelbar nach dem Betätigen der Eingabetaste übergibt Access den Aufruf an den frisch gebackenen COM-Server und dieser liefert den Text www.trinidat.de zurück. Das Ergebnis sollte sofort im Direktfenster angezeigt werden.

28.3.1 Zeichenketten verschlüsseln

War das nicht auf den ersten Blick ziemlich viel Aufwand für eine einfache Print-Anweisung? Bei der Beurteilung des Aufwands sollten Sie berücksichtigen, dass Sie mit dem beschriebenen Verfahren alle Objektklassen von .NET benutzen können. Wie einfach das ist, zeigt ein zweites Beispiel. Keine Angst, diesmal können Sie die bestehenden Batch-Dateien wieder verwenden und der Aufwand ist viel geringer. Gehen Sie wie folgt vor:

1. Klicken Sie in SharpDevelop das Projekt DotNetServerApp mit der rechten Maustaste an.

2. Wählen Sie Hinzufügen → Neue Datei aus dem Kontextmenü.

3. Markieren Sie die Kategorie VB und die Schablone Klasse.

4. Geben Sie DotNetCryptoClass.vb als Dateinamen ein.

5. Klicken Sie auf Erstellen.

SharpDevelop zeigt den standardmäßig generierten Rumpf der neuen Klasse an. Um diese Klasse innerhalb eines Com-Servers zu verwenden, müssen Sie das ComClass-Attribut mit drei neuen Guids hinzufügen. Die Guids können Sie mit dem selbst programmierten Tool `CreateGuid` generieren. Um den nachfolgend aufgeführten Programmcode verwenden zu können, müssen Sie zusätzlich zu dem Namespace `System` die Namespaces `System.Security.Cryptography` und `System.Text` importieren. In Quellcode 28.5 finden Sie das vollständige Listing der gesamten Klasse.

```
Imports System
Imports System.Security.Cryptography
Imports System.Text
Namespace DotNetServerApp
<Microsoft.VisualBasic.ComClass(DotNetCryptoClass.ClassId,
DotNetCryptoClass.InterfaceId, DotNetCryptoClass.EventsId)> Public Class ⊋
DotNetCryptoClass
#Region "COM GUIDs"
    ' These  GUIDs provide the COM identity for this class
    ' and its COM interfaces. If you change them, existing
    ' clients will no longer be able to access the class.
    Public Const ClassId As String = "fb0b3833-2e08-4e33-b3b3-706520acb848"
    Public Const InterfaceId As String = "7dd9a403-710a-4d50-a58b-bcc12ae2608b"
    Public Const EventsId As String = "cd5e09d8-e7e5-4c27-8e4e-cda949bc6e5a"
#End Region
    Private m_Key As String = ""
    Private Des As New TripleDESCryptoServiceProvider
    Private HashMD5 As New MD5CryptoServiceProvider
    Public Sub New()
        MyBase.new()
    End Sub
    Public Property CryptKey() As String
        Get
            Return m_Key
        End Get
        Set(ByVal Value As String)
            m_Key = Value
        End Set
    End Property
    Public Function DeCrypt(ByVal SourceText As String) As String
        Des.Key = HashMD5.ComputeHash(ASCIIEncoding.ASCII.GetBytes(m_Key))
        Des.Mode = CipherMode.ECB
        Dim desdencrypt As ICryptoTransform = Des.CreateDecryptor()
        Dim buff() As Byte = Convert.FromBase64String(SourceText)
        Return ASCIIEncoding.ASCII.GetString (desdencrypt.TransformFinalBlock(buff, ⊋
        0, buff.Length))
    End Function
    Public Function Crypt(ByVal SourceText As String) As String
        Des.Key = HashMD5.ComputeHash(ASCIIEncoding.ASCII.GetBytes(m_Key))
        Des.Mode = CipherMode.ECB
        Dim desdencrypt As ICryptoTransform = Des.CreateEncryptor()
        Dim MyASCIIEncoding As New ASCIIEncoding
        Dim buff() As Byte = ASCIIEncoding.ASCII.GetBytes(SourceText)
        Return Convert.ToBase64String (desdencrypt.TransformFinalBlock(buff, 0, ⊋
        buff.Length))
    End Function
    Public Shared Function GenerateHash(ByVal SourceText As String) As String
```

```
   Dim Ue As New UnicodeEncoding
   Dim ByteSourceText() As Byte = Ue.GetBytes(SourceText)
   Dim Md5 As New MD5CryptoServiceProvider
   Dim ByteHash() As Byte = Md5.ComputeHash(ByteSourceText)
   Return Convert.ToBase64String(ByteHash)
  End Function
 End Class
End Namespace
```

Listing 28.5: Quellcode

Die `DotNetCryptoClass`-Klasse verwendet verschiedene in .NET integrierte Klassen zum ver- und entschlüsseln von Zeichenketten. Die verwendeten Klassen sind im Namespace mit der Bezeichnung `System.Security.Cryptography` enthalten.

Beim Ver- und Entschlüsseln einer Zeichenkette müssen Sie jeweils den gleichen Key angeben. Den Key können Sie vom COM-Client über die Eigenschaft `CryptKey` definieren lassen.

28.3.2 Testen der DotNetCryptoClass-Klasse

Um die `DotNetCryptoClass`-Klasse zu testen, müssen Sie die Combine neu erstellen lassen. Betätigen Sie dazu die `F8`-Taste. Falls Kompilierfehler auftreten, sollten Sie zuerst die erforderlichen Änderungen durchführen. Als Ergebnis erhalten Sie wie bisher eine einzelne Datei namens `DotNetServerApp.dll` in folgendem Verzeichnis:

`C:\Daten\DotNetServerApp\DotNetServerApp\bin\Debug`

Bevor Sie die Datei registrieren und installieren können, müssen Sie zuerst eine eventuell gestartete Instanz von Microsoft Access beenden. Anderenfalls kann es vorkommen, dass der COM-Server gesperrt ist und nicht neu hinzugefügt werden kann.

Starten Sie danach die Batchdatei `libgen.bat`.

Nach einem erneuten Start von Microsoft Access sollten Sie ins Modulfenster wechseln und den Menübefehl `Extras → Verweise` auswählen. Leeren Sie das Ankreuzkästchen des Verweises `DotNetServerApp` und klicken Sie auf die Schaltfläche `Durchsuchen`.

Fügen Sie die Datei `DotNetServerApp.tlb` neu hinzu. Stellen Sie durch den Vergleich von Dateidatum und –uhrzeit sicher, dass Sie die neueste Version der Datei hinzufügen. Den eigentlichen Test des erweiterten COM-Servers können Sie mit dem VBA-Code aus Quellcode 28.6 durchführen.

```
Option Compare Database
Option Explicit
Public Sub ComTest()
   Dim x As New DotNetServerApp.DotNetTestClass
   Debug.Print x.EineZeichenkette
   Dim y As New DotNetServerApp.DotNetCryptoClass
   y.CryptKey = "www.trinidat.de"
   Dim strCrypt, strStart As String
   strStart = "DotNet als COM-Server."
   strCrypt = y.Crypt(strStart)
```

```
   Debug.Print "1.) Durchlauf mit gleichen Key"
   Debug.Print "Verwendeter Key:", y.CryptKey
   Debug.Print "Ursprüngliche Zeichenkette:", strStart
   Debug.Print "Verschlüsselte Zeichenkette:", strCrypt
   Debug.Print "Entschlüsselte Zeichenkette:", y.DeCrypt(strCrypt)
   Debug.Print "2.) Entschlüsseln mit anderem Key"
   y.CryptKey = "www.trinidat.de"
   Debug.Print "Änderung Key auf:", y.CryptKey
   Debug.Print "Entschlüsselte Zeichenkette:", y.DeCrypt(strCrypt)
End Sub
```

Listing 28.6: Quellcode

Wenn Sie das Programm durch die Eingabe von `ComTest` in den Direktbereich starten, erhalten Sie folgende Ausgabe:

```
http://www.trinidat.de
Verwendeter Key:  www.trinidat.de
Ursprüngliche Zeichenkette:  DotNet als COM-Server.
Verschlüsselte Zeichenkette:  /KgtvO/ebWjxZyhEkyLbB1OVMzNho7kl
Entschlüsselte Zeichenkette:  DotNet als COM-Server.
```

Es ist wichtig, dass Sie beim Ver- und Entschlüsseln den gleichen Key verwenden. Andernfalls erhalten Sie eine Fehlermeldung.

28.4 Zusammenfassung und Ausblick

Durch den Einsatz von .NET als COM-Server erhalten Sie Zugriff auf mehr als 4.000 im .NET-Framework enthaltene Klassen.

Selbst wenn Sie berücksichtigen, dass ein paar dieser Klassen in diesem Beitrag bereits vorgestellt wurden und weitere Klassen in gleicher oder ähnlicher Form auch in VBA enthalten sind, bleibt immer noch ein reicher Fundus für die unterschiedlichsten Aufgaben.

Es ist also nahe liegend, sich eine Klasse nach der anderen im Hinblick auf die Eignung für Microsoft Access anzusehen. Viele Klassen sind nämlich hervorragend dazu geeignet, die Schwachstellen von Access auszugleichen.

.NET verfügt über betriebssystemnahe Klassen wie `FileSystemWatcher`. Sie kann ein Programm über Änderungen an Dateien unterrichten. Eine völlig neue Denkweise für Access-Programmierer ist die Programmierung von Threads, die als solche innerhalb des Multithreading von Windows ablaufen. Ein Thread kann beispielsweise zu jeder vollständigen Stunde den Lagerbestand berechnen und Bestellungen per E-Mail versenden – eine Aufgabe, die mit Access nur auf Umwegen zu bewältigen ist.

Ein kleines Manko besteht vielleicht darin, dass COM-Server keine visuelle Darstellung bieten. Hierfür benötigen Sie ActiveX-Steuerelemente. Tatsächlich gibt es sogar einen Trick, mit dem sich in .NET programmierte Klassen als ActiveX-Steuerelement in Access einbetten lassen. Aber das ist das Thema eines anderen Beitrags.

28.5 Literaturhinweise

Wenn Sie die in diesem Kapitel beschriebenen Themen vertiefen wollen, dann sollten Sie sich folgende Internetseiten ansehen:

Walkthrough: Creating COM Objects with Visual Basic .NET

```
http://msdn.microsoft.com/library/default.asp?url=/library/en-us/
vbcn7/html/vawlkWalkthroughCreatingCOMObjectsWithVisualBasicNET.asp
```

How Do I...Build a .NET Server Callable from COM clients?

```
http://samples.gotdotnet.com/quickstart/howto/doc/Interop/Building_
Samples_COM2NET.aspx
```

Handling Language Interoperability with the Microsoft .NET Framework

```
http://msdn.microsoft.com/library/en-us/dndotnet/html/interopdotnet.
asp?frame=true
```

Packaging an Assembly for COM

```
http://msdn.microsoft.com/library/default.asp?url=/library/en-us/
cpguide/html/cpconexposingnetframeworkcomponentstocom.asp
```

29 Von VBA zu VB.NET

Christoph Spielmann, Düsseldorf

Die Entwicklung von Anwendungen auf der .NET-Plattform gewinnt immer mehr an Bedeutung. Auch für Access-Entwickler stellt sich daher die Frage, ob bestimmte Anwendungen nicht besser mit .NET als mit Access entwickelt werden sollten. Dies trifft insbesondere auf moderne Anwendungen zu, die beispielsweise per Web-Service mit anderen Systemen kommunizieren, auf unterschiedliche Datenbank-Server zugreifen und das Benutzer-Interface im Web präsentieren. In diesem Artikel stellen wir Ihnen die .NET-Plattform genauer vor und zeigen Ihnen, wie Sie als VBA-Programmierer möglichst einfach auf VB.NET umsteigen können.

Inhalt

29.1 Von COM ...

Wenn Sie eventuell schon einmal innerhalb von Access mit ActiveX-Steuerelementen gearbeitet haben, wurden Sie sicherlich mit Problemen bei der Weitergabe Ihrer Anwendung konfrontiert. Zum einen ist es erforderlich, dass der Ziel-PC das Microsoft-Office-Paket oder Access in der passenden Version installiert hat. Sollte dies nicht der Fall sein, bleibt Ihnen nur der Erwerb der Entwickler-Version von Access, die auch eine Laufzeitumgebung enthält.

Zudem ist es erforderlich, dass der Ziel-Rechner ebenfalls die bei der Entwicklung verwendeten ActiveX-Steuerelemente enthält. Da diese – anders als bei einer Access-Datenbankdatei – nicht einfach auf den Ziel-Rechner kopiert, sondern vorschriftsmäßig installiert und in der Registry eingetragen werden müssen, ist die Erstellung eines Setup-Programms erforderlich. Dies verursacht natürlich zusätzlichen Aufwand und bringt auch wieder Probleme mit sich, falls die ActiveX-Controls bereits auf dem Ziel-Rechner vorhanden sind, aber eine andere Versionsnummer haben. Sollte die vorhandene Version kleiner als die von Ihnen benötigte sein, funktioniert Ihre Anwendung eventuell nicht richtig. Wenn Sie die Version dagegen durch eine neuere ersetzen, könnten damit bereits vorhandene Anwendungen auf dem Ziel-Rechner unbrauchbar werden, da sie eine spezielle Version voraussetzen. Diese Problematik wird allgemein auch als „DLL-Hölle" bezeichnet. Sie führt dazu, dass viele Access-Entwickler komplett auf den Einsatz von Komponenten verzichten, sodass sie lediglich eine einfache MDB-Datei weitergeben müssen. Sie nehmen hierbei oft in Kauf, dass sie Funktionen, die von Komponenten zur Verfügung gestellt werden könnten, lieber in VBA nachprogrammieren, da dies das geringere Übel bedeutet.

Alle beschriebenen Einschränkungen haben ihren Ursprung in dem Komponentenmodell „COM" (Component Object Model) von Windows. Dies ist Basis aller klassischen Anwendungen aus dem Hause Microsoft wie zum Beispiel Word, Excel, Outlook oder Access.

Microsoft hat sich die Aufgabe gestellt, das komplette COM-Objektmodell durch ein neues Komponentenmodell zu ersetzen. Herausgekommen ist nach fast zehn Jahren Forschungs- und Entwicklungsarbeit die .NET-Plattform.

29.2 ... zu .NET

Das Besondere an der .NET-Plattform ist, dass sie in weiten Zügen unabhängig vom Betriebssystem und der darunter liegenden Hardware ist. Lediglich einige Kernbereiche nutzen Betriebssystemfunktionen. Dazu gehören beispielsweise der Zugriff auf das Dateisystem, die Kommunikation über das Netzwerk sowie die Darstellung der Benutzeroberfläche von Windows-Anwendungen.

Tatsächlich ist es so, dass ein Tochterunternehmen der Firma Novell bereits eine Version des .NET-Frameworks für Linux entwickelt hat. Ziel des Projekts „Mono" ist es, dass Anwendungen zwischen Linux und Windows ohne Neukompilierung ausgetauscht werden können.

Damit dies funktioniert, besetzt das .NET-Framework ein Modul namens „Common Language Runtime", kurz CLR. Die CLR besitzt die Fähigkeit, einen Programmcode kurz vor der Ausführung in Anweisungen für das jeweilige Betriebssystem zu übersetzen. Die Übersetzung wird auch als „Just In Time"-Kompilierung (kurz JIT) bezeichnet. Hierbei kann der Compiler den Programmcode zum Beispiel auf Ausführungsgeschwindigkeit oder auf geringen Platzbedarf optimieren. Wenn Sie also auf Ihrem PC etwa Word und Access gestartet haben, also wenig Hauptspeicher zur Verfügung steht, kann die CLR eine neu gestartete Anwendung möglichst Platz sparend kompilieren.

Das „Jitten" spielt auch beim Komponentenmodell eine wesentliche Rolle. Kurz vor dem Start prüft .NET, welche Komponenten von der Anwendung benötigt werden und ob diese in passenden Versionen zur Verfügung stehen. Sollte dies der Fall sein, wird die Anwendung kompiliert und fest mit den Komponenten verknüpft.

Dies benötigt zwar etwas Zeit beim Start der Anwendung, garantiert jedoch eine hohe Ausführungsgeschwindigkeit. Wird die Anwendung beendet und neu gestartet, beginnt der Vorgang von Neuem. Sollten nun neuere Komponenten zur Verfügung stehen, werden diese natürlich beim Neustart berücksichtigt.

29.3 Assemblies

Die bereits angesprochenen Komponenten werden unter .NET als „Assemblies" bezeichnet. Hierbei handelt es sich um Dateien, die aus zwei wesentlichen Bereichen bestehen: Dem Manifest und dem eigentlichen Programmcode. Das Manifest enthält hierbei Informationen zu dem Assembly. Dazu gehören etwa die Versionsnummer, die Namen der enthaltenen Klassen und deren Mitglieder sowie Text- und Grafik-Ressourcen. Jedes Assembly beschreibt sich selbst also möglichst gut, damit es von anderen Assemblies verwendet werden kann.

Assemblies haben in der Regel die Dateiendung DLL, obwohl sie nichts mehr mit den klassischen DLLs aus der COM-Welt zu tun haben. Ausnahme bilden direkt ausführbare Programme, die die Dateiendung EXE haben. .NET-EXE-Dateien enthalten im Kopf einen Boot-Bereich. Dieser teilt dem Betriebssystem mit, dass die EXE-Datei nicht auf herkömmlichem Wege gestartet, sondern an die CLR weitergeleitet werden soll. Diese nimmt dann den Start vor.

Vorher prüft sie noch die Herkunft des Assemblies und aktiviert entsprechende Sicherheitsfunktionen. Beispielsweise haben Assemblies, die aus dem Internet stammen, standardmäßig nur sehr wenig Rechte. Sie dürfen nicht auf das Dateisystem oder die Registry zugreifen, was die Ausbreitung von .NET-Viren zusammen mit den anderen Sicherheitsfunktionen von .NET nahezu unmöglich macht.

29.4 Die Intermediate Language, C# und VB.NET

Wie bereits erwähnt, enthalten Assemblies neben dem beschreibenden Manifest auch den eigentlichen Programmcode; dieser liegt jedoch nicht in einer Hochsprache vor, sondern in einer Zwischen-Sprache. Diese trägt den Namen „Intermediate Language" – kurz „IL".

Diese Sprache kann sehr einfach in Ausführungsanweisungen für den Prozessor übersetzt werden, was vom JIT-Compiler erledigt wird und eine hohe Performance garantiert.

Die Sprache ist daher sehr hardwarenah, was für den normalen Programmierer wenig Komfort bedeutet. Ein Beispiel finden Sie in Abbildung 29.1 auf der nächsten Seite.

> **Tipp:** Wenn Sie selbst einmal einen Blick auf den IL-Code eines Assemblies werfen möchten, verwenden Sie das Tool ILDASM.EXE (siehe Abbildung 29.2 auf Seite 476), das zum Lieferumfang des .NET-SDKs gehört. Sie finden es im BIN-Ordner. Mit dem Menüpunkt File → Open können Sie ein beliebiges Assembly öffnen und das Manifest begutachten. Bei einem Klick auf einen Klassen-Member wird der IL-Code angezeigt.

Zur Vereinfachung der IL kommen Hochsprachen wie C# oder VB.NET ins Spiel. Ein mit diesen Sprachen erstellter Programm-Code wird mit Hilfe eines Kompilers zunächst in die IL übersetzt und zusammen mit dem Manifest in ein Assembly gepackt.

Dieses Assembly kann schließlich vom JIT-Kompiler in Maschinen-Code übersetzt und ausgeführt werden.

Andere Anbieter wie etwa Borland stellen ebenfalls Kompiler zur Verfügung, die beispielsweise die Programmiersprache „Delphi" in die IL übersetzen.

Da dies relativ einfach ist, gibt es inzwischen sehr viele unterschiedliche Sprachen für die .NET-Plattform. Die Übersetzung der Hochsprache in die IL findet auf dem PC des Entwicklers statt, sodass dieser den Quellcode seiner Anwendung nicht weitergeben muss. Auf diese Weise kann er sein geistiges Eigentum schützen.

Hierbei gibt es jedoch eine Einschränkung: Microsoft wollte das Komponentenmodell möglichst effizient gestalten.

Zu diesem Zweck war es erforderlich, sehr viele Informationen über die Komponente im Manifest unterzubringen. Dazu zählen beispielsweise auch Namen von Klassen, Prozeduren und Eigenschaften.

Zusammen mit dem IL-Code ist es relativ einfach möglich, den originalen Quelltext zu rekonstruieren. Hierbei fehlen zwar einige Elemente wie etwa die Namen der lokalen Variablen; die Arbeitsweise des Quellcodes lässt sich jedoch gut nachvollziehen. Wenn Ihr Quellcode also zum Beispiel schützenswerte Algorithmen enthält, sollten Sie hierauf achten.

```
MainClass::Main : void(string[])                                           _ □ X

.method public hidebysig static void  Main(string[] args) cil managed
{
  // Code size       199 (0xc7)
  .maxstack  4
  .locals init (class ICSharpCode.SharpZipLib.Zip.ZipInputStream V_0,
           class ICSharpCode.SharpZipLib.Zip.ZipEntry V_1,
           int32 V_2,
           unsigned int8[] V_3)
  IL_0000:  ldstr      "C:\\a.zip"
  IL_0005:  call       class [mscorlib]System.IO.FileStream [mscorlib]System.I
  IL_000a:  newobj     instance void ICSharpCode.SharpZipLib.Zip.ZipInputStrea
  IL_000f:  stloc.0
  IL_0010:  ldloc.0
  IL_0011:  ldstr      "mausi"
  IL_0016:  callvirt   instance void ICSharpCode.SharpZipLib.Zip.ZipInputStrea
  IL_001b:  br         IL_00b3
  IL_0020:  ldstr      "Name : {0}"
  IL_0025:  ldloc.1
  IL_0026:  callvirt   instance string ICSharpCode.SharpZipLib.Zip.ZipEntry::g
  IL_002b:  call       void [mscorlib]System.Console::WriteLine(string,
                                                               object)
  IL_0030:  ldstr      "Date : {0}"
  IL_0035:  ldloc.1
  IL_0036:  callvirt   instance valuetype [mscorlib]System.DateTime ICSharpCod
  IL_003b:  box        [mscorlib]System.DateTime
  IL_0040:  call       void [mscorlib]System.Console::WriteLine(string,
                                                               object)
  IL_0045:  ldstr      "Size : (-1, if the size information is in the foot"
  + "er)"
  IL_004a:  call       void [mscorlib]System.Console::WriteLine(string)
  IL_004f:  ldstr      "      Uncompressed : {0}"
  IL_0054:  ldloc.1
  IL_0055:  callvirt   instance int64 ICSharpCode.SharpZipLib.Zip.ZipEntry::ge
  IL_005a:  box        [mscorlib]System.Int64
  IL_005f:  call       void [mscorlib]System.Console::WriteLine(string,
                                                               object)
  IL_0064:  ldstr      "      Compressed   : {0}"
  IL_0069:  ldloc.1
  IL_006a:  callvirt   instance int64 ICSharpCode.SharpZipLib.Zip.ZipEntry::ge
  IL_006f:  box        [mscorlib]System.Int64
  IL_0074:  call       void [mscorlib]System.Console::WriteLine(string,
                                                               object)
  IL_0079:  ldc.i4     0x800
  IL_007e:  stloc.2
  IL_007f:  ldc.i4     0x800
  IL_0084:  newarr     [mscorlib]System.Byte
  IL_0089:  stloc.3
  IL_008a:  ldloc.0
  IL_008b:  ldloc.3
  IL_008c:  ldc.i4.0
  IL_008d:  ldloc.3
  IL_008e:  ldlen
  IL_008f:  conv.i4
  IL_0090:  callvirt   instance int32 [mscorlib]System.IO.Stream::Read(unsigne
```

Abb. 29.1: Beispiel für IL-Code

Abb. 29.2: Der Disassembly
ILDASM

29.5 Die Klassenbibliothek von .NET

Da die CLR nur die rudimentären Funktionen zur Entwicklung einer Anwendung zur Verfügung stellt, enthält die .NET-Plattform eine Bibliothek aus über 4.000 Klassen. Diese können von Programmierern zur Lösung der verschiedensten Aufgaben eingesetzt werden. Diese Bibliothek wird häufig auch als „.NET-Framework" bezeichnet.

Das Framework erledigt neben einfachen Funktionen wie zum Beispiel die Umwandlung einer Zahl in einen Text auch komplexe Aufgaben wie die Kommunikation mehrerer Systeme untereinander mittels Web-Service.

Microsoft hat Wert darauf gelegt, dass für fast alle Alltagsaufgaben eine passende Klasse zur Verfügung steht. Wenn Sie also beispielsweise eine Liste aus Texten sortieren möchten, müssen Sie nicht zuerst einen Quick-Sort- oder Bubble-Sort-Algorithmus programmieren, sondern können direkt auf eine passende Klasse zurückgreifen. Der Nachteil: Es gibt so viele Klassen, dass Sie einige Zeit benötigen, bis Sie einen groben Überblick über alle Funktionsbereiche erhalten. Um Ordnung in die Klassen zu bringen, hat Microsoft diese in „Namespaces" organisiert. Der Namespace „System.IO" enthält beispielsweise alle Klassen, die sich mit dem Lesen und Schreiben von Dateien beschäftigen. In „System.Windows.Forms" finden Sie dagegen alles Nötige, um Windows-Benutzeroberflächen zu entwerfen.

29.6 Alles ist ein Objekt

Das .NET-Framework ist komplett objektorientiert aufgebaut. Um dies zu verstehen, ist die Unterscheidung zwischen den Begriffen „Klasse" und „Objekt" wichtig: Eine Klasse existiert nur ein einziges Mal pro Anwendung. Sie dient als Schablone zur Erstellung eines Objekts. Wenn Sie also beispielsweise in einer Adressverwaltung zehn Personen mit den gleichen Attributen (Namen, Vorname, Ort, PLZ, ...) verwalten möchten, programmieren Sie nicht zehn Objekte, sondern nur eine einzige Klasse, und erzeugen auf Basis dieser Klasse zehn Objekte.

> **Hinweis:** Synonym für den Begriff „Objekt" steht auch der Begriff „Instanz".

Das Erstellen einer eigenen Klasse können Sie zum Beispiel mit `SharpDevelop` ausprobieren. Dazu gehen Sie wie folgt vor:

1. Falls noch nicht geschehen, installieren Sie `SharpDevelop` und das .NET-Framework nach der Beschreibung des Kapitels 26 auf Seite 437 `.NET-Programmierung mit SharpDevelop`.

2. Starten Sie `SharpDevelop`.

3. Wählen Sie den Menüpunkt `Datei` → `Neu` → `Combine` aus.

4. Klicken Sie auf die Kategorie `VBNET` und die Schablone `Konsolenanwendung`.

5. Geben Sie unter `Name` den Projektnamen `Personenverwaltung` ein.

6. Bestätigen Sie mit `Erstellen`.

Auf dem Bildschirm ist nun ein neues, leeres Projekt sichtbar. Starten Sie das Projekt testweise mit der Taste F5.

Es erscheint ein Konsolenfenster auf dem Bildschirm, in dem der Text „Hello World" ausgegeben wird.

> **Hinweis:** Konsolen-Anwendungen bieten nur eine eingeschränkte Benutzeroberfläche nach dem Vorbild von DOS. Der Vorteil ist, dass die komplexen Benutzeroberflächen-Klassen zunächst außen vor bleiben und der Einstieg in .NET damit leichter fällt.

Zur Anlage der ersten Klasse gehen Sie wie folgt vor:

1. Klicken Sie im Projekt-Explorer von SharpDevelop den Eintrag Personenverwaltung mit der rechten Maustaste an. Wenn der Projekt-Explorer nicht sichtbar ist, hilft die Tastenkombination Strg + Alt + L weiter.

2. Wählen Sie den Menüpunkt Hinzufügen → Neue Datei aus.

3. Klicken Sie auf die Kategorie VB und die Schablone Klasse.

4. Geben Sie unter Dateiname den Text Person.vb ein.

5. Bestätigen Sie mit Erstellen.

Im Quellcode-Editor erscheint nun der folgende Programmcode:

```
Imports System
Namespace Personenverwaltung
    Public Class Person
        Public Sub New()
        End Sub
    End Class
End Namespace
```

Die eigentliche Klasse beginnt mit der Zeile Public Class Person und endet mit End Class.

Die komplette Klasse ist eingekapselt durch die Zeilen Namespace Personenverwaltung und End Namespace. Dies bedeutet, dass die neue Klasse zum Namespace Personenverwaltung gehört. Zur Erinnerung: Namespaces dienen der besseren Organisation von Klassen. So könnten Sie beispielsweise alle Klassen, die sich mit der Verwaltung von Personen beschäftigen, in den Namespace Personenverwaltung einordnen und alle Klassen zum Thema Projektverwaltung in den Namespace Projektverwaltung.

Zu Beginn ist noch eine Imports-Anweisung angegeben. Diese bewirkt eine Abkürzung bei dem Verweis auf Klassen. Wenn Sie beispielsweise auf die Klasse System.IO.FileInfo zugreifen möchten, können Sie im Programmcode entweder mit

```
System.IO.FileInfo
```

den kompletten Pfad angeben oder den Namespace System.IO mit

```
Imports System.IO
```

importieren. In Zukunft reicht dann die einfache Angabe

```
FileInfo
```

aus, um auf die Klasse zu verweisen.

29.7 Ausbau der Klasse „Person"

Sinn und Zweck der neuen Klasse soll es sein, die Anschrift-Daten einer Person zu verwalten. Zu diesem Zweck werden der Klasse nun entsprechende Variablen hinzugefügt, die von außen zugänglich sind. Solche Variablen werden auch als Felder bezeichnet.

Ergänzen Sie die Klasse wie folgt:

```
Public Class Person
    Public Nachname As String
    Public Vorname As String
    Public Straße As String
    Public PLZ As String
    Public Ort As String
    Public Geburtsdatum As DateTime
    Public Sub New()
    End Sub
End Class
```

Wechseln Sie danach durch einen Doppelklick im Projekt-Explorer auf Main.vb zurück und ändern Sie den Programmcode wie in Quellcode 29.1 ab.

```
Imports System
Imports Personenverwaltung
Module Main
    Sub Main()
        Dim ErstePerson As Person
        ErstePerson = new Person()
        ErstePerson.Nachname = "Mustermann"
        ErstePerson.Vorname = "Hans"
        ErstePerson.Straße = "Musterstraße 1"
        ErstePerson.PLZ = "40211"
        ErstePerson.Ort = "Düsseldorf"
    End Sub
End Module
```

Listing 29.1: Quellcode

Die Zeile Dim ErstePerson As Person definiert zunächst die neue Variable Erste-Person, die eine Objektinstanz des Typs Person repräsentieren könnte. Das Objekt existiert jedoch zum jetzigen Zeitpunkt noch nicht.

Die folgende Zeile legt das Objekt schließlich mit Hilfe des Schlüsselworts New an und weist es der Variablen ErstePerson zu.

Abschließend erfolgt die Zuweisung des Namens sowie der Adressdaten.

Um zu prüfen, ob Sie alles korrekt eingegeben haben, starten Sie das Programm mit der Taste F5. Sollten Fehler vorhanden sein, werden diese im Fenster Aufgaben von SharpDevelop aufgelistet. Gegebenenfalls müssen Sie das Fenster zuerst über das Register Aufgaben im unteren linken Bereich sichtbar machen.

29.8 Kapselung der Personenklasse

Zum guten Stil objektorientierter Programmierung gehört es, den inneren Aufbau einer Klasse vor dem Nutzer zu verbergen.

Auf diese Weise kann der interne Aufbau beliebig geändert werden – beispielsweise um eine bessere Performance zu erzielen –, ohne dass die Nutzer der Klasse hiervon betroffen sind oder deren Aufrufe geändert werden müssen.

Grundlage hierzu ist, dass die Variablen der Klasse nicht direkt von außen zugänglich sind. Im Falle der Personenklasse bedeutet dies, dass die einzelnen Personenangaben nicht als `Public`, sondern als `Private` definiert werden. Dadurch kann man nur noch von innerhalb der Klasse auf die Variablen zugreifen:

```
Private m_Nachname As String
Private m_Vorname As String
Private m_Straße As String
Private m_PLZ As String
Private m_Ort As String}
```

Um diese Variablen besser von nach außen sichtbaren Klassenmitgliedern zu unterscheiden, sind die Namen mit dem Präfix „m_" für „Member" versehen. Diese Konvention ist allerdings nicht zwingend, da die Namensgebung im Verantwortungsbereich des Programmierers liegt.

Doch wie kann man nun von außen zum Beispiel auf den Nachnamen zugreifen? Dieses Problem löst die folgende öffentliche `Property`-Prozedur:

```
Public Property Nachname As String
    Get
        Return m_Nachname
    End Get
    Set(ByVal Value As String)
        If Value.Length = 0 Then
            m_Nachname = "(Unbekannt)"
        Else
            m_Nachname = Value
        End If
    End Set
End Property
```

Die Prozedur besteht aus einem `Get`- und einem `Set`-Teil. Der `Get`-Teil wird beim lesenden Zugriff, der `Set`-Teil beim schreibenden Zugriff aufgerufen. Im ersten Fall wird der Wert der privaten Variablen `m_Nachname` mittels `Return`-Anweisung zurückgeliefert. Im zweiten Fall wird dagegen der Wert der privaten Variablen verändert. Sollte ein Leerstring übergeben werden, wird der Text „(Unbekannt)" eingetragen, ansonsten der übergebene Name.

Alle weiteren privaten Variablen müssen ebenfalls entsprechend gekapselt werden. Das folgende Beispiel zeigt dies exemplarisch für den Vornamen, wobei auf die Leerstring-Prüfung verzichtet wird:

```
Public Property Vorname As String
   Get
      Return m_Vorname
   End Get
   Set(ByVal Value As String)
      m_Vorname = Value
   End Set
End Property
```

29.9 Konstruktor

Im jetzigen Zustand hat die Klasse `Person` noch eine Schwachstelle: Sobald ein Objekt erzeugt wurde, enthalten alle Variablen Null-Werte.

Das Objekt hat damit keinen sinnvollen Zustand und es ist darauf angewiesen, dass der Nutzer der Klasse beispielsweise irgendwann einen Nachnamen und einen Vornamen zuweist.

Besser wäre es, wenn der Nutzer direkt bei der Anlage dazu gezwungen wäre, einen Nachnamen und einen Vornamen anzugeben. Dieses Problem löst der Konstruktor. Bei der Anlage der Klasse `Person` hat `SharpDevelop` automatisch einen leeren Konstruktor angelegt:

```
Public Sub New()
End Sub
```

Ergänzen Sie diesen Konstruktor wie folgt:

```
Public Sub New(Nachname As String, Vorname As String)
   m_Nachname = Nachname
   m_Vorname = Vorname
End Sub
```

Wenn Sie nun eine neue Instanz der Klasse `Person` anlegen, müssen Sie den Nachnamen und den Vornamen direkt mit angeben, wie das folgende Beispiel zeigt (ohne Zeilenumbruch):

```
ErstePerson = New Person("Mustermann", "Hans")
```

Dementsprechend müssen Sie auch das Hauptmodul Ihrer Anwendung anpassen:

```
Sub Main()
   Dim ErstePerson As Person
   ErstePerson = New Person("Mustermann", "Hans")
   ErstePerson.Straße = "Musterstraße 1"
   ErstePerson.PLZ = "40211"
   ErstePerson.Ort = "Düsseldorf"
End Sub
```

29.10 Öffentliche Methoden

Bis jetzt hat die erstellte Klasse lediglich das Speichern von Adressdaten ermöglicht. Die Klasse erledigt jedoch noch keine konkrete Aufgabe. Solche Aufgaben werden mit Hilfe von Methoden implementiert.

Die folgende Methode ermittelt beispielsweise aus den Adressangaben eine vollständige Anschrift, die zum Beispiel auf einen Brief gedruckt werden könnte (siehe Quellcode 29.2).

```
Public Function AnschriftErmitteln As String
    Dim Anschrift As String
    Anschrift = (m_Vorname + " " + m_Nachname).Trim
    Anschrift += Microsoft.VisualBasic.ControlChars.CrLf
    Anschrift += m_Straße
    Anschrift += Microsoft.VisualBasic.ControlChars.CrLf
    Anschrift += m_PLZ + " " + m_Ort
    Return Anschrift
End Function
```

Listing 29.2: Quellcode

Fügen Sie die Methode innerhalb der Klasse hinter den bereits existierenden Property-Prozeduren ein.

> **Hinweis:** Der Operator += bewirkt, dass .NET der Variablen den nachfolgenden Text anhängt.

Zum Einsatz der neuen Methode ergänzen Sie die Hauptprozedur wie in Quellcode 29.3. Die Zeile vor End Sub ruft die neu erstellte Methode auf und gibt das Ergebnis im Konsolenfenster aus.

```
Sub Main()
    Dim ErstePerson As Person
    ErstePerson = new Person("Mustermann", "Hans")
    ErstePerson.Straße = "Musterstraße 1"
    ErstePerson.PLZ = "40211"
    ErstePerson.Ort = "Düsseldorf"
    Console.WriteLine(ErstePerson.AnschriftErmitteln())
End Sub
```

Listing 29.3: Quellcode

29.11 Vererbung

Eines der wichtigsten Konzepte der objektorientierten Programmierung ist die Möglichkeit der Vererbung. Hierbei kann eine Klasse alle Eigenschaften und Methoden einer Basisklasse erben und weitere Funktionen hinzufügen. Ein Beispiel hierfür ist eine Klasse namens Mitarbeiter. Ein Mitarbeiter hat generell alle Methoden und Eigenschaften der Klasse Person, soll aber zusätzlich noch eine Personalnummer besitzen.

Um eine entsprechende Klasse anzulegen, gehen Sie wie folgt vor:

1. Klicken Sie im Projekt-Explorer von SharpDevelop den Eintrag Personenverwaltung mit der rechten Maustaste an und wählen Sie den Menüpunkt Hinzufügen → Neue Datei aus.

2. Klicken Sie auf die Kategorie VB und die Schablone Klasse.

3. Geben Sie unter Dateiname den Text Mitarbeiter.vb ein.

4. Bestätigen Sie mit Erstellen.

5. Ergänzen Sie die Klasse wie in Quellcode 29.4 abgebildet.

```
Public Class Mitarbeiter: Inherits Person
    Private m_Personalnummer As Integer
    Public Sub New(Nachname As String, Vorname As String, Personalnummer As ⟩
    Integer)
        MyBase.New(Nachname, Vorname)
        m_Personalnummer = Personalnummer
    End Sub
    Public Readonly Property Personalnummer As Integer
        Get
            Return m_Personalnummer
        End Get
    End Property
    Public Shadows Function AnschriftErmitteln As String
        Dim Anschrift As String
        Anschrift = "Personalnummer " + m_Personalnummer.ToString()
        Anschrift += Microsoft.VisualBasic.ControlChars.CrLf
        Anschrift += MyBase.AnschriftErmitteln()
    End Function
End Class
```

Listing 29.4: Quellcode

Im Kopf der Klasse wird über das Schlüsselwort Inherits definiert, dass diese Klasse von der Klasse Person abstammt.

Der Konstruktor wurde um die Personalnummer erweitert, sodass diese bei der Anlage eines neuen Mitarbeiters mit angegeben werden muss. Innerhalb des Konstruktors wird mit Hilfe der MyBase.New-Anweisung als Erstes der Konstruktor der Basisklasse Person aufgerufen und der Nachname sowie der Vorname übergeben. Anschließend erfolgt die Zuweisung der Personalnummer.

Die Property-Prozedur Personalnummer ist mit dem Schlüsselwort ReadOnly definiert. Außerdem ist nur der Get-Teil implementiert. Dies bewirkt, dass die Personalnummer nach der Anlage des Objekts nur noch gelesen, jedoch nicht mehr verändert werden kann.

Die Methode AnschriftErmitteln wurde so erweitert, dass zu Beginn der Text „Personalnummer" gefolgt von der Personalnummer ausgegeben wird. Die Umwandlung der Personalnummer von einer Zahl in einen Text erfolgt hierbei mit der ToString-Methode, die bei allen .NET-Objekten standardmäßig zur Verfügung steht.

Nachdem die Personalnummer hinzugefügt wurde, ruft die Prozedur die gleichnamige Prozedur der Basisklasse auf und lässt sich von dieser den restlichen Teil der Adresse übergeben.

> **Hinweis:** Da die Prozedur `AnschriftErmitteln` in der `Person`-Klasse und in der `Mitarbeiter`-Klasse den gleichen Namen hat, muss die Methode in der abgeleiteten Klasse mit dem Schlüsselwort `Shadows` deklariert werden. Ansonsten kommt es zu einem Namenskonflikt.

Zum Test der neuen Klasse ergänzen Sie die Hauptprozedur wie in Quellcode 29.5.

```
Sub Main()
    Dim ErstePerson As Person
    ErstePerson = new Person("Mustermann", "Hans")
    ErstePerson.Straße = "Musterstraße 1"
    ErstePerson.PLZ = "40211"
    ErstePerson.Ort = "Düsseldorf"
    Console.WriteLine(ErstePerson.AnschriftErmitteln())
    Dim ZweitePerson As Mitarbeiter
    ZweitePerson = new Mitarbeiter("Angestellter", "Hans", 24334)
    ZweitePerson.Straße = "Steinstraße 5"
    ZweitePerson.PLZ = "50233"
    ZweitePerson.Ort = "Köln"
    Console.WriteLine(ZweitePerson.AnschriftErmitteln())
End Sub
```

Listing 29.5: Quellcode

Neben der ersten wird nun noch eine zweite Person definiert, diesmal jedoch vom Typ `Mitarbeiter`.

Per Konstruktor werden die Mitarbeiterdaten übergeben und danach die Anschrift ergänzt. Zuletzt erfolgt eine Ausgabe der Anschrift im Konsolenfenster.

29.12 Zusammenfassung und Ausblick

Sie haben in diesem Artikel den grundsätzlichen Aufbau der .NET-Plattform sowie die Grundzüge der objektorientierten Programmierung kennen gelernt.

Insbesondere die Einarbeitung in die Objektorientierung bedeutet für viele Programmierer eine wichtige und oftmals nicht einfache Umstellung in der Denkweise. Wir werden Sie hierbei noch durch weitere Artikel in den Update-Magazinen zu diesem Werk unterstützen, die anhand von Praxisbeispielen den Umgang mit .NET vertiefen.

30 ADO.NET – eine Einführung

Manfred Hoffbauer, Düsseldorf

Die in Microsoft Access integrierte Programmiersprache VBA unterstützt den Zugriff auf Access-Datenbanken per DAO und ADO. Auch in Microsoft Visual Basic.NET ist mit ADO.NET eine Technik für den Zugriff auf solche Datenbanken enthalten. Der folgende Beitrag beschreibt die wichtigsten Techniken für den lesenden und schreibenden Zugriff auf die Daten einer Access-Datenbank.

Inhalt

30.1 Achtung: Theorie!

Einer der Gründe für den Erfolg von Access ist, dass man auch mit wenigen Kenntnissen schnell achtbare Ergebnisse erzielt und alle notwendigen Hilfsmittel in einer einzigen Anwendung findet. Für die Erstellung einer Anwendung auf Basis der .NET-Technologien bedarf es weit mehr: Dazu sind Kenntnisse in Winforms oder ASP.NET, ADO.NET und einer .NET-Programmiersprache wie C#.NET oder VB.NET erforderlich.

Da das vorliegende Kapitel aber „nur" eine Einführung in ADO.NET geben möchte, sind die Beispiele auf das Mindeste reduziert – sie haben keine Benutzeroberfläche und auch die Ausgabe der Ergebnisse erfolgt lediglich per Konsole. Alles andere hätte auch den Rahmen gesprengt und zu sehr vom eigentlichen Thema abgelenkt. Dafür lernen Sie aber alle wichtigen Techniken für den Zugriff auf eine Access-Datenbank per ADO.NET kennen und können diese Kenntnisse später leicht aufgreifen, wenn Sie einmal eine „richtige" .NET-Anwendung mit Benutzeroberfläche erstellen.

Hinweis: Die Beispieldaten finden Sie unter `www.buch.cd` in der Zip-Datei `ADO-DotNET.zip`. Als Beispieldatenbank dient die Adressverwaltung, die Sie unter dem Dateinamen `Adress97.mdb` bzw. `Adress00.mdb` auf der Website zum Buch finden. Den kompletten Code mit allen Beispielen enthält die Datei `Main.vb`.

30.2 Von DAO über ADO zu ADO.NET

Schon seit mehreren Jahren beherrscht Access neben DAO ein weiteres Verfahren für den Datenzugriff. Mit den so genannten `Active Data Objects` (kurz: ADO) verfügt der Access-Programmierer über ein modernes Verfahren für den Datenzugriff. Zahlreiche Beiträge von Access im Unternehmen haben sich mit den Vor- und Nachteilen von ADO und DAO beschäftigt. Einer der wichtigsten Vorteile von ADO besteht wohl darin, dass Sie mit dieser Technik sowohl auf Access-Datenbanken als auch auf SQL Server-Datenbanken zugreifen können. Microsoft selbst weist immer wieder darauf hin, dass DAO und ADO bei der Programmierung mit Access ihre Berechtigung haben. Je nach Anwendung ist die eine oder die andere Zugriffstechnik besser geeignet.

30.2.1 ADO.NET

Die mit .NET eingeführte Methode für den Datenzugriff nennt Microsoft ADO.NET. Wie der Name schon verrät, hat ADO.NET mehr Ähnlichkeiten mit ADO als mit DAO. Access-Programmierer, die bisher vorwiegend mit DAO gearbeitet haben, müssen sich also umstellen. Wie bei ADO basiert bei ADO.NET der gesamte Datenzugriff auf einem `Connection`-Objekt. Mit ihm öffnen Sie unter Verwendung eines .NET-Datenproviders den Zugang zu einer Datenquelle. Abbildung 30.1 auf der nächsten Seite zeigt eine Übersicht über die Datenzugriffsobjekte.

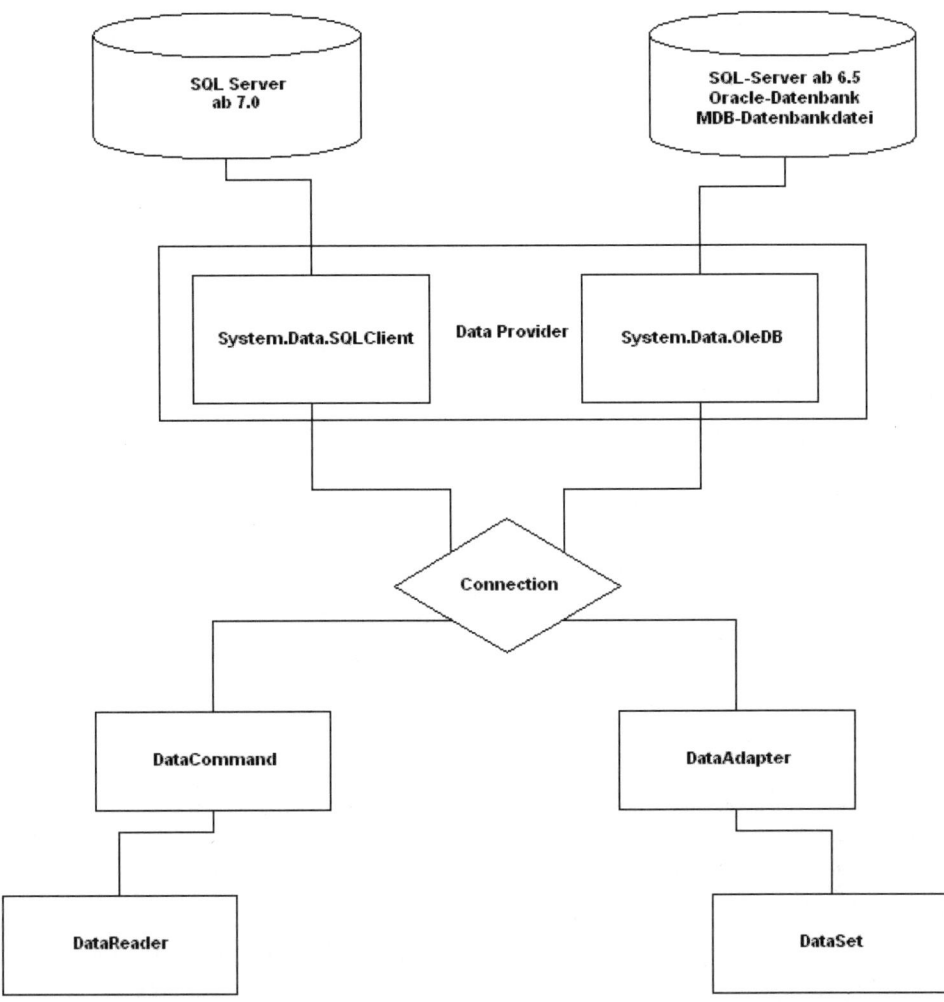

Abb. 30.1: Datenzugriffsobjekte

Im Namespace `System.Data.SqlClient` ist der Datenprovider für SQL Server-Datenbanken (ab Version 7.0) enthalten.

Im Namespace `System.Data.OleDB` ist der Datenprovider für andere Datenquellen enthalten. Seit der Version 1.1 des Microsoft .NET-Frameworks befinden sich im Namespace `System.Data.ODBC` die Objekte für den Zugriff mit der ältesten der drei Techniken. Bei Version 1.0 des .NET-Frameworks musste der ODBC-Provider nachträglich installiert werden.

Hinweis: Im Zusammenhang mit ADO.NET ist von Objekten wie `Connection`, `DataCommand` und `DataAdapter` die Rede. Tatsächlich sind diese Objekte in Microsoft.NET gar nicht vorhanden. Es handelt sich lediglich um Oberbegriffe für die je nach verwendeter Technik dedizierten Objekte. Bei Verwendung von `OleDB` verwenden Sie die Objekte `OleDBConnection`, `OleDbCommand` und `OleDBDataAdapter`. Diese Objekte befinden sich im Namespace `System.Data.OleDB`.

30.2.2 Der OleDBConnection-String

Die Anforderungen an den `ConnectionString` variieren stark zwischen `SqlClient`, `OleDB` und `ODBC`. Speziell beim `OleDBConnection`-String können Sie innerhalb des Strings einen Datenprovider spezifizieren.

Mögliche Einträge lauten wie folgt:

- SQLOLEDB: SQL Server ab Version 6.5

- MSDAORA: Oracle-Datenbanken

- Microsoft.Jet.OLEDB.4.0: Microsoft JET, also MDB-Datenbankdateien von Microsoft Access

30.2.3 Combine anlegen

Um die Beispiele aus diesem Beitrag nachzuvollziehen, sollten Sie mit `SharpDevelop` (Beschreibung und Download siehe Kapitel 26 auf Seite 437 `.Net-Programmierung mit SharpDevelop`) eine neue Combine anlegen.

Starten Sie das Programm und gehen Sie wie folgt vor:

1. Klicken Sie im Startdialog von SharpDevelop auf den Button `Neues Combine`.

2. Markieren Sie die Kategorie VB.NET.

3. Markieren Sie die Schablone `Konsolenanwendung`.

4. Geben Sie `Ado.Jet` als Dateinamen ein.

5. Klicken Sie auf den Button `Erstellen`.

`SharpDevelop` erstellt die `Combine` und fügt den Standardcode für eine Konsolenanwendung ein. Durch das Betätigen der F5-Taste können Sie das Programm sofort starten.

Wie Sie in Abbildung 30.2 auf der nächsten Seite erkennen können, führt Windows die Konsolenanwendung im Fenster des Befehlszeileninterpreters aus. Durch das Betätigen einer beliebigen Taste können Sie die Anwendung beenden, was wiederum zum automatischen Schließen des Befehlszeileninterpreterfensters führt.

Dieser Typ Anwendung eignet sich gut, um Techniken wie beispielsweise den Datenzugriff unabhängig von irgendwelchen Fragen der Benutzeroberfläche zu testen.

Hinweis: Wenn Sie die nachfolgenden Beispiele einfach nur nachvollziehen und nicht selbst eingeben möchten, können Sie nach dem Öffnen von `SharpDevelop` auch direkt auf die Schaltfläche `Combine öffnen` klicken und die im Ordner `Ado.Jet` `(Sharp Develop)` enthaltene Datei `Ado.Jet.cmbx` auswählen. Die Prozedur `Main` enthält alle nachfolgend beschriebenen Beispiele; nach dem Betätigen von `F5` durch-läuft die Prozedur nacheinander die Beispiele.

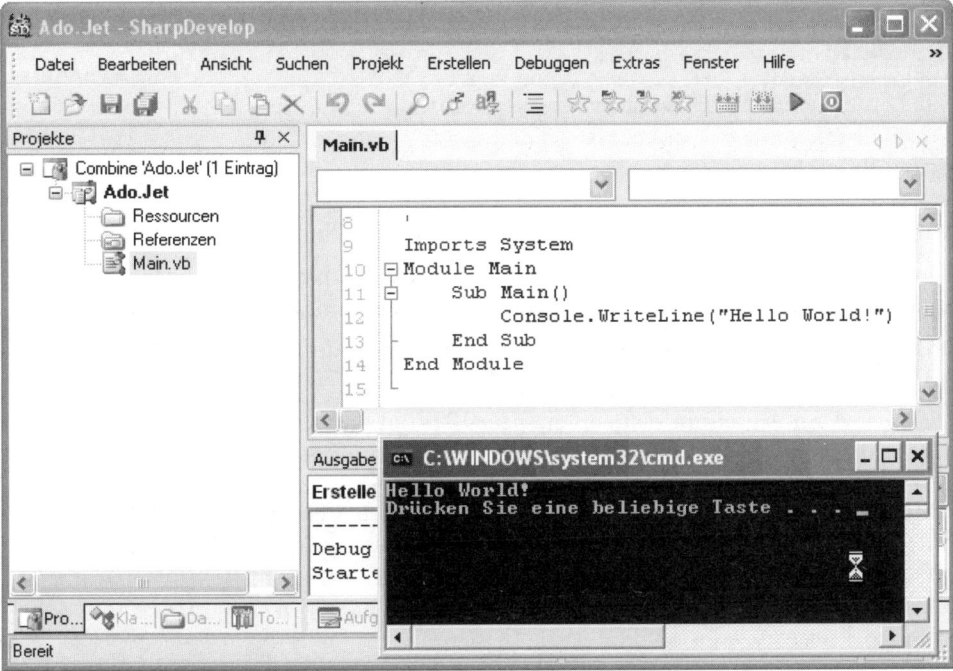

Abb. 30.2: Die von SharpDevelop generierte Konsolenanwendung können Sie sofort starten.

30.3 Datenabfrage mit den OleDB-Objekten

Dieser Beitrag beschäftigt sich mit dem Zugriff auf Access-Datenbanken. Er geht deshalb vorwiegend auf `OleDB` und den Zugriff auf Access-Datenbanken ein. Die hierfür benötigten Objekte befinden sich im Namespace `System.Data.OleDB`.

Um auf ein Objekt aus diesem Namespace zuzugreifen, können Sie ihm die Bezeichnung des Namespaces voranstellen oder Sie schreiben einmal zu Beginn Ihres Programms die folgende Anweisung:

```
Imports System.Data.OleDb
```

Mit der `Imports`-Anweisung sparen Sie viel Schreibarbeit. Jetzt können Sie nämlich statt

```
Dim cnn As System.Data. OleDb.OleDbConnection
```

vereinfacht Folgendes schreiben:

```
Dim cnn As OleDbConnection
```

Hierfür benötigen Sie eine Verbindung, die Sie wie in Quellcode 30.1 erzeugen und öffnen können.

```
Dim cnnString As StringcnnString = "Provider=Microsoft.Jet.OLEDB.4.0;" & "Data ᗐ
Source=<Dateipfad>\Adress00.mdb"
Dim cnn As OleDbConnection
cnn = New OleDbConnection(cnnString)
cnn.Open()
```

Listing 30.1: Quellcode

Mit der `Dim`-Anweisung definieren Sie die String-Variable `cnnString`.

Dieser Variablen weisen Sie den eigentlichen `Connection`-String zu. Er hat die gleiche Bedeutung wie bei der Programmierung mit dem herkömmlichen ADO.

Im Beispiel benennt er den zu verwendenden Datenprovider und die zu öffnende Access-MDB-Datei.

Die zweite Dim-Anweisung definiert ein neues `OleDbConnection`-Objekt und weist ihm die Verbindung zu. Mit `cnn.Open()` wird die Verbindung geöffnet.

> **Hinweis:** Wenn Sie statt auf einen OleDB-Provider auf einen SQL-Provider zugreifen wollen, dann verwenden Sie statt des `OleDBConnection`- ein `SqlConnection`-Objekt. Beide Begriffe werden in der Fachliteratur als `DataConnection` zusammengefasst. Objekte können aber nur den Typ `OleDBConnection` oder `SqlConnection` und nicht den Type `DataConnection` haben.

30.3.1 Update-, Delete- und Insert-Anweisungen per OleDBCommand-Objekt ausführen

Eine Connection an sich ist keine wirkliche Errungenschaft, aber die notwendige Voraussetzung für weitere Verfahren des Datenzugriffs. Basierend auf einer `OleDBConnection` können Sie ein `OleDBCommand`-Objekt definieren.

Das `OleDBCommand`-Objekt verfügt über die drei folgenden Methoden:

- `ExecuteNonQuery`: Mit dieser Anweisung können Sie SQL-Anweisungen ausführen, die keine Rückgabewerte haben. Beispiele sind `INSERT`, `UPDATE` und `DELETE`. Die Methode gibt die Anzahl der betroffenen Datensätze zurück.

- `ExecuteScalar`: Mit dieser Methode können Sie SQL-Anweisungen ausführen, die einen einzelnen Rückgabewert erfordern (zum Beispiel die Anzahl der betroffenen Datensätze).

- `ExecuteReader`: Mit dieser Methode erhalten Sie ein `DataReader`-Objekt mit dem Ergebnis Ihrer Abfrage. Damit können Sie etwa die per `SELECT`-Anweisung ermittelten Datensätze lesen.

Die `ExecuteNonQuery`-Methode ist zur Ausführung von `INSERT`-, `UPDATE`- und `DE-LETE`-Anweisungen geeignet. Sie ähnelt der `Execute`-Methode von Access. Die Anzahl der von einer Aktion betroffenen Datensätze erhalten Sie als Funktionsargument zurück. Betrachten Sie dazu die Routine aus Quellcode 30.2.

```
Sub Main()
   Dim cnnString As String
   cnnString = "Provider=Microsoft.Jet.OLEDB.4.0;Data Source=C:\Nordwind.mdb"
   Dim cnn As OleDbConnection
   cnn = New OleDbConnection(cnnString)
   cnn.Open()
   Dim cmdUDI As OleDbCommand
   cmdUDI = New OleDbCommand("UPDATE Personal SET Vorname = 'Hans' " & "WHERE ⊋
   Vorname = 'Andrew'", cnn)
   console.writeline("Anzahl geänderter Datensätze: " + cmdUDI.ExecuteNonQuery(). ⊋
   ToString)
   cmdUDI = New OleDbCommand("INSERT INTO Personal ( Vorname, Nachname ) VALUES "⊋
    & "('Manfred', 'Hoffbauer' )", cnn)
   console.writeline("Anzahl hinzugefügter Datensätze: " + cmdUDI.ExecuteNonQuery⊋
   ()
   cmdUDI = New OleDbCommand("DELETE FROM Personal WHERE Vorname = 'Manfred' " & ⊋
   "AND Nachname = 'Hoffbauer'{\textquotedbl", cnn)
   Console.WriteLine("Anzahl Deletes: " + cmdUDI.ExecuteNonQuery().ToString)
   cmdUDI = New OleDbCommand("SELECT COUNT(*) FROM Personal", cnn)
   Console.WriteLine("Anzahl Mitarbeiter: " + cmdUDI.ExecuteScalar().ToString)
   cnn.Close
End Sub
```

Listing 30.2: Quellcode

Die `Dim`-Anweisung definiert das Objekt `cmdUDI` mit dem Typ `OleDBCommand`. Die anschließende Zuweisung weist dem Objekt ein neues `Command`-Objekt mit der jeweils angegebenen SQL-Anweisung zu. Die Angabe der Verbindung bestimmt, auf welcher Datenbank die SQL-Anweisung ausgeführt wird.

Die Methode `cmdUDI.ExectureNonQuery()` führt die SQL-Anweisung aus. Bei allen Aktionsabfragen wird die Anzahl der betroffenen Datensätze per `Console.WriteLine()` angezeigt. Die Methode `cmdUDI.ExecuteScalar()` führt die `SELECT`-Anweisung aus und gibt den Wert der ersten Spalte der ersten Zeile des Abfrageergebnisses als Wert zurück. Im Beispiel entspricht dies der Anzahl der Datensätze aus der Tabelle `Personal`.

30.3.2 Daten per SELECT-Anweisung lesen

Mit der `ExecuteReader`-Methode können Sie ein `DataReader`-Objekt erzeugen lassen. Mit dem `DataReader`-Objekt können Sie die Daten einer Abfrage vorwärts gerichtet lesen. Das Verhalten des Objekts entspricht daher ein wenig dem sequenziellen Lesen von Daten aus einer Textdatei. Das `DataReader`-Objekt hält immer nur einen Datensatz im Speicher und spart deshalb Ressourcen. Gleichzeitig benötigt es die Verbindung aber während seiner gesamten Lebensdauer exklusiv. Das Beispiel aus Quellcode 30.3 zeigt das satzweise Lesen von Adressen mit dem `DataReader`-Objekt.

```
Dim strSQL As String
strSQL = "SELECT Vorname, Nachname, Strasse, " & "PLZ, Ort FROM tblAdressen;"
Dim cmd As OleDbCommand
cmd = New OleDbCommand(strSQL, cnn)
Dim reader As OleDbDataReader
reader = cmd.ExecuteReader()
While reader.Read()
    Console.WriteLine(reader("Vorname"))
End While
```

Listing 30.3: Quellcode

Sie können eine Objektvariable vom Typ `DataReader` nicht direkt mit `New` instanzieren. Ein `DataReader`-Objekt kann nur mittels der `ExecuteReader`-Methode eines `OleDB-Command`-Objektes erzeugt werden.

Im Beispiel wird eine `SELECT`-Abfrage auf die Adresstabelle durchgeführt. Die `Read`-Methode des `DataReader`-Objektes gibt den Wert `True` zurück, wenn ein Datensatz gelesen werden konnte.

Andernfalls gibt die Methode den Wert `False` zurück. Mit dem `DataReader`-Objekt können Sie unter Angabe des Feldnamens direkt auf die einzelnen Spaltenwerte zugreifen.

Abbildung 30.3 zeigt exemplarisch die Anzeige der Vornamen aus der Adressentabelle.

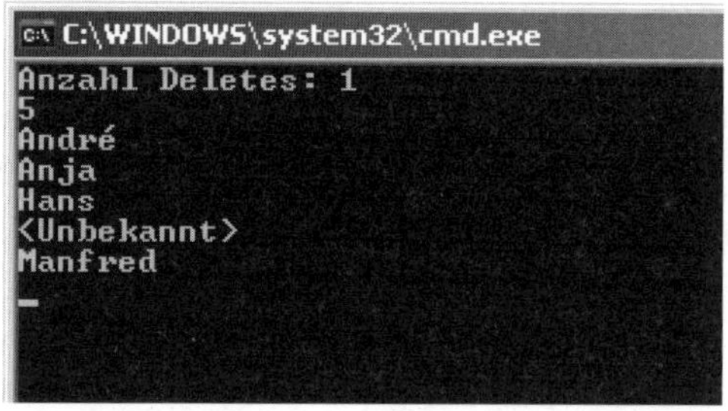

Abb. 30.3: Ausgabe der Vornamen mittels DataReader-Objekt

Die obige Schleife zeigt alle Vornamen aus der Adressentabelle an. Zum Schluss des Beispielprogramms sollten Sie die verwendeten Ressourcen freigeben:

```
reader.Close()
cnn.Close()
Console.ReadLine()
```

Die Anweisung `Console.ReadLine()` wartet auf eine Benutzereingabe. Sie hält das Windows-Befehlszeilenfenster so lange offen, bis Sie die Eingabetaste betätigen.

30.4 Verbindungslose Datenzugriffsarchitektur

Der Datenzugriff mit ADO.NET basiert auf der verbindungslosen Datenzugriffstruktur. Anders als bei Microsoft Access üblich werden ein oder mehrere Datensätze aus einer oder mehreren Tabellen in den Speicher gelesen, dort bearbeitet und bei Bedarf die Änderungen geschrieben. Verbindungslos bedeutet in diesem Fall, dass nach dem Lesen der Bezug zur Datenquelle vollständig verloren gehen kann. Zur Handhabung dieser Architektur stellt ADO.NET das `DataTable`- und das `DataSet`-Objekt zur Verfügung.

Ein `DataTable`-Objekt besteht aus Zeilen und Spalten und ist prinzipiell mit einer Datentabelle vergleichbar. Ein `DataSet`-Objekt kann aus ein oder mehreren Tabellen und Relationen bestehen. Ein `DataSet` ist einerseits mit einer Datenbank vergleichbar, weist aber gleichzeitig gravierende Unterschiede auf. Dadurch bedingt, dass ein `DataSet` verbindungslos im Speicher gehalten wird, können die Daten der enthaltenen Tabellen aus sehr verschiedenen Quellen stammen. So lassen sich in ein und demselben `DataSet` Datentabellen aus einer Textdatei, einer Access-Datenbank, einer SQL-Server-Datenbank und aus weiteren Datenquellen zusammenfügen.

30.4.1 Daten in ein DataTable lesen

Das `DataAdapter`-Objekt ist der Vermittler zwischen einem `Connection`-Objekt und einer `DataTable` oder einem `DataSet`. Es enthält die SQL-Abfragen, mit denen Sie Daten lesen und schreiben. Das Beispiel aus Quellcode 30.4 zeigt, wie Sie die Vornamen aus der Adressentabelle mit Hilfe eines `DataTable`-Objektes anzeigen können.

```
Dim tblAdressen As New DataTable
Dim adp As New OleDbDataAdapter("SELECT * FROM tblAdressen", cnn)
adp.Fill(tblAdressen)
Dim row As DataRow
For Each row In tblAdressen.Rows
    Console.WriteLine(row.Item("Vorname"))
Next
```

Listing 30.4: Quellcode

Die `Dim`-Anweisung definiert das Objekt `tblAdressen` vom Typ `DataTable`. Der Variablen wird gleichzeitig eine neue, leere Instanz des Objekts zugewiesen.

Die zweite Anweisung definiert ein `OleDBDataAdapter`-Objekt, das als Vermittler zwischen der `Connection` und der `DataTable` fungiert. Bei der Definition des `OleDBDataAdapter`-Objekts werden eine `SELECT`-Anweisung und eine `Connection` angegeben.

Mit `adp.Fill(tblAdressen)` werden die Daten aus der Adressentabelle in das DataTable-Objekt `tblAdressen` übertragen. Beachten Sie, dass der Name des DataTable-Objekts frei gewählt werden kann. Im Beispiel wurde es nur deshalb `tblAdressen` genannt, damit der Bezug zur Quelltabelle sofort klar wird. Alternativ könnten Sie das Objekt auch `tblX` oder einfach nur `Adressen` nennen.

Mit der `Fill`-Anweisung werden nicht nur die Daten, sondern es wird auch die Struktur in das `DataTable`-Objekt übertragen.

Das Objekt enthält nach der Zuweisung die gleichen Spalten inklusive Feldnamen, Datentypen und die gleiche Primärschlüsseldefinition wie die Herkunftstabelle. Die Definition der Spalten können Sie mit der Schleife aus Quellcode 30.5 überprüfen.

```
Dim col As DataColumn
For Each col In tblAdressen.Columns
    Console.WriteLine(col.ColumnName.ToString + "->" + col.DataType.ToString)
Next
```

Listing 30.5: Quellcode

Die Schleife durchläuft die `Columns`-Auflistung des `tblAdressen`-Objekts. Zu jeder Spalte werden der Name und der von .NET zugewiesene Datentyp angezeigt. Das Ergebnis eines Schleifendurchlaufs sehen Sie in Abbildung 30.4.

```
C:\Daten\Visual Studio Projects\ConsoleApplication2\bin\ConsoleApplicat...
AdressID->System.Int32
EntryID->System.String
AnredeID->System.Int32
BriefanredeID->System.Int32
Vorname->System.String
Nachname->System.String
Strasse->System.String
PLZ->System.String
Ort->System.String
Land->System.String
Telefon->System.String
Telefax->System.String
Mobil->System.String
EMail->System.String
Internetadresse->System.String
GeschlechtID->System.Int32
KategorieID->System.Int32
Geburtsdatum->System.DateTime
UnternehmenID->System.Int32
Abteilung->System.String
PositionID->System.Int32
TelefonGeschaeftlich->System.String
TelefaxGeschaeftlich->System.String
EMailGeschaeftlich->System.String
MobilGeschaeftlich->System.String
Bemerkungen->System.String
```

Abb. 30.4: Diese Feldnamen und Datentypen verwendet .NET zur Verwaltung der Adressentabelle.

Der Auflistung in der Abbildung können Sie entnehmen, wie .NET die in der Access-Tabelle definierten Datentypen in eigene Datentypen umsetzt. Zusätzlich zu der Struktur hat die `Fill`-Methode auch alle Daten in das `DataTable`-Objekt übernommen. Die einzelnen Datensätze stellen die Zeilen innerhalb des Objekts dar. Mit der `Rows`-Auflistung können Sie die Zeilen durchlaufen und direkt auf die einzelnen Feldwerte zugreifen. Im obigen Beispiel wird exemplarisch der Wert des Feldes `Vorname` angezeigt.

30.4.2 Daten aktualisieren

Das Aktualisieren der Daten in einem `DataTable`-Objekt erfolgt durch direkte Zuweisung. Mit der folgenden Anweisung können Sie beispielsweise den Wert im Feld `Vorname` des vierten Datensatzes ändern (ohne Zeilenumbruch):

```
tblAdressen.Rows(3).Item(" Vorname") = "<Unbekannt>"
```

Beachten Sie dabei, dass die meisten Indizes in .NET auf 0 basieren. Die erste Zeile erhalten Sie mit `Row(0)`, die zweite mit `Row(1)` und so weiter.

Was nutzt das Ändern von Daten in einem verbindungslosen `DataTable`-Objekt? Es hat tatsächlich zunächst keinerlei Auswirkung auf den zugrunde liegenden Datenbestand.

Sie können dies leicht prüfen, indem Sie einige Feldwerte ändern und dann die folgenden beiden Anweisungen in das Programm aufnehmen (ohne Zeilenumbruch):

```
Console.WriteLine("<Bitte betätigen Sie die <Enter>-Taste.")
Console.ReadLine()
```

Wenn Sie das Programm zum Betätigen der Eingabetaste auffordert, können Sie die MDB-Datei öffnen und sich die Daten ansehen. Sie werden feststellen, dass keine Änderungen an den Daten durchgeführt wurden. Sie können die Datenbank zu diesem Zeitpunkt sogar exklusiv mit Microsoft Access öffnen. Dies ist gleichzeitig der Beweis dafür, dass die Verbindung vom `DataTable`-Objekt zur Datenbank vollständig gelöst wurde. Um die Daten in der zugrunde liegenden Datenbank zu aktualisieren, haben Sie prinzipiell zwei Möglichkeiten.

Sie können die `Rows`-Auflistung des `DataTable`-Objekts dazu verwenden, für jede geänderte Zeile eine `Update`-Anweisung zusammenzusetzen und diese per `OleDBCommand`-Objekt auszuführen. Ob eine Zeile geändert wurde, können Sie mit der `RowState`-Eigenschaft abfragen:

```
If row.RowState=DataRowState.Modified Then
...
```

Die weitaus komfortablere Methode besteht darin, die beschriebenen Arbeitsschritte dem `DataAdapter`-Objekt zu überlassen. Dies ist ein klassischer Zweizeiler:

```
Dim cb As OleDbCommandBuilder = New OleDbCommandBuilder(adp)
adp.Update(tblAdressen)
```

Mit der ersten Anweisung definieren Sie ein `OleDBCommandBuilder`-Objekt. Durch die Zuweisung mit `New OleDBCommandBuilder(adp)` veranlassen Sie .NET, dem `OleDB-CommandBuilder`-Objekt automatisch eine `UPDATE`-, eine `INSERT`- und eine `DELETE`-Anweisung hinzuzufügen. Da das `OleDBCommandBuilder`-Objekt im `DataAdapter`-Objekt enthalten ist, können die SQL-Anweisungen in der anschließenden Update-Anweisung verwendet werden. Sie schreibt die Änderungen in die zugrunde liegende Datentabelle.

Zu diesem Zeitpunkt stellt .NET die Verbindung zur Datenbank wieder her und versucht, die erforderlichen `UPDATE`-Anweisungen durchzuführen.

Falls die Access-Datenbank nicht verfügbar oder exklusiv gesperrt wurde, tritt hierbei ein Fehler auf. In Abbildung 30.5 auf der nächsten Seite sehen Sie, dass sich mit der Fehlermeldung nicht allzu viel anfangen lässt.

Es ist deshalb empfehlenswert, die `Update`-Anweisung in einen `Try-Catch`-Block zu schachteln (siehe Quellcode 30.6). Mit diesen Programmzeilen erhalten Sie zwar noch keine wirkliche Fehlerbehandlung, Sie erreichen aber immerhin die Anzeige der Fehlermeldung im Klartext.

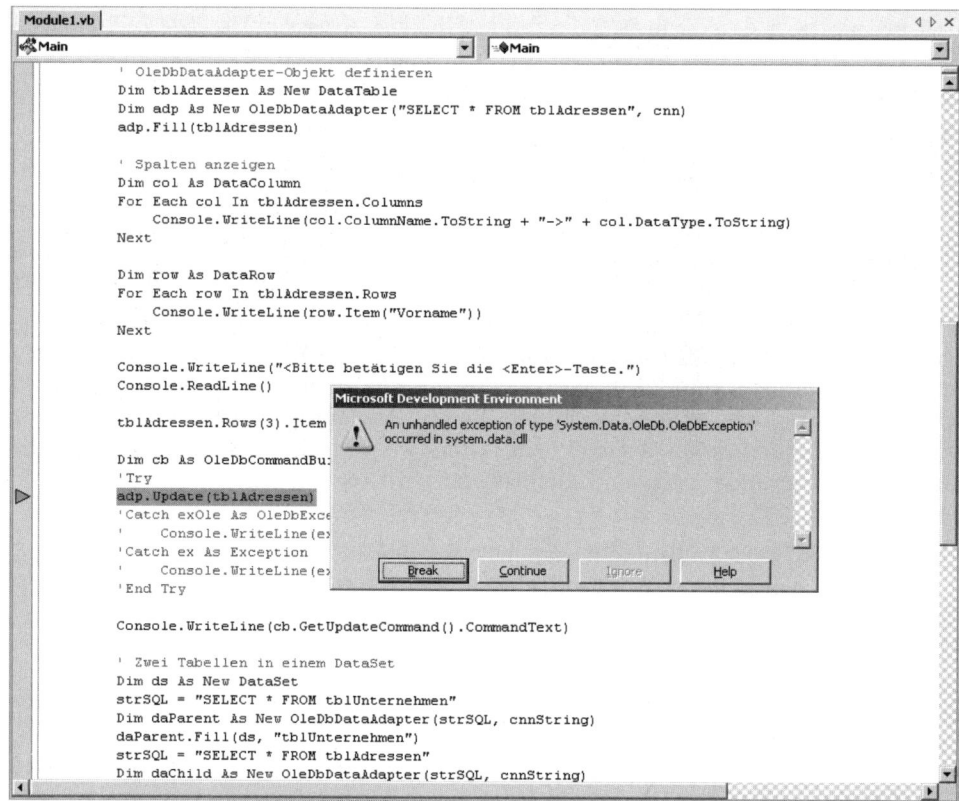

Abb. 30.5: Diesen Fehler meldet ADO.NET, falls die zugrunde liegende Datenbank exklusiv gesperrt wurde.

```
Dim cb As OleDbCommandBuilder = New OleDbCommandBuilder(adp)
Try
    adp.Update(tblAdressen)
Catch exOle As OleDbException
    Console.WriteLine(exOle.ToString)
Catch ex As Exception
    Console.WriteLine(ex.Message)
End Try
```

Listing 30.6: Quellcode

Wenn Sie das Programm nun erneut starten und die Access-Datenbank vor der Ausführung der Update-Anweisung exklusiv sperren, dann erhalten Sie die Anzeige in Abbildung 30.6 auf der nächsten Seite.

Die oben beschriebene Vorgehensweise basiert auf einem automatisch generierten UPDATE-Statement. Mit wenigen Programmzeilen können Sie den SQL-Text dieses Statements in die Datei C:\Test.TXT exportieren lassen (siehe Quellcode 30.7). Als Ergebnis erhalten Sie die UPDATE-Anweisung aus Abbildung 30.7 auf der nächsten Seite.

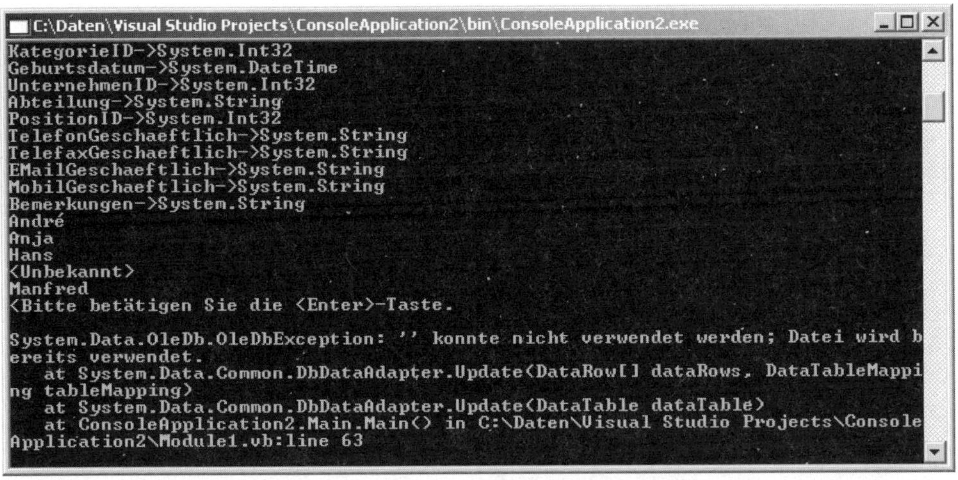

Abb. 30.6: Mit einem Try-Catch-Block erhalten Sie die Fehlermeldung im Klartext.

```
Dim w As New System.IO.StreamWriter("C:\TEST.TXT")
w.Write(cb.GetUpdateCommand().CommandText)
w.Close()
```

Listing 30.7: Quellcode

Abb. 30.7: SQL-Text eines UPDATE-Statements

.NET führt diese Anweisung für jede Zeile mit geänderten Daten einmal aus. Die Fragezeichen werden dabei durch die Werte der gleichnamigen Felder aus dem `DataTable`-Objekt ersetzt.

Das `OleDBCommandBuilder`-Objekt enthält ähnliche Anweisungen für die `DELETE`- und die `INSERT`-Anweisung.

30.4.3 Daten filtern

Ein wichtiger Aspekt beim Abruf von Daten ist die Selektion der benötigten Datensätze. Im Hinblick auf die verwendeten Ressourcen ist es am günstigsten, die Daten direkt bei der Abfrage zu filtern. Hierzu können Sie das SQL-Statement des `DataAdapter`-Objekts mit einer `WHERE`-Klausel ausstatten (siehe Quellcode 30.8).

```
strSQL = "SELECT Vorname, Nachname FROM tblAdressen WHERE PLZ LIKE '4%'"
Dim daFilter As New OleDbDataAdapter(strSQL, cnn)
Dim tblLokaleAdressen As New DataTable
daFilter.Fill(tblLokaleAdressen)
For Each row In tblLokaleAdressen.Rows
    Console.WriteLine(row.Item("Vorname").ToString + " " + row.Item("Nachname").)
    ToString)
Next
tblLokaleAdressen = Nothing
daFilter.Dispose()
```

Listing 30.8: Quellcode

In diesem Beispiel selektieren Sie spalten- und zeilenweise. Das Abfrageergebnis enthält nur den Vor- und den Nachnamen der Adressen aus dem Postleitzahlengebiet 4.

Dieses Verfahren hat den Nachteil, dass das Filterkriterium statisch in den SQL-String integriert ist. Wesentlich flexibler ist die Variante, das Filterkriterium als Parameter zu definieren (siehe Quellcode 30.9).

```
strSQL = "SELECT Vorname, Nachname FROM tblAdressen WHERE PLZ = @PLZ"
Dim daParamFilter As New OleDbDataAdapter(strSQL, cnn)
daParamFilter.SelectCommand.Parameters.Add("@PLZ", OleDbType.VarChar, 50).Value =)
    "79102"
Dim tblParamAdressen As New DataTable
daParamFilter.Fill(tblParamAdressen)
For Each row In tblParamAdressen.Rows
    Console.WriteLine(row.Item("Vorname").ToString + " " + row.Item("Nachname").)
    ToString)
Next
tblParamAdressen = Nothing
daParamFilter.Dispose()
```

Listing 30.9: Quellcode

Die Verwendung eines benannten Parameters hat den Vorteil, dass Ihre SQL-Statements besser lesbar sind. Insbesondere bei komplizierten SQL-Statements oder vielen Parametern helfen Ihnen benannte Parameter, Programmierfehler zu vermeiden.

Wenn Sie die Daten nicht direkt bei der Abfrage selektieren können, benutzen Sie am besten die Select-Methode des DataTable-Objekts.

Die Methode selektiert die DataRow-Objekte aus einem DataTable-Objekt, die dem angegebenen Filterkriterium entsprechen. Als Ergebnis erhalten Sie ein Array von DataRow-Objekten mit den gefundenen Zeilen (siehe Quellcode 30.10).

```
Dim RowsSelected() As DataRow
RowsSelected = tblAdressen.Select("PLZ = '79102'")
Dim i As Integer
For i = 0 To RowsSelected.Length - 1
    Console.WriteLine(RowsSelected(i).Item("Vorname").ToString + " " + ⊃
    RowsSelected(i).Item("Nachname").ToString)
Next
```

Listing 30.10: Quellcode

30.4.4 Das DataSet-Objekt

Mit dem DataSet-Objekt können Sie mehrere Datentabellen gleichzeitig im Speicher halten. Dies hat den Vorteil, dass Sie mehrere relational verknüpfte Tabellen in einem einzigen Objekt verwalten können. Das folgende Beispiel definiert ein neues DataSet und füllt es mit der Unternehmens- und der Adressentabelle (siehe Quellcode 30.11).

```
Dim ds As New DataSet
strSQL = "SELECT * FROM tblUnternehmen"
Dim daParent As New OleDbDataAdapter(strSQL, cnnString)
daParent.Fill(ds, "tblUnternehmen")
strSQL = "SELECT * FROM tblAdressen"
Dim daChild As New OleDbDataAdapter(strSQL, cnnString)
daChild.Fill(ds, "tblAdressen")
```

Listing 30.11: Quellcode

Im Beispiel fungiert die Unternehmenstabelle als Mastertabelle. Die Adressentabelle enthält das Feld UnternehmenID, mit dem eine Adresse optional einem Masterdatensatz in der Unternehmenstabelle zugeordnet werden kann.

Eine solche Relation können Sie dem DataSet mit folgenden Anweisungen hinzufügen (siehe Quellcode 30.12).

```
Dim colParent, colChild As DataColumn
colParent = ds.Tables("tblUnternehmen").Columns("UnternehmenID")
colChild = ds.Tables("tblAdressen").Columns("UnternehmenID")
Dim relUnternehmenAdressen As New DataRelation("relUnternehmenAdressen", ⊃
colParent, colChild)
ds.Relations.Add(relUnternehmenAdressen)
```

Listing 30.12: Quellcode

Wenn die Relation einmal definiert ist, können Sie nach Bedarf in den Zeilen der Master- und der Detailtabelle blättern. Besonders interessant ist dabei die Möglichkeit, zu einem Datensatz der Mastertabelle eine Liste der Detaildatensätze abzufragen. Die GetChildRows-Methode füllt hierzu ein Array mit den Row-Objekten der Child-Tabelle. Das folgende

Beispiel durchläuft alle Datensätze der Unternehmenstabelle und zeigt die jeweils zugeordneten Datensätze der Adressentabelle an (siehe Quellcode 30.13).

```
' Master- und Childatensätze anzeigen
Dim ChildRows() As DataRow
Dim ParentRow As DataRow
Dim i As Integer
For Each ParentRow In ds.Tables("tblUnternehmen").Rows
   Console.WriteLine("**** " + ParentRow.Item("Unternehmen").ToString + "**** ")
   ChildRows = ParentRow.GetChildRows(relUnternehmenAdressen)
   For i = 0 To ChildRows.Length - 1
      Console.WriteLine(ChildRows(i).Item("Vorname").ToString + " " + ChildRows(i
      ).Item("Nachname").ToString)
   Next
Next
```

Listing 30.13: Quellcode

30.5 Zusammenfassung und Ausblick

Der obige Beitrag beschreibt die wichtigsten Objekte für den Zugriff auf MDB-Datenbankdateien mit Microsoft .NET. Darüber hinaus können Sie mit ADO.NET auch auf andere Datenquellen wie Textdateien, XML-Dateien, SQL Server-Datenbanken und Oracle-Datenbank zugreifen. Mit ODBC erschließen Sie sich zudem ein nahezu unbegrenztes Potenzial an Datenformaten. Die Daten aller Formate lassen sich in `DataTable`- und `DataSet`-Objekte laden und dort gemeinsam verarbeiten.

Mit diesen Objekten erhalten Sie deshalb einen relativ hohen Grad der Abstraktion. Aufgrund der verbindungslosen Speicherung der Daten sind die Objekte sowohl für Windows- als auch für Web-Anwendungen geeignet.

31 Dateioperationen mit VB.NET

Manfred Hoffbauer, Düsseldorf

Ist wirklich alles ein Objekt? Vieles zwar, aber als Programmierer einer modernen Sprache wie Microsoft Visual Basic.NET muss man sich immer noch mit Dateien, Ordnern und Laufwerken beschäftigen. Das .NET-Framework stellt die erforderlichen Objektklassen im Namespace System.IO bereit.

Inhalt

31.1 Aller Anfang ist leicht

Die in Microsoft Access integrierte Programmiersprache VBA hält einige Methoden und Objekte zum Lesen und Schreiben von Dateien bereit. Ein Teil der im .NET-Framework enthaltenen Methoden hat durchaus Ähnlichkeit mit den in VBA enthaltenen.

Viele Methoden gehen letztendlich auf Funktionen des Betriebssystems zurück, daher sind diese Ähnlichkeiten nicht verwunderlich.

Das .NET-Framework stellt aber erstens wesentlich mehr Objektklassen und Methoden als VBA zur Verfügung und zweitens sind diese Objektklassen und Methoden wesentlich besser strukturiert. Das Ergebnis ist eine Programmiersprache, mit der die Verwaltung von Dateien, Ordnern und Laufwerken so einfach und so leistungsfähig wie nie zuvor ist.

Der Namespace System.IO (für englisch Input.Output, deutsch: Eingabe.Ausgabe) enthält sehr leistungsfähige Klassen. Die Liste aus Tabelle 31.1 zeigt eine kurze Übersicht der wichtigsten Objektklassen. Die Vielzahl der Funktionen ist beeindruckend. Fast ebenso beeindruckend ist aber, dass es Microsoft gelungen ist, die Objektklassen, Eigenschaften und Methoden übersichtlich zu strukturieren.

Tab. 31.1: Einige Objektklassen aus System.IO

Objekt	Bedeutung
FileSystemWatcher	Überwacht Änderungen an Dateien
FileInfo	Liefert Informationen über Dateien
DirectoryInfo	Liefert Informationen über Ordner
FileStream	Kopiert, löscht, verschiebt und öffnet Dateien
BinaryReader	List Dateien binär
BinaryWriter	Schreibt Dateien binär
StreamReader	Liest Dateien als Text
StreamWriter	Schreibt Text in Dateien
Directory	Erstellt, löscht und prüft Ordner
File	Erstellt, löscht und prüft Dateien
DirectoryInfo	Stellt einen Ordner als Objekt dar
FileInfo	Stellt eine Datei als Objekt dar

31.1.1 Wie liest man eine Datei?

Das Lesen einer Datei lässt sich mit der StreamReader-Objektklasse des .NET-Frameworks als klassischer Dreizeiler realisieren. Zur Eingabe des Beispiels gehen Sie wie folgt vor:

1. Starten Sie SharpDevelop.
2. Klicken Sie auf die Schaltfläche Neues Combine.

3. Markieren Sie die Kategorie `VBNET`.

4. Klicken Sie auf die Schablone `Konsolenanwendung`.

5. Geben Sie `LeseTextdatei` als Name für das Combine ein.

6. Klicken Sie auf die Schaltfläche `Erstel-len`.

> **Hinweis:** `SharpDevelop` ist eine freie Entwicklungsoberfläche für .NET. Wir verwenden es, um allen Lesern die Möglichkeit zu bieten, ohne kostspielige Software relativ komfortabel mit den .NET-Programmiersprachen entwickeln zu können. Weitere Informationen hierzu finden Sie im Kapitel 26 auf Seite 437 `.NET-Programmierung mit SharpDevelop`.

`SharpDevelop` öffnet ein neues Combine. Die erste Zeile enthält die Anweisung `Imports System`.

Um den Namespace nicht jeder einzelnen Objektklasse hinzufügen zu müssen, sollten Sie darunter die folgende Anweisung ergänzen:

```
Imports System.IO
```

`SharpDevelop` hat das Modul `Main` mit der Sub-Prozedur `Main` hinzugefügt. Um eine Textdatei einzulesen, sollten Sie zwischen `Sub Main()` und `End Sub` die folgenden Anweisungen einfügen und den Platzhalter `<...>` durch den Pfad zu `SharpDevelop` ersetzen:

```
Dim sr As System.IO.StreamReader = New StreamReader("<...>\license.txt")
Console.WriteLine(sr.ReadToEnd())
sr.Close()
```

Sie können das Programm durch Betätigen der `F5`-Taste kompilieren und starten. Vorausgesetzt, dass die Datei `license.txt` an der spezifizierten Stelle auf Ihrer Festplatte vorhanden ist, öffnet das Programm die Datei und zeigt ihren Inhalt im Konsolenfenster an. Um bei den versprochenen drei Zeilen bleiben zu können, musste die Übersichtlichkeit des Programms etwas leiden. Die Anweisung

```
Dim sr As System.IO.StreamReader = New StreamReader("<...>\license.txt")
```

definiert die Variable `sr` vom Typ `StreamReader` und weist ihr gleichzeitig eine neue Instanz der Objektklasse zu. Als Parameter werden dabei das Laufwerk, der Pfad und der Dateiname der zu öffnenden Textdatei angegeben. Wenn Sie die beiden Schritte lieber in getrennten Zeilen sehen wollen, dann geben Sie Folgendes ein:

```
Dim sr As System.IO.StreamReader sr = New StreamReader("<...>\license.txt")
```

Auch in diesem Fall erhalten Sie ein `StreamReader`-Objekt mit einem Verweis auf die Textdatei. Mit der Anweisung `sr.ReadToEnd()` veranlassen Sie das `StreamReader`-Objekt, die Textdatei bis zum Ende zu lesen. Mit `sr.ToString()` könnten Sie den Text anschließend an eine String-Variable zuweisen. Im Beispiel erfolgt mit `Console.WriteLine()` die Ausgabe des Textes im Konsolenfenster. Abbildung 31.1 auf der nächsten Seite zeigt das Programmfenster und einen Teil des ausgegebenen Textes.

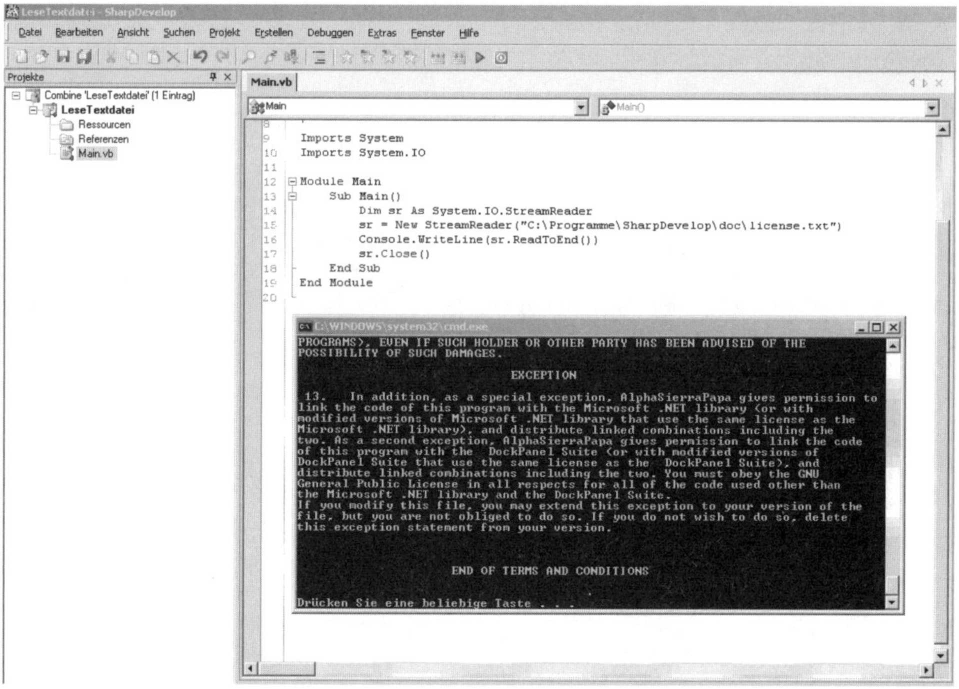

Abb. 31.1: Mit diesen Programmzeilen lesen Sie eine Textdatei.

31.1.2 In eine Datei schreiben

Das Schreiben in eine Datei ist praktisch genauso einfach wie das Lesen. Um beides an einem Beispiel nachzuvollziehen, können Sie einen einfachen Editor programmieren. Es handelt sich um einen ganz trivialen Editor, der lediglich Texte einlesen und schreiben kann. Zur Anlage des Combines gehen Sie wie folgt vor:

1. Wählen Sie den Befehl Datei → Neu → Neues Combine aus der Menüzeile von SharpDevelop.

2. Klicken Sie auf die Kategorie VBNET.

3. Markieren Sie die Schablone Windows-Anwendung.

4. Geben Sie MiniEdit als Name für die neue Combine ein.

5. Betätigen Sie die Schaltfläche Erstellen.

SharpDevelop legt nun eine neue Combine mit dem Namen MiniEdit an. Als Ergebnis sehen Sie wiederum den per Schablone angelegten Quellcode, der allerdings deutlich anders aussieht als der vorherige. Der Grund hierfür besteht darin, dass diese Schablone das Gerüst für eine Windows-Forms-Anwendung enthält. Im unteren Teil der Ansicht sehen Sie die Registerlasche Design. Mit einem Klick auf diese Registerlasche gelangen Sie zur Entwurfsansicht des standardmäßig hinzugefügten Formulars MainForm. Wenn Sie nun

noch mit Ansicht → Tools die Toolbox von SharpDevelop einfügen, dann hat das
Fenster schon ein bisschen Ähnlichkeit mit dem Formularentwurfsfenster von Microsoft
Access. Zum Entwurf des Formulars gehen Sie wie folgt vor:

1. Klicken Sie im Tools-Fenster auf die Gruppe Windows Forms.

2. Markieren Sie das Tool TextBox.

3. Klicken Sie im Formulardesign an der Stelle, an der SharpDevelop das TextBox-
   Steuerelement hinzufügen soll.

4. Wiederholen Sie die Schritte 2 und 3, um ein weiteres TextBox-Steuerelement hinzuzufügen.

5. Markieren Sie das Tool Button.

6. Klicken Sie im Formulardesign an der Stelle, an der SharpDevelop das Button-
   Steuerelement hinzufügen soll.

7. Fügen Sie ein weiteres Button-Steuerelement hinzu.

31.1.3 Steuerelemente der MiniEdit-Anwendung

Nach diesen Schritten verfügen Sie über ein Formular mit zwei Textboxen und zwei Schaltflächen. Die erste Textbox soll der Eingabe von Laufwerk, Pfad und Dateiname einer
Textdatei dienen. Falls das Eigenschaften-Fenster nicht automatisch geöffnet wurde,
können Sie die Textbox mit der rechten Maustaste anklicken und Eigenschaften aus
dem Kontextmenü wählen. Ändern Sie den Namen des Textsteuerelements auf txtDa-
teiname. Als Text können Sie Laufwerk, Pfad und Dateiname einer Textdatei eingeben,
die Sie standardmäßig eingeblendet haben wollen. Für die Eigenschaft Anchor geben Sie
folgenden Wert ein:

```
Top, Left, Right
```

Alternativ können Sie auf den Pfeil des Eingabefeldes klicken und den oberen, linken und
rechten Anker markieren. Mit dieser Einstellung erreichen Sie, dass .NET das Steuerelement
an die Größe des Formulars anpasst. Wenn Sie das Formular später breiter ziehen, dann
wird automatisch die Breite des Steuerelements angepasst.

Das zweite TextBox-Steuerelement sollten Sie mit txtEdit benennen. Setzen Sie hier
die Anchor-Eigenschaft auf Top, Bottom, Left, Right. Außerdem sollten Sie bei
diesem Steuerelement die Eigenschaft Multiline auf True setzen. Damit erreichen Sie,
dass .NET dieses Textfeld mehrzeilig anzeigt.

Die Button-Steuerelemente können Sie mit btnLesen und btnSchreiben benennen.
Dementsprechend sollten die Text-Eigenschaften der beiden Steuerelemente auf &Lesen
und &Schreiben angepasst werden. Als letzte Aktion vor dem Einstieg in die Programmierung sollten Sie noch die Eigenschaft Text des Formularobjektes auf MiniEdit ändern.
Klicken Sie dazu auf einen leeren Bereich des Formularentwurfs. Das Ergebnis Ihrer bisherigen Arbeit sollte dem in Abbildung 31.2 auf der nächsten Seite ähneln.

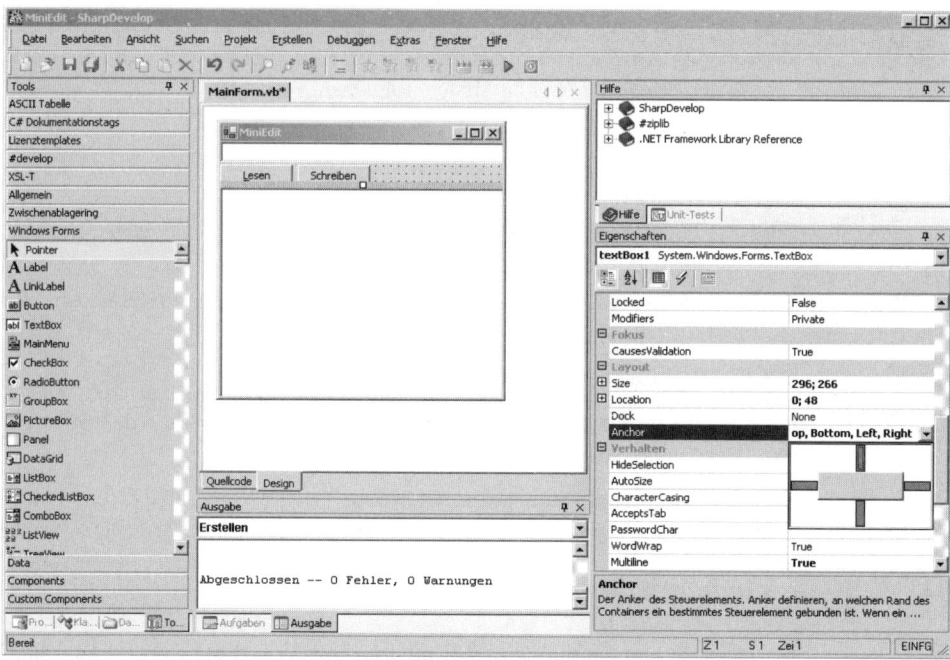

Abb. 31.2: Dieses Formular zeigt die MiniEdit-Anwendung im Entwurf.

31.1.4 Programmcode einfügen

Um den Programmcode einzufügen, führen Sie einen Doppelklick auf das Steuerelement btnLesen durch. SharpDevelop wechselt dann automatisch zur Anzeige des Quellcodes und fügt dort den Prozedurrumpf für das Click-Ereignis der Schaltfläche ein. Ergänzen Sie den Programmcode zu dem Listing aus Quellcode 31.1.

```
Private Sub BtnLesenClick(sender As System.Object, e As System.EventArgs)
    Dim sr As System.IO.StreamReader
    sr = New StreamReader(Me.txtDateiname.Text)
    Me.txtEdit.Text = sr.ReadToEnd()
    sr.Close()
End Sub
```

Listing 31.1: Quellcode

Der Programmcode basiert auf der weiter oben bereits erläuterten Anwendung des Stream-Reader-Objekts. Im Unterschied zur Konsolenanwendung wird dieses Mal der Dateiname mit Me.txtDateiname.Text direkt aus dem Textfeld des Formulars entnommen. Sie können dort also auch Laufwerk, Pfad und Dateiname einer anderen Textdatei eingeben und diese öffnen. Der gelesene Text wird der Text-Eigenschaft des Steuerelements txtEdit zugewiesen. Abbildung 31.3 auf der nächsten Seite zeigt den Editor in Aktion.

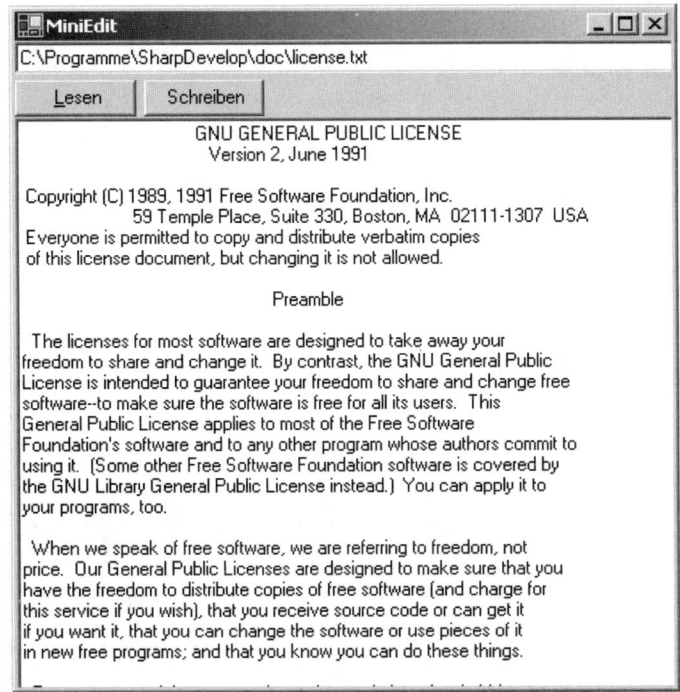

Abb. 31.3: Der MiniEditor in Aktion.

Sie werden sich vielleicht fragen, wie .NET die Prozedur `BtnLesenClick` mit dem `Click`-Ereignis der Schaltfläche in Beziehung setzt. Um dieses Geheimnis zu lüften, sollten Sie den Bereich `Windows Forms Designer generated code` im Quellcode aufklappen. In diesem Bereich finden Sie den von `SharpDevelop` automatisch generierten Programmcode. Er spiegelt die im Designer vorgenommenen Einstellungen wider. Dort finden Sie unter anderem auch die folgende Anweisung:

```
AddHandler Me.btnLesen.Click, AddressOf Me.BtnLesenClick
```

Sie definiert, dass bei einem Klick auf `btnLesen` die Prozedur `BtnLesenClick` aufgerufen wird.

Beachten Sie, dass das Programm keine Fehlerbehandlung hat. Bei Eingabe eines falschen Dateinamens oder beim Auftreten irgendeines anderen Fehlers erhalten Sie einen Laufzeitfehler.

Wie Sie solche Fehler abfangen können, wird im Beitrag zur `Try Catch`-Anweisung an anderer Stelle in diesem Werk beschrieben.

> **Hinweis:** Wenn Sie beim Kompilieren der `MiniEdit`-Anwendung die Fehlermeldung „`Der Typ StreamReader ist nicht definiert.`" erhalten, dann liegt das vermutlich daran, dass das .NET-Framework die Objektklasse nicht zuordnen kann. Sie sollten in diesem Fall prüfen, ob Sie die Anweisung `Imports System.IO` an der richtigen Stelle (etwa unter „Imports System") eingegeben haben.

31.1.5 Texte schreiben

Das Zurückschreiben des Textes erfolgt mit dem Button `btnSchreiben`. Zur Eingabe des Programmcodes führen Sie einen Doppelklick auf das `Button`-Steuerelement durch.

Ergänzen Sie den Programmcode, bis Sie das Listing aus Quellcode 31.2 erhalten.

```
Private Sub BtnSchreibenClick(sender As System.Object, e As System.EventArgs)
    Dim sr As System.IO.StreamWriter
    sr = New StreamWriter(Me.txtDateiname.Text)
    sr.Write(Me.txtEdit.Text)
    sr.Close()
End Sub
```

Listing 31.2: Quellcode

Das Programm benutzt die zur `StreamReader`-Objektklasse korrespondierende `StreamWriter`-Objektklasse. Sie schreibt den als String übergebenen Text in eine Datei.

Die `StreamReader`- und die `StreamWriter`-Klassen verwenden für die Umwandlung der im Speicher hinterlegten Bytes in Text (und umgekehrt) in den meisten Fällen die Utf-8-Codierung. Diese verwendet Unicode-Zeichen und funktioniert über verschiedene Sprachen hinweg einwandfrei.

31.2 Auf Laufwerke und Ordner zugreifen

Mit der `Directory`-Klasse können Sie direkt auf Laufwerke und Ordner zugreifen. Die Methoden dieser Klasse sind statische oder „shared" Member. Sie brauchen deshalb für die Anwendung der Klasse keine Objekte zu instanzieren.

31.2.1 Verzeichnisse anlegen und löschen

Mit der `CreateDirectory`-Methode können Sie ein bestimmtes Verzeichnis anlegen:

```
Directory.CreateDirectory("C:\Daten\Test")
```

Genauso einfach ist das Löschen eines Verzeichnisses:

```
Directory.Delete("C:\Daten\Test")
```

Tab. 31.2: Die wichtigsten Methoden der Directory-Klasse

Methode	Beschreibung
CreateDirectory	Legt einen Ordner an
Delete	Löscht einen Ordner
Exists	Überprüft das Vorhandensein eines Ordners
GetDirectories	Liest die Verzeichnisse eines Ordners in ein Array
GetDirectoryRoot	Ermittelt das Stammverzeichnis des angegebenen Pfades
GetLogicalDrives	Ermittelt die Namen der logischen Laufwerke eines Computers
GetParent	Ermittelt das übergeordnete Verzeichnis eines Ordners
Move	Verschiebt einen Ordner
SetCurrentDirectory	Legt das aktuelle Verzeichnis fest

Die Directory-Objektklasse verfügt über weitere Methoden. Die wichtigsten davon sind in Tabelle 31.2 beschrieben.

Die meisten aufgeführten Methoden sind direkt mit Funktionen des Betriebssystems verknüpft und arbeiten deshalb praktisch genauso wie die entsprechenden Befehle des Windows Explorers.

31.2.2 Verzeichnisse als Objekt öffnen

Mit der DirectoryInfo-Klasse können Sie einen Ordner als Objekt öffnen. Die Methoden der Klasse sind prinzipiell die gleichen wie die der Directory-Klasse.

Der Unterschied besteht allerdings darin, dass Sie ein Objekt der DirectoryInfo-Klasse instanzieren können.

Das folgende Beispiel zeigt die Verwendung eines DirectoryInfo-Objektes, das den Anlagezeitpunkt eines Ordners ausgibt:

```
Dim di As DirectoryInfo
di = New DirectoryInfo("C:\Daten")
If di.Exists Then
    Console.WriteLine(di.CreationTime)
End If
```

31.3 Auf Dateien zugreifen

Die Methoden der Objektklasse File sind das Pendant der Methoden der Objektklasse Directory – mit dem Unterschied, dass diese sich auf Dateien und nicht auf Ordner beziehen.

31.3.1 Die File-Objektklasse

Mit diesen Methoden können Sie beispielsweise Dateien kopieren oder löschen:

```
File.Copy("<...>\license.txt", "<...>\license.bak")
File.Delete("<...>\license.bak")
```

Die Methoden der File-Objektklasse können Sie ebenfalls direkt anwenden, ohne vorher ein Objekt instanzieren zu müssen. Tabelle 31.3 enthält eine Übersicht über weitere wichtige Methoden dieser Klasse.

Tab. 31.3: Einige Methoden der File-Objektklasse

Methode	Beschreibung
Copy	Kopiert eine Datei
Delete	Löscht eine Datei
Exists	Prüft das Vorhandensein einer Datei
GetAttributes	Liest die Dateiattribute
GetCreationTime	Liest den Zeitpunkt des Erstellens der Datei
GetLastAccessTime	Liest den Zeitpunkt des letzten Zugriffs auf die Datei
GetLastWriteTime	Liest den Zeitpunkt des letzten schreibenden Zugriffs auf die Datei
Move	Verschiebt die Datei
Open	Öffnet die Datei als FileStream
SetAttributes	Setzt Dateiattribute
SetCreationTime	Setzt den Zeitpunkt der Anlage der Datei
SetLastAccessTime	Setzt den Zeitpunkt des letzten Zugriffs auf die Datei
SetLastWriteTime	Setzt den Zeitpunkt des letzten schreibenden Zugriffs auf die Datei

31.3.2 Dateien als Objekt öffnen

Die FileInfo-Klasse korrespondiert mit der File-Klasse wie die DirectoryInfo-Klasse mit der Directory-Klasse. Der wesentliche Unterschied besteht darin, dass Sie ein Objekt der FileInfo-Klasse instanzieren müssen.

Die Methoden der Klasse sind prinzipiell die gleichen wie die der File-Klasse. Es gibt allerdings einige zusätzliche Methoden, mit denen sich beispielsweise die Dateierweiterung ermitteln lässt. Das Beispiel aus Quellcode 31.3 zeigt die Verwendung der FileInfo-Klasse. Das Beispielprogramm produziert die folgende Ausgabe:

```
Fullname:
C:\Programme\SharpDevelop\doc\license.txt
Extension: .txt
```

```
Name: license.txt
Directory: C:\Programme\SharpDevelop\doc
```

```
Dim fi As FileInfo
fi = New FileInfo("C:\Programme\SharpDevelop\doc\license.txt")
If fi.Exists Then
Console.WriteLine("Fullname: {0}", fi.FullName())
Console.WriteLine("Extension: {0}", fi.Extension())
Console.WriteLine("Name: {0}", fi.Name())
Console.WriteLine("Directory: {0}", fi.Directory())
End If
```

Listing 31.3: Quellcode

31.4 Indexsequentielle Dateien

Für das Lesen und Schreiben von Textdateien sollten Sie TextReader- und TextWriter-Objekte verwenden. Das Lesen und Schreiben von Binärdaten sollten Sie mit BinaryReader- und BinaryWriter-Objekten durchführen. Falls Sie eine allgemeingültige Objektklasse benötigen, sollten Sie sich FileStream ansehen.

Zur Konvertierung von altem Programmcode dürfen Sie ausnahmsweise auch mal die Funktionen des Namespaces Microsoft.VisualBasic verwenden.

Darin sind viele Funktionen enthalten, die Ihnen von VBA her bekannt sein dürften. Sie sollten der Versuchung widerstehen, mit den alten Funktionen unter .NET zu programmieren. Verwenden Sie lieber die neuen Objektklassen aus dem Namespace System.IO.

31.4.1 Indexsequentielle Dateien lesen und schreiben

Das indexsequentielle Lesen und Schreiben von Dateien können Sie mit den Methoden der Objektklasse FileStream durchführen. Das Beispiel aus Quellcode 31.4 zeigt, wie Sie die ersten 100 Bytes einer Datei lesen.

```
Dim fs As FileStream
fs = New FileStream("<...>\license.txt", FileMode.Open)
Dim iAnzahl, iGelesen As Integer
iAnzahl = 100
Dim ByteArray(iAnzahl - 1) As Byte
iGelesen = fs.Read(ByteArray, 0, iAnzahl)
Console.WriteLine("{1} Bytes wurden gelesen.")
Console.WriteLine(System.Text.Encoding.UTF8.GetString(ByteArray))
fs.Close()
```

Listing 31.4: Quellcode

Das Programm öffnet ein FileStream-Objekt für eine Textdatei. Die Read-Methode liest die ersten 100 Bytes der Datei in ein Byte-Array. Die GetString-Methode konvertiert das Array in Utf-8-Textzeichen.

31.4.2 Alten Programmcode verwenden

Manchmal kann aber die Anwendung älterer Standards erforderlich sein. Eine weit verbreitete Technik ist das sequentielle und das indexsequentielle Lesen und Schreiben von Dateien.

Dank des Namespaces `Microsoft.VisualBasic` können Sie einen Teil Ihres alten Programmcodes weiterverwenden oder konvertieren. Dies betrifft insbesondere die folgenden Funktionen für den Dateizugriff:

- Lesen und Schreiben von sequentiellen Dateien (OpenMode.Input).
- Direkter Dateizugriff (OpenMode.Random) mit fester Satzlänge.
- Lesen und Schreiben von binären Dateien.

Alle aufgeführten Verfahren beginnen mit der `FileOpen`-Methode. Diese Methode ist im Namespace `Microsoft.VisualBasic` angesiedelt. In diesem Bereich finden Sie zahlreiche Funktionen, die große Ähnlichkeit mit den teilweise gleichnamigen VBA-Funktionen haben.

Diese Funktionen sind sehr hilfreich, wenn Sie alten Programmcode mit dem .NET-Framework anwenden wollen. Das Beispiel aus Quellcode 31.5 liest eine Textdatei und zeigt ihren Inhalt im Konsolenfenster an. Um das Beispiel verwenden zu können, müssen Sie `Imports Microsoft.VisualBasic` verwenden.

```
Dim FileNum As Integer
FileNum = FreeFile()
MicroFileOpen(FileNum, "<...>\license.txt", OpenMode.Input)
Do Until EOF(FileNum)
    Console.WriteLine(LineInput(FileNum))
Loop
FileClose(FileNum)
```

Listing 31.5: Quellcode

> **Tipp:** Der Namespace `Microsoft.VisualBasic` enthält zahlreiche Funktionen, mit denen Sie als VBA-Programmierer sofort vertraut sein dürften. Dazu zählen beispielsweise `Asc`, `ChDir`, `Left`, `Len`, `Mid` und `Val`.

32 Exception-Handling mit VB.NET

Tom Jordan, Düsseldorf

Auch wenn Entwickler sich die größte Mühe geben, werden Software-Programme nach der Auslieferung Fehler enthalten. Das ist in dieser Branche seit jeher eine Realität. Die Mittel und Werkzeuge, um besser damit umzugehen, werden jedoch ständig verbessert. Mit dem .NET-Framework und den zugehörigen Tools hat Microsoft nun eine ganze Menge zur Beseitigung des Problems beigetragen. Im vorliegenden Beitrag erfahren Sie, welche Bordmittel VB.NET mitbringt, um Laufzeitfehler abzufangen.

Inhalt

32.1 Wartbarkeit durch Fehlerbehandlung

Nach Auslieferung einer Software spielt die Wartbarkeit (Pflegbarkeit) eine wesentliche Rolle, denn Änderungswünsche und Fehlerbehebung müssen in den meisten Fällen umgehend durchgeführt werden. Andernfalls könnte eine Produktiv-Software beim Kunden unbrauchbar sein.

Um diese Wartbarkeit der Software zu steigern, existieren verschiedene Verfahren wie zum Beispiel ein gut strukturierter Code-Aufbau, ein konsequentes Klassen-Modell, Kommentare im Code und so weiter. Solche Methoden erleichtern die Anpassung beziehungsweise Erweiterung einer bestehenden Software.

Zum anderen Aspekt der Wartbarkeit gehört sicherlich auch ein durchdachtes Konzept zur Fehlerbehandlung. „Behandlung" in diesem Sinne beantwortet die Frage, wie die Software auf Fehler reagiert, sodass sich das Programm möglichst schmerzfrei (für den Endbenutzer) wieder fängt und weiterlaufen kann.

Auch für die Entwickler der Software ist eine effiziente Fehlerbehandlung sehr wichtig, denn nur so können sie Fehler schnell lokalisieren und beheben.

32.2 Exceptions und Handlers

Seit einigen Jahren verfügen gängige Programmiersprachen wie C++ und Java über Code-Techniken, um unerwartete Fehler, aber auch erwartete Fehler, in einer logischen und strukturierten Art und Weise zu behandeln. Programmfehler in diesem Sinne heißen `Exceptions` (Ausnahmen). Eine Exception kann während der Laufzeit auftreten, etwa wenn ein Ordner, in dem eine Datei vom Programm gespeichert werden soll, schreibgeschützt ist.

Eine noch präzisere Datenbank-Exception wird beispielsweise ausgelöst, wenn das Programm einen Datensatz zu aktualisieren versucht, der gerade von einem anderen Benutzer gelöscht wurde. Die allgemeine Behandlung solcher Ausnahmesituationen trägt den Fachbegriff `Exception-Handling`. Eine bestimmte Behandlungsroutine in ihrem Code wird folglich also ein `Exception-Handler` genannt. Der Exception-Handler sorgt also dafür, dass das Programm, anstatt eines abrupten Abtritts, eher eine informative Meldung anzeigen und sich fortsetzen kann.

32.3 Wie es früher mal war...

Mit dem Microsoft .NET-Framework ist es nun auch Visual Basic-Entwicklern möglich, Exception-Handling wie in den anderen „Profi-Sprachen" zu implementieren. Früher war die Fehlerbehandlung in VB 6.0 oder VBA äußerst unstrukturiert. Die Sprungmarke zur Behandlung legte man mit einer `Goto`-Anweisung fest, was heutzutage normalerweise untersagt ist (siehe Abbildung 32.1 auf der nächsten Seite).

Hier kann man zwar eine Fehlernummer abfragen, um die passende Fehlermeldung anzuzeigen, ansonsten besitzt das Objekt `Err` keine weitere Intelligenz. Zweitens ist mit diesem

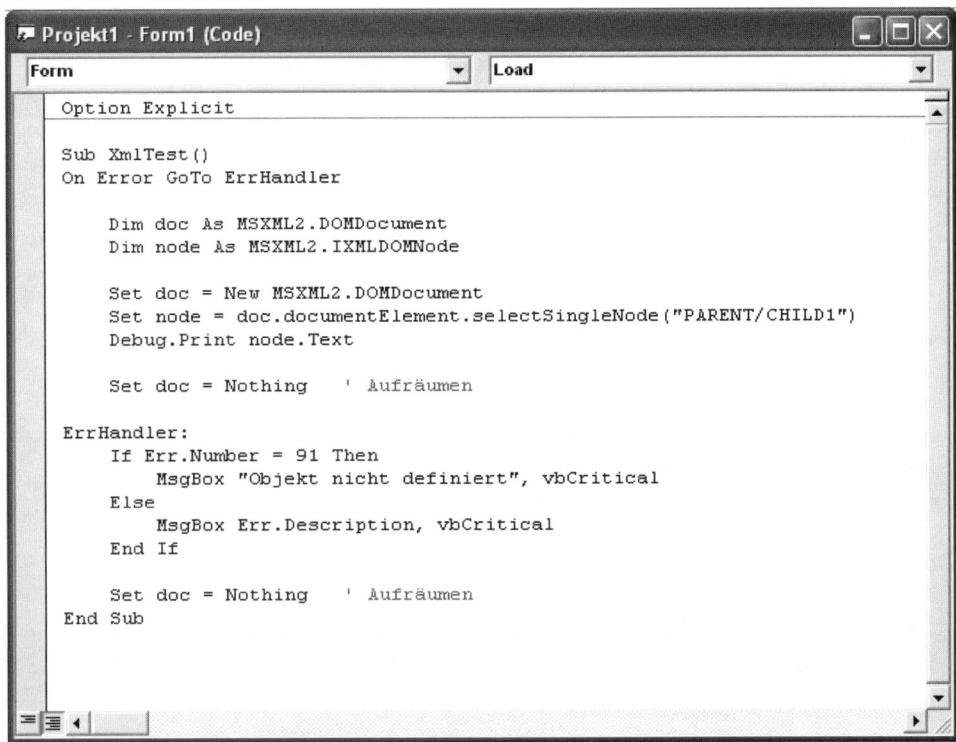

```
Projekt1 - Form1 (Code)

Form                                    ▼   Load                            ▼

    Option Explicit

    Sub XmlTest()
    On Error GoTo ErrHandler

        Dim doc As MSXML2.DOMDocument
        Dim node As MSXML2.IXMLDOMNode

        Set doc = New MSXML2.DOMDocument
        Set node = doc.documentElement.selectSingleNode("PARENT/CHILD1")
        Debug.Print node.Text

        Set doc = Nothing       ' Aufräumen

    ErrHandler:
        If Err.Number = 91 Then
            MsgBox "Objekt nicht definiert", vbCritical
        Else
            MsgBox Err.Description, vbCritical
        End If

        Set doc = Nothing       ' Aufräumen
    End Sub
```

Abb. 32.1: Fehlerbehandlung in Visual Basic 6.0

Mittel eine verschachtelte Behandlung völlig ausgeschlossen, denn es gibt nur eine zentrale Behandlungsroutine.

Darüber hinaus, was übrigens auch gegen die Wartbarkeit spricht, ist die Tatsache, dass man hier den Code zum Aufräumen an zwei Stellen haben muss, nämlich einmal nach der Fehlerbehandlung und einmal nach dem normalen Programmablauf.

32.4 Verbesserung durch Visual Basic.NET

In Visual Basic.NET wurden die wesentlichen Code-Strukturen zur Exception-Handling aus C++ bzw. Java übernommen. Die Hauptanweisungen dazu sind Try, Catch, und Finally, die Sie neben VB.NET selbstverständlich auch in C# wieder finden werden.

Nach jeder dieser Anweisungen folgt ein Code-Abschnitt, den die Anweisung umfasst. Die grobe Struktur eines Code-Abschnitts inklusive Exception-Handling sieht also folgendermaßen aus (siehe Abbildung 32.2 auf der nächsten Seite).

Im so genannten Try-Abschnitt (engl. Try-Block) werden die Anweisungen ausgeführt, die zum normalen Programmablauf gehören. Innerhalb dieses Abschnitts könnte ein uner-

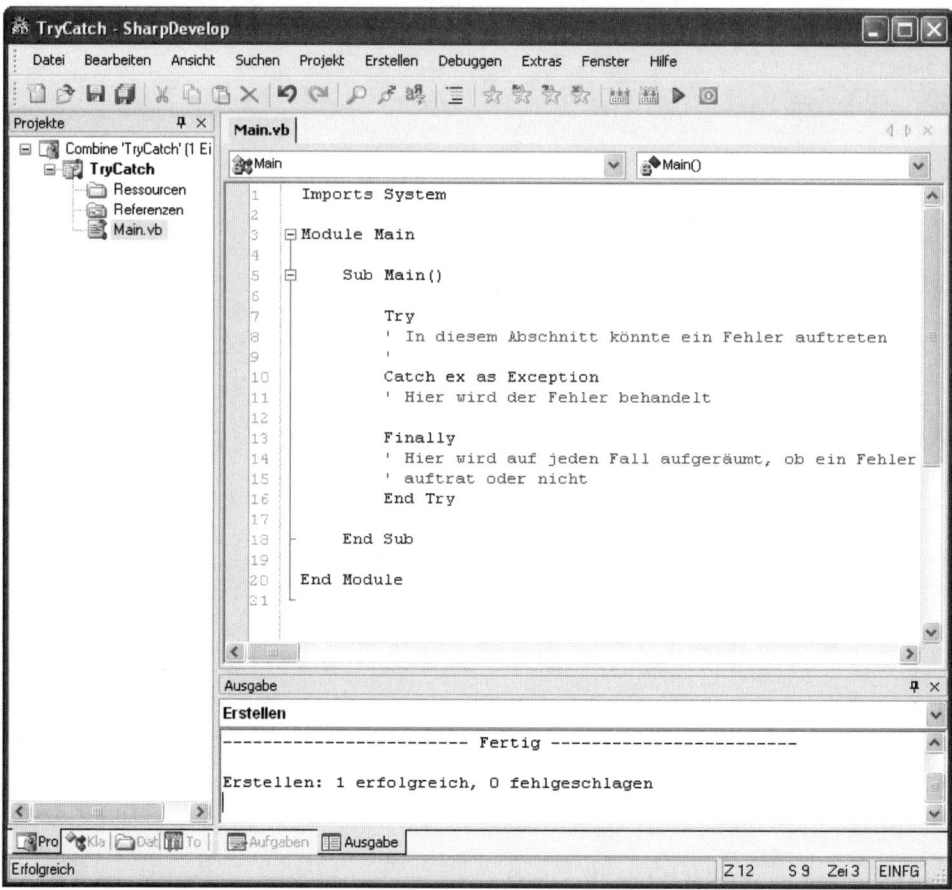

Abb. 32.2: Baustein einer Fehlerbehandlungsroutine in VB.NET

warteter Fehler auftreten, infolgedessen der Programmablauf sofort zum nächst passenden Catch-Abschnitt wechselt. Nach der Fehlerbehandlung im Catch-Abschnitt bzw. wenn die Anweisungen im Try-Abschnitt fehlerfrei abgearbeitet wurden, werden die Anweisungen im Finally-Abschnitt ausgeführt.

32.5 Strukturierte Behandlung

Der Exception-Handler darf auch aus mehreren Catch-Abschnitten bestehen, um ein wenig Struktur in den Handler hineinzubringen. Der Kopf jedes Catch-Abschnittes wird mit einer Variablen einer Exception-Klasse angegeben, um den Catch-Abschnitt nur für gewisse Fehlerarten zu bestimmen.

Wird ein Fehler im Try-Ausschnitt ausgelöst, wird zum nächsten Catch-Abschnitt mit der passenden Exception-Klasse gewechselt und der Programmablauf wird dort fortgesetzt (siehe Abbildung 32.3 auf der nächsten Seite).

```
1    Imports System
2    Imports System.Xml
3
4  ⊟ Module Main
5
6  ⊟    Sub Main
7
8          Dim doc As New XmlDocument
9          Dim node As XmlNode
10
11         Try
12             node = doc.DocumentElement.SelectSingleNode("PARENT/CHILD1")
13             Console.WriteLine(node.InnerText)
14
15         Catch ex As NullReferenceException
16             Console.WriteLine("Der XML-Knoten wurde nicht gefunden.")
17
18         Catch ex As Exception
19             Console.WriteLine("Unerwarteter Fehler: " & ex.Message)
20
21         End Try
22
23     End Sub
24
25  End Module
26
```

Abb. 32.3: Auf eine explizite Exception warten

In diesem Beispiel gehen wir davon aus, dass der XML-Knoten PARENT/CHILD1 nicht unbedingt existieren muss. Beim Zugriff auf die Eigenschaft InnerText wird eine Exception aus der Klasse NullReferenceException ausgelöst, denn die Variable node enthält unter Umständen nur einen Null-Wert. Der Exception-Handler ist aber dafür gewappnet und gibt eine informative Meldung aus. Für alle anderen Exceptions, die so auftreten könnten, fließt der Programmablauf in den zweiten Catch-Abschnitt hinein.

Im .NET Objekt-Modell werden die spezifischen Exception-Klassen von gröberen Klassen abgeleitet, wobei die Klasse Exception die oberste Stufe darstellt (siehe Abbildung 32.4 auf der nächsten Seite).

Bei mehreren Catch-Abschnitten ist also zu beachten, dass Sie einen spezifischen Exception-Handler zuerst angeben, gefolgt von den nächst höheren Klassen im Objektmodell und zum Schluss einen Handler für die restlichen Fehler.

Wenn Sie dagegen den Handler für Exception zuerst angeben würden, wären die anderen Handlers ja gar nicht erreichbar, da alle Exceptions irgendwann aus dieser Klasse stammen und .NET ja immer den nächsten passenden Handler sucht. Die Struktur für diese Exception-Struktur sollte also eher so wie in Abbildung 32.5 auf der nächsten Seite aussehen.

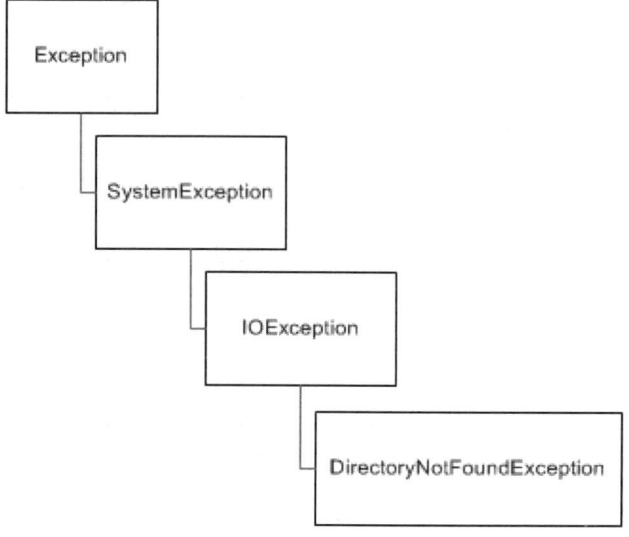

Abb. 32.4: Struktur einiger Exception-Klassen

```
1    Imports System
2    Imports System.IO
3
4    Module Main
5
6        Sub Main
7
8            Try
9                ' Hier versuchen, ein Verzeichnis zu löschen
10               Directory.Delete("C:\\Temp_Old")
11
12           Catch ex As DirectoryNotFoundException
13               ' Dieser Fehler ist am Wahrscheinlichsten
14               Console.WriteLine("Das Verzeichnis wurde nicht gefunden")
15
16           Catch ex As IOException
17               ' andere I/O Fehler, z.B. Datenträger nicht verfügbar
18               Console.WriteLine("I/O Fehler: " & ex.Message)
19
20           Catch ex As Exception
21               ' Alle anderen Fehler
22               Console.WriteLine("Unerwarteter Fehler: " & ex.Message)
23
24           End Try
25
26       End Sub
27
28   End Module
```

Abb. 32.5: Mehrere Exception-Handlers hintereinander

32.6 And Finally ...

Der Finally-Abschnitt gewährleistet, dass der darin enthaltene Code in allen Fällen ausgeführt wird, egal welchen Verlauf Ihr Programm genommen hat. Vor allem bei Datenbank-Anwendungen ist der Finally-Abschnitt sehr hilfreich, denn darin können solche kostbaren Ressourcen wie Datenbankverbindungen (Connection-Objekte) geschlossen und freigegeben werden. Im folgenden Beispiel wird versucht, auf eine Tabelle in einer Access-Datenbank zuzugreifen. Bei einer Exception sowie beim normalen Ablauf soll die Verbindung zur Datenbank auf jeden Fall geschlossen werden (siehe Abbildung 32.6).

```vbnet
Imports System
Imports System.Data
Imports System.Data.OleDb

Module Main

    Private _connectionString As String

    Sub Main
        Dim con As OleDbConnection

        Try
            Dim da As New OleDbDataAdapter("SELECT * FROM Kunden", _connectionString)

            con.Open()

            Dim ds As New DataSet
            da.Fill(ds, "Products")

            Console.WriteLine(ds.Tables(0).Rows.Count & " Kunden wurden gefunden.")

        Catch ex As Exception
            Console.WriteLine("Fehler: " & ex.Message)

        Finally
            If con.State = ConnectionState.Open Then
                con.Close() ' Auf jeden Fall schliessen...
            End If
            con.Dispose()   ' ... und entsorgen
        End Try
    End Sub

End Module
```

Abb. 32.6: Datenbank-Exception

32.7 Die eigene Exception-Klasse

Es ist inzwischen kein Geheimnis mehr, dass die eingebauten Klassen im .NET-Framework sich beliebig ableiten und erweitern lassen. Die vorhandenen Exceptionklassen System.Exception und System.ApplicationException sind da auch keine Ausnahme. Eine eigene Exception-Klasse ist vor allem dann nützlich, wenn etwas Spezielles nach einer Ausnahme unternommen werden soll. Beispielsweise können Sie Einträge im Event-Log von Windows anlegen.

Aber auch andere Entwickler Ihrer Klassen profitieren, denn sie können ganz gezielt auf ein bestimmtes Problem reagieren, statt bei dem allgemeinen `ApplicationException` im Dunkeln herumzustochern.

Microsoft hat hierzu einige Richtlinien definiert, damit die eigenen Klassen nicht allzu sehr aus der Reihe tanzen. Unter anderem schlägt Microsoft Folgendes vor, wenn eine neue Exception-Klasse angelegt wird:

- Exception-Klassen, die sich nicht im Namespace `System` befinden, sollen von `ApplicationException` abgeleitet werden.

- Der Name der neuen Exception-Klasse soll mit `Exception` enden, also beispielsweise `NwindUpdateException`

- Die Konstruktoren aus den herkömmlichen Exception-Klassen sollen auch verwendet werden: New(), New(Message As String), New(Message As String, Inner as Exception).

Wenn Sie mehrere Exception-Klassen definieren, sollten sie sinnvollerweise in `Namespace`-Gruppen definiert werden. Für eine Access-Datenbank (etwa die `Nordwind`-Beispieldatenbank) könnte eine allgemeine Klasse `NwindException` definiert werden, von der dann die Klasse `NwindUpdateException` abgeleitet wird.

In unserem Beispiel nehmen wir die Beispieldatenbank `Nordwind` von Microsoft Access zur Hand.

Es befindet sich dort eine Tabelle namens `Kunden`, in der die Datensätze über das Feld `KundenCode` eindeutig identifiziert werden.

Die Basis einer neuen Exception-Klassenstuktur für eine fiktive Nordwind-Anwendung könnte also etwa wie in Quellcode 32.1 aussehen.

```
Public Class NwindException
    Inherits System.ApplicationException
    ' Die Basisklasse für alle Northwind-Exceptions
    Public Sub New()
    End Sub
    Public Sub New(ByVal Message As String)
    End Sub
End Class

Public Class NwindUpdateException
    ' Eine abgeleitete Klasse für UPDATE-Aktionen in der Northwind-Datenbank
    Inherits NwindException
    Private m_kundenCode As String
    Public ReadOnly Property KundenCode()
        Get
            Return m_kundenCode
        End Get
    End Property
    Public Sub New()
    End Sub
    Public Sub New(ByVal Message As String)
    End Sub
    Public Sub New(ByVal KundenCode As String, ByVal Message As String)
        ' Hier könnte etwas Spezielles mit dem KundenCode geschehen, z.B.
        ' einen Eintrag mit dem KundenCode im Windows Ereignis-Log anlegen.
```

```
      m_kundenCode = KundenCode
   End Sub
End Class
```

Listing 32.1: Quellcode

Hier bietet die Klasse `NwindUpdateException` eine Variante des Konstruktors (also der New-Methode) an, die auch einen `KundenCode` akzeptiert.

Dies könnte dem Benutzer beziehungsweise dem Aufrufer Ihrer Klassen die Möglichkeit bieten, etwas mit dem Kundencode zu unternehmen.

Wenn eine Instanz von `NwindUpdateException` behandelt wird, kann auf die Eigenschaft `KundenCode` zugriffen werden (siehe Quellcode 32.2).

```
Try
   UpdateKundenPosition("BLFKI", "Mitarbeiter")
Catch ex As NwindUpdateException
   Console.WriteLine("Das Update ist fehlgeschlagen für Code " & ex.KundenCode)
End Try
```

Listing 32.2: Quellcode

In der täglichen Praxis kann es ja vorkommen, dass ein Datensatz, der aktualisiert werden soll, soeben gelöscht wurde.

In ADO.NET können Sie die Anzahl der Datensätze feststellen, die durch ein `UPDATE` beziehungsweise `DELETE` betroffen wurden.

Wenn ein `UPDATE` wider Erwarten keine Datensätze aktualisiert hat, wäre eine Info vom Programm hilfreich.

Diesen Ausnahmefall könnte die neue Klasse `NwindUpdateException` behandeln. Eine Instanz dieser Klasse soll ausgelöst werden, wenn die Anzahl der Datensätze beim Aktualisieren der Kundentabelle gleich 0 ist.

Die folgende Funktion `UpdateKundenPosition()` nimmt einen zu aktualisierenden `KundenCode` sowie eine neue Position als Parameter. Eine Verbindung wird aufgebaut und das `UPDATE` ausgeführt.

Die Funktion prüft dann, ob mindestens ein Datensatz von einer Aktualisierung betroffen wurde. Wenn nicht, soll eine Exception vom Typ `NwindUpdateException` ausgelöst werden (siehe Abbildung 32.7 auf der nächsten Seite).

```vb.net
33      Sub UpdateKundenPosition(ByVal KundenCode As String, ByVal NeuePosition As String)
34
35          Const CONNSTRING = "Provider=Microsoft.Jet.OLEDB.4.0;Persist Security Info=False;Data Sou
36          Dim con As New OleDbConnection(CONNSTRING)
37
38          Try
39              Dim da As New OleDbDataAdapter("SELECT * FROM [Kunden]", con)
40              da.UpdateCommand = New OleDbCommand("UPDATE [Kunden] SET [Position] = ? WHERE [Kunden
41
42              ' Parameter binden
43              With da.UpdateCommand.Parameters
44                  .Add(New OleDbParameter("Position", OleDbType.VarChar, 30))
45                  .Add(New OleDbParameter("Kunden-Code", OleDbType.VarChar, 5))
46                  .Item(0).Value = NeuePosition
47                  .Item(1).Value = KundenCode
48              End With
49
50              ' Verbindung öffnen und das UPDATE durchführen
51              con.Open()
52              Dim lAnzahlUpdates As Integer = da.UpdateCommand.ExecuteNonQuery()
53
54              If lAnzahlUpdates = 0 Then
55                  ' Unsere Exception auslösen. Der KundenCode wird mit angegeben.
56                  Throw New NwindUpdateException(KundenCode, "Beim UPDATE wurden keine Datensätze g
57              End If
58
59          Catch ex As NwindUpdateException
60              ' Diese Exception erwarten wir, einfach an den Aufrufer weitergeben...
61              Throw ex
62
63          Catch ex As Exception
64              ' eine andere unerwartete Exception wurde ausgelöst
65              Console.WriteLine("Fehler: " & ex.Message)
66
67          Finally
68              If con.State = ConnectionState.Open Then
69                  con.Close() ' Auf jeden Fall schliessen...
70              End If
71              con.Dispose()      ' ... und entsorgen
72          End Try
73
74      End Sub
```

Abb. 32.7: Die eigene Exception-Klasse einsetzen

32.8 Zusammenfassung und Ausblick

Für robuste und zuverlässige Software, die auch pflegeleicht sein soll, ist eine saubere Fehlerbehandlung unentbehrlich.

Mit Visual Basic.NET hat Microsoft einen großen Schritt getan, strukturiertes Exception-Handling auch in Visual-Basic Applikationen zu ermöglichen. Bewährte Strukturen aus anderen Sprachen wie try-catch-finally sowie die erweiterbaren Exception-Klassen aus dem .NET-Framework, haben endlich den Weg nach Visual Basic gefunden.

33 Reguläre Ausdrücke mit VB.NET

Dirk Bauer, Düsseldorf

Es gibt wohl kaum ein Thema in der Softwareentwicklung, dem der Ruf der Undurch-dringbarkeit und Komplexität mehr anhängt als dem Einsatz von „Regulären Ausdrücken". Dieser Artikel wird Ihnen helfen, das unglaubliche Potenzial der „Regulären Ausdrücke" zu entdecken, um diese in Zukunft effektiv und Gewinn bringend in Ihren eigenen Anwendungen einzusetzen.

Inhalt

33.1 Reguläre Ausdrücke

Bei „Regulären Ausdrücken" handelt es sich um eine Sprache zum Durchsuchen und Bearbeiten von Texten. Sie werden bereits seit den frühen Anfängen der UNIX-Systeme verwendet und auch oft mit der Abkürzung „RegEx" (für Regular Expressions) bezeichnet.

Mit Regulären Ausdrücken kann festgestellt werden, ob eine beliebige Zeichenkette einem bestimmten Muster (Pattern) entspricht. Das Pattern kann beispielsweise definieren, dass es sich nur um Ziffern, Buchstaben, Wörter oder variable Teile eines Textes handeln soll.

Mit der Verwendung von Regulären Ausdrücken können Sie die Anzahl von Entscheidungs- und Prüfabfragen in Ihrem Quellcode dramatisch verringern.

33.2 Die Grundlagen

Reguläre Ausdrücke unterstützen drei grundlegende Arten von Aktionen:

- Das Aufteilen von Zeichenfolgen in Teilzeichenfolgen, wobei Trennzeichen als Reguläre Ausdrücke angegeben werden.
- Das Durchsuchen von Zeichenfolgen nach Teilzeichenfolgen, die mit Patterns in Regulären Ausdrücken übereinstimmen.
- Das Durchführen von Suchen- und Ersetzen-Operationen, wobei der Text, den Sie ersetzten möchten, mit Hilfe von Regulären Ausdrücken angegeben wird.

Ein Regulärer Ausdruck setzt sich im Regelfall aus vier Teilen zusammen:

- einem Trennzeichen (Delimiter)
- einem oder mehreren Mustern (Patterns)
- einem weiteren Trennzeichen
- einem Modifier

33.3 Beispiele

Am besten lässt sich die Anwendung der Regulären Ausdrücke anhand von Beispielen erläutern. Dazu finden Sie zunächst eine Auflistung von einigen der wichtigsten Patterns (siehe Tabelle 33.1 auf der nächsten Seite).

Aus diesen Basis-Patterns können Sie nun wesentlich komplexere Ausdrücke zusammensetzen. So würde z. B. der folgende Ausdruck für eine gültige IP-Adresse im Format „255.255.255.255" oder „0.0.0.0" stehen, aber ungültig für die Adressen „259.1.1.1" oder „888.1.1.300" sein:

```
^((25[0-5]|2[0-4][0-9]|1[0-9][0-9]|[1-9][0-9]|[0-9])\.){3}(25[0-5]
|2[0-4][0-9]|1[0-9][0-9]|[1-9][0-9]|[0-9])$
```

Tab. 33.1: Beschreibung einiger Basis-Patterns

Pattern	Beschreibung
^	Anfang eines Strings
$	Ende eines Strings
.	Ein beliebiges Zeichen
a?	Der Buchstabe ‚a' ist optional.
a*	Der Buchstabe ‚a' kommt gar nicht oder mehrfach vor.
a+	Der Buchstabe ‚a' kommt einmal oder mehrfach vor.
a{2}	Der Buchstabe ‚a' kommt genau zweimal vor.
a{2,}	Der Buchstabe ‚a' kommt mindestens zwei- oder mehrmals vor.
a{2,4}	Mindestens 2, höchstens 4 Vorkommen von 'a'
a{2,4}	Mindestens 2, höchstens 4 Vorkommen von 'a'
()	Klammern für Ausdrücke
(a|b)	Entweder 'a' oder 'b'
[2-8]	Eine Ziffer zwischen 2 und 8
\d	Eine beliebige Ziffer
[a-e]	Ein Kleinbuchstabe zwischen a und e (a, b, c, d, e)
[A-E]	Ein Großbuchstabe zwischen A und E (A, B, C, D, E)
[^a-z]	Die Kleinbuchstaben zwischen a und z kommen nicht vor.
[_a-zA-Z]	Ein Unterstrich und ein beliebiger Buchstabe des Alphabets
\	Escape-Zeichen, um Steuerzeichen wie ? ' " - . als normale Zeichen zu verwenden

33.4 Praktische Anwendung

Zur Demonstration kommt ein Beispielprogramm zum Einsatz, dass Adressdaten aus einer Datei in eine Access-Tabelle importiert und hierbei die einzelnen Feldwerte auf korrekte Angaben prüft. Im Einzelnen werden die folgenden Funktionen unterstützt:

• Einlesen einer Textdatei mit Daten von Kontaktpersonen

• Validierung der Struktur der Textdatei

• Validierung der einzelnen Felder mit Hilfe von regulären Ausdrücken

• Suchen- und Ersetzen von bestimmten Feldinhalten

• Speichern der Daten in einer Access-Tabelle

Alle nachfolgend beschriebenen Dateien finden Sie auch auf der Website zum Buch (www.buch.cd).

Zum Anlegen der Beispielanwendung kommt `SharpDevelop` zum Einsatz. Gehen Sie wie folgt vor:

1. Erstellen Sie in einer neuen Access-Datenbank die Tabelle Kontakte (siehe Abbildung 33.1).

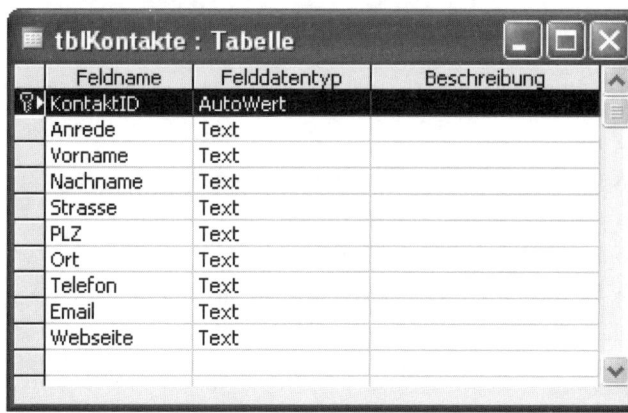

Abb. 33.1: Die Kontakt-Tabelle in Access

2. Starten Sie die Entwicklungsumgebung SharpDevelop.

3. Wählen Sie den Menüpunkt Datei → Neu → Combine aus.

4. Markieren Sie in dem Dialogfenster Neues Projekt die Kategorie VBNET.

5. Wählen Sie unter Schablone den Eintrag Consolen-Anwendung aus.

6. Geben Sie unter Name den Namen des neuen Projekts ein – in diesem Beispiel RegEx-Import.

7. Geben Sie unter Verzeichnis den Ordner an, in dem das neue Projekt angelegt werden soll.

8. Bestätigen Sie mit Erstellen.

Nach dem Klick auf Erstellen legt SharpDevelop das neue Projekt an. Die im Folgenden vorgestellten Programmausschnitte platzieren Sie nacheinander in der Prozedur Sub Main des neuen Projekts.

Um alle vom .NET Framework benötigten Funktionalitäten zur Verfügung zu haben, fügen Sie dem Hauptmodul Verweise auf die relevanten Namespaces hinzu:

```
Imports System
Imports System.Data
Imports System.Data.OleDb
Imports System.IO
Imports System.Text.RegularExpressions
```

Neben dem allgemeinen Bereich System benötigen Sie die Namespaces System.Data und System.Data.OleDb zum Speichern der Daten in der Access-Datenbank.

Der Namespace System.IO wird zum Lesen und Schreiben von Dateien verwendet und System.Text.RegularExpressions stellt die Funktionalitäten für die Regulären Ausdrücke bereit.

Der Programmausschnitt aus Quellcode 33.1 bereitet den Zugriff auf die Access-Datenbank vor.

```
Dim strLokalerPfad As String = System.Threading.Thread.GetDomain().BaseDirectory
Dim strConn As String = String.Format("Provider=Microsoft.Jet.OLEDB.4.0;User" & " ϡ
 ID=Admin;Data Source={0}RegEx.mdb", strLokalerPfad)
Dim conn As New OleDbConnection(strConn)
Dim adapter As New OleDbDataAdapter("SELECT * FROM Kontakte", conn)
Dim builder As New OleDbCommandBuilder(adapter)
Dim ds As DataSet = New DataSet
adapter.Fill(ds, "Kontakte")
Dim table As DataTable = ds.Tables("Kontakte")
```

Listing 33.1: Quellcode

Zuerst wird das Startverzeichnis der Applikation ermittelt. In diesem Beispiel wird davon ausgegangen, dass sich sowohl die zu importierende Datei als auch die Access-Datenbank in dem gleichen Verzeichnis befinden, in dem auch die EXE-Datei der Anwendung untergebracht ist.

Der Aufbau der Verbindung zur Datenbank `RegEx.mdb` erfolgt mit dem `.Net OleDb`-Provider für die Jet-Engine.

Nach dem Initialisieren einer `OleDbConnection` wird ein `OleDbDataAdapter` zum Zugriff auf die Tabelle `Kontakte` in der Access-Datenbank vorbereitet. Der `OleDbCommandBuilder` erstellt automatisch die Befehle für die Aktionen `INSERT`, `UPDATE` und `DELETE`.

Als letzte Vorbereitung für den Zugriff auf die Datenbank wird ein `DataSet` erzeugt und die Tabelle `Kontakte` aus der Datenbank in das `DataSet` eingelesen.

Die nachfolgenden Deklarationen werden für den Import benötigt:

```
Dim myStreamReader As StreamReader
Dim ZeilenNr As Integer
Dim Zeile As String = String.Empty
Dim Werte As String()
Dim Validierung(8) As String
Dim regexValidierung As Regex
Dim i As Integer
Dim ValidierungsFehler As Boolean
```

In diesem Beispiel wird eine CSV-Datei mit neun Spalten (`Anrede`, `Vorname`, `Nachname`, `Straße`, `PLZ`, `Ort`, `Telefon`, `E-Mail` und `Webseite`) validiert und in die Access-Datenbank importiert.

33.4.1 Validierung der einzelnen Feldinhalte

Bevor jedoch die eingelesenen Werte in der Datenbank gespeichert werden, muss jeder Feldinhalt einzeln mit einem Regulären Ausdruck validiert werden. Das folgende Beispiel zeigt dies exemplarisch für das Feld `Anrede`.

Das nachfolgende Pattern für das Feld `Anrede` lässt nur die Einträge „Herr", „Frau" oder „Firma" zu. Der senkrechte Strich (Pipe) trennt die Felder als Oder-Entscheidung auf.

```
Validierung(0) = "Herr|Frau|Firma"
```

Die Validierung der Felder `Vorname`, `Nachname` und `Straße` sieht folgendermaßen aus:

```
Validierung(1) = "^([a-zA-Z0-9äöüÄÖÜß\- ]{1,50})$"
Validierung(2) = "^([a-zA-Z0-9äöüÄÖÜß\- ]{0,50})$"
Validierung(3) = "^([a-zA-Z0-9äöüÄÖÜß\- ]{0,50})$"
```

Das Pattern für die Validierung des Vornamens lässt alle kleinen und großen Buchstaben von a bis z sowie alle Ziffern von 0 bis 9 zu. Außerdem werden Sonderzeichen in kleiner und großer Schreibweise ermöglicht.

Um den Bindestrich in dem Pattern zuzulassen, muss er mit dem vorangestellten Escape-Zeichen „\" erfasst werden. Dem Bindestrich folgt noch ein Leerzeichen, welches dieses in den Ausdrücken zulässt. Ohne das Leerzeichen wäre immer nur ein Wort gültig – Doppelnamen könnten somit beispielsweise nicht erfasst werden.

Nach der Definition der erlaubten Zeichen erfolgt innerhalb der geschweiften Klammern eine Definition der erlaubten Anzahl der zuvor definierten Zeichen. Der Ausdruck {1,50} sagt aus, dass das Pattern mindestens ein Mal und maximal fünfzig Mal vorkommen darf.

Da das zugehörige Feld in der Datenbank vom Typ `Text(50)` ist, werden Texte mit mehr als 50 Zeichen von vornherein nicht zugelassen.

Die Validierung der Felder `Nachname` und `Strasse` unterscheidet sich von der Validierung des Vornamens lediglich in der Anzahl der erlaubten Zeichen. Der Ausdruck {0,50} sagt aus, dass das Feld auch leer bleiben oder maximal fünfzig Zeichen enthalten darf. Das Pattern wird von den Zeichen „^(" und „)$" eingeschlossen. Das Zeichen „^" steht für den Anfang, das Zeichen „$" für das Ende und die Klammern fassen alle einzelnen Pattern zu einem großen Gesamtausdruck zusammen.

Das Pattern für die Validierung des Feldes `PLZ` lässt nur Ziffern (d, digits) zu. Die Anzahl der relevanten Ziffern wird auf genau fünf festgelegt:

```
Validierung(4) = "^(\d{5})$"
```

Das Pattern für die Validierung des Ortes entspricht den bereits erläuterten Mustern:

```
Validierung(5) = "^([a-zA-ZäöüÄÖÜß\-]{0,50})$"
```

Als Besonderheit fehlt hier das Leerzeichen, sodass innerhalb dieses Feldes keine Leerzeichen zulässig sind.

Das Pattern für die Validierung des Feldes `Telefon` definiert zwei zulässige Formate:

```
Validierung(6) = "^(\(\d\{2,5\}\)[-]?\d{2,10})|(\d{2,5}[-]?\d{2,10})$"
```

Sie können diese Trennung an dem Pipe-Zeichen (|) in der Mitte des Ausdrucks erkennen. Der linke Teil lässt eine öffnende Klammer, danach 2 bis 5 Ziffern gefolgt von einer schließenden Klammer, einen optionalen Bindestrich oder eine Leerstelle, wieder gefolgt von mindestens zwei bis maximal zehn Ziffern zu. Eine Telefonnummer nach diesem Pattern wäre (0211) 1719356.

Der rechte Teil lässt ebenfalls zwei bis fünf Ziffern, gefolgt von einem optionalen Bindestrich oder einer Leerstelle, wieder gefolgt von mindestens zwei und maximal zehn Ziffern zu. Eine Telefonnummer nach diesem Pattern wäre 0211-1719356. Mit weiteren, optionalen Patterns könnten hier jederzeit beispielsweise US-Telefonnummern oder internationale Vorwahlen mit einem „+" und dem Ländercode zugelassen werden. Ihrer Fantasie sind hier keine Grenzen gesetzt.

Das Pattern der Validierung für das Feld E-Mail lässt alle Buchstaben, die Ziffern 0 bis 9, einen Unterstrich, einen Bindestrich oder einen Punkt vor dem „@" zu.

```
Validierung(7) = "^([a-zA-Z0-9_\-\.]+)@([a-zA-Z0-9_\-\.]+)\.([a-zA-Z]{2,5})$"
```

Nach dem „@" werden ebenfalls alle Buchstaben, die Ziffern 0 bis 9, ein Unterstrich, ein Bindestrich oder ein Punkt zugelassen. Nach diesem Block wird explizit ein Punkt gefordert. Abschließend sind zwei bis fünf Buchstaben zulässig. Das letzte Pattern dient zur Überprüfung der URL einer Website:

```
Validierung(8) = "[a-zA-Z]{3,}://[a-zA-Z0-9]+/*[a-zA-Z0-9/%_.]**[a-zA-Z0-9/%_.=&⤸
amp;]*"
```

Es beginnt mit mindestens drei Buchstaben (http, ftp, https). Danach werden der Doppelpunkt und die beiden „//" definiert. Die eigentliche URL kann sich neben den bereits besprochenen Zeichen auch aus einem Prozentzeichen oder dem „&" („&amp") zusammensetzen.

33.4.2 Einlesen der Importdatei

Nach der Definition der Validierungsregeln muss nun die Importdatei mit einem Stre-amReader geöffnet werden (s. Quellcode 33.2). Beachten Sie hierbei die Optionen des Encoding beim Einlesen der Datei, da Sie sonst möglicherweise Probleme mit Sonderzeichen oder Umlauten bekommen könnten.

```
myStreamReader = New StreamReader(strLokalerPfad + ".csv", System.Text.Encoding.⤸
GetEncoding(1252))
' Schleife durch alle Zeilen der Datei
Do While myStreamReader.Peek() >= 0
    'Einlesen der aktuellen Zeile in myLine
    Zeile = myStreamReader.ReadLine
    ZeilenNr += 1
    ...
Loop
```

Listing 33.2: Quellcode

Innerhalb der Schleife wird immer eine komplette Zeile mit der ReadLine-Methode aus der Quelle eingelesen. Um die einzelnen durch ein Semikolon getrennten Felder bearbeiten zu können, wird die Zeile mit einem RegEx.Split in das zuvor bereitgestellte String-Array Werte überführt. Die Abfrage der Anzahl der enthaltenen Werte ermöglicht es, einen einfachen Abgleich mit den erwarteten neun Spalten zu ziehen (siehe Quellcode 33.3).

```
Dim r As Regex = New Regex(";")
Werte = r.Split(Zeile)
If Werte.Length <> 9 Then
    'Fehler, wir erwarten 9 Werte
    Console.WriteLine("Fehler in Zeile " + ZeilenNr.ToString())
    Console.WriteLine("Es werden 9 Felder erwartet!")
Else
    'Validieren der einzelnen Values im Array
    ...
```

Listing 33.3: Quellcode

Die Validierung der einzelnen Werte ist nach der bereits geleisteten Vorarbeit schnell erledigt.

In einer Schleife wird für jeden Wert im Array die korrespondierende Validierung herangezogen. Die Auswertung erfolgt dann mit dem Ausdruck

```
.IsMatch(Wert).
```

Wenn dieser `True` zurückliefert, entspricht der Wert dem Pattern und unsere Validierung wurde bestanden.

Nachdem alle Werte der aktuellen Zeile validiert wurden, werden die Werte in der Access-Datenbank mit den Anweisungen aus Quellcode 33.4 gespeichert.

```
For i = 0 To Werte.Length - 1
    regexValidierung = New Regex(Validierung(i))
    If regexValidierung.IsMatch(Werte(i)) Then
        Console.WriteLine("  OK: " + Werte(i))
    Else
    Console.WriteLine("Fehler: " + Werte(i) + " entspricht NICHT dem Pattern " + ⟩
    Validierung(i))
    ValidierungsFehler = True
End If
```

Listing 33.4: Quellcode

Um einen ersten Test Ihrer Anwendung vorzunehmen, wählen Sie den Menüpunkt Debuggen → Ausführen aus oder drücken die Taste F5. Sie sollten nun ein leeres Formular auf Ihrem Bildschirm sehen. Ihr erstes Testprogramm wurde damit erfolgreich kompiliert und gestartet.

```
If ValidierungsFehler = False Then
    Dim row As DataRow = table.NewRow()
    row("Anrede") = Werte(0)
    row("Vorname") = Werte(1)
    row("Nachname") = Werte(2)
    row("Strasse") = Werte(3)
    row("PLZ") = Werte(4)
    row("Ort") = Werte(5)
    row("Telefon") = Werte(6)
    row("Email") = Werte(7)
    row("Webseite") = Werte(8)
    table.Rows.Add(row)
    adapter.Update(table)
End If
```

Listing 33.5: Quellcode

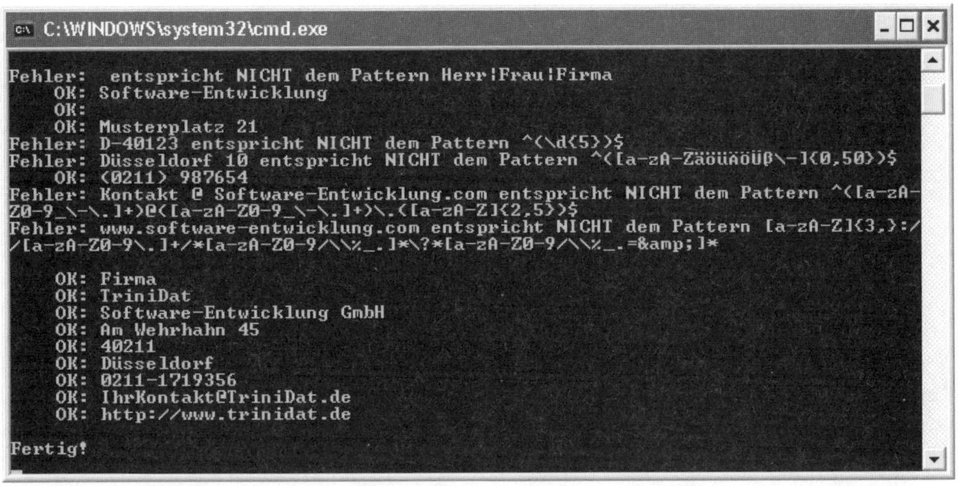

Abb. 33.2: Der fertige Import in der Console

Wichtig: Vor dem Start speichert SharpDevelop automatisch alle Änderungen an allen Dateien, damit die aktuellen Quellcodes an den Compiler übergeben werden können.

33.5 Zusammenfassung und Ausblick

Sie haben in diesem Artikel gelernt, wie Sie reguläre Ausdrücke schnell und einfach einsetzen können. Da das Thema sehr umfangreich ist, kann dieser Artikel nur einen kleinen Teil der Funktionen und möglichen Einsatzgebiete der regulären Ausdrücke präsentieren.

Weitere denkbare Einsatzgebiete sind zum Beispiel die Validierung von Benutzereingaben, das Auslesen von beliebigen Informationen aus HTML-Seiten wie Börsenkursen, Bildern oder Nachrichten, das Erstellen eines Parsers für eine Metasprache, das Umbenennen von Dateien nach bestimmten Mustern et cetera.

Beachten Sie, dass es wie so oft auch beim Thema Reguläre Ausdrücke viele verschiedene Wege zum Ziel gibt. Die Ermittlung der richtigen Kombination von Patterns kann mitunter sehr aufwändig sein. Um Ihnen diese Arbeit zu erleichtern, gibt es zahlreiche interessante und kostenlose Lern- und Testtools im Internet.

Teil IV

Musterlösung

34 Fahrtenbuch

André Minhorst, Duisburg

Verschiedenste Gründe können das Führen eines Fahrtenbuchs erforderlich machen – egal, ob es sich um den Firmenwagen eines Angestellten oder das Privatfahrzeug eines Selbstständigen handelt. In den meisten Fällen steht hinter dieser Verpflichtung die Forderung des Finanzamts nach einem Nachweis der gefahrenen Strecken, falls Sie geschäftliche Fahrtkosten steuerlich absetzen möchten. Dabei gibt es eine ganze Menge Regeln zu beachten, die sowohl die Art der benötigten Informationen als auch deren Präsentation beeinflussen. In den Beiträgen zu dieser Lösung erfahren Sie nicht nur, welche Informationen in einem ordentlichen Fahrtenbuch aufzuführen sind, sondern Sie erhalten auch noch eine Access-Datenbankanwendung, mit der Sie sich die Arbeit erleichtern können.

Inhalt

34.1 Fahrtenbuch per Access-Datenbank

Die Fahrtenbuch-Musterlösung auf der Website zum Buch umfasst die Datenbankanwendung in Versionen für Access 97 sowie für Access 2000, XP und 2003. Außerdem findet der interessierte Leser einen zweiteiligen Beitrag vor, der die Verwendung und die Erstellung dieser Musterlösung genau beschreibt.

34.2 Kurzanleitung

Für die Verwendung des Fahrtenbuchs ist das Vorhandensein von Microsoft Access in der entsprechenden Version erforderlich. Der Start der Anwendung erfolgt durch einen Doppelklick auf die Datei `Fahrtenbuch97.mdb` für Access 97 beziehungsweise `Fahrtenbuch00.mdb` für Access 2000, Access XP und Access 2003.

34.2.1 Eingeben der Stammdaten

Vor dem ersten Eintrag in das Fahrtenbuch geben Sie die Stammdaten der gewünschten Fahrzeuge und Fahrer an. Diese Daten können Sie später bei der Eingabe der Fahrten komfortabel auswählen und müssen sie nicht jedesmal neu eingeben.

Die Eingabe der Fahrzeuge erfolgt in einem Dialog, den Sie über den Menübefehl `Stammdaten → Fahrzeuge` öffnen. Geben Sie hier das Kfz-Kennzeichen, den Kilometerstand des Fahrzeugs vor der ersten im Fahrtenbuch registrierten Fahrt sowie eine Fahrzeugbeschreibung ein. Letztere ist nicht unbedingt erforderlich (siehe Abbildung 34.1).

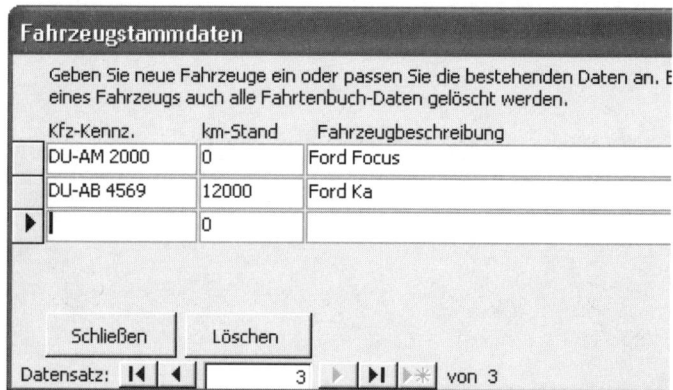

Abb. 34.1: Eingabe der Fahrzeugdaten

Den Dialog zur Eingabe der Fahrerdaten öffnen Sie über den Menübefehl `Stammdaten → Fahrer`. Hier tragen Sie einfach den Vornamen und den Nachnamen der Fahrer ein (siehe Abbildung 34.2 auf der nächsten Seite).

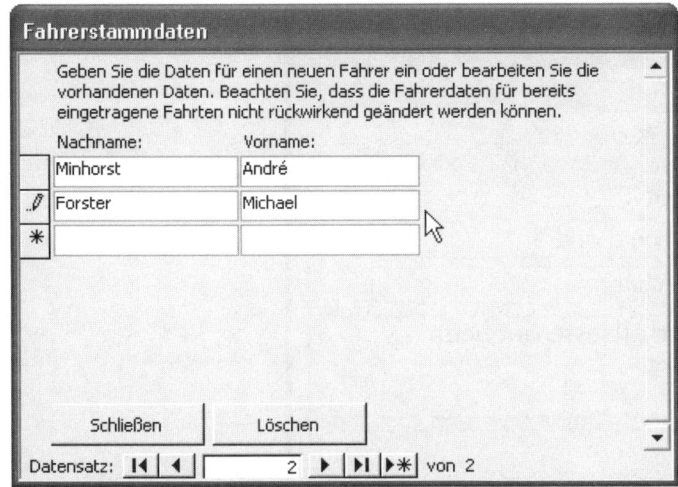

Abb. 34.2: Eingabe der Fahrerdaten

34.2.2 Übersicht der Fahrten anzeigen

Mit dem Menübefehl Fahrtenbuch → Fahrten öffnen Sie die Übersicht der Fahrten zu dem aktuell in der Menüleiste ausgewählten Fahrzeug.

34.2.3 Neue Fahrt anlegen

Zum Anlegen einer neuen Fahrt klicken Sie auf die Schaltfläche Neue Fahrt. Im nun erscheinenden Dialog geben Sie die Informationen zu der neuen Fahrt ein (siehe Abbildung 34.3 auf der nächsten Seite). Abhängig von der Nutzungsart deaktiviert der Dialog Felder, für die Sie keinen Wert eintragen müssen.

Mit einem Klick auf die Schaltfläche Speichern legen Sie die Fahrt im Fahrtenbuch an, kontrollieren die eingegebenen Daten nochmals und schließen den Dialog.

Die Fahrt erscheint nun in der Übersicht der Fahrten für das entsprechende Fahrzeug. Wenn Sie einmal feststellen, dass Sie versehentlich falsche Daten eingetragen haben, können Sie die jeweils zuletzt eingegebene Fahrt für ein Fahrzeug durch einen Klick auf die Schaltfläche Stornieren streichen. Entsprechend den Vorgaben des Finanzamts wird diese Fahrt im späteren Ausdruck als storniert gekennzeichnet (in der Übersicht ist sie hingegen nicht mehr sichtbar).

Abb. 34.3: Eingeben einer neuen Fahrt

34.2.4 Tankvorgänge und Ausgaben

Neben den Fahrten können Sie auch Tankvorgänge und Ausgaben für fahrzeugrelevante Positionen mit dem Fahrtenbuch verwalten. Die Anwendung berechnet dabei jeweils den durchschnittlichen Verbrauch zwischen zwei Tankvorgängen (siehe Abbildung 34.4 auf der nächsten Seite).

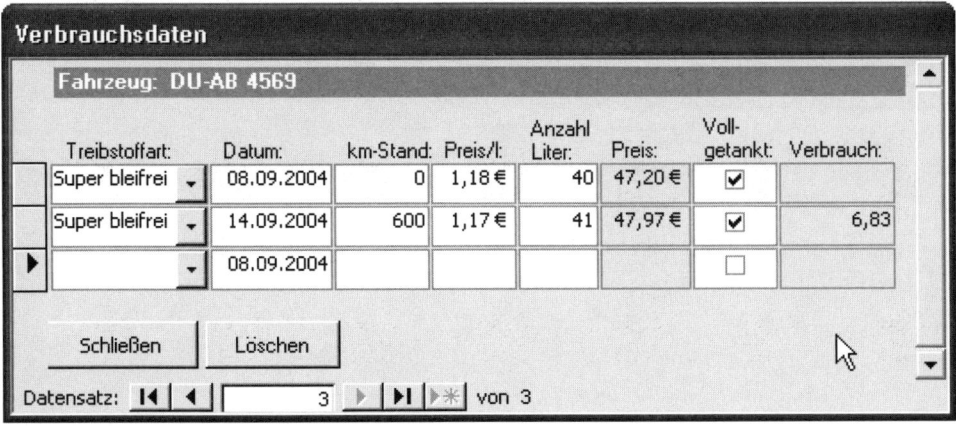

Abb. 34.4: Eingabe von Tankvorgängen

34.2.5 Drucken des Fahrtenbuchs

Zum Drucken des Fahrtenbuchs für ein Fahrzeug zeigen Sie zunächst den entsprechenden Bericht an. Dazu wählen Sie das gewünschte Fahrzeug mit dem Aufwahlfeld in der Menüleiste aus und betätigen anschließend den Menüpunkt Drucken → Fahrtenbuch. Wenn der angezeigte Bericht alle gewünschten Daten enthält (siehe Abbildung 34.5), können Sie ihn per Datei →Drucken an den Drucker schicken.

Abb. 34.5: Fahrtenbuch mit stornierter Fahrt

Der Ausdruck der Ausgaben und Tankvorgänge erfolgt auf ähnliche Weise.

35 Literaturverwaltung

André Minhorst, Duisburg

Zur Organisation von Büchern und Zeitschriften in Unternehmen bietet sich eine Literaturverwaltung an, in der die Literatur nicht nur erfasst, sondern auch weiterverarbeitet werden kann. Dazu zählt beispielsweise das automatische Erstellen von Literatur- und Signaturlisten. Die Literaturverwaltung von Access, SQL & .NET enthält einige Funktionen, die den Nutzwert für den Anwender deutlich erhöhen können.

Inhalt

35.1 Überblick

Die Literaturverwaltung ist auf der Website zum Buch unter dem Dateinamen `Literatur-verwaltung97.mdb` (für Access 97) und `Literaturverwaltung00.mdb` (für Access 2000 und höher) zu finden. Die beiden Beiträge mit der genauen Beschreibung der Funktionen, des Datenmodells und der Erstellung dieser Anwendung sind unter den Dateinamen `Literaturverwaltung_I.pdf` und `Literaturverwaltung_II.pdf` gespeichert.

Die Literaturverwaltung enthält folgende Funktionen:

- Speichern von Literatur mit allgemeinen Informationen wie Titel, Untertitel, Herausgeber, Verlag, ISBN und vielen anderen Details
- Anlegen von Schlüsselwörtern und Abstracts
- Zuweisen beliebig vieler Autoren inklusive Funktionen wie Hauptautor, Lektorat und so weiter plus zusätzlichem Bemerkungsfeld
- Verwaltung von Notizen und Bemerkungen zu jedem Werk
- Verfassen von beliebig vielen Rezensionen je Werk mit Bewertung
- Verwalten von Standorten und Signaturen
- Anlegen von Referenzen
- Angeben von Verbleiborten mit Datumsangaben (von/bis)
- Umfangreiche Suchfunktion
- Anlegen von Literaturlisten
- Ausgabe der Literaturlisten per Bericht oder in ein Word-Dokument, etwa für Quellenangaben etc.

35.2 Funktionen im Detail

Nachfolgend sollen einige Details zu speziellen Funktionen kurz vorgestellt werden. Für weitere Informationen konsultieren Sie die oben angegebenen Beiträge.

Das Hauptformular der Anwendung (siehe Abbildung 35.1 auf der nächsten Seite) enthält sechs Register, auf denen die unterschiedlichen Informationen zu einem Werk untergebracht sind.

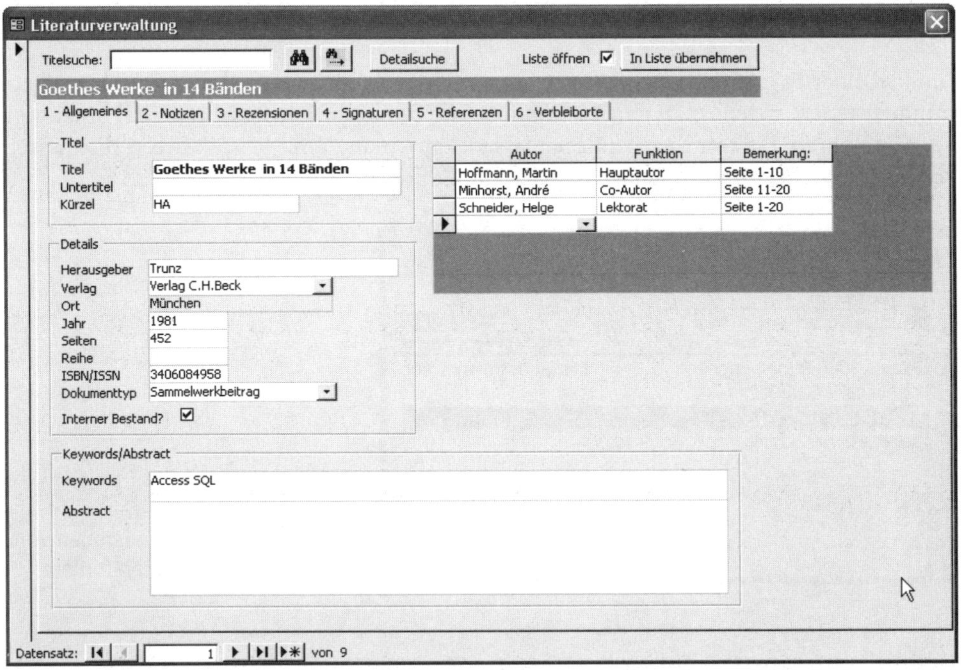

Abb. 35.1: Detailinformationen zu einem Werk

35.2.1 Suchfunktion

Mit einer komfortablen Suchfunktion (siehe Abbildung 35.2) lässt sich die Datenbank komfortabel nach einigen Kriterien durchsuchen. Die Anzeige der Suchergebnisse erfolgt im gleichen Formular, der Aufruf der Details zu den Suchergebnissen per Doppelklick auf den jeweiligen Eintrag.

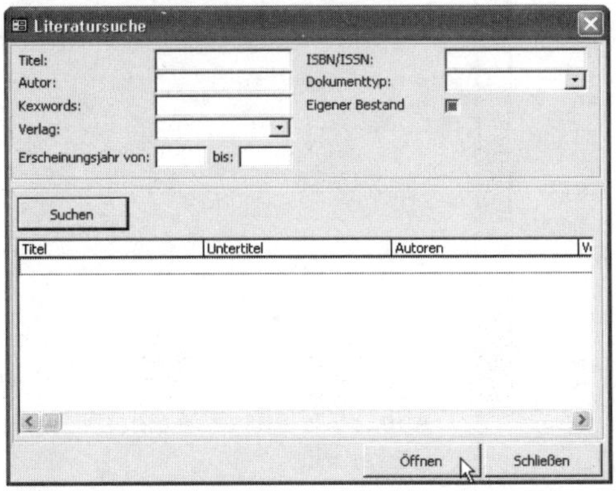

Abb. 35.2: Suchmaske der Literaturverwaltung

35.2.2 Leselisten anlegen

Ähnlich einer Favoritenliste lassen sich auch mit der Literaturverwaltung „Leselisten" zusammenstellen, indem man eine Liste anlegt und dieser die gewünschten Titel hinzufügt. Da sich mehrere Literaturlisten anlegen lassen, kann man damit beispielsweise thematisch verwandte Bücher zusammenfassen (siehe Abbildung 35.3).

Abb. 35.3: Zusammenstellen von Büchern zu einer Literaturliste

35.2.3 Literaturlisten ausgeben

Diese Funktion ist vor allem für diejenigen interessant, die hin und wieder Artikel oder wissenschaftliche Arbeiten verfassen, die einen Anhang mit Quellenangaben erfordern.

Die Ausgabe der Literaturlisten kann entweder als Bericht (siehe Abbildung 35.4) oder per Worddokument erfolgen.

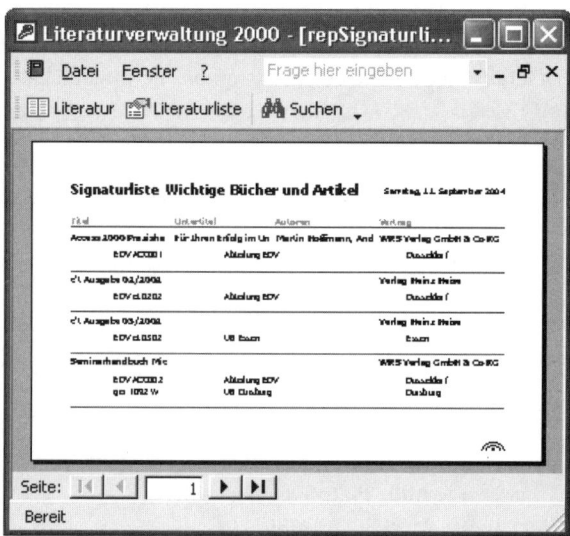

Abb. 35.4: Ausgabe einer Literaturliste

35.2.4 Anlegen von Rezensionen

Besonders für den Netzwerkbetrieb mit mehreren Benutzern ist diese Funktion interessant:

Zu jedem Werk kann man beliebig viele Rezensionen eintragen und mit einer Bewertung versehen (siehe Abbildung 35.5). So sieht man auf einen Blick, wie das Werk bis dahin bei den Lesern angekommen ist.

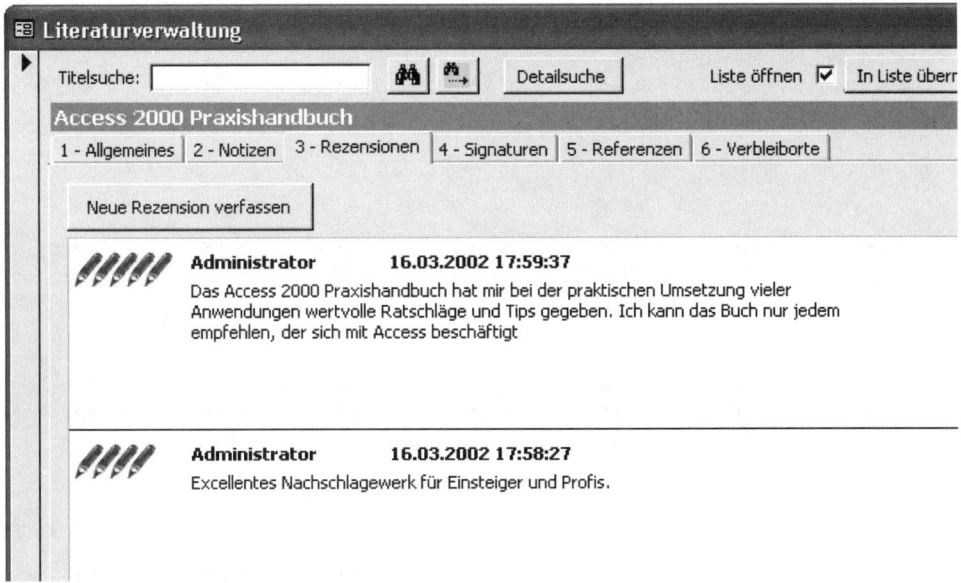

Abb. 35.5: Rezensionen für ein Werk

36 Adressverwaltung

André Minhorst, Duisburg

Adressverwaltungen für Access findet man – auch kostenlos – im Internet wie Sand am Meer. Den Unterschied machen Qualität, Preis und Anzahl und Art der Funktionen aus. Die Adressverwaltung von Access, SQL & .NET bietet einige interessante Funktionen und unterliegt ständigen Erweiterungen – in den Update-Magazinen von Access im Unternehmen.

Inhalt

36.1 Überblick

Die Version der Adressverwaltung, die Sie auf der Website zum Buch unter den Dateinamen `Adressverwaltung97.mdb` (für Access 97) und `Adressverwaltung00.mdb` (für Access 2000 und höher) vorfinden, wurde kontinuierlich ausgebaut und enthält folgende Funktionen:

- Import von Outlook
- Export nach Outlook
- Erstellen von Serienbriefen
- Verwaltung der Stammdaten von Personen, Unternehmen, Branchen, Anreden, Positionen und Kategorien
- Ausgabe von Adressenlisten
- Ausgabe von Datenblättern zu Personen
- Ausgabe von Datenblättern zu Unternehmen
- Etikettendruck
- Schnelle Anzeige der letzten zehn betrachteten Adressen

Informationen über die genaue Anwendung der einzelnen Funktionen sowie über die dahinterstehenden Techniken und die Realisisierung der Funktionen finden Sie in den drei Beiträgen `Adressverwaltung_I.pdf`, `Adressverwaltung_II.pdf` und `Adressverwaltung_III.pdf` auf der Website zum Buch.

36.2 Details

Nachfolgend finden Sie einige Details über interessante Funktionen der Adressverwaltung.

36.2.1 Komfortable Menüleiste

Die Menüleiste der Anwendung ermöglicht den direkten Zugriff auf alle vorhandenen Funktionen. Als besonderes Bonbon können Sie die letzten zehn aufgerufenen Personen oder Unternehmen über ein Auswahlfeld in der Menüleiste aufrufen (siehe Abbildung 36.1 auf der nächsten Seite).

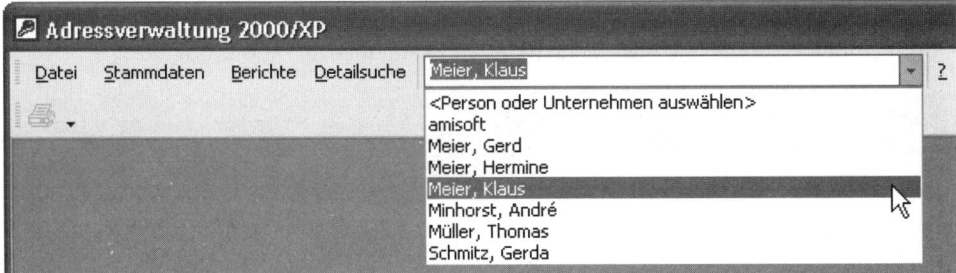

Abb. 36.1: Menüleiste der Anwendung

36.2.2 Separate Verwaltung von Unternehmen und Personen

Entgegen der sonst üblichen Vorgehensweise, Personen und Unternehmen in einer Tabelle zu speichern, hält die Adressverwaltung zwei separate Tabellen für Personen und Unternehmen bereit und kann diese auch separat anzeigen (siehe Abbildung 36.2).

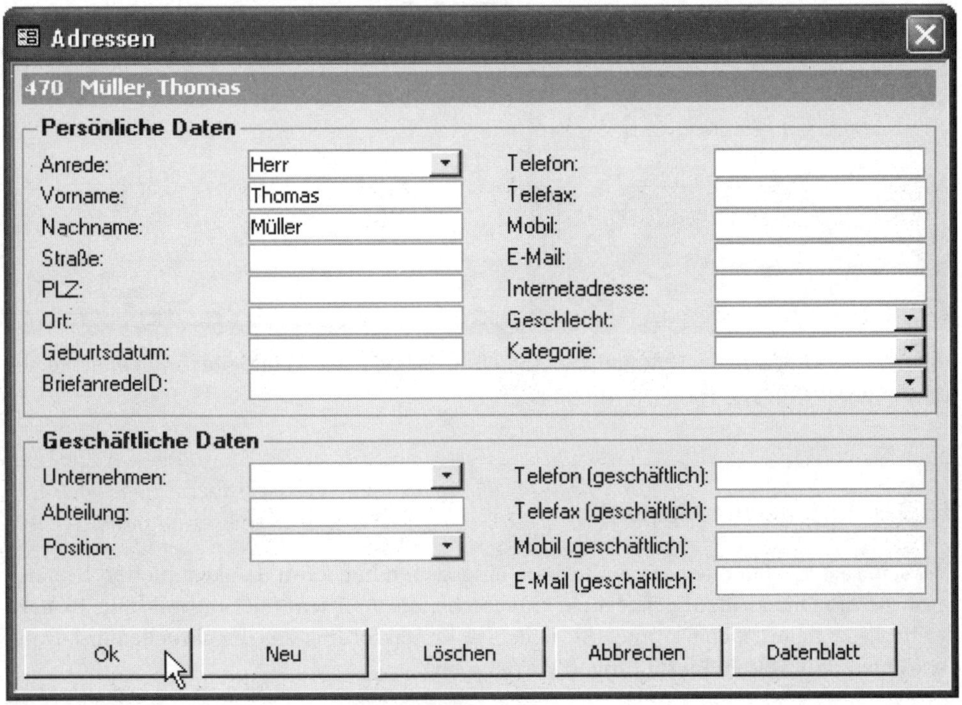

Abb. 36.2: Detailanzeige der Daten einer Person

Zusätzlich können Sie sowohl einer Person ein Unternehmen zuweisen, als auch für ein Unternehmen Personen als Ansprechpartner auswählen (siehe Abbildung 36.3).

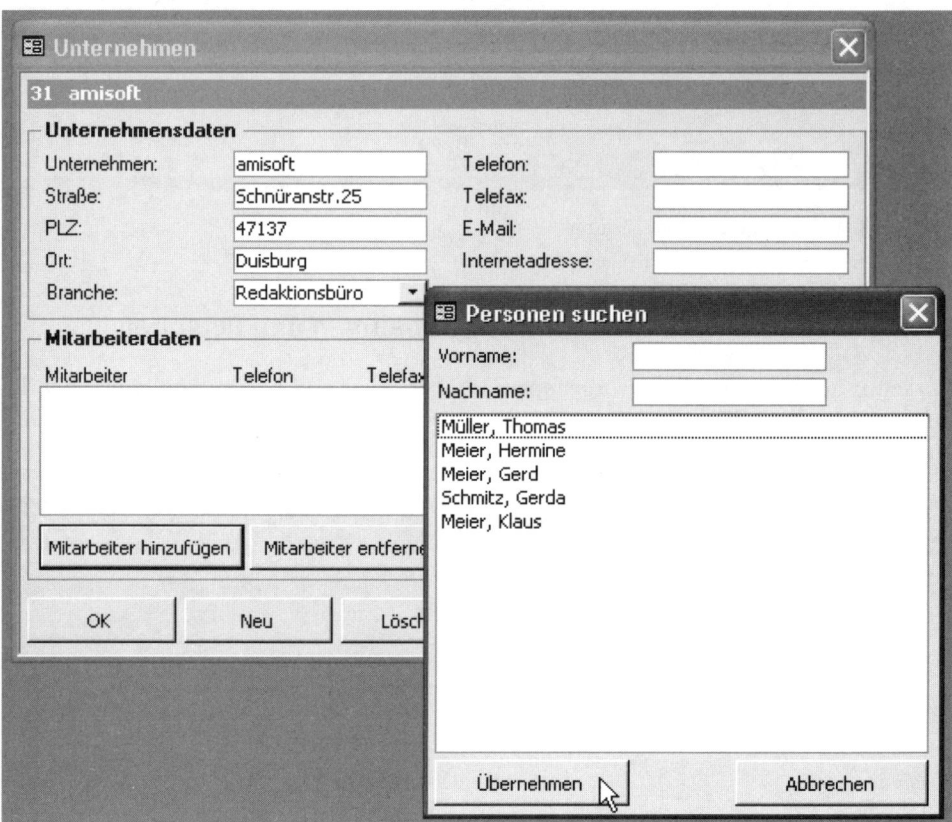

Abb. 36.3: Die Anzeige der Unternehmen bietet die Möglichkeit, Mitarbeiter unter allen Personen auszuwählen.

36.2.3 Import von Outlook

Wer seine Adressdaten bereits in Outlook eingegeben hat, kann den kompletten Bestand importieren. Unterstützung liefert ein entsprechender Assistent (siehe Abbildung 36.4 auf der nächsten Seite). Dabei können Sie beliebige Kontaktordner aus der aktuellen .pst-Datei auswählen und weitere Einstellungen vornehmen.

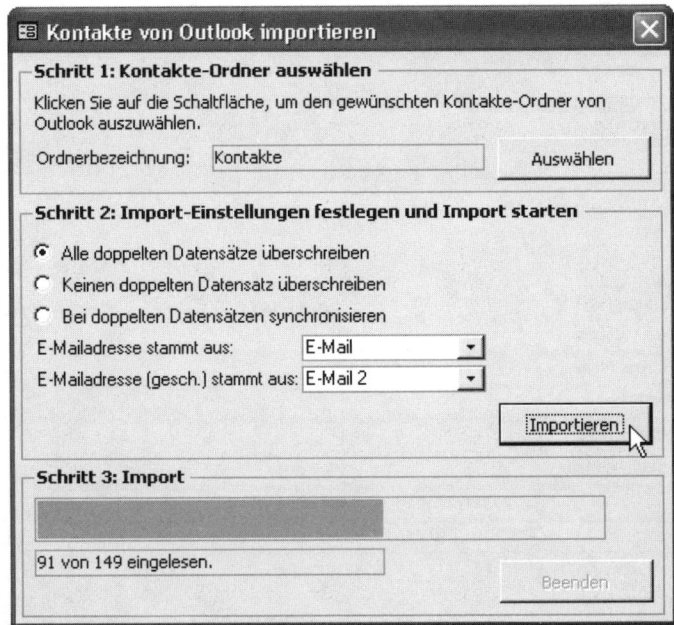

Abb. 36.4: Assistent für den Import von Outlook-Kontakten

36.2.4 Etikettendruck

Die vorhandenen Adressen von Personen und Unternehmen lassen sich komfortabel für die Ausgabe auf Etikettenbögen aufbereiten.

Dabei können Sie beliebig viele Etiketten am Anfang eines Bogens freilassen sowie die Anzahl der Etiketten je Kontakt individuell festlegen (siehe Abbildung 36.5 auf der nächsten Seite).

Der Assistent stellt keine vordefinierten Vorlagen für Etikettenbögen zur Verfügung. Die entsprechenden Maße geben Sie manuell in ein entsprechendes Formular ein.

Außerdem können Sie genau festlegen, wie der Inhalt eines einzelnen Etiketts aufgebaut ist. Dazu bearbeiten Sie den Entwurf eines Berichts, der später als Vorlage für die jeweiligen Adressen dient (siehe Abbildung 36.6 auf der nächsten Seite).

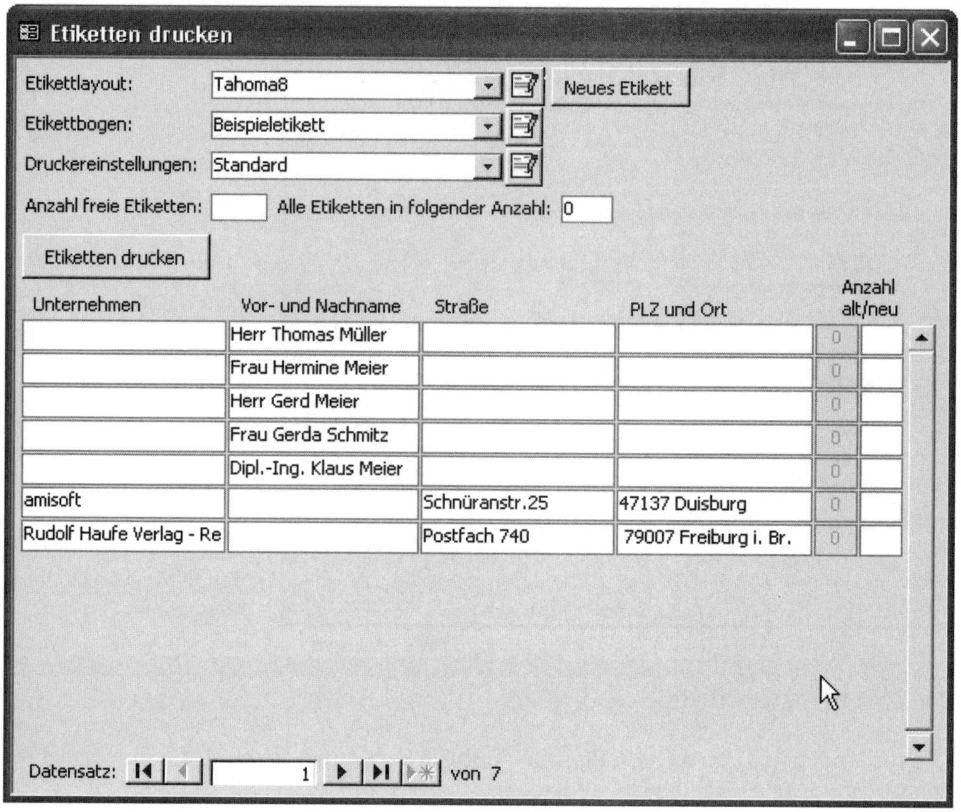

Etiketten drucken

Etikettlayout:	Tahoma8 ▾ 📝	Neues Etikett
Etikettbogen:	Beispieletikett ▾ 📝	
Druckereinstellungen:	Standard ▾ 📝	

Anzahl freie Etiketten: [ ]   Alle Etiketten in folgender Anzahl: 0

Etiketten drucken

Unternehmen	Vor- und Nachname	Straße	PLZ und Ort	Anzahl alt/neu	
	Herr Thomas Müller			0	
	Frau Hermine Meier			0	
	Herr Gerd Meier			0	
	Frau Gerda Schmitz			0	
	Dipl.-Ing. Klaus Meier			0	
amisoft		Schnüranstr.25	47137 Duisburg	0	
Rudolf Haufe Verlag - Re		Postfach 740	79007 Freiburg i. Br.	0	

Datensatz: |◀ ◀ [1] ▶ ▶| ▶✳ von 7

Abb. 36.5: Formular zum Einstellen der Etikettenparameter

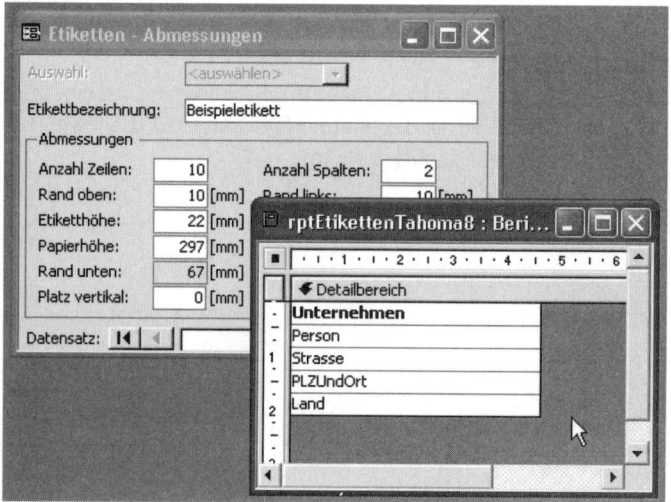

Etiketten - Abmessungen

Auswahl: <auswählen> ▾

Etikettbezeichnung: Beispieletikett

Abmessungen

Anzahl Zeilen:	10	Anzahl Spalten:	2
Rand oben:	10 [mm]	Rand links:	10 [mm]
Etiketthöhe:	22 [mm]		
Papierhöhe:	297 [mm]		
Rand unten:	67 [mm]		
Platz vertikal:	0 [mm]		

Datensatz: |◀ ◀ [ ]

rptEtikettenTahoma8 : Beri...

· · 1 · · · 2 · · · 3 · · · 4 · · · 5 · · · 6

◆ Detailbereich

Unternehmen
Person
Strasse
PLZUndOrt
Land

Abb. 36.6: Einstellen der Etikettmaße und Anpassen des Inhalts eines Etiketts

37 Schulungsverwaltung

André Minhorst, Duisburg

Die Weiterbildung und Qualifizierung von Mitarbeitern ist einerseits ein wichtiger Faktor zur Sicherung des Know-hows eines Unternehmens und andererseits ein Motivationsfaktor für die Mitarbeiter. Die Verwaltung der Schulungsmaßnahmen kann dabei mit steigender Mitarbeiter- und Kurszahl sehr komplex ausfallen, insbesondere dann, wenn Kurse aufeinander aufbauen oder vorgegebene Noten erzielt werden müssen. Die beiden Beiträge dieser Beitragsreihe zeigen Ihnen, wie Sie eine Schulungsverwaltung erstellen, mit der Sie komfortabel Teilnehmer zu Kursen anmelden, die Teilnahme kontrollieren und bei Abschluss Zertifikate drucken.

Inhalt

37.1 Überblick

Der Beitrag besteht aus zwei Teilen, die Sie unter den Dateinamen Schulungsverwaltung_I.pdf und Schulungsverwaltung_II.pdf auf der Website zum Buch finden.

Außerdem finden Sie auf der Website zum Buch die dazugehörige Musterlösung namens Schulungsverwaltung97.mdb (für Access 97) und Schulungsverwaltung00.mdb (für Access 2000 und höher). Die Musterlösung bietet folgende Funktionen:

- Verwaltung der Mitarbeiter
- Verwaltung der Kursgruppen
- Verwaltung der Kursleiter
- Verwaltung der Räume
- Ausgabe eines Wochenplans
- Komfortable Anmeldung von Teilnehmern
- Erfassung von Teilnehmernachweisen
- Eingabe von Abschlussdaten

37.2 Details

Die Schulungsverwaltung kann Kursgruppen, Kurse und Kurstermine verwalten. Jede Kursgruppe ist aus einem oder mehreren Kursen aufgebaut – so kann beispielsweise eine Kursgruppe mit dem Oberbegriff „Access" aus den beiden Kursen „Grundlagen in Access" und „VBA-Programmierung mit Access" bestehen, die wiederum zu mehr oder weniger regelmäßigen Terminen stattfinden. Abbildung 37.1 auf der nächsten Seite zeigt beispielsweise einen Kurs, zu dem man ohne Teilnahme an einigen anderen Kursen nicht zugelassen wird.

Die Anwendung stellt die Logik für die Zulassung zu den Kursen in Abhängigkeit von den bis dato absolvierten Kursen des jeweiligen Teilnehmers zur Verfügung. Direkt nach der Auswahl eines Teilnehmers und eines Kurses erscheint eine entsprechende Meldung, ob der Teilnehmer am Kurs teilnehmen darf, ob er vielleicht schon an dem Kurs teilgenommen hat oder – falls er nicht teilnehmen darf – welche Kurse noch fehlen.

Das bedeutet: Die einzelnen Kurse können aufeinander aufbauen. Für die Teilnahme an einem Kurs kann die erfolgreiche Teilnahme an anderen Kursen vorausgesetzt werden (siehe Abbildung 37.3 auf Seite 556).

Soll ein Kurs nicht nur einmal stattfinden, sondern etwa jedes halbe Jahr angeboten werden, muss man diesen nicht jedesmal neu anlegen, sondern kann einfach neue Termine hinzufügen (siehe Abbildung 37.4 auf Seite 556).

Zu jedem Kurs gehören ein Raum, ein Kursleiter und natürlich die Teilnehmer. Diese Daten können Sie komfortabel über entsprechende Formulare bearbeiten.

Schließlich gibt es die Möglichkeit, Zertifikate für bestandene Kurse in Berichtsform auszugeben.

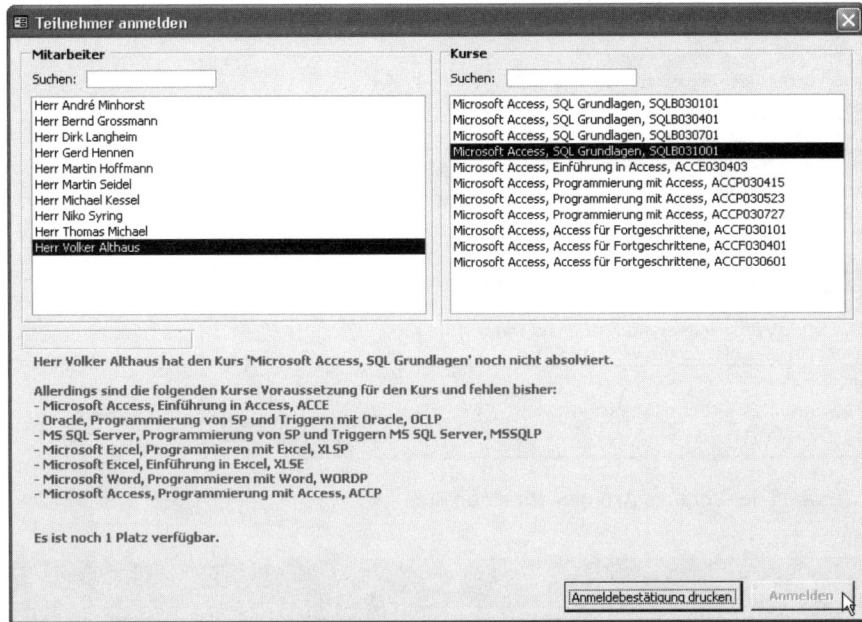

Abb. 37.1: Die Schulungen können aufeinander aufbauen und andere Schulungen voraussetzen.

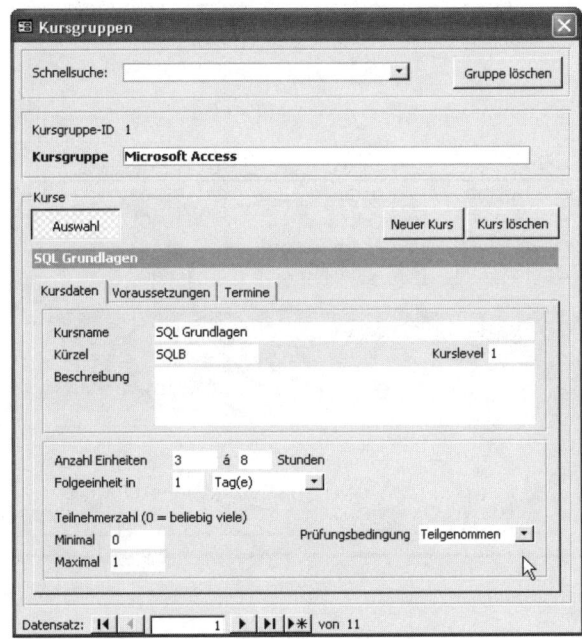

Abb. 37.2: Bearbeiten der Details eines Kurses

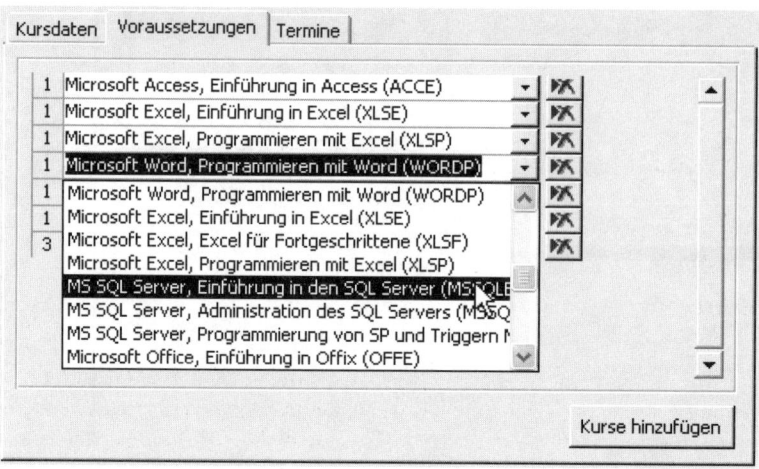

Abb. 37.3: Auswahl der Voraussetzungen für einen Kurs

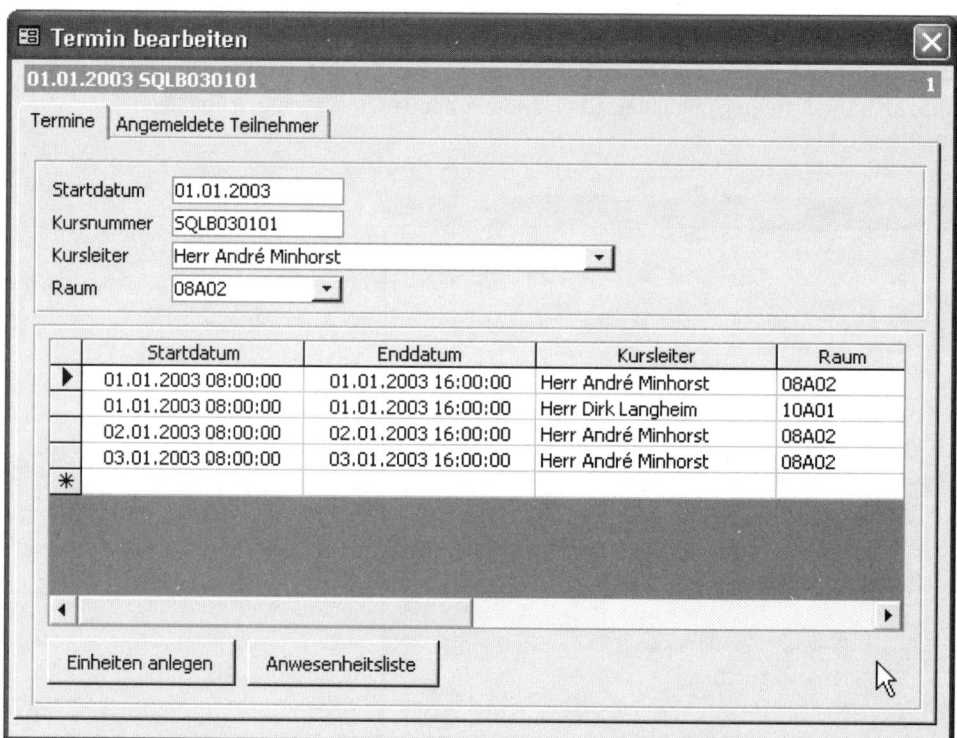

Abb. 37.4: Bearbeiten der Termine eines Kurses

38 Der AP-Änderungsprotokoll-Manager

André Minhorst, Duisburg

Günther Kramer, Gersthofen

Viele Anwendungen verlangen eine konsistente Historie aller Änderungen im Datenbestand. Access bietet dazu keine perfekten Möglichkeiten, aber mit ein wenig Eigeninitiative seitens des Entwicklers ist die lückenlose Historie dennoch leicht realisierbar. Hilfreich ist dabei ein Tool, das man ohne großen Aufwand in die gewünschte Datenbank integrieren kann. Mit dem ÄnderungsprotokollManager können Sie leicht Datensatzänderungen und Löschungen protokollieren und historisieren.

Inhalt

38.1 Der AP-Änderungsprotokoll-Manager

Der `AP-Änderungsprotokoll-Manager` ist für den Einbau in eigene Access-Anwendungen vorgesehen. Dort protokolliert das Modul alle Neuanlagen, Änderungen und Löschungen an den Datensätzen. Das Modul ist ereignisgesteuert und kann dadurch direkt in die Anwendungsformulare eingefügt werden.

In dieser Anleitung erklären wir Schritt für Schritt, wie Sie das Modul in eine eigene Anwendung einbauen können. Der Einbau ist sehr einfach. Es müssen nur einige Tabellen, Formulare und Module importiert und ein paar Codezeilen in vorhandene Formulare eingefügt werden. Dabei können Sie die benötigten VBA-Zeilen als kompletten Block in das Klassenmodul des jeweiligen Formulars kopieren.

38.1.1 Big brother is watching …

Der `AP-Änderungsprotokoll-Manager` bietet im Rahmen der unter Access zur Verfügung stehenden Möglichkeiten eine zuverlässige Änderungsprotokollierung. Mit den „zur Verfügung stehenden Möglichkeiten" ist gemeint, dass es keine Trigger unterstützt, mit denen man die Protokollierung der Änderungen auf Tabellenebene realisieren könnte. Der `AP-Änderungsprotokoll-Manager` greift die Informationen dort ab, wo diese auch bearbeitet werden – von der Benutzeroberfläche beziehungsweise von den Formularen.

Um sicherzugehen, dass niemand Änderungen direkt an den Tabellen vornimmt, wo die Protokollierung nicht greift, müssen Sie diese entsprechend schützen beziehungsweise verbergen. Gelingt das, sind prinzipiell Änderungen ohne Protokollierung nicht mehr möglich. Die Änderungen zeigt der `AP-Änderungsprotokoll-Manager` in speziell dafür vorgesehenen Formularen an.

Je nach Anwendungsfall müssen Sie selbst entscheiden, ob der Einblick in die Änderungen jedem Anwender oder nur bestimmten Personen vorbehalten sein soll.

38.1.2 Voraussetzungen

Wichtig für die Funktionalität des `AP-Änderungsprotokoll-Managers` ist, dass es für die dem Formular zugrunde liegende Datenherkunft einen eindeutigen Schlüssel gibt – egal, ob es sich bei der Datenherkunft um eine Tabelle oder Abfrage handelt. Ohne einen entsprechenden Schlüssel kann das Tool die protokollierten Daten nicht den zugrunde liegenden Daten zuordnen.

Bevor Sie das Modul in Ihre Anwendung integrieren können, müssen bestimmte Verweise verfügbar sein. Prüfen Sie deshalb zunächst die verfügbaren Referenzen in Ihrer Anwendung. Sie benötigen die folgenden Verweise:

- Visual Basic For Applications
- Microsoft Access x.0 Object Library
- Microsoft DAO y.z

> **Hinweis:** Der `AP-Änderungsprotokoll-Manager` kann keine Änderungen in Unterformularen protokollieren. Diese Funktionalität stellt der AP-Änderungsprotokoll-Manager `PRO` bereit, den Sie unter `www.access-paradies.de` erwerben können. Alternativ können Sie natürlich mit dem entsprechenden Know-how eigene Funktionen hinzufügen, um auch Unterformulare bei der Protokollierung zu berücksichtigen.

Dabei stehen die Platzhalter x, y und z für die jeweils der Access-Version entsprechenden Bibliotheken. Sollten Sie unterschiedliche Versionen in den zur Verfügung stehenden Verweisen vorfinden, wählen Sie die jeweils aktuellste. Abbildung 38.1 zeigt die Konfiguration für Access XP.

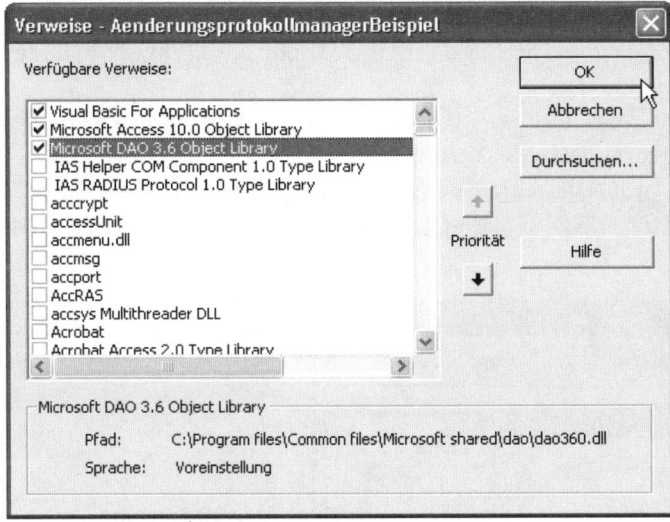

Abb. 38.1: Verweise – hier für Access XP

Es können noch weitere Verweise aktiviert sein, aber die oben genannten Verweise benötigt der AP-Änderungsprotokoll-Manager auf jeden Fall.

38.2 Integration des AP-Änderungsprotokoll-Managers

Um den AP-Änderungsprotokoll-Mmanager in eine bestehende Datenbank zu integrieren, sind folgende Schritte erforderlich:

• Importieren der benötigten Objekte

• Anpassen der Quelltexte der betroffenen Formulare

• Anpassen der Benutzeroberfläche beziehungsweise der Steuerelemente

38.2.1 Beispieldatenbank

Für die Beschreibung der Integration des AP-Änderungsprotokoll-Managers verwenden wir nachfolgend die Nordwind-Datenbank, die im Lieferumfang jeder Version von Access enthalten ist. Sie finden die mit dem AP-Änderungsprotokoll-Manager „geimpfte" Version der Nordwind-Datenbank auf der beiliegenden CD unter den Dateinamen Nordwind_APM97.mdb für Access 97 beziehungsweise Nordwind_APM00.mdb für Access 2000 und höher.

38.2.2 Import der benötigten Objekte

Die Integration des AP-Änderungsprotokollmanagers Änderungsprotokoll-Managers setzt das Vorhandensein einiger Datenbankobjekte voraus, die Sie wie folgt importieren können:

1. Öffnen Sie die Zieldatenbank.

2. Wählen Sie aus der Menüleiste den Eintrag Datei → Import → Externe Daten aus.

3. Legen Sie die Datei AP-Änderungsprotokoll-ManagerXX.mdb als Quelle fest, wobei XX für die entsprechende Access-Version steht.

4. Wählen Sie auf der Registerseite Tabellen des Dialogs Objekte importieren die beiden Einträge tbl_Historie und tbl_Historie_Tmp aus (siehe Abbildung 38.2).

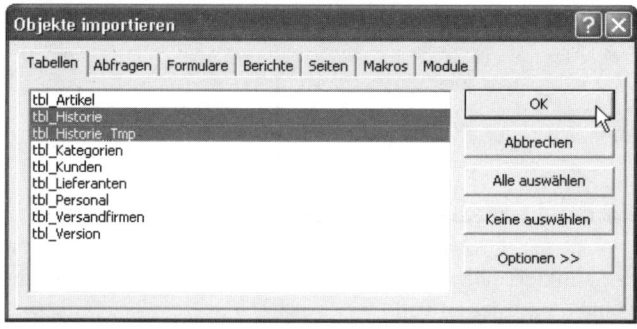

Abb. 38.2: Import der Objekte des AP-Änderungsprotokoll-Managers

5. Verfahren Sie ebenso mit allen Formularen, die mit frm_Historie... beginnen und den Modulen mod_Historie, mod_Standard, mod_System und mod_PasteAnd Copy.

6. Klicken Sie auf OK, um den Import zu starten.

Die Zieldatenbank (in diesem Beispiel Nordwind.mdb) sollte nun zusätzlich zu den bereits vorhandenen die folgenden Objekte enthalten:

- Tabellen: tbl_Historie, tbl_Historie_Tmp

- Formulare: frm_Historie, frm_Historie_Admin, frm_Historie_Admin_1, frm_Historie_ Details, frm_Historie_gelöscht

- Formulare: mod_Historie, mod_Standard, mod_System, mod_PasteAndCopy

38.2.3 Beschreibung der importierten Objekte

Nachfolgend finden Sie zum besseren Verständnis eine Beschreibung der importierten Tabellen. Die Beschreibung der zu integrierenden VBA-Prozeduren und die Anwendung der einzelnen Formulare folgt in den folgenden Kapiteln.

Tabellen

Die Tabelle `tbl_Historie` (siehe Abbildung 38.3) dient der dauerhaften Archivierung der gespeicherten Änderungen. Sie speichert unter anderem das Datum und die Zeit der Änderung, den aktuell angemeldeten Access- und Windows-Benutzer, den Namen des betroffenen Feldes, den alten und den neuen Wert sowie detaillierte Informationen über das Steuerelement, mit dem die Änderung durchgeführt wurde.

Feldname	Felddatentyp
ID_Historie	AutoWert
ID	Text
Datum	Datum/Uhrzeit
Zeit	Datum/Uhrzeit
AccessAnwender	Memo
WindowsAnwender	Memo
Computername	Memo
Feld	Memo
AlterWert	Memo
NeuerWert	Memo
Datenherkunft	Memo
DatenherkunftArt	Memo
Datenherkunft_UF	Memo
ID_UF	Text
Gelöscht	Ja/Nein
Listenanzeige	Text
Listenanzeige_UF	Text

Abb. 38.3: Entwurfsansicht der Tabelle tbl_Historie

Die Tabelle `tbl_Historie_Tmp` speichert die Informationen über geänderte Daten bis zum Schließen des jeweiligen Formulars beziehungsweise zum Löschen eines Datensatzes. Die Tabelle ist bis auf ein nicht benötigtes Index-Feld genauso aufgebaut wie die Tabelle `tbl_Historie`.

Wird das Speichern oder Löschen des Datensatzes abgebrochen, werden diese Daten nicht in die Tabelle `tbl_Historie` übertragen. Erst nach erfolgreicher Aktion (Speichern, Löschen oder Schließen des Formulars) werden die Änderungsdaten aus dieser Tabelle in die Tabelle `tbl_Historie` übertragen.

38.3 Anpassen von Formularen

Nach dem Import der benötigten Datenbankobjekte können Sie mit der Anpassung des ersten Formulars beginnen, dessen Datensatzänderungen Sie dokumentieren möchten. Dazu sind Änderungen am Quellcode und – falls Sie ein wenig Komfort wünschen – auch noch Änderungen an der Benutzeroberfläche erforderlich.

Öffnen Sie das Formular Artikel in der Entwurfsansicht (siehe Abbildung 38.4). Mit den folgenden Schritten werden Sie das Formular so anpassen, dass neu angelegte, geänderte und gelöschte Datensätze gespeichert werden.

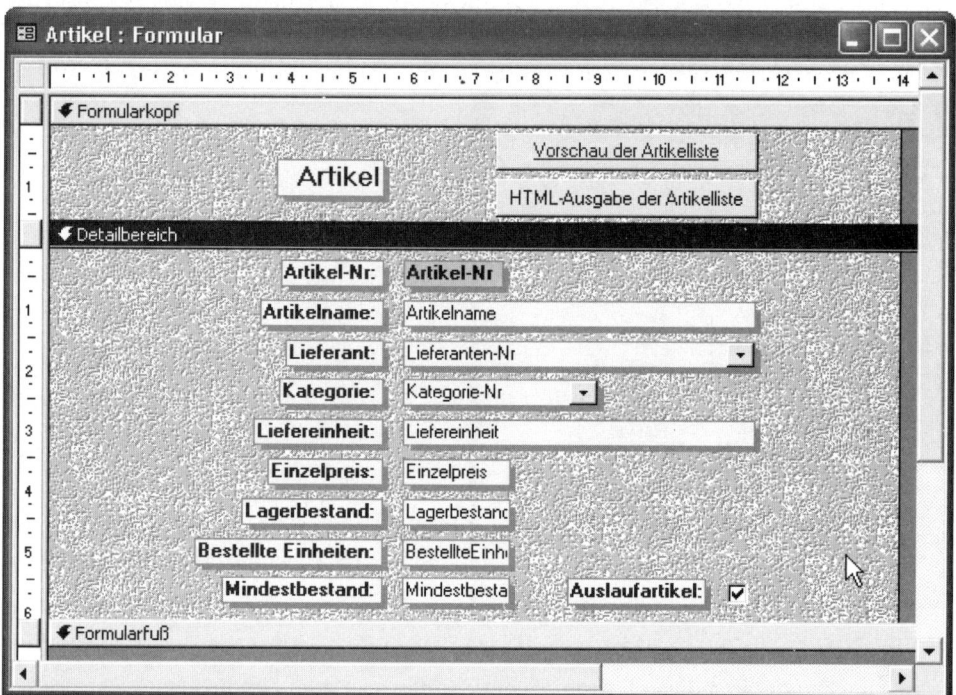

Abb. 38.4: Das Formular Artikel in der Entwurfsansicht

Im ersten Schritt nehmen Sie einige allgemeine Anpassungen des VBA-Codes des Formulars vor. Dazu zeigen Sie diesen Code an, indem Sie den Menüeintrag Ansicht → Code auswählen, während das Formular in der Entwurfsansicht geöffnet ist.

38.3.1 Konstanten und Variablen

Fügen Sie nun dem Kopf der Prozedur direkt hinter den Option-Anweisungen die folgenden Zeilen Code hinzu:

```
Const Tmp_ID_Feldname = "[Artikel-Nr]"
Const DatenherkunftArt = "Form_Artikel"
Dim Tmp_ID
Dim Tmp_Neuanlage As Boolean
```

Die hinzugefügten Zeilen haben folgende Bedeutung: Für Tmp_ID_Feldname geben Sie den Namen des Feldes der Datenherkunft des Formulars an, das als Primärschlüssel der Datenherkunft dient. DatenherkunftArt erhält als Wert einen Ausdruck, der das Formular, in dem die Änderungen vorgenommen werden, eindeutig identifiziert. Es bietet sich an, den Namen des Formulars zu verwenden, aber wer möchte, kann auch einen anderen, unter Umständen besser lesbaren Namen verwenden.

Wichtig ist der Wert aber in jedem Fall, da durchaus mehrere Formulare die gleiche Datenherkunft haben könnten. Sollte durch die Archivierung der Daten einmal ein Fehler in der Anwendungslogik aufgedeckt werden, ist es wichtig zu wissen, wo der Fehler genau aufgetreten ist.

Die beiden Variablen Tmp_ID und Tmp_Neuanlage werden von den im Anschluss hinzugefügten Prozeduren benötigt.

38.3.2 Benötigte Quelltexte

Als Nächstes passen Sie den VBA-Code des Formulars Artikel an. Die dazu benötigten Quelltexte finden Sie im Modul mod_PasteAndCopy – der Name ist Programm, denn das Modul dient nur dazu, den benötigten Quellcode heraus- und in das Zielmodul hineinzukopieren.

Sie müssen nun einige Ereignisprozeduren anlegen oder anpassen – je nachdem, ob diese für das Formular schon existieren.

Ereigniseigenschaft „Beim Anzeigen"

Die erste betroffene Prozedur wird durch die Ereigniseigenschaft Beim Anzeigen ausgelöst und heißt Form_Current.

Wenn die Prozedur noch nicht vorhanden ist – und das gilt ebenfalls für die nachfolgend zu ergänzenden Prozeduren – legen Sie diese ganz einfach an, indem Sie im linken der beiden Kombinationsfelder über der Anzeige des Quellcodes den Eintrag Form und im rechten den Eintrag Current auswählen (siehe Abbildung 38.5 auf der nächsten Seite).

Nun ergänzen Sie die Prozedur um die in der gleichnamigen Prozedur im Modul mod_PasteAndCopy enthaltenen Zeilen (siehe Quellcode 38.1). Eine eventuell schon vorhandene Fehlerbehandlung behalten Sie einfach bei und fügen nur die If Then Else-Konstruktion hinzu. Diese überprüft, ob es sich bei dem aktuell angezeigten Datensatz um einen neuen Datensatz handelt, und weist der modulweit verfügbaren Variablen Tmp_Neuanlage den entsprechenden Wert zu.

```
Private Sub Form_Current()
    On Error GoTo Err_Form_Current
    If IsNull(Me(Tmp_ID_Feldname)) Then
        Tmp_Neuanlage = True
    Else
        Tmp_Neuanlage = False
    End If
Exit_Form_Current:
    Exit Sub
Err_Form_Current:
    MsgBox Err.Description
    Resume Exit_Form_Current
End Sub
```

Listing 38.1: Quellcode

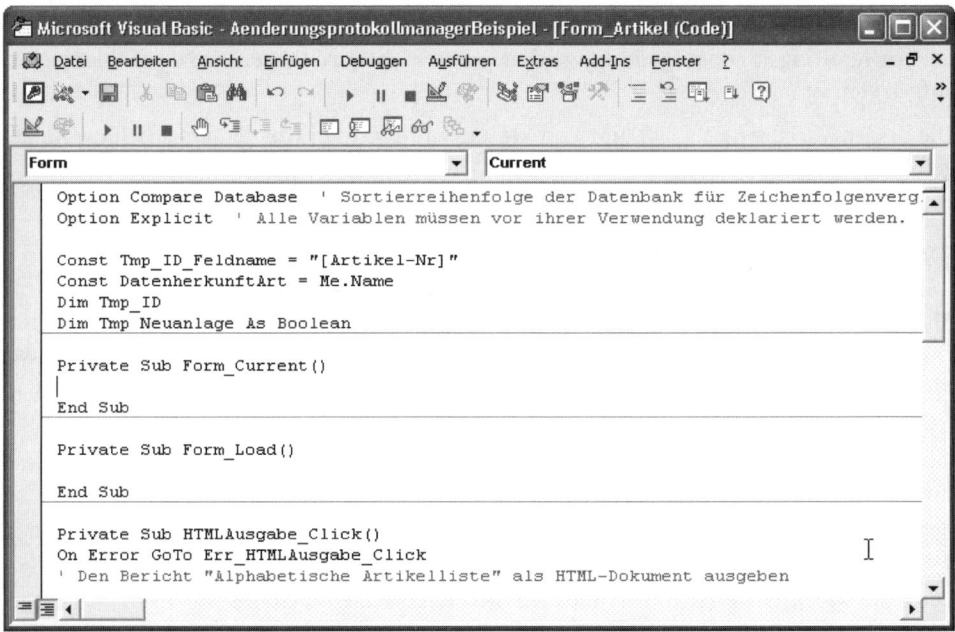

Abb. 38.5: Anlegen einer Ereignisprozedur

Ereigniseigenschaft „Vor Aktualisierung"

Anschließend kümmern Sie sich um die Ereigniseigenschaft Vor Aktualisierung.

Fügen Sie der entsprechenden Prozedur den Inhalt der Prozedur aus Quellcode 38.2 zu.

```
Private Sub Form_BeforeUpdate(Cancel As Integer)
    On Error GoTo Err_Form_BeforeUpdate
    Dim Datenherkunft As String
    Datenherkunft = "Artikel"
    If Tmp_Neuanlage Then
        Neuanlage_Zwischenspeichern Datenherkunft, DatenherkunftArt, Me( )
        Tmp_ID_Feldname)
        Tmp_Neuanlage = False
    Else
        Historie_Zwischenspeichern Datenherkunft, DatenherkunftArt, Me( )
        Tmp_ID_Feldname)
    End If
Exit_Form_BeforeUpdate:
    Exit Sub
Err_Form_BeforeUpdate:
    MsgBox Err.Description
    Resume Exit_Form_BeforeUpdate
End Sub
```

Listing 38.2: Quellcode

Diese Prozedur wird unmittelbar vor dem Aktualisieren des aktuellen Datensatzes ausgeführt.

Sie wertet den in der Ereignisprozedur Beim Anzeigen festgelegten Wert der Variablen Tmp_Neuanlage aus und ruft je nach Inhalt eine der beiden Prozeduren Neuanlage_Zwischenspeichern oder Historie_Zwischenspeichern auf.

Stellen Sie den Wert für die Variable Datenherkunft auf den Namen des entsprechenden Objekts, also der verwendeten Tabelle oder Abfrage oder auf den Ausdruck Me.Recordsource ein.

Ereigniseigenschaft „Nach Aktualisierung"

Nach dem Aktualisieren des Datensatzes sorgen einige Anweisungen in der Ereignisprozedur Form_AfterUpdate dafür, dass die geänderten Daten gespeichert werden.

Dazu ruft die Routine die Prozedur Historie_speichern auf (siehe Quellcode 38.3).

```
Private Sub Form_AfterUpdate()
    On Error GoTo Err_Form_AfterUpdate
    Historie_speichern
Exit_Form_AfterUpdate:
    Exit Sub
Err_Form_AfterUpdate:
    MsgBox Err.Description
    Resume Exit_Form_AfterUpdate
End Sub
```

Listing 38.3: Quellcode

Ereigniseigenschaft „Beim Löschen"

Damit auch gelöschte Daten komplett archiviert werden, benötigen Sie einige zusätzliche Zeilen in der Prozedur Form_Delete (siehe Quellcode 38.4).

```
Private Sub Form_Delete(Cancel As Integer)
    On Error GoTo Err_Form_Delete
    Dim Datenherkunft As String
    Datenherkunft = "Artikel"
    Tmp_ID = Me(Tmp_ID_Feldname)
    Löschung_Zwischenspeichern Datenherkunft, DatenherkunftArt, Me(Tmp_ID_Feldname )
    )
Exit_Form_Delete:
    Exit Sub
Err_Form_Delete:
    MsgBox Err.Description
    Resume Exit_Form_Delete
End Sub
```

Listing 38.4: Quellcode

Für die Variable Datenherkunft stellen Sie auch hier wieder den Namen der Tabelle oder Abfrage ein, die dem Formular als Datenherkunft dient.

Die Prozedur ruft die Prozedur Löschung_Zwischenspeichern mit drei Parametern auf – der Datenherkunft, dem Wert der Variablen DatenherkunftArt und dem Feldnamen, der den Primärschlüssel der Datenherkunft enthält.

Ereigniseigenschaft „Nach Löschbestätigung"

Damit die gelöschten und durch die Ereignisprozedur Form_Delete zwischengespeicherten Daten endgültig gespeichert werden, überprüft die Ereignisprozedur, die durch die Ereigniseigenschaft Nach Löschbestätigung ausgelöst wird, ob der Löschvorgang tatsächlich durchgeführt wurde.

Ist das der Fall, ruft sie direkt im Anschluss die Prozedur Historie_speichern auf, die für die Übernahme der Daten aus der temporären Tabelle in die endgültige Tabelle zum Sichern der Änderungsdaten namens tbl_Historie verantwortlich ist (siehe Quellcode 38.5).

```
Private Sub Form_AfterDelConfirm(Status As Integer)
    On Error GoTo Err_Form_AfterDelConfirm
    If ((Me(Tmp_ID_Feldname) <> Tmp_ID) Or (IsNull(Me(Tmp_ID_Feldname)))) Then
        Historie_speichern
    End If
Exit_Form_AfterDelConfirm:
    Exit Sub
Err_Form_AfterDelConfirm:
    MsgBox Err.Description
    Resume Exit_Form_AfterDelConfirm
End Sub
```

Listing 38.5: Quellcode

38.3.3 Anzeige der Änderungen und gelöschten Daten

Wenn Sie dem Formular Schaltflächen hinzufügen möchten, um die Formulare zur Anzeige der Änderungen und gelöschten Daten aufzurufen, gehen Sie wie folgt vor:

Fügen Sie dem Formular zwei Schaltflächen namens `cmdHistorie` und `cmdGelöschte-Datensätze` wie in Abbildung 38.6 hinzu. Anschließend füllen Sie diese mit Leben.

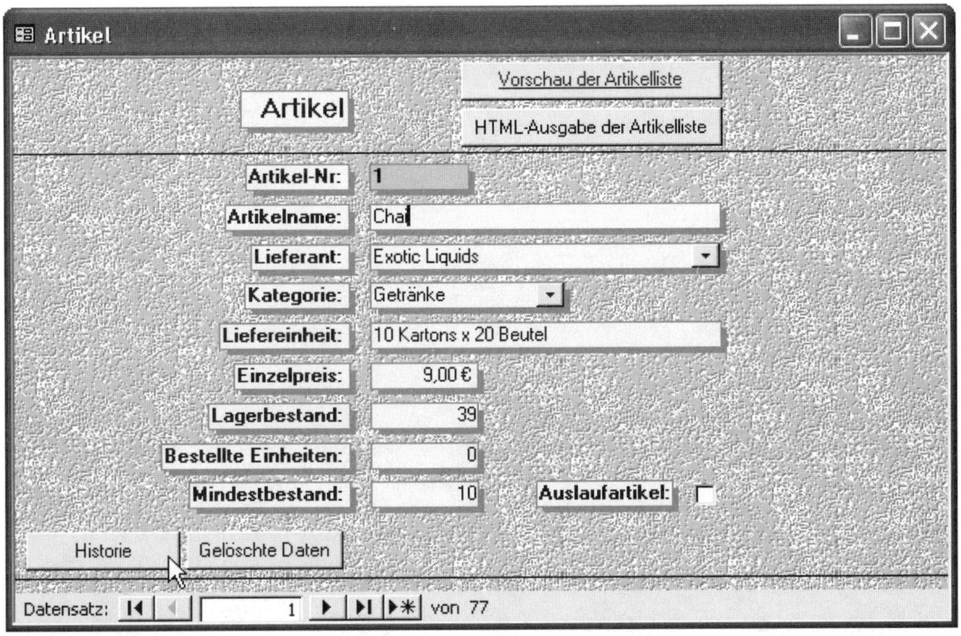

Abb. 38.6: Formular mit Schaltflächen zur Anzeige der Historie

Dazu verwenden Sie die Ereigniseigenschaft `Beim Klicken` der jeweiligen Schaltfläche. Legen Sie für diese die Prozeduren aus Quellcode 38.6 und Quellcode 38.7 an.

```
Private Sub cmdGelöschteDatensätze_Click()
    On Error GoTo Err_cmdGelöschteDatensätze_Click
    Dim db As Database
    Dim rs As Recordset
    Dim Datenherkunft As String
    Dim DatenherkunftStr As String
    Dim stDocName As String
    Datenherkunft = "Artikel"
    DatenherkunftStr = "SELECT ID, Datum, Zeit, Listenanzeige, Datenherkunft, " & ⊃
    "DatenherkunftArt, AccessAnwender, WindowsAnwender, Computername " & "FROM ⊃
    tbl_Historie GROUP BY ID, Datum, Zeit, Listenanzeige, " & "Datenherkunft, ⊃
    DatenherkunftArt, AccessAnwender, WindowsAnwender, " & "Computername, Gelöscht ⊃
    , ID_UF HAVING (((Datenherkunft)='" & Datenherkunft & "') AND ((⊃
    DatenherkunftArt)='" & DatenherkunftArt & "') AND ((Gelöscht)" & "=True) AND ⊃
    ((ID_UF) Is Null)) ORDER BY Datum DESC, Zeit DESC;"
    Set db = CurrentDb
```

```
   Set rs = db.OpenRecordset(DatenherkunftStr, DB_OPEN_DYNASET)
   If rs.EOF Then
      MsgBox "Es wurden bisher keine Datensätze gelöscht!", vbOKOnly & ⟩
      vbInformation
      rs.Close
      Set rs = Nothing
      Set db = Nothing
      Exit Sub
   End If
   rs.Close
   Set rs = Nothing
   Set db = Nothing
   stDocName = "frm_Historie_gelöscht"
   DoCmd.OpenForm stDocName, , , , , , DatenherkunftStr
   'Fehlerbehandlung aus Platzgründen nicht abgedruckt
End Sub
```

Listing 38.6: Quellcode

```
Private Sub Historie_Click()
   On Error GoTo Err_Historie_Click
   Dim db As Database
   Dim rs As Recordset
   Dim Datenherkunft As String
   Dim DatenherkunftStr As String
   Dim stDocName As String
   Datenherkunft = "Artikel"
   DatenherkunftStr = "SELECT ID_Historie, Datum, Zeit, Feld, AlterWert, " & "⟩
   NeuerWert, AccessAnwender, WindowsAnwender, Computername FROM " & "⟩
   tbl_Historie WHERE (((ID)='" & Me(Tmp_ID_Feldname) & "') AND " & "((⟩
   Datenherkunft)='" & Datenherkunft & "') AND ((DatenherkunftArt)='" & ⟩
   DatenherkunftArt & "') AND ((ID_UF) Is Null)) ORDER BY ID_Historie DESC, " & "⟩
    Datum DESC;"
   Set db = CurrentDb
   Set rs = db.OpenRecordset(DatenherkunftStr, DB_OPEN_DYNASET)
   If rs.EOF Then
      MsgBox "Es wurden bisher keine Änderungen protokolliert!", vbOKOnly + ⟩
      vbInformation
      rs.Close
      Set rs = Nothing
      Set db = Nothing
      Exit Sub
   End If
   rs.Close
   Set rs = Nothing
   Set db = Nothing
   stDocName = "frm_Historie"
   DoCmd.OpenForm stDocName, , , , , , DatenherkunftStr
Exit_Historie_Click:
   Exit Sub
Err_Historie_Click:
   MsgBox Err.Description
   Resume Exit_Historie_Click
End Sub
```

Listing 38.7: Quellcode

Dabei müssen Sie lediglich die Zuweisung des Wertes an die Variable `Datenherkunft` anpassen – wie gehabt fügen Sie hier den Namen der Tabelle oder Abfrage ein, die als Datenherkunft des Formulars dient. Am einfachsten tragen Sie hier wiederum den Ausdruck `Me.Recordsource` ein.

Die beiden Prozeduren prüfen zunächst, ob überhaupt Daten für die Anzeige in den entsprechenden Formularen vorhanden sind. Anderenfalls brechen sie den Vorgang mit einer entsprechenden Meldung ab.

> **Hinweis:** Die Funktionen zum Anzeigen des Formulars mit den Änderungen beziehen sich auf den aktuell im Formular angezeigten Datensatz. Wundern Sie sich also nicht, wenn Sie nach einer Änderung zum nächsten Datensatz springen und dort auf die Schaltfläche `Historie` klicken – gegebenenfalls sind dort noch keine Änderungen vorhanden. Wechseln Sie zurück zum betroffenen Datensatz und klicken Sie dann auf die entsprechende Schaltfläche – dann klappt's auch mit der Historie.

Das Speichern der Informationen über gelöschte Datensätze erfordert, dass sowohl die Ereignisse `Beim Löschen` als auch `Nach Löschbestätigung` ausgelöst werden. Letzteres funktioniert nur, wenn das Bestätigen von Datensatzänderungen aktiviert ist. Diese Einstellung nehmen Sie auf der Registerseite `Bearbeiten/Suchen` des `Optionen`-Dialogs vor, den Sie über den Menüeintrag `Extras` → `Optionen` öffnen. Dort aktivieren Sie das Häkchen der Eigenschaft `Datensatzänderungen` im Bereich `Bestätigen` (siehe Abbildung 38.7).

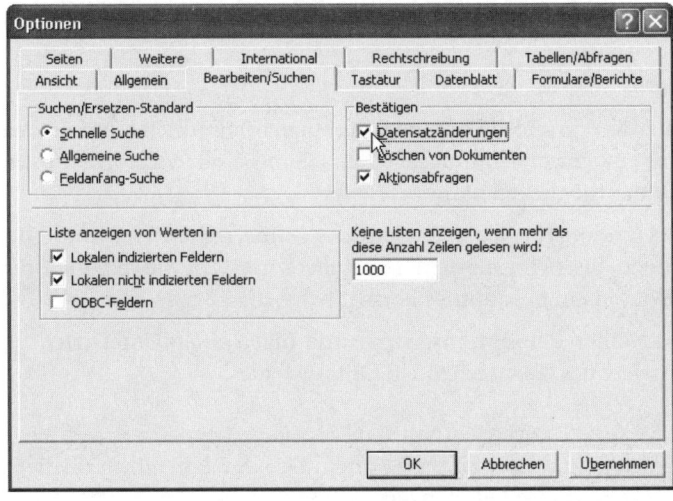

Abb. 38.7: Aktivieren der Bestätigung von Datensatzänderungen

38.3.4 Feinheiten

Mit den beschriebenen Anpassungen haben Sie die Funktionen des AP-Änderungsprotokoll-Mmanagers bereits in das `Artikel`-Formular integriert. Im aktuellen Status können Sie bereits alle benötigten Informationen speichern.

Sie können allerdings auch noch einen Schritt weitergehen, der die Auswertung der protokollierten Daten wesentlich vereinfachen könnte: Steuerelemente wie Optionsgruppen, Kontrollkästchen oder Listen- und Kombinationsfelder enthalten als Feldinhalt meist einen numerischen Wert, der nicht dem nach außen repräsentierten Wert entspricht. So speichert eine Optionsgruppe einen numerischen Wert, der dem Wert der Eigenschaft Optionswert der aktuell aktivierten Option entspricht, ein Kontrollkästchen speichert den Wert `-1` oder `0` für `True` und `False` und Listen- und Kombinationsfelder enthalten den Wert der gebundenen Spalte, während sie meist ganz andere Felder der Datensatzherkunft anzeigen.

Mit wenig Aufwand können Sie dem `AP-Änderungsprotokoll-Manager` mitteilen, dass er statt der „eigentlichen" Werte die wirklich aussagekräftigen Informationen speichert.

Das hat im Falle von Optionsgruppen, Kombinations- und Listenfeldern sogar einen ganz bedeutenden Vorteil: Wenn aus irgendeinem Grund einmal die Zuordnung der numerischen Werte der Primärschlüsselfelder der zugrunde liegenden Tabellen zu den entsprechenden Werten geändert wird, haben die gespeicherten Primärschlüsselwerte nicht nur keine Aussagekraft mehr, sondern sie verfälschen unter Umständen sogar die Änderungsdaten.

Daher sollten Sie – wenn nicht auszuschließen ist, dass sich die Zuordnung der Primärschlüsselwerte zu den eigentlichen Werten einmal ändert – statt der Primärschlüsselwerte der zugeordneten Tabellen lieber aussagekräftigere und beständigere Daten speichern.

Speichern der Optionsgruppenwerte

Optionsgruppen bestehen aus den einzelnen Optionen, die einen bestimmten numerischen Wert repräsentieren, und aus einem Bezeichnungsfeld, dass dem Benutzer Informationen über den eigentlichen Inhalt der möglichen Optionen liefert.

Damit der `AP-Änderungsprotokoll-Manager` statt des numerischen Wertes die Beschriftung des entsprechenden Bezeichnungsfeldes speichert, müssen Sie lediglich die Namen der Bezeichnungsfelder in ein bestimmtes Format bringen:

Dazu setzen Sie einfach den Namen der Optionsgruppe und fügen einen Unterstrich (_) ein gefolgt von dem Optionswert des entsprechenden Optionsfeldes.

> **Hinweis:** Das Formular `Bestellungen` enthält eine Optionsgruppe, mit der Sie die Vorgehensweise hervorragend ausprobieren können. Um das Formular für die Protokollierung der Änderungen vorzubereiten, gehen Sie genauso vor wie mit dem vorher präperierten Formular `Artikel`.

Speichern der Kontrollkästchenwerte

Bei den Kontrollkästchen ist es noch einfacher: Dort haben Sie die Möglichkeit, dass entweder die Werte `Ja/Nein`, `Wahr/Falsch` oder `Ein/Aus` gespeichert werden. Dazu tragen

Sie lediglich den entsprechenden Wert für die Eigenschaft Marke des Kontrollkästchens ein (siehe Abbildung 38.8). Standardmäßig werden die beiden Werte Ein und Aus gespeichert.

Abb. 38.8: Anpassen des zu speichernden Wertes eines Kontrollkästchens

Speichern der Werte von Kombinations- und Listenfeldern

Wenn Sie als alten und neuen Wert eines Kombinations- oder Listenfeldes nicht den Inhalt der gebundenen Spalte speichern möchten, können Sie auch den Inhalt beliebiger anderer Felder speichern – Voraussetzung: Das Feld ist in der Datensatzherkunft des Steuerelements enthalten.

Genau genommen können Sie auch zusammengesetzte Inhalte aus mehreren Feldern speichern.

Dazu tragen Sie genau wie beim Kontrollkästchen einen bestimmten Ausdruck für die Eigenschaft Marke ein, die hier natürlich etwas umfangreicher ausfällt.

Der Ausdruck besteht aus drei durch Semikola getrennten Teilausdrücken:

- anzuzeigende Kombination aus einem oder mehreren Feldern der Datensatzherkunft
- Name der Tabelle, aus der das gebundene Feld stammt
- Name des Primärschlüsselfeldes der Datensatzherkunft

Ein Beispiel für das Kombinationsfeld `LieferantenNr` aus dem `Artikel`-Formular lautet:

```
Firma;Lieferanten;[Lieferanten-Nr]
```

Wenn Sie noch den entsprechenden Ansprechpartner in Klammern hinter dem Firmennamen angeben möchten, verwenden Sie etwa folgenden Ausdruck (ohne Zeilenumbruch):

```
Firma & "(" & Kontaktperson & ")";Lieferanten;[Lieferanten-Nr]
```

Ihrer Phantasie sind hier keine Grenzen gesetzt, solange die betroffenen Felder Bestandteil der angegebenen Tabelle sind.

38.4 Anwendung des AP-Änderungsprotokoll-Managers

Nach langer Vorbereitung ist es nun an der Zeit, die Früchte zu ernten – sprich: Nun geht's ans protokollieren.

> **Hinweis:** Wenn Sie ein „sauberes" System wünschen, löschen Sie zuvor noch die eventuell in den beiden Tabellen `tbl_Historie` und `tbl_Historie_Tmp` vorhandenen Datensätze.

38.4.1 Die erste Änderung

Öffnen Sie das Formular `Artikel` und ändern Sie einen Wert – geben Sie zum Beispiel statt des Artikelnamens `Chai` den Wert `Pommes` ein.

Speichern Sie den Datensatz, indem Sie zum nächsten Datensatz wechseln, und kehren Sie wieder zu diesem zurück.

Klicken Sie auf die Schaltfläche `Historie` und betrachten Sie das erscheinende Fenster (siehe Abbildung 38.9 auf der nächsten Seite).

Während Sie in dieser Ansicht später eine komplette Liste aller für diesen Datensatz vorgenommenen Änderungen sehen können, führt ein Klick auf die Schaltfläche `Details` zu einer ausführlichen Übersicht der vorgenommenen Änderung (siehe Abbildung 38.10 auf der nächsten Seite).

Die hier angezeigten Informationen werden zu jeder Änderung in jedem einzelnen Feld gespeichert.

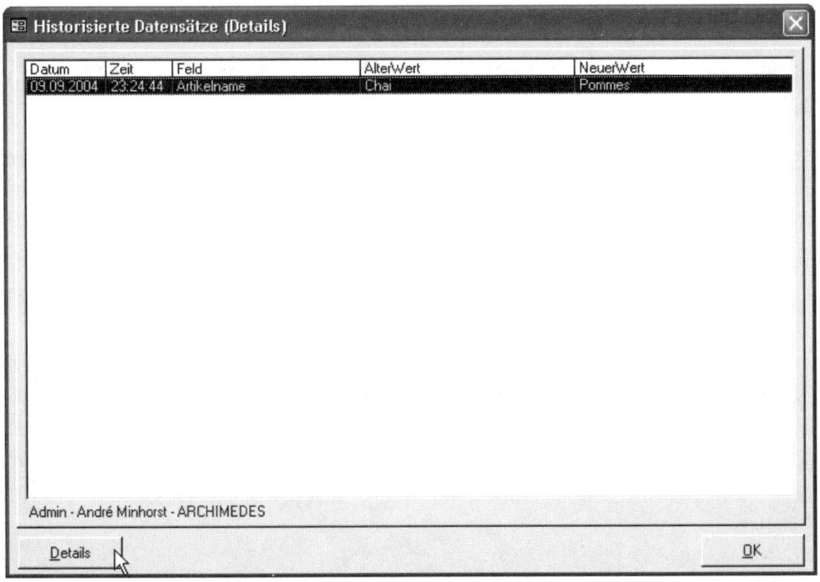

Abb. 38.9: Anzeige der gespeicherten Änderung

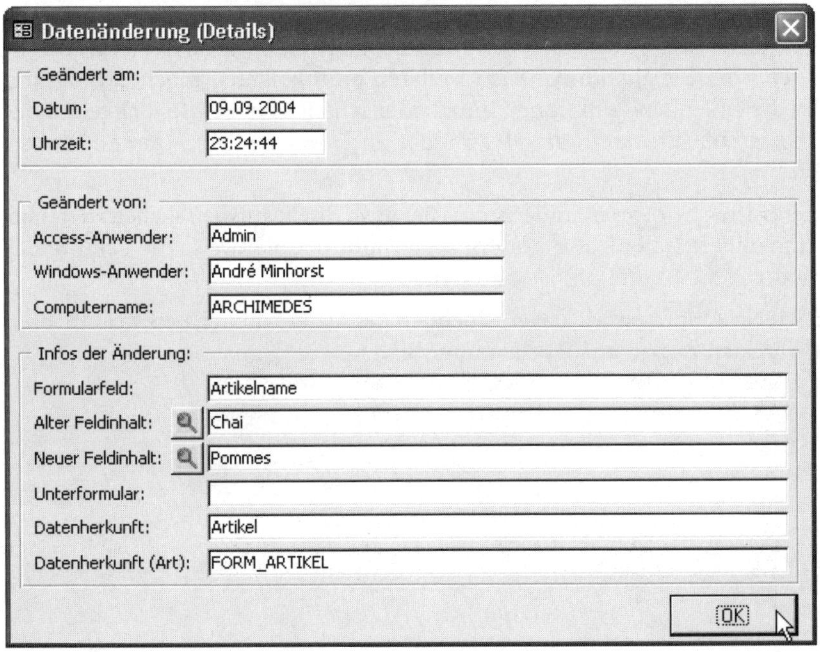

Abb. 38.10: Änderung im Detail

38.4.2 Weitere Änderungen

Schließen Sie nun die beiden Dialoge und nehmen Sie eine Änderung am Inhalt des Kombinationsfeldes zur Auswahl der Lieferanten vor.

Nach dem Aktualisieren und erneuten Anzeigen des Änderungsprotokolls erkennen Sie, dass tatsächlich der angegebene Inhalt der Tabelle Artikel und nicht nur der Inhalt der gebundenen Spalte des Kombinationsfeldes gespeichert wurde.

38.4.3 Löschen eines Datensatzes

Kehren Sie zum Formular Artikel zurück und löschen Sie nun einen Datensatz. Nach Bestätigen der Rückfrage vor dem Löschen lassen Sie sich durch einen Klick auf die Schaltfläche Gelöschte Daten die Löschhistorie anzeigen. Der erscheinende Dialog enthält einen Datensatz, zu dem Sie sich per Klick auf die Schaltfläche Details der Löschung weitere Informationen anzeigen lassen können. So finden Sie dort alle Werte des Datensatzes, bevor dieser gelöscht wurde.

38.5 Zusammenfassung und Ausblick

Der AP-Änderungsprotokoll-Manager bietet durch einfache Integration eine einfache Protokollierung der in Formularen vorgenommenen Änderungen. Wer nicht nur in Hauptformularen, sondern auch in Unterformularen protokollieren möchte, programmiert entweder die fehlenden Funktionen hinzu oder schaut sich die Möglichkeiten des AP-Änderungsprotokoll-Manager PRO an, der unter www.access-paradies.de angeboten wird.

Offen lässt dieser Beitrag, wie Sie verhindern, dass Benutzer direkt auf die Tabellen zugreifen, um dort unprotokolliert Daten zu verändern – hier hilft beispielsweise die Lektüre des Beitrags Autoexec ohne Wenn und Aber weiter.

Er beschreibt, wie Sie Optionen wie das Ausblenden des Datenbankfensters deaktivieren und damit den direkten Zugriff auf Tabellen unterbinden.

39 Der AP-Datenbank-Service-Manager

André Minhorst, Duisburg

Günther Kramer, Gersthofen

Die Dateigröße von Access-Datenbanken wächst durch das Anlegen neuer Datensätze, wird aber beim Löschen von Daten nicht automatisch wieder kleiner. Dieses Phänomen lässt sich durch die Tatsache erklären, dass Access gelöschte Daten zwar als gelöscht markiert, aber weiterhin in der Datenbank belässt. Abhilfe schafft das Komprimieren einer Datenbank. Was es damit auf sich hat und wie der AP-Datenbank-Service-Manager Sie dabei unterstützt, erfahren Sie im vorliegenden Beitrag.

Inhalt

39.1 Komprimieren und Reparieren

Ähnlich wie bei Festplatten kann es in Access-Datenbanken dazu kommen, dass durch Anlegen und Löschen von Daten eine Defragmentierung stattfindet – einfach gesagt: Neue Daten werden nicht in die durch gelöschte Daten entstandenen Lücken geschrieben.

Dadurch treten zwei Probleme auf: Erstens wird die Datenbank-Datei größer und zweitens kann die Performance sich verschlechtern.

Der Vorgang bezieht sich nicht nur auf Daten in Tabellen, sondern auch auf Objekte wie Tabellen, Abfragen, Formulare, Berichte oder VBA-Module. Die Komprimierung legt eine Kopie der Datenbank an und schreibt die Daten in kompakter Form hinein, anschließend ersetzt diese Kopie die fragmentierte Version der Datenbank.

Neben der Dateigröße macht sich dieser Vorgang insofern bemerkbar, als dass die Autowert-Felder von Tabellen initialisiert werden. Das bedeutet bei leeren Tabellen, dass der Autowert des nächsten neuen Datensatzes wieder bei 1 beginnt.

Bei nicht leeren Tabellen setzt der Autowert wieder bei dem um eins erhöhten größten vorhandenen Wert ein. Das ist vor der Komprimierung nicht der Fall, wenn etwa die letzten zehn Werte einer Tabelle gelöscht wurden – der Autowert des nächsten neuen Datensatzes würde nach dem letzten gelöschten Wert ansetzen.

Das Reparieren kommt bei beschädigten Datenbank-Dateien zum Zuge, welche Fehler (etwa durch einen Computerabsturz) aufweisen.

Seit Access 2000 werden beide Vorgänge in einem Arbeitsgang durchgeführt. Sie können außerdem festlegen, dass dieser Vorgang bei jedem Schließen der Datenbank automatisch wiederholt wird.

39.2 Der AP-Datenbank-Service-Manager

Mit dem `AP-Datenbank-Service-Manager` können Sie beliebige Datenbanken komprimieren, reparieren, ver- und entschlüsseln sowie ein Kennwort für eine Datenbank erstellen.

Abbildung 39.1 auf der nächsten Seite zeigt das Hauptformular der Anwendung. Um eine der genannten Operationen auf einer Datenbank auszuführen, müssen Sie diese zunächst aus dem Kombinationsfeld `Datenbank` auswählen.

Ist die gewünschte Datenbank dort nicht vorhanden, wählen Sie diese mit dem `Datei öffnen`-Dialog aus, den Sie über die entsprechende Schaltfläche aufrufen (siehe Abbildung 39.2 auf der nächsten Seite).

Die Anwendung speichert alle aufgerufenen Datenbanken in einer Tabelle. Dadurch können diese nach einmaliger Auswahl mit dem `Datei öffnen`-Dialog immer wieder über das Kombinationsfeld ausgewählt werden.

Außerdem speichert die Anwendung in dieser Tabelle weitere Informationen wie das Datum der letzten Komprimierung oder Reparatur.

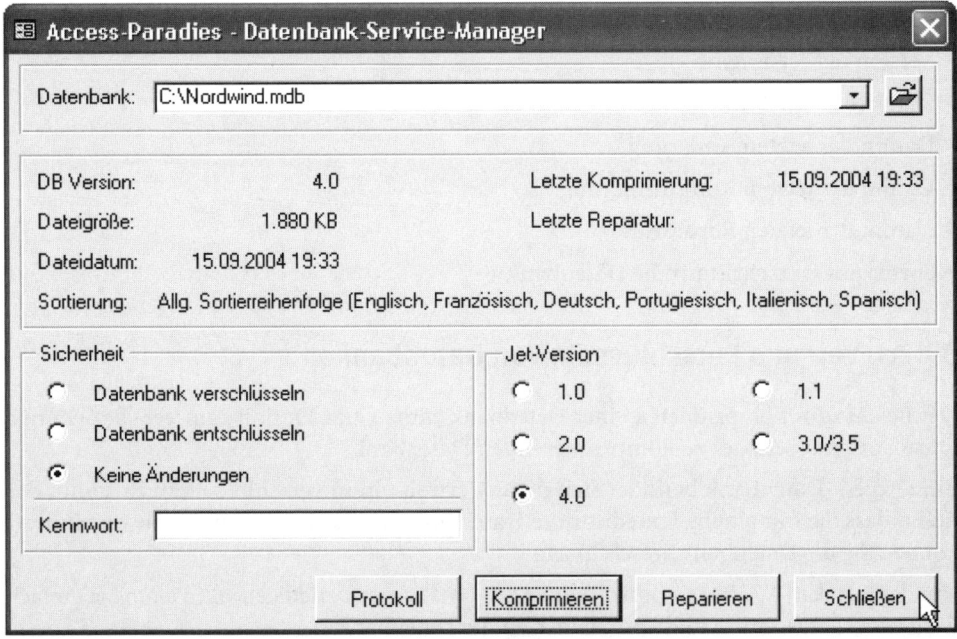

Abb. 39.1: Das Hauptformular des AP-Datenbank-Service-Managers

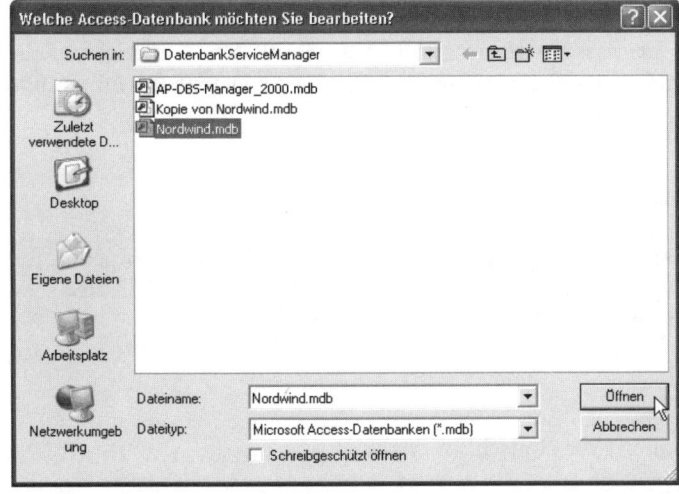

Abb. 39.2: Auswahl der zu bearbeitenden Datenbankdatei

Hinweis: Operationen wie das Komprimieren oder Reparieren oder das Hinzufügen eines Kennwortes erfordern exklusiven Zugriff auf die Datenbank. Ist dieser nicht gegeben, wird eine entsprechende Meldung angezeigt.

Sobald Sie eine Datenbank ausgewählt haben, erscheinen einige wichtige Informationen:

- Version der Jet-Engine
- Dateigröße der Datenbank
- Datum der letzten Änderung
- Datum der letzten Komprimierung
- Datum der letzten Reparatur
- Sortierungsvorschrift für die Datenbank

39.2.1 Ver- und Entschlüsseln von Datenbanken

Der Befehl zum Komprimieren einer Datenbank enthält eine Option zum Ver- beziehungsweise Entschlüsseln der zu komprimierenden Datenbank.

Eine Access-Datenbank befindet sich normalerweise in unverschlüsseltem Zustand, das heißt, dass Sie mit einem Texteditor die Daten einsehen können. Um das zu verhindern, können Sie die Datenbank verschlüsseln.

Um das mit dem `AP-Datenbank-Service-Manager` zu erledigen, aktivieren Sie einfach die gewünschte Option und komprimieren die Datenbank.

39.2.2 Kennwort hinzufügen

Eine weitere Option besteht in dem Sichern einer Access-Datenbank durch das Setzen eines Kennworts. Beachten Sie, dass Sie danach das Kennwort mit dem Tool nicht wieder entfernen können. Zum Entfernen des Kennworts müssen Sie die Datenbank öffnen und den entsprechenden Dialog aufrufen.

39.2.3 Protokollierung

Damit Sie den Überblick über die mit dem AP-Datenbank-Service-Manager vorgenommenen Wartungen behalten, können Sie per Bericht ein entsprechendes Protokoll ausgeben. Es enthält die folgenden Informationen:

- Dateiname
- Datenbankversion
- Sicherheitsrelevante Aktionen (Ver-/Entschlüsseln)
- Kennwort ja/nein
- Datum
- Zeit
- Art des Vorgangs (Komprimieren/Reparieren)
- Angabe, ob der Vorgang erfolgreich war

39.2.4 Weitere Optionen

Im Formular frm_Optionen finden sich noch einige Optionen. Dort können Sie beispielsweise festlegen, in welchem Verzeichnis temporäre Dateien während des Komprimierens gespeichert werden sollen (siehe Abbildung 39.3) und ob vor dem Komprimieren eine Sicherungskopie der betroffenen Datenbank angelegt werden soll (siehe Abbildung 39.4).

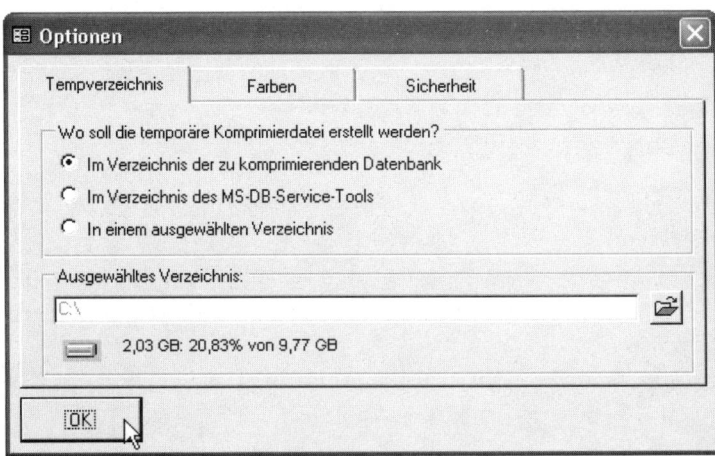

Abb. 39.3: Auswahl des Verzeichnisses für temporäre Daten

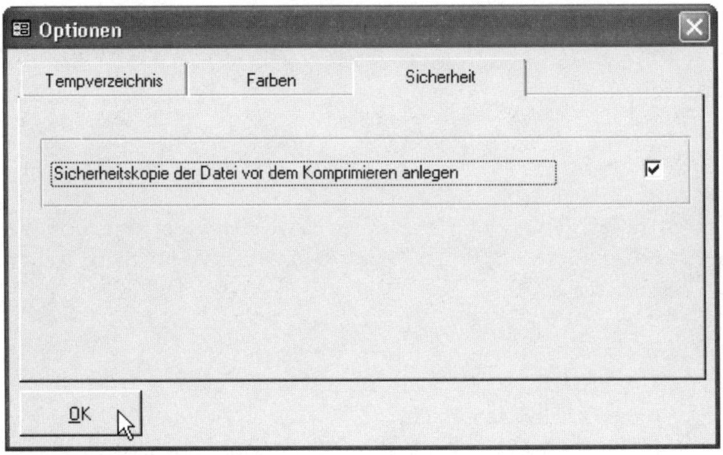

Abb. 39.4: Option für das Anlegen einer Sicherungskopie

39.3 Zusammenfassung und Ausblick

Eine Dokumentation des Quellcodes ist leider aus Platzgründen nicht möglich. Der gut dokumentierte Quelltext enthält eine Menge Know-how und bietet Möglichkeiten für Erweiterungen – etwa für zeitgesteuertes Komprimieren und Reparieren.

Falls Sie sich nicht die Arbeit machen möchten, können Sie sich auch den `AP-Datenbank-Service-Manager PRO` ansehen. Weitere Informationen hierzu finden Sie unter `http://www.access-paradies.de`.

Teil V

Anhang

Autorenverzeichnis

Stichwortverzeichnis

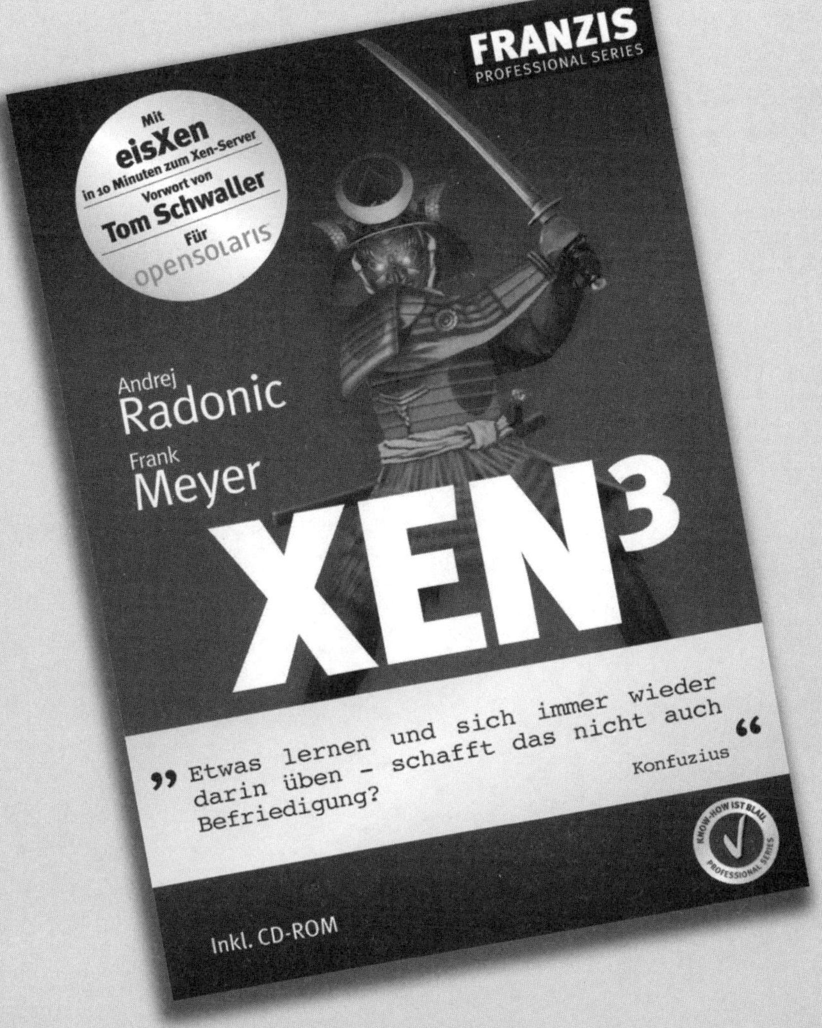